# Teoria da Investigação Criminal

# Teoria da Investigação Criminal

2022 • 3ª Edição

Eliomar da Silva Pereira

ALMEDINA

**TEORIA DA INVESTIGAÇÃO CRIMINAL**

AUTOR: Eliomar da Silva Pereira

DIRETOR ALMEDINA BRASIL: Rodrigo Mentz
EDITORA JURÍDICA: Manuella Santos de Castro
EDITOR DE DESENVOLVIMENTO: Aurélio Cesar Nogueira
ASSISTENTES EDITORIAIS: Isabela Leite e Larissa Nogueira
ESTAGIÁRIA DE PRODUÇÃO: Laura Roberti

DIAGRAMAÇÃO: Almedina
DESIGN DE CAPA: FBA

ISBN: 9786556275512
Junho, 2022

Dados Internacionais de Catalogação na Publicação (CIP)
(Câmara Brasileira do Livro, SP, Brasil)

---

Pereira, Eliomar da Silva
Teoria da investigação criminal / Eliomar da Silva Pereira. -- 3. ed. -- São Paulo : Almedina, 2022.

Bibliografia.
ISBN 978-65-5627-551-2

1. Criminalística 2. Direito criminal 3. Investigação criminal 4. Investigação criminal – Metodologia 5. Justiça 6. Processo penal 7. Verdade I. Título.

22-107019 CDU-343

---

Índices para catálogo sistemático:
1. Investigação criminal : Teoria : Direito 343
Maria Alice Ferreira - Bibliotecária - CRB-8/7964

Este livro segue as regras do novo Acordo Ortográfico da Língua Portuguesa (1990).



EDITORA: Almedina Brasil
Rua José Maria Lisboa, 860, Conj.131 e 132, Jardim Paulista | 01423-001 São Paulo | Brasil
www.almedina.com.br

# APRESENTAÇÃO DA 3ª EDIÇÃO

## Os fundamentos jurídico-científicos da razão investigatória

### I

O que chamamos de *razão investigatória* parece encontrar-se em *práticas* imemoriais do passado, bem como em muitos espaços cotidianos do homem atual, mas a sua *teoria* apenas se estabeleceu tardiamente na história do pensamento humano e ainda permanece como uma questão de interesse restrito a alguns círculos filosóficos. Que "todos os homens tendem, por natureza, ao saber", Aristóteles o dissera há muito tempo[1], mas coube a John Dewey a primeira síntese de uma *Teoria da Investigação,* na qual sustenta que todas as formas lógicas surgem dentro de operações de investigação controladas que nos possam subministrar asserções garantidas[2]. Antes dele, contudo, Charles Sanders Peirce havia observado que a Ética está em "conexão vital" com a Lógica, postulando para o bom raciocínio a necessidade de altas concepções morais, além de honestidade intelectual, sinceridade e um real amor pela verdade[3], o que mereceu a especial atenção de Susan Haack, para quem "há um valor instrumental na integridade intelectual" se quisermos evitar *pseudoinvestigações*[4]. Todas essas ideias convergem para que possamos entender a racionalidade investigatória, a considerar que, por mais evidências que possamos ter acerca de

[1] Aristóteles, *Metafísica,* Livro Primeiro, [2002].
[2] J. Dewey, *Logica: Teoría de la investigación,* 1950, p. 16.
[3] C. S. Peirce, "Dos Elementos de Lógica", *Semiótica,* 2017, p. 22.
[4] S. Haack, *Manifesto de uma moderada apaixonada,* Ensaio 1, 2011, p. 57ss.

algum objeto de conhecimento, sem uma honestidade intelectual, tudo se perde no interesse pessoal do investigador – seja ele delegado, promotor ou procurador, juiz ou tribunal.

Trata-se de racionalidade que, ao imbricar o *pensar teórico* com o *agir prático*, põe em comunicação valores epistêmicos com valores não-epistêmicos, exigindo da epistemologia geral uma necessária revisão de sua teoria clássica tripartite (crença verdadeira e justificada), que se reflete no domínio específico do processo penal, cuja dogmática jurídica tradicional ainda não conseguiu entender o papel que assume a investigação criminal, não apenas na justificação do conhecimento existente na sentença, mas sobretudo na legitimação do exercício da jurisdição penal. Esta teoria da investigação criminal, que apresentamos totalmente reformulada, se destina principalmente a rediscutir esses pressupostos epistemológicos, apresentando o que consideramos uma necessária *epistemologia processual penal* que leve a sério o lugar da investigação criminal na construção do conhecimento que legitima não apenas uma decisão penal final, mas todas as demais decisões que se tomam durante o percurso processual, desde a abertura do inquérito até eventualmente a decisão final em recurso com trânsito em julgado. Este prólogo que ao leitor parecerá longo demais, tornou-se necessário ao autor durante uma revisão profunda de seus pressupostos teóricos que vão orientar algumas intuições fundamentais no campo específico da investigação criminal.

## II

A teoria da investigação pressupõe certas práticas cotidianas que se podem encontram em tempos imemoriais, nas mais corriqueiras atividades humanas, como a atividade de caçador que se orienta por sinais que indicam ações e movimentos da presa, caracterizando uma forma de obtenção de dados necessários à tomada de decisão. A mesma racionalidade, ainda, se pode encontrar em práticas médicas tradicionais que se orientam por sintomas, assim como nos analistas de arte que identificam o artista a partir dos traços característicos de sua obra[5]. Trata-se de uma específica racionalidade que muito bem se identificou como um *paradigma indiciário*, oposto a um *paradigma apodítico* que tem marcado o pensamento ocidental, na

[5] C. Ginzburg, "Sinais: raízes de um paradigma indiciário", 1989, pp. 143-179.

busca por certezas dogmáticas que pretendem legitimar posições autoritárias não apenas no campo do conhecimento, mas sobretudo no campo do poder político, em especial o poder punitivo. A racionalidade do detetive, portanto, como a conhecemos pelas personagens de Arthur Conan Doyle e Edgar Allan Poe, segue-se a este *padrão comum* a várias formas investigativas que nos revelam uma lógica específica, muito pouco evidenciada nos manuais tradicionais, mas muito fértil ao pensamento de descoberta que interessa a muitos campos de conhecimento e, sobretudo, à investigação criminal[6]. Ela se vai encontrar, ainda persistente em suas estruturas fundamentais, mesmo na era da informação, cujos vestígios digitais não alteram essencialmente a lógica que emerge de reunir dados particulares para inferir outros igualmente particulares, em uma conclusão indiciária, que pode persistir como conjectura apenas até uma refutação, mas, enquanto não o seja, tem força em muitas decisões interlocutórias, podendo chegar ao final como fundamento suficiente para muitas condenações.

A civilização ocidental sempre privilegiou o apodítico em detrimento do indiciário, mas nunca o descartou em absoluto, pelo menos não como ponto de partida, embora sempre buscando afirmar-se ao final como dominante. Assim, o indiciário foi confiscado pelo apodítico, como parte deste que evita colocar-se como seu contrário, para ao final sobrepor-se. Nós o identificamos mais claramente em nosso meio jurídico na estrutura do processo penal, em que o indiciário é tomado como necessário, mas não suficiente às conclusões das sentenças que se postula apodítica. Mas bem observado e entendido, a sentença permanece indiciária, não se obtém uma certeza como se postula, embora se tenha acrescido um elemento importante à decisão: a possibilidade de debate que é apenas a face ético-política do mesmo paradigma indiciário.

A mesma estrutura de pensamento se encontra no desenvolvimento da ciência. As hipóteses (indiciárias) se consolidam como teoria porque se permitiram discutir sem refutação alcançada, mas não nos dão certezas absolutas, como se tem enfatizado pela epistemologia popperiana que surge no final do século passado e tende a permanecer forte no atual século[7]. Contudo, como o dissemos, a *ideia de certeza* sempre foi privile-

[6] A respeito, cfr. os diversos ensaios reunidos em U. Eco; T. A. Sebeok, *O signo de três*, 2014.

[7] K. Popper, *A lógica da pesquisa científica*, 1975, bem como o desenvolvimento da mesma ideia promovida em outros campos de saber por H. Albert, *Tratado da Razão Crítica*, 1976.

giada, desde a filosofia platônica, tanto no *Teeteto*, que trata da crença verdadeira e justifica, quanto na *República*, que fala de Reis filósofos, cujas relações não evidentes são o apoio entre um e outro, como o observa bem K. Popper em sua filosofia política[8].

Precisamos, assim, entender que as estruturas de pensamento apodítico viabilizam estruturas políticas autoritárias e vice-versa. São duas faces do mesmo autoritarismo que se reforçam, um cognitivo e outro potestativo que tendem ao dogmatismo e ao despotismo[9]. E, nesse sentido, será oportuno compreender que a racionalidade indiciária é a única capaz de conviver com a forma de vida democrática, porque se apresenta como hipótese aberta a outras interpretações, em um universo de valores múltiplos, formas de vida e visão de mundo.

Mas o que é exatamente essa racionalidade investigatória?

## III

Atribui-se geralmente a Carlo Ginzburg ter cunhado essa expressão ainda no século XX, ao falar de *paradigma indiciário*, mas para referir-se a um padrão de pensamento que se pode encontrar em tempos imemoriais, desde caçadores que interpretavam os rastos deixados por suas presas. Trata-se, assim, de uma racionalidade pressuposta num paradigma que tem obtido vários nomes ao longo da história do pensamento, até se consolidar como *semiótico*[10].

O caçador é, nesse sentido, o tipo primordial de que podemos extrair o padrão básico de pensamento indiciário, no qual o sujeito de conhecimento se utiliza dos sinais de que dispõe, daquilo que consegue rastrear, fazendo interpretações e algumas inferências lógicas para concluir acerca do que lhe interessa, qual presa passou por ali, há quanto tempo e em que direção foi. Algumas conclusões mais indiciárias que outras, mas o suficiente para tomar uma decisão sobre o que fazer em seguida à perseguição. E de forma similar, podemos encontrar o mesmo padrão de raciocínio no médico e no analista de arte. Ambos se orientam por outros tipos de

[8] K. Popper, *A sociedade aberta e seus inimigos*, 1987.

[9] A respeito dessa imbricação entre cognitivo e potestativo, cf. nosso E. S. Pereira, *Saber e Poder. O processo de investigação penal*, 2019.

[10] C. Ginzburg, "Sinais: raízes de um paradigma indiciário", 1989, p. 170: "paradigma que chamamos a cada vez, conforme os contextos, de venatório, divinatório, indiciário ou semiótico".

sinais para concluir indiciariamente acerca do que lhes interessa conhecer e decidir. O médico se orienta pelos sintomas que pode constatar por contatos e inquirição do paciente, de cuja percepção depende para obter um relato compatível com seu acervo semiológico de acordo com uma ciência de base, que nesse ponto exerce a mesma função do senso comum do caçador. O analista de arte, por sua vez, orientando-se por padrões de traços que revelam a personalidade do artista, a partir é de alguma obra cuja autoria não seja questionada, da qual pode colher os traços que fazem de sua obra algo particularmente específico e único em comparação com outras, como uma expressão de sua identidade individual. A ideia aproximada de conhecimento está na base de todos esses exemplos do paradigma, o que foi devidamente teorizado por Gaston Bachelard em ensaio no qual considera que uma filosofia do inexato pode nos trazer uma nova compreensão de realidade e de verdade[11].

Esse mesmo padrão indiciário de pensamento se desenvolveu na área criminal, em diversas perspectivas[12]. Cesare Lombroso, em sua antropologia criminal, postulava que certas características físicas poderiam ser observadas, revelando-nos traços físicos de personalidades criminosas, teoria que embora se tenha alterado, não se abandonou completamente a considerar a obra recente de Adrian Raine, agora focada em imagens de funcionamento cerebral acessível não mais por observação direta, mas por aparelhos tecnológicos[13]. Alphonse Bertillon, ainda na lógica da antropometria, desenvolve o sistema de identificação humana por digitais papilares que se tornará potente instrumento de utilização de vestígios deixados pelo criminoso, atualmente potencializado pelos vestígios de DNA no local, acrescido por outras formas individualizantes de sujeitos. Essa ideia fundamental da investigação levou Edmond Locard a postular o "princípio da troca", pelo qual "todo contato deixa uma marca". Pelo princípio, um sujeito qualquer, ao praticar quaisquer atos, realiza uma troca por contato com o ambiente, que deixa vestígios que nos permitem chegar a certas conclusões por indícios. Essas inferências tanto se referem a sua identidade, como considerou Bertillon, quanto a características de seus atos. Todas essas argumentações de raciocínio se desenvolvem sobretudo para crimes de homicídio, mas a criminalística as desenvolveu em diver-

[11] G. Bachelard, *Ensaio sobre o conhecimento aproximado,* 2004.

[12] W. Wehner, *História da criminologia,* 1964; J. Thorwald, J. *El siglo de la investigación,* 1966.

[13] C. Lombroso, C. *L'Uomo Delinquente,* 2013; Raine, A. *Anatomia da violência,* 2015.

sos outros âmbitos, como podemos encontrar na obra de Pierre Ceccaldi, sendo ainda possível observar-se o mesmo padrão na era da informação[14].

A era da informação incrementa todo esse universo de possibilidades investigativas, fornecendo-nos sinais diversos que nos indicam algo que nos interessa a respeito do crime[15]. Não se trata de indicações necessariamente imediatas, que nos relatam diretamente o crime, mas nisso continua a seguir-se o padrão indiciário e seus exemplos históricos relatados. Os diversos sinais decorrem de forma específica da vida que a era da informação nos disponibiliza, mas que de certa forma também no impõe como condicionamento, criando um ambiente de troca, de rastos e vestígios de atividades que apenas representam cotidianos, mas que se podem tornar objeto de investigação. Assim, para ficarmos com apenas três exemplos, podemos falar do sinal de celular, da navegação na internet e das comunicações em redes sociais. Os sinais de celular se podem compreender como uma extensão da identicidade individual, permitindo-nos repensar o argumento do álibi de uma forma diversa que dispensa a testemunha de companhia. O mesmo padrão se pode observar quanto ao local de conexão à internet. Mas é necessário observar que, apesar da precisão de informação, esta nos oferece apenas indícios de que o titular da linha estava com o aparelho, o que precisa ser levado em conta. A navegação na internet deixa vestígios que se podem interpretar como marcas digitais de movimentação, naquele mesmo sentido primordial do caçador, dando-nos informações sobre buscas, compras e interesses que nos podem revelar indícios da aquisição de instrumentos para prática do crime investigados, propensões à pedofilia entre outras tantas coisas, a depender do tipo penal. Mas aqui igualmente, como mais razão, essas informações podem se interpretar com indícios de outras tantas possibilidades, representativos de atividades cotidianas comuns a uma variedade de pessoas insuspeitas do crime. O mesmo padrão se vai encontrar nas comunicações em redes sociais que se podem interpretar na linha behaviorista como sintomas da personalidade[16], o que pode ser importante indício para crimes de ódio, assim como para outros todos os casos em que se pode agregar informação acerca das pessoas, visando ao cálculo devido da pena.

[14] J. Thorwlad, *El siglo de la investigacion,* 1966; E. Locard, *A investigação criminal e os métodos científicos,* 1939; P. F. Ceccaldi, *A criminalística,* 1988

[15] Acerca da era da informação, cfr. M. Castells, *A Sociedade em Rede,* 2000, p. 77, ao falar do que chama de "paradigma da tecnologia da informação".

[16] B. F. Skiner, *Sobre o behaviorismo,* 2006, p. 79, fala adequadamente em "comportamentos verbais".

## IV

O fundamental, nesses casos todos, sejam de dados digitais ou físicos, mais do que nunca, será ter uma clara distinção entre prova e indício, que muitos manuais ainda insistem em desorientar, distinguindo-os numa perspectiva equivocada. Afinal, a prova não se distingue do indício como elemento materialmente separado; não se trata de duas coisas necessariamente. Um único objeto possui propriedade informáticas que nos permitem inferir várias coisas a respeito dele, algumas em caráter indiciário, outros em caráter probatório, mas mesmo nesse caso, a depender do estágio de acordo que existe acerca do sinal de informação. O que os distingue, portanto, será o grau de probabilidade com que estamos dispostos a aceitá-los a respeito de alguma informação que queremos afirmar.

Em grande medida, essa probabilidade depende muito do tipo de inferência lógica que fazemos a partir do que temos. Rigorosamente, a prova mesmo, só a teríamos nos casos dedutivos puros, mas cuja premissa maior não seja discutível em algum nível, o que nem sempre é o caso para contextos de interesses em conflito, como é o âmbito do processo penal. É que muitas premissas maiores são dependentes verdadeiramente do tanto de casos específicos que se colheram para produzirmo-las, sendo aqui necessário falar em probabilidade indutiva da premissa maior. A questão é que a maior parte das inferências lógicas que nos interessam mais diretamente na investigação criminal são do tipo abdutivo[17], que se impõem como conclusões indiciárias irremediavelmente, e a respeito disso a sentença não incremente nada além da oportunidade ético-política de discutir o quão logicamente abdutiva são as inferências suscitadas pela investigação.

A discussão indiciária a respeito das informações obtidas, nesse sentido, instaura um *jogo de disputa semiótica*, acerca dos significados que os sinais obtidos representam na constituição típica do crime. E aqui se situa o ambiente de desafio da investigação criminal na era da informação. A autoridade investigante, seus agentes e peritos, têm o papel fundamental de atribuir significados indiciários, interpretando as informações obtidas na investigação, em um jogo do tipo inicialmente similar a um quebra-cabeças, reforçando cada sentido de uma peça com a concordância de outras que se vão ajustando em uma imagem coerente que se possa sus-

[17] A respeito, cfr. T. A. Sebeok; J. Umiker-Sebeok, *Sherlock Homes y Charles S. Peirce:* el método de la investigación, 1987.

tentar em uma argumentação na disputa semiótica. É, portanto, extremamente importante à investigação criminal colocar-se nessa dimensão semiótica de disputa de atribuição de significados típicos às informações obtidas, porque estas comunicam também muitas coisas diversas do que interessa ao ambiente criminal.

Afinal, no atual estágio criminológico das organizações criminosas, a divisão de tarefas admite que um componente realize ações de suporte que são à primeira vista atividades cotidianas, corriqueiras mesmo, que dificilmente se percebem como criminosas imediatamente. Em outras palavras, eles têm a aparência de legalidade, à superfície das relações sociais, mas em um estrato mais abaixo de percepção fenomenológica, eles se podem apresentar como indícios de participação na organização. Atribuir significados típico-penais a essas informações constitui verdadeiro exercício de engenharia semiótica que se pode muito facilmente perder em ilações poucos razoáveis, pouco prováveis, pouco aceitáveis ou sem qualquer sentido mesmo.

O desafio, portanto, em última análise, está na exigência natural à investigação, que requer do investigador hipóteses sempre mais criativas, mas que ele mesmo deve acautelar-se com a consciência de que são conjecturas, refutáveis sempre, que não se podem antecipar e impor à revelia dos direitos da defesa, que nesse caso se habilita como uma outra possível atribuição semiótica de significação. E, nesse sentido, a era da informação, embora inove em diversidade de possibilidades de obtenção de prova, além de inovar sobre os meios de prova, apenas renova a tradicional exigência ética da investigação criminal que se deve desenvolver na base dos direitos humanos e fundamentais nas sociedades democráticas que impõem ao poder os limites jurídicos do Estado de Direito. É, na adequada linguagem de Susan Haack, uma questão de "integridade intelectual" que ao permitir o desenvolvimento efetivo da investigação, "constitui não somente uma virtude epistêmica (...), mas também uma virtude moral"[18].

## V

*A investigação criminal é, portanto, tão essencial aos sistemas jurídico-penais nos Estados de Direito, quanto é a pesquisa em geral aos sistemas de conhecimento científico nas Democracias.* Tem razão, nesse sentido, Francesco Sidoti, ao postular

[18] S. Haack, *Manifesto de uma moderada apaixonada*, Ensaio 1, 2011, pp. 65-67.

que quanto mais há investigação criminal, mais há democracia[19]. Mas não é qualquer investigação criminal, com qualquer paradigma epistemológico que viabiliza a democracia. É preciso ter em conta uma epistemologia processual que reconheça a primariedade do indiciário na investigação como ponto de partida, com base no qual se deve viabilizar a discussão democrática nos jogos de disputas semióticos da prova. É com esse espírito que apresentamos ao leitor essa edição reformulada de nossa teoria da investigação criminal, na qual buscamos sintetizar a racionalidade investigatória no âmbito do processo penal, não limitada à fase processual de inquérito.

A reformulação teórica que fazemos nesta terceira edição, buscando aprofundar os *fundamentos jurídico-científicos da razão investigatória*, antes apenas tratados de forma introdutória nas edições anteriores, justifica a exclusão do antigo subtítulo deste livro ("uma introdução jurídico-científica"), cujo título principal permanece porque ainda se trata da mesma ideia originária que tínhamos no interesse de desenvolver a *Teoria da Investigação Criminal*. Agora, contudo, pela primeira vez chegamos a uma ordenação da matéria como gostaríamos de ter composto desde o início, entrelaçando os temas que se comunicam, ainda que voltem a figurar em capítulo posterior sob outra perspectiva, privilegiando uma ordem gradativa que avança do início (com capítulos sobre princípios, problemas e notícia-crime) até o final da investigação criminal (com capítulos sobre imputação jurídico-penal), passando por partes sobre conceito, objeto e método da investigação criminal. Mas que isso não sugira ao leitor que o livro esteja composto à forma de um manual de investigação a ser seguido capítulo por capítulo como um passo a passo. Por mais que tenhamos nos empenhado por manter alguma ordem, a teoria da investigação criminal, que apresentamos agora reformulada, ainda permanece tendo aquela abordagem mais crítica que positivista das edições anteriores, orientada por uma perspectiva epistemológica que se equilibra entre *verdade* e *justiça*.

Brasília, DF, março de 2022

*O Autor*

[19] F. Sidoti, *Criminologia e investigazione,* 2006, p. 5: "In questo senso l'investigazione è sia un raffinato momento conoscitivo, sia un'indispensabile attività processuale, sia una significativa funzione di controllo democratico".

# APRESENTAÇÃO DA 2ª EDIÇÃO

## I

A primeira edição desta *Teoria da Investigação Criminal* teve origem em estudos que iniciamos em 2010, na instituição que atualmente se denomina *Escola Superior de Polícia* (Polícia Federal do Brasil), no contexto de especialização orientada a Delegados de Polícia (2012, 2013), tendo motivações e objetivos que se foram modificando ao longo dos anos dedicados a mestrado e doutorado, nos quais aprofundamos questões epistemológicas, éticas e políticas relacionadas à investigação criminal, em contato com outros profissionais jurídicos que se dedicam ao tema, sobretudo em âmbito acadêmico, em cursos nos quais tivemos o oportunidade de discutir nossa concepção teórica, tanto na graduação em direito da *Universidade de Brasília* (2013) e no mestrado em ciências policiais do *Instituto Superior de Ciências Policiais e Segurança Interna* de Portugal (2014, 2015), quanto nas aulas que continuamos a ministrar no Programa de Pós-Graduação da Escola Superior de Polícia, nas suas especializações, em Direito de Polícia Judiciária e em Ciências Policiais (2018, 2019). Mas a motivação para revisar o texto original, atualizando-o com o que se foi publicando ao longo desses anos, veio-me mais por saber que outros institutos e academias de polícia têm utilizado nosso livro como referência em outros tantos cursos.

É, portanto, a todos, genericamente, que agradeço pela recepção do livro, pela discussão acadêmica que me viabilizaram e pelo incentivo que recebi para continuar os estudos sobre o tema e fazer a atualização e revisão para a nova edição que se segue. Mas, especialmente, deixo meus agradecimentos ao amigo e professor, *Manuel Monteiro Guedes Valente*, pelo incentivo para continuar pesquisando e escrevendo sobre uma matéria que ele certamente foi o primeiro a discutir academicamente em Portugal, estando agora reconhecida em diversas unidades curriculares sem memória de sua fundação disciplinar; agradeço, também, ao meu amigo e mestre, *Germano Marques da Silva*, Professor Catedrático da Universidade Católica Portuguesa, com quem tive a oportunidade de aprofundar aspectos jurídicos e epistemológicos da investigação sob sua orientação no mestrado e doutorado; agradeço, ainda, por fim, aos amigos e colegas de profissão com que tenho dialogado ao longo dos anos de docência, sobretudo a *Sandro Lucio Dezan*, pelos conselhos acerca da forma como organizar essa segunda edição; a *Célio Jacinto dos Santos*, por me ter chamado a atenção para a lógica abdutiva da investigação; a *Adriano Mendes Barbosa* por me advertir sobre a necessidade de considerar a culpabilidade desde o momento do indiciamento.

Espero que essa segunda edição continue a agradar alunos e professores, delegados e demais profissionais do direito, embora saiba que a mudança de motivação e objetivo, fundada em uma mentalidade mais crítica que positivista, talvez não atenda às necessidades mais imediatas de alguns leitores, aos quais fica aqui a advertência que já fazíamos na primeira edição sobre os limites de uma teoria da investigação criminal, mas que agora se aprofunda nesta nova edição. Mas a esse leitor, que busca aprimorar seu pensamento científico positivista da investigação, essa segunda edição lhe oferece a oportunidade de identificar aquilo que torna a investigação criminal científica suscetível de questionamento jurídico, o que indiretamente pode auxiliá-lo na identificação de vícios epistêmicos que se podem evitar na prática da investigação criminal. Igualmente, o leitor que, tendo algum conhecimento jurídico-processual, pretenda encontrar algum conhecimento metodológico da investigação, encontrará algumas orientações científicas básicas que podem auxiliá-lo na compreensão mais epistemológica de alguns princípios jurídicos fundamentais. O certo, contudo, é que o espírito mais crítico que positivista prevalece na discussão desta teoria da investigação criminal.

Admitimos que tal espirito mais crítico, que se aprofunda nessa segunda edição, tem base em leituras que fizemos do "Tratado da Razão Crítica" de Hans Albert, cujo discurso nos impressionou e tem orientado a nossa mentalidade investigativa, não apenas em matéria criminal, mas em qualquer investigação, baseada numa razão investigativa dubitativa, nem completamente cética, tampouco dogmática, mas essencialmente crítica da capacidade humana para conhecer ao passo que persegue interesses, sobretudo no caso criminal, cujo objetivo é sempre punitivo, nunca de si mesmo, mas sempre do outro. O que chamamos, portanto, de *razão investigativa* é, em suma, aquela mesma racionalidade zetética que David Hume chamou de "ceticismo moderado" na sua "Investigação sobre o Entendimento Humano". É uma razão que se encontra entre Ciência e Direito, entre a razão científica do conhecimento e a razão jurídica da liberdade.

## II

A investigação criminal, quando desenvolvida segundo limites epistêmicos do conhecimento e condicionamentos ético-políticos de ação, possui um papel fundamental na evolução social da humanidade, porque comunica à sociedade que é necessário antes conhecer o outro para somente depois o julgar; mas quando ela se torna a encenação do conhecimento pela autoridade penal despótica, antecipando já em sua atividade o exercício do julgamento público, sem submeter-se a princípios de verificação e falseamento das provas obtidas, ela apenas reproduz o antigo dogmatismo cognitivo das mentes obscuras que tantos horrores produziu na história das instituições penais e processuais, submetendo o outro a interesses publicamente inconfessáveis.

É contra esse "investigacionismo", autoritário e inconsequente, que se escreve esta teoria, na busca por uma investigação criminal melhor, que consiga adquirir consciência dos problemas conceituais que se encontram subjacentes aos problemas empíricos da prática das investigações criminais nos sistemas processuais penais. Bem compreendida, essa mentalidade investigativa autoritária reproduz a mesma mentalidade obscura que Karl Popper reprovou em "A Pobreza do Historicismo", cuja ideia fundamental tomamos de empréstimo, pois, nos dois casos, o que se encontra é o exercício de uma *auctoritas* que pretende sobrepor-se à *veritas*, baseada em máximas de experiência colhidas de uma memória coletiva e histórica de crimes provados e punidos, que pressupõe nas conclusões que antecipa a respeito de um caso particular que pretende ver condenado, antes mesmo que este seja devidamente verificado e submetido ao falseamento do contraditório jurídico.

A tese fundamental de Karl Popper, portanto, "de que não é possível prever o rumo da histora por métodos científicos", pode ser lida naquele mesmo sentido da questão subjacente à intuição fundamental que David Hume suscitava na "Investigação sobre o Entendimento Humano", ao advertir que nenhuma observação de dados particulares passados nos garante que se repetirão no futuro, o que é verdade tanto para eventos naturais e sociais, quanto para eventos jurídicos e criminais, mesmo para o caso de investigação de reincidentes contumazes, se não temos provas particulares para o caso que se investiga especificamente. Em outras palavras, não nos podemos desvencilhar da obrigação social de investigar caso a caso, para os provar individualmente, se o objetivo é a atribuição de alguma responsabilidade penal, sobretudo quando se trata da retirada da liberdade de alguém. A investigação criminal é tão necessária ao sistema jurídico-penal para garantia da justiça, quanto é a investigação em geral ao sistema de pensamento humano para a garantia da verdade.

*O Autor*

# APRESENTAÇÃO DA 1ª EDIÇÃO

A obra, que adiante se segue, é resultado de pesquisa desenvolvida pelo autor em programa da Coordenação de Altos Estudos de Segurança Pública, da Academia Nacional de Polícia (Federal). Destina-se aos profissionais de formação jurídica que se dedicam, direta ou indiretamente, à investigação criminal, sobretudo aos Delegados de Polícia (Federal e Civil), sejam os que se iniciam na carreira, em Cursos de Formação Profissional, sejam os que chegaram a Curso de Especialização Policial, sem, contudo, desconsiderar uma possível utilidade prática que possa ter na atividade diária das investigações criminais[20]. Nesse ponto, convém ressaltar que se trata de *teoria* não em sentido axiomático, mas apenas como contraponto de uma *prática de investigação criminal*, para a qual pretende contribuir. Quanto a isso, portanto, advirta-se que a obra não está a propor um *método infalível e único* de investigação criminal, mas a fornecer elementos teóricos que permitam orientar a *construção de métodos*, múltiplos e corrigíveis, ou, em alguns pontos, algo talvez mais modesto, embora não menos importante – apenas a suscitar os grandes problemas teóricos da investigação criminal, tentando sistematizá-los para a continuidade de estudos que possam aprofundar certos aspectos relevantes desse vasto campo de conhecimento, cuja atenção acadêmica ainda não foi devidamente dada.

*Teoria da Investigação Criminal: Uma Introdução Jurídico-Científica* sustenta uma concepção de *investigação como saber-poder*, na qual o conhecimento

[20] N. A.: Atualmente, a Coordenação se chama *Escola Superior de Polícia* e a *Teoria da Investigação Criminal* é disciplina curricular de dois Cursos de Especialização, em *Direito de Polícia Judiciária* e em *Ciências Policiais*.

está intimamente relacionado com as condições políticas em que se desenvolve a atividade investigativa, o que implica, em um Estado Democrático de Direito, relacionar conhecimento científico com limites jurídicos numa ponderação de valores fundamentais. Assim, a partir de uma concepção geral de investigação, fundada na noção instrumentalista de solução de problema, e de um conceito específico de investigação científica, segundo uma abordagem pragmática, a obra sustenta ser possível aproximar as práticas de investigação criminal dos modelos de pesquisa científica, desde que não se desconsiderem certas peculiaridades relativas ao objeto e aos meios de investigação, em que devemos ponderar a aspiração científica com limites jurídicos inerentes às práticas das instituições estatais. Após suscitar e discutir alguns problemas relativos à *verdade* e ao *método* na investigação criminal, o autor faz o levantamento dos múltiplos aspectos de uma investigação criminal, entendida como *pesquisa, ou conjunto de pesquisas, administrada estrategicamente*, no curso da qual incidem certos conhecimentos operativos oriundos da *teoria dos tipos* e da *teoria das provas*, apresentando uma teorização sob várias perspectivas que concorrem para a compreensão de uma investigação criminal científica e juridicamente ponderada pelo respeito aos *direitos fundamentais*, segundo a doutrina do *garantismo penal*.

Em síntese, trata-se de uma *introdução* porque não pretende (nem teria ainda como) ser exaustiva da matéria proposta, sobretudo por se tratar de questões ainda pouco discutidas, para as quais nenhuma ou pouca literatura nacional tem dado atenção pontualmente dirigida. Trata-se, nesse ponto, de uma proposta inicial, uma porta de entrada que o autor pretende abrir para discussões sobre uma disciplina ainda incerta e pouco discutida. Por fim, é uma *abordagem jurídico-científica* porque não pretende exaltar a ciência em detrimento do direito, nem sobrepor este àquela. Quanto a isso, a obra pretende alcançar um ponto de equilíbrio entre *razão científica* e *razão jurídica*, ponderando os valores que consideramos essenciais a uma teoria da investigação criminal – *verdade e justiça*.

Pelo ineditismo de sua proposta e de seu conteúdo, a presente obra certamente se tornará leitura obrigatória para todos os profissionais que têm como objeto de sua atuação a investigação criminal. Trata-se, portanto, de contribuição inestimável às ciências policiais, em sua vertente da *ciência da investigação criminal*, pilar de sustentação de toda a atividade da Polícia Judiciária. Como disse o filósofo John Dewey, citado tantas vezes pelo autor desta obra, "todo grande progresso da ciência resultou de uma audácia da imaginação". Certamente as ciências policiais sentirão o progresso decorrente desta obra. Parabéns ao Professor e Delegado de Polícia, Eliomar da Silva Pereira, pela audácia progressista.

DISNEY ROSSETI
*Polícia Federal do Brasil*

# PREFÁCIO DA 1ª EDIÇÃO

## I

A escrita é voz em letras. É a força do agir cognitivo que se espera epistémico e não retórico ou persuasivo. É a construção matemática de um pensamento que se quer claro e preciso, crítico e edificador de um trilho da ciência como manifestação da essência do ser humano. As vozes que há muito vinham reclamando e exortando por uma obra sistematizada sobre a Teoria da Investigação Criminal podem regozijar-se com este precioso livro mergulhado em um ver o mundo para além dos limites imediatos da verdade efémera.

É este o sentimento que carrego ao ler as inúmeras linhas de escrita excelente subordinada não a uma lógica demonstrativista, mas a uma lógica epistémica falibilista. Esta assumpção encontra-se, desde logo, no título do livro de ELIOMAR DA SILVA PEREIRA. O Autor intitula-a de Teoria da Investigação Criminal: Uma Introdução Jurídico-Científica. No subtítulo reside a falibidade de qualquer sistema cognitivo: ao pretender-se que seja uma introdução, pretende-se deixar aos leitores e aos estudiosos espaço de reflexão e de debate científico sobre a construção de futura dogmática de uma nova unidade curricular universitária.

A certeza dos tempos líquidos de BAUMANN e da sociedade de risco de BECK não podia deixar um pensador actualizado e interrogativo da verdade cambiante, segundo o paralelo ou meridiano em que nos situamos, enveredar por outro caminho que não fosse lançar as bases de uma discussão científica – jurídica, filosófica, económica e política – sobre a consciencialização de que as verdades processuais penais não são sempre as que se entrecruzam nos nossos olhos. Essas verdades não são unidade, nem «felicidade e amor», nem «adequação ao objecto», mas são uma comunicação de afastamento e de domínio, de «ódio e hostilidade» e de um puro e incontrolável «sistema precário de poder». Sistema limitado e exíguo: nada mais era possível porque é fruto do saber cognitivo e prático do ser humano.

Toda a relação ou comunicação humana, da qual não se abstém a comunicação judiciária ou judicial, é, em lógica ferrajoliana, uma comunicação de saber e de poder que assenta na *veritas* – conhecimento – e na *auctoritas* – competência para decidir. Estes ensinamentos de raiz garantista responsabilizadora deslizam por toda esta obra que não se espartilha na análise jurídica dos preceitos legais nem na lógica activa do labor da polícia. O Autor interroga aquela sob as construções jus filosóficas e doutrinárias de autores cuja escrita foi sempre o meio de expor as angústias do pensamento humano, dos quais se destacam KARL POPPER, LUIGI FERRAJOLI, MICHEL FOUCAULT, CARNELUTTI, JOHN DEWEY, FIGUEIREDO DIAS e LUIZ DUTRA.

## II

Ao longo de todo o livro existe uma preocupação em demonstrar a importância de uma Teoria da Investigação Criminal que crie uma doutrina metodológica científica dirigida à descoberta da verdade do *factum criminis*. Esta busca, própria dos operadores judiciários responsáveis pela investigação criminal, deve abandonar os métodos da dedução ou indução factualística da imprensa ou da sensitividade popular expressa nos olhares e gestos dos crentes das artes mágicas do mediato saber demonstrativo.

O Autor dá-nos uma panóplia de instrumentos teoréticos e pragmáticos para que o investigador criminal científico – aquele que debruça a sua busca em um método científico de investigação criminal subjacente aos primados de um Estado democrático e de direito – possa iniciar e desenvolver *o iter processualis* segundo padrões racionais, operativos e histórico-factuais (situados em uma proposição real): o *factum criminis*. Este trilho, enraizado nesta obra de leitura fácil e reflexiva, alinha o discurso epistémico sobre a dúvida própria dos grandes investigadores e doutrinários: a única certeza e verdade é a dúvida constante sobre todo o edifício do crime a investigar.

Acresce a este contínuo olhar do Autor a ideia de que a pragmaticidade defendida por muitos como a lógica do sistema integral de investigação criminal não se afirma como uma lógica assumptiva da construção de uma investigação criminal elucidativa dos factos e da verdade atracada aos limites histórico-factuais e aos ditames jurídicos (ou limites imanentes) exigidos pela Constituição e pelo direito supraconstitucional e infraconstitucional, em especial no que concerne aos direitos fundamentais pessoais. Neste alinhamento ferrajoliano, afasta a descoberta da verdade da mera correspondência, porque àquela estão imbricadas regras e procedimentos disciplinadores da comprovação e impressoras do carácter autoritário e convencional emergente da predicação jurisdicional.

A tese da mera correspondência, própria de um pensamento retórico ou persuasivo, é alienada face à concepção de objecto da investigação criminal dentro da tridimensionalidade da realidade do direito: facto, valor e norma. Esta visão tridimensional impõe ao investigador criminal que se olhe para o crime como uma proposição do mundo real e não do mundo idílico. Este olhar, que o Autor desenvolve e assume na sua obra, é um pequeno passo para a construção de uma teoria da investigação criminal e, desta feita, um grande passo para a edificação de um melhor sistema integral penal. Este caminho obriga-nos a abandonar os ajuizados preconcebidos ou pré-construídos sobre a culpabilidade do agente do crime e enquadrar o nosso pensar no princípio da presunção de inocência ou da não presunção de culpa.

Este ensinamento, que ENRICO ALTAVILLA estudou e desenvolveu no início do séc. XX na sua obra *Psicologia Judiciária*, encontra expressão na obra quando o Autor não limite o «fato do crime» ao evento exclusivo histórico-espacial e nele entronca outros elementos essenciais à construção doutrinária de «evidência fática da prática do crime». A construção elaborada pelo Autor não olvida os princípios reitores da construtividade jurídico-criminal (material e processual) e chama para a discussão da ciência da investigação criminal a teoria do bem jurídico, nem coloca de parte a ideia de que a teoria da investigação criminal não se pode alhear da concepção lisztiana da ciência conjunta, universal, global do direito penal como enfoques essenciais na construção de uma ciência de investigação criminal imbuída do espírito e ensinamento da investigação criminológica e criminalística.

## III

O Autor apresenta a teoria da investigação criminal como teoria do conhecimento que arrecada para o seio da discussão a verdade como finalidade da investigação criminal, fato indesmentível, mas conjugado com as outras grandes finalidades – realização da justiça, garantia dos direitos fundamentais de todos os cidadãos e alcance da paz jurídica (pública) –, assim como as teorias linguísticas, semânticas e hermenêuticas, filosóficas e sociológicas do conceito de verdade.

Este conceito finalístico ou instrumental da ciência evolutiva e falibilista leva-nos às indagações da verdade processual e judicial válida. Aborda toda a problemática que envolve a construção da verdade formal e a dificuldade do investigador criminal em enformar um conceito que só existe juridicamente se for preenchido com a verdade do facto e o preenchimento do tipo legal de crime e se não estiver manchada pela nulidade insanável ou pela proibição de prova.

A verdade científica é refutável e não demonstrativista e matemática, pelo que implica que a construção de uma verdade processual penal – missão do investigador criminal – está encurralada por entre as teias jurídicas garantísticas de um Estado democrático e de direito. Mas, esta acepção não esgueira a lógica construtiva da verdade que inicia o seu percurso como verdade provável, passando pela verdade opinativa, diria processual cognitiva, para aportar na verdade resumida ou expressa no "motivo que remete a fatos e normas existentes, capazes sempre de serem verificados e refutados a quem interesse ou prejudique".

Esta verdade processual dá sustentabilidade à teoria da investigação criminal, como se pode aferir da exposição do Autor, e encontra razoabilidade existencial na ciência conjunta que agrega um raciocínio popperiano e ferrajoliano epistémico segundo uma metodologia científica que assenta na ideia de ciência como acção do ser humano quer para o investigador – detentor de virtudes e defeitos – quer para a vítima quer para o agente do crime. A importância do pragmático ganha na dimensão da importância do teórico que justifica a evidência fáctica.

## IV

Este processo humano cuja combinação de inúmeros factores incubam a lógica estrutural do pensamento pode entrar em conflito face ao método do processo penal, mas o Autor demonstra que este só é viável e fiável se deixar a lógica do prático e experiente polícia – eficaz no resultado imediato e desastroso no resultado mediato – e mergulhar o pensar e agir investigatório criminal em uma lógica teorética e pragmática científica em que o ser humano, dotado de direitos e deveres, é fundamento e limite da acção punitiva do Estado.

A metodologia de pesquisa que ornamenta a investigação criminal – dando-lhe textura de teoria – e a construção probatória do *factum criminis* (ou da factualidade real e sentida pela comunidade) implicam um conhecimento histórico e filosófico da cognitividade científica da investigação criminal. O Autor segue esta linha de pensamento e submete a investigação criminal a uma análise crítica do valorativo probatório que não se pode esgotar na mera coincidência de indícios ou vestígios prováveis, mas na "demonstração completa dos fatos arguidos": completa sem quaisquer excepções, sob pena do princípio *in dubio pro libertate* afastar a responsabilidade penal.

Este caminho que o Autor traçou e seguiu enraíza-se no mar ilocalizável e ilimitável da materialização dos direitos fundamentais que se apresentam ao investigador e ao julgador como fontes de legitimação e de limite inultrapassável da intervenção estatal restritiva de direitos, liberdades e garantias pessoais. Não podia ser outra a estrutura de exposição e de argumentação tendo em conta o substrato ferrajoliano e popperiano de toda a obra. A verdade não é a finalidade absoluta da investigação, nem a livre apreciação da prova pode suplantar a ilegalidade na produção da verdade.

A *Teoria da Investigação Criminal: Uma Introdução Jurídico-Científica* de Eliomar da Silva Pereira, que tenho a honra de prefaciar e que tive o privilégio de ser um dos primeiros leitores, é uma magnífica obra jurídico-filosófico-política. É uma obra científica que nos enriquece e nos faz pensar sobre um futuro melhor, porque terá melhores investigadores criminais. Muito mais haveria para dizer sobre todo o manancial da obra e toda a propriedade científica do Autor, mas deixo aos leitores e, em especial, aos que se dedicam a discretear estas temáticas o juízo científico final.

A criminalidade da sociedade pós-moderna ou dos tempos líquidos implica que se olhe e se sinta a investigação criminal com "uma compreensão mais sistemática" para que o mundo que criamos e deixamos seja um mundo melhor.

É este o contributo de ELIOMAR DA SILVA PEREIRA.

Lisboa, Setembro de 2010

MANUEL MONTEIRO GUEDES VALENTE
*Professor da Universidade Autónoma de Lisboa*

# SUMÁRIO

## III. OBJETO: QUE CRIME?

## IV. MÉTODOS: QUE PROCESSO?

# I
# INTRODUÇÃO: QUE TEORIA?

*Veritas, non auctoritas facit iudicium* (L. Ferrajoli, *Diritto e ragione. Teoria del garantismo penale*)

# 1
# O PRINCÍPIO DA INVESTIGAÇÃO CRIMINAL: "*NULLUM IUDICIUM SINE INVESTIGATIONE*"

A investigação criminal tem uma longínqua história de formação, no curso da qual se alimenta de institutos antigos, medievais e modernos; adquire sua forma instrumental de inquérito, ainda atualmente presente em diversos sistemas processuais, e se consolida como princípio jurídico fundamental do processo penal nos Estados de Direito que postulam uma legitimação cognitivista da jurisdição penal.

A despeito das diversas guerras e dos constantes retrocessos políticos da humanidade, a civilização ocidental ainda pode ser vista como um projeto de tentativa da redução da violência, na qual se pode inscrever a investigação criminal como um instrumento que contribui para a contenção da violência social e estatal, na busca por meios de conhecimento que reduzem o recurso ao uso da força, tendo em conta a história das instituições processuais[21]. Entretanto, a investigação criminal se alimenta historicamente de institutos jurídicos cuja natureza oscila muito frequentemente entre duas noções equívocas (*cognitio; inquisitio*), sem as quais nos é impossível compreender a ambiguidade fundamental que ainda atualmente se mantém na sua forma jurídica institucional básica: o inquérito. Essa forma jurídica se consolida entre fins do século XII e início do século XIII, especialmente

[21] A tese de história geral se encontra em S. Pinker, *Os anjos bons de nossa natureza*, 2011; a defender que essa é precisamente a essência da racionalidade política moderna, cf. E. Weil, *Filosofia política*, 1990; a respeito da investigação criminal em específico, cf. F. Sidoti, *Criminologia e Investigazione*, 2006, p. 168: "La nascita dell'investigazione criminale si deve collocare in una storia plurisecolare, caratterizzata dalla diminuzione progressiva della violenza nelle società occidentali".

com o IV Concilio Laterano (1215), ao passo que o poder político confisca o conflito penal, instituindo o inquérito como substituto do processo por duelos e outras provas não racionais. Suas fontes mais imediatas se encontram em antigos institutos jurídicos que se observam em certas práticas religiosas e administrativas da época merovíngia (sec. V-VIII) e carolíngia (sec. VIII-IX), cujos modelos de gestão espiritual e de bens viriam a ser o embrião do inquérito do processo inquisitório[22]. Mas é necessário, ainda, recorrer a fontes mais remotas do antigo direito romano, bem como avançar na sua prática mais persistente nas instituições inquisitórias. Aquelas fontes mais remotas e essas outras mais imediatas se constituem nos elementos que configuram a fundação de uma forma de processo por investigação, que se vai expandir e manter no sistema jurídico moderno, mesmo após a tentativa francesa de acabar com o *ancien regime* processual, retomado em parte na fase de *instruction preparatoire* do *Code d'Instruction Criminelle* de 1808, que se constitui no modelo ocidental seguido por diversos sistemas processuais, a persistir ainda atualmente nas diversas formas de investigação que encontramos no direito comparado, a despeito dos nomes diversos com que se apresentam: *enquete, indagine, sumario.*

Todos esses institutos jurídicos, que se encontram na fonte do princípio da investigação, contribuem em conjunto para a constituição do próprio conceito institucional de investigação criminal que permanece no interior da forma jurídica instrumental do inquérito, bem como nas diversas formas com que se instrumentaliza em sistemas processuais estrangeiros, nos quais persistem ainda as máximas da verdade e da oficialidade, que se podem reconduzir a uma estrutura cognitivo-potestativa relevante à interpretação do postulado *nullum iudicium sine investigatione.*

## As origens do princípio e sua ambiguidade fundamental (*cognitio, inquisitio*)

O primeiro conceito com que podemos compreender a investigação criminal como instrumento do poder punitivo, na história das instituições penais e processuais penais, parece encontrar-se na noção de *cognitio*, a essa se seguindo imediatamente a noção de *inquisitio*, sem a qual a própria

[22] Essa é a hipótese histórica de M. Foucault, *A verdade e as formas jurídicas,* 2002, que podemos encontrar também em T. Sorrentino, *Storia del processo penale. Dal'Ordalia all'Inquisizione,* 1999, embora neste com alguns argumentos diversos sobre a relação entre saber e poder.

*cognitio* parece não ser compreensível historicamente, embora possamos distingui-las semanticamente.

A *cognitio*, inicialmente, em um sentido ordinário, significa um "accertamento di fatti", não apenas em sentido jurídico, mas como uma premissa para uma decisão qualquer a tomar. Em sentido técnico-jurídico, contudo, corresponde a uma fase especificamente individualizada de um procedimento. É este significado que subsiste na cultura latina, como atividade de conhecimento[23], podendo-se ainda identificar no interior das diversas formas jurídicas de investigação. Nesse sentido, ela se encontra desde a Roma arcaica, no que se considera o mais antigo procedimento penal romano[24]. Mas é apenas na época do Império que a *cognitio* vem a designar todo o procedimento penal, incluindo o ato decisório, quando então ela passa a entender-se como outro tipo de processo, extraordinário, distinto do processo ordinário. A *cognitio* primitiva, que se pode encontrar no período monárquico (pré-republicano), contudo, se confundia mais com uma pura *coercitio*, manifestação do *imperium* do monarca como chefe militar[25], sem limites nem regras delineadas, que às vezes se fazia auxiliar por *quaestores parricidii*, aos quais se delegavam funções de investigar, processar e julgar[26]. Mas, a respeito dos *quaestores*, que viriam a figurar também no período da legislação decenviral, as fontes não precisam quais eram exatamente suas atribuições, embora se reconheça que eles, como espécie de magistrado, não detinham *imperium*, mas apenas *potestas* correspondente ao seu campo de atividade[27].

[23] Cf. G. Pugliese, "Cognitio", *NSDI, III*, 1975, p. 431ss.

[24] Cf. R. L. Tucci, *Lineamentos de processo penal romano*, 1976, p. 107ss; G. Pugliese, "Cognitio", p. 431, observa que ainda nesse sentido, ela está presente também no processo civil ordinário *per formulas* na atividade do pretor.

[25] Cf. B. Santalucia, *Derecho penal romano*, 1990, p. 33ss, para quem o exercício de uma atividade desenvolvida com base em *imperium*, sem limites nem regras, não se pode constituir em verdadeira e própria função jurisdicional (*iudicatio*), mas apenas *coercitio*. Em sentido contrário, cf. E. De Martino, *La giurisdizione nei diritto romano*, 1937, p. 255ss, para quem *imperium* é um conjunto de poderes, ao passo que a *iurisdictio* é um poder singular e emanação do *imperium*.

[26] Cf. R. L. Tucci, *Lineamentos de processo penal romano*, p. 107ss. Sobre a origem dos *quaestores*, como assistentes do rei no exercício da jurisdição criminal, cf. S. Di Marzo, *Storia della procedura criminale romana*, 1986, p. 67ss.

[27] Cf. W. Kunkel, *Historia del derecho romano*, 1999, p. 26; B. Santalucia, *Derecho penal romano*, 1990, p. 51, observa que as fontes limitam-se a indicar sua esfera de atividade relativa à persecução dos crimes, embora pareça verossímil que, em virtude de suas funções originárias

A *inquisitio* vem, por sua vez, associada à época do Império, na qual o magistrado e os outros funcionários imperiais não agem com iniciativa própria, mas segundo instruções centrais do imperador, que estabelece critérios aos quais a repressão se deve ater. Ela se estabelece à medida que o sistema da *accusatio* decai. E, portanto, é na *cognitio extra ordinem* que ela se torna mais evidente. Entende-se, assim, porque, embora não sejam conceitos correlatos, a *cognitio* nos remete necessariamente à noção de *inquisitio*. Embora nela se possa semanticamente reconhecer uma referência à aquisição de conhecimento, é sobretudo como representação da ação de ofício do poder que ela se reconhece em oposição à *accusatio*[28]. Essa *inquisitio* é o aspecto que se vai retomar mais evidentemente pelo direito medieval, no *processus per inquisitionem*, que constitui uma ponte de continuidade com o inquérito moderno.

A investigação criminal parece ter, portanto, nesses dois conceitos do direito antigo e medieval, o gérmen que ainda moderna e contemporaneamente se vai manter mesmo nos modelos mais desenvolvidos de processo penal. Entre um e outro, contudo, encontram-se certas práticas administrativas (*capitula missorum*) e religiosas (*visitatio*), que se tornam fontes intermediárias de sua constituição jurídico-institucional, especialmente do seu instrumento formal: o inquérito.

### *"Cognitio extra ordinem"*

A *cognitio extra ordinem* é o mais bem organizado procedimento penal no direito romano antigo, no qual podemos encontrar indícios de elementos com que a investigação criminal se constitui em forma estatal de resolução de problemas penais orientado por uma vontade de saber.

O procedimento *extra ordinem* se desenvolve inicialmente à margem do sistema criminal e processual ordinários, mas posteriormente, na época pós-clássica, vai constituir-se no principal sistema de persecução[29].

de caráter indagatório, tinham a tarefa de instruir o processo e promover a acusação perante o juízo popular.

[28] L. Bove, "Inquisitio", *NSDI, VIII*, 1975, p. 716.

[29] O *extra ordinem* se qualifica não apenas por razões processuais, mas também substanciais, pela cominação de novas penas, mais graves e mais variadas que as da *iudicia publica*, permitindo assim punir condutas não consideradas originariamente crimes (G. Pugliese, "Cognitio", *NSDI, III*, 1975, p. 435). A *ordo iudiciorum publicorum*, que representava o ordenamento legislativo do processo criminal ordinário, consistia no sistema anterior das *quaestiones perpetuae* (A. Burdese, *Manual de derecho publico romano*, 1972, p. 329; p. 339).

Iniciado sem necessária *accusatio* formal, embora pudesse ser antecedida por uma *delatio* particular, o procedimento se desenvolvia de ofício. Na época republicana, uma *cognitio senatus* já se observava, em casos limitados para instruir uma *quaestio extraordinaria*[30], mas ainda estava subordinada a uma acusação pública[31]. O novo procedimento *exra ordinem* é típico do Império, em que a função de jurisdição criminal é exercida pelo imperador, por magistrados ou funcionários seus, mas estes últimos sempre como delegação de um poder de *imperium*. Dessa forma, entende-se por que o magistrado, embora dispondo de uma maior discricionariedade no procedimento, ainda estava vinculado e limitado, pois agia sob prescrições imperiais, que poderiam ter a forma de diretrizes gerais ou de instruções concretas mesmo. Nesse ponto, ela mantém a distinção entre *imperium* e *potestas* que já se observava na *cognitio* primitiva.

Enquanto nos *iudicia publica*[32] os jurados se limitavam a afirmar ou negar a responsabilidade do acusado, na *cognitio extra ordinem* a pena podia variar conforme circunstâncias objetivas ou subjetivas, condições pessoal e social, antecedentes e comportamentos posteriores ao crime[33], o que certamente exigia do magistrado uma maior cognição dos fatos, visando a obter razões correspondentes à diversidade da pena. Na cidade, o *praefectus urbi* era o responsável por esta atividade[34]; nas províncias, era o governador[35]. E nesta função, faziam-se auxiliar por *curiosi, irenarchae, stationarii* – espécies de funcionários responsáveis por realizar uma investigação, cujos resultados eram transmitidos ao magistrado[36].

[30] As *quaestiones extraordinariae* se constituam pela criação de tribunais excepcionais para tratar de questões específicas, que tinha gravidade ou repercussão política (A. Burdese, *Manual de derecho publico romano*, p. 316ss).

[31] Cf. A. Burdese, *Manual de derecho publico romano*, 1972, p. 331; cf. também B. Santalucia, *Derecho penal romano*, 1990, p. 113.

[32] O *iudicia publica* era denominação reservada originariamente aos processos perante jurados, designativo das *quaestiones*, mas viria a ser utilizada também para as *cognitiones*. Cf. A. Burdese, *Manual de derecho publico romano*, 1990, p. 339.

[33] Cf. B. Santalucia, *Derecho penal romano*, 1990, p. 115.

[34] A competência judicial do *praefctus urbi* estende-se durante o Império a todo crime cometido em Roma, no raio de cem milhas da Urbe, o que acaba suplantando a justiça ordinária das *quaestiones*. Cf. R. L. Tucci, *Lineamentos de processo penal romano*, 1976, p. 177; B. Santalucia, *Derecho penal romano*, p. 107.

[35] Em províncias menores, estes governadores se chamavam *procurators*, a exemplo do que foi Poncio Pilatos na Judeia. Cf. W. Kunkel, *Historia del derecho romano*, 1999, p. 64.

[36] Cf. R. L. Tucci, *Lineamentos de processo penal romano*, 1976, p. 173.

Muitas questões de natureza técnico-jurídicas são aduzidas entre as razões para o estabelecimento do procedimento *extra ordinem*[37], mas não se podem ignorar certas circunstâncias sociopolíticas como condicionantes de sua instituição. A *cognitio extra ordinem*, inicialmente atribuída ao Senado, tem origem mais em questões de ordem política, que se explicam pela proeminência de Augusto sobre as instituições republicanas[38]. Foi, portanto, esta proeminência do Principado sobre a República – tendente a expandir-se sem limites e concentrar nas mãos de única pessoa o poder –, que se encontra na base do processo *extra ordinem*.

Entende-se, assim, por que a *cognitio extra ordinem*, como expressão do Império Romano, teve natureza preponderantemente autoritária, a ela se associando geralmente a noção de *inquisitio*[39]. Esta tem em si contida a função repressiva iniciada de ofício pelo magistrado que, no sistema anterior da *accusatio*, limitava-se a presidir um colégio judicante[40]. Mas não se deve, contudo, relacionar necessariamente *cognitio* e *inquisitio*. Não se pode ignorar que a *cognitio senatus* ainda estava influenciada pelo sistema acusatório das *quaestiones* e mantém deste o procedimento perante jurados[41].

Ademais, é necessário, sobretudo, distinguir na *cognitio extra ordinem* o procedimento que se conduzia diretamente pelo Imperador dos demais que se conduziam por magistrados ou funcionários seus, pois, enquanto naquele era exercido em nome próprio, como *princeps* do Império[42], nos demais, era expressão de um poder de delegação[43]. Temos, portanto, uma distinção essencial entre o procedimento conduzido pelo imperador (*impe-*

[37] B. Santalucia, *Derecho penal romano*, 1990, p. 104ss. R. L. Tucci, *Lineamentos de processo penal romano*, 1976, p. 174. Entre os problemas, encontra-se a competência das *quaestiones* limitada apenas a crimes específicos; o inconveniente para submeter ao mesmo tribunal casos de concurso de pessoas ou de crimes; a impossibilidade de graduar penas em relação a circunstâncias objetivas e subjetivas.

[38] A. Burdese, *Manual de derecho publico romano*, 1972, p. 331, sustenta que, entre razões da nova ordem político-constitucional da época de Augusto, a *cognitio* foi inicialmente concedida ao Senado como compensação da perda de atividades de governo.

[39] Cf. B. Santalucia, *Derecho penal romano*, 1990, p. 113ss; A. Burdese, *Manual de derecho publico romano*, 1972, p. 333ss.

[40] Cf. L. Bove, "Inquisitio", *NSDI, VIII*, 1975, p. 716ss.

[41] Cf. B. Santalucia, *Derecho penal romano*, 1990, p. 112.

[42] Um caso célebre da história antiga é a *cognitio* pessoal pela qual o imperador Augusto condena o poeta Ovídio ao exílio.

[43] Segundo B. Santalucia, *Derecho penal romano*, 1990, p. 105, o poder de repressão do Imperador congregava a avocação, a apelação e a delegação.

*rium*) e os procedimentos conduzidos por magistrados (*postestas*). Enquanto o *imperium* é uma *potestas* absoluta, atribuído apenas ao magistrado supremo[44], referido geralmente a um poder de comando militar e substancialmente ilimitado; a *potestas* é um poder essencialmente limitado[45].

É, portanto, compreensível porque ainda atualmente a investigação criminal se desenvolve por atos que oscilam entre controle e limites tendencialmente incontroláveis pelo sistema jurídico, cujas normas dificilmente conseguem cobrir a totalidade das possibilidades restritivas de direitos durante seu desenvolvimento. Mas essa ambiguidade é atualmente constituída por outra dualidade, que coloca em oposição o interesse público de proteção coletiva da sociedade, cuja superioridade axiológica é postulada para excluir quaisquer limites, e os limites jurídicos que se impõem por direitos fundamentais, cuja base em interesses individuais privados é aduzida, sem considerar seu valor igualmente público.

### *"Processus per inquisitionem"*

O *processus per inquisitionem* retoma aspectos relevantes da *cognitio extra ordinem*, acrescendo à história da constituição da investigação criminal alguns elementos que vão persistir em suas formas contemporânea. A inquisição medieval, portanto, retoma aspectos relevantes do antigo direito romano, mas nela é que se vai encontrar as fontes do principal modelo processual do direito comum europeu[46]. Contudo, enquanto os duelos, as fainas e ordálias resolviam os conflitos criminais não parecia haver espaço para um processo penal por investigação. Embora não se possa datar o fim desse sistema processual do direito germânico antigo[47], tem-se aceito o ano de 1215 como simbólico a determinar o estabelecimento de um novo processo que vem a delinear-se no direito canônico, com a proibição do *iudicium Dei*

[44] Cf. L. Bove, "Imperium", *NSDI, VIII*, 1975, p. 209ss.

[45] Cf. I. C. Colognesi, "Potestas", *NSDI, XIII*, 1976, p. 507ss. Embora se admita que a distinção talvez não tenha existido claramente para os romanos antigos, sendo, portanto, uma construção moderna, tem-se reconhecido ela com base em formas diversas de manifestação do poder dos diversos magistrados antigos.

[46] O direito comum, também chamado bartolismo, escolástica jurídica ou *mos italicus*, refere-se ao direito da Europa ocidental, entre os séculos XII e XVII, que se constitui pela unificação do direito romano justianeu, o direito canônico e direitos locais (Cf. A. M. Hespanha, *Cultura jurídica europeia. Síntese de um milénio*, 2012, p. 114ss).

[47] Como diz G. Alessi, *Il processo penale*, 2011, p. 24: "Non é possibile, naturalmente, raccontare «l'ultima ordalia»: tuttavia disponiammo di documenti tardi e singolari".

pelo IV Concílio Laterano, mas é certo que muito antes, Litupandro, o rei católico dos Longobardos, no século VIII, havia já decidido limitar as ordálias[48], assim como os Papas Alessandro III e Lúcio II, antes do Concílio já as tinham vetado aos eclesiásticos[49].

Contudo, é igualmente certo que somente no século XIII essa antiga prática começa, embora ainda em concorrência com as novas práticas[50], a ceder espaço para o que será a forma mais aprofundada, extrema e obscura de um processo penal por investigação[51]. O seu protótipo se encontra no *Directorium Inquisitorum.* Escrito em 1376 pelo frei dominicano Nicolau Eymerich (jurista e teólogo), inquisidor-geral do reino de Catalunha e Aragão em 1357, o *Manual do Inquisidor* se tornou uma espécie de "direito comum inquisitorial", considerado uma norma geral a ser seguida por todos os inquisidores. Devido às novas heresias que surgiram no século XVI, o manual é revisto e ampliado em 1578 pelo também dominicano Francisco de La Peña. Trata-se de escrito sustentado em fontes bíblicas, pontifícias, conciliares e imperiais, bem como nas práticas do próprio autor como inquisidor[52]. É, portanto, na Inquisição medieval que podemos encontrar o modelo desse processo que se vai estender às inquisições pré-modernas e se consolidar nos Estados nascentes, nas primeiras grandes ordenações, a exemplo da *Ordonnance de 1670*[53].

O *Directorium Inquisitorum,* contudo, não se limitava a descrever um procedimento de inquisição. Nele encontramos matérias que concernem ao objeto da inquisição, à autoridade do inquisidor e ao seu método de investigação[54]. Mas é importante estabelecer as relações que existem entre esses três elementos (objeto, sujeito e método) no processo canônico medieval, para que possamos entender como eles se alimentam e dependem recipro-

[48] G. Alessi, *Il processo penale,* 2011, p. 19.

[49] T. Sorrentino, *Storia del processo penale,* 1999, p. 185.

[50] T. Sorrentino, *Storia del processo penale,* 1999, p. 135; G. Alessi, *Il processo penale,* 2011, p. 23.

[51] M. Foucault, *A verdade e as formas jurídica,* 2002, p. 55.

[52] Cf. L. Boff, "Inquisição: Um espírito que continua a existir", Prefácio ao *Manual dos inquisidores,* 1993

[53] As grandes ordenações jurídicas, que começam por volta do século XVI, caracterizam-se pela racionalidade, generalidade e abstração normativa. Elas traduzem juridicamente o que representava a concentração do poder político (A. M. Hespanha, *Cultura jurídica europeia,* 2012, p. 231ss).

[54] Esta, contudo, não é a divisão formal. O *Directorium* está assim dividido: I. Jurisdição do Inquisidor; II. Prática Inquisitorial; III. Questões referentes à Prática do Santo Ofício da Inquisição

camente para a realização completa da Inquisição. É importante observar que sem as descrições imprecisas da heresia, com suas disposições obliquamente estendidas à configuração do herege; sem a autoridade tendencialmente ilimitada do inquisidor, com submissão tanto da investigação pelos comissários quanto da acusação pelo promotor fiscal, dificilmente o processo inquisitorial poderia alcançar o modelo metodológico com que se configura no *Directorium.*

Dos três elementos que constituem o modelo do *Directorium*, a autoridade tendencialmente ilimitada do inquisidor é seu núcleo fundamental, o que torna claro ser impossível delimitar racionalmente uma teoria da investigação criminal sem levar em conta os sujeitos envolvidos e suas posições relativamente ao objeto e ao método. O inquisidor encarna aquilo que Italo Mereu bem caracteriza pela figura do "juiz caristmático", que "não tem vínculos nem limites a respeitar", podendo utilizar o procedimento que considerasse mais conveniente, embora estivesse submetido ao princípio da legalidade. Dessa concepção processual resulta um "discurso moralista sobre o dever que tem o inquisidor de prestar a máxima atenção e a observar o máximo cuidado antes de iniciar uma ação penal". Essa autoridade reconhecida ao juiz-inquisidor se justificava porque nele se via um juiz-confessor e "pastor de almas", o que está em conformidade com a ideia de um juiz carismático[55]. Essa mesma figura está igualmente em conformidade com a noção de *auctoritas*, como vem caracterizado por Giorgio Agamben, a partir do seu núcleo "carismático" encarnado na figura pessoal da autoridade que se legitima independentemente da *potestas* – entendida aqui como expressão de um ordenamento normativo e jurídico limitado[56]. O problema é que essa *auctoritas* na história das instituições processuais se impõe à revelia da *veritas* que originariamente teria legitimado o processo de ofício postulado pela Inquisição, resultando na epistemologia inquisitória que Luigi Ferrajoli soube bem sintetizar na máxima *auctoristas, nom veritas facit iudicium*[57]. Não se trata, contudo, bem vistas as coisas, de uma exclusão absoluta da *veritas* pela *auctoritas*, mas antes de uma específica noção de *veritas* subordinada à concepção da *auctoritas*, que constitui precisamente a epistemologia inquisitória[58].

[55] I. Mereu, *Historia de la intolerancia*, 2003, p. 191ss; p. 195

[56] Cf. G. Agamben, *Estado de exceção*, 2004, pp. 127-130

[57] L. Ferrajoli, *Diritto e ragione. Teoria del garantismo penale*, 2008, p. 17.

[58] Cf. a respeito, L. Boff, "Inquisição: Um espírito que continua a existir", 1993.

Assim, nessa perspectiva, o *Directorium* inicia-se com a descrição de seu objeto, mas o faz sob a perspectiva do inquisidor, por constituir o âmbito de sua jurisdição. As disposições sobre a heresia, contudo, são poucas, pois a maior parte se refere aos hereges. E, embora a primeira parte do manual esteja destinada ao objeto da Inquisição, é somente na parte que trata do processo que ele se dedica a falar mais detalhadamente do objeto reconduzido sempre à figura do herege[59]. Imediatamente após o objeto segue-se, sob o título de "antes do processo", a discussão sobre a autoridade do inquisidor. Essa ordem de disposição do *Directorium* põe em evidência o quanto do processo inquisitorial depende de disposições substantivas e institucionais que o antecedem. Sem uma compreensão adequada da autoridade do Inquisidor dificilmente podemos entender como é possível o processo que se segue.

O inquisidor se podia fazer auxiliar por um *comissário inquisitorial*, cujos poderes eram "receber denúncias, informações e acusações de quem e contra quem quer que seja (dentro dos limites da diocese); proceder contra quem achasse que fosse oportuno; citar tanto os criminosos quanto as testemunhas; prender, convocar especialistas e fazer tudo o que, de uma maneira geral, o inquisidor poderia fazer se estivesse fisicamente presente", embora o inquisidor se reservasse a aplicação da sentença definitiva[60]. Se houvesse necessidade, o Inquisidor ainda se podia utilizar de peritos, que na Inquisição espanhola se chamavam *calificadores*, aos quais se podia requerer um exame preliminar de provas documentais[61]. Ainda na Inquisição espanhola, o Inquisidor dispunha também de um *promotor fiscal* ou acusador. Este funcionário tinha um posto de verdadeira importância imediata ao Inquisidor e chegou a utilizar-se do título de *Inquisidor-fiscal*, quando alguns inquisidores passaram a ser nomeados a este cargo[62]. Mas a proeminência do Inquisidor sobre todos eles (comissários, qualificadores e promotores) era tal que representava uma unidade sob sua direção,

[59] O *Directorium* fala de "indícios exteriores pelos quais se reconhecem os hereges", em que se adverte: "Os inquisidores devem ser capazes de reconhecer as particularidades rituais, de vestuário etc., dos diferentes grupos de hereges".

[60] N. Eymerich; F. La Peña, *Manual dos inquisidores*, [1993], p. 95.

[61] A. S. Turberville, *La inquisición española*, 1950, p. 61. O *Regimento do Santo Ofício da Inquisição dos Reinos de Portugal* (1640) também dispunha sobre qualificadores (entre as disposições sobre procuradores e comissários).

[62] A. S. Turberville, *La inquisición española*, 1950, p. 60; o cargo de Promotor também figura no *Regimento do Santo Ofício da Inquisição dos Reinos de Portugal* de 1640.

uma divisão de tarefas, mas não uma divisão de poderes como atualmente se postula no processo penal do Estado de Direito.

Esse modelo de processo se vai replicar na legislação laica, a exemplo do que se encontra nas chamadas "pesquisas" do *Libro de las Leys* de Alfonso X (1252-1284), conhecido como *Las Siete Partidas*. Nele já se encontra a figura do *Patronus Fisci*, que viria a tornar-se o Procurador Fiscal como acusador público, mas as figuras mais características dessa forma de processo serão os *pesquisadores*, investigadores responsáveis pela função de instruir, que tinham o *dever de investigar a verdade*[63]. Embora houvesse possibilidade de abertura do procedimento *por acusacion, por denunciamiento* ou *por officio del julgador*, a pesquisa assume, sob a roupagem do processo romano-canônico, um papel central em *Las Partidas*. A *Tercera Partida* dispunha de um título inteiro dedicado aos pesquisadores (Título XVII), contendo doze *leyes*. De início, a *Ley I* estabelece o que quer dizer pesquisa, fazendo referência expressa à "*inquisitio* do latim", para explicar que por ela se sabe "a verdade de muitas coisas mal feitas que por outro meio não se poderiam averiguar nem provar"[64].

Esse mesmo modelo se pode encontrar também nas inquirições devassas das Ordenações Afonsinas (Livro V, Títulos XXXIII e XXXV), bem como em outros tantos instrumentos jurídicos do processo penal de cultura latina, chegando ainda com grande fôlego nas codificações modernas, naquilo que podemos denominar de "processo por investigação" como síntese de uma forma jurídica processual que se encarna no inquérito contemporâneo, presente ainda em diversos sistemas processuais penais, a exemplo do direito brasileiro e português, bem como em outros, a despeito dos nomes diversos que assumem.

## A instrumentalidade formal do princípio: o inquérito

A despeito dos diversos institutos históricos, nos quais se manifestam indícios de constituição da investigação criminal, esta se consolida na forma instrumental do inquérito, cuja concepção essencial se mantém nas demais

[63] J. B. Maier, *Derecho procesal penal, Tomo I: Fundamentos*, 2004, p. 300ss. Antes mesmo, contudo, em documentos e foros referentes aos reinos de Alfonso VII (1126-1157) e Alfonso IX (1188-1230), nos reinos de Castilha e Leão (unificados em 1230), já se observa o uso das pesquisas, embora ainda coexistentes com o sistema acusatório antigo (Cf. G. Alessi, *Il processo penale*, 2011, p. 54ss)

[64] Cf. *Las Siete Partidas*, Título XVII, 1491.

formas jurídicas que podemos encontrar na diversidade dos sistemas processuais penais contemporâneos.

O investigação criminal se constitui, ainda, para além de institutos de natureza ostensivamente processual penal, a partir de institutos outros que se encontram em certas práticas religiosas e administrativas da época merovíngia (sec. V-VIII) e carolíngia (sec. VIII-IX), cujos modelos de gestão espiritual e de bens viriam a ser o alimento institucional da origem do inquérito como forma de processo por investigação, de que os Estados modernos se vão utilizar não apenas para fins penais, mas igualmente na compreensão social dos problemas que interessava ao poder político gerir na concepção de sociedade a serviço do bem comum representado pelo Estado[65].

É, a esse respeito, importante ter em mente que a forma do inquérito se constitui com base em uma específica racionalidade científica e política que se encontra muito frequentemente na cultura ocidental, segundo a lógica do racionalismo e do empirismo, podendo identificar-se a sua concepção metodológica em vários campos de conhecimento. É, portanto, com base no inquérito como processo por investigação que se organizam as práticas judiciárias da Idade Média, até a época moderna, difundindo-se depois para outros domínios de saber como a Geografia, a Medicina, a Botânica e a Zoologia, permitindo a acumulação de conhecimento no fim nos séculos XVII e XVIII, por meio de inquéritos ainda sobre população e riquezas, necessários à administração crescente dos Estados, chegando a ciências como a Economia Política e a Estatística[66].

### *As fontes administrativa e religiosa do inquérito*

O inquérito constitui-se como forma de pesquisa que decorre de um conúbio entre um antigo instituto usado pelo poder laico para fins fiscais (*capitula missorum*) e outro usado pela Igreja para descobrir infrações que lhe interessava coibir (*visitatio*)[67].

A prática da *visitatio* era adotada pela Igreja, na Alta Idade Média. O bispo devia percorrer sua diocese periodicamente, instituindo ao che-

[65] Essa concepção se encontra muito claramente na ciência policial de J. H. G. von Justi, conforme o descrevemos em E. S. Pereira, *Introdução às ciências policiais*, 2015, pp. 49-59.

[66] Cf. nesse sentido, M. Foucault, *A verdade e as formas jurídicas*, 2002, p. 75.

[67] M. Foucault, *A verdade e as formas jurídica*, 2002, p. 71; T. Sorrentino, *Storia del processo penale. Dall'Ordalia all'Inquisizione*, 1999, p. 118.

gar, primeiramente, uma *inquisitio generalis*, mediante a qual se perguntava a todos se algo de errado havia ocorrido em sua ausência. Nessa reunião, compareciam *testes sinodalis*, pessoas reconhecidas por seus bons costumes como *boni homines*, dos quais se esperava obter uma *denunciatio*. Somente se esse inquérito fosse positivo é que se instituía a *inquisitio specialis*, orientada a um caso em particular, para saber exatamente o que se tinha praticado e quem era seu autor, visando a obter, por fim, a confissão do culpado[68]. Mas, enquanto a inquisição especial parece ter no direito romano seu modelo mais remoto, o que se chamou inquisição geral, constituída sobre a base de uma *obrigação coletiva de testemunhar*, parece nascer entre os séculos IX e XII, em torno de questões várias – como malversação de juízes e agentes reais, possessões de terras, confinamentos de propriedades –, para, por fim, chegar ao campo específico da criminalidade. Isso acontece quando o bispo passa a fazer-se acompanhar de condes com interesses de vigiar a multiplicação dos crimes, mas já nesses casos contavam com os *juratores*, considerados súditos fiéis, contra quem o acusado não tinha grande possibilidade de defesa eficaz[69].

O outro modelo de que se vai alimentar o processo por investigação parece nascer no âmbito fiscal da gestão de bens, na prática administrativa que se encontra especialmente no Império Carolíngio[70]. Mas o método da indagação não se limitava a tais questões fiscais. Podia-se utilizar do mesmo procedimento para solucionar também problemas de direito e costumes, impostos e propriedades. Os *missi dominici*, escolhidos *ex optimatibus viros credentissimos et sapientíssimos* e enviados do Rei, com base em um mandato (*capitula missorum*), percorriam as várias regiões do reino, reuniam pessoas em assembleia e inquiriam-nas acerca de coisas públicas, moral, religião e justiça[71]. Em todo caso, contudo, a obrigação de dizer a verdade estava no centro do método de pesquisa[72]. O *juramento coletivo* e

[68] M. Foucault, *A verdade e as formas jurídicas*, 2002, p. 70.

[69] G. Alessi, *Il processo penale Profilo storico*, 2011, p. 24ss; T. Sorentino, *Storia del processo penale*, 1999, pp. 121ss.

[70] M. Foucault, *A verdade e as formas jurídicas*, 2002, p. 68ss; G. Alessi, *Il processo penale*, 2011, pp. 25-29, insiste também nessa origem, embora advirta que a mesma prática se encontrava igualmente na Espanha visigótica, a partir do século IX.

[71] T. Sorrentino, *Storia del processo penale*, p. 118ss; no mesmo sentido, E. Cortese, *Le grandi linee della storia giuridica medievale*, 2000, p. 129.

[72] No *Direcotorium Inquisitorum* (1376), Nicolau Eymerich dispõe sobre essa questão ao tratar da "abertura pública e solene dos trabalhos da Inquisição", na qual existia uma "ordem de

a *obrigação de depor* sobre fatos que interessavam ao poder constituem as bases comuns a várias formas de indagar que surgem na Idade Média[73]. O certo é que, sem estas bases, dificilmente o inquérito teria a possibilidade de alcançar o êxito de investigação que obteve no campo criminal. É preciso insistir-se nessa questão para entender o que há de especialmente novo na investigação criminal contemporânea que, para compensar a falta dessa obrigação, necessitará de um novo elemento – o aporte da ciência ao sistema de persecução[74].

Quando a Igreja adquire a hegemonia econômica e política entre os séculos X e XII, a Inquisição era tanto uma prática de *inquérito espiritual* (sobre pecados, faltas e crimes), quanto uma prática de *inquérito administrativo* (sobre bens, acumulações e distribuições)[75]. É desse modelo que as monarquias absolutas se vão utilizar para os procedimentos judiciários, na forma do *inquérito penal*, em que o procurador do rei busca uma forma de generalizar o flagrante delito para os casos de autoria desconhecida.

Essas práticas, que se encontram no campo religioso e administrativo, constituem, portanto, a base com que se vai constituir o método de indagação do processo por investigação na Idade Média, devendo a estas fontes se acrescer o renascimento do direito romano, do qual se resgatam elementos da *cognitio extra ordinem*[76]. Claro é que o processo por investigação medieval não se constituiu na base exclusiva do direito romano, mas não se pode negligenciar este dado que constitui o ponto de continuidade do que vai ser o direito romano-canônico, base das grandes ordenações da primeira idade moderna. A partir dos anos mil, depois da redescoberta do *Digesta*, que guardava a memória do direito romano e punha no processo a relevância do documento e da testemunha, a Igreja assegurou a

delação a ser lida durante o sermão geral".

[73] G. Alessi, *Il processo penale*, 2011, p. 27ss.

[74] E assim como o Ministério Público teria sido considerado por A. Esmein, *Histoire de la procédure criminelle en France*, 1969, p. 100, como a peça que faltava para o processo de ofício no século XIV, a perícia criminal será o arremate inquisitório do século XX, ao retirar certas provas do âmbito real do contraditório, com base em uma postulada verdade mais objetiva que dispensa maiores discussões.

[75] É a hipótese histórica de M. Foucault, *A verdade e as formas jurídica*, 2002, p. 71, para quem o inquérito teve uma dupla origem: "Origem administrativa ligada ao surgimento do Estado na época carolíngia; origem religiosa, eclesiástica, mais constantemente presente durante a Idade Média".

[76] Cf. T. Sorrentino, *Storia del processo penale*, 1999, p. 126; G. Alessi, *Il processo penale*, 2011, p. 25.

continuidade do processo penal laico, que viria a ser a base do sistema penal dos Estados nascentes e das grandes ordenações do século XVI[77]. Mas, como bem se observou, ao direito romano foi estranha a hierarquia de provas que se estabeleceu na Idade Média, a diferença entre indício e dedução lógica, bem como entre inquisição geral e especial[78]. Ademais, embora na esteira do renascimento de uma antiga tradição, algo de novo se institui no processo por investigação – a pretensão a uma verdade superior, alimentada por uma renovada onda de conhecimento, cuja pretensão não vinha corroborada pelas reais possibilidades do procedimento judiciário[79].

### *A "instruction preparatoire" e seus herdeiros modernos*

A forma fundamental do inquérito se vai manter no direito moderno, mesmo após a Revolução Francesa que tenta romper com o espírito processual do *ancien regimen*, subsistindo na forma processual da *instruction preparatoire* e em todas demais formas modernas que lhe dão continuidade. O que se pode chamar de antigo regime do processo penal, na França do fim do século XVIII, parece encontrar-se bem delimitado na *Ordonnance* de 1670[80]. E o que podemos chamar de modelo moderno de investigação criminal parece ter nela as linhas principais que se vão resgatar pelo *Code d'Instruction Criminelle* de 1808, mesmo após a legislação processual pós-revolucionária, que em muito pouco consegue alterar suas características fundamentais. A *Ordonnance* de 1670, assim como as anteriores ordenações dos séculos XV (1498) e XVI (1539), mantém a instrução preparatória por persecução de ofício pelo juiz, descartando a obrigação de informar ao procurador do rei, embora devesse levar em consideração as suas conclusões em cada fase do processo. Era sobretudo indispensável a sua decisão

[77] G. Alessi, *Il processo penale*, 2011, p. 23, p. 34ss.

[78] G. Alessi, *Il processo penale*, 2011, p. 37ss.

[79] Cf. T. Sorrentino, *Storia del processo penale*, 1999, p. 95ss, acerca do fervor intelectual que surge no século XII, a partir da redescoberta dos clássicos, como Aristóteles e Cícero, bem como das argumentações lógicas, como as sustentadas por Pedro Abelardo. Esse fervor renascerá nas perícias científicas do século XX. É ainda a mesma crença em uma capacidade da razão que exclui a discussão mais detalhada das provas.

[80] M. F. Hélie, *Traité de l'instruction ciminelle. Premiere parte: histoire et théorie de la procédure criminelle*, 1866, pp. 397ss; A. Esmein, *Histoire de la procédure criminelle em France et spécialement le XIIe siècle jusque'a nos jours*, 1969, pp. 177ss; A. Laingui, "La phase préparatorie du procès penal: historique", *RIDP* 56, 1985, pp. 47-49.

de levar o processo ao juízo final, fase que se constituía em uma segunda instrução.

O *Code d'Instruction Criminelle* de 1808, buscando alcançar um equilíbrio entre a *Ordonnance* de 1670 e as leis pós-revolucionárias (1789ss), mantém uma primeira fase de processo por investigação, secreta e escrita, com toda oficialidade possível, permitindo ao acusado um conselheiro de defesa apenas na véspera do debate. O júri que se havia instituído na legislação pós-revolucionária é mantido, mas apenas para julgamento, não mais para decidir sobre a acusação. O debate, como segunda fase do processo, é oral e público. Nasce assim o sistema misto de processo penal, cuja natureza fundamental não é estar dividido em duas fases como se costuma repetir sem maiores discussões[81]. Antes, o que o caracteriza é ter "duas almas"[82]. E é esse espírito que se transfere aos demais ordenamentos, persistindo ainda de alguma forma atualmente, mesmo quando se nega a existência de duas fases.

O *Code d'Instruction Criminelle* se organizava segundo o "princípio da divisão do trabalho", pelo qual se confiam a autoridades distintas as funções de persecução, instrução, julgamento e execução, ficando estabelecido que os agentes que exercem uma função não exercem outras, pelo menos em princípio[83]. No entanto, a distinção entre persecução e instrução não é realmente clara. E essa indistinção vai marcar o modelo instrutório de investigação. Assim, embora se fale em divisão das funções de persecução e instrução, o que se considerava instrução preparatória se confunde com uma investigação criminal, conquanto se admitisse uma outra instrução chamada definitiva. Essa instrução, contudo, era desnecessária em matéria de contravenção e facultada em delitos, sendo obrigatória apenas em crimes. A instrução preparatória – no curso da qual se realizava a investigação criminal – em síntese era o procedimento da *Ordonnance de 1670* até a fase de instrução extraordinária[84]. Essa atividade era confiada à polícia judiciária. Essa polícia judiciária, contudo, entende-se como uma função que se exercia por vários agentes, entre os quais, como oficiais superiores, se encontram o procurador de República e o juiz de instrução, auxiliados

[81] A considerar que R. Garraud, *Compendio de direito criminal*, 1915, p. 9, fala em três fases: ação, instrução e julgamento.

[82] Cf. F. Cordero, *Procedura penale*, 2012, p. 65: "processo a due anime".

[83] R. Garraud, *Compendio de direito criminal*, 1915, p. 6, p. 224ss

[84] A. Esmein, *Histoire de la procédure criminelle en France ...*, 1969, p. 532.

por outros oficiais. Entre os oficiais auxiliares do procurador da República, encontram-se juízes de paz e comissários de polícia. O procurador da República, portanto, reunia no sistema do *Code* as qualidades de oficial de polícia judiciaria e de membro do ministério público, assim como o juiz de instrutor, além de magistrado de instrução, era também oficial de polícia judiciária.

A instrução preparatória estava marcada por três caracteres. 1º) A instrução é não contraditória. Desenvolve-se segundo um jogo de força entre um magistrado e o acusado. Enquanto o Ministério Público pode a todo momento tomar conhecimento das peças do processo, o acusado se encontra afastado. O único direito que tinha era fornecer à câmara de acusação seus memoriais sobre acusações que ignorava, situação que apenas se modificou com a reforma de 1897. 2º) A instrução é secreta. Toda ela se desenvolve no gabinete do magistrado instrutor com seu escrivão. 3º) A instrução é escrita. E é sobre esse processo escrito que se decide a instrução[85]. A instrução preparatória se desenvolve por dois magistrados, o procurador da República que requer e o juiz de instrução que ordena as medidas necessárias à descoberta da verdade. O juiz de instrução não deve começar nem terminar a instrução sem requerimento escrito do procurador da República. Nesse sentido é que se fala de separação de poderes de instrução e de investigação entre magistrados no sistema do *Code*. Diz-se que, nessa posição, o juiz de instrução era um oficial de polícia judiciária, que ficava limitado a instruir *in rem*, nunca *in persona*. Enquanto o procurador da República tinha o direito de fiscalizar a instrução, requerendo a comunicação do *dossiê*, para fazer requisições, embora o juiz pudesse negá-las, com possibilidade de sofrer também oposição pelo procurador.

Os atos principais da instrução eram a procura das infrações e de seu autor. Entre os meios de investigação e de provas encontram-se a inspeção pessoal do juiz por visita a lugares, domicílio e apreensões necessárias, bem como a oitiva de testemunhas e interrogatório do investigado, além de exames. Todos se fazem sem contraditório. E a oitiva das testemunhas, que é a atividade fundamental, ao que se chama de informação, faz-se secretamente. Essas atividades, contudo, se realizavam efetivamente por delegação (obrigatória) a oficiais de polícia judiciária sempre que se deviam realizar em distrito distinto de onde não se encontrava o juiz ou

[85] R. Garraud, *Compendio de direito criminal*, 1915, pp. 240-242ss.

procurador, sendo possíveis (facultativa) mesmo nos distritos onde se encontrassem[86].

A *instruction preparatoire*, do *Code d'Instruction Criminelle* de 1808, é, portanto, a forma jurídica moderna da investigação que herda do modelo antigo seus princípios fundamentais e os transmite a toda cultura jurídica ocidental. E as formas instrumentais que se encontram atualmente, no direito comparado – *enquete* francesa, *indagine preliminare* italiana, *sumário* espanhol e inquérito português[87] – embora tenham nomes diferentes, permanecem sendo continuidade daquela forma originária de inquérito. O inquérito policial brasileiro (desde sua origem com o Decreto n. 4.824/1971 até o Decreto-Lei 3.689/1941) [88], assim como todas as demais formas de investigação criminal no Brasil – a exemplo do inquérito policial militar (Dec.-Lei 1002/1969, arts. 9º a 28) e do procedimento criminal do Ministério Público (CNMP, Res. nº 13/2006 revogada depois por Res. nº 181/2017) – persistem sendo, independente de seus nomes, continuidade daquela forma originária, o que igualmente se pode dizer do inquérito criminal que encontramos no Regimento Interno do STF.

A forma originária e histórica do inquérito, em síntese – a despeito das diversas formas institucionais de investigação que podemos encontrar nos sistemas processuais penais contemporâneos –, ainda mantém seu espírito fundamental, encarnado nas duas máximas jurídicas comuns (oficialidade e verdade), que nos revelam a sua estrutura cognitiva-potestativa fundamental como forma de saber e poder.

## A estrutura cognitivo-potestativa do princípio

A investigação criminal é tanto um meio de aquisição do conhecimento, quanto de exercício do poder punitivo, que se realiza por atos potestativos qualificados por uma finalidade cognitiva. Essa estrutura cognitivo-potestativa se torna evidente ao aproximarmo-nos melhor da história do nascimento do inquérito. O inquérito nasce, sobretudo, como um processo de governo, uma técnica de administração dos problemas criminais[89]. Não se

[86] R. Garraud, *Compendio de direito criminal*, 1915, pp. 275-288ss

[87] Cf. B. Bouloc, *Procédure penale*. 2014; P. Tonini, *Manuale di procedura penale*, 2013; V. Gimeno Sendra, *Derecho procesal penal*, 2012; G. Marques da Silva, *Do Processo penal preliminar*, 1990.

[88] J. M. Almeida Jr., *O processo criminal brasileiro, Vol. I*, 1920; J. C. Mendes de Almeida, *Princípios fundamentais do processo penal*, 1973; H. Tornaghi, *Instituições de processo penal, Vol. II*, Saraiva, 1977.

[89] Em suma, "o inquérito é uma determinada maneira do poder se exercer" (M. Foucault, *A verdade e as formas jurídicas*, 2002, p. 73)

pode, portanto, ver no seu nascimento apenas uma forma progressiva do uso da razão, apenas como "refinamento do conhecimento", pois isso não lhe revelaria a racionalidade complexa que traz embutida no conhecimento uma forma de exercício do poder: é essa a conjectura história de Foucault[90].

Essa conjectura é sedutora pela coerência com que se nos apresenta, mas parece conter um equívoco que se torna evidente no processo penal contemporâneo. A hipótese fundamental, contudo, parece persistir – o característico dessa forma de processo por investigação é a ordenação dos atos à procura da verdade, mas imbricados com uma forma de poder[91]. Neste ponto é que se pode perceber o quanto de uma concepção ético-política se transfere às práticas epistêmicas. Não há uma teoria do conhecimento desvinculada de uma teoria política. Essa é certamente a grande lição que precisamos reter de Michel Foucault na compreensão do processo penal. Mas é questionável, contudo, como o pretende, que somente as condições sociopolíticas condicionem a procura da verdade, porque também as condições epistêmicas do saber podem condicionar o exercício do poder. Embora não se possam mapear todos os fatores epistêmicos que tenham determinado a forma de inquérito nos séculos XII e XIII, não se pode ignorar que uma demasiada confiança na capacidade da razão contribuiu para moldar aspectos relevantes do processo por inquérito, a considerar as disposições relativas às provas legais[92]. Não estamos a sugerir que as razões do processo por inquérito foram apenas a busca por melhor saber. Estabelecer suas razões, sejam elas teóricas ou práticas, exige-nos conjecturar sobre causas demais que nunca teremos todas à disposição do conhecimento. Apenas nos parece ser improvável que todo conhecimento esteja condicionado pelo poder sem uma qualquer reciprocidade.

Mas não podemos simplesmente inverter a direção do condicionamento. Isto seria incorrer em um erro igualmente reducionista. Apenas precisa-

[90] M. Foucault, *A verdade e as formas jurídicas*, 2002, p. 73. No mesmo sentido, embora ressalte o fervor intelectual da época, cf. T. Sorrentino, *Storia del processo penale*, 1999, p. 95, pp. 113-118, p. 137.

[91] Em suas palavras: "Só pode haver certos tipos de sujeito de conhecimento, certas ordens de verdade, certos domínios de saber a partir de condições políticas que são o solo em que se formam o sujeito, os domínios de saber e as relações com a verdade" (M. Foucault, *A verdade e as formas jurídicas*, p. 27).

[92] Sobre esse aspecto da mesma histórica, cf. T. Sorrentino, *Storia del processo penale*, 1999, p. 91ss, ao nos falar que as cidades florescem, as pessoas viajam o saber redescobre o pensamento antigo, a lógica aristotélica e o direito romano em Bologna.

mos insistir na existência de um condicionamento recíproco entre formas de saber e formas de poder. Essa é uma compreensão que pensamos ser necessário reter, a partir da leitura dos processos penais investigativos da época medieval, para que não se caia no equívoco recorrente de pensar o medievo como uma era de trevas, sem qualquer conhecimento razoável do mundo. Apenas assim podemos também entender como é possível nas sociedades contemporâneas dominadas pela ciência ainda persistirem formas autoritárias de processo penal, não obstante o poder político tenha uma grande propensão a seguir as certezas de provas científicas. E essa é exatamente a questão. Se pudermos interpretar a teoria de Michel Foucault neste sentido de condicionamento recíproco entre saber e poder, podemos aceitá-la no que há de essencialmente verdadeiro – não há teoria do conhecimento sem teoria do poder, nem esta sem aquela.

"O inquérito é uma forma de saber-poder", cujo conteúdo é precisamente a investigação criminal. É nesse sentido que podemos entender a explicação mais detalhada de Michel Foucault: "o inquérito não é absolutamente um conteúdo, mas a forma de saber. Forma de saber situada na junção de um tipo de poder e de certo número de conteúdos de conhecimentos". E, em termos mais pontuais e conclusivos: "O inquérito é precisamente uma forma política, uma forma de gestão, de exercício do poder que, por meio da instituição judiciária, veio a ser uma maneira, na cultura ocidental, de autentificar a verdade, de adquirir coisas que vão ser consideradas como verdadeiras e de as transmitir"[93]. É com essa ambivalência (saber e poder) do inquérito que podemos compreender o que se entende ainda hoje, não tanto a forma jurídica do inquérito, mas a investigação criminal em sua estrutura subjacente como meio de aquisição de conhecimento imbricado no meio de exercício de poder punitivo, que se encontra nos diversos sistemas processuais com nomes diversos, bem como nas diversas espécies de investigação em um mesmo sistema. Em outros termos, há uma estrutura cognitivo-potestativa subjacente às diversas formas que se encontram em diversos sistemas processuais de investigação criminal.

Aceite-se ou não a conjectura histórica de Michel Foucault, em todos os seus aspectos e desenvolvimentos, bem como nossas considerações acrescidas, deve-se admitir que foi para saber "quem fez o que", "em que momento" e "em que condições", que se desenvolveu essa forma de pro-

[93] M. Foucault, *A verdade e as formas jurídicas*, 2002, p. 78ss.

cesso por investigação na prática judiciária medieval, ainda que tenha sido antes uma questão de poder que de saber a determinar-lhe o surgimento[94]. Trata-se, contudo, em termos jurídicos, da instituição do princípio da verdade como fundamento de legitimação do processo penal, ainda que esteja antecedido e orientado pelo princípio da oficialidade com que se constitui o processo inquisitório. São esses mesmos elementos que se podem perscrutar muito antes no processo penal da Antiga Roma, especialmente no procedimento *extra ordinem* de ofício, a considerar o que nos sugere a noção de *cognitio*, bem como o seu regime de provas testemunhais e documentais, apesar das incertezas históricas que subsistem acerca dela[95]. É ainda uma vontade de saber (*veritas*) que se encontra na base do inquérito contemporâneo, embora conduzida por um poder que se pretende limitado em teoria processual (*potestas*), mas que na atividade prático-processual tende sempre a desvencilhar-se de um efetivo controle jurídico pela exaltação da autoridade das instituições envolvidas, como fonte autônoma de controle próprio (*auctoritas*), que muito se aproxima de uma mera vontade de poder ilimitado (*imperium*). Ainda que se tenha modificado a epistemologia da Ciência, ainda que se tenha modificado a axiologia do Estado, subsiste um elemento anômico no interior do processo penal que insiste em assegurar uma autoridade tendencialmente indomável com algum espaço de ação livre pelo poder visando a enfrentar o problema da criminalidade.

É compreensível, portanto, também no processo penal, a conclusão de Giorgio Agamben acerca de todo o direito: "O sistema jurídico do Ocidente apresenta-se como uma estrutura dupla, formada por dois elementos heterogêneos e, no entanto, coordenados: um elemento normativo e jurídico em sentido estrito – que podemos inscrever aqui, por comodidade, sob a rubrica de *potestas* – e um elemento anômico e metajurídico – que podemos designar pelo nome de *auctoritas*"[96]. É o que ainda se pode encontrar nos modelos de investigação pelo órgão de acusação, pela exaltação da autosuficiência do poder numa forma renovada de *auctoritas* carismática que se encarna no Ministério Público como garante qualificado da legali-

[94] M. Foucault, *A verdade e as formas jurídicas*, 2002, p. 71ss

[95] T. Mommsen, *Derecho penal romano*, 1991, p. 224: "Es imposible hacer un estudio científico-expositivo de la cognición..."; B. Santalucia, *Diritto e processo penale nell'antica Roma*, 1998, p. 189ss.

[96] G. Agamben, *Estado de exceção*, 2004, p. 130.

dade[97]. Mas também o encontramos nas constantes tentativas de retomada da investigação pelo próprio juiz ou mesmo por tribunais. E assim, a *inquisitio* subsiste *in potentia*, como possibilidade sempre, no interior dos sistemas processuais contemporâneos, e a pretensão a um poder ilimitado lhe segue os passos como a uma sombra. Afinal, como observa Luigi Ferrajoli, "...o método inquisitório exprime uma confiança tendencialmente ilimitada na bondade do poder e na sua capacidade de alcançar a verdade"[98]. E essa capacidade vem atualmente alimentada e justificada pela potencialidade dos meios de investigação e obtenção de provas, que postulam uma objetividade e neutralidade ausentes de interesse e parcialidade que se identificavam mais facilmente na metodologia inquisitória tradicional, mas que estão hoje obscurecidas por uma ingênua sedução pela ciência e tecnologia.

A investigação criminal, no entanto, persiste tendo uma estrutura cognitivo-potestativa, cujo saber oscila entre *veritas* e *auctoritas;* e o poder, entre *potestas* e *imperium*. O saber tende a justificar-se em uma autoridade dogmática, independente dos métodos com que se desenvolve e da verdade que se obtém; enquanto o poder tende sempre a impor-se por uma autoridade despótica independente da forma de legitimação, avançando de uma legitimidade carismática para uma legitimidade legalista pela mera organização ou pelo mero procedimento de que se utiliza, mantendo ainda espaços anômicos de controle. A investigação criminal, portanto, tendo em conta essa imbricação fundamental, entende-se, assim, tanto como um meio de aquisição de conhecimento – que se pode compreender a partir da noção geral de investigação da qual a investigação criminal é espécie –, quanto como um meio de exercício do poder – que se pode compreender pela noção de processo penal. Mas tanto na investigação o poder já se pode delinear na intencionalidade dos caminhos da pesquisa, pelo interesse específico que o orienta, quanto no processo o saber constitui uma base relevante ao estabelecimento de seus objetivos. E essas questões se reconduzem juridicamente à compreensão das duas máximas comuns ao princípio e à compreensão que lhe podemos dar.

[97] A respeito, cf. a exaltação do Ministério Público que se pode encontrar em M. Delmas-Marty, "Evolução do Ministério Público e princípios diretivos do processo penal nas democracias europeias", *Discurso Sediciosos: crime, direito e sociedade,* 1997, pp.97-104. Contra essa exaltação, conferir advertência que faz E. Mathias, "O equilíbrio de poder entre a Polícia e o Ministério Público", *Processos Penais da Europa,* 2005, p. 505.

[98] L. Ferrajoli, *Diritto e ragione,* 2008, p. 619.

### *As máximas comuns do princípio: oficialidade e verdade*

A despeito das diversas formas com que se instrumentaliza, a investigação criminal contemporânea assenta-se ainda nos princípios fundamentais da oficialidade e da verdade, que constituem a herança dos sistemas inquisitórios, a revelar a estrutura cognitivo-potestativa subjacente à superfície jurídica, embora absorvidos no Estado de Direito com uma nova compreensão institucional.

Os sistemas processuais penais contemporâneos persistem funcionando com as duas máximas fundamentais do sistema inquisitório: (a) a persecução penal pública dos crimes, como regra, a despeito de algumas exceções, e (b) a averiguação da verdade histórica, como meta do procedimento penal sobre cuja base se deve fundar a decisão final, a despeito igualmente de algumas exceções[99]. Ambos persistem imbricados no que se tem chamado de *princípio da investigação*; o primeiro, a representar uma decisão política fundamental a respeito do impulso oficial, no que se tem denominado de *princípio da oficialidade*; o segundo, a conformar uma específica epistemologia a respeito da justificação cognitiva da decisão penal no que se tem denominado de *princípio da verdade*.

São esses dois princípios – da oficialidade e da verdade – que persistiram mesmo depois de 1789, após o malogro da legislação imediatamente pós-revolucionária francesa com o *Code d'Instruction Criminelle* de 1808, imbricados no *princípio da investigação* do processo penal. E, fale-se ou não em inquérito, seja policial ou conduzido por outra autoridade distinta, o processo penal por investigação subsiste nos diversos modelos atuais, como continuidade dessa fundação originária do processo como relação de interesse público[100]. Admitir esses elementos fundamentais ainda persistentes no processo penal contemporâneo é uma forma de compreen-

[99] J. B. Maier, *Derecho procesal penal. Tomo I. Fundamentos*, 2004, p. 449ss; cf. também A. Bovino, *Principios politicos del procedimiento penal*, 2009, p. 58; em sentido similar, cf. I. B. Winter, "Acusatorio versus inquisitivo. Reflexiones acerca del proceso penal", *Proceso penal y sistemas acusatórios*, 2008, p. 33; cf. V. Manzini, *Istituzioni di Diritto processuale penale*, 1967, p. 44ss, a considerar como princípios fundamentais do direito processual penal: princípio do acertamento da verdade real e princípio da obrigatoriedade do processo, no qual inclui a regra da oficialidade, da qual deriva o que chama de "autoritariedade", pelo que o processo se promove por obra da autoridade pública, como órgão do Estado.

[100] Com as ressalvas de A. M. Hespanha, *Cultura juridica europeia*, 2012, sobre a "a alteriadade do direito passado", pois é necessário admitir que qualquer pretendida continuidade não pode ignorar algumas rupturas.

der a sua irredutibilidade inquisitória, com todos os problemas que se lhe seguem, ainda imiscuída nos modelos atuais de inquérito que reivindicam a qualidade acusatória, mas que não conseguem despojar-se da centralidade da investigação de ofício na obtenção da prova para a justificação cognitiva da condenação penal. Afinal, não se pode ignorar o quanto de prova obtida na fase processual de inquérito ainda permanece servido às motivações das sentenças.

É comum encontrar-se o princípio da investigação tanto para referir-se à prossecução penal, pelo que o tribunal tem o poder-dever de instrução autônoma, para além das contribuições da acusação e da defesa, quanto para referir-se à matéria probatória, pelo que a investigação da verdade não fica à disposição das partes. É, nesse sentido, um princípio que tanto vale para o juiz de instrução ou em julgamento, quanto vale ao Ministério Público ou qualquer órgão oficial encarregado de investigar[101]. A referência que se encontra em separado ao princípio da oficialidade[102] não nos deve obscurecer a compreensão de que ainda estamos nos domínios do mesmo princípio inquisitório com que o princípio da investigação guarda relações. É nesse sentido que, ao tratar do princípio inquisitório, Castanheira Neves entende por nele incluir o princípio da iniciativa de investigação (oficialidade), distinguindo-o segundo a intenção formal e a intenção material. Em suas palavras, "um se refere à *iniciativa relativamente ao processo* em si; o outro refere-se à *iniciativa relativamente ao conteúdo* (por isso se designa também este último por princípio «da investigação» ou «da instrução»)"[103]. A oficialidade, contudo, não se deve limitar à noção de impulso oficial, pois ela abrange toda a persecução penal promovida por órgão do Estado que implica em indisponibilidade do conflito penal pelos interessados[104]. Assim, mesmo onde não se encontra a referência expressa ao princípio da investigação, é possível identificá-lo indiretamente nas referências aos prin-

[101] Essa compreensão é clara sobretudo na dogmática processual portuguesa, a exemplo do que se encontra em J. Figueiredo Dias, *Direito processual penal*, 1974, p. 148ss, p. 187ss, p. 195ss; G. Marques da Silva, *Direito processual penal português I*, 2013, p. 88ss, p. 96ss.

[102] J. Figueiredo Dias, *Direito processual penal*, 1974, p. 115; G. Marques da Silva, *Direito processual penal português I*, 2013, p. 81

[103] A. Castanheira Neves, *Sumários de processo criminal*, 1968, p. 40.

[104] Nesse sentido, cf. E. Beling, *Derecho procesal penal*, 1943, p. 75; E. Schmidt, *Los fundamentos teoricos y constitucionales del derecho procesal penal*, 1957, p. 199ss; J. Baumann, *Derecho procesal penal. Conceptos fundamentales y princípios procesales*, 1989, p. 42; C. Roxin, *Derecho procesal penal*, 2000, p. 82; J. B. Maier, *Derecho procesal penal*, 2004, p. 825ss.

cípios da oficialidade e da verdade que se mantêm em vários sistemas processuais, com os quais se pode reconduzir à questão que interessa acerca da investigação criminal e seu princípio regente fundamental[105].

Oficialidade e verdade, portanto, refletem razões ético-políticas e epistêmicas que persistem no processo penal, embora atualizadas pela axiologia do Estado de Direito contemporâneo. O princípio da oficialidade, é certo, já não se sustenta em um puro *jus puniendi*, como reflexo da política de confisco do conflito penal que marca o nascimento do Estado moderno, mas antes como um dever de proteção de bens jurídicos essenciais à manutenção da paz social, acrescendo-se-lhe ainda, numa perspectiva de compromissos internacionais, a obrigação de proteção de direitos da vítima[106]. O princípio da verdade, por sua vez, já não se compreende segundo uma epistemologia dogmática absoluta, que marcou o sistema de provas legais, tendo se aberto posteriormente ao sistema de convicção motivada e se limitado, por fim, pelo sistema de proibições probatórias, em uma nova epistemologia que não consente mais com a dualidade clássica entre verdade formal e verdade material, sendo mais exato falar-se em verdade processual. Assim, é com esse espírito renovado que oficialidade e verdade se imbricam na compreensão da investigação, abstraída as conformações positivas de qualquer sistema que distinga entre impulso oficial da investigação ou continuidade oficial da instrução, a considerar que no conjunto nos interessa entender que é ainda o Estado como titular do poder punitivo que assume o processo, seu impulso inicial e seu desenvolvimento no sentido de uma decisão racionalmente sustentada na noção de verdade.

Essa recondução necessária do princípio da investigação às exigências equitativas do Estado de Direito, contudo, apenas se pode fazer segundo o *cognitivismo processual* que caracteriza a jurisdição moderna e pretende evitar o *decisionismo processual*. É necessário entendê-lo segundo a sua máxima fundamental *veritas, nom auctoritas facit iudicium*, o que nos permite sustentar a máxima decorrente e correlata do princípio da investigação criminal – *nullum iudicium sine investigatione*.

[105] É o caso da dogmática processual brasileira, a exemplo do que encontramos em J. F. Mirabete, *Processo penal*, 1997; F. C. Tourinho Filho, *Processo penal 1*, 1984.

[106] Cf. A. Bovino, *Principios politicos del procedimiento penal*, 2009, p. 3ss; M. M. Guedes Valente, *Processo Penal, Tomo I*, 2010, p. 235ss; A. Confalonieri, *Europa e Giusto Processo*, 2010, p. 347ss.

**"Veritas, non auctoritas facit iudicium"**

Apesar da ambiguidade fundamental com que se institui o princípio da investigação no processo penal, a sua máxima cognitiva persiste sendo a base de legitimação da justiça penal, porque em definitivo não há justiça sem verdade. É nesse sentido que se pode compreender o cognitivismo processual com que se caracteriza o garantismo processual, segundo o postulado *veritas, non auctoritas facit iudicium*. Esse postulado nos pede que os juízos penais sejam predominantemente cognitivos e necessariamente referidos à verdade de fatos (*quaestio facti*) e normas (*quaestio iuris*), sobre a qual exista algum controle intersubjetivo e público. Há, nessa concepção, entre jurisdição e verdade, um nexo indissociável, que vai exigir uma investigação criminal capaz de alimentar esse sistema de justiça penal, sem, contudo, cair no dogmatismo da racionalidade inquisitória com que se funda historicamente e ainda persiste contemporaneamente o processo penal público[107].

Claro é que se podem pensar outras formas de legitimação das decisões penais, fundamentadas na *utilidade* ou no *contrato* como se encontram no direito comparado (racionalidade pós-moderna), bem como até voltar às antigas práticas de *provas corporais* e de *iudicium Dei* como se encontram na história das instituições penais (racionalidade pré-científica)[108], mas um processo penal que pretenda estar de acordo com o Estado de Direito não deveria admitir sequer o consenso da maioria, ainda que a título de decisão democrática, como justificação de uma condenação qualquer hipótese criminal que não esteja provada[109]. Tampouco será razoável qualquer acordo que se proponha à não-persecução, pois o que pode ser *a posteriori* objeto de negócio processual, deveria estar *a priori* excluído da tutela penal,

[107] L. Ferrajoli, *Diritto e ragione. Teoria del garantismo penale*, 2008, p. 8, defende que o *cognitivismo processual*, representado pelo postulado *veritas, non auctoritas facit iudicium*, corresponde ao princípio da *estrita jurisdcionalidade* que deve orientar a epistemologia garantista da justiça criminal, assumida nessa *teoria da investigação criminal* como ponto de partida para ulteriores discussões sobre o alcance dessa máxima em sua pragmática. Em sentido similar, cf. L. Laudan, *Verdad, error y proceso penal*, 2013, p. 23; M. Taruffo, *La prueba de los hechos*, 2011, p. 62-71.

[108] Cf. G. Alessi, *Il processo penal. Profilo storico*, 2011; T. Armenta Deu, *Sistemas procesales penales. La justicia penal em Europa y America*, 2012; G. O. Chase, *Direito, cultura e ritual. Sistemas de resolução de conflitos no contexto da cultura comparada*, 2014.

[109] Cf. L. Ferrajoli, *Diritto e ragione. Teoria del garantismo penale*, 2008, p. 42: "não se pode sacrificar a liberdade de um homem, de quem não se tenha verificado a responsabilidade penal, nem ao interesse nem à vontade de todos".

evitando assim previamente o desnecessário "etiquetamento" de condutas que se podem depois excluir do sistema penal (minimalismo penal) por um acordo sempre questionável diante da desigualdade com que se realizada entre as partes. É, portanto, ainda a legitimação cognitivista da jurisdição um postulado fundamental do Estado de Direito que reivindica alguma justiça processual[110].

***"Nullum iudicium sine investigatione"***

Essa postulada "legitimação cognitivista da jurisdição", contudo, vai exigir que se reconheça a investigação criminal como parcela essencial da atividade jurisdicional. Afinal, como bem se tem observado, a jurisdição materialmente considerada consiste sempre em um "accertamento di fatti"[111], que não pode prescindir de uma investigação criminal, sem a qual se tornaria o juízo em um exercício de decisão meramente formal (decisionismo), que corresponde precisamente ao modelo negado pela epistemologia garantista[112]. Assim, parece ser irrecusável que daquela primeira máxima geral decorra uma outra especifica que se segue em relação ao lugar da investigação criminal no sistema jurídico-penal: *nullum iudicium sine investigatione.*

Essa máxima, que postulamos inicialmente em seu sentido jurídico essencial ao exercício da jurisdição, encontra uma fundamentação epistemológica consistente no pragmatismo da *Teoria da Investigação* de John Dewey, para quem a investigação assume uma função garantidora das asserções de conhecimento que pretendemos considerar verdadeiras[113]. É com bases nessas premissas teóricas (jurídica e científica) que pretendemos desenvolver nossa *Teoria da Investigação Criminal,* como epistemologia do processo penal, não limitada à fase processual de inquérito, embora concentrada nesta que tende a ser muito mais do que mera peça informativa orientada apenas a subsidiar o órgão de acusação formal, quando a compreendemos adequadamente.

[110] A respeito da ideia de uma justiça processual, cf. nosso E. S. Pereira, *Saber e Poder. O processo (de investigaçãoo) penal,* 2019, p. 263ss.

[111] L. Ferrajoli, *Principia iuris. 1, Teoria del diritto,* 2007, p. 881.

[112] A respeito do "decisionismo"como epistemologia inquisitória, baseada na máxima invertida "auctoritas, non veritas, facit iudicium", cf. L. Ferrajoli, *Diritto e ragione. Teoria del garantismo penale,* 2008, p. 15ss.

[113] J. Dewey, *Logica. Teoria de la investigación,* 1950, p. 16.

É, portanto, objetivo principal dessa teoria tornar mais evidente a importância central que a investigação criminal tem no sistema de processo penal, bem como identificar os limites científicos e jurídicos com que precisa desenvolver-se, no interesse não apenas dos sujeitos processuais individualmente considerados, mas sobretudo da justiça penal, coletiva e socialmente considerada. A investigação criminal é, nessa concepção, atividade essencial à função jurisdicional do Estado que postula uma legitimação cognitivista, sem a qual todo poder punitivo se torna puro exercício despótico da autoridade penal.

# 2

# A "*NOTITIA CRIMINIS*": OS PROBLEMAS DA INVESTIGAÇÃO E SUAS TRADIÇÕES INSTITUCIONAIS

A *notitia criminis,* seja acerca de um ato de violência, seja de corrupção ou de qualquer outra conduta reprovável segundo as leis penais, suscita reações várias, desde percepções individuais e sentimentos coletivos até instituições sociais, políticas e jurídicas formais, entre as quais a investigação criminal tem sido a resposta oficial nas sociedades organizadas com base no *modelo cognitivo* processual de justiça penal, que postula a máxima *veritas, non auctoritas facit iudicium.*

A notícia de qualquer crime causa sempre a sensação de que expectativas individuais e sociais foram frustradas, seguindo-se de alguma expectativa de que exista uma resposta oficial ao crime. É nesse sentido que a investigação criminal constitui o primeiro passo oficial de uma resposta social ordenada juridicamente. Deixar o crime sem resposta oficial pode sugerir que o Estado deixou ao âmbito privado responder como lhe convém. Ainda é uma questão atual reconhecer que a certeza de uma resposta oficial diminui a legitimidade de qualquer reivindicação privada de resposta ao crime. Mas o monopólio estatal do conflito criminal não se pode exercer com as mesmas violências que pretende evitar na resposta privada ao crime. Exige-se, portanto, que a investigação criminal seja um instrumento oficial de redução da violência humana, não apenas em relação a qualquer resposta privada que se possa postular pela sociedade, mas sobretudo na resposta oficial que o Estado oferece a título de gestão dos conflitos. A primeira legitimação que pode ter a investigação criminal decorre, assim, da capacidade de produzir menos violência que aquela que postula evitar. É preciso, portanto, que se contenha nos limites jurídicos das possibilidades de ação. E isso começa pelo controle das notícias do crime, viando a alguma forma de racionalização do poder punitivo, antes que a investigação criminal se inicie.

## A notícia-crime: direta, indireta e fortuita

A notícia-crime é a condição primeira de uma investigação criminal. Mas ela não é suficiente para instaurar a obrigatoriedade de uma investigação. É necessário que tenhamos em conta as espécies e qualidades dessas notícias acerca de um crime. Trata-se, portanto, de uma condição necessária, mas não suficiente de investigação.

A primeira espécie de notícia-crime é aquela que adquire diretamente a autoridade competente para investigar, em razão da qual precisa instaurar uma investigação (notícia-crime direta). Essa notícia pode emergir da atividade cotidiana da autoridade ou de seus agentes, que tomam conhecimento do crime enquanto trabalham rotineiramente em seus ofícios públicos. Mas pode igualmente emergir durante suas atividades privadas, ainda assim subsistindo a obrigação legal de instaurar uma investigação, a partir do momento que toma conhecimento de um crime. O comum, contudo, é que essa notícia do crime decorra de uma comunicação externa (notícia-indireta). Nesse caso, temos duas possibilidades que se costumam distinguir, quando a notícia vem de um particular, vítima ou não do crime, que informa a autoridade acerca do crime, ou quando a notícia vem de um outro órgão público, por vezes com força de requisição.

Além das formas direta e indireta, uma outra espécie de notícia-crime pode ser decorrente do conhecimento fortuito de crime, durante a investigação de um outro crime para o qual estava autorizada a autoridade por medidas judiciais de acesso a comunicações do investigado. Trata-se de uma variante da notícia-crime direta, mas que exige um tratamento jurídico distinto. Essa forma de notícia do crime, de uma perspectiva meramente fática, não causa nenhuma discussão acerca da investigação em curso, mas de uma perspectiva jurídica subsiste a dúvida sobre a investigação do novo crime que se siga a partir dessa prova obtida. Trata-se da questão discutida segundo o *princípio da serendipidade*[114]. Admite-se que a

[114] O neologismo *serendipity* foi cunhado por Horacio Walpole em 1745, a partir de antigo conto oriental infantil sobre a história dos filhos do rei Serendipo, "significando com ele a posssibilidade de se ralizar ditosas e inesperadas descobertas, favorecidas pelo acaso e pela sagacidade" (C. Ginzburg, "Chaves do Mistério: Morelli, Freud e Sherlock Holmes", 2014, p. 118ss).

história da ciência está repleta desses casos em que o pesquisador descobre algo importante no caminho à procura de algo diverso. É uma descoberta afortunada que pode surgir no curso de uma investigação, dando-nos conhecimento de outro crime diverso, até mais grave, embora possa ser também um crime de menor importância. Nada há a objetar-se nesses casos quanto ao conhecimento em si. Mas a questão jurídica é que nessas circunstâncias antecipa-se uma prova que não estava autorizada, que se produz em condições diversas. Cada legislação ou jurisprudência tende a resolver a questão de forma diversa, colocando ênfase no interesse coletivo do Estado ou no interesse individual do investigado. A tendência é admitir-se uma solução intermediária, aceitando-se a prova em caso de conexão entre os crimes (condição material), desde que o meio formal de obtenção da prova seja admitido para o crime em questão (condição formal).

### *Tipicidade formal, plausibilidade material e viabilidade processual (técnica ou econômica)*

É comum, no âmbito da notícia-crime indireta, estabelecer-se para a autoridade a obrigatoriedade de abertura da investigação, se a notícia vier em forma de requisição de um órgão a que a lei atribui esse poder. Contudo, mesmo nesses casos a autoridade não se pode furtar à indagação fundamental se estão presentes as condições necessárias de abertura de uma investigação formal. Aqui, entra em questão o fato de que uma investigação pode constituir um constrangimento indevido ao investigado, se não houver notícia de fato previsto em lei como crime, o que podemos chamar de requisito da *tipicidade formal*, como obstrução *a priori* da investigação. "Requisição", nesse sentido, não se pode tornar uma isenção legal de responsabilidade pela obrigação de observar o ordenamento jurídico e seus limites. A autoridade competente para iniciar e conduzir a investigação criminal, portanto, não se exime da responsabilidade pela submissão do investigado a procedimento abusivo pelo fato de ter recebido requisição manifestamente ilegal que opta por cumprir sem questionamento. Além dessa condição formal mínima, atualmente se tem suscitado uma condição material, que podemos chamar de *plausibilidade material* de que o crime tenha mesmo ocorrido, a exigir uma verificação preliminar, mas sem obstrução *a priori* da investigação.

Diversamente dessa questão, contudo, tem sido a hipótese da *viabilidade processual* de seguir-se a investigação com algum êxito, a considerar as circunstâncias da notícia, tendo em conta algumas questões práticas, a exemplo da antiga data do cometimento do crime, da indevida preservação do local do crime, da insuficiente quantidade de elementos disponíveis ou quaisquer outras questões que remetem a inviabilidade processual, técnica ou econômica, em razão de dificuldades metodológicas ou insuficiência de recursos que possam viabilizar toda e qualquer investigação. Essas questões de ordem técnica ou econômica devem ser levadas em conta na ponderação acerca da viabilidade da investigação. Contudo, esse requisito precisa ser posto em termos adequados, pois não pode remeter a uma obstrução *a priori* da investigação, tampouco apenar justificar uma verificação preliminar meramente formal de descarte da obrigação legal; exige-se no mínimo que se organizem as notícias recebidas em um sistema que possa concentrar casos particulares em uma investigação futura quando muitos dados a tornarem técnica e economicamente viável. É preciso ter em conta que o Estado não pode reivindicar o monopólio da resposta penal, retirando do particular o conflito penal, para depois o ignorar oficialmente. Se o pretende fazer, esse menoscabo deve estar em um momento anterior, na tipificação penal dos ilícitos, que deve ser revista no sentido de um minimalismo penal, excluindo tudo aquilo a que não pretende dar a devida atenção processual.

Assim, em síntese, podemos resumir as condições da notícia-crime: *tipicidade formal*, *plausibilidade material* e *viabilidade processual (técnica ou econômica)*. Presentes as condições formal, material e processual da notícia-crime, abre-se à autoridade o questionamento acerca dos problemas da investigação.

## Os problemas empíricos da investigação criminal

### *O que, quem, onde, quando, como, por que e para que*

A autoridade competente para a investigação, ciente da notícia do crime, depara-se de imediato com problemas empíricos que a doutrina jurídica tende a reduzir a questão de *autoria* e *materialidade*, ao que precisamos acrescer também as *circunstâncias* do crime. Mas essa redução é excessivamente sintética do problema empírico da investigação criminal. Nós o podemos analisar em detalhes com base em sete questões fundamentais que constituem o essencial do que interessa à investigação criminal – o que, quem, onde, quando, como, por que e para que[115]. Ainda que nem

[115] Essas questões, com algumas diferenças, correspondem ao heptâmetro da retorica clássica de *Marcus Fabius Quintilianus* (*quis, quid, ubi, quibus auxiliis, cur, quomodo, quando*), que se tornou de uso corrente entre detetives, criminológos e jornalistas investigativos.

todas essas questões constituam elementos típicos de interesse primário do direito penal em todos os crimes, elas se tornam relevantes para estabelecer a quantidade da pena mais condizente com a individualidade do fato, tornando-se pontos relevantes à investigação criminal.

*O que* corresponde à pergunta sobre que crime possivelmente corresponde aos fatos noticiados. Essa questão não se confunde com a chamada materialidade do crime, segundo a terminologia da doutrina jurídica, mas é a que mais se lhe aproxima, se tivermos em conta outras espécies típicas de crime que se limitam a mera ação ou formalidade. A pergunta por *quem* corresponde àquela que a doutrina jurídica chama de autoria do crime. Entretanto, essas questões não esgotam os problemas empíricos da investigação referentes a outras tantas circunstâncias que envolvem o ato criminosos, podendo remeter-se às cincos questões complementares a respeito de *onde e quando, como, por que e para que* o crime foi cometido. Essas questões são relevantes para a definição específica da pena, pois podem constituir agravantes ou atenuantes, qualificadoras ou causas de diminuição e aumento. Ademais, a resposta a essas questões empíricas podem subsidiar a discussão sobre as consequências cíveis de responsabilidade pelo crime que constitui obrigação anexa à responsabilidade penal.

A esses problemas que constituem a base empírica de interesse da investigação criminal muitas tradições institucionais apresentaram suas abordagens teóricas que se desenvolveram ao longo da história, ainda persistindo nas disciplinas acadêmicas com que se costumam formar os diversos profissionais dedicados a esta atividade. Assim, podemos encontrar pelos menos três abordagens tradicionais da investigação criminal – a jurídica, a criminalística e a policial. É preciso passar por essas tradições, para uma compreensão de como cada uma enfrenta os problemas empírico da investigação, segundo suas diversas perspectivas, visando a entender em que sentido delas se distingue o que podemos chamar de teoria da investigação criminal.

## As tradições institucionais da investigação

### *O "Directorium Inquisitorum" e a tradição jurídica*

As primeiras tradições teóricas da investigação criminal se podem encontrar nos manuais medievais dos inquisidores, nos quais se desenvolve uma compreensão meramente normativa dos seus problemas, que ainda se mantém em muitos manuais jurídicos atuais.

Entre os protótipos dessa epistemologia inquisitória, podem-se citar dois proeminentes manuais: *Directorium Inquisitorum,* de Nicolau Eymerich[116]; *De modo, arte et ingenio inquirendi et examinandi hereticos credentes et complices eorumdem,* de Bernard Gui[117]. Nessas obras antigas do discurso investigativo podemos encontrar a abordagem formal que se vai transmitir e persistir na doutrina jurídico-dogmática de interpretação das leis procedimentais de todas as formas instrumentais com que a investigação criminal se desenvolve no processo penal.

É desse modelo que a doutrina jurídica herda a característica principal de abordar a investigação criminal exclusivamente segundo o procedimento jurídico que a disciplina, numa redução do método que importa mais por sua instrumentalidade formal, legitimada pela mera legalidade, independente das *questões ético-políticas* que interessam à proteção efetiva de direitos fundamentais. Encontram-se, nesse sentido, obras como as dedicadas especificamente ao inquérito, bem como todos os manuais de processo penal que dedicam capítulo ao estudo do inquérito[118].

A essa redução jurídico-formal da compreensão do procedimento, acresce-se, ainda, uma outra igualmente séria que consiste em reduzir o horizonte da investigação criminal ao inquérito, confinando nesta fase toda a investigação, não enxergando que existe investigação para além desta fase, podendo-se encontrá-la em todo o processo penal[119]. Essa compreensão reducionista, é certo, vem fundamentada por uma ideia equivocada que pretende considerar a investigação criminal como atividade preliminar, que se coloca antes e fora do processo penal, sendo orientada exclusivamente para subsidiar a ação penal.

A investigação criminal, no entanto, precisa entender-se como uma atividade que não se confunde nem se confina na fase de inquérito, embora nesta se concentre a maior parte de seus atos fundamentais. Ademais,

[116] Cf. *Directorium Inquisitorum (Manual dos Inquisidores),* escrito por Nicolau Eymerich em 1376, revisto e ampliado por Francisco de La Peña, Rio de Janeiro: Rosa dos Ventos; Brasília, Universidade de Brasília, 1993.

[117] Cf. "Les classiques de l'histoire de France au moyen age", publiés sous la direction de Louis Halphien, de Bernard Gui, *Manuel de L'Inquisiteur.* Paris, Société d´Éditon Les "Belles Lettres", 1964.

[118] Cf. I. E. Garcia, *O procedimento policial,* 1983; A. Mehmeri, A. *Inquérito policial: dinâmica,* 1992.

[119] Essa é uma percepção que a doutrina processual portuguesa já tem, a exemplo do que explica A. H. Gaspar, As exigências da investigação no processo penal durante a fase de instrução, *Que futuro para o Direito processual penal?,* 2009, pp. 87-102.

não se limita a subsidiar a ação penal, tendo em conta que suas provas podem servir igualmente à defesa. Não se pode, portanto, confundi-la com a forma do inquérito policial brasileiro, que se constitui apenas numa fase do processo, assim como qualquer outro instrumento jurídico previsto na legislação comparada, a exemplo da *enquete preliminaire* francesa, da *indagine preliminare* italiana, do *sumario* espanhol ou do *inquérito* português[120].

É, em suma, extremamente necessário que se entenda a investigação criminal, não em sentido linear, mas como dimensão que abrange todo o *contexto de descoberta de provas*, considerado como pragmática do processo penal, distinta apenas da atividade relativa ao *contexto de discussão dessas provas*, independentemente da compreensão das fases que se seguem cronologicamente na estrutura formal do processo penal, mas que também possui um contexto de justificação constituído por uma lógica do processo penal.

### *Hans Gross e a tradição criminalística*

A tradição criminalística nasce a partir da percepção das insuficiências da tradição jurídica, no contexto da história da criminologia, estando inicialmente confundida com ela, mas vindo aos poucos obter autonomia teórica, em contato cada vez mais frequente com as ciências naturais, depois ampliando sua compreensão com o incremento das ciências sociais.

Entre os pioneiros dessa tradição, encontra-se Hans Gustav Alfred Gross, cujo *Guia práctico para a instrucção dos processos criminaes* (1883) receberá o título "Criminalística" em sua 6ª edição. A eles se seguem as obras fundamentais de Edmond Locard, *A investigçaão criminal e os métodos científicos;* e Pierre Ferdinand Ceccaldi, *A criminalística*[121].

Seguindo essa tradição, encontramos outras tantas obras de abordagem metodológico-científica da investigação criminal, geralmente fundadas nas ciências naturais orientadas às perícias, a exemplo das seguintes: Charles E. O'Hara; James W. Osterburg, *Introdução à Criminalística. Aplicação das ciências físicas na descoberta dos crimes*; Francisco Anton Barberá; Juan Vicente

[120] Cf. B. Bouloc, *Procédure penale*, 2014; P. Tonini, *Manuale di procedura penale*, 2013; V. Gimeno Sendra, *Derecho procesal penal*, 2012; G. Marques da Silva, *Do Processo penal preliminar*, 1990.

[121] Cf. H. Gross, *Guia práctico para a instrucção dos processos criminaes*, 1909; E. Locard, *A investigçaão criminal e os métodos científicos*, 1939; P. F. Ceccaldi, *A criminalística*, 1988.

Luis y Turegano, *Policía Científica;* Domingos Tochetto (coord). *Tratado de perícias criminalísticas*[122].

Essas obras partem da experiência pericial da investigação dos crimes que, embora tenham a vantagem de conferir uma melhor compreensão do caráter científico da investigação, com ênfase em métodos de pesquisa, acabam às vezes restritas a uma visão laboratorial da ciência. Ademais, a terminologia do discurso dessa tradição intelectual é marcada por forte apelo a conceitos que remetem a objetos reais e palpáveis, como "locais de crime", "vestígios e indícios", "locais de morte", "vestígios encontrados em locais de crime" etc., todos destinados a questões periciais, mas sempre partindo da noção de crime como materialidade, alheada dos elementos subjetivos que compõem a complexidade conceitual do objeto da investigação. Algumas outras obras, por sua vez, enfatizam as técnicas de identificação humana no problema da autoria do crime, neste caso alheado do problema normativo que constitui o conceito moderno de culpa, não limitado à imputação material e subjetiva. A principal virtude dessa abordagem, contudo, está em trazer a noção de metodologia científica para dentro da metodologia da investigação, embora venha geralmente limitada a uma racionalidade científica natural, que muito constantemente tende a excluir a lógica das ciências sociais orientada a uma explicação finalista que interessa também ao conceito típico do crime.

Assim, embora ampliando o horizonte do método para além da limitada redução formal da lei, a tradição criminalística acaba caindo em outra redução, ao abraçar as ciências como fundamento último legítimo, sem enfrentar seriamente as *questões epistemológicas* pressupostas na ideia de um conhecimento objetivo que se assume de forma ingênua, postulando virtudes cognitivas magníficas que a ciência não lhe pode efetivamente oferecer. O problema, em suma, se reconduz ao fato de que os peritos não entendem seu papel reduzido no amplo campo da investigação criminal[123], a considerar que o crime como objeto de investigação não se reduz ontologicamente a uma entidade material, explicável apenas com base no raciocínio causal-naturalista, tendo em conta seus elementos subjetivo e

[122] Cf. C. E. O'Hara, J. W. Osterburg, *Introdução à Criminalística. Aplicação das ciências física na descoberta dos crimes*, 1956 ; F. A. Baerberá J. V. Luis y Tuyrégano, *Policía Científica*, 1998; D. Tochetto (coord). *Tratado de perícias criminalísticas*, 1995.

[123] A respeito dessa advertência, cf. P. J. van Koppen, O mau uso da psicologia em tribunal, *Psicologia e Justiça*, 2008.

normativo, que exigem uma pouco mais das ciências sociais e especialmente do direito.

Assim, essa tradição acaba deixando para trás a necessária imbricação entre ciência e direito que se pressupõe no método da investigação criminal regulado pela legislação processual, na qual se impõem restrições normativas à obtenção de prova, embora se possam encontrar exceções louváveis a tentar abarcar essa dupla dimensão, bem como a agregar as ciências sociais ao campo da prova testemunhal geralmente ignorada pela concepção técnico-pericial da criminalística. É, nesse sentido mais ampliado que se encontra a obra de Karl Zbindem, *Criminalística. Investigação Criminal*[124], que teremos em conta nas nossas considerações teóricas.

***Os manuais técnicos da tradição policial***

A tradição pragmática policial tende a reunir as duas perspectivas anteriores (jurídica e científica), mas limitada a uma abordagem tecnológica, cujo horizonte de máxima eficiência geralmente ignora as questões relativas à verdade e à justiça dos meios técnicos de investigação.

Primeiro, porque reduz a justificação do conhecimento a uma mera *descrição* do fato, conforme uma máxima superada de que "os fatos falam por si", não agregando questões relativas à *explicação* e *avaliação* metodológica da investigação; segundo, porque reduz o horizonte de legitimação do poder de investigar, na busca por meios legais cada vez mais amplos que lhes permitam agir em situações excepcionais. A seguir essa concepção teórica, enfatizando a virtude prática do investigador policial, orientada a resolver crimes específicos, há geralmente obras tradicionais de investigação limitadas metodologicamente a crimes específicos. Entre elas, encontram-se as obras de Charles Vanderbosch; William Dienstein; Luis F. Sotelo Regil; Maurice J. Fitzgerald; Herry Soderman; John O'Connel; Bento Garcia Domingues; Coriolano Nogueira Cobra[125].

[124] K. Zbindem, *Criminalística. Investigação Criminal*, 1957.

[125] C. Vanderboch, *Investigacion de delitos*, 1976; W. Dienstein, *Manual técnico del investigador policiaco*, 1965; L. F. Sotelo Regil, *La investigación del crimen: Un curso para el policía profesional*, 1974; M. J. Fitzgerald, *Handbook of criminal investigation*, 1951; H. Soderman, J. O'Connel, *Modern criminal investigation*, 1962; B. G. Domingues, *Investigação criminal: técnica e tática nos crimes contra as pessoas e contra os patrimônios*, 1963; Coriolano Nogueira Cobra, *Manual de Investigação Policial*, 1965.

Essa tradição teórica enfatiza geralmente os crimes contra a pessoa ou contra o patrimônio, cuja relevância não se pode negar, mas acaba criando a falsa impressão (alimentada pela espetacularização televisiva das séries) de que o mundo da investigação criminal se resume aos homicídios, dolosos e consumados (crime material, cujos elementos probatórios são mais evidentes), em detrimento de outros crimes formais, de mera conduta, de perigo, omissivos, culposos e tentados, que compõem boa parte de crimes de competência das polícias judiciárias, sobretudo no âmbito federal. É, contudo, nessa tradição que podemos encontrar a percepção de que, embora orientada para "o conhecimento dos métodos ou processos de investigação criminal e seu melhor aproveitamento para a descoberta da verdade", percebe-se que é impossível indicar um único método geral de investigação para qualquer caso[126]. Entretanto, mesmo partindo da tentativa de estabelecer métodos específicos de investigação, é nessa tradição que se vai encontrar o esforço de estabelecer alguma metodologia geral de investigação, tratando de questões relativas não apenas à prova, mas antes e sobretudo relativas à lógica da investigação, buscando estabelecer estruturas mínimas de investigação que se reduzem a ações de (a) observação, colheita preliminar de informações e conhecimento das provas objetivas; (b) raciocínio, por dedução, indução e analogia, bem como intuições, presunções e hipóteses; e (c) verificação de hipóteses, visando à convicção de certeza[127]. Algumas outras obras chegam até a realizar uma conjugação das tradições jurídica e científica, no tratamento de diversos métodos de investigação previstos na legislação, segundo uma compreensão científica de suas potencialidades investigativas, tanto orientadas à identificação da autoridade, quanto da materialidade e circunstâncias do crime, mas, nesses casos, reduzindo sempre o horizonte do problema da investigação às necessidades práticas de profissionalização policial[128].

Essa tradição se fortalece ainda atualmente pelo maior incremento tecnológico, especialmente nos meios de comunicação, potencializando os

[126] Nesse sentido, cf. B. G. Domingues, *Investigação Criminal*, 1963: "não é possível indicar de forma esgotante o que deverá fazer-se em todos os casos concretos ou o que há a fazer a respeito de um determinado crime"

[127] Nesse sentido, cf. C. N. Cobra, *Manual de Investigação Policial*. São Paulo: Escola de Polícia de São Paulo, 1965.

[128] Nesse sentido, cf. L. F. Sotelo Regil, *La investigación del crimen: Un curso para el policía profesional*, Mëxico, Limuasa. 1974

meios de obtenção de provas especialmente ocultos, a permitir de forma indireta "confissões espontâneas" que antes exigiram o uso da força no modelo histórico de inquisição. Mas essa nova abordagem acaba instaurando outros problemas que passam a exigir discussões sérias sobre o valor da palavra em relação aos fatos investigados, bem como uma análise do contexto em que a comunicação se desenvolve no conjunto de outras tantas provas que se tornam necessárias a certos elementos do crime.

É certo, contudo, que avanços nessa tradição se tem observado em sentido multidisciplinar (jurídico, científico e gerencial), a exemplo do que podemos encontrar em obras como a de Francisco Anton Barberá e Juan Vicente Luis y Turegano, *Manual de Técnica Policial* entre outras[129]. Mas, mesmo avançando nesse sentido, essa tradição permanece no âmbito dos *problemas empíricos* da investigação criminal, ficando sempre à margem dos *problemas conceituais* que interessam mais diretamente a uma teoria da investigação criminal, como o pretendemos evidenciar.

## Os problemas conceituais (cognitivo e potestativo)

As diversas tradições intelectuais da investigação criminal tendem a enfatizar os problemas empíricos da investigação, cada uma ao seu modo e segundo seus interesses específicos, segundo *ontologias* e *metodologias* diversas[130], mas há uma ordem de problemas conceituais pressupostos que interessa a uma teoria da investigação criminal, cuja discussão nos permite melhor compreender aqueles outros problemas, pois nos dizem sob que condições eles são resolvidos.

O problema segundo a tradição jurídica, limitada à ideia de investigação de autoria e materialidade, conduz a uma redução inaceitável do objeto, pois há muito mais que se exige de uma investigação criminal, tendo em conta os diversos elementos (material, subjetivo e normativo) de um crime, segundo a definição conceitual da teoria analítica. Ademais, quanto à metodologia, essa tradição tende a limitar-se a uma descrição formal do

[129] A exemplo de J. Braz, *Investigação Criminal,* 2009; C. J. Santos, *Investigação criminal especial,* 2013; A. M. Barbosa, *Curso de Investigação Criminal,* 2014; S. S. Sousa, *Investigação criminal cibernética,* 2015.

[130] L. Laudan, *El progreso y sus problemas,* 1986, p. 113ss, trabalha com a ideia de "tradição de pesquisa", que se define por um conjunto de teorias sobre objetos (*ontologia*) e meios (*metodologia*), orientadas a resolver certa classe de problemas que se podem distinguir em *empíricos* e *conceituais.*

procedimento legal, sem dar devida atenção ao caráter problemático da legitimação dos meios de obtenção de prova.

O problema segundo a tradição pericial, por sua vez, ainda partindo da ontologia jurídica, vem muito constantemente reduzido a uma questão de certeza, que se postula obter por uma capacidade extraordinária que se atribui à metodologia científica, sem maiores discussões sobre o caráter falseável da perícia, tendo em conta o problema de justificação do conhecimento na epistemologia.

O problema segundo a tradição policial, por fim, embora consiga ampliar as questões da investigação (que, quando, onde, por que e para que), inclusive estabelecendo um maior diálogo entre direito e ciência, acaba pondo a metodologia jurídica e científica a serviço da máxima eficiência investigativa, encarando o problema metodológico como mera obtenção e mera descrição do objeto (suposto na ideia de que "os fatos falam por si"), em que a legitimação se basta com o mero cumprimento da formalidade da lei.

A abordagem teórica dos problemas, contudo, partindo dos problemas práticos, pergunta-se pelas condições sob as quais esses problemas estão resolvidos. Há, em síntese, dois problemas que estão pressupostos em todas aquelas abordagens práticas da investigação criminal, a considerar que a investigação se deve compreender tanto como meio de aquisição de conhecimento, quanto como meio de exercício do poder. Assim, é necessário que a sua teoria se debata com dois problemas conceituais: *a) o problema cognitivo de justificação*, que concerne às condições sob as quais a verdade do fim da investigação estará justificada, considerando as diversas concepções relativas às noções de *descrição, explicação, compreensão* e *valoração; b) o problema potestativo de legitimação,* que concerne às condições sob as quais a justiça dos meios da investigação estará legitimada, considerando as diversas concepções relativas a uma legitimação formal (pelo mero respeito ao procedimento legal) ou material (pelo efetivo respeito a direitos processuais fundamentais). Essas questões são, para além dos interesses imediatos da investigação criminal em sua prática cotidiana, relevantes ao estabelecimento de uma estrita jurisdicionalidade do processo penal no Estado de Direito.

## A insuficiência das tradições institucionais

A importância central que a investigação criminal assume no quadro de uma estrita jurisdicionalidade baseada no cognitivismo processual não corresponde, portanto, ao tratamento teórico que se tem dado pelas diversas tradições intelectuais de abordagem dos problemas que suscita essa atividade em suas perspectivas tanto jurídica quanto científica.

A doutrina jurídica tradicional, diante da notícia-crime, reconhece apenas as condições formais de abertura do inquérito, cujo objeto de investigação vem geralmente reduzido à materialidade do crime, suas circunstâncias e sua autoria. E mesmo tendo em conta o modelo analítico com as sete questões que constituem o problema empírico, essa redução do objeto ainda está longe de esgotar tudo quanto se exige em uma investigação criminal, quando nos aprofundamos em sua intimidade *metodológica*, na qual podemos encontrar muitos outros problemas a serem enfrentados. A título de exemplo, descendo a alguns problemas intermediários, podem-se levantar outros tantos questionamentos que interessam à autoridade investigante e seus agentes: Qual o primeiro passo a dar na investigação? Qual caminho (método) seguir? Quais provas são necessárias? Quais meios de obtenção de provas são possíveis? Quais diligências práticas devem ser ordenadas e em que sequência? Estabelecidas as diligências, quando devem ou podem ser ostensivas ou não? Há necessidade de perícia? Se sim, qual perícia é possível e relevante? Se não há, qual outra espécie de prova é necessária? Como assegurar uma prova com validade jurídica, sob o aspecto da obtenção lícita e da preservação dirigida ao processo judicial? Quando se deve ouvir o suspeito e quando deve ser feito seu indiciamento? Como sustentar logicamente um indiciamento? É possível realmente concluir uma investigação sem juízo jurídico acerca da existência do crime? E quanto a certos elementos do tipo, pode-se evitar juízo valorativo? Quais elementos do crime devem ser investigados, segundo a teoria analítica? E qual grau de cognição é necessário em relação a cada elemento do crime? Estas, entre outras tantas questões, que se colocam somente na prática diária de quem enfrenta tais problemas, apresentam-se com relevância e clareza, que não se percebem facilmente do ponto de vista externo por quem não lida diretamente com tais questões.

Algumas respostas pontuais a certas questões se podem até encontrar em algumas doutrinas jurídicas relativas ao inquérito, tratados criminalísticos destinados às perícias ou mesmo em manuais de técnicas policiais para investigadores, orientados por metodologias específicas importantes ao desenvolvimento empírico da investigação criminal, mas essas diversas abordagens intelectuais permanecem geralmente na dimensão dos *pro-*

*blemas imediatamente práticos* que interessam às soluções institucionais do sistema penal, sem levar muito seriamente em conta os *problemas mediatamente conceituais* que se referem às condições pelas quais os problemas práticos são considerados[131]. E esses são precisamente os problemas que interessam a uma teoria da investigação criminal.

Não se pode ignorar, contudo, que no *empirismo da atividade policial* existe algo racionalmente bem desenvolvido, em relação a técnicas de investigação do crime, mas lhe falta ainda alguma *racionalidade científica,* cuja consciência metodológica apenas foi adquirida pela tradição criminalística que encontramos nos tratados periciais[132]. O cotidiano da atividade policial, por sua experiência diária de investigação, tem desenvolvido certas técnicas práticas baseadas na metodologia do acerto-erro, mas a investigação criminal tem requerido uma maior ordenação científica com vistas a uma teoria própria. A "metodologia do acerto-erro", contudo, não é estranha ao alcance de conhecimento, a considerar a teoria falseacionista de K. Popper, para quem a própria ciência avança nesse sentido, mas mesmo nessa perspectiva as conjecturas precisam ser assumidas como teorias que se colocam como hipóteses[133], segundo uma metodologia científica que abdique da atitude dogmática do conhecimento que geralmente se encontra na base da tradição policial de investigação.

É, nesse sentido, necessário pensar uma teoria da investigação criminal, orientada à prática da investigação criminal, visando a conduzi-la a uma melhor eficiência instrumental, que se espera do sistema de justiça penal pela sociedade, mas não apenas quanto aos aspectos de *certeza* e *celeridade.* A certeza persiste sendo necessária quanto à autoria do crime, mas não se pode cair na ingenuidade dogmática do conhecimento; a celeridade é igualmente relevante, para permitir a aplicação da pena devida como resposta social ao crime, mas não se pode cair na sedução utilitarista de que uma reposta positiva é sempre necessária, quando também é igualmente

[131] A distinção entre "problemas empíricos" e "problemas conceituais", que pressupomos nessa introdução, encontra-se bem delimitada em L. Laudan, *El progreso y sus problemsa. Hacia una teoria del crescimento científico,* 1986, p. 43ss, no qual se podem encontrar maiores explicações.

[132] A ideia de periodicização do saber se encontra em M. Foucault, *Arqueologia do saber,* 2005, podendo com proveito ser utilizada para uma "arqueologia do saber investigativo-criminal", cujo maior detalhamento se pode encontrar em E. S. Pereira, *Investigação, Verdade e Justiça,* 2014, p. 17ss.

[133] Cf. K. Popper, *Conjeturas e Refutações,* 2006.

importante que uma investigação embora demorada possa excluir uma injusta acusação ao autor errado. Assim, portanto, é igualmente um elemento que integra a eficiência da investigação criminal a sua condução com *segurança jurídica*, no que se refere ao tratamento do investigado, para evitar equívocos e excessos. Uma investigação criminal eficiente, portanto, deve reunir *certeza, celeridade* e *segurança jurídica*, podendo ser avaliada por sua eficiência também em garantir direitos, primeiro pela forma com que se conduz com a menor redução de direitos fundamentais possível, segundo pela garantia de que ninguém seja acusado formalmente por um crime acerca do qual não há uma devida investigação criminal, o que pode exigir uma maior cientificidade.

Ao exigir-se, contudo, uma maior *cientificidade* da investigação, devemos ter em mente a concepção de *ciência como solução de problemas*[134], na qual os problemas empíricos são um ponto de partida da concepção pragmática da investigação, mas não esgotam os problemas da teoria da investigação criminal. É preciso levar a sério os problemas conceituais que concernem aos critérios de soluções apresentadas pelas diversas abordagens teóricas da investigação, tendo em conta os limites jurídicos que se impõem à investigação como condições de validade dos seus resultados. À cientificidade da investigação criminal, portanto, se deve acrescer sua *juridicidade* que abrange aspectos importantes não apenas do método, como também do objeto da investigação. Quando se fala, portanto, em *ciência da investigação criminal*, não se pode cair na redução criminalística que pretende postular a ideia de uma polícia científica como um corpo destacado da polícia, como se costuma vulgarmente referir. A polícia científica, nesse sentido, apenas se pode compreender como uma atitude intelectual que concerne a uma dimensão da metodologia da investigação criminal, cujos fundamentos se podem aplicar na técnica policial[135], desde que não se ignorem as condições jurídicas de validade da verdade, das quais não se pode desvencilhar qualquer concepção científica da investigação criminal. É, em suma, necessário articular-se a ciência com o *direito da investigação criminal* para uma teoria da investigação criminal. É essa articulação, entre ciência e direito, que precisamente constitui o essencial da teoria da investigação criminal cuja epistemologia processual vamos melhor detalhar no próximo capítulo.

[134] A respeito dessa concepção, cf. L. Laudan, *El progreso y sus problemas*, 1986.

[135] Cf. A. Barberá, J. V. Luis y Tuyrégano, *Polícia Científica*, 1998, p. 25ss.

A investigação criminal requer uma abordagem epistemológica, que possa enfrentar problemas teóricos relativos à verdade, à justificação probatória e ao método de legitimação do conhecimento do crime. Tendo em conta a perspectiva teórica dos problemas da investigação, precisamos entender que uma *notitia criminis* não suscita apenas o reconhecimento de condições formais de abertura do inquérito. Ela suscita desde o início uma *dúvida primordial* que está no coração da epistemologia a pedir uma atitude intelectual que nos remete à clássica disputa entre ceticismo e dogmatismo, estendendo-se nas discussões atuais que se colocam pela teoria do conhecimento. Afinal, acerca da notícia que nos chega, podemos efetivamente conhecer algo? E se o podemos, o que podemos aceitar como *verdade* e por que razões? Em outras palavras, que *provas* temos ou podemos obter para justificar essa verdade? E, sobretudo, por quais *métodos*? Em síntese, precisamos entender, que *epistemologia*?

O problema epistemológico, portanto, não se resume apenas a reconhecer teorias científicas que se podem aplicar por perícias. Essas questões, que pertencem originariamente à teoria (geral ou científica) do conhecimento, acabam assumindo uma feição especificamente jurídica na investigação, porque nesta o objeto e o método vêm disciplinados legalmente pelo conceito típico do crime (direito penal) e pelo procedimento do inquérito (direito processual penal), tendo na *prova criminal* um papel concentrador tanto do problema da justificação cognitiva da verdade, quanto do problema da legitimação potestativa do método, o que faz da teoria da investigação criminal uma epistemologia do processo penal. Essa epistemologia processual, contudo, requer uma concepção renovada da epistemologia clássica para abranger as questões sociopolíticas do conhecimento, que interessam muito seriamente à teoria da investigação criminal e seus fundamentos jurídico-científicos. É do que trataremos no próximo capítulo.

# 3
# A TRADIÇÃO FILOSÓFICA DA INVESTIGAÇÃO: PROGRAMAS E PARADIGMAS

## A teoria da investigação como epistemologia

Além das tradições teóricas institucionais (jurídica, pericial e policial), a investigação criminal tem sido estudada pela tradição externa da filosofia. É cada vez maior a incursão de epistemologia que, partindo das discussões teóricas gerais do conhecimento, têm enfrentado questões de interesse prático, especialmente relativas aos temas do processo de investigação criminal, cuja dramaticidade do problema sempre obtém do leitor uma atenção mais detida, por vezes apaixonada e até romântica[136].

A "teoria da investigação" de John Dewey, nesse cenário epistemológico, ocupa entre todas as obras um lugar de destaque, ao ponto de Nicola Abbagnano a seu respeito considerar que, embora o conceito de investigação esteja ligado genericamente ao de filosofia (desde o *Teeteto* de Platão), dificilmente foi objeto de indagação específica, até a abordagem lógica por Dewey[137]. Mas antes e depois dele muitos igualmente se dedicaram e têm dedicado ao tema abordagens que interessam de alguma forma à investigação criminal, às vezes até mais ostensivamente se dirigindo à investigação criminal em específico, enquanto Dewey parece apenas se ter utilizado de experiências de campo para compor algo com pretensões mais gerais[138].

[136] A respeito, cf. R. Fumerton, *Epistemologia*, 2014, cujo prefácio se inicia assim: "Você está num júri. Sua tarefa é decidir se as provas mostram de fato que não pode haver dúvida racional de que Jones tenha matado sua esposa".

[137] N. Abbagnano, *Dicionário de Filosofia*, 2003.

[138] É o que nos relata C. De Waal, *Sobre o pragmatismo*, 2007, p. 170: "Parece que a inspiração primordial de Dewey veio da linguagem e dos procedimentos jurídicos", devendo-se a respeito

Assim, portanto, não se pode ignorar que, no âmbito do pragmatismo, antes de Dewey, já C. S. Peirce havia tratado topicamente de aspectos relevantes da investigação, em suas constantes pesquisas que pretendiam tornar a abdução logicamente compreensível e aceitável como inferência válida, sobretudo porque atualmente é essa inferência que vem exaltada pela semiótica como fundamental à investigação de tipo criminal, conforme o demonstram os estudos diversos reunidos por Umberto Eco e Thomas Sebeok[139]. Ademais, antes mesmo que Dewey tenha se referido à ideia de "controle" e "garantia", Peirce havia considerado ser impossível falar de Lógica sem Ética, postulando a existência de uma "conexão vital", porque "é absolutamente necessário possuir não apenas virtudes como as da honestidade intelectual, da sinceridade e um real amor pela verdade, mas sim as concepções morais mais altas"[140]. É esse aspecto da investigação que, persistindo nesse caminho, Susan Haack vai enfatizar, sustentando que "há um valor instrumental na integridade intelectual"[141], o que tem implicações práticas verdadeiramente importantes para o campo da investigação criminal, na qual é relevante não apenas a ética do conhecimento, como também a ética do poder que se exerce durante a busca de conhecimento.

É, portanto, incompreensível que filósofos contemporâneos como Larry Laudan que, vindo da filosofia da ciência para a filosofia do direito, postula uma epistemologia restritiva de justificação puramente cognitiva, embora sua obra represente um ponto alto de convergência entre ciência e direito na discussão da prova no processo penal[142]. As discussões epistemológicas relativas ao processo (de investigação) penal se têm multiplicado, tanto entre teóricos da ciência, quanto entre teóricos do direito[143], mas se tem tornado cada vez mais evidente que, apesar do reconhecimento da importância dessa concepção teórica, é necessário também proceder a

lembrar que Dewey em 1937, antes da publicação de sua "Teoria da Investigação", liderou no México a comissão que investigou as acusações de conspiração feitas pelos soviéticos a Leon Trotsky.

139 U. Eco; T. A. Sebeok, *O signo de três*, 2014.

140 C. S. Peirce, "Dos Elementos de Lógica", in *Semiótica*, [2017], p. 22.

141 S. Haack, *Manifesto de uma moderada apaixonada*, 2011.

142 L. Laudan, *Verdad, error y proceso penal*, 2013

143 A exemplo dos estudos de J. Ferrer Beltran, *Prueba y verdad en el derecho*, 2005; J. Ferrer Beltran, *La valoración racional de la prubeba*, 2007; G. Prado, *Prova penal e sistema de controles epistêmicos*, 2014.

uma revisão da epistemologia clássica, sobretudo para uma melhor compreensão dos problemas que estão em causa no âmbito da investigação criminal. É como iniciamos a nossa abordagem teórica que pretende se colocar na linha dessa tradição externa da epistemologia, trazendo-a, contudo, para o círculo institucional das discussões tradicionais internas da investigação criminal.

## Algumas objeções à epistemologia clássica

A epistemologia clássica, desde a concepção do *Teeteto* de Platão, considerava o *conhecimento como crença verdadeira e justificada*[144], enfatizando mais o saber conclusivo de uma proposição, em detrimento do caminho percorrido para a sua obtenção. Essa perspectiva, contudo, nos sonega muito do que interessa ao conhecimento, sobretudo quando temos em conta o âmbito de saberes práticos, a exemplo das questões penais às quais uma investigação criminal se destina. Ao direito processual penal interessa não apenas o *fim*, mas antes e sobretudo os *meios* de que se utiliza uma investigação criminal. Encontram-se, portanto, nesse contexto prático de conhecimento, várias situações em que uma crença verdadeira e justificada não se aceita como fundamento de uma sentença condenatória, a exemplo do que podemos encontrar no conteúdo de uma interceptação telefônica não autorizada judicialmente. Assim, epistemicamente, por mais verdadeira que seja e justificada por uma prova, parece faltar algo que faça dela um conhecimento válido no contexto jurídico-penal em que se propõe. As diversas razões que se encontram no direito processual penal contemporâneo, no âmbito das questões relativas às proibições probatórias, parecem nos sugerir que há algo mais além das condições da clássica definição tripartite do conhecimento. E mesmo no âmbito da epistemologia geral, desde que foram apresentados os chamados "problemas de Gettier", tem-se suscitado se não haveria a exigência de algo mais necessário ao conceito do conhecimento. Embora não nos devamos empenhar na solução desses problemas para a epistemologia em geral, eles são relevantes porque nos permitem compreender melhor a questão do conhecimento no processo penal.

[144] Em Platão, *Teeteto*, 201c-d, lê-se: "...o saber é opinião verdadeira acompanhada de explicação...". D. O'Brien, *Introdução à teoria do conhecimento*, 2006, p. 36, apresenta-nos a tradução: "...a crença verdadeira acompanhada de uma explicação racional é conhecimento...". Na fórmula proposta por Edmund L. Gettier: S conhece P, se e somente se, (i) P é verdadeiro; (ii) S acredita que P; e (iii) S está justificado em acreditar que P.

### *As objeções filosóficas de Gettier*

O problema que Edmond Gettier suscita decorre de dois exemplos, entre os quais um se pode resumir nos seguintes termos: Smith e Jones disputam uma vaga de emprego; (a) Smith sabe que Jones será escolhido porque o presidente da empresa o disse; (b) Smith conta dez moedas no bolso de Jones e conclui que (c) "quem vai conseguir o emprego tem dez moedas no bolso". Contudo, quem consegue o emprego é o próprio Smith, que ao final constatou ter também dez moedas no bolso, confirmando seu conhecimento propositivo, embora seja falsa a premissa "a", e a premissa "b" seja igualmente verdadeira para o próprio Smith[145].

Esses problemas receberam algumas várias respostas que passaram a admitir a necessidade de uma quarta condição para a existência e aceitação do conhecimento[146]. Entre as mais proeminentes que alcançaram maior repercussão, encontra-se *a teoria causal* de Alvin Goldmann, sustentando que deve existir um elo causal entre o conhecimento e o que justifica a crença verdadeira[147]. Jonathan Dancy, contudo, sem descartar a teoria causal, prefere considerar que a suposta quarta condição é na verdade uma teoria causal da justificação, ou seja, uma especificação sobre que tipo de justificação esperamos ter[148]. Essa é uma concepção que se mantém tripartite para apenas especificar o tipo de justificação que se requer da verdade. Nesse sentido, pode-se entender inclusive a teoria da anulabilidade, na qual se exige que a justificação garantidora do conhecimento não seja anulada[149]. Trata-se, em suma, de definir que tipo de justificação esperamos ter para que um conhecimento se possa considerar aceitável. Essa concepção é especialmente relevante por nos permitir entender que o conhecimento produzido por uma investigação criminal somente é acei-

[145] Há um segundo exemplo que se pode conferir em E. Gettier, Is Justified True Belief Knowledge?, *Analysis, vol.* 23, n. 6, 1963, pp. 121-123.

[146] Cf. J. Dancy, *Epistemologia contemporânea,* 2002, p. 44ss, em que se podem encontrar as teorias da anulabilidade, da fiabilidade e das razões convincentes.

[147] A. I. Goldmann, A Causal Theory Knowing, *The Journal of Philosophy*, Vol. 64, No. 12 (Jun. 22, 1967), pp. 357-372.

[148] J. Dancy, *Epistemologia contemporânea,* p. 53: "Qualquer proposta que seja equivalente a uma nova teoria da justificação pode conseguir mostrar que nos casos de Gettier as crenças verdadeiras pertinentes não eram de todo justificadas".

[149] Essa é uma interpretação da teoria que faz P. K. Moser [et al.], *A teoria do conhecimento: uma introdução temática,* 2009, p. 107.

tável ao processo penal como conhecimento sob condição de que a justificação seja aceitável e não anulada por razões cognitivas.

Mas, no caso do processo penal, há de fato uma questão a mais, pois é possível que exista conhecimento em condições epistêmicas suficientes de justificação, mas ainda assim ser possível descartá-lo como conhecimento suficiente para uma condenação penal. O processo penal nos exige, efetivamente, uma teoria do conhecimento que, além de qualquer especificação sobre o tipo de justificação, traga uma discussão séria sobre a *legitimação* dos meios utilizados para a obtenção do conhecimento, o que compreender essencialmente toda a atividade de investigação criminal, na qual se encontra algo mais que razões cognitivas Pode-se falar, dessa forma, apropriadamente, em uma epistemologia especial que, sem abandonar ou contrariar completamente a epistemologia geral, tem algumas questões específicas a colocar[150]. Devemos, assim, falar em um quatro elemento, para admitir que *o conhecimento é uma crença verdadeira, justificada (cognitivamente) e legitimada (potestivamente)*. Essa é uma concepção de conhecimento que pensamos ser necessária à compreensão epistemológica de uma teoria da investigação criminal.

Pode-se, é claro, objetar que esse outro elemento que estamos a considerar como elemento da crença não se refere ao saber produzido no processo penal, mas ao poder que se exerce por ele. E de fato, não se deve desvirtuar essa realidade. Parte do que entra nessa qualificação da crença tem relação com o exercício do poder que se reconduz ao problema geral da legitimação. Mas é relevante insistir na compreensão de que aqui há uma imbricação inextricável entre justificação do saber e legitimação do poder. Afinal, trata-se do exercício do poder que se dirige a produzir um saber, que se dirige segundo certos métodos e técnicas orientados à obtenção de razões (provas) que vão justificar o conhecimento propositivo final. E acreditar que se pode efetivamente desvincular essa forma de obtenção do saber do seu resultado é exatamente uma forma típica de epistemologia clássica que precisamos evitar na análise das relações entre verdade e justiça na epistemologia do processo penal, que tem na atividade de investigação criminal sua base fundamental.

150 Isso é o que acontece com a epistemologia específica da ciência, como o admite A. Keller, *Teoria geral do conhecimento*, 2009, p. 213ss.

É precisamente esse tipo de epistemologia que a doutrina jurídica tradicional tem utilizado, ao tentar excluir do processo penal a atividade de investigação criminal, confinando-a na fase do inquérito, cuja função se quer ver limitada a mera peça informativa da acusação. Trata-se de uma epistemologia que tende a ocultar as objeções suscitadas pela sociologia do conhecimento, bem como os condicionamentos socioculturais que a história da ciência tem admitido, e não tem levado a sério as questões ético-políticas imprescindíveis a uma devida investigação criminal. Mas esta é essa epistemologia que uma teoria jurídico-científica da investigação criminal precisa melhor compreender para superar.

### *As objeções sociológicas ao conhecimento*

A sociologia do conhecimento, em sua concepção originária, chama-nos a atenção para "determinantes políticos e sociais do conhecimento"[151]. Ela argumenta que o pensamento, não apenas científico, mas sobretudo o social e político, opera em uma atmosfera socialmente condicionada, influenciada por elementos inconscientes e subconscientes, que permanecem escondidos ao observador[152]. Ela pretende sustentar que a estrutura da consciência, da percepção, das ideias, do pensamento e do conhecimento está determinada pela estrutura dos grupos humanos pelos quais são produzidas[153]. E essas observações parecem ter algumas bases reconhecidas tanto na antropologia, quanto na psicologia do conhecimento[154].

Apesar das críticas que se podem fazer à concepção originária da sociologia do conhecimento que viria mesmo a ser reelaborada pelo próprio Karl Mannheim[155], há algo que não se pode ignorar quanto à sua cons-

[151] K. Mannheim, *Ideologia e utopia,* 1982, p. 220.

[152] Nesse sentido, K. Popper, *A sociedade aberta e seus inimigos, Tomo 2,* 1987, p. 220.

[153] Nesse sentido, N. Elias, Sociologia do conhecimento: novas perspectivas, *Sociedade e Estado,* v. 23, n. 3, 2008, p. 515-554.

[154] D. Le Breton, *Antropologia dos sentidos,* 2006, p. 12: "Todo homem caminha num universo sensorial ligado àquilo que sua história pessoal fez de sua educação"; "os homens habitam universos sensoriais diversos"; P. Kinderman, *As novas leis da Psicologia,* 2018, p. 102: "Nossa forma de compreender o mundo é, em grande parte, é determinada pornosssas experiências e nossa criação".

[155] A concepção originária de que falamos encontra-se na primeira edição alemã de K. Mannheim, *Ideologie und utopie,* 1929, que viria a sofrer algumas alterações com a primeira edição inglesa de 1960 (*Ideology and utopia*), à qual Mannheim faz anteceder um primeiro capítulo totalmente novo, no qual reformula pontos essenciais que viriam a conformar-se

tatação no que interessa ao processo penal[156]. O conhecimento do crime que é produzido por meio da investigação criminal está não determinado, mas condicionado pela posição que ocupa o sujeito responsável pela pesquisa no processo penal. É necessário compreender que podem resultar investigações criminais diferentes, conforme estas se realizem por sujeitos processuais parciais, como a acusação e a defesa, ou por sujeitos processuais imparciais, como o juiz ou a polícia judiciária. Mas não se pode cair na ingenuidade de pensar que em algum caso certos sujeitos estariam livres de condicionamentos, embora estes possam ser diferentes em cada caso.

Não nos interessa aqui, contudo, inventariar os diversos fatores que podem condicionar essa produção de conhecimento conforme os diversos sujeitos. Isso seria um exercício típico de sociologia do conhecimento processual penal a que não nos queremos dedicar. Interessa-nos, no entanto, compreender como nos é possível enfrentar essas condicionantes. E nesse ponto é que a concepção originária parece ter se equivocado, ao depositar em uma classe qualificada de pessoas a função primordial de depurar o conhecimento acima de certas classes subalternas de sujeitos cognitivos[157]. Essa é certamente a maior crítica que se pode fazer à concepção originária de Mannheim, que no direito nos levaria inequivocamente para uma teoria autoritária do processo penal, fundada na capacidade de uma classe especialmente organizada para esta função e dotada de uma qualidade especial, o que nos remete ao mito do bom poder, que aposta na boa vontade ética e na independência política de certos sujeitos para realizar investigações criminais absolutamente isentas de qualquer interesse. Esse discurso equivocado se encontra subjacente sempre que algum órgão específico postula a direção da investigação criminal, em substituição a outro, independentemente de qualquer mecanismo intersubjetivo de controle a que se submeta. Assim, incorre nesse erro, quando se suscitam os condicionamentos de um juiz instrutor, sem atentar para os mesmos condicionamentos de um órgão de acusação, o que se repete quando não se atenta também para os condicionamentos de uma polícia judiciária.

melhor com críticas que se podem encontrar tanto em Karl Popper, quanto em Norbert Elias, cujas concepções nos parecem ser mais adequadas à compreensão do problema.

[156] Cf. E. R. Zaffaroni, Sociologia do processo penal, *Criminalia*, 1968, p. 546.

[157] Na linguagem de K. Mannheim, *Ideologia e utopia*, 1982, p. 38: "Chamamos tais grupos de *intelligentsia*"

A questão fundamental da sociologia do conhecimento, contudo, é que ela nos descreve uma situação de coisas inevitável, pois todos nós partimos de algum espaço-tempo, de uma cultura, de uma cosmovisão, de pré-conceitos que compõem nosso instrumento categorial de pensamento. É nossa condição humana irremediável, que também a biologia do conhecimento tem adequadamente observado[158]. No entanto, também nos é inevitável estar à procura de conhecimento, sempre de um conhecimento melhor. Mas a solução de entregar a superação desses condicionamentos a uma suposta *intelligentsia* revela uma contradição teórica inaceitável. Norbert Elias parece ter uma melhor solução para esse problema, sustentando que é necessária uma concepção do conhecimento que abandone tanto o dualismo estático entre subjetivo e objetivo, quanto o individualismo gnosiológico que considera o conhecimento como atividade de um único sujeito[159].

O processo de conhecimento pode ser compreendido segundo três modelos, conforme a relação que se entenda estabelecer entre sujeito e objeto. Podemos chamar a esses modelos de *objetivista, subjetivista* e *interacionista*. No primeiro modelo (objetivismo passivo), "o objeto do conhecimento atua sobre um aparelho perceptivo do sujeito que é um agente passivo, contemplativo e receptivo".[160] Trata-se de uma construção mecanicista do conhecimento, em que predomina o objeto. No segundo modelo (subjetivismo ativista), ao contrário, considera-se que há predominância do sujeito sobre o objeto, embora se reconheça não ser de forma exclusiva, mas é o sujeito que predomina. No terceiro modelo (interacionismo), substitui-se o "princípio de preponderância" pelo "princípio da interação". O sujeito tem ainda um papel ativo, embora igualmente condicionado por vários fatores, sobretudo algumas determinações sociais que influem na visão social da realidade[161].

[158] A respeito dessa "biologia do conhecimento", A. Damasio, *O mistério da consciência*, 2015, p. 114, explica que há uma "necessidade de estabilidade" como condição de conhecimento: "Ao ressaltar a estabilidade, não pretendo afirmar que o self, em qualquer uma de suas versões, seja uma entidade cognitiva neural imutável, e sim que ele deve possuir um grau notável de invariância estrutural para que consiga oferecer uma continuidade de referência no decorrer de longos períodos".

[159] N. Elias, Sociologia do conhecimento: novas perspectivas, 2008, p. 541ss.

[160] K. Popper, *Conhecimento objetivo,* 1999, p. 313-332, chama essa concepção de "teoria do balde mental".

[161] A. Schaff, *Verdade e história*, 2000, p. 63.

Reconhece-se pelo modelo de conhecimento interacionista que o homem é um conjunto de relações, sujeito não apenas a determinações biológicas, mas também sociais, que lhe vão condicionar a subjetividade psicológica. Só esse homem concreto, em sua complexidade biológica e social, é o sujeito concreto da relação cognitiva. Torna-se evidente que o conhecimento não pode ser passivo; ele é um "conjunto de relações sociais", que comporta fatores de domínios diversos relevantes ao conhecimento: uma cosmovisão, uma linguagem conceitual, um sistema de valores. O estudo e demonstração desses condicionamentos têm sido objeto da sociologia do conhecimento, que se poderiam estender por uma sociologia do conhecimento processual penal[162]. Mas essa é ainda uma concepção individualista do conhecimento, que tem sentido na dimensão psicológica do sujeito cognoscente.

Norbert Elias, contudo, alçando a discussão a uma dimensão sociológica, contrariando a concepção dualista entre subjetivo e objetivo, bem como a concepção individualista, observa que é necessário um outro paradigma mais adequado para a compreensão do conhecimento como "um processo que supera a duração de uma vida e a capacidade de descoberta de um indivíduo". Superando, assim, a concepção individual e psicológica do conhecimento, precisamos compreender que se trata de um processo cujos sujeitos são grupos de pessoas que se seguem a gerações de outros tantos grupos[163]. A verdade do conhecimento, nesse sentido, decorre de um longo processo de construção. É claro que aqui podemos inserir, no âmbito da discussão sociológica do conhecimento, aquela mesma distinção que faz Fernand Braudel acerca dos níveis do discurso histórico, para admitir construção de conhecimentos em longa, média e curta duração[164]. Mas assim como mesmo uma história factual requer a congregação de esforços múltiplos, não se pode sonegar ao conhecimento em geral a necessária participação de vários sujeitos.

O conhecimento, nesse sentido, equivale a uma atividade que se desenvolve como processo social contínuo, cuja verdade inteira é a soma de verdades parciais, cuja objetividade decorre de uma intersubjetividade[165].

[162] A respeito, cf. E. R. Zaffaroni, "Sociologia do processo penal", *Criminalia*, 1968.

[163] N. Elias, Sociologia do conhecimento: novas perspectivas, 2008, p. 545.

[164] F. Braudel, *Escritos sobre a História*, 1978, p. 104ss.

[165] A. Schaff, *Verdade e história*, 200, p. 72, p. 75

A objetividade da verdade no conhecimento, portanto, deve ser entendida como uma hipótese do trabalho do investigador (como atividade individual) e uma síntese que ele tende a construir dos fatos observados, mas que se insere em um processo coletivo, que somente se completa pela participação de outros tantos sujeitos. Bertrand Russel, tratando dessa relação entre conhecimento individual e social, adverte que não podemos descartar as percepções individuais, mesmo com todas suas limitações pessoais, porque elas são a base de todo conhecimento; assim, precisamos estabelecer métodos que podem enfraquecer ou fortalecer esse testemunho individual do conhecimento. A esse respeito, ele observa que: "certos métodos são utilizados nos tribunais de justiça, outros, um pouco diferentes, são usados na ciência. Mas todos eles dependem do princípio de que cada pedaço de testemunho tenha *algum* peso, pois somente em virtude desse princípio que se pode considerar que uma série de testemunhos concordantes seja capaz de conferir alta probabilidade"[166]. Karl Popper havia chamado a atenção para esse aspecto social do método científico, criticando a ideia equivocada de ver a objetividade científica no objeto ou no olhar objetivo do pesquisador. A imparcialidade individual, ao seu modo científico de ver o conhecimento, seria o resultado do caráter social e público do método científico, organizado institucionalmente[167]. Objetividade, portanto, equivale a intersubjetividade[168]. Assim, apenas se pode superar a subjetividade individual pelo processo social coletivo em que outros sujeitos inserem seu elemento subjetivo de ponderação. É, portanto, inextricável o fator subjetivo do indivíduo no conhecimento, mas é somente pela consciência de sua existência que podemos nos acautelar em relação a ele, ao que se exige colocar o conhecimento na perspectiva do controle público recíproco ao longo do tempo.

O problema da investigação criminal é que ela não se pode delongar por toda a vida, à espera de refutações tardias ou corroborações atrasadas, tampouco se pode abrir ao controle público externo do seu método sem inviabilizar sua eficiência interna. Mas aquela intersubjetividade precisa, de alguma forma, ser garantida por estruturas funcionais no processo de

[166] B. Russell, *Conhecimento humano*, 2018, p. 38ss.

[167] K. Popper, *A sociedade aberta e seus inimigos*, pp. 225-227.

[168] A. Schaff, *Verdade e história*, p. 235; K. Popper, *Lógica da pesquisa científica*, 1975, p. 46; K. Popper, *A sociedade aberta e seus inimigos*, p. 225: "Pode-se definir a objetividade científica como a inter-subjetividade do método científico".

investigação se não queremos permanecer numa epistemologia que insiste num método incapaz de assegurar a verdade. O crime como objeto de conhecimento é uma construção investigativo-processual que deve superar uma concepção dualista estática entre objeto e sujeito, bem como a concepção individualista cognitiva, se queremos levar a sério o problema que a sociologia do conhecimento nos põe no contexto de descoberta do processo penal. Isso é precisamente o que o princípio do contraditório, em suas razões históricas fundamentais, parece almejar epistemicamente no processo penal, antes de um qualquer enquadramento exclusivamente jurídico[169]. É sua presença que assegura uma intersubjetividade dialógica e simultânea, permitindo que se estabeleça no processo penal uma condição epistemológica científica que se encontra na ideia de falseabilidade. Encontrar formas de assegurar essa condição epistemológica é o grande problema do processo penal em sua perspectiva cognitiva, mas esse problema se põe precisamente no âmbito da investigação criminal, nos casos em que o contraditório se tem considerado impraticável nos moldes que o direito processual o admite. Mas teremos oportunidade para discutir melhor essa questão, nos capítulos relativos aos modelos e aos sujeitos da investigação.

O importante de toda essa questão, em síntese e por ora, é chamar a atenção para o fato de que, no método investigativo-processual de descoberta da verdade, considerado de uma perspectiva sociológica do conhecimento, não se pode deixar de levar em conta o problema do poder e sua limitação jurídica. É necessário que tenhamos em conta, no conhecimento do crime, que a sua epistemologia requer algo mais além da justificação epistêmica, embora sejam ainda razões epistemológicas que legitimam a concepção política que divide funções entre diversos sujeitos, visando a garantir uma melhor intersubjetividade do conhecimento como método de conformação do poder[170]. Tudo está a confirmar que a tecnologia social adequada para enfrentar as objeções sociológicas ao conhecimento é exatamente submeter a investigação criminal a sua institucionalização jurídica como processo penal[171], reconhecendo-a como parte do processo penal,

[169] Nesse sentido, cf N. Guzmán, *La verdad en el proceso penal: una contribución a la epistemologia jurídica*, 2006, p. 149.

[170] Cf. "las razones epistemológicas de la conveniencia de la separacion de funciones", em N. Guzmán, *La verdad en el proceso penal*, 2006, p. 189ss.

[171] É o que discutimos mais detalhadamente em E. S. Pereira, *Saber e Poder:* o proceso (de investigação) penal, 2019.

cujos princípios se devem entender como garantias não apenas de liberdade e igualdade, mas também e sobretudo de verdade[172].

***As objeções políticas e éticas***

A considerar os problemas que a sociologia do conhecimento suscita, torna-se irrecusável falar de uma axiologia no âmbito da epistemologia. E, mais precisamente, torna-se inevitável evidenciar o papel do poder dentro da teoria do conhecimento, bem como dos valores ético-políticos que o condicionam e refletem-se na construção dos saberes observados na vida cotidiana, no contexto das relações sociopolíticas, sobretudo em casos como a investigação criminal que funciona no âmbito de uma ideologia penal.

Michel Foucault a esse respeito tem razão quando adverte que, "se quisermos realmente conhecer o conhecimento, saber o que ele é, apreendê-lo em sua raiz, em sua fabricação, devemos nos aproximar, não dos filósofos, mas dos políticos, devemos compreender quais são as relações de luta e de poder"[173]. Mas é importante entender que Foucault não pretende considerar as condições políticas como obstáculos ao sujeito do conhecimento, destinados a serem superados, mas sim como o solo sobre e a partir do qual se constitui os domínios de saber. Ele pretende refutar o que considera um mito platônico do saber desvinculado do poder, em que o ideal de conhecimento se alcança livre das relações sociopolíticas de poder.

É essa mesma concepção que se retoma por Luigi Ferrajoli, ao tratar do "juízo penal" como saber-poder, como produto do exercício de funções jurisdicionais que se desenvolve por procedimento específicos denominados "processos"[174]. Esse juízo possui uma natureza dúplice, pois é, inicialmente, uma atividade pelo menos tendencialmente cognitiva, destinada à comprovação de fatos e de direitos, mas é, igualmente, uma decisão prática que, em virtude dos efeitos que pode produzir, equivale a um exercício de poder. O problema da verdade no juízo penal, portanto, não é nunca apenas um problema epistemológico, mas também um problema de filosofia política, havendo um vínculo inextricável entre verdade judicial e legiti-

[172] Nesse sentido, cf. L. Ferrajoli, *Diritto e ragione*, 2008, p. 619ss.

[173] M. Foucault, *A verdade e as formas jurídicas*, 2002, p. 31ss, p. 56.

[174] A noção de juízo, em Ferrajoli, retoma uma tradição processual italiana, como a que se encontra em F. Carrara, *Programa do curso de direito criminal, II*, 1957, p. 279: "no sentido ideológico, a palavra juízo exprime a operação intelectual com que o homem reúne suas ideias para extrair delas uma proposição".

mação da jurisdição[175]. Assim, embora tenham um grande valor científico as teorias que se têm interessado pela dimensão epistêmica do processo, em sua forma purificada, não nos é possível entender o processo penal em sua estrutura completa, se não o compreendermos como saber e poder[176]. Afinal, as relações (entre saber e poder) são tais que dificilmente se podem dissociar as condições políticas das questões epistemológicas que concernem ao processo penal. Os sujeitos de conhecimento que atuam no processo e as condições de verdade processual somente existem e se definem sob certas condições políticas que se tornam como que o solo possível de desenvolvimento do sujeito e da verdade[177].

Toda essa questão acaba nos remetendo ao domínio dos valores que se exigem no processo penal, não apenas na fase de discussão probatória em julgamento, mas desde logo na fase de inquérito em investigação. É necessário entender que toda e qualquer investigação, seja ela ordinária, científica ou criminal, está embebida de valores, tanto epistêmicos quanto não-epistêmicos. E a proeminência de um sobre os outros depende do tipo de problema que temos a resolver. No processo penal, a verdade como valor epistêmico, embora tenha um papel fundamental no condicionamento de certos fins, não tem proeminência sobre os meios de que se utiliza. Ela cede racionalmente a outros valores, sempre que existem razões suficientes para que assim se escolham. Há uma racionalidade diversa, mas há ainda uma racionalidade, em que o contexto de justificação cognitiva não se liberta do contexto de descoberta, e este se conecta com o problema da legitimação potestativa.

Essa não é, contudo, uma concepção exclusiva de uma epistemologia investigativo-processual. Tem-se admitido, na epistemologia geral, uma teoria ética das virtudes, que inclui tanto virtudes intelectuais quanto morais, com o objetivo de oferecer uma explicação unificada sobre a moralidade das crenças e das ações[178]. E mesmo na epistemologia científica,

[175] L. Ferrajoli, *Epistemología jurídica y garantismo*, 2004, p. 231ss; L. Ferrajoli, *Diritto e ragione*, 2008, p. 18.

[176] Cf. M. Taruffo, *Uma simples verdade: o juiz e a construção do fato*, 2012, sobre as relações entre "epistemologia e ideologia", ao observar que "a descoberta da verdade é um fim essencial do processo e uma condição necessária para a justiça da decisão, mas não é o único fim que o processo persegue".

[177] Nesse sentido, cf. M. Foucault, *A verdade e as formas jurídicas*, 2002, Conferência 1, p. 7ss; em sentido similar, cf. L. Ferrajoli, *Epistemologia juridica y garantismo*, 2004, p. 232.

[178] Cf. L. Zagzebski, O que é conhecimento? *Compêndio de epistemologia*, 2008, p. 177.

observou-se que a atividade científica é influenciada por valores epistêmicos e não-epistêmicos que são satisfeitos em maior ou menor grau[179]. Essas concepções, acertadamente, reduzem a verdade, como valor epistêmico supremo, a um valor entre outros, que se põe em relação com outros[180]. Mas essa relação entre valores vai resultar na proeminência do justo sobre o verdadeiro, pois, segundo Paul Ricoeur, "o justo arregimenta de alguma maneira o verdadeiro em sua circunscrição"[181]. E o processo penal é uma dessas circunscrições, na qual a investigação criminal ocupa uma posição central[182], a exigir uma epistemologia distinta da teoria clássica do conhecimento, em suma, uma epistemologia processual penal.

## A concepção da epistemologia processual

A teoria da investigação criminal – a considerar todas as objecções que se discutiram pela filosofia, sociologia, ética e política –, é uma epistemologia do processo penal, na qual se enfatizam aspectos pragmáticos da obtenção do conhecimento, com suas questões relativas à legitimação política da verdade (não sua justificação puramente epistêmica), diversamente da epistemologia clássica que se basta e contenta em discutir o conhecimento em seu ponto de chegada.

O que a epistemologia clássica sustenta é uma concepção lógica do conhecimento propositivo, baseada na ideia de que existe uma lógica ante-humana, estática e conclusiva, desvinculada de uma concepção pragmática do conhecimento. É isso que John Dewey, antes mesmo de Gettier, pretendia refutar com sua concepção da lógica como resultado da atividade pragmática da investigação[183]. A sua teoria da investigação, portanto, é importante por nos oferecer bases epistemológicas mais condizentes com investigações reais como a investigação criminal, permitindo-nos entender que a construção do conhecimento por investigação decorre de um

[179] J. Echeverría, *Introdução à metodologia da ciência*, 2003, p. 315; cf. também L. H. Araújo Dutra, *Introdução à teoria da ciência*, 2009, p. 132.

[180] Uma discussão abrangente nesse sentido se pode encontrar em H. Lacey, *Valores e atividade científica I*, 2008; H. Putnam, *O colapso da verdade e outros ensaios*, 2008.

[181] P. Ricoeur, *O justo 2*, 2008, pp. 64 e 78. Em outras palavras, "a verdade, ..., só encerra o percurso constitutivo de seu sentido com o socorro da justiça".

[182] Cf. nosso E. S. Pereira, *Investigação, verdade e justiça*, 2014, p. 13.

[183] J. Dewey, *Logica: teoria de la investigación*, 1950, cujo original inglês (*Logic: the theory of inquiry*) é de 1938.

saber situado em contexto de problemas práticos. A sua epistemologia centrada na investigação, na atividade de construção do conhecimento, é certamente a mais adequada e esclarecedora para estabelecermos os fundamentos jurídico-científicos da investigação criminal.

Afinal, a prova em processo penal nos interessa não apenas pelo que de conclusivo ela nos pode oferecer sobre o conhecimento do crime, mas pelo fato de que essas provas decorrem de uma investigação juridicamente controlada que a fundamenta. É nesse sentido que John Dewey considera o conhecimento como uma assertabilidade garantida pela investigação[184], com o que se evidencia a relevância do caminho, da investigação, para a chegada ao conhecimento. Dewey atribui uma importância muito grande à investigação anterior à asserção, como o meio pelo qual se garante o conhecimento final. Nesses termos, considerando a investigação criminal, a noção de assertabilidade garantida, que se pode aplicar ao conhecimento que se produz ao final do processo penal, deve ter em conta a investigação pela qual esse conhecimento foi construído, para que seja garantido não apenas por meios confiáveis de obtenção da verdade, mas por meios que incluem a garantia de que não foram produzidas ofensas inaceitáveis a direitos. Que direitos são esses, isso é coisa que concerne a outro momento de discussão, mas por ora o que nos interessa é trazer para a noção de asserção garantida como produto de uma investigação a garantia de que o poder não submeta outros valores relevantes a seu objetivo de verdade nem exceda a sua real capacidade de verdade.

A compreensão da investigação criminal na perspectiva do poder, portanto, não pode deixar de considerar as condicionantes ético-políticas que esse poder deve ter no processo de conhecimento do crime. Isto, é claro, subverte a concepção epistemológica tradicional, ao trazer para o âmbito do conhecimento elementos que estão no campo da ética e política. Mas uma abordagem da investigação como pesquisa histórica e sociologicamente condicionada parece nos dar motivos suficientes para assim proceder. Em outros termos, implica dizer que a verdade é justificada com base em provas que se obtiveram por meios válidos tanto cognitiva quanto potestivamente.

[184] J. Dewey, *Logica: Teoria de la investigación*, 1950, p. 137: "...si el conocimiento se halla relacionado con la investigación como su produto garantizadamente asertible y si la investigación es progresiva y temporal, entonces la matéria investigada revela propriedades distintas que necesitan ser designadas con nombres diferentes".

Não estamos, contudo, a sugerir que Dewey tenha concebido a noção de assertabilidade garantida com esse sentido que lhe atribuímos, ao incluir na tutela da garantia não apenas a verdade, mas também a liberdade e igualdade. Essa extensão atribuída não pretende ser uma interpretação da concepção de Dewey, mas um acréscimo deliberado que fazemos a sua teoria aplicada ao âmbito de uma investigação criminal. Mas não se pode ignorar que Dewey teve grandes inspirações em procedimentos jurídicos na concepção de sua teoria da investigação[185]. É, por isso, que sua concepção de investigação parece encontrar sem dificuldades uma similaridade muito grande na investigação criminal, a justificar sua assimilação ao contexto jurídico.

A teoria de Dewey, portanto, nos permite entender como é possível que uma investigação criminal se oriente por princípios jurídicos que podem aparentemente negar uma racionalidade puramente epistêmica para abrir-se a uma racionalidade mais ampla que envolve valores não-epistêmicos. É nesse espaço que se podem compreender os princípios jurídicos como diretrizes de racionalidade de uma investigação criminal, não como axiomas de um sistema fechado, mas como postulados de um sistema aberto que continuamente podem aperfeiçoar-se[186]. Eles representam sínteses de soluções possíveis aos problemas conceituais da investigação criminal, segundo uma racionalidade que postula uma justificação cognitiva e uma legitimação potestativa, como as melhores diretrizes que temos acumulado nas experiências jurídicas da história das instituições processuais penais, constituindo fundamentos jurídico-científicos de uma teoria da investigação criminal.

A considerar o que a teoria da investigação criminal assim postula epistemologicamente, em conexão com questões éticas necessariamente, ela restaura uma antiga tradição de pensamento que associa a possibilidade do conhecimento às condições políticas. Essa associação nos exige entender que qualquer programa metodológico de investigação tem subjacente

[185] C. De Waal, *Sobre o pragmatismo*, 2007, p. 170.

[186] Acerca da distinção entre axioma e postulado, cf. N. Abbagnano, *Dicionario de Filosofia*, 2007, p. 116, p. 915; em especial, cf. J. Dewey, *Logica*, 1950, p. 23: "Considera-se que os axiomas são postulados, nem verdadeiros nem falsos em si mesmo, e que seu sentido se determina pelas consequências que se seguem das relações que guardem entre si. Permite-se e até se aconselha a máxima liberdade para formular postulados, liberdade submetida à única condição de que tais postulados se encontrem cheios de consequências implícitas fecundas".

questões políticas fundamentais; e que qualquer paradigma epistemológico tem subjacente alguma ética. Tudo então nos remete a entender que a investigação criminal, assim como toda e qualquer atividade de conhecimento, mesmo a atividade científica, está condicionada por questões socioculturais que podemos compreender com base nas noções de programa e paradigma, que compõe um regime jurídico-científico da investigação.

## Os regimes jurídico-científicos da investigação

### *Programas normativos de investigação*

As diversas tradições institucionais (teóricas e práticas) pressupõem programas normativos, bem como paradigmas de investigação criminal, sendo possível encontrar em um mesmo ordenamento jurídico-penal disposições normativas diversas a respeito da forma de investigação dos crimes, conforme o objeto, pressupondo paradigmas e programas diversos. Tenhamos em conta o regime jurídico nacional, no qual podemos distinguir pelo menos três programas, se levamos em consideração as disposições relativas aos crimes clássicos previstos na codificação básica (código de processo penal), os crimes de menor potencial ofensivo e a criminalidade organizada. Em relação a cada um deles podemos observar uma distinção não apenas quanto ao objeto de investigação, mas especialmente quanto ao método legal disponível, pois as disposições processuais penais seguem distinguindo as formas de investigação. Uma melhor compreensão dessas formas normativas diversas, em confronto com alguns preceitos constitucionais liberais, pode ser alcançada a partir da ideia de programa de investigação cientifica, segundo a concepção de Imre Lakatos[187].

A partir dessa noção, podemos compreender as disposições normativas sobre o processo penal como programas normativos de investigação criminal, com especificações sobre o método. Assim, sob essa perspectiva, a cada incremento na legislação processual, bem como em decorrência de certas jurisprudências cogentes, podemos entender cada conjunto de disposições legais a respeito de crimes específicos (clássicos, menor potencial ofensivo e criminalidade organizada) como disposições metodológicas

[187] I. Lakatos, *Falsificação e Metodologia dos Programas de Investigação Científica*, 1999, p. 55ss: Um programa de investigação científica é constituído essencialmente por regras metodológicas, mas de natureza diversas – "algumas indicam os caminhos da investigação a evitar (*heurística negativa*), outras os caminhos a seguir (*heurrística positiva*)".

sobre a forma de investigar. É possível, nesse sentido, distinguir nas disposições legais tanto normas que dizem o que é permitido fazer na investigação criminal, ainda que apenas implicitamente, ou o que é permito sob certas condições (heurística positiva), bem como o que é proibido, expressamente ou apenas por exclusão da possibilidade (heurística negativa). No conjunto das diversas disposições, podemos delinear programas de investigação vários que decorrem de uma interpretação sistemática da legislação, quando relacionamos o tipo de crime com as autorizações legais para investigar. Um exemplo dessa forma de dispor, no Brasil, encontra-se na lei relativa às interceptações telefônicas que exclui esse meio de investigação para crimes punidos com detenção.

Imre Lakatos observa ainda que, em virtude da heurística negativa, todos os programas de investigação podem ser caracterizados por um "núcleo firme", que impede o programa de orientar-se em certos sentidos que se encontram excluídos da pesquisa. Em virtude disso, explica que o desenvolvimento de heurísticas positivas deve ser no sentido de formar um cinturão protetor desse núcleo. Pensemos tudo isso em termos adequados à investigação criminal, a partir da ideia do constitucionalismo, especialmente orientada à proteção do núcleo firme dos direitos fundamentais, e da necessidade de desenvolverem-se formas positivas de investigação que reforcem o núcleo, embora não impeçam o desenvolvimento da investigação, segundo as necessidades da realidade evidenciadas pelos paradigmas concorrentes. Em suma, o que está em questão é um confronto entre uma nova realidade emergente da sociedade do risco (tutela penal de novos direitos, criminalidade organizada e terrorismo), todas tendentes a uma maior ampliação do poder punitivo, com um consequentemente aumento dos poderes investigatórios do Estado. Em sentido contrário, a normatividade de proteção de direitos fundamentais individuais tende a diminuir como forma de atender àquelas exigências fáticas.

A lição de Konrad Hesse sobre a força normativa da Constituição é esclarecedora, ao apresentar uma compreensão conciliadora entre *Constituição real* (que pretende ser a descrição das relações fáticas de poder, segundo Ferdinand Lassale) e *Constituição jurídica* (que pretende ser um poder entre outros, igualmente relevante na conformação entre fato e norma). Sua proposta passa pelo que ele denomina "condicionamento recíproco entre a Constituição jurídica e a realidade político-social". Ressalta, contudo, que "a força normativa da Constituição não reside, tão-somente, na adaptação inteligente a uma dada realidade". Tendo em conta essa ideia, podemos nos questionar se as emergências sociais se podem considerar suficientes para a redução do núcleo firme de programas normativos de investigação criminal. Afinal, como bem ressalta K. Hesse, é necessária a "compreensão de que essa ordem constituída é mais do que uma ordem legitimada pelos fatos"[188].

Mas, apesar dos questionamentos valorativos que possamos fazer, não podemos deixar de observar que, por vezes, essa ordem fática muito constantemente assume com força a diretriz normativa de programas, atingindo o coração do paradigma garantista a partir da prática das investigações criminais em desacordo ostensivo com ele. Assim, algumas anomalias começam a surgir, forçando o paradigma a ceder um pouco mais, por vezes até colocando-o em crise, como podemos observar no garantismo em relação à investigação criminal.

### *Paradigmas, anomalias e crises*

O *garantismo penal* se pode considerar, no quadro de referência do Estado de direito, o fundamental paradigma da investigação criminal[189]. À evidência, essa afirmação representa adesão a certos valores que se impõem ao Estado de direito, desde uma perspectiva externa de justificação do poder estatal, bem como uma particular forma de compreendê-los frente aos problemas que se colocam nas sociedades. Não podemos, por isso, ignorar a existência de outras concepções que, sem abdicar do mesmo quadro de referência, pretendem sustentar outros paradigmas de orientação da investigação criminal. Mas não se pode igualmente deixar de observar que certas interpretações fazem uma mudança tendenciosa ou radicalmente profunda no quadro de referência, o que nos permitiria abordar a diversidade de paradigmas, haja vista a mudança de paradigma do sistema penal[190].

O paradigma garantista, materializado nos dez princípios representativos de garantias penais e processuais segundo o sistema de Luigi Ferrajoli, configura "um esquema *epistemológico* de identificação do desvio penal,

[188] K. Hesse, *A força normativa da Constituição*, 1991, p. 19.

[189] Temos em mente o conceito de paradigma no sentido de *matriz disciplinar*, como "posse comum aos praticantes de uma disciplinar particular" (T. Kuhn, *A estrutura das revoluções científicas*, 2009, p. 219ss)

[190] Cf. J.-M. Silva Sánchez, *A expansão do direito penal*, 2002; J. L. Diez Ripollés, *La política criminal en la encrucijada*, 2007.

orientado a assegurar (...) o máximo grau de racionalidade e confiabilidade do juízo e, portanto, de limitação do poder punitivo e de tutela da pessoa contra a arbitrariedade". Essa epistemologia se pode entender sintetizar em dois elementos: o *convencionalismo penal*, a partir da máxima *autorictas, non veritas facit legem* que pretende representar o princípio da estrita legalidade, e o *cognitivismo processual*, a partir da máxima *veritas, non auctoritas facit judicium* que pretende representar o princípio da estrita jurisdicionalidade. Esses elementos, que assumimos nesta teoria da investigação criminal, em síntese, representam uma diminuição do âmbito de poder da autoridade investigante, em favor de um maior âmbito de proteção de direitos fundamentais em jogo, mas se trata de paradigma em disputa com outros que podemos encontrar na comunidade jurídico-científica

Luigi Ferrajoli, contudo, reconhece que passamos por "mudança de paradigma do sistema penal", com "orientações tendentes à eficiência e a lógica da diferenciação..."[191]. Esse movimento de mudança, com seus motivos socioeconômicos, foi bem exposto por Jesus-María Silva Sanchez, ao apresentar a descrição do que considera uma *expansão do Direito Penal*, sustentando a possibilidade de falar-se em três velocidades do Direito penal, segundo uma perspectiva político-criminal de compreensão do problema. Em síntese, um direito penal liberal (para aplicação de penas de prisão, mas respeitadas todas as garantias), um direito penal menos liberal (para aplicação de penas não privativas de liberdade, sem respeito a todas as garantias) e um direito penal antiliberal (para aplicação de penas de prisão, sem respeito a todas as garantias).

Da descrição dessa expansão do direito penal, com suas variadas formas de expressão, podemos extrair igualmente a concorrência de três paradigmas de orientação do sistema penal como um todo, e da investigação criminal em particular. Assim, podemos, atualmente, observar que, além do paradigma garantista, fundado na ideia fundamental de garantia da liberdade, concorrem pelo menos outros dois paradigmas de orientação dos sistemas penais – o *securitarismo* e o *inimiguismo*.

O *securitarismo penal*, em síntese, encontra-se fundado nas ideias de risco, segurança e eficiência, e busca justificar-se na demonstração de que existem certas *anomalias* do garantismo, quando posto em confronto com a necessidade de tutela de novos direitos (o que contradiz um direito penal

[191] L. Ferrajoli, *Direito e Razão*, 2000, p. 602.

mínimo). Dele se pode extrair ainda a ideia de proteção do homem sob uma perspectiva abstrata e coletiva, em atenção à necessidade de vida em sociedade e certos bens de interesse difuso e coletivo, ou mesmo a constatação de que certos crimes, praticados de forma organizada, atentam contra as condições de vida. Esse modelo penal, que se pode compreender a partir do paradigma securitarista, pode-se observar no que se tem chamado de seguridade cidadã, em que se enfatiza o sentimento coletivo de insegurança, a relevância dos interesses das vítimas e revalorização do componente aflitivo da pena[192].

A *noção de anomalias*, no âmbito da ciência, remete ao conjunto de problemas que não são explicáveis no quadro conceptual do paradigma, ou até o contradizem. Na ciência, a anomalia resulta também da descoberta de fatos para os quais o paradigma não está em condições de oferecer uma explicação[193]. No âmbito do direito, pode-se considerar o conjunto de problemas (antigos ou novos) não solucionados satisfatoriamente no quadro do paradigma predominante. Contudo, é preciso entender que mesmo na ciência, "a existência de anomalias pode ser conhecida durante muito tempo sem que por isso o paradigma vigente desmorone"[194].

O *inimiguismo penal*, por sua vez, funda-se nas ideias de inimigo, combate e diferenciação, justificadas na existência de *crises* do garantismo para responder a problemas mais graves, como têm sido considerados a criminalidade organizada e o terrorismo. Nesse contexto, sustenta-se que "quem por princípio se conduz de modo desviado, não oferece garantia de um comportamento pessoal. Por isso, não pode ser tratado como cidadão, mas deve ser combatido como inimigo"[195].

A *noção de crises* surge diante da impossibilidade de o paradigma vigente responder ao problema novo com simples hipótese *ad hoc*, levando a uma revolução científica[196]. Sob essa perspectiva, contudo, deve-se colocar igualmente em dúvida a existência de crise, tendo em conta que "a mera existência de enigmas não resolvidos dentro de um paradigma não constitui uma crise (...). É somente sob conjuntos especiais de condições que as anomalias podem se desenvolver de maneira a solapar a confiança num

[192] A respeito desse modelo, cf. J. L. Díez Ripollés, *La política criminal en la encrucijada*, 2007.

[193] T. Kuhn, *A estrutura das revoluções científicas*, 2009, p. 77ss.

[194] J. Encheverría, *Introdução à metodologia da ciência*, 2003, p. 122.

[195] G. Jakobs, *Direito penal do inimigo*, 2005, p. 49.

[196] T. Kuhn, *A estrutura das revoluções científicas*, 2009, p. 93ss.

paradigma"[197]. Mas é certo que "a seriedade de uma crise se aprofunda quando aparece um paradigma rival", o que no âmbito do direito penal parece estar se configurando cada vez mais. E nesse sentido, é preciso dar atenção mais ao paradigma rival, nesse caso o inimiguismo, que às crises, sobretudo porque estas são igualmente criadas pelo novo paradigma.

O direito penal do inimigo pode, nesse sentido, com proveito, ser abordado como uma exacerbação do paradigma securitarista[198]. No entanto, entendemos por distinguir os dois, considerando que há modelos penais securitários e não-garantistas que prescindem das ideias de inimigo, combate e diferenciação. Mas, no conjunto, os paradigmas em concurso com o garantismo representam, em síntese, no âmbito da investigação criminal, uma relativização de garantias penais e processuais, que implicam reduzir o âmbito de proteção de direito fundamentais e consequentemente ampliar a facilidade de persecução do crime para imputá-lo a alguém.

É por isso que, a despeito de encontrarmos tradições de investigação criminal, que se colocam constantemente sob a orientação de paradigmas e programas normativos anti-garantistas, insistimos em apresentar esta teoria da investigação criminal para que ela permaneça como ideal persistente de uma revisão prática da investigação.

**O idealismo da teoria da investigação**

A teoria da investigação criminal, assim considerada, portanto, se pode entender apenas como *o ideal daquilo que nunca se realiza completamente na prática*, embora permaneça forte no espírito daqueles que esperam um mundo melhor, no qual se inclui uma melhor investigação criminal, mas é somente na prática que a teoria se pode confirmar, ao passo que a prática sem teoria se pode tornar o exercício cego de um instinto inconsequente: o autoritarismo investigativo.

A teoria nada representa sem a prática da investigação criminal, assim como esta sem aquela igualmente. É sob essa perspectiva que devemos compreender a teoria como "uma condição hipotética ideal, na qual tenham pleno cumprimento normas e regras que na realidade são observadas imperfeita ou parcialmente", segundo a concepção kantiana que compreende a prática como ato que concretiza objetivos relativamente a

[197] A. F. Chalmers, *O que é ciência, afinal?*, 1993, p. 128.
[198] J. L. Díez Ripollés, *La política criminal en la encrucijada*, 2007, p. 177

certos princípios de conduta[199]. É, portanto, ilusório querer pensar a teoria ou a prática de forma independente, ou tentar estabelecer a prevalência de uma sobre a outra ou, ainda que seja possível, desenvolver qualquer atividade séria de que se espera certa eficiência demonstrada por resultados aferíveis, sem mesclar teoria e prática. Ademais, se é certo que a teoria deve anteceder à prática, não vemos, contudo, como se possa teorizar sobre algo que nunca tenha sido praticado. A atividade dos *"teoricistas"* está de tal forma arraigada ao que os *"praxistas"* desenvolvem que se torna impossível, e mesmo supérfluo, teorizar sem o contraponto da prática. Nesse sentido, temos em mente que uma possível investigação criminal jurídico-científica, segundo a concepção teórica aqui sustentada, somente se tornará possível na medida em que possamos falar em *teoria e prática*, como faces da *investigação criminal*.

A questão é que a realidade é sempre mais rica em diversidade e problemas do que a teoria pode antecipar, mas podemos esboçar certos parâmetros subjacentes que fazem da prática da investigação criminal uma atividade humana complexa, que se desenvolve no âmbito de um conjunto de condicionantes socioculturais, em razão das quais a teoria pode oscilar muito constantemente em sentidos diversos. A investigação criminal, antes de tudo, é uma forma de saber prático exercido no contexto de uma ideologia jurídico-penal; e assim como outras atividades humanas, está orientada a um certo domínio de problemas, cuja solução se desenvolve por tradições múltiplas de investigação do crime, segundo determinado paradigma (ou mais de um, em concurso) e conforme certos programas normativos de pesquisa (por vezes interpretados de formas muito diversas).

O que se segue, portanto, é uma escolha teórica explícita entre os diversos elementos constitutivos de um possível regime jurídico-científico da investigação criminal, para que possamos proceder com uma melhor determinação de seu *conceito*, *objeto*, *método* e *fins*.

[199] Cf. N. Abbagnano, *Dicionário de filosofia*, 2003, p. 952: "Chama-se teoria um conjunto de regras também práticas, quando são pensadas como princípios gerais, fazendo-se abstração de certa quantidade de condições que exerçam influência necessária sobre a sua aplicação. Inversamente, o que se chama *prática* não é um ato qualquer, mas apenas o ato que concretiza um objetivo e é pensado em relação a princípios de conduta representados universalmente".

# II
# CONCEITO: QUE INVESTIGAÇÃO?

"A investigação é a transformação controlada ou dirigida de uma situação indeterminada em outra que é tão determinada em suas distinções e relações constitutivas que converte os elementos da situação original em um todo unificado"
(J. Dewey, *Lógica: Teoria da Investigação*)

# 4
# A INVESTIGAÇÃO CRIMINAL, GENERALIDADE E ESPECIFICIDADES

A investigação criminal, a despeito da positividade jurídica de seu objeto e método, partilha de um padrão geral de investigação que torna possível o diálogo epistêmico com outros campos de conhecimento (histórico, científico e sociológico), ampliando-nos a compreensão semântica preliminar, a partir da qual podemos avançar para melhor compreender a sua especificidade criminalística como espécie própria de conhecimento.

A investigação, preliminarmente, consiste na pesquisa ou indagação que se faz interrogando, buscando e examinando. É a ação dirigida a vestígios, ao que se deixou inscrito no rasto, na pegada. Este é o sentido imediato que decorre de sua compreensão semântica, tendo em conta o étimo latino *investigatio* que assim se desdobra: *in* + *vestigius* + *actio*[200]. Esse sentido semântico se vai aproximar da compreensão semiótica que Carlo Ginzburg nos apresenta, ao sustentar a existência de um paradigma indiciário, relativo à forma como os homens se humanizaram, orientando-se no mundo na busca por sinais[201]. Essa compreensão ampliada da investigação nos permite entender a concepção de Nicola Abbagnano, para quem todas as correntes de pensamento têm subtendida a noção de investigação, embora esta não tenha sido objeto de indagação filosófica, atribuindo

[200] Cf. M. M. Guedes Valente, *Processo Penal. Tomo I*, 2010, p. 31ss; M. M. Guedes Valente, *Teoria Geral do Direito Policial*, 2017, p. 457ss: "É um olhar inquiridor sobre os vestígios deixados e os rastos não apagados de um facto ou acontecimento de forma a que se chegue a um conhecimento, a uma verdade".

[201] C. Ginzburg, "Sinais: Raízes de um paradigma indiciário", *Mitos, Emblemas, Sinais. Morfologia e História*, 1989, pp. 143-180.

a John Dewey a sua principal teoria[202], a partir da qual podemos construir nossa concepção de investigação criminal.

## O padrão geral de investigação

### *O conceito de John Dewey*

A investigação criminal se pode entender segundo um padrão geral de investigação no qual se encontra toda e qualquer investigação, seja ela comum, histórica ou científica, a despeito dos seus objetos e dos métodos específicos de que se utiliza cada campo de conhecimento, bem como do tipo de problema que enfrenta e dos aspectos que nele se enfatizam[203].

Esse padrão tem base em um conceito fundamental com o qual podemos compreender aspectos relevantes da investigação criminal considerada como espécie de pesquisa. John Dewey nos propõe que a investigação, em seu sentido mais geral possível, é a transformação controlada ou dirigida de uma situação indeterminada em uma outra determinada[204]. Essa transformação passa pelo estabelecimento de um problema e pela determinação de uma solução, em cuja base essencial de raciocínio cumprem um caráter igualmente operativo tanto os fatos quanto as ideias. Essa concepção parece efetivamente trazer alguma vantagem à compreensão da investigação criminal, quando a entendemos devidamente, tendo em conta que a busca por provas dos fatos somente se torna possível com as ideias de uma teoria do crime.

Essa definição abrangente tem a virtude de identificar o que constitui o padrão geral comum a qualquer investigação, apresentando-nos um conjunto de elementos e ações que constituem a concepção total da investigação[205]. Essas ações se podem resumir nas seguintes: *situação indeterminada;*

[202] N. Abbagnano, *Dicionário de filosofia,* 2003, p. 784.

[203] Nesse sentido, J. Dewey, *Logica. Teoría de la investigación,* 1950, p. 119ss; I. M. Copi, *Introdução à lógica,* 1978, p. 391ss; L. H. Araújo Dutra, *Verdade e investigação. O problema da verdade na teoria do conhecimento,* 2001, pp. 14ss.

[204] J. Dewey, *Logica,* 1950, p. 123, parte da seguinte definição: "La investigación es la transformación controlada o dirigida de una situación indeterminada en otra que es tan determinada en sus distinciones y relaciones constitutivas que convierte los elementos de la situación original en un todo unificado".

[205] A respeito, cf. L. H. Araújo Dutra, *Pragmática da investigação científica,* 2008, p. 282: "...o que há de interesssante e específico no roteiro de investigação (...) é o conjunto de ações parciais que constituem a ação total de investigar, no sentido de chegar à solçuão de um problema e a sua consolidação em deteminado saber estabelecido...".

*constituição de um problema; determinação da solução do problema; raciocínio.* Contudo, mais do que uma concepção metodológica da investigação, que nos apresenta uma sequência de atos necessários de pesquisa, a concepção de Dewey tem a virtude de nos apresentar um conceito que se explica pelos elementos que compõem não apenas a investigação em si, mas antes um determinado campo de saber no qual se desenvolve a investigação como solução ao problema[206].

1) A *situação indeterminada,* considerada como condições que antecedem a investigação, somente pode ser compreendida em conexão com outras condições que a cercam, pois nunca experimentamos nem formamos juízos acerca de qualquer objeto alheado de um contexto. Podemos até destacar o objeto de sua posição histórico-espacial, por exigência de determinação do problema, mas sempre existe um campo em que tem lugar a observação do objeto[207].

O que Dewey chama de "situação indeterminada" são, portanto, "as condições que antecedem a investigação", mas não em sentido subjetivo, por decorrência de limitações do investigador, mas objetivamente, pois "é a *situação* que tem tais características. Nós estamos incertos porque a situação é inerentemente incerta". A indeterminação, no entanto, é consequência da *interação* com o ambiente em que se situa a questão. Assim, "a situação em que a interação ocorre é, portanto, indeterminada com respeito a seu *resultado*". Nesse sentido, podemos chamar a situação indeterminada de *confusa,* quando o seu resultado não pode ser antecipado; *obscura,* quando o seu curso admite consequências que não podem ser especificadas; *conflitiva,* quando permite suscitar respostas contraditórias. E tudo isso se pode dizer da notícia de um crime submetido a investigação que assumimos como situação indeterminada, quer seja quanto ao crime e suas circunstâncias, quer seja quanto ao seu autor.

O importante é entender que da tentativa de compreender essa situação indeterminada emerge sempre uma indagação. É nesse sentido que para John Dewey *investigação* é *indagação,* que se consolida na "procura pelo que quer que seja que forneça uma resposta para uma indagação", tendo

[206] A respeito, ainda, L. H. Araújo Dutra, *Pragmática da investigação científica,* 2008, p. 282: "Essa seqüência de ações investigativas apontadas por Dewey tem, por um lado, algo em comum com a abordagem de Kuhn, que é o fato de insistir na *solução de um problema.*"

[207] J. Dewey, *Logica,* 1950. *p.* 82ss, nesse ponto parece estar em consonância com as ideias fundamentais de K. Mannheim, *Ideologia e utopia,* cuja primeira edição (1929) lhe é anterior.

em conta o contexto do problema que condicionará o tipo de resposta a ser dado. Investigar é, portanto, procura por resolver um problema que se apresenta como uma situação indeterminada. Mas é sobretudo uma resolução "ativa e operacional".

2) A *determinação do problema* se estabelece no processo de submeter a situação indeterminada a uma investigação. É, portanto, um passo inicial decidir que a situação indeterminada requer uma investigação, o que passa pela determinação do que é problemática. Trata-se de uma questão de qualificação de uma situação como problemática. Essa determinação é já um passo intermediário da investigação, pois ela decide o rumo da investigação, que tipo de problema interessa à investigação e que tipo de soluções se vão encontrar[208].

Não é, portanto, a mera indeterminação da situação que se constitui no problema em si, a exigir uma solução; é necessário *instituí-lo* na investigação, determiná-lo. Em outros termos, "a situação indeterminada torna-se problemática durante o processo em que é tornada objeto de investigação, e em virtude do mesmo". Trata-se de um passo inicial, preliminar e essencial, pois "um problema bem colocado está semi-resolvido". Assim, nesse sentido, o modo como o problema é concebido antecipa algumas hipóteses que dirigem o caminho da investigação, segundo as questões específicas que se levam em consideração, deixando outras tantas de lado, o que vai implicar decisão sobre que dados serão selecionados no caminho e quais serão rejeitados. É por isso que "ele é o critério de relevância e irrelevância das hipóteses e das estruturas conceituais".

Essa questão tem especial relevância para a investigação criminal. A delimitação adequada do problema da investigação implica a escolha de um caminho a seguir, o que pode ser completamente diferente conforme o sujeito que a conduz tenha interesse exclusivamente acusatório, orientado apenas a subsidiar a ação penal, ou seja independente relativamente às partes interessadas na conclusão da investigação.

Em qualquer caso, contudo, essa definição preliminar da investigação não se pode realizar sem o estudo dos elementos do crime, a partir da análise típica do ilícito, bem como dos elementos probatórios existentes, que

[208] J. Dewey, *Logica,* 1950, p. 125ss, nesse ponto, parece estar em consonância com as ideias fundamentais de K. Popper, *A lógica da pesquisa científica*, cuja primeira edição (1934) lhe é também anterior.

permitam estabelecer qual é o problema da investigação – se o objetivo é configurar o crime integralmente, se complementar sua configuração parcialmente definida, ou se apenas identificar seu autor, ou mesmo apenas o partícipe de autoria já presente, ou até mesmo a lavagem do dinheiro decorrente de outro crime já investigado.

3) A *determinação da solução do problema* é, contudo, progressiva. Dewey usa esse termo para evidenciar o caráter processual e complementar que existe entre os "fatos do caso" e as "ideias". A partir de observações prévias que compõem as "condições de fato" da investigação, uma "possível solução" adequada é sugerida. Essa solução precisa ser compreendida como uma "ideia". A correspondência mútua que existe entre "fatos" e "ideias" é que faz da investigação uma atividade progressiva, pois as ideias diferem conforme a etapa de investigação e evoluem progressivamente. Mas aquilo que podemos chamar de "prova final" somente se admite quando ela realmente funciona tanto para os fatos observados anteriormente, quanto para outros que se apresentem. A respeito do mesmo caso.

Não basta, contudo, instituir um problema, se não temos já alguma solução em abstrato, o que somente é possível obter a partir do que comumente já se observou em investigações prévias. Isso decorre do fato que "nenhuma situação que seja *completamente* indeterminada poderá ser convertida em um problema tendo *constituintes* definidos". Ao falar de *constituintes*, Dewey se refere aos dados que estejam estabelecidos, por constituírem os termos do problema e terem de ser considerados ou levados em conta em qualquer possível solução. Uma solução possível (que constitui uma ideia antecipada, uma hipótese) parte da determinação das condições fáticas garantidas pela observação (fatos estabelecidos), atribuindo-lhes significados como sugestões iniciais. Afinal, porque tais sugestões e ideias se referem a algo não presente na existência dada, "os significados que envolvem têm que ser incorporados em algum símbolo". A investigação precisa desenvolver-se, portanto, dando um tratamento conceitual aos dados obtidos, porque "não há ideia sem algum tipo de símbolo; um significado que não possua corpo não pode ser nem considerado nem utilizado".

Esse *tratamento conferido aos dados* existentes *pela significação*, mediante atribuição de símbolo às ideias, encontra-se presente na investigação criminal na medida em que cada dado fático apurado se conduz a uma especificação típica legal, segundo os termos (ou símbolos, se o quisermos) de uma teoria analítica do crime, usada como linguagem necessária para as ideias que antecipam a solução da investigação. E, nesse sentido, toda a documentação da investigação também em linguagem se constitui em símbolos que incorporam as ideias da significação, que faz parte do raciocínio.

4) O que nos parece ser um ponto central da teoria da investigação de Dewey, portanto, encontra-se no que ele chama de etapa do *raciocínio* como processo de atribuição de sentido, que não se pode confundir com uma simples inferência. Ele consiste mais em considerar o sentido em questão com relação a outros sentidos de um mesmo sistema de que faz parte[209].

O raciocínio é desenvolvido como processo, como discurso racional que opera com os símbolos estabelecidos para as ideias, atribuindo significação aos dados constituintes do problema investigado em documentos, laudos, relatórios. Esse processo se desenvolve através de "uma série de significados intermediários" que conduzirá a "um significado que é mais relevante para o problema do que a ideia originariamente sugerida". O raciocínio, nesse sentido, "indica operações que podem ser efetuadas para testar sua aplicabilidade, ao passo que a ideia original é habitualmente vaga demais para determinar operações decisivas". Podemos, assim, entender que "a ideia ou significado, quando desenvolvido no discurso, dirige as atividades que, quando executadas, fornecem o material probatório necessitado". Dessa forma, podemos entender que os fatos observados e as ideias sugeridas se relacionam um com o outro, até chegar a "uma clarificação do problema envolvido e a proposta de uma possível solução", tendo, assim, os fatos um caráter operativo, na medida em que lhes atribuímos significados, simultaneamente ao caráter operativo das ideias, chegando ao seu caráter probatório.

Essa é uma ideia fundamental de Dewey que possui relevância na investigação criminal, na medida em que aclara a necessidade de atribuir um *significado típico* para os fatos observados, o que na perspectiva processual penal em que se colocam é também um *significado probatório*, sem o que a investigação seria apenas um amontoado de dados recolhidos sem sentido no âmbito jurídico a que se destinam. E essa atribuição de significado pode exigir não apenas descrição, como também explicação e valoração do objeto.

5) Essa concepção de raciocínio se sustenta, portanto, no *caráter operativo tanto dos fatos, quanto das ideias* na investigação. As ideias são operativas ao dirigem operações de observação de fatos; e os fatos são operativos

[209] J. Dewey, *Logica*, 1950, p. 130ss.

porque preenchem as ideias de realidade. Eles são selecionados e descritos a partir da determinação de um problema, tendo, portanto, uma função. Assim, não se podem compreender os fatos como "resultados" de observação. Dewey considera que o caráter operativo dos fatos está evidente na incapacidade de qualquer fato isolado ser uma prova. Quando consideramos o resultado de uma observação como "fato do caso" ele se encontra em conexão com uma "ideia" considerada como hipótese.

A partir dessa constatação, que relaciona fatos e ideias, Dewey sustenta que os fatos são escolhidos e descritos "em função de um propósito, a saber, a exposição do problema envolvido de modo tal que seu material indique um significado relevante para a resolução da dificuldade e sirva para testar seu valor e validade". Dewey reconhece que *os fatos têm uma força operativa*, não possuindo capacidade de ser evidência de forma isolada das ideias. A função dos fatos, portanto, consiste em servirem de evidência, mas essa evidência é julgada segundo sua capacidade para formar uma unidade ordenada como resposta a solução do problema instituído. É por isso que, na concepção de Dewey, "a condução da investigação exige que os fatos sejam tomados como representativos e não como puramente presente". E isso é precisamente o que encontramos na investigação criminal, porque lida com fatos passados, não presentes, intermediados necessariamente por provas que se buscam por orientações hipotéticas de pesquisa.

A questão, contudo, é que em toda hipótese – naquilo que ela pressupõe por verdadeiro – atua um interesse subjetivo de que nenhum modelo de investigação tampouco de espécie criminal se pode desvencilhar[210]. O valor operativo das hipóteses na investigação nos revela que ela é, antes e sobretudo, uma operação pragmaticamente orientada, de que então resulta alguma lógica final, mas antes desta, durante a investigação, vários atos lógicos também são realizados.

### *Investigação, lógica e pragmática*

A investigação criminal é a atividade pragmática que se desenvolve por um conjunto de atos materiais, simultaneamente a atos lógicos, que ao final pretende sustentar alguma asserção lógica de conhecimento.

[210] Cf. J. Ferrater Mora, *Dicionário de Filosofia*, 2001, p. 335: "É característico do raciocínio hipotético não se saber se uma ou mais das premissas é verdadeira, já que é precisamente isso o que se pretende averiguar".

O fundamental da concepção lógica de John Dewey está na sua teoria de que qualquer conhecimento particular só se pode estabelecer como consumação de uma investigação. Ele considera que o conhecimento precisa ser compreendido como uma asserção garantida por alguma investigação. Não podemos assegurar um qualquer conhecimento sem que antes tenhamos feito uma investigação do objeto particular[211]. O conhecimento, nesse sentido, precisa ser compreendido como termo que designa uma investigação concluída. Isso é precisamente o que se passa com o conhecimento do crime para o qual a investigação criminal concorre como função essencial à jurisdição penal.

A decisão final do processo penal, que conclui pela existência de um crime, define suas circunstâncias e individualiza seu autor, é um ato lógico de conhecimento cuja asserção está garantida pela investigação criminal que a precede. Apenas podemos concluir logicamente sobre o objeto do processo porque antes uma investigação criminal desenvolveu-se pragmaticamente. Nesse sentido, entende-se Dewey quando diz que "a racionalidade é questão de relação entre *meios* e *consequências*...". Desvincular as conclusões lógicas de uma sentença das ações pragmáticas de uma investigação seria acreditar que princípios primeiros são possíveis independentemente do mundo da realidade.

É exatamente contra essa concepção lógica que Dewey se insurge para asseverar sua tese fundamental, segundo a qual todas as formas lógicas surgem apenas a partir e dentro de operações de investigação controladas ou dirigidas[212]. Essa concepção, é certo, somente é compreensível no âmbito de seu *instrumentalismo* – sua versão do pragmatismo desenvolvido ao longo de uma vida dedicada a problemas reais[213]. Ele acreditava que normas, regras e procedimentos capazes de conduzir investigações futuras bem-sucedidas apenas podiam decorrer de investigações passadas controladas ou dirigidas e igualmente bem-sucedidas[214].

Os princípios primeiros da lógica, nesse sentido, são gerados em efetivo processo controlado de investigação continuada[215]. Não apenas foram

[211] J. Dewey, *Logica*, 1950, p. 20ss.

[212] J. Dewey, *Logica*, 1950, p. 16, p. 119

[213] Problemas reais cuja solução constitui o exercício da verdadeira democracia (cf. M. N. Amaral, *Dewey: Filosofia e experiência democrática*, 2007)

[214] C. De Waal, *Sobre o pragmatismo*, 2007, 153ss; J. Dewey, *Logica*, 1950, p. 16ss.

[215] Cf. J. Dewey, *Logica*, 1950, p. 25ss, cuja teoria parece admitir que a lógica deve ser considerada historicamente, como a desenvolvem R. Blanché, J. Dubucs, *História da lógica*, 2001.

gestados por investigações passadas como ainda continuam sob constante auditoria de investigações atuais. E assim podemos igualmente compreender certos princípios jurídicos, naquilo que têm de fundamentalmente lógico, no desenvolvimento e conclusão do processo penal. Ninguém pode duvidar do caráter lógico subjacente a princípios como da necessidade de prova, possibilidade de contraprova e da regra dirimente da dúvida[216] – quaisquer que sejam os nomes que lhes demos –, que foram gestados ao longo de processos penais bem-sucedidos no passado e que postulam disciplinar processos no futuro. Certo é que, a título de "bem-sucedido", no âmbito do processo penal, muitas outras questões de ordem pragmática que concernem ao poder são postas em consideração. Mas ainda subsiste a ideia de que esses princípios foram gestados a partir de procedimentos anteriores dirigidos e controlados.

É, portanto, necessário ressaltar que, no desenvolvimento interno de um processo penal, a investigação criminal é que garante as conclusões lógicas de uma sentença ou, à falta da possibilidade de garantir as asserções, torna-se impossível uma qualquer conclusão condenatória razoável. É, portanto, somente com o controle de sua direção e desenvolvimento que podemos aperfeiçoar o processo cognitivo criminal, no sentido de obter asserções cada vez mais garantidas acerca do crime, seu autor e suas circunstâncias, evitando reproduzir estruturas dogmáticas de conhecimento que apenas reiteram a autoridade do poder punitivo.

### *Investigação, dogmática e zetética*

Além da atividade pragmática, logicamente orientada, a investigação criminal é essencialmente uma atividade de natureza zetética, mas que muito constantemente se depara com postulados dogmáticos que se devem colocar em juízo de suspensão, visando a evitar que se imponha um saber não investigado.

É problemático, portanto, sustentar que, sendo as formas lógicas decorrentes de investigações anteriores, as investigações estejam submetidas a exigências dessas formas lógicas. Dewey admite esse problema, mas toda sua teoria se destina a explicar mais detalhadamente como isso é possível. Ele sustenta, em suma, que a investigação deve ser capaz de desenvolver-se segundo um "processo autocorretivo"[217]. Em outros termos, a investigação

[216] L. Ferrajoli, *Diritto e ragione*, p. 126

[217] J. Dewey, *Logica*, 1950, p. 17ss.

precisa estar em condições de abandonar atitudes dogmáticas; a investigação precisa ser zetética ou não é uma investigação. A investigação pressupõe que se duvide das evidências, embora parta de evidências; supõe que não se aceitem pressuposições não demonstradas, embora não possa abrir mão de alguns pressupostos. Isso acontece sobretudo na investigação criminal, que se desenvolve no âmbito de uma ideologia penal que parte de certas positividades legais e tendencialmente dogmáticas. Mas assim o é, igualmente, em várias outras formas de investigação.

A investigação se encontra, sempre e inevitavelmente, no ponto intermédio de duas asserções, as que se pressupõem e as que se propõem. Ela é, portanto, progressiva, porque tende a movimentar-se no sentido de passar de uma hipótese pressuposta à postura de outra hipótese. É nesse sentido que Dewey fala de determinação da solução de um problema. Ele diz que a investigação é a transformação de uma situação indeterminada em outra determinada, mas admite que nenhuma situação completamente indeterminada poderia converter-se em outra determinada. Ele parece admitir que nenhuma investigação pode partir do nada, sem teorias quaisquer, sem dados quaisquer. E de fato sustenta que a investigação se desenvolve por operações de duas classes, as conceituais (ou ideacionais) e as observacionais. Mas, conquanto admita que a sugestão de possível solução decorre por determinação das condições de fatos asseguradas por uma observação, a solução possível é apresentada como ideia. Assim, fatos e ideias se desenvolvem em correspondência mútua[218].

Essa concepção de conhecimento põe em confronto sério duas atitudes fundamentais à investigação: a dogmática e a zetética. Conquanto a investigação seja essencialmente uma atividade zetética, parece-lhe ser indispensável alguma atitude dogmática pressuposta. Parece mesmo inevitável que a investigação pressuponha certas asserções não garantidas pela investigação em curso – embora possam estar garantidas, mas não necessariamente, por outras investigações anteriores – sem as quais a situação seria de tal forma indeterminada que não poderia admitir a investigação mesma em si. Há, em algum nível do conhecimento, certas asserções admitidas sem mais discussões, sem as quais não se torna possível sempre iniciar uma investigação do ponto zero. Isso torna qualquer modelo de investigação problemático, mas faz dos modelos de investigação criminal

[218] J. Dewey, *Logica*, 1950, p. 127ss; p. 136ss.

assentados na direção unilateral não controlada uma aventura dogmática desastrosa porque suas asserções pressupostas quando corrigidas já terão produzidos consequências demais. Ele partirá sempre de hipótese tendencialmente dogmática de que há crime e um autor, e havendo suspeito se dedicará a provar se é ele culpado. A investigação, contudo, é, e deve permanecer sendo, uma atividade zetética. Ela deve estar em condições de assegurar a discutibilidade das asserções principais a que se destina. Ela precisa admitir o *falibilismo* e desenvolver-se segundo um *racionalismo crítico* se não quer cair no dogmatismo. Mas não pode, em sentido contrário, cair também no *ceticismo radical*.

Embora a noção de zetética nos remeta à corrente cética por duvidar, questionar e procurar, é preciso fazer aquela distinção que já David Hume recomendava, para que nos mantenhamos no ceticismo moderado. Este ceticismo se mantém no domínio de nossas opiniões, mas não chega ao ponto dos ceticismos antecedente e consequente que duvidam de nossas faculdades cognitivas e dos nossos meios de investigação[219]. Esses outros ceticismos nos levariam ao pirronismo, o que não é viável no âmbito de qualquer conhecimento. É necessário manterem-se certos domínios de possibilidade do conhecimento, sem os quais não poderíamos sequer viver. Não significa que devemos atribuir uma confiança ilimitada às nossas faculdades e meios de conhecimento. É muito provável que grande parte da falibilidade de nossas opiniões decorra desses limites. E isso é sobretudo verdadeiro no âmbito da atividade de investigação criminal. Não parece, portanto, razoável que se confie dogmaticamente nesses aspectos do conhecimento. Mas deve haver alguma mínima confiança.

É por isso que, entre zetética e dogmática, a investigação precisa manter-se sempre segundo uma *atitude racionalista crítica*. Não deve admitir fundamentos últimos irrefutáveis e seguros, tendo consciência de que mesmo seus pressupostos de conhecimento podem ser postos em dúvida[220]. Isso é relevante sobretudo no âmbito da investigação criminal que parte de mínimos dogmáticos, contidos na positivação legal de seu objeto (direito penal) e de seus métodos (direito processual penal), sem os quais seria mesmo impossível desenvolver-se. Mas na investigação criminal, esses mínimos dogmáticos precisam ser compreendidos como limites para que o poder

[219] Nesse sentido, cf. N. Abbagnano, *Dicionário de filosofia*, 2003, p. 1172; D. Hume, *Investigação sobre o entendimento humano*, [2013], p. 159ss.

[220] H. Albert, *Tratado da razão crítica*, 1976, p. 22ss.

não se sobreponha às finalidades do saber, não como suporte suficiente do saber que se justifica no exclusivo cumprimento das formalidades legais, como o encontramos na fabricação de leis que autorizam toda e qualquer forma de obtenção de prova, sobretudo quando desenvolvida por meios tecnologias e científicos. Portanto, embora seja compreensível aquela advertência que faz Luigi Ferrajoli, para quem onde há mais poder, há menos saber[221], é necessário, igualmente, acautelar-se contra o saber que, a título de conhecer, acaba se transformando em um novo poder que se desenvolve de forma dogmática.

## O padrão específico da investigação criminal

A investigação criminal se pode entender como uma pesquisa, segundo um padrão geral compartilhado por vários outros campos de conhecimento, mas é pesquisa processualmente orientada a estabelecer a verdade fática acerca de uma lesão penalmente relevante a um bem jurídico decorrente de conduta humana, ao passo que interpretações acerca da verdade jurídica se vão constituindo por diversos sujeitos processuais.

É pesquisa que se faz a partir de uma hipótese típico-legal (direito penal) e segundo formas delimitadas juridicamente (direito processual penal). É atividade que, embora esteja geralmente concentrada no inquérito, não se limita apenas a esta fase do processo penal, pois pode se estender por todas as demais fases processuais. É, sobretudo, a atividade processual que se destina à justificação probatória (verdade fática), antes que se faça a subsunção dos fatos à norma penal (verdade jurídica), mas ao passo que se vai investigando, interpretações não definitivas são necessárias. *Investigação* e *interpretação*, portanto, não são atividades estanques que se realizam sucessivamente, mas simultaneamente, embora sem definitividade, até que se chegue a uma sentença penal. E é nesse caminho que vários sujeitos processuais, parciais e imparciais, intervêm com pesquisas de naturezas diversas que se complementam, mas que também se podem contradizer.

A *verdade*, contudo, é apenas uma condição necessária, imprescindível é certo, mas não suficiente para legitimar as ações de pesquisa, em todas as suas formas, a considerar que a justiça processual reivindica da verdade a proeminência axiológica no conjunto dos valores em jogo. *São os meios, por-*

[221] L. Ferrajoli, *Diritto e ragione*, 2008, p. 18.

*tanto, não os fins, que justificam a investigação criminal*, salvo se a ela pudermos atribuir fins outros além da busca da verdade, o que faz desta verdade um valor dependente de outros valores concorrentes. Se ao direito se impõe a prevenção de conflitos, ou sua solução posterior sem recurso à violência, como forma de promover a paz, não pode a investigação criminal, na busca por uma verdade, produzir mais problemas além do que tem a resolver, ou mesmo agravá-los.

O escopo da investigação criminal, nesse sentido, é a solução de problemas por meios menos gravosos a direitos fundamentais. A maior eficiência da investigação criminal, assim, não estará no aumento do poder com uma cada vez maior restrição de direitos, mas no aumento do saber com uma cada vez menor restrição de direitos. Esse é o único sentido de aperfeiçoamento da investigação criminal, nas sociedades políticas cuja forma de Estado de Direito postula a proeminência da dignidade da pessoa. Mas não se pode ignorar que a investigação criminal é, sobretudo, uma forma de exercício do poder punitivo que se desenvolve no âmbito de uma ideologia penal, entre saber e poder.

### *As positividades legais do objeto e do método*

A investigação criminal é um saber de domínio prático exercido pelo poder estatal, que se desenvolve no âmbito institucional de ideologia penal, na qual se positivaram seu objeto e método, ao que se segue atualmente uma fase de "epistemologização" que aspira pela cientificidade de seu conhecimento, conquanto isto possa nunca se realizar efetivamente, ou apenas o possa nos limites da formalização jurídica[222].

O *saber investigativo-criminal*, contudo, não se encontra apenas em campos de discurso exclusivamente jurídico (na legislação processual, na jurisprudência dos tribunais e na doutrina)[223]. Podemos encontrá-lo tanto nas práticas do *jornalismo investigativo*, quanto no *romance policial*[224] e nas *séries*

[222] Essa concepção cronológica do saber (*positividade → epistemologização → cientificidade → formalização*) é de M. Foucault, *A Arqueologia do Saber*, 2005, de quem nos valemos para um esboço da investigação criminal como forma de saber e poder.

[223] Segundo M. Foucault, *Arqueologia do Saber*, 2005, p. 232ss, um saber consiste em um conjunto de elementos que se formam no âmbito de uma prática discursiva, "que são indispensáveis à constituição de uma ciência, embora não se destinem necessariamente a dar-lhe lugar".

[224] Entre os mais populares, encontram-se as aventuras de Sherlock Holmes, de Arthur Conan Doyle, mas não se podem ignorar obras como *O nome da rosa*, de Umberto Eco.

*televisivas*[225]. Mas é, sobretudo, na rotina das instituições estatais e funções essenciais à justiça (Judiciário, Polícia Judiciária, Ministério Público, Defensoria Pública e Advocacia) que esse saber encontra seu lugar fundamental, razão por que é na história das instituições penais e processuais penais que pudemos encontrar sua origem, em institutos jurídicos antigos, medievais e modernos, dos quais emergiram as razões de sua fundação e a constituição progressiva da positividade legal de seu objeto e método.

Foi nesse âmbito que se estabeleceu um domínio de saber prático, com certa autonomia, alçando o estágio de *positividade*[226]. Foi pela especificação de seu objeto e pela delimitação de seu método que o saber investigativo-criminal alcançou o estágio de *positividade*, mas segundo positividades jurídicas que encontramos no direito penal e processual penal, pela definição legal do crime e pela limitação jurisdicional do processo. A positividade do saber investigativo-criminal, que decorre em grande medida dessas positividades legais, permitiram a *especificação de seu objeto* e da *delimitação de seu método*. O resultado jurídico é um conjunto de garantias a direitos fundamentais do investigado, representado por princípios acerca do crime e do processo penal, que sob uma *perspectiva cognitiva* definem o campo do saber investigativo-criminal e sob uma *perspectiva potestativa* implica a contenção do poder estatal. Trata-se do que, dogmaticamente, o jurista identifica nos campos do direito penal e direito processual penal, respectivamente, mas que uma teoria da investigação criminal precisa entender em perspectiva tanto jurídica quanto científica, no campo de uma *epistemicidade* própria.

### *Cientificidade e juridicidade*

A *epistemicidade* desse saber é alcançada com o nascimento de uma disciplina, a criminalística, pela proposta de abordagem teórica do saber prático da investigação, com certas pretensões científicas, mas está a depender do estabelecimento de critérios de aceitabilidade e coerência acerca do conhecimento, verdadeiro e justificado, que se pretende sustentar no âmbito do saber investigativo-criminal, em busca de uma *cientificidade* própria e

[225] Nesse ponto, podem-se referir as diversas séries CSI (*Crime Scene Investigation*) que se têm tornado popular no mundo pela exaltação da ciência como forma irrefutável de conhecimento do crime.

[226] Uma *positividade*, segundo M. Foucault, *Arqueologia do Saber*, 2005, p. 232, caracteriza-se pela formação de objetos, conceitos e escolhas teóricas a partir de uma prática discursiva, um conjunto de enunciações preliminares à formação de um conhecimento.

especificamente investigativa, embora isso dificilmente se possa estabelecer sem uma ponderação de sua *juridicidade* intrínseca e inafastável, bem como sem compreender suas relações com o conjunto global das ciências criminais. Afinal, a investigação criminal situa-se no conjunto das ciências jurídico-criminais, precisamente no entroncamento entre direito penal e direito processual penal, tendo uma relação muito íntima com a investigação criminológica e sendo, mais do que se costuma admitir, uma instância de efetividade da política criminal que se desenvolve na prática do poder punitivo para além da ideologia legal que postula o seu controle mediante limitações jurídicas.

O desenvolvimento desse saber investigativo, no âmbito de uma ideologia penal, contudo, não lhe retira as possibilidades científicas, pois a *cientificidade* é possível quando os elementos epistemológicos obedecem a certos critérios formais e seus enunciados obedecem a certas leis de construção de proposições[227]. Entretanto, há que se entender, preliminarmente, que a ciência se produz dentro e a partir de um saber e nele desempenha um papel, segundo o seu discurso. A ciência não precisa se identificar com o saber, mas não o exclui; apenas se localiza nele, estrutura seu objeto, sistematiza seus métodos, orienta seus conceitos e enunciados. A ideologia jurídico-penal, nesse sentido, até pode conduzir a contradições, lacunas e defeitos teóricos, na medida em que seus efeitos fundam a base da prática e seu discurso. A questão é que o papel da ideologia na ciência não diminui à medida que aumenta o rigor na aceitabilidade e coerência do conhecimento. Afinal, tem-se reconhecido que mesmo as ciências constituídas têm permanecido ideológicas, pois seu paradigma, ou sua matriz disciplinar, se originou em um contexto ideológico bem determinado. É necessário, contudo, distinguir entre discurso ideológico de primeiro grau e de segundo grau, conforme se encontrem ou não vestígios da construção das representações da realidade. No primeiro caso, temos discursos científicos com exortações normais a valores declarados, ao passo que no segundo, temos representações apresentadas como evidentes, quando ainda são discutíveis[228]. Mas os dois se podem encontrar no sistema jurídico-penal.

Essa concepção, lançada sobre o saber investigativo-criminal, permite-nos vislumbrar dois caminhos para uma teoria que se possa construir

[227] M. Foucault, *Arqueologia do Saber*, 2005, p. 237: "A ideologia não exclui a cientificidade".
[228] G. Fourez, *A construção das ciências*, 1995, p. 186ss.

nesse contexto. Uma no sentido de legitimar o saber de domínio prático, para dominação e diminuição de direitos fundamentais; outra no sentido de minimizar o recurso ao uso da força, com exclusão da violência como forma de potencializar os direitos fundamentais. Este último caminho, contudo, é o único condizente com uma investigação criminal, segundo princípios fundamentais do Estado de Direito, que giram em torno do seu objeto e seu método, mesmo dentro e a partir de uma ideologia jurídico-penal. Trata-se da construção de uma teoria que, em consonância com o movimento constitucionalista de limitação do poder e de garantia das liberdades, vise igualmente ao aumento da liberdade do homem. Em outros termos, uma teoria que, além da *cientificidade*, tenha em conta a *juridicidade* da investigação criminal.

É nesse sentido que se desenvolve esta parte, cujo objetivo é apresentar um conceito de investigação criminal que, tendo em conta as diversas similaridades e especificidades científicas da investigação como forma de saber, possa entender os limites jurídicos da investigação como forma de poder, bem como sua processualidade, ao fim de podermos discutir alguns modelos jurídico-científicos de investigação criminal e, sobretudo, o caráter prejudicial dos modelos de divisão do poder entre os sujeitos processuais que atuam na investigação criminal.

# 5
# A CIENTIFICIDADE DA INVESTIGAÇÃO COMO SABER

## As similaridades metodológicas: história, ciência e sociologia

### *A investigação criminal como pesquisa histórica*

Ao falarmos de cientificidade da investigação criminal como forma de saber, temos em mente algumas similaridades que ela possui com outros campos de conhecimento, acerca dos quais há muito que nos podem ajudar a compreender melhor a própria investigação. A começar pelas similaridades metodológicas, temo a história com a qual a investigação criminal tem realmente uma relação de muita proximidade. A investigação criminal é, antes e sobretudo, uma pesquisa histórica que se dirige a elucidar não tanto fatos passados, mas fatos particulares que nos interessam pela sua singularidade e se explicam segundo uma narrativa.

O historiador R. G. Collingwood já tinha observado alguma similaridade metodológica, ao admitir que "os métodos da investigação criminal não se identificam, em todos os pontos, com os da história científica, porque o seu objetivo não é o mesmo", embora considere que "a analogia entre métodos legais e métodos históricos tenha valor para a compreensão da história"[229]. Mas essa analogia se pode fazer, igualmente, em sentido inverso, como bem observa Luigi Ferrajoli, ao tratar da verdade processual fática como um tipo particular de verdade histórica[230]. Ine-

[229] R. G. Collingwood, *A ideia de história*, 2001, p. 276.

[230] L. Ferrajoli, *Direito e Razão*, 2002, p. 43s: "A verdade processual fática é, na realidade, um tipo particular de verdade *histórica*, relativa a proposições que falam de fatos passados, não diretamente acessíveis como tais à experiência"; mas "diferentemente da investigação

vitavelmente, portanto, a investigação criminal participa dos problemas relativos ao objeto histórico, mas é sobretudo no campo do método que encontramos a mais importante similaridade relativa à narrativa do crime como caso de pesquisa.

Aceitar-se inicialmente como forma de pesquisa histórica é, assim, o primeiro passo para a investigação criminal entender-se como forma de saber tendencialmente científica, sendo a esse respeito relevante conhecer o percurso pelo qual a história se tem afirmado como ciência, com seus problemas e soluções, pois muito se aproveita à compreensão científica da investigação criminal. É sobretudo importante essa aproximação, porque a palavra "história" que vem do grego encontra-se em Heródoto precisamente com o sentido de "investigações", "pesquisas" [231]. Mas aqui se faz necessária uma distinção preliminar, entre história como *realidade* (*res gestae*) e história como *conhecimento* (*rerum gestarum*)[232], pois é nesse sentido último que podemos identificar pesquisa histórica e investigação criminal.

*A afirmação científica da história e suas ideias principais*

O caminho da história, até a sua afirmação científica, pode ser dividido em fases mitológica, teológica e filosófica[233], assim como, igualmente, podemos ler a história da investigação criminal, na qual se encontram diversas fases, se consideramos as épocas das ordálias, da inquisição, do iluminismo filosófico e do cientificismo aplicado pelas perícias[234].

Apesar da relevância que tem a discurso filosófico da história, em torno do "propósito de oferecer uma exposição completa do processo histórico de forma a poder ver-se que *faz sentido*"[235], é a partir da *Escola Metódica* de

histórica, que costuma encontrar fontes preexistentes (documentos, inscrições, utensílios...) e só raramente em criar novas fontes (entrevistas e relatos orais, ...), a investigação judicial não consiste somente na coleta de dados e peças de convicção, mas, sobretudo, em experimentar e produzir *novas fontes* de prova, como interrogatórios, testemunhos, ...., perícias, inspeções judicias etc."

231 Cf. J. Le Goff, *História e Memória. 1º Volume*, 2000, p. 19ss.

232 Cf. R. Koselleck, [et al], *O Conceito de História*, 2016, p. 41ss

233 Para uma visão geral dessa "história da história", cf. J. C. Reis, *A História entre a Filosofia e a Ciência*, 2011; J. Le Goff, *História e Memória*, 2000; R. G. Collingwood, G. *A ideia de história*, 1946.

234 Para uma visão geral desse caminho, cf. H. Wehner, *Historia de la Criminología*, 1964, cuja tradução espanhola não reflete efetivamente o título original: "Geschichte der Kriminalistik".

235 Para uma visão ampla da filosofia da história, na busca pela interpretação do processo histórico, bem como da natureza do conhecimento histórico, cf. P. Gardiner, *Teorias da História*,

inspiração positivista que se inicia uma concepção mais científica da história, mas ela somente pode ser considerada positivista no sentido em que buscou se apoiar nos fatos, a considerar que ainda em A. Comte imperava uma concepção filosófica da histórica[236]. Essa forma metódica de história é reconhecida pelo mérito de ter prevenido o historiador acerca da especulação racionalista do discurso filosófico.

A concepção de uma história científica, que se opõe a uma história filosófica, funda-se com base no discurso que postula alguns princípios de método. É o que se encontra na obra de Leopold von Rake (1795-1886) e se pode sintetizar nos seguintes pontos: a) o historiador apenas deve narrar o que aconteceu, não fazer juízo do passado nem buscar instruir o presente; b) o historiador consegue evitar o condicionamento social, não havendo qualquer dependência entre sujeito e objeto; c) a história (*res gestae*) existe objetivamente; d) os fatos que se extraem dos documentos se devem organizar cronologicamente[237]. A Escola Metódica com tais postulados esperava fazer uma história com neutralidade axiológica. O sujeito do conhecimento é considerado passivo relativamente ao objeto. A história se limitaria aos documentos escritos e oficiais de eventos políticos. E o objetivo seria afastar qualquer especulação filosófica, visando à objetividade absoluta, através de técnicas rigorosas de inventário das fontes, crítica dos documentos e organização da tarefa da profissão de historiador[238].

Orientando-se em um sentido contrário, no percurso científico da história, desenvolve-se uma outra concepção centrada na ideia de "presentismo" que – em oposição ao positivismo do conhecimento histórico como espelho dos fatos passados, depurado de todo fator subjetivo – considera o conhecimento histórico como "uma projeção do pensamento e dos interesses presentes sobre o passado"[239]. É nesse contexto que pode ser compreendida a "história como re-presentação da experiência passada"[240]. R.

2008, pp. 11-320; também G. Bourdé, H. Martin, *As Escolas Históricas,* 2003, pp. 44-60.

[236] G. Bourdé, H. Martin, *As Escolas Históricas,* 2003, p. 97.

[237] J. C. Reis, C. *A História entre a Filosofia e a Ciência,* 2011, p. 23.

[238] Na França, o espírito da Escola Metódica está presente em duas obras fundamentais (G. Bourdé, H. Martin, *As Escolas Históricas,* 2003, p. 97): o manifesto de lançamento da *Revista Histórica* (1876) por G. Monod; e o manual de *Introdução aos estudos históricos,* de C. Langlois e C. Seignobos (1898).

[239] A. Schaff, A. *História e Verdade,* 2000, p. 85.

[240] Cf. P. Gardiner, *Teorias da História,* 2008, p. 302ss

G. Collingwwod sintetiza essa ideia em seus "princípios do pensamento histórico", isto é, nas "ideias acerca da natureza, do objeto, do método e do valor do pensamento histórico". A história é, segundo esses princípios, "reconstituição da experiência passada" pelo historiador, que a reconstitui em seu espírito. "Toda a história é reconstituição, na mente do historiador, do pensamento passado". Como chega a essa reconstituição, é uma questão de método, em que a "imaginação histórica" possui grande importância. Em relação às fontes de seu conhecimento, todo historiador realiza, no decurso de seu trabalho, três atividades – seleção, interpretação e crítica. Seleciona dentre as fontes o que lhe parece relevante; interpreta-as segundo sua orientação metodológica; critica-as quando lhes parecem inconsistentes. A conclusão a que chega o historiador não se limita a repetir o que as fontes lhe dizem, em geral de forma lacunar ou contraditória, porque há que se acrescer a imaginação histórica. O historiador, portanto, nos oferece uma imagem de seu objeto, que surge como "uma teia de construção imaginativa, estendida entre certos pontos fixos, fornecidos pelas declarações das fontes"[241].

Ainda seguindo o caminho da afirmação científica da história, a Escola dos *Annales*[242] tem proeminência entre os historiadores franceses, a ela se seguindo as ideias de Marc Bloch e Fernand Braudel, entre outros expoentes, que serão a base do que se chamará *a história nova*[243].

Marc Bloch considera a história como ciência dos homens no tempo (não como ciência do passado), em que se deve pesquisar do mais conhecido (o presente) para o mais oculto (o passado). Mas é preciso tentar compreender tanto o presente à luz do passado, como o passado a partir do presente. Com base nesta concepção, Bloch expõe o que se pode considerar "o ofício do historiador" através da *observação, crítica e análise* históricas. A *observação* não se faz diretamente aos fatos. O historiador, segundo Bloch, está na mesma situação do investigador "que se esforça para reconstruir um crime ao qual não assistiu". O conhecimento de todos os fatos humanos no passado é um "conhecimento através de vestígios", entendendo-se por vestígio todos os documentos, "todas as marcas perceptíveis por sentidos". O procedimento de reconstituição, contudo, é o mesmo em todas

[241] R. G. Collingwood, *A ideia de história,* 2001, p. 11s; p. 253ss.

[242] A revista *Annales d'historire économique et sociale* foi lançada em 1929 por L. Febvre e M. Bloch.

[243] J. Le Goff, *A História Nova,* 1990

as ciências. Assim, "da investigação sobre o remoto à investigação sobre o passado muito recente, a diferença é, (...), apenas de grau. Ela não atinge o fundo dos métodos", o que nos permite entender as similaridades metodológicas entre história e investigação criminal. A *crítica*, por sua vez, se deve focar na credibilidade do testemunho dos documentos, afinal "que a palavra das testemunhas não deve ser obrigatoriamente digna de crédito, os mais ingênuos dos policiais sabem bem". É preciso, portanto, prevenir-se tanto da mentira quanto do erro. Não basta, contudo, que estes se constatem, é preciso que se descubram seus motivos, para que o testemunho possa ser analisado no quadro de vestígios. A *análise*, por fim, remete ao problema da compreensão, que deve afastar o julgamento e a parcialidade, sendo exigível do historiador não se deixar "hipnotizar por sua própria escolha". Mas quanto à compreensão, somente alcançada por abstração do real (e um pouco de imaginação), deve-se aceitar que jamais compreendemos o bastante[244].

Fernand Braudel, por sua vez, desenvolve boa parte de sua teoria em torno da noção de "tempos da história", que se pode compreender segundo durações breve, média e longa. A história seria, então, a soma de todas essas histórias possíveis. Não se pretende, dessa forma, definir o ofício do historiador, mas uma concepção desse ofício, e com isso entender-se com as *outras* ciências sociais. É nesse quadro que a noção de tempos da história é iluminadora. Podemos pensar a história sob a perspectiva de três tempos – o factual, o conjuntural e o estrutural – e entender por que as ciências sociais partem inevitavelmente de uma dimensão da história, mesmo quando postulam a cientificidade pura e simplesmente. A *história factual* é uma micro-história que se inscreve no tempo curto, que segue um ritmo rápido do mais cotidiano. É uma história tradicional, história "acontecimental", que se desenvolve na dimensão do indivíduo. E é nessa dimensão que talvez possamos identificar as maiores aproximações entre pesquisa histórica e investigação criminal. A *história conjuntural*, por sua vez, segue um ritmo mais lento, que abrange agrupamentos e grupos, em dimensões médias no tempo, e pretende abarcar décadas. A *história estrutural*, a história de longa duração, pretende abarcar séculos, é uma "história quase imóvel". Essas durações que se distinguem são, contudo, "solidárias umas com as outras". E é na longa duração que pode existir uma "reflexão

[244] M. Bloch, *Apologia da História ou o ofício de historiador*, 2001, p. 74ss, p. 89ss.

comum às ciências sociais"[245]. É nesse tempo que se postula uma história como ciência, amiúde denominada de *história nova*.

A partir das discussões trazidas por essa história nova, Jacques Le Goff sintetiza uma concepção de história como ciência, a partir de alguns pontos fundamentais de seu programa científico: a) a noção de história-problema; b) a expansão da noção de documento; c) e a aproximação das ciências sociais[246]. A *história-problema* é posta em oposição à *história-narrativa*, como concepção de história que melhor caracteriza a especificidade de seu método, relativamente às tradições anteriores, embora se tenha observado melhor que não se trata de concepções contraditórias, mas antes complementares. A *expansão do documento* pretende opor-se ao positivismo limitado aos documentos escritos, representando uma abertura à multiplicidade de documentos de todos os tipos. Documento aqui passa a ter um sentido amplo, para abranger materiais arqueológicos, testemunhas, filmes e fotografias, bem como dados estatísticos, com o que se permite falar de uma história qualitativa, a exemplo do que se entende também por documento do direito processual penal em que se desenvolver a investigação criminal. A *aproximação das ciências sociais* busca um diálogo entre história e as *outras* ciências sociais, em especial a sociologia, da qual várias técnicas de pesquisas são utilizadas. Nesse ponto, Fernand Braudel considerava que "todas as ciências do homem, inclusive a história, estão contaminadas umas pelas outras. Falam a mesma linguagem ou podem falá-la"[247]. E, nesse sentido, também a investigação criminal, como ponto de confluência das ciências criminais, fala a mesma língua da história, cujas sínteses teóricas da historiografia podem ser assimiladas.

*As sínteses teóricas da historiografia na investigação*

A considerar a diversidade das concepções científicas da história, é interessante encontrar sua melhor síntese na lição de Paul Veyne que se orienta em um sentido inverso, não de afirmação científica da história, mas pela busca de identificar o que antes lhe é mais peculiar como forma específica de saber que até pode dar lugar a uma ciência, mas que não aspira a ela como última razão[248]. É nele que se resgata o valor da narrativa na pes-

[245] F. Braudel, *Escritos sobre a História*, 1978, p. 71ss.

[246] J. Le Goff, *História e Memória*, 2000, p. 100ss.

[247] F. Braudel, *Escritos sobre a História*, 1978, p. 42.

[248] P. Veyne, *Como se escreve a história*, 2008, p. 285.

quisa histórica. E esta é certamente a melhor concepção com que podemos entender o que é especificamente metodologia historiográfica na pesquisa que temos na investigação criminal, embora nas anteriores concepções possamos identificar outras similaridades igualmente relevantes.

Paul Veyne considera que a história não é ciência, admitindo apenas dois sentidos possíveis para uma história científica – explicar cientificamente os acontecimentos por algumas leis previamente descobertas; ou descobrir suas leis que fazem avançar a história num caminho determinado – em que o primeiro é sempre incompleto, e o segundo é impossível, não passa de futurologia. A história, portanto, é "nada mais do que uma narrativa verídica"[249]. É a narrativa de acontecimentos que tem o homem como ator; e todo o resto decorre disso. A história seleciona, organiza e resume, mas não há descrição exaustiva, ela é lacunar. Contudo, não é pelo fato de tratar do individual (que não se repete) que podemos distingui-la da ciência física. Também na natureza encontramos fatos individuais, que não se repetem, embora se abstraia o que nos parece se repetir. O que distingue historiografia e ciência física é que a história é um corpo de fatos e a física, um corpo de leis. Se um dia houver um corpo de leis acerca dos fatos da história, não será a história essa ciência; ela continuará sendo o corpo de fatos de que se serve a ciência.

A concepção fundamental de história em Paul Veyne nos parece situar-se na seguinte conclusão: "A história é a descrição do que é específico, quer dizer compreensível, nos acontecimentos humanos"[250]. Não é a singularidade do fato – que existe tanto em física quanto em história – que caracteriza o conhecimento histórico, mas a especificidade compreensível do acontecimento. Uma história dos fatos naturais não nos interessa tanto, por sua especificidade, como nos interessa a história dos fatos humanos, exatamente por sua especificidade. A história se orienta, assim, mais à especificidade dos acontecimentos individuais que a sua singularidade. É essa noção que nos parece ser assimilável à investigação criminal como pesquisa histórica.

A história, contudo, não é apenas narrativa, é também explicação, mas explicação muito simples, como modo de narração que se organiza de forma compreensível. Não é explicação, em conformidade com uma teoria

[249] P. Veyne, *Como se escreve a história*, 2008, p. 11

[250] P. Veyne, *Como se escreve a história*, 2008, p. 71

geral, embora possa o ser, mas nisso não estará sua especificidade. É certo que o historiador se utiliza de conhecimentos gerais de outras disciplinas – tanto ciências quanto conhecimentos práticos –, "mas utiliza, sobretudo, verdades, que fazem de tal modo parte do nosso saber quotidiano que quase não é necessário mencioná-lo nem mesmo fazê-las notar". Quanto às causas dos acontecimentos, o historiador não as determina, apenas narra como os fatos se sucedem, sendo impossível determinar quais deles são a causa fundamental: "todo o fato é, ao mesmo tempo, causador e causado; as condições materiais são o que os homens fazem delas e os homens são o que elas fazem deles". Falar em leis da história, portanto, não tem sentido. Mesmo que se possa falar em leis de ciências humanas, a história permanecerá como é: como descrição do que se passou. A história, portanto, nunca será científica, pois "a história não é um esboço de ciência"[251].

Ela tem uma especificidade, a partir da qual até se podem construir ciências, mas não é o seu fim tornar-se uma ciência. E é nesse sentido que podemos aproximar a pesquisa histórica com a investigação criminal, colhendo certas sínteses da historiografia que se podem utilizar em vários campos de conhecimento, como fonte primária de um conhecimento[252]. Assim, podemos identificar na investigação criminal certos fundamentos metodológicos da historiografia como os que se seguem sinteticamente[253]:

a) *"O conhecimento histórico é perspectivista: mantém afastamento em relação ao passado e quer entendê-lo no seu tempo e lugar, sem assimilá-lo ou reduzi-lo ao presente"*. Trata-se de uma *alteridade fundamental* do conhecimento histórico, alteridade que se encontra entre conhecimento histórico e realidade histórica, entre o sujeito histórico e o objeto histórico, o que decorre essencialmente da alteridade entre presente e passado. É, por isso, necessário reconhecer "a interferência ativa dos interesses", que se revelam nas tendências do historiador, condicionando os resultados de sua pesquisa, a partir da descoberta dos fatos que lhe interessam, o que se encontra igualmente no âmbito da investigação criminal.

[251] P. Veyne *Como se escreve a história*, 2008, p. 103, p. 109, p. 186.

[252] L. Hegenberg (org.), *Métodos*, 2005, p. 76; p. 81: "o método histórico é usado para desenvolver pesquisas nas mais diversas áreas do conhecimento", afinal "os fatos históricos podem estar relacionados aos mais variados temas".

[253] A síntese é apresentada por N. Abbagnano, *Dicionário de Filosofia*, 2003, pp. 509-512, de quem extraimos algumas transcrições entre aspas.

b) *"O conhecimento histórico é individualizante, porque individualizantes são os instrumentos de que se vale"*. Assim como é o conhecimento da investigação criminal que se deve especificar por dois parâmetros fundamentais de cronologia e geografia na individualização do objeto que pesquisa. O crime é sempre realizado, investigado e descrito no tempo e no espaço como circunstâncias fundamentais de sua consumação.

c) *"O conhecimento histórico é seletivo"*. Este é certamente um dos pontos mais pacíficos na metodologia historiográfica que se comunica à investigação criminal irremediavelmente. Afinal, assim como o historiador, o investigador deve sempre fazer uma escolha, no campo da variedade das relações que se revelam na hipótese do acontecimento passado, escolhendo o que é importante ou fundamental para a sua narrativa criminal.

d) *"O conhecimento histórico não visa à explicação causal, mas à explicação condicional"*. Embora se possam encontrar fatos que pedem uma explicação causal no contexto histórico, assim como encontramos na investigação criminal, tem-se tornado evidente que "as noções de causa e de lei têm pouca possibilidade de aplicação no domínio historiográfico", o que igualmente se observará na explicação da dimensão histórica do objeto da investigação criminal, no qual a explicação condicional de sua possibilidade narrativa terá maior relevância, reduzindo a importância entre qualquer oposição entre *explicação* e *compreensão*, pois tanto uma quanto a outra são formas de determinação de possibilidade do objeto.

e) *"O conhecimento histórico visa à determinação de possibilidades retrospectivas"*. Tendo assim em conta a natureza narrativa da história, recorrendo ao esquema de explicação condicional, a determinação histórica se estabelece em torno de possibilidades, que se podem compreender como probabilidades retrospectivas, assim como se podem ler as conclusões de uma investigação acerca de um crime, sobretudo quanto postas em contraditório as hipóteses acusatórias e as defensivas.

### *A investigação criminal como pesquisa científica*

Apesar de sua natureza historiográfica, cuja essência não se conduz necessariamente a uma ciência, há algo na investigação criminal que partilha da natureza científica do conhecimento, afinal a investigação criminal pode ser compreendida como pesquisa científica orientada a estabelecer a máxima aproximação possível da verdade, embora epistemicamente limitada e eticamente condicionada: limitada epistemicamente porque é impossível a ciência fornecer conhecimentos absolutos acerca dos fatos que investiga; e condicionada eticamente porque está submetida a certos antecedentes socioculturais.

O importante é entender que não é a investigação uma ciência em si mesma, sobretudo em razão de sua primeira aproximação inevitável da pesquisa histórica. Contudo, em um sentido amplo, pode-se considerar científica a investigação criminal, não tanto em razão da aplicação de ciência em provas especificamente periciais, mas em razão da essência da racionalidade científica que encontramos na estrutura fundamental da prova. Não são, portanto, os obstáculos intrínsecos – que decorrem da natureza do objeto histórico e do método legal da investigação –, que a impedem de considerar-se uma ciência, pois também as ciências, se bem entendidas, deparam-se com limites epistêmicos e condicionantes éticas. A questão está em distinguir, na diversidade conceitual com que podemos compreender a noção de ciência, o que torna possível um saber considerar-se científico. E veremos que, tendo em conta o fundamental do método científico, descartando os enunciados que objetiva, a investigação criminal tem muita similaridade metodológica com a ciência.

A ciência pode ser entendida, preliminarmente, como "conhecimento que inclua, em qualquer forma ou medida, uma garantia da sua própria validade". Embora se exija uma justificação do conhecimento, para diferenciar-se da mera opinião, esse conceito admite não ser necessária uma garantia absoluta e nos permite abordar diversas concepções de ciência que se podem distinguir conforme a garantia consista na *demonstração*, na *descrição* ou na *corrigibilidade*[254].

*Demonstração, descrição e corrigibilidade*

A *ciência como demonstração* representa o ideal clássico de ciência, em que se pretende demonstrar verdades necessárias como afirmações que fazem parte de um sistema unitário. Os *Elementos* de Euclides (sec. II a. C), que se baseiam em um sistema axiomático dedutivo, com abstração completa de qualquer experiência, representou essa concepção. É nessa base que se pode situar o racionalismo cartesiano da certeza fundada integralmente na dedução. A geometria não-euclidiana, contudo, ao demonstrar que duas paralelas somente não se tocam em superfície de curvatura nula, põe em

[254] N. Abbagnano, *Dicionário de Filosofia*, 2003, p. 156ss.

dúvida a pretensão de verdades necessárias, independentemente da experiência a que se aplica. Assim, em relação à unidade do sistema, tem-se admitido ser suficiente que seus enunciados sejam compatíveis, quer dizer apenas não-contraditório[255].

A *ciência como descrição*, por sua vez, reduz-se "à observação dos fatos e às inferências fundadas nos fatos". Nessa base, situa-se o empirismo, que evidenciava o caráter ativo e operacional do conhecimento no domínio da natureza (Bacon). Mas a ciência não se pode considerar mero "espelhamento fotográfico dos fatos". Sabe-se que uma simples constatação de fatos não basta para constituir uma ciência, porque é preciso raciocinar sobre o que se observa, comparar fatos e julgá-los (C. Bernard). Assim, somente se pode entender a ciência como uma descrição abreviada e econômica dos fatos e suas relações, que mais não representa que o conceito de lei. Dessa forma, "o conceito fundamental da ciência é o da lei científica e o objetivo fundamental de uma ciência é estabelecer leis"[256]. Mas como essas não se estabelecem por si, a partir de observação e mera descrição, é preciso que a ciência seja propositiva de teorias que se submetam a refutações.

A *ciência como corrigibilidade*, assim, representa uma concepção menos dogmática da ciência e admite como única garantia de validade sua auto-corrigibilidade. Nesse sentido, embora diferentes, as duas primeiras concepções da ciência, *demonstrativa e descritiva*, partem de um mesmo pressuposto: "a interpretação da ciência como a suprema – e mais confiável – forma de saber", o que vem sendo posto em dúvida por várias concepções posteriores que rejeitam o método científico unitário, além da ciência como obra de mentes individuais e alheia a particularidade dos diversos contextos[257]. Abdica-se, assim, da pretensão à garantia absoluta, a partir do reconhecimento ao *falibilismo* como pressuposto do conhecimento[258]. É nessa concepção que se situa o falseacionismo de Karl Popper,

[255] Cf. G. Bachelard, *O novo espírito científico*, 2008, p. 23ss, 131ss, a respeito da "epistemologia não-cartesiana" e dos "dilemas da filosofia geométrica".

[256] N. Abbagnano, N. *Dicionário de Filosofia*, 2003, p. 159ss.

[257] Cf. N. Abbagnano, *Dicionário de Filosofia*, 2003, p. 160ss.

[258] *Falibilismo:* "Termo criado por Peirce para indicar a atitude do pesquisador que julga possível o erro a cada instante da sua pesquisa e, portanto, procura melhorar os seus instrumentos de investigação e de verificação" (N. Abbagnano, *Dicionário de Filosofia*, 2003, p. 494). "O falibilismo é, assim, uma posição que se situa entre o dogmatismo e o ceticismo" (S. Blackburn, *Dicionario Oxford de Filosofia*, 1997, p. 142)

com o qual podemos proceder a uma melhor aproximação entre investigação criminal e pesquisa científica, embora precisemos lhe fazer algumas correções críticas.

*Verificabilidade vs. falseabilidade*

O *positivismo lógico* tinha desenvolvido como princípio fundamental a *verificabilidade* dos enunciados científicos[259]. Mas ao opor-lhe a *falseabilidade* como critério da ciência, Karl Popper (1934) desenvolve o que Susan Haack muito adequadamente vai denominar de *negativismo lógico*[260]. Cada concepção se desenvolve em torno de seu princípio fundamental: a verificabilidade e a falseabilidade. Os dois princípios, contudo, não se contradizem, necessariamente, pois se podem compreender como as duas faces de uma mesma concepção que disputaram entre si perspectivas positiva ou negativa do método científico.

A pesquisa científica se inicia por problemas, para os quais devemos apresentar hipóteses como tentativas de solução que requerem provas pela experiência. Para que seja provada de fato, uma hipótese deve ser provável ou verificável em princípio, o que implica igualmente que possa ser falseável. Se a hipótese for confirmada, diz-se que está corroborada; se não for, diz-se que está refutada. Entretanto, por mais confirmações que se apresentem, nunca uma teoria se pode dizer corroborada em definitivo; mas o mesmo se pode dizer das refutações, embora Popper inicialmente tenha sustentado que bastaria uma só refutação para que uma teoria se possa considerar falseada. É por isso que Popper se opunha à verificabilidade como critério científico, optando por enfatizar a falseabilidade dos enunciados, que acabou elevando ao extremo. Foi contra essa falseabilidade ingênua que I. Lakatos se opôs, corrigindo esse negativismo de Popper. A falseabilidade, nesse sentido, deve ser a propriedade dos enunciados científicos, para que as hipóteses possam enfrentar o "tribunal da experiência, que tem o poder de falsificá-las, mas não de confirmá-las"[261], mas não é suficiente uma refutação, comparativamente à corroboração. Nada

[259] *Verificabilidade*: "Princípio central do positivismo lógico, que afirma que o significado de uma afirmação é o seu método de verificação" (S. Blackburn, *Dicionário de Filosofia*, 1997, p. 314), o que implica considerarem-se destituídos de significado enunciados que não permitem qualquer verificação.

[260] S. Haack, "Diga 'Não' ao Negativismo Lógico", 2014.

[261] S. Blackburn*Dicionário de Filosofia*, 1997, 302.

autoriza a estabelecer essa prioridade da refutação em relação à confirmação no âmbito da ciência.

Contudo, essa é precisamente a condição das hipóteses fáticas da investigação criminal, quando postas em processo contraditório, mas por razões extra-epistêmicas que não correspondem ao problema fundamental da ciência. Assim, embora na ciência não sejam definitivas as refutações, porque "as proposições de observação que formam a base para a falsificação podem se revelar falsas à luz de desenvolvimentos posteriores"[262], no processo penal as teses acusatórias refutadas, uma vez sob a autoridade da coisa julgada, não podem ser revistas, embora possam ser revistas as teses defensórias para as quais existam novas provas, sendo neste ponto procedente a concepção primária do falseacionismo que privilegia a possibilidade de refutação, sem igual direito à corroboração se essas forem da acusação. Ademais, se na ciência, "a teoria em teste pode estar errada, mas alternativamente pode ser uma suposição auxiliar ou alguma parte da descrição das condições iniciais que sejam responsáveis pela previsão incorreta", considerando que as teorias não consistem em afirmações hipotéticas isoladas, na investigação criminal podemos isolar teses acusatórias e contrapô-las às defensórias, sendo isto suficiente para rejeição da hipótese. Apesar das limitações e críticas que se fazem ao falseacionismo, portanto, podemos aceitá-lo no âmbito do processo penal, ainda que a título de negativismo lógico como o considera Susan Haack.

As críticas mais sérias ao falseacionismo de K. Popper, contudo, parecem encontrar-se no campo da sua redução lógica ao dedutivismo, em razão de sua recusa à indução, o que nos parece de fato ser algo que não corresponde à ciência, tampouco à investigação criminal em suas características científicas. Mas é preciso entender a objeção de Popper ao indutivismo, a partir do problema de Hume acerca dos limites da indução.

*A ciência entre indução e dedução*

David Hume (1748) observou que "todas as inferências a partir da experiência pressupõem, como fundamento, que o futuro será semelhante ao passado, e que poderes similares estarão em conjunção com qualidades sensíveis similares". Entretanto, ressaltou que "é impossível que argumentos a partir da experiência provem a semelhança do futuro com o passado".

262 A. F. Chalmers, *O que é ciência, afinal?*, 1993, p. 93ss

Então, "que lógica, que processo de argumentação" pode nos assegurar essa conclusão? Este *problema da indução* é o ponto de partida com que K. Popper nega a lógica indutiva e afirma uma teoria do *método dedutivo de prova*, como lógica da pesquisa científica. Ele considera equivocada a lógica indutiva propugnada pelas ciências empíricas que buscam validar seus enunciados universais a partir de enunciados singulares, o que "está longe de ser óbvio, de um ponto de vista lógico", porque independente de quantos casos se observem, isso não justifica concluir que todos os casos são e serão como enunciados[263]. As mesmas dificuldades permanecem no caso de substituir a indução pela probabilidade, deixando de falar em "verdadeiro" para falar em "provável".

É nesse contexto que Karl Popper defende como lógica da pesquisa científica, negando à lógica indutiva esse papel, a "prova dedutiva de teorias". O método, portanto, deve partir de uma hipótese conjecturada, que pode ser comprovada logicamente por vários meios, a exemplo da comprovação por comparação das conclusões segundo a coerência interna das hipóteses; por investigação da forma da hipótese, segundo verificação do seu caráter empírico; por comparação com outras hipóteses. Mas é, no entanto, com base na "comprovação por meio de aplicações empíricas das conclusões que dela se possam deduzir" que podemos concluir sobre uma hipótese, se as conclusões singulares se mostrarem aceitáveis. Neste caso, contudo, devemos dizer que a hipótese está corroborada, não que seja verdadeira ou mesmo provável, pois subsiste sempre a possibilidade de ser refutada em outra aplicação empírica.

Ante a inadmissibilidade da indução, portanto, segundo Popper, as teorias não são empiricamente verificáveis, mas sim falseáveis, devendo este ser o critério adequado para demarcar o campo da ciência. Ele, contudo, adverte que apresenta o critério da falseabilidade como critério de demarcação, mas *não como critério de significado*, como pretende o critério da verificabilidade dos positivistas lógicos. Assim, em sua concepção teórica da ciência, "a falseabilidade separa duas classes de enunciados perfeitamente significativos: os falseáveis e os não falseáveis; traça uma linha divisória no seio da linguagem dotada de significado e não em volta dela"[264]. É, nesse sentido, a falseabilidade um "critério de demarcação" da ciência, o que permite elaborar "um conceito de ciência empírica" que traça uma

[263] K. Popper, *A lógica da pesquisa científica*, 1975, p. 27ss

[264] K. Popper, *A lógica da pesquisa científica*, 1975, p. 42ss

linha de demarcação entre Ciência e Metafísica. E, também nesse sentido, é que podemos identificar o que na investigação criminal se apresenta como científico, em contraposição a suposições metafísicas – na existência de enunciados acerca do crime como conjecturas que podem ser submetidas a refutação ou corroboração ao longo de todo o processo penal.

É importante observar que, nessa concepção de ciência, releva-se uma forma de "experiência como método", em que a "experiência" é considerada como método "por via do qual é possível distinguir um sistema teórico de outros". Assim, o que se pode denominar ciência empírica é o sistema que pretende representar o mundo da experiência, que se identifica pelo fato de ter sido submetido a provas e resistido a tais provas, pela aplicação do método dedutivo de provas. Ao afirmar a falseabilidade como critério de demarcação, Popper insiste que "não existe a chamada indução" e as "teorias nunca são empiricamente verificáveis". Por isso não podemos usar a verificabilidade como critério de demarcação, ou seja, não se exige que um sistema científico seja considerado válido de uma vez por todas, porque verificado, mas sim que "deve ser possível refutar, pela experiência, um sistema científico empírico".

Assim, na concepção de Karl Popper aqui enfatizada, o que caracteriza o método empírico essencial à ciência é o fato de expor-se ao falseamento, pois o objetivo científico não é "salvar a vida de sistemas insustentáveis", mas o de selecionar o que se revele, comparativamente, o melhor. Essa concepção pode ser acolhida em algum sentido na compreensão da investigação criminal como pesquisa científica, na medida em que suas conclusões se deparam, em alguma fase processual, com a refutação probatória do réu, em virtude do contraditório judicial a que se submete a questão, pondo à prova a hipótese acusatória, antes de proferir-se uma sentença final acerca do crime. Mas algo mais há que se pode dizer acerca da ciência, na comparação de similaridades com a investigação criminal.

Afinal, ao confrontar-se seriamente com a indução como critério de cientificidade do conhecimento, disputando a sua substituição pela dedução, além de ignorar a perspectiva pragmática que se desenvolve no âmbito da pesquisa científica, Karl Popper acaba por enfatizar excessivamente o aspecto lógico[265], deixando de lado qualquer discussão sobre a abdução que

[265] Essa, entre outras objeções sérias ao falseacionismo como negativismo lógico, econtra-se em S. Haack, "Diga 'Não' ao Negativismo Lógico", 2014.

tem sido levada em conta precisamente nas fases de descoberta da ciência. Acerca dessa questão, Popper considera que se trata de um problema de psicologia do conhecimento, mas não um problema de lógica, porque o ato de conceber uma hipótese é um estágio anterior que diz respeito à questão de fato, não à questão de justificação que lhe interessa, embora exista quem tenha assimilado a hipótese como uma das formas lógicas de raciocínio. Essa é a perspectiva que se desenvolve por C. S. Peirce, cuja tríade lógica dos argumentos admite tanto a indução e a dedução, quanto a abdução também chamada por vezes de hipótese[266]. Teremos oportunidade de discutir mais detidamente a lógica da investigação criminal, para explicar como dedução, indução e abdução concorrem para sua metodologia de pesquisa, mas aqui importa desde logo prevenir o valor científico que não apenas a dedução, como também a indução e sobretudo a abdução assumem na caracterização da investigação como forma de pesquisa científica, em especial quando pensamos a pesquisa em perspectiva pragmática como ação que intervém em um campo de problemas reais, a exemplo do que se passa na pesquisa sociológica.

### *A investigação criminal como pesquisa sociológica*

A investigação criminal como pesquisa científica, portanto, se aproxima mais claramente de uma pesquisa sociológica, sobretudo quando temos em conta a abordagem epistemológica do paradigma acionista e suas modalidades técnicas de investigação-ação.

A investigação criminal se desenvolve por método e técnicas de pesquisa que muito a aproximam da atividade científica, sobretudo da ciência social. Embora não tenha por fim a produção de conhecimento científico em sentido estrito, produzindo enunciados gerais, o caminho que percorre para alcançar sua finalidade tem muito em comum com a sociologia. Essa aproximação entre investigação criminal e pesquisa sociológica, contudo, exige distinguir paradigmas epistemológicos no âmbito das ciências sociais, para que se possam entender as similaridades metodológicas do procedimento das pesquisas. Afinal, em sociologia, encontram-se várias maneiras de abordar a realidade social, o que permite distinguir variados modelos de investigação, tradições de pensamento ou mesmo problemáticas

[266] C. S. Peirce, "Dedução, induçào e hipótese", *Lustrações da Lógica da Ciência,* 2008, pp. 165-190; C. S. Peirce, Elementos de lógica, *Semiótica,* 2017, p. 9, p. 32, p. 59.

e linguagens diversas. Michel de Coster explica que, conforme se enfatize a estrutura social ou o indivíduo, bem como a maneira de entender os conflitos nas relações sociais, podemos distinguir dois paradigmas – o determinista e o acionista[267]. A abordagem determinista se fundamenta em dois postulados – um sustenta que os fatos sociais se explicam apenas por fenômenos que se encontram antes deles; o outro conclui que, por interiorizar estes fenômenos exteriores, o indivíduo orienta sua ação condicionada. A abordagem acionista, contrariamente, aparece como reação à concepção positivista das ciências sociais. Interessa-se mais pela ação do indivíduo, suas intenções e projetos como ator social, e o conflito social deixa de considerar-se um incidente perturbador, como na abordagem determinista, para se considerar inerente às instituições e organizações. E essa orientação epistêmica tem grande importância na compreensão da investigação criminal como pesquisa sociológica, tendo em conta sua orientação à pesquisa das ações de indivíduos considerados em suas intenções como acontece nos crimes.

Contudo, bem consideradas as coisas, não se trata de paradigmas inconciliáveis, afinal, observou-se que: "Se, (...), por um lado, parece que a sociedade modela o homem, por outro, é o homem que modela a sociedade, de modo que cada forma de abordagem insiste numa das duas faces de uma mesma realidade"[268]. Por isso, não deveríamos aceitar que um único paradigma tenha "monopólio da explicação", sobretudo porque as "qualidades heurísticas" de cada um dependem do "contexto de investigação". Mas é certo que, no contexto jurídico-científico da investigação criminal, o paradigma acionista parece melhor responder às necessidades práticas do conhecimento, pelo menos aquelas mais imediatas, tendo em conta especialmente a abordagem dos modelos de pesquisa que se encontram na modalidade de investigação-ação.

### *O paradigma acionista da sociologia*

Assim como no direito penal a ação permanece tendo um valor fundamental para a teoria do crime[269], "o conceito de ação está no centro da abordagem acionista"[270], o que justifica seriamente a compreensão das

[267] M. Coster, *Introdução à sociologia,* 1998, p. 81ss.

[268] M. Coster, *Introdução à sociologia,* 1998, p. 109.

[269] Cf. F. A. Guaragni, *As teorias da conduta no direito penal,* 2000.

[270] M. Coster, *Introdução à sociologia,* 1998, p. 96.

similaridades entre pesquisa sociológica e investigação criminal a partir desse paradigma sociológico.

A ação sociologicamente considerada pode ser entendida como "comportamento humano (quer consista num fazer externo ou interno, quer num omitir ou permitir), sempre que o agente ou os agentes lhe associem um *sentido* subjetivo", que se distingue do sentido jurídico das ciências dogmáticas nas quais se incorpora o sentido de "justo". Mas assim como no direito, na sociologia se enfatiza a noção de "sentido" em conformidade com um tipo construído conceitualmente. São "conceitos construtivos da sociologia" que de um ponto de vista metodológico atuam como "típico-ideais"[271]. Na investigação criminal, essa noção pode ter lugar em uma etapa anterior à interpretação jurídica (teoria do tipo penal), em conformidade com uma pretendida ordenação científica do conhecimento, a partir dos dados de investigações anteriores. Podem servir de base metodológica, no plano terminológico e classificatório, bem como ter uma função heurística.

Nesse sentido, a sociologia "constrói conceitos típicos e demanda regras gerais do acontecer, em contraste com a história que aspira à análise e imputação causais das ações, estruturas e personalidades individuais culturalmente importantes"[272]. Assim, na construção conceitual da sociologia, embora esta possa buscar seu material nas realidades de ação relevantes à história (na investigação criminal, aos casos investigados individualmente), é condição peculiar da abstração generalizadora da ciência que os conceitos sejam vazios de conteúdo face à realidade concreta do material histórico. Em contrapartida, a univocidade dos conceitos, ao afastar-se da realidade, permite indicar o grau de aproximação de um fenômeno histórico.

A *sociologia da ação* se estabelece a partir desse paradigma acionista. Esse paradigma sociológico caracteriza-se por sua "transparência epistemológica que se define por princípios claros e por sua eficácia na capacidade de explicar fenômenos à primeira vista obscuros"[273]. O primeiro princípio consiste em considerar todo fenômeno social como resultado de ações, atitudes ou convicções de comportamentos individuais (Individualismo metodológico). O segundo, em considerar que a explicação socio-

[271] A respeito, cf. M. Weber, *Conceitos sociológicos fundamentais*, 2009, p. 21, p. 40

[272] M. Weber, *Conceitos sociológicos fundamentais*, 2009, p. 38ss

[273] R. Boudon, *Tratado de sociologia*, 1995, p. 27ss

lógica consiste em procurar o sentido dos comportamentos individuais (princípio da racionalidade).

O *individualismo metodológico* não se pode confundir com o significado moral do individualismo, que faz do indivíduo a fonte suprema dos valores. Metodologicamente considerado, o individualismo tem um sentido diferente: "implica apenas que, para explicar um fenômeno social, é necessário descobrir suas causas individuais...". O individualismo metodológico não desconsidera que o indivíduo se encontra num "contexto que se lhe impõe em larga medida", não faz uma abordagem atomista, mas sim *interacionista* da sociedade; não impede que se considerem indivíduos em grupo por categoria, em tipos ideais; não exclui que se considerem entidades coletivas como um indivíduo. Essa concepção tem um papel fundamental na predeterminação da responsabilidade social do agente antes que se lhe atribuía uma culpa normativa.

O *princípio da racionalidade*, por sua vez, busca entender o fenômeno social como efeito de ações, cuja explicação completa apenas é possível se evidenciamos o seu sentido. Nesse caso, fala-se em *compreensão* e considera-se que o comportamento é sempre compreensível. Mas não significa ter acesso imediato às razões do autor; significa antes que "essas razões devem ser reconstituídas através do entrecruzamento de informações, um pouco como sucede num inquérito policial". E isso reafirma a conjectura teórica de M. Foucault, para quem o modelo de inquérito das práticas judiciárias é considerado a origem da forma geral de saber de várias ciências sociais[274]. Contudo, não se pode ignorar que o inquérito sociológico, diferentemente do inquérito jurídico, consiste "em suscitar um conjunto de discursos individuais, em interpretá-los e generalizá-los" [275]. No entanto, em todo caso, subsiste explicitamente a similaridade com a investigação criminal. Porque, para o fim dessa reconstituição, devem-se antes recolher informações sobre o contexto social do autor, o que igualmente se exige na investigação criminal se queremos individualizar a culpabilidade do investigado.

A sociologia da ação aparece assim como sociologia compreensiva em oposição à sociologia de tradição positivista que pugnava pela exclusão da compreensão do sentido dos comportamentos individuais. Mas a compreensão aparece apenas como um momento da explicação, na acepção que

[274] Cf. M. Foucault, *A verdade e as formas jurídicas*, 2002.

[275] R. Ghiglione, R. Matalon, *O inquérito. Teoria e Prática*, 2001,.

lhe atribui M. Weber, e assim se vai igualmente encontrar no contexto da investigação criminal.

*A metodologia da investigação-ação*

A sociologia da ação tem sido oposta a uma sociologia acadêmica, embora as duas perspectivas coexistam em pesquisas de terreno de variados campos profissionais[276]. É nessa sociologia de campo que se deram os primeiros passos de uma *investigação-ação*, em trabalhos etnológicos especialmente, tendo se expandido para problemas da sociedade industrial e urbanizada[277]. A cidade, nesse contexto, passa a considerar-se como um laboratório natural das ciências sociais que têm por objetivo a solução de problemas muito pontuais, a exemplo inclusive de problemas criminais postos em perspectiva sociológica.

Apesar da grande discussão epistemológica que existe em torno da ideia de investigação-ação, sobretudo a respeito das relações entre o sistema social e os autores, bem como acerca da relação entre conhecimento e prática, a investigação-ação se apresenta como uma redefinição do conhecimento científico através de uma concepção pragmática. Trata-se de postura sociológica que pretende re-equacionar a relação entre ação e conhecimento, aprofundando as relações entre teoria e prática, em recusa a uma concepção contemplativa da ciência. Assim, mais do que uma corrente teórica, "trata-se, sobretudo, de posturas de investigação – apelidadas de investigação-acção – que procuram abranger um conjunto de experiências práticas desenvolvidas por vários autores, e relativamente distintas entre si, mas enquadradas no mesmo propósito de conhecer a realidade para a transformar, assumindo assim uma concepção pragmática da realidade social"[278].

A investigação-ação, portanto, instaura uma metodologia diversa na ciência, que, em comparação com o positivismo clássico, oriundo de uma visão das ciências naturais, possui características muito próprias – quanto ao tipo de generalização, não é universal e independente do contexto, mas limitada e dependente; quanto aos fins epistemológicos, não pretende predizer acontecimentos, mas construir planos de intervenção que permitam

[276] I. C Guerra, *Fundamentos e Processos de Uma Sociologia de Acção. O Planeamento em Ciências Sociais,* 2002, p. 10ss.

[277] Cf. A. J. Esteves, "A investigação-ação", *Metodologia das Ciências Sociais,* 2009.

[278] I. C. Guerra, *Fundamentos e Processos de Uma Sociologia de Acção. O Planeamento em Ciências Sociais,* 2002, p. 43.

atingir objetivos visados; quanto ao tratamento de informações colhidas, os casos individuais podem ser fontes suficientes de conhecimento; quanto à tomada de posição sobre valores, os métodos não são neutros, pois se desenvolvem e atualizam o potencial humano. E essas características, além de aproximar a investigação criminal da prática científica, torna-a dinamicamente mais efetiva para a solução dos problemas a que se destina.

Ao utilizar-se de todas as técnicas disponíveis nas ciências sociais, enfatiza as mais qualitativas, tentando teorizar a partir de informações empíricas, colhidas no campo, no terreno de ação, a partir de problemas que se colocam, na tentativa de resolvê-los, e para os quais a teoria se pretende voltar. Trata-se de conhecimento produzido em confronto direto com o problema real, tentando transformar a realidade em que se desenvolve, com desconstrução da ideia do papel do "especialista social" alheio ao problema que se enfrenta. Assim, essa abordagem sociológica "produz-se muitas vezes à margem do sistema, junto de grupos e organizações em crise, sendo uma sociologia periférica (...) e não gozando de um grande reconhecimento pelas academias, pelo que também sofre de algumas debilidades metodológicas e técnicas".

É, portanto, no campo das técnicas dessa metodologia que encontramos a aproximação mais evidente com a investigação criminal, pois ela se utiliza de todas as técnicas disponíveis nas ciências sociais, privilegiando as qualitativas que tentam teorizar a partir de informações empíricas, colhidas no campo, no terreno de ação, a partir de problemas que se colocam, na tentativa de resolvê-los, e para os quais a teoria se deve voltar. É o que podemos observar quando se analisa a prática das pesquisas sociais atuais, com seu método e suas técnicas, a partir de manuais de investigação em ciências sociais[279], em que podemos seguir o procedimento geral de pesquisa, identificando diversas etapas comuns à investigação criminal: a pergunta de partida (etapa 1); a exploração (etapa 2); a problemática (etapa 3); a construção do modelo de análise (etapa 4); a observação (etapa 5); a análise das informações (etapa 6); e as conclusões (etapa 7). É certo, contudo, que, na investigação criminal a pergunta de partida é essencialmente diferente, do que decorre que as demais tendem a segui-la, conforme as questões que são postas.

É, nesse sentido, possível identificar similaridades entre a pesquisa sociologicamente orientada pelo paradigma da ação com a pesquisa rea-

[279] R. Quivy, L. van Campenhoudt, *Manual de Investigação em Ciências Sociais*, 2008.

lizada na investigação criminal, tanto em seus métodos, quanto em suas técnicas. R. Quivy e L. van Campenhoudt, contudo, fazem uma advertência que aproveita à investigação criminal. Ao falar-se em procedimento de investigação científica, não se pode concluir ingenuamente que isso por si assegura um conhecimento científico, porque na verdade é muito difícil chegar a essa conclusão. O que se alcança pelo procedimento é, na melhor das hipóteses, uma compreensão significativa do acontecimento, do funcionamento de organizações, de motivação de agentes e do sentido de suas ações. Mas o conhecimento científico mesmo exige algo além que não decorre imediata e automaticamente de seguir as etapas do procedimento. O procedimento é apenas "uma forma de progredir em direção a um objetivo". Por sua vez, "os métodos não são mais do que formalizações particulares do procedimento, percursos diferentes concebidos para estarem mais adaptados aos fenômenos ou domínios estudados"[280].

Ademais, por mais que se faça uma aproximação dos métodos científicos e técnicas de pesquisa sociológica, a investigação criminal se distingue por seu objeto específico pelo qual se assemelha mais com uma investigação criminológica, embora ainda aqui existam diferenças que precisam ser evidenciadas.

## As similaridades ontológicas: a criminologia

Quando se compara a outros campos de conhecimento, já não mais tendo em conta as similaridades metodológicas, mas a similaridades do objeto específico de pesquisa, é com a criminologia que a investigação criminal tende a mais se aproximar e até confundir-se, embora seja necessário entender suas diferenças.

A criminologia científica nasce com a *Escola Positiva* italiana, sob a inspiração positivista da ciência, em confronto com a compreensão clássica e jurídica do delito, propondo uma investigação empírica do crime como fenômeno da realidade. Essa orientação, contudo, já se encontrava em algumas pesquisas prévias à Escola Positiva, na etapa "pré-científica" da criminologia, no âmbito da Fisionomia, Frenologia, Estatística e, sobretudo, em estudos de Antropologia, cuja aparição está estreitamente ligada às origens da Criminologia[281].

[280] R. Quivy, L. van Campenhoudt, *Manual de Investigação em Ciências Sociais*, 2008, pp. 19-25.

[281] A. Garcia-Pablos de Molina, *Criminologia*, 2008, p. 106ss; A. Serrano Maíllo, *Introdução à Criminologia*, 2007, p. 68ss.

O primeiro passo da criminologia positivista, com diretriz antropológica e empírica, encontra-se na obra *L'Uuomo delinqüente*, de C. Lombroso (1835-1909), considerada sua maior expressão[282]. Em suma, opondo ao método lógico-dedutivo (da Escola clássica do Direito penal) o método empírico--indutivo, e partindo de uma perspectiva determinista das ações do criminoso, como espécie diferente dentro do gênero humano, a criminologia positivista se dirige não tanto ao crime, mas ao criminoso, e a pena tende a ter um caráter curativo e reeducativo, tendencialmente indeterminada em seu tempo. A criminologia positivista aspira por uma compreensão total do criminoso, visando a subsidiar a *defesa social*, como técnica de proteção da sociedade contra o crime, por meios não apenas jurídicos[283], mas nesse ponto, ideologicamente, escola clássica e escola positiva partilhavam do mesmo paradigma político, cuja base é uma concepção abstrata e a-histórica da sociedade, entendida como uma totalidade de valores e interesses, desconsiderando seus conflitos reais. A partir da concepção antropológica plantada por Lombroso, a criminologia positivista se diversifica com outras vertentes, sociológica e psicológica, nas obras de E. Ferri (1856-1929)[284] e R. Garofalo (1852-1934)[285], mas é equivocado entender que na criminologia positivista cada autor defendia a exclusividade do fator antropológico, sociológico ou psicológico. O próprio Lombroso teria reconhecido que "não existe delito que não encontre sua raiz em múltiplas causas", embora enfatizasse a antropológica, em conformidade com suas teses deterministas[286].

Na origem, portanto, a criminologia parece mais se identificar com uma *explicação multifatorial*[287], dando assim lugar a uma diversidade de aborda-

[282] Lombroso, C. *L'Uomo Delinquente*, 2013.

[283] Cf. A. Baratta, *Criminologia Crítica e Crítica do Direito Penal. Introdução à Sociologia do Direito Penal*, 1999, p. 41ss, para quem ideologicamente escola clássica e escola positiva partilhavam do mesmo paradigma político da defesa social, que tem na sua base uma concepção abstrata e a-histórica da sociedade, entendida como uma totalidade de valores e interesses, desconsiderando seus conflitos reais.

[284] Enfatizando os fatores sociais, a obra de E. Ferri se situa no que hoje podemos chamar de *sociologia criminal*, mas ainda fiel ao determinismo.

[285] A. Garcia-Pablos Molina, *Criminologia*, 2008, p. 114, considera a obra de Garofalo como uma espécie de positivismo moderado. J. Figueiredo Dias e M. Costa Andrade, *Criminologia*, 1991, p. 5, observam que a ele se deve precisamente o nome *Criminologia*, que foi o título de sua principal obra.

[286] A. Serrano Maíllo, *Introdução à Criminologia*, 2007, p. 73.

[287] É essa abordagem que, segundo A. Serrano Maíllo, *Introdução à Criminologia*, 2007, p. 77, tem conferido à Criminologia um caráter interdisciplinar que tende a lhe negar autonomia. A.

gens que se vão proliferar em pesquisas de natureza biológica, psicológica e sociológica[288], como estrutura da moderna criminologia científica, na qual se encontram ramos de Biologia criminal e Psicologia criminal (mais centrados no criminoso e com orientação etiológica), e da Sociologia criminal (que tende a deslocar o objeto de investigação do *crime* para a *reação ao crime*). Mas à medida que a criminologia tem avançado no seu percurso científico, a abordagem sociológica tem alcançado uma proeminência sobre as demais[289], especialmente com escolas orientadas à construção de *teorias unitárias* de explicação do crime, a partir da compreensão do ambiente em que o crime se desenvolve[290]. Tais estudos são decisivos para entender o crime como uma determinação externa, contribuindo para mudar a perspectiva patológica de compreensão do criminoso. No entanto, mais recentemente, com a proliferação de teorias, têm surgido propostas de *teorias integradas*, em que se propõe "tomar de cada teoria aquelas partes que resultem mais promissoras e tratar de formar uma nova teoria com todas elas"[291]. E essas teorias tendem a ser de uma ordem diversa de qualquer outra que pretenda uma explicação unifatorial (sociológica, ou psicológica, ou biológica).

Em boa parte, contudo, a criminologia, mesmo nessa diversidade, manteve-se muito vinculada a um paradigma etiológico (determinista ou não), ainda que tenha mudado o foco do criminoso para o crime. Somente a partir de teorias da criminalidade e da reação social baseadas no *labelling approach* (etiquetamento)[292] e na *concepção conflitual* da sociedade[293], há uma

Garcia-Pablos Molina, *Criminologia*, 2008, p. 24, por sua vez, tende a considerar que o princípio interdisciplinar está associado ao processo histórico de consolidação da Criminologia como ciência autônoma, o que somente se alcançará quando se emancipar das disciplinas em torno das quais nasceu.

[288] Nesse sentido, cf. A. Garcia-Pablos Molina, *Criminologia*, 2008, cujo Capítulo Terceiro, que trata da Moderna Criminologia Científica, está estruturado segundo essa divisão.

[289] A. Serrano Maíllo, *Introdução à Criminologia*, 2007, p. 78, chega a suscitar que existe um "paradigma sociológico" da criminologia.

[290] Esse é o caso dos estudos realizados pela Escola de Chicago, sobre a desorganização social (Shaw e McKay), bem como estudos de Sutherland, sobre a associação diferencial, e de A. Cohen, sobre a frustração.

[291] A. Serrano Maíllo, *Introdução à Criminologia*, 2007, p. 307.

[292] A. Baratta, *Criminologia Crítica e Crítica do Direito Penal*, 1999, refere-se ao *labelling* como uma revolução científica no âmbito da sociologia criminal.

[293] A sociologia do conflito aplicada à criminologia confronta-se com o *princípio do interesse social* da defesa social, segundo o qual os interesses protegidos nas leis penais correspondem

mudança radical no sentido de algum "criticismo". Fala-se, então, em uma *criminologia crítica*, não necessariamente homogênea, que desloca o enfoque teórico do autor para as condicionantes objetivas, estruturais e funcionais do crime, com o que o interesse do estudo se desloca das causas do crime aos mecanismos sociais e institucionais, como elementos de elaboração da realidade social[294]. Há, então, uma desvinculação da ideia de causa, com distanciamento do modelo de ciências naturais, e o crime deixa de ser, em definitivo, considerado como uma entidade ontológica preexistente. Em suma, conforme bem conclui A. Baratta, "a criminologia crítica se transforma desse modo mais e mais em uma crítica do direito penal".

A diversidade das abordagens criminológicas produziu diversos objetos de investigação. Atualmente, a criminologia tem como objeto o crime, o criminoso, a vítima e o sistema de reação social, estando assim dividida a matéria em alguns manuais[295]. A. Serrano Maíllo, contudo, reafirma ainda que sua principal atividade de investigação consiste "no estudo das causas do delito, ou seja, em *explicá-lo* – a perspectiva etiológica", mas acrescenta que a criminologia está interessada também "nas possíveis *formas de responder ao fenômeno delitivo* no sentido de preveni-lo e controlá-lo"[296]. Nesse ponto se pode incluir o conhecimento criminológico que possa subsidiar investigações criminais, precisamente a partir de pesquisas criminológicas que incluam a medida ou extensão do delito, ou seja, "quantos delitos são cometidos em certos períodos de tempo, em dada unidade espacial, podendo ser um país, uma região ou um bairro"[297] e o modo como se costuma cometê-los (o que mais especificamente atenderia às necessidades de investigações criminais futuras).

O conceito de crime, contudo, tem constituído o principal problema do objeto da criminologia. E a autonomia dessa ciência está em boa medida a depender de um conceito próprio de delito (e independente do conceito

a valores gerais da sociedade (ideia consensual).

[294] A. Baratta, *Criminologia Crítica e Crítica do Direito Penal*, 1999, p. 172ss.

[295] Cf. nesse sentido, A. Garcia-Pablos de Molina, *Criminologia*, 2008; V. Garrido, [*et al.*] *Princípios de criminología*, 2006.

[296] A. Serrano Maíllo, *Introdução à Criminologia*, 2007, p. 21ss

[297] Nesse ponto, segundo A. Serrano Maíllo, *Introdução à Criminologia*, 2007, p. 23, "naturalmente, a medida pode se referir também a tipos concretos de delitos" e a criminologia "também se ocupa de estudar as tendências do delito ao longo do tempo, por exemplo, se aumenta ou diminui; da comparação entre diferentes países, comunidades ou outras entidades; ou de estudar se o delito se concentra em certos lugares, momentos ou grupos de pessoas".

legal), para o qual não tem havido sucesso, apesar de várias propostas[298]. A. Serrano Maíllo, portanto, observa que, embora criticável sob alguns aspectos, o conceito legal ainda tem sido utilizado em boa parte das pesquisas criminológicas[299], o que a torna muito próxima do que é a investigação criminal, com a qual mantém relações de reciprocidade.

### *As distinções no conjunto das relações de reciprocidade*[300]

A criminologia, em sua origem, tinha propensão criminalística, abrangendo esta no seu sistema de conhecimento, a tal ponto de ainda hoje, equivocadamente, se afirmar que a criminalística é parte dela [301]. Esse, contudo, não é mais o caso, nem tem sentido considerar criminologia e investigação criminal como disciplinas iguais, porque *elas se distinguem pela finalidade*, embora tenham relações cognitivas muito importantes de reciprocidade[302]. É, ademais, contraditório que a criminologia se afirme como ciência, na qual se pretende incluir a criminalística (segundo alguns autores), embora ainda seja o conceito legal de crime dessa última o seu ponto de referência.

É preciso entender que entre criminalística e criminologia existe "uma simbiose frutífera para ambas as partes", a considerar que "a Criminologia se enriquece com o acesso aos dados estabelecidos pela polícia e a polícia tem necessidade das teorias criminológicas para melhorar seu

[298] Assim, o conceito de delito natural de Garofalo (infração de certos sentimentos morais fundamentais para uma comunidade), Gottfredson e Hirschi (ato de força física ou fraude na busca de benefício próprio), ou o redimensionamento do objeto para a violência ou agressão, ou para o comportamento desviado.

[299] A. Serrano Maíllo, *Introdução à Criminologia*, 2007, p. 42ss.

[300] "Em sua origem, pois, a criminologia tem como específica função cognoscitiva e prática individualizar as causas desta diversidade, os fatores que determinam o comportamento criminoso, para combatê-los com uma série de práticas que tendem, sobretudo, a modificar o delinquente. A concepção positivista da ciência como estudo das causas batizou a criminologia" (A. Baratta, *Criminologia Crítica e Crítica do Direito Penal*, 1999, p. 29).

[301] Nesse sentido, cf. V. Garrido [*et al.*], *Princípios de criminología*, 2006, p. 107; F. Sidoti, *Criminologia e Investigazione*, 2006, p. 290, observa que é fácil entender que se possam confundir criminologia, investigação e polícia científica, como se fossem a mesma coisa, pois ao tempo da criminologia positivista efetivamente se tratava de territórios não marcado por fronteiras nítidas. A criticar essa confusão, cf. K. Zbinden, *Criminalística: Investigação Criminal*, 1957, p. 13ss

[302] F. Sidoti, *Criminologia e Investigazione*, 2006, p. 209; M. M. Guedes Valente, *Teoria geral do direito policial*, 2009, p. 312ss.

funcionamento"[303]. As possibilidades de relação são várias e ilimitadas, mas não há relação de subordinação, porque em cada uma se persegue finalidade diversa. A finalidade primordial das investigações criminais não é produzir teorias acerca da criminalidade, embora seus dados possam servir a esse fim. E mesmo quando é possível extrair de investigações anteriores realizadas pelos próprios investigadores um conhecimento criminológico, este não visará a uma ciência criminológica, mas a investigações futuras. Entretanto, as relações subsistem.

Primeiramente, devemos entender que não se pode seriamente pretender uma investigação criminalística sem um conhecimento criminológico prévio[304]. Pensemos, por exemplo, no que representou a concepção antropológica de C. Lombroso para a investigação criminal, no passado, e o que, ainda hoje, ela representa como aquisição da cultura policial imiscuída nas suas práticas discursivas, embora em confronto com um novo paradigma jurídico. Pensemos, ainda, no que a criminologia de E. Sutherland orientada aos crimes de colarinho branco tem representado nas investigações criminais orientadas a outras classes de criminosos, como empresários e políticos, em matéria de corrupção[305]. Pensemos, também, no que a criminologia de D. Cressey representou nas primeiras investigações de crimes organizados, orientando-se pela ideia de estrutura hierárquica[306]. Mas, noutro sentido, pensemos o que pode representar uma nova concepção criminológica mais condizente com os direitos humanos, na cultura da atividade de investigação, a exemplo do que podemos encontrar na chamada criminologia crítica. Esta é apenas uma das possíveis relações que a investigação criminal ainda guarda com o saber criminológico, em que uma teoria de médio ou grande alcance nos confere uma *cosmovisão da criminalidade*. Entretanto, ainda há outras relações possíveis que demonstram

[303] V. Garrido, [*et al.*], *Princípios de criminología*, 2006, p. 109.

[304] Sob essa perspectiva, entendemos que a formação criminológica do investigador é requisito indispensável à formação investigativa. Esse, aliás, é um entendimento que está subjacente no primeiro *Corso di laurea in Scienze dell'Investigazione*, em cujo currículo se contém a disciplina Criminologia, ministrada por Franceso Sidoti, fundador e dirigente do curso (cf. www.scienzeinvestigazione.it), além de autor de obra que traça paralelos entre *Criminologia e Investigação* (Giuffrè Editore, 2006). Essa mesma ideia se pode encontrar contida no Mestrado do Instituto Superior de Ciências Policiais e Segurança Interna de Portugal, na especialidade *Criminologia e Investigação Criminal*.

[305] E. Sutherland, *Crime de colarinho branco*, 2015.

[306] D. R. Cressey, *Theft of the nation. The structure and operations of organized crime in America*, 2017.

igualmente a necessidade que tem a criminologia da investigação criminal, considerando que em grande parte a *fenomenologia criminal* essencial à criminologia pode ser pesquisada a partir de estatísticas criminais (quantitativas) e poderia se enriquecer mais com os conteúdos (qualitativos) de investigações criminais concluídas.

***O ponto em comum: a fenomenologia criminal***

A fenomenologia criminal, assim, pode ser entendida como objeto comum à criminologia e à criminalística, que apenas se distinguem pela finalidade que cada uma dá ao conhecimento obtido a partir desses dados e o nível de teorização que lhe conferem. Ela se destina ao estudo e descrição das formas de manifestação do delito em geral e certos delitos em particular, ou seja, a questões relativas "à sua perpetração, seus correlatos espaciais e temporais, suas variações e regularidades, seus requisitos, suas consequências, sua conexão com outros delitos e comportamentos, características de seus autores etc."[307]. Trata-se, essencialmente, do objeto primordial da investigação criminal e deve corresponder a uma etapa da organização científica do saber criminológico.

Nesse corpo teórico da fenomenologia, Hans Gross distinguia entre *a descrição de fenômenos gerais do crime* – que se podem entender atualmente como os conceitos e teorias criminológicas a respeito da criminalidade e do criminoso, de que pode partir a investigação criminal – e *a descrição dos fenômenos especiais* – que corresponde ao objeto fundamental da investigação criminal, ou seja, especificar o crime como foi cometido, seu autor e suas consequências observadas[308]. A fenomenologia criminal, que se constrói a partir do conhecimento acerca da execução dos crimes, adquire-se "por uma longa prática de investigação" e "pela leitura" do que se podem chamar "memórias" obtidas dos próprios autores dos crimes (em seus depoimentos) e dos funcionários de polícia e investigação – o que constitui o espólio de saber empírico dos órgãos de investigação, ainda não devidamente tratado de forma sistemática e cientifica. Em tais considerações, encontra-se implícito um caminho (método) possível para que as práticas de investigação criminal em particular, analisadas e sistematizadas em seu conjunto, possam constituir um corpo de conhecimento para o saber

[307] A. Serrano Maillo, *Introdução à Criminologia*, 2007, p. 109.
[308] K. Zbinden, *Criminalística: Investigação Criminal*, 1957, p. 49ss.

científico, a partir de uma compreensão criminológica do fenômeno como ponto de partida para teorias dirigidas especificamente às formas de investigar, segundo as formas de cometimento do crime, e às formas de provar.

Deve-se ressaltar, portanto, que qualquer fenomenologia criminal, no âmbito da investigação criminal, não deixa de ser uma teorização criminológica, apenas diversa no seu nível (baixo alcance), limitada a subsidiar a prática de investigações criminais futuras, quando se criam banco de dados acerca da criminalidade investigada. É, nesse sentido, basicamente, uma teoria acerca do *modus operandi* de determinado tipo penal, comumente observado em um tempo e lugar restritos. Mas à criminologia subsistirá sempre a finalidade de propor teorias de médio e alto alcance, mesmo que seja com base em dados criminalísticos, servindo antes a fins político-criminais mais gerais, embora se possam utilizar no contexto da prática de investigações criminais futuras.

## A especificidade criminalística da investigação criminal

A investigação criminal, portanto, a despeito das diversas similaridades que podemos encontrar em relação aos métodos e ao objeto com outros campos de saber, é primordialmente uma pesquisa criminalística que possui certas peculiaridades que se devem considerar, sobretudo a partir de sua fonte ideológica de pensamento liberal

A criminalística, relativamente à criminologia, é mais herdeira da Escola Clássica do Direito Penal que da Escola Positiva italiana, mas por muito tempo se confundiu com a criminologia como parte dela. Não se pode ignorar, contudo, que na Escola clássica se encontrava uma concepção criminológica, mas a chamada criminologia clássica (ou pré-científica) tinha por fundamento uma "concepção do homem como um ser livre e racional", sustentando que o crime poderia ser explicado em termos utilitaristas, segundo um cálculo racional entre vantagens e prejuízos[309]. Contudo, para o nascimento da criminalística como disciplina foram necessários outros

[309] Dessa concepção, que se inicia com C. Beccaria (*Dei deliti e delle penne*, 1764), passa por G. Romagnosi (*Genesi del diritto penal*, 1791) e chega ao *Programma del corso di diritto criminale* (1859) de F. Carrara, surgiu a grande tradição da ciência do direito penal, embora sob a perspectiva criminológica pouco tenha contribuído. Segundo A. Baratta (1982), nesse período, "assistimos a um processo que vai da filosofia do direito penal a uma fundamentação filosófica da ciência do direito penal; ou seja, de uma concepção filosófica para uma concepção jurídica, mas filosoficamente fundada, dos conceitos de delito, de responsabilidade, de pena".

elementos. Primeiramente, temos o nascimento da ideia de investigação e sua *prática* que se desenvolve a partir do momento em que se destaca da polícia um corpo orientado a investigar os crimes; por segundo, temos o *discurso* em que se sustentou ao afirmar-se a possibilidade de conhecer o crime e descobrir seu autor por métodos e conhecimentos oriundos das ciências. No conjunto, encontramos o que M. Foucault designa por uma *prática discursiva*, que está na base de todo saber e permitirá o nascimento de positividades, o desenvolvimento de sua epistemicidade, até alcançar alguma cientificidade[310].

É nessa construção teórica do saber investigativo que Francesco Sidoti situa o nascimento da investigação criminal como parte de uma história plurissecular caracterizada pela diminuição progressiva da violência na sociedade ocidental[311]. Karl Zbinden, por sua vez, situando sua história na formação do processo penal moderno, distingue três etapas bem específicas, desde o sistema arcaico (oráculos, ordálias e duelos), passando pelo sistema pré-cientifico da Inquisição (confissão e tortura), até ao sistema moderno do Iluminismo, pela crítica dos meios violentos, o que exigiu novos métodos de investigação criminal condizentes com os direitos do homem[312]. Dessa forma, pode-se sustentar que a evolução da investigação criminal não é tanto no sentido de assegurar a descoberta do criminoso, como se vê muito comumente asseverar de forma exclusiva, mas sobretudo no sentido de assegurar que o inocente não seja erroneamente condenado[313].

Em complemento, podemos encontrar na história das polícias, eminentemente preventivas na origem, o destacamento de corpos designados para investigação de crimes[314]. O discurso de base, contudo, vai exigir algo mais que permite a união entre ciência e investigação, o que se torna possível a partir do momento em que alguns casos concretos são resolvidos pelo recurso a conhecimentos científicos[315]. O avanço da investigação

[310] Cf. M. Foucault, *Arqueologia do Saber*, 2005.

[311] F .Sidoti, *Criminologia e Investigazione*, 2006, p. 209, p. 168.

[312] K. Zbinden, *Criminalística: Investigação Criminal*, 1957, p. 24ss.

[313] A respeito dessa concepção, cf. C. E. O'Hara, J. W. Osterburg, *Introdução à Criminalística*, 1956, p. 17

[314] F. Sidoti, *Criminologia e Investigazione*, 2006, p. 170; cf. também J.-C. Monet, *Polícias e Sociedades na europa*, 2006.

[315] Como ocorre no caso Dreyfus, em que atua A. Bertillon (1852-1914), referido à época como o "melhor da Europa"(cf. J. Thorwlad, *El siglo de la investigación*, 1966, p. 110ss, p. 122)

como ciência pressupõe, assim, o crescimento das diversas ciências a que recorre, mas a criminalística como disciplina científica da investigação criminal não se pode limitar às ciências naturais. A ênfase da investigação criminal nestas se deve ao fato de que as ciências naturais são as primeiras a sedimentarem seu discurso científico, mas hoje os avanços das ciências sociais se devem considerar igualmente na construção da racionalidade científica. Pensemos nas perícias de psicologia e contabilidade, no aperfeiçoamento das técnicas de pesquisa qualitativa e em todo arcabouço que as ciências sociais têm acumulado como modelo de conhecimento relevante à investigação criminal.

O discurso científico que se desenvolve no âmbito da prática de investigação como ciência vem sendo aperfeiçoado com a postulação de certos enunciados fundamentais, como o *princípio do intercambio*[316] e o *princípio de correspondência*[317], que encontramos nos percursores da criminalística. Como disciplina, a criminalística se aprofundou especialmente com publicação de obras teóricas (H. Gross, E. Locard, P. Cecaldi), com a criação de institutos técnico-científicos e a realização de seminários e congressos. Mas ainda subsiste dúvida quanto ao conceito da criminalística, devido à sua confusão originária com a criminologia, bem como quanto à sua natureza científica, dependente de outras ciências, por um lado, e confundida com as ciências jurídicas, por outro.

Quando o jurista alemão Franz von Liszt (1951-1919) se referia ao conjunto de ciências auxiliares do Direito penal, falava em disciplinas criminalísticas. Nesse sentido, chegou a fundar em Marburg (1882) o *Seminário Criminalístico* que se iniciava pelo estudo do Direito e do Processo penal. Nesse mesmo sentido, o termo foi usado ao fundar, em 1888, a *Associação Internacional Criminalística*. Segundo se tem entendido, portanto, a criminalística é um nome que teve origem na obra de Liszt, mas o primeiro tratado de criminalística, contudo, com este nome, somente aparece em 1944. Trata-se de 8ª edição do anterior e inicialmente intitulado *Manual*

[316] Princípio de E. Locard, segundo o qual "ao cometer-se um delito se realiza um intercambio de indícios entre o autor e o lugar do fato" (F. A. Barberá, J. V. Luis y Tuyrégano, *Polícia Científica*, 2005).

[317] Princípio de P. Ceccaldi, segundo o qual, "se os efeitos são parecidos quando procedem de uma mesma causa, é preciso recorrer às comparações e aos detalhes significativos nos efeitos para que esta similaridade conduza à identificação da causa em comum" (F. A. Barberá, J. V. Luis y Tuyrégano, *Polícia Científica*, 2005).

*para juízes de instrução* (1893), de Hans Gross (1847-1915), revista por Ernest Seelig. Nesse manual, Gross exclui do direito penal e processual a função criminalística, como a concebera Liszt, e a vislumbra dentro da criminologia, que à época era positivista e tinha aspirações criminalísticas[318].

Hans Gross considerava a criminalística como "conjunto de teorias que se referem ao esclarecimento dos casos criminais". Na 4ª edição de sua obra, explicava que a criminalística deveria focar nos métodos para apurar a verdade e o crime sob sua forma objetiva. Esse é um conceito que Karl Zbinden considera aceitável para a criminalística, que deve compreender a fenomenologia criminal e os métodos de investigação, mas lhe acrescenta algo mais, incluindo disposições sobre a prova, não apenas objetiva, pois considera a prova subjetiva e o conhecimento de psicologia criminal, bem como disposições sobre sua pesquisa e tática de investigação[319]. No conjunto, segundo sua concepção da criminalística, esta se dedica à fenomenologia criminal, à teoria das provas (objetiva e subjetiva) e à metodologia da investigação. É como entendemos a criminalística, em um sentido amplo, como disciplina acadêmica científica que se dedica ao estudo das formas como os crimes são praticados (*modus operandi*), as provas que são necessárias à demonstração de sua prática, bem como o método e as técnicas utilizadas na obtenção dessas provas, sejam elas referidas a coisas ou pessoas.

### *A cientificidade da pesquisa criminalística*

Ao definir a Criminalística, muitos autores a consideram uma ciência, mas isso somente é aceitável se a entendermos como uma ciência aplicada do conhecimento de outras ciências. Quando se falava, então, em "teoria da investigação judicial do crime" (Seeling) ou "teoria da investigação ou dos meios objetivos de prova" (Grassberger), entendia-se como teoria da técnica, da pesquisa aplicada[320], o que, contudo, constitui apenas uma parte da teoria da investigação criminal.

A criminalística é, nesse sentido, a disciplina da investigação como saber, como pesquisa orientada cientificamente na solução de problemas práticos. Mas não se trata de uma ciência em sentido estrito, pois muito ainda lhe falta para dizer-se científica, para falarmos de uma ciência da

[318] K. Zbinden, *Criminalística: Investigação Criminal*, 1957, p. 10ss

[319] K. Zbinden, *Criminalística: Investigação Criminal*, 1957, p. 14ss

[320] K. Zbinden, *Criminalística: Investigação Criminal*, 1957, p. 20ss.

investigação criminal, com seus próprios enunciados científicos, embora isso não exclua uma racionalidade específica que desde logo se pode reconhecer existente na sua metodologia científica. Entretanto, Ludwig Hugo Franz von Jagemann (1805-1853) falava em ciência da investigação para designar "os conhecimentos e princípios empíricos, por meio dos quais se consegue esclarecer a verdadeira situação de fato de um crime ou delito, por métodos legais e com a maior rapidez, segurança e objetividade". A sua obra é qualificada como "a primeira tentativa meritória no domínio da ciência da investigação criminal", sendo considerado o "fundador da ciência da investigação criminal". Em sua concepção, a investigação em si tem um caráter científico, embora segundo um método legal[321]. Eis porque precisamos falar em metodologia da investigação criminal, que exige não apenas uma lógica e uma pragmática, mas também uma processualidade jurídica.

Ao concluir sobre a cientificidade da investigação criminal, portando, não devemos assemelhar seus resultados a enunciados científicos em sentido estrito, mas apenas admitir uma racionalidade orientada cientificamente em razão de aspectos fundamentais que são similares à metodologia científica, sem descuidar de sua racionalidade cognitiva específica, em diálogo também com a história e sociologia.

### *A racionalidade cognitiva da investigação criminal*

A investigação criminal como saber está orientada cientificamente, mas possui uma racionalidade cognitiva própria que decorre dos seus fins, da natureza de seus problemas, dos critérios utilizados pelos investigadores e dos seus métodos e técnicas. A investigação criminal como espécie de saber, portanto, concorre com outras ciências, especialmente as sociais, que se dedicam à pesquisa do crime como objeto, podendo-se eventualmente confundir-se com algumas como a criminologia, bem como se aproximar de outras no que respeita aos métodos e técnicas, mas é pelo conjunto desses elementos que podemos distingui-la de várias outras orientações científicas.

É certo que o crime como objeto se situa no contexto de uma unidade da realidade social, embora exista uma pluralidade de ciências sociais. O que as distingue, portanto, não é ocuparem-se de diferentes fenômenos.

[321] K. Zbinden, *Criminalística: Investigação Criminal*, 1957, pp. 28-30

A distinção que existe provém das próprias ciências, das diversas formas de abordar essa mesma realidade. Cada ciência social adota em relação à mesma realidade uma ótica de análise diferente. E a investigação criminal como pesquisa cientificamente orientada tem as suas especificidades. A. Seda Nunes propõe que se distingam as diversas ciências sociais a partir de quatro níveis[322]:

*a)* *Os fins específicos que orientam a investigação*[323], revelando o interesse dos investigadores ao analisarem, explicarem e compreenderem a realidade. É nesse ponto de partida, desde logo, que a investigação se distingue seriamente da criminologia, porque não está orientada a construir teorias gerais sobre a criminalidade, mas a delimitar um fato singular no passado, no que tende a aproximar-se mais da história como conhecimento, mas em cada investigação, sua hipótese pretende tornar-se uma teoria acerca do crime que pesquisa;

*b)* *A natureza dos problemas de investigação* que são definidos pelos investigadores como objeto de sua pesquisa, revelando necessariamente uma distinção entre conhecimento teórico destinado à mera compreensão do fenômeno, próprio da criminologia, e um conhecimento teórico destinado a uma resposta institucional ao crime;

*c)* *Os critérios utilizados pelos investigadores na seleção de elementos relevantes para o estudo do problema*, no que a investigação criminal revela seu âmbito limitado de interesse, contido nos elementos da tipificação legal do objeto e do que interessa ao direito como condição de imposição de uma pena, diversamente de uma preocupação geral pelo fenômeno criminal no contexto dos problemas sociais inter-relacionados, próprio da sociologia;

*d)* *Os métodos próprios e as técnicas específicas de pesquisa empírica, bem como as teorias de interpretação*, que se consideram adequados pelos investigadores para trabalhar com os elementos selecionados, tendo em conta que há meios de obtenção de prova específicos do contexto jurídico processual em que a investigação criminal se desenvolve,

[322] A. Seda Nunes, *Questões preliminares sobre as ciências sociais*, 2005, p. 26ss

[323] Acerca desse ponto, "a diferença essencial que, logicamente, condiciona ou determina todas as mais, diz respeito, como é obvio, aos diferentes *fins ou objetivos* prosseguidos pela pesquisa cientifica nas várias ciências sociais" (A. Seda Nunes, *Questões preliminares sobre as ciências sociais*, 2005, p. 27).

ainda que possamos identificar aproximações e similaridades com técnicas de pesquisa de outros campos de conhecimento, a considerar os condicionamentos jurídicos que se impõem processualmente à busca da verdade .

# 6
# A JURIDICIDADE DA INVESTIGAÇÃO COMO PODER

A investigação criminal é, além de uma forma de saber, também um meio de exercício do poder punitivo, pelo qual várias funções político-criminais se efetivam, tendo limites jurídicos decorrentes de direitos fundamentais que se consolidam em garantias penais e processuais penais, determinantes da positividade legal de seu objeto e método, o que define a sua racionalidade potestativa condicionada por uma juridicidade.

O poder estatal – para além das funções legislativa, executiva e judiciária, com que a teoria clássica divide o poder – se pode entender segundo determinadas tarefas que assume no curso da história, entre as quais, uma das mais uniformes, que se encontra em toda a parte do mundo, é a atividade punitiva, cujo exercício depende da coordenação das funções clássicas. Ao conjunto dessas funções chamamos de "poder punitivo" do Estado em uma perspectiva macrofísica que abrange os três poderes segundo a divisão tradicional. É certo, contudo, que, na perspectiva do cidadão que sente a ação desse poder, não lhe aparece claramente que essas funções estão divididas entre vários poderes, pois ele o sente ao final no exercício prático do poder pela restrição de sua liberdade. Contudo, de fato, esse poder se exerce segundo pré-condições legislativas, por ações materiais administrativas e decisões jurisdicionais processualmente controladas. O poder punitivo do Estado, nesse sentido, envolve um conjunto de atos legislativos, administrativos e jurisdicionais que partem da obrigação de proteção de bens jurídicos tutelados penalmente, mas que se desenvolvem com respeito a outros direitos no curso de um processo penal, no qual a investigação criminal tem se tornado uma atividade fundamental.

## As funções político-criminais da investigação

O processo penal se desenvolve, assim, por um conjunto de atos essencialmente potestativos, embora alguns sejam qualificados por sua finalidade cognitiva, que caracterizam a atividade de investigação criminal, cuja função político-criminal tem assumido cada vez maior proeminência no sistema jurídico-penal. É cada vez mais evidente que "o processo constitui algo mais que uma condição necessária para a imposição de sanções penais". Ele se tem constituído em verdadeiro e autônomo mecanismo preventivo. Tem-se lhe atribuído, na lógica de reforçar a vigência da norma, o fim de restabelecimento do Direito Penal. Entende-se, assim, porque "a acentuação, claramente perceptível, da dimensão expressiva do Direito Penal nas propostas doutrinárias carrega o crescente protagonismo do processo penal em seu sistema de fins"[324]. E nessa acentuação, sobressai com proeminência a investigação criminal.

O processo penal sempre trouxe consigo uma *função repressiva*, que antes mesmo de seu fim já se pode encontrar no desenvolvimento da investigação criminal com suas medidas cautelares de natureza potestativa. Francesco Carnelutti havia advertido que o só início e desenvolvimento do processo já causam sofrimento insuprimível, restando à ciência processual apenas a tentativa de reduzir esse sofrimento[325]. Há, indiscutivelmente, no processo penal, uma "função repressiva" restritiva de direitos muitas vezes fundamentais, pois "a reação penal, com efeito, consiste essencialmente na privação de bens jurídicos"[326]. Embora, na visão mais clássica, apareça apenas como um elo de ligação e realização prática do direito penal, em sua função repressiva, tem-se entendido que ele não pode estar dissociado das teorias legitimadoras da pena, que se sustentam em fins de prevenção.

O processo penal, assim, tem sido chamado a compor um sistema integral de direito penal que abrange o delito, a pena e o processo[327]. Pede-se ao processo que não se restrinja ao caráter prognóstico, voltado apenas à reconstrução retrospectiva da verdade, fechado em seu subsistema de garantia exclusiva do acusado; tem-se-lhe exigido uma maior funcionalidade relativamente ao sistema jurídico-penal como um todo, impondo-se

[324] J.-M, Silva Sanchez, *Aproximação ao direito penal contemporâneo*, 2011, 493ss.

[325] F. Carnelutti, *Principi del processo penale*, 1960, p. 55ss.

[326] J.-M, Silva Sanchez, *Aproximação ao direito penal contemporâneo*, 2011p. 463ss.

[327] Cf. J. Wolter, G. Freunde, *El sistema integral del Derecho penal. Delito, determinación de la pena y proceso penal*, 2004.

a ele uma integração teleológica em conformidade com uma política criminal[328].

É, nessa perspectiva, que Fernando Fernandes propõe "a inserção do processo penal no âmbito geral da política criminal, de modo que na sua estruturação se levem em conta também as intenções político-criminais que orientam o Sistema Jurídico-Penal como um todo". Partindo da ideia de buscar "uma maior eficiência e funcionalidade do processo penal", tudo, contudo, se resume, como o admite, em introduzir no processo penal "mecanismos tendentes à obtenção de sua maior eficácia, depurando-se daquelas garantias cuja previsão seja desnecessária". Em outros termos, embora postule que as finalidades político-criminais se movam dentro de estremas garantistas, exige ao final a "consciência da necessidade de superação de todas aquelas garantias que possam ser dispensadas". Em suas palavras, conclusivas, "...o que se busca é que a norma processual não esteja direcionada exclusivamente para a tutela do bem jurídico de que é titular o acusado, ..., mas que também esteja estruturado de tal forma que não sejam obstáculos aos objetivos da política-criminal"[329].

O problema é que, ao erigir-se como "instrumento espetacular de estigmatização pública antes da condenação" [330], o processo acaba assumindo um lugar antes destinado à pena, antecipando-se com funções preventivas extravagantes que têm aparecido, sobretudo com o agigantamento da investigação criminal no processo penal[331], especialmente com as diversas medidas restritivas de direito não propriamente cognitivas, que se decretam com base numa função mais potestativa, assecuratória do processo penal. Elas permitem precisamente ao processo penal alcançar *funções preventivas especiais e gerais.*

As medidas cautelares não propriamente investigativas, mas que se desenvolvem precisamente no curso de uma investigação, em função de objetivos mediatos, como intervenções na liberdade e nos bens, atuam inicialmente de forma preventiva sobre o investigado. Uma vez limitado em sua liberdade e seus bens, o investigado está impedido de cometer novos

328 Cf. F. Fernandes, *O processo penal como instrumento de política criminal,* 2001

329 F. Fernandes, *O processo penal como instrumento de política criminal,* 2001, p. 53-76

330 L. Ferrajoli, *Diriitio e ragione,* 2008, p. 275.

331 G. Riccio, *La procedura penale. Tra storia e politica,* 2010, p. 6, fala de "gigantismo delle indagini, aggravato dall'incontrastato dominio del pubblico ministero sulle stesse e da una no contestabile disparità tra le parti".

crimes e isto se tem tornado muito mais evidente no âmbito de uma criminalidade continuada como encontramos nas organizações criminosas. Essas medidas, para além de cumprirem uma função antecipada e ilegítima de tutela penal, *têm uma função preventiva especial negativa.*

Ademais, *a investigação criminal cumpre ainda uma função de prevenção geral.* Não é apenas o investigado que a sente. Também a sociedade reconhece que o sistema penal está em atividade quando se põe em curso uma investigação criminal com essas medidas cautelares. É como se o sistema punitivo já estivesse a operar, antecipando de alguma forma a punição, antes mesmo que se tenha certeza do crime e seu autor, bem como antes mesmo que o processo se tenha concluído com uma sentença. A investigação criminal, dessa forma, com sua aparente antecipação de tutela penal, aparece à sociedade como um reforço do sistema penal, no sentido de afirmar a todos que se um crime for cometido, uma investigação criminal ser-lhes-á dirigida, podendo sofrer aquelas mesmas medidas. Há, assim, com a investigação criminal um reforço na confiança do sistema e uma advertência sobre a pena.

O processo penal, nesse sentido, se tem investido de tantas funções político-criminais que já não se pode negar sua proeminência no sistema jurídico-penal tampouco se ignorar o papel central que tem a investigação criminal nesse conjunto de ações do poder punitivo. Se todas essas funções estão legitimadas pelos fins do sistema jurídico-penal, isso é coisa que se põe em outra dimensão discursiva, a considerar-se no contraste com os direitos fundamentais e suas garantias como limites jurídicos da investigação criminal, em cuja base se encontra a dignidade humana e a presunção de inocência.

## Os limites jurídicos da investigação criminal e suas garantias

### *O fundamento dos limites da investigação*

Apesar das controvérsias filosóficas que existem acerca da dignidade da pessoa humana, é possível aceitar uma fundamentação dos limites jurídicos do poder punitivo com base nela, em sentido conjectural, como um reconhecimento que se lhe atribui pelo Direito[332]. É nesse sentido que a

[332] Acerca do papel da conjectura, em todos os campos do conhecimento, incluindo a metafísica, cf. M. Reale, *Conjetura e Verdade*, 1983.

Declaração Universal dos Direitos Humanos (1948) assim principia sua justificação: "considerando que o reconhecimento da dignidade inerente a todos os membros da família humana e seus direitos iguais e inalienáveis é o fundamento da liberdade, da justiça e da paz no mundo". Igualmente, o recurso à dignidade da pessoa, como justificação, é retomado na Declaração e Programa de Ação de Viena (1993), em seu preâmbulo, nos seguintes termos: "Reconhecendo e afirmando que todos os direitos humanos têm origem na dignidade e valor inerente à pessoa humana, e que esta é o sujeito central dos direitos humanos e liberdades fundamentais, razão pela qual deve ser a principal beneficiária desses direitos e liberdades e participar ativamente de sua realização...". Assim, ainda que não se aceite como fundamento material último e suficiente, a dignidade da pessoa humana tem sido propugnada como fundamento jurídico necessário, como valor-fonte de outros princípios jurídicos, para justificar certas decisões[333].

A dignidade é *o valor intrínseco que emana do homem como fim em si mesmo, nunca como meio para outros homens, ou outros fins*. Como "princípio da dignidade humana" entende-se a exigência enunciada por Kant, como segunda fórmula do imperativo categórico: "Age de tal forma que trates a humanidade, tanto na tua pessoa como na pessoa de qualquer outro, sempre também como um fim e nunca unicamente com um meio"[334]. Esse imperativo estabelece que o homem é um fim em si mesmo, possui um valor não relativo (como é, p.ex., um preço), mas intrínseco, ou seja, a dignidade: "O homem e, de uma maneira geral, todo o ser racional, *existe* como fim em si mesmo, *não só como meio* para o uso arbitrário desta ou daquela vontade". Diversamente, "o que tem preço pode ser substituído por alguma outra coisa equivalente; o que é superior a qualquer preço, e por isso não permite nenhuma equivalência, tem dignidade". Substancialmente, a dignidade de um ser racional consiste no fato de ele "não obedecer a nenhuma lei que não seja também instituída por ele mesmo"[335].

[333] Cf. J. Habermas, "O conceito de dignidade humana e a utopia realista dos direitos humanos", *Sobre a Constituição da Europa*, 2012, pp. 7-37: fala-nos da "origem dos direitos humanos a partir da fonte moral da dignidade humana explica a força política explosive de uma utopia concreta..."; "somente esse vinculo interno entre dignidade humana e direitos humanos produz aquela fusão explosive da moral no *medium* do direito, no interior do qual deve ser efetuada a construção das ordens políticas Justas"

[334] I. Kant, *Fundamentação da metafísica dos costumes*, [1995], p. 65.

[335] N. Abbagnano, *Dizionario di filosofia*, 2013, p. 287.

Em termos mais analíticos, a dignidade da pessoa humana pode ser considerada: (a) em sentido ontológico; (b) como transcendência da pessoa; e (c) com relação a outras pessoas[336]. Como *categoria ontológica*, a palavra dignidade significa, entre outras coisas, excelência ou hierarquia, de tal forma que, quando se fala em dignidade da pessoa humana, diz-se da excelência ou hierarquia que tem em relação aos demais seres corpóreos: a pessoa é o melhor de todos eles, nesse sentido. Sua dignidade, assim, radica em sua natureza racional. A pessoa constitui, segundo a filosofia tradicional, um *bonum honestum*, um bem que vale por si mesmo; diversamente, as coisas são *bonum instrumentale*, que valem na medida em que se constituem como meio para alcançar outro bem. Quanto à dignidade em relação com a *transcendência da pessoa*, Jorge Adame Goddard explica que, por ser cada pessoa dona de si mesma (*persona est sui iuris*), no sentido de que se possui e se governa, cada um merece que se respeite esse domínio e que seja garantido o desfrute de um âmbito de liberdade em que se possa exercê-lo. Nesse caso, considera-se a pessoa sob o aspecto de sua *capacidade de autodomínio*. Considerada, por fim, em *relação a outras pessoas*, a dignidade não se apresenta como significado de superioridade, mas de *igualdade*. Todos os seres têm a mesma natureza e por consequência a mesma dignidade ontológica.

O valor-fonte da dignidade humana, portanto, é o núcleo fundante com base no qual, embora o homem se entenda como ser de natureza indefinida, reivindica sua superioridade finalística relativamente a tudo mais que se possa tornar em seus meios. É, na expressão de Miguel Reale, a invariante axiológica que persiste no paradigma da cultura contemporânea, que resgata os valores de liberdade e igualdade, que se reconstrói a cada etapa da acidentada e longa história da humanidade, afirmando-se e reafirmando-se a despeito das frequentes ofensas que se observam em diversos contextos das relações humanas[337]. E o processo penal é um desses contextos que está a exigir a compreensão de uma específica dignidade processual, sobretudo no âmbito das atividades específicas de investigação criminal.

O que se põe, nesses termos, a qualquer teoria do processo penal é saber como assegurar a dignidade do homem durante o processo, e aqui espe-

336 Nesse sentido, J. Adame Goddard, *Naturaleza, persona y derechos humanos*, 1996, p. 149ss

337 Cf. M. Reale, *Paradigmas da cultura contemporânea*, 1996, p. 95ss.

cificamente, desde a investigação criminal, a considerar que o nó górdio do direito processual historicamente tem sido a tentativa de desatar esse grande problema, sem submeter o homem como meio para outros fins, não apenas de prevenção geral do delito, mas também de eficiência persecutória. O problema, nesse sentido, que se põe ao processo penal contemporâneo, não é tanto apenas de reconhecer seus direitos individuais ou considerá-lo sujeito de direitos, mas antes em integrá-lo efetivamente ao processo como pessoa, cuja dignidade processual não seja apenas assegurada por outros sujeitos.

A questão que se coloca, em suma, é como construir um justo processo penal sem cair nas contradições de uma suposta concepção humanista que subordina o homem aos interesses do Estado, obstruindo uma real garantia da dignidade da pessoa no processo. A concepção humanista de processo penal que tem Giuseppe Falchi – para ficarmos com um exemplo – incorre precisamente nesse erro, partindo de um pressuposto questionável, o caráter pedagógico da pena, e daí resulta toda sua arquitetura processual canhestra, em que "a maior idoneidade educativa" se erige como cânone de interpretação para o direito processual[338]. O processo penal se resume, assim, a instrumento do direito penal corretivo (prevenção especial positiva). O que Falchi chama de sistema processual humanista, em confronto com os sistemas acusatório, inquisitório e misto, pretende ser uma mera mudança do espírito que o anima, embora ele admita que o sistema se possa parecer à primeira vista com um sistema inquisitório. Ele chega a admitir que o seu sistema processual humanista reproduz a estrutura do processo inquisitório, mas espera que o seu espírito distinto assegure a diferença nos resultados. O que parece assegurar a esse sistema a diferença seria o princípio de colaboração entre o juiz e o acusado no intento de alcançar a justiça. O seu sistema processual humanista é, em síntese, um "sistema colaborativo", que não leva a sério uma dignidade especificamente processual.

Ao contrário da concepção de Falchi, o que uma teoria humanista do processo exige é que se respeite a dignidade da pessoa processualmente; que se lhe reconheça uma específica dignidade processual, não apenas antes do processo, no desenvolver-se a legislação penal, ou durante a execução da pena, mas sobretudo durante o processo penal e mais especifica-

[338] G. Falchi, *La concezione umanista del diritto processuale penale,* 1929, p. 11ss

mente durante a investigação. Afinal, o grande problema do questionado processo inquisitório, historicamente considerado em sua dinâmica interna de funcionamento, sempre foi, não apenas submetê-lo a objeto ou não lhe reconhecer direitos, mas sobretudo retirar-lhe a dignidade como pessoa. E, ainda atualmente, este tem sido o problema fundamental do processo penal.

### *A dignidade humana no processo*

A dignidade humana como valor-fonte, considerada axiologicamente, uma vez que venha prevista no ordenamento jurídico[339], adquire a natureza normativa de princípio, podendo vir ainda reconhecida em regras de direitos específicos que se conferem em certos âmbitos de proteção. Essa natureza plúrima com que se pode expressar, tanto em âmbito axiológico, quanto deontológico, em normas de aplicabilidade e extensão diversas, parecem lhe conferir um caráter absoluto que de fato tende a confirmar-se em certos âmbitos, a exemplo da proibição de tortura, mas não com toda força normativa a exemplo do que ocorre no processo penal, cuja disciplina positiva tende sempre a limitá-la em algum sentido.

O que, em todo caso, se deve entender é que essa dignidade humana, que vem abstratamente considerada no plano ético-político pela filosofia, requer um conjunto de condições concretas para realizar-se no plano jurídico com direitos especificamente reconhecidos que exigem sua efetiva proteção[340]. Diz-se, nesse sentido, que a dignidade é "referência axial de todo o sistema de direitos fundamentais" de um ordenamento, não sendo, portanto, um direito específico, mas antes um princípio em que se fundamentam todos os demais direitos[341]. É dito, nesse mesmo sentido, que se trata do primado da ordem constitucional de direitos que se pode compreender como "valor constitucional supremo"[342].

[339] A exemplo de como a encontramos expressa nos preâmbulos da *Declaração Universal dos Direitos Humanos* (DUDH, 1948) e da *Declaração e Programa de Ação de Viena* (DPAV, 1993), bem como no Art. 1º, III da *Constituição da República federativa do Brasil* (CRFB) ou no Artigo 1º da *Constituição da República Poruguesa* (DRP)

[340] R. Alexy, *Teoria dos direitos fundamentais,* 2015, p. 355: "o conceito de dignidade humana pode ser expresso por meio de um feixe de condições concretas, que devem estar (ou não podem estar) presentes para que a dignidade da pessoa humana seja garantida".

[341] J. Miranda; R. Medeiros, *Constituição Portuguesa Anotada, Tomo I,* 2010, pp. 77-90.

[342] U. L. Bulos, *Curso de direito constitucional,* 2015, p. 513.

A dignidade humana, portanto, exige-nos aquilo que Robert Alexy considera "um sistema de posições jurídicas fundamentais", que se constitui de "direitos a algo, liberdades e competências", mas se pode compreender na ideia de "direito fundamental completo", a exigir a ações estatais não apenas negativas, mas também positivas, não apenas do Estado, mas também de particulares, que vão além da proteção à pessoa individualmente[343]. Luigi Ferrajoli, em sua concepção teórica, parece reduzir esse quadro aos conceitos de "direitos e garantias", em que o Direito se entende como um sistema geral de garantias da pessoa[344]. Na Convenção Europeia dos Direitos do Homem (CEDH) vêm referidos como "direitos e liberdades" (Título I); na Convenção Americana sobre Direitos Humanos (CADH), como "direitos civis e políticos" (Parte I, Capítulo II) e "direitos econômico, sociais e culturais" (Parte I, Capitulo III); na CRP (1976), como "direitos, liberdades e garantias" (Título II); e na CRFB (1988), como "direitos e garantias fundamentais" (Título II) que de detalham em individuais e coletivos, sociais e políticos, tendo no art. 5º, *caput*, uma primeira síntese a partir da inviolabilidade do direito à vida, à liberdade, à igualdade, à segurança e à propriedade". As disposições normativas, em suma, são muitas e variadas, bem como as concepções teóricas conceituais e analíticas, mas nos parece ser possível reconduzir tudo à liberdade, igualdade e verdade processuais, no que nos interessa especificamente à dignidade humana no processo.

A dignidade humana, assim, vai fundamentar, porque é necessário para que se concretize, a liberdade e a igualdade em geral, sem as quais sua ideia motora não adquire sentido, exigindo especificamente que a pessoa humana seja reconhecida como sujeito de direito, individualmente considerado[345]. A sua concretização, nesses termos, acaba por realizar uma

[343] R. Alexy, *Teoria dos direitos fundamentais,* 2011, p. 193ss; 248ss, observa que essa sua concepção analítica e conceitual pretende atender à dogmática dos direitos fundamentais da Constituição alemã, podendo-se recorrer ainda, apesar das críticas e desde que se procedam algumas correções, à Teoria dos Status de Jellinek, que enfatiza não os direitos que se tem, mas o ser jurídico que se qualifica pelas relações entre o indivíduo e o Estado.

[344] Cf. L. Ferrajoli, *Derechos y garantías. La ley del más débil,* 1999, p. 15-36; mas em L. Ferrajoli, *Principia Iuris 1,* 2007, p. 587ss, vai falar de "poteri, diritti e garantizie"

[345] Cf. M. Kriele, *Introdução à Teoria do Estado,* 2009, p. 287ss; I. Kant, *Metafísica dos contumes,* [2011], p. 56, faz decorrer do homem, como único direito originário de susa humanidade, a liberdade, dela contudo desdobrando a "igualdade inata" e outras faculdades que estão ínsitas na liberdade e dela não se distinguem verdadeiramente.

específica ideia de justiça, conforme a espécie e extensão dos direitos que a acompanham[346]. Pode-se, nesse sentido, encontrar no conjunto de princípios e regras de um ordenamento a expressão concreta de uma ideia de justiça processual com que se pretende configurar o direito processual, mas é necessário que se reconheçam não apenas direitos relativos à liberdade e igualdade, mas também, necessariamente, relativos à verdade[347]. É assim que, sustentada nesses três pilares, a dignidade humana se pode concretizar processualmente, constituindo um sujeito de direito processual.

Liberdade, igualdade e verdade processuais, contudo, entendem-se antes como valores que se postulam como princípios para o reconhecimento de direitos fundamentais[348]. E, nesse sentido, conquanto representem uma maior especificação quanto à ideia mais geral de dignidade humana, ainda exigem maiores concretizações como as que se realizam por princípios mais específicos, bem como por regras dos códigos de processo.

### *A liberdade processual penal*

A liberdade, dentre todos os valores, assume o papel principal de limite à investigação criminal considerada em sua perspectiva potestativa. Ela se erige como o direito originário que decorre do homem em razão de sua dignidade, mas na medida em que possa coexistir com a liberdade de outros[349]. É certo, contudo, que, embora possamos estar de acordo sobre ser ela um bem supremo, não conseguimos estar de acordo quanto a sua relação com outros bens, sobretudo na relação com outras liberdades em todos os âmbitos de proteção, especialmente no caso do processo penal.

Inicialmente, em um sentido amplo, a liberdade pode abranger, descritivamente, todos aqueles direitos fundamentais que constitui o núcleo de proteção da dignidade da pessoa a ser tutelado pela lei, como uma ideia

[346] A considerar que liberdade e igualdade constituem a específica ideia de justiça em Kant, cf. J. C. Salgado, *A ideia de justiça em Kant: seu fundamento na igualdade e liberdade*, 1986, p. 339ss.

[347] Cf. P. Häberle, *Verdad y Estado constitucional*, 2006, p. 142ss, acerca da "verdade como conceito vinculante para a liberdade, justiça e bem-estar no Estado constitucional".

[348] R. Alexy, *Teoria dos direitos fundamentais*, 2011, p. 144ss, admite efetivamente que "princípios e valores estão intimamente relacionados", sendo possível transformar enunciados sobre valores em enunciados sobre princípios.

[349] Em outras palavras, cf. I. Kant, *Metafísica dos costumes*, [2011], p. 56: "A liberdade (a independência em relaçào a um arbítrio compuslivo de outrem), na medida em que pode coexisitr com a liberdade de cada um segundo uma lei universal, é este direito único, originário, que corresponde a todo o homem em virtude dea sua humanidade".

geral de liberdade, a englobar tudo aquilo que concerne a uma vida privada livre para fazer ou não fazer o que quiser, bem como livre de ingerências e limitações estatais[350]. Mas, em sentido restrito, ela nos deve remeter à específica liberdade de fazer ou não fazer, que encontra no âmbito do processo penal a liberdade de locomoção que se opõe mais diretamente às restrições por prisão. Ela assume, nesse sentido, uma perspectiva marcadamente individual.

E, nessa perspectiva, ela é sobretudo uma liberdade em sentido negativo, porque exige primeiramente que o Estado se abstenha de restringi-la, mas é igualmente positiva, no sentido de possibilidades reais de ação durante o processo, que podem exigir alguma ação estatal fática ou mesmo normativa[351]. Mas em sentido negativo, ademais, refere-se não apenas a liberdade motora, de ir e vir, que se opõe como limites às medidas de restrição à liberdade, como o são as medidas de coação pessoal que pode culminar com a prisão processual, mas também aquelas outras medidas que se executam a título de meios de obtenção de provas, mas que implicam a restrição de algum direito[352]. Todas essas medidas restritivas de direitos se podem reconduzir à compreensão de que se trata de uma questão de liberdade processual, cuja restrição total e final se vai concretizando em restrições parciais e intermediárias pela investigação e ação processual dos órgãos de persecução.

A liberdade processual, em seu sentido mais específico, exige que se mantenha a máxima liberdade do submetido a processo, até que esse conclua por sua responsabilidade penal; em seu sentido alargado, vai exigir que medidas restritivas se limitem ao mínimo necessário à persecução penal. Pode-se discordar sobre o sentido e extensão dessa liberdade, mas é inevitável constar que ela vem à partida fulminada por quaisquer modalidades de prisão processual que se não fundamenta em um juízo final acerca

[350] R. Alexy, *Teoria dos direitos fundamentais,* 2011, p. 341ss, refere-se a esse sentido amplo da liberdade como um direito geral que decorre do livre desenvolvimento da personalidade, a permitir um controle das limitações legais sobre direitos fundamentais.

[351] Essas noções de liberdade positiva e negativa se encontram em R. Alexy, *Teoria dos direitos fundamentais,* p. 223; noutro sentido, cf. J. Afonso da Silva, *Curso de direito constitucional positive,* 2017, p. 234.

[352] Cf. M. F. Mata-Mouros, *Juiz das liberdades,* 2011, p. 29ss, a reunir tanto meios de obtençãode prova, quanto medidas de coaçào pesoal, sob a designação de medidas restritivas de direitos fundamentais.

da culpa, visando apenas a exercer alguma função preventiva. A liberdade processual é, assim, portanto, *a priori* fulminada politicamente por todos os sistemas processuais que admitem a prisão antes do julgamento – ainda que autorizado por algum juiz, qualquer que lhe seja o nome dado. E não importa, a esse respeito, que Constituições nacionais e Convenções regionais de Direitos Humanos[353], consintam na exceção de prisão processual, pois à partida a liberdade processual, para cuja tutela precisamente se institui o processo penal, vê-se sempre derrogada por uma função preventiva em favor de uma maioria que deixa de fora o interesse do indivíduo.

A liberdade processual evidencia um nexo inextricável entre Política e Direito[354]. E a sua adequada compreensão influencia a tudo mais no âmbito do processo penal, seus institutos processuais e princípios jurídicos[355]. Não nos é possível, assim, seguir com a compreensão do processo sem que tenhamos bem definido o significado, alcance e limites dessa liberdade, relativamente a outros interesses que se exigem pela sociedade. Embora esse confronto não se realize diretamente no processo, mas entre o indivíduo e a autoridade que emerge no processo como representação de interesses coletivos[356], é na adequada equação dos interesses entre indivíduo e sociedade que se pode encontrar as razões por que a prisão processual é autocontraditória.

Mesmo seguindo uma fórmula utilitarista, Stuart Mill havia considerado que os limites da autoridade da sociedade sobre o indivíduo deveriam estar definidos a partir da distinção "entre a parte da vida de uma pessoa que concerne apenas a ela e a parte que concerne aos outros"[357]. Assim, embora possa ser de interesse da sociedade que se previnam os crimes por leis penais, uma vez que se tenham cometido esses crimes, em uma perspectiva preventiva geral, não parece haver utilidade nenhuma que se mantenha preso alguém antes de ser julgado durante um processo, a menos que entre as suas hipóteses legais esteja igualmente algum crime, que então passa a ser a razão da prisão, a justificar o flagrante para evitar a continuidade delitiva, bem como até processos mais simples que ofereçam decisões mais rápidas.

353 Cf. CADH, Art, 7º, 2; CEDH, Artigo 5º, 1, b; CRP, Artigo 28º; CRFB, Art.5º, LXI.

354 J. Montero Aroca, *Proceso penal y libertad*, 2008, p. 22

355 L. Granata, *La tutela della libertà personale nel diritto processuale penale*, 1957, p. 2.

356 L. Luchini, *Elementi di procedura penale*, 1905, pp. 5-8; G. F. Falchi, *Filosofia del diritto processuale penale*, 1949, p. 77ss.

357 J. S. Mill, *Sobre a Liberdade*, [2010], p. 151.

O que não se pode consentir é que, a considerar a liberdade processual como primeira e originária expressão da dignidade humana no processo, venha ela fulminada à partida, porque isso vai implicar uma interferência na efetividade de todos os demais princípios processuais, a começar pelo sentido basilar da presunção de inocência, pelo que a jurisdição se vai orientar. A jurisdição, nesse sentido, como o veremos, congrega formalmente essa dualidade – individuo vs. sociedade – que lhe compete administrar, mas de que não se pode desincumbir se somente considerar os interesses coletivos.

O problema da liberdade processual, em suma, está em como é possível garanti-la pela jurisdição, sobretudo durante a investigação criminal, em que a presunção de inocência é gradativamente diminuída. E concedendo que isso não seja absolutamente possível, embora o possa ser em muitas hipóteses, discutir as razões por que é limitada, nos casos em que se torna impossível, é questão que interessa à legitimação do processo penal, bem como a todo o sistema penal[358].

Mas não significa que a liberdade processual se deva compreender apenas na concepção negativa, como exigência de abstenção ou razões para limitações. Ela requer sobretudo uma compreensão em sentido positivo, por exigir um lugar não apenas de reação durante o processo, mas antes de ação, o que se vai consolidar na posição de igualdade dentro desse processo, como status da pessoa, não relativamente ao Estado em abstrato, mas em relação à autoridade em concreto[359].

A liberdade processual é, em suma, o valor primeiro pelo qual a dignidade humana se constitui no processo. E, juntamente com a verdade e a igualdade, constitui os valores fundamentais da jurisdição. Mas não uma qualquer jurisdição em sentido meramente formal que seja incapaz de efetivar esses valores. Não uma jurisdição que representa apenas a expressão última do poder punitivo. Antes uma jurisdição que esteja em condições de agir, sobretudo, em conformidade com uma presunção de inocência, cuja maior necessidade se encontra precisamente durante a investigação criminal.

[358] R. Aelxy, *Teoria dos direitos fundamentais,* 2011, p. 358, observa que, se não fossem exigidas razões para qualquer restrição à liberdade, seriam possíveis sempre restrições abritrárias.
[359] Cf. N. Bobbio, *Eguaglianza e libertà,* 1995, p. XI.

### *A presunção processual da inocência*

A liberdade processual se expressa, juridicamente, no processo penal especificamente pelo princípio da presunção de inocência com o qual a jurisdição penal possui um nexo intrínseco[360]. A presunção de inocência ocupa, assim, um lugar central na ideia de uma justiça processual, podendo-se projetar na compreensão dos vários institutos processuais, bem como ampliar a força normativa de outros princípios jurídicos[361]. Ele representa um postulado de tutela da imunidade dos inocentes, ainda que ao custo de impunidade dos culpados, devendo-se entender em seu sentido especificamente processual, para que possamos evitar as objeções materialistas que lhe têm sido opostas.

A expressão moderna da presunção de inocência tem origem nas razões político-filosóficas que a Revolução Francesa opõe à presunção de culpabilidade do sistema inquisitório medieval, declarando expressamente que "todo acusado é considerado inocente até ser declarado culpado e, se julgar indispensável prendê-lo, todo o rigor desnecessário à guarda de sua pessoa deverá ser severamente reprimido pela lei" (Declaração dos Direitos do Homem e do Cidadão – DDHC, 1789, art. 9º)[362]. Em fórmulas distintas, o princípio virá reafirmado e reconhecido em outras disposições normativas, a exemplo da DUDH (art. 11, n. 1); CEDH (art. 6, n. 2); CADH (art. 8, n. 2); CRP (art. 32, n. 2); e CRFB (art. 5, LVII). E virá, igualmente, interpretado de formas variadas em seu sentido e extensão pela doutrina e jurisprudência. Assim, ele vem referido especialmente como fundamento de direito a somente ser declarado culpado com bases em provas licitamente obtidas, do que decorrem direitos relativos ao ônus probatória da acusação, admissibilidade de provas produzidas apenas em juízo, proibição de valoração de provas ilícitas entre outros, embora se lhe tenha reconhecido aplicabilidade em todos as fases do processo, incluindo a primeira de inves-

[360] L. Ferrajoli, *Diritto e regione. Teoria del garantismo penale*, 2008, p. 559.

[361] Cf. G. Illuminati, *La presunzione d'innocenza dell'imputato*, 1979, p. 5ss; p. 163ss; G. Marques da Silva, *Direito processual penal português I*, 2013, pp. 50-56; M. M. Guedes Valente, *Processo Penal, Tomo I*, 2010, pp. 159-182; J. B. Maier, *Derecho procesal penal*, Tomo I, 2004, pp. 490-539; V. Gimeno Sendra, *Derecho procesal penal*, 2012, pp. 127-138; G. Ubertis, *Principi di procedura penale europea*, 2009, pp. 85-96; M. Z. Moraes, *Presunção de inocência no Processo penal brasileiro*, 2010; N. J. Giacomolli, *O devido processo penal*, 2015, pp. 99-123.

[362] Cf. I. Mereu, *Historia de la intolerância en Europa*, 2003, p. 121ss, acerca da suspeita da autoridade como presunção de culpabilidade.

tigação[363]. Entende-se, ainda, que ele se articula com os princípios *in dubio pro reo* e *nulla poena sine culpa*, decorrendo proibição de inversão do ônus da prova em detrimento da defesa, bem como proibição de antecipação de efeitos do procedimento criminal e proibição de antecipação de verdadeiras penas a título de medidas cautelares, entre outros[364]. O certo é que, a considerar a "potencialidade expansiva" do princípio, em diversidade analítica de casos, a presunção de inocência se entende sinteticamente como a "ideia-força" de uma "atitude político-jurídica", que poderá inclusive ter implicações extraprocessuais no respeito à imagem[365].

As objeções à presunção da inocência, contudo, são importantes para que possamos estabelecer seu sentido especificamente processual. Enrico Ferri, por exemplo, considerava a presunção de inocência uma generalização excessiva que não se poderia aplicar a delinquentes habituais e reincidentes, devendo em todo caso limitar-se à fase de investigação, mas somente quando não houvesse flagrante ou confissão[366]. Essa concepção é criticável, mas contém distinções relevantes que nos podem auxiliar na devida compreensão da presunção de inocência, afinal essa tende a mostrar-se mais forte de fato na fase de investigação, quando ainda não se reuniram provas de culpa, tendendo a enfraquecer nas fases finais. Mas não é relevante, contudo, que o investigado seja reincidente ou habitual, pois a presunção é antes uma regra abstrata e geral, que exige ainda no caso concreto e individual prova da culpa, o que pode justificar uma menor presunção nos casos de confissão e flagrante. Vicenzo Manzini, por sua vez, de uma forma absolutamente inversa, irá considerar que nunca devemos falar em inocência, mas antes em culpado ou não culpado, pois mesmo ao final do juízo, na falta de prova não se pode presumir inocente de fato, afinal pode ser o caso que apenas não se tenham reunidos provas suficientes da culpa[367]. O argumento de fundo dessa concepção terá algum sentido,

[363] V. Gimeno Sendra, *Derecho procesal penal*, 2012, p. 127ss; E. Bacigalupo, *El debido proceso penal*, 2005, p. 59ss; J. B. Maier, *Derecho procesal penal*, 2004, p. 494ss

[364] I. C. Barreto, *A Convenção Europeia dos Direitos do Homem Anotada*, 2010, pp. 201-206; N. J. Giacomolli, *O devido processo penal*, 2015, p. 106ss.

[365] G .Marques da Silva, *Direito processual penal português I*, 2013, p. 51.

[366] E. Ferri, *Sociologia criminal*, 2006, p. 241ss.

[367] Cf. V. Manzini, *Istitutzioni di Diritto processuale penale*, 1967, p. 43, que a respeito parte da Constituição italiana de 1947, cujo artigo 27 dizia: "L'imputato non à considerate colpevole sino alla condanna definitive".

se fizermos uma distinção entre a dimensão fática e dimensão jurídica da presunção da inocência de direito, mas apenas irá fortalecer o seu sentido jurídico. Hebert Packer, na sua tipologia dos modelos de processo penal, havia observado muito adequadamente que, embora na prática os órgãos de investigação possam *de fato* se orientar por uma presunção de culpabilidade, como ocorre nos modelos de controle de crime, a presunção de inocência orienta *normativamente* os modelos de devido processo[368]. Em suma, presunção de culpa e presunção de inocência não se impõem no mesmo plano, embora o princípio normativo possa vir cancelado por práticas que a contradizem, embora o possa igualmente por normas que reduzem a possibilidade fática de uma presunção de inocência.

Essa distinção entre o fático e o normativo nos permite observar que, embora os órgãos estatais se possam orientar por alguma presunção de culpa no caso concreto, como de fato acontece, não deveria disso decorrer quaisquer limitações de direito até que seja provada a culpa, afastando-se assim a presunção legal de inocência. A presunção de inocência, portanto, assume uma posição inversamente proporcional à presunção de culpa. O investigado tem a seu favor no início do processo uma máxima presunção de inocência garantida legalmente, embora faticamente pese sobre si uma mínima presunção de culpa, que tende a aumentar, em detrimento da inocência que se vai diminuindo à medida que provas da culpa são coligidas, mas que somente se poderia afastar ao final com uma condenação definitiva. E é precisamente esse caráter progressivo de modulação inversamente proporcional entre presunção fática e presunção normativa, que deveria justamente impedir medidas restritivas extremas de início, sobretudo uma prisão processual que fulmina à partida toda a presunção legal de inocência, ao alimentar mais a presunção fática de culpa.

Larry Laudan pretende tornar essa distinção mais complexa, ao instituir duas classes de inocência, ao lado de duas classes de culpabilidade – uma probatória e outra material[369]. Há sérias objeções conceituais a fazerem-se a essa tipologia, porque ela ignora que a distinção entre as qualidades material e probatória apenas se podem fazer teoricamente, pois na prática elas dependem precisamente do processo para afirmar-se, ficando sempre a dúvida sobre uma real culpa ou inocência. Assim, o que Laudan considera

[368] H. L. Packer, *I limiti della sanzione penale,* 1978, p. 165: "A presunção de culpabilidade é descritiva e concerne aos fatos; a presunção de inocência é normative e legal".
[369] L. Laudan, *Verdad, error y proceso penal,* 2013, p. 147ss

inocência material é assumida pelo direito a título de princípio orientador como uma presunção operativa do processo, exatamente porque ainda não sabemos qual a situação do acusado até que se cumpram os encargos probatórios. Exatamente porque o processo penal é o caminho necessário para estabelecer a culpa, que resultará sempre probatória e nunca material, há a necessidade de presumir-se uma inocência probatória, porque não sabemos a priori se ela é material. O que Laudan chama presunção de inocência probatória, portanto, corresponde a uma presunção processual, que orienta o processo independente da inocência material, porque somente a prova de inocência ou culpa pode afastá-la.

Há, contudo, que se reconhecer a Larry Laudan a observação de que não se pode exigir a presunção de inocência da mesma forma a todos órgãos estatais em todas as fases, independente das provas que se vão reunindo, embora lhe seja reprovável querer reduzir a presunção a regra de juízo ao final do processo como questão apenas de ônus probatório[370]. Afinal, se há um momento em que a presunção da inocência precisa prevalecer é exatamente antes do julgamento, a considerar que é quando menos provas possuem quaisquer órgãos estatais. É, portanto, precisamente na fase de investigação que mais força deveria ter a presunção normativa, embora seja a partir dela que a presunção fática venha diminuída. Pois é pela investigação criminal, mediante uma gradativa obtenção de provas, que vêm na maioria das vezes instrumentalizada por uma restrição de direitos, que a presunção da inocência vai perdendo sua força em direção a uma afirmação da culpa. A cada passo da investigação criminal a presunção da inocência reduz-se em direção ao aumento da culpa, mas é claro, se esse for o caso, pois não se pode descartar a possibilidade de também pela investigação a presunção normativa e geral concretizar-se na presunção individual e concreta pela falta de provas. É certo, portanto, como o sustenta Laudan, que essa presunção normativa não opera faticamente com a mesma força em todos os órgãos estatais, mas ainda aqui a presunção de inocência subsiste como regra de tratamento até que a culpa seja constituída em definitivo ao final do processo.

O que Laudan não consegue enxergar no princípio da presunção de inocência é que, para além da sua atuação na dimensão cognitiva do processo, a exigir prova de culpa, antes da limitação da liberdade, ela pretende

[370] L. Laudan, *Verdad, error y proceso penal*, 2013, p. 142ss.

atuar na dimensão potestativa, a exigir cautelas no tratamento da pessoa. A presunção de inocência, assim, mesmo quando venha reduzida a exigência de provas para ser afastada, precisa entender-se em sentido não apenas lógico, referido ao juízo da decisão final, mas antes em sentido pragmático a exigir limites nos meios de obtenção de provas e outras medidas de coação pessoal durante o processo penal.

A presunção processual de inocência se pode compreender, portanto, com relativa dissociação de uma presunção material de inocência, tendo um caráter normativo geral, independente de qualquer presunção fática individual, e se deve reconhecer com maior força na primeira fase do processo, mas independente da fase sobretudo pelas autoridades que ainda não dispõem de prova da culpa.

A presunção da inocência, nesse sentido, compreende-se como o espírito jurídico que pretende emanar orientações ético-epistêmicas de ordenação e realização de um justo processo penal. E apesar da diversidade com que se compreende pela jurisprudência, é possível reduzi-la a um sentido duplo essencial, como norma de tratamento e como norma probatória[371]. A presunção de inocência exige, inicialmente, que se trate o sujeito passivo do processo "como se" fosse inocente, embora possa não o ser[372]. Nesse sentido, terá reflexo não apenas na proibição de tratamento formal, mas antes e sobretudo no conjunto de medidas de coação pessoal, impondo-lhes limites. Como regra probatória, vai exigir não apenas ao final do processo um juízo dubitativo a favor do réu, mas antes e sobretudo no conjunto de meios de obtenção de prova que implicam restrição a direitos, impondo-lhes também limites durante o processo, especialmente enquanto ainda pendente a atividade de investigação criminal.

A considerar que, tanto num caso, como noutro, a presunção de inocência impõe limites, é preciso que se entendam esses limites tanto em sentido legislativo quanto jurisdicional. Ela vai exigir assim não apenas uma estrita jurisdicionalidade do funcionamento do processo, mas antes uma estrita legalidade na estrutura do processo penal[373], o que deveria conduzir a dogmática a discutir a tipicidade de medidas restritivas de direitos

[371] M. Z. Moraes, *Presunção de inocênciano Processo penal brasileiro*, 2010, p. 424ss, sugere distinguir entre "norma de tratamento, norma probatória e norma de juízo".

[372] G. Ubertis, *Principi di procedura penale europea*, 2009, pp. 85-96;

[373] A enfatizar essas exigências, cf. L. F. Gomes; V. O. Mazzuoli, *Comentários à Convenção Americana sobre Direitos Humanos*, 2013, pp. 118-126.

durante a investigação criminal, visando a limitar mais adequadamente o exercício da jurisdição com base em direitos fundamentais.

**Os direitos fundamentais como limitação ao poder de investigação**
Os direitos fundamentais são, nesse sentido, os limites jurídicos da investigação criminal, pois embora a lei não diga "o que fazer" (um método positivo) em todas as situações da investigação, estabelecendo o caminho necessário de pesquisa do crime, acaba delimitando o campo da investigação sob certos aspectos na medida em que estabelece limites legais que dizem "o que não se pode fazer" (um método negativo), ou o que se pode fazer sob certas condições.

Essas condições correspondem a direitos fundamentais que se devem respeitar. Mas não é somente no método que os direitos fundamentais incidem a título de limite da investigação, pois antes mesmo, já na delimitação do objeto investigável, os direitos fundamentais incidem como limites da tipificação do fato punível. É, portanto, parte de uma teoria da investigação criminal a devida compreensão dos direitos fundamentais, em virtude de sua *função limitativa* das ações investigativas relativas não apenas aos meios de obtenção de provas, como também ao objeto de investigação. Essa *função negativa*, ou *limitativa*, atinge todas as ações estatais do poder punitivo (legislativa, executiva e judiciária), sob a perspectiva de normas de direito constitucional (regras e princípios), entre as quais têm preeminência os direitos fundamentais, cuja compreensão exige um raciocínio de equilíbrio entre os diversos direitos existentes, assegurando-se uns e limitando-se outros.

Quando nos referimos a *direitos fundamentais*, estamos a distingui-los, segundo o entendimento geral, dos *direitos humanos*, tendo em conta apenas a origem de sua previsão normativa, de tal forma que direitos humanos se referem a direitos previstos em tratados internacionais que, ao serem absorvidos pela positivação da Constituição política de um Estado, tornam-se fundamentais (direitos humanos fundamentais)[374]. Dessa forma, é possível reconduzir-se um ao outro, conforme a fonte da autoridade normativa em que encontramos a justificação dos limites ao poder punitivo do Estado, sem prejuízo de uma compreensão sistemática.

[374] A respeito da distinção, cf. A. E. Perez Luño, *Lo derecho fundamentales*, 2007, p. 47; Dimoulius; L. Martins, *Teoria geral dos direitos fundamentais*, 2007, p. 52ss

J. J. Gomes Canotilho, referindo-se a essa correspondência, explica que as duas expressões se podem utilizar como sinônimas, distinguindo-se por sua origem ou por seu significado, de tal forma que, segundo sua dimensão jusnaturalista universal, temos direitos humanos "válidos para todos os povos e em todos os tempos", ao passo que, segundo sua dimensão jurídica-institucional, temos direitos fundamentais, que permanecem sendo direitos humanos, apenas limitados no espaço e tempo de uma comunidade política. Assim, enquanto os direitos humanos extraem seu fundamento da natureza humana universal e atemporal, os direitos fundamentais o extraem de uma ordem jurídica concreta e objetiva na constituição[375]. Jorge Miranda, com essa mesma concepção, sintetiza a ideia de direito fundamental como "toda a posição jurídica subjectiva das pessoas enquanto consagradas na Lei Fundamental"[376].

***Os sentidos objetivo e subjetivo dos direitos fundamentais***

Os direitos fundamentais, na ordem normativa constitucional, se apresentam com duplo aspecto, tanto como um conjunto de valores objetivos básico, quanto como garantias de proteção de situações jurídicas subjetivas[377].

Em seu *aspecto subjetivo*, os direitos fundamentais determinam o *estatuto jurídico dos cidadãos*, tanto em suas relações com o Estado como nas relações entre si; em seu *significado axiológico objetivo*, os direitos fundamentais representam o resultado do acordo básico das diferentes forças sociais, obtido a partir de relações de tensão e consequente esforço de cooperação dirigidas à obtenção de metas comuns[378]. Em razão de sua representatividade

[375] J. J. Gomes Canotilho, *Direito Constitucional e Teoria da Constituição*, 2003, p. 393.

[376] J. Miranda, *Manual de Direito Constitucional. Tomo IV: Direitos Fundamentais*, 2000, p. 9.

[377] Cf. A. E. Perez Luño, *Los derechos fundamentales*, 2007, p. 20; no mesmo sentido, cf. D. Dimoulius; L. Martins, *Teoria geral dos direitos fundamentais*, 2007, p. 116ss, tratando da questão sob a denominação de "dimensões subjetiva e objetiva dos direitos fundamentais". Considerando que o termo "dimensão" tem sido utilizado também como substitutivo de "geração" (em virtude da crítica à compreensão geracional dos direitos), optamos por utilizar o termo "sentido" (nesse sentido, cf. A. E. Perez Luño, *Lo derecho fundamentales*, 2007, p. 19, que fala também em "significado" ao lado de "dimensão").

[378] A. E. Perez Luño, *Los derechos fundamentales*, 2007, p. 20ss: "En el horizonte del constitucionalismo actual los derechos fundamentales desempeñan, por tanto, una doble función: en el plano *subjetivo* siguen actuando como garantías de la libertad individual, si bien a este papel clásico se aúna ahora la defensa de los aspectos sociales y colectivos

axiológicas dos valores básicos de uma sociedade, os direitos fundamentais contribuem para a função de conformar a ordem jurídica na qual se desenvolvem atividades várias, tanto sociais quanto estatais. Essa dimensão objetiva de percepção dos direitos fundamentais permite, portanto, uma compreensão anterior e independente dos titulares sujeitos de direito, a partir da qual se podem extrair critérios de controle de ações estatais como a investigação criminal[379]. E nesse sentido se podem extrair da dimensão objetiva algumas orientações gerais como as seguintes[380]:

*a)* Os direitos fundamentais apresentam caráter de *norma de competência negativa*, de tal forma que aquilo que é outorgado ao indivíduo está sendo objetivamente retirado do Estado, o que se apresenta como critério relevante para controle abstrato de constitucionalidade de normas, tendo por consequência se apresentar como critério relevante de limite anterior e abstrato da legislação da investigação criminal considerada constitucionalmente;

*b)* Os direitos fundamentais funcionam como *critério de interpretação e configuração do direito infraconstitucional*, criando um "efeito de irradiação" para toda ordem jurídica, na qual se incluem as normas relativas à investigação criminal, que exigirá sempre uma interpretação conforme a Constituição, não apenas pelo juiz, mas por todos os sujeitos processuais, incluindo o delegado de polícia;

*c)* O dever estatal de tutela, em razão do qual o Estado está obrigado a proteger ativamente o direito fundamental contra ameaças de violação ou lesões concretas, não apenas contra particulares, mas sobretudo garantindo que não se viabilizem atos estatais por leis permissivas de investigações temerárias, por órgãos que não se submetem a controles jurídicos adequados.

de la subjetividad, mientras que en el *objetivo* ha asumido una dimensión institucional a partir de la cual su contenido debe funcionalizarse para la consecución de los fines y valores constitucionalmente proclamados".

379 J.J. Gomes Canotilho, *Direito Constituciona e Teoria da Constituição*, 2003, p. 1255, observa que não há um paralelismo obrigatório entre *dimensão subjetiva-regra* e *dimensão objetiva-princípios*, pois é possível encontrar normas das duas espécies em relação às duas dimensões.

380 A respeito, cf. Dimoulius; L. Martins, *Teoria geral dos direitos fundamentais*, 2007, p. 118ss

### *Categorias, funções e eficácia dos direitos fundamentais*

Em seu significado subjetivo, os direitos fundamentais conferem ao indivíduo diversas posições jurídicas em relação ao Estado, podendo-se observar que há direitos de categorias diversas, conforme a função exercida por ele.

Ao passo que a justificação objetiva de um direito fundamental tem relevância e significado para a coletividade, para o interesse público e para a vida comunitária, a justificação subjetiva tem significado e relevância de norma consagradora de um direito fundamental em função do indivíduo, de seus interesses, para a sua situação da vida, para sua liberdade. É a partir dessa concepção que se suscita uma "presunção a favor da dimensão subjetiva"[381]. Assim, como direitos subjetivos, a norma constitucional garante ao indivíduo posições e relações jurídicas, de diversas categorias conforme uma função jurídica.

A *Teoria dos status de Jellinek* sustenta que cada direito fundamental constitui um direito público subjetivo que confere ao indivíduo uma posição jurídica em relação ao Estado, cumprindo frente a este uma função própria[382]. Admitem-se, nessa perspectiva, direitos de status negativo e positivo, ativo e passivo, embora estes dois não tenham impacto direto no âmbito das questões que interessam à investigação criminal[383].

*a)* Os direitos de *status negativus*, também chamados "direitos de defesa", conferem ao indivíduo uma pretensão de resistência à intervenção estatal, protegendo a liberdade do indivíduo contra o Estado,

[381] A respeito, cf. J. J. Gomes Canotilho, *Direito Constituciona e Teoria da Constituição,* 2003, p. 1257: "esta tese – a da subjectivação dos direitos fundamentais – considera, por conseguinte, que os direitos são, em primeira linha, direitos individuais. Daqui resulta um segundo corolário: se um direito fundamental está constitucionalmente protegido como direito individual, então esta protecção efectua-se sob a forma de *direito subjectivo*".

[382] Cf. R. Alexy, *Teoria dos Direitos Fundamentais,* p. 254-269

[383] Os direitos de *status activus* conferem ao indivíduo o direito de participação na política estatal de forma ativa, que possibilitam uma "intromissão" do indivíduo no espaço das decisões políticas exercidas pelas autoridades do Estado, o que correspondem aos direitos políticos de primeira geração, que dão corpo ao princípio democrático; quanto aos direitos de *status passivo,* Dimoulius; L. Martins, *Teoria geral dos direitos fundamentais,* 2007, p. 69, explicam que "esta última categoria de relacionamento entre o Estado e indivíduo era designada por *Jellinek* com os termos 'sujeição' e 'status passivo'. A sujeição do indivíduo não aparece na tripartição porque não corresponde a direitos dos indivíduos e sim a seus deveres. Mas é fundamental para entender a perfeição lógica da classificação que apresenta as quatro possíveis relações entre Estado e indivíduo, duas positivas e duas negativas"

que fica assim limitado em suas possibilidades de atuação, em razão de uma "proibição imediata de interferência imposta ao estado"; trata-se de direitos que se encontram entre os direitos civis de primeira geração, originados no âmbito do Estado liberal, que constituem os principais direitos limitadores da investigação criminal;

*b)* Os direitos de *status positivus* têm caráter social e consistem em direitos a prestações perante o Estado, permitindo ao indivíduo exigir alguma atuação específica do Estado com o objetivo de melhoria de suas condições de vida, inclusive como pressuposto material necessário para o exercício daquelas liberdades primárias civis; são direitos que se podem apresentar como exigência de *prestações materiais* (ou ações fáticas positivas), relativas ao oferecimento de bens ou serviços públicos destinados ao indivíduo ou à coletividade, no que se pode incluir a segurança pública; mas se podem apresentar, ainda, como *prestações normativas*, mediante criação de normas necessárias ao exercício jurisdicional do direito; trata-se de direitos que se encontram entre os direitos sociais e econômicos de segunda geração, originados no âmbito do Estado social, no qual a investigação criminal pode ser compreendida sob a perspectiva de que é também uma obrigação social do Estado promover a justiça penal, com investigação que permita a responsabilidade penal dos culpados, em razão do confisco histórico do direito privado de punição retirado da vítima ou de sua família.

O problema é que, tendo em conta a diversidade dos direitos decorrentes desses status, a investigação criminal acaba se desenvolvendo no contexto de uma interação recíproca, mas por vezes contraditória, entre direitos fundamentais positivos e negativos, que lhe exigem tanto uma atitude restritiva de direitos, visando a cumprir o dever estatal de promover a justiça penal, com a responsabilidade penal dos culpados, quanto uma atitude protetiva de direitos, pelo respeito à presunção de inocência, visando a evitar limitações infundadas. Essa imbricação se torna mais clara no discurso da dupla eficácia dos direitos fundamentais, com que podemos ampliar a compreensão dessa dualidade fundamental subjacente aos limites jurídicos da investigação criminal.

Os direitos fundamentais, em seu sentido originário, apresentam-se como direitos oponíveis ao Estado, sendo a este destinada a norma, cujos efeitos operam em uma *relação de estrutura vertical*, em virtude da proeminência do Estado frente ao indivíduo. Admite-se, nesse sentido, que em sua história os direitos fundamentais têm como objetivo principal a limitação do poder estatal em favor de interesses do indivíduo. O Estado é, portanto, o destinatário principal do dever de respeito aos direitos fundamentais, no que se incluem todo os órgãos e suas autoridades, entre as quais se encontram também as autoridades responsáveis, direta ou indiretamente, pela investigação criminal[384]. Contudo, além dessa eficácia vertical, tem-se entendido atualmente que *os direitos fundamentais cumprem também uma eficácia horizontal*, em relação aos conflitos existentes entre particulares, aos quais cumpre igualmente respeitar os direitos fundamentais; em virtude disso, ao Estado se reconhece precisamente a possibilidade de restringir certos direitos em função da proteção de outros, o que muito constantemente pode resultar no âmbito da investigação criminal não uma limitação jurídica de seus atos, mas diversamente uma ampliação do poder estatal visando a potencializar sua capacidade de repressão à criminalidade.

Essa dupla eficácia acaba por revelar uma dualidade primordial no interior dos direitos fundamentais, exigindo necessariamente uma escolha estatal na proteção por certos direitos, que acaba refletindo uma ideologia subjacente, decorrente de gerações diferentes da gestação de cada espécie de direito, o que nos pede uma compreensão objetiva desses direitos.

### *As dimensões dos direitos fundamentais*

A considerar o aspecto objetivo dos direitos fundamentais, é possível observar que os direitos adquirem contornos jurídicos, levando em consideração a estrutura de sua instituição normativa, que se modifica ao longo do tempo, segundo os valores éticos objetivos da sociedade. Contudo, não obstante certas mudanças, é possível observar que os direitos surgidos geração por geração não implicam exclusão de uma pelas outras, necessariamente, nem se revelam como mera sequência sem relação com as demais gerações[385].

Há, assim, uma sobreposição de dimensões, de tal forma que um direito de primeira geração, após a segunda geração de direitos, não pode ser compreendido sem a ponderação dos valores dessa última, assim como acon-

384 D. Dimoulius; L. Martins, *Teoria geral dos direitos fundamentais*, 2007, p. 106ss

385 A respeito das gerações dos direitos fundamentais, cf. P. Bonavides, *Curso de Direito Constitucional*, 2002, p. 514ss.

tecerá em relação aos direitos de terceira geração. A configuração atual do direito de propriedade, segundo sua função socioambiental, é um bom exemplo dessa construção geracional dos direitos fundamentais.

O direito de propriedade, típico direito de primeira geração, concebido sob os valores liberais individuais, após os direitos sociais de segunda geração, deve ser compreendido em razão de sua função social, de tal forma que o próprio conceito de propriedade passa a ter uma perspectiva coletiva, sem exclusão da perspectiva individual, contudo. Com os direitos de terceira geração, em continuidade, especificamente o direito ao meio ambiente sadio, ao direito de propriedade se agrega outra função, passando a ser compreendido em razão de sua função *socioambiental*. O mesmo se pode dizer em relação a outros direitos, como a liberdade do indivíduo, em sua relação com os interesses sociais da coletividade, segurança pública, direito ao desenvolvimento e à paz. E é nesse ponto que precisamos compreender os discursos que postulam um direito social à segurança pública, no sentido de obter menores restrições à investigação criminal, visando a ampliar o poder punitivo em detrimento da liberdade e dos bens do investigado. Esse tem sido o discurso que podemos encontrar na base do *securitarismo penal*, sobretudo em sua mais radical expressão defendida por um "direito penal do inimigo"[386].

A perspectiva geracional de análise dos direitos fundamentais, contudo, conflita com os princípios da indivisibilidade e da interdependência que existe entre os direitos de todas as gerações (primeira, segunda, terceira e quarta), razão por que se tem feito críticas a essa compreensão, sob o argumento de que ela sugere uma sucessão de direitos, na qual os anteriores são substituídos pelos seguintes; em virtude disso, tem-se proposto usar o termo "dimensão" de direitos, pelo qual a dimensão posterior abarca a anterior, sem excluí-la.

Assim, quanto ao que nos interessa à investigação criminal, qualquer postulado direito à segurança pública como direito de geração posterior à liberdade do indivíduo deve ser assumido apenas e sob a condição de que não anule o núcleo fundamental da liberdade, o que implica a necessidade de desenvolver-se a segurança pública com respeito ainda à liberdade, sob pena de essa ver-se anulada gradativamente por exclusão de proteção esta-

[386] A respeito desses paradigmas, cf. J.-M. Silva Sánchez, *A expansão do direito penal*, 2002; G. Jakobs, M. Cancio Melia, *Direito penal do inimigo*, 2005.

tal, acabando com o sentido originário dos direitos fundamentais. É por essa razão, entre outras de ordem política, que a ciência jurídico-processual precisa avançar para a discussão acerca da tipicidade de medidas restritivas de direitos fundamentais, visando a estabelecer maiores limites ao exercício da jurisdição penal que se exerce durante a investigação criminal, partindo das garantias penais e processuais como fonte de inspiração.

### As garantias (penais e processuais) como delimitação do objeto e do método

A considerar tudo que implica o conjunto de direitos fundamentais, o sistema jurídico se organiza com base em garantias que correspondem a obrigações de prestação ou proibições de lesão a direitos, podendo assumir variadas formas[387].

As Constituições políticas estatais atualmente encontram-se repletas de garantias que se dirigem a atos próprios de investigação criminal, podendo-se fazer uma lista ampla de suas expressões normativas positivas, mas, seguindo uma abordagem teórica mais fundamental, quanto ao que nos interessa na compreensão limitativa da investigação criminal, podemos identificar as que concernem mais diretamente ao seu objeto e seu método. É nesse sentido que podemos identificar certas garantias relativas à tipificação do crime e outras relativas aos procedimentos do processo que incidem mais diretamente no desenvolvimento da investigação criminal. Essas garantias se podem ler como *princípios jurídicos fundamentais da investigação criminal*, que contribuem para a delimitação teórica de seu objeto e seu método segundo os limites jurídicos que se impõem pelos direitos fundamentais.

#### *O crime como objeto legal da investigação criminal*

A especificação do objeto da investigação criminal decorre de uma definição legal do crime a partir do *princípio da legalidade penal* e seus derivados, bem como da definição teórica, a partir da *doutrina do delito-tipo* e seu posterior desenvolvimento dogmático. O crime se define fundamentalmente segundo o princípio da legalidade (*nullum crimen sine lege*) – como

[387] A respeito das garantias, sua distinção com os direitos e suas possíveis formas, cf. L. Ferrajoli, *Pricipia Iuris I*, 2007, p. 668ss; L. Ferrajoli, *Derchos y garantías*, 1999. Cf. J. J. Gomes Canotilho, *Direito Constitucional e Teoria da Constituição*, 2003, p. 397, a enfatizar a relação entre garantia e instituições incumbidas de promover a proteção de direito fundamentais.

apenas o que é estabelecido em lei em sentido formal (*lege scripta*) – e seus derivados da taxatividade (*lex certa*), da irretroatividade (*lex praevia*) e da proibição de analogia (*lege stricta*). A exigência de lei formal, contudo, é apenas uma condição necessária, mas não suficiente. Também ao legislador se exigem certas condições materiais para a constituição legal do crime (elementos constitutivos do crime), que se manifestam pelos princípios da necessidade do direito penal (*nullum crimen sine necessitate*), da lesividade do crime (*nullum crimen sine injuria*), da materialidade da conduta (*nullum crimen sine actione o sine conducta*) e da culpabilidade ou responsabilidade pessoal (*nullum crimen sine culpa*)[388]. Assim, *crime não é apenas o que a lei diz ser, mas o que diz a lei formalmente, sob algumas condições materiais, que assegurem sua verificação empírica e possibilidade de refutação, constitutivas do método do processo penal.* Nesse sentido, entende-se que a investigação criminal depende em grande medida da técnica legislativa de tipificação dos crimes e da qualidade dos tipos penais, pois é somente a partir de uma hipótese típico-legal que se torna possível a pesquisa de seu objeto.

A construção teórica do objeto da investigação se aprofundou, a partir da doutrina jurídica da Escola clássica do Direito penal (desde Becaria e Carrara), culminando com a doutrina do delito-tipo, de Ernst von Beling (1906), como tipo objetivo e neutro, e prossegue com o reconhecimento de elementos normativos e subjetivos do tipo, até chegar ao "elemento típico subjetivo da ação" por Hans Welzel (1955). É, portanto, no âmbito da dogmática analítico-jurídica que o objeto da investigação se reconhece como um complexo ontológico (de fato, valor e norma), na definição teórica do crime[389].

É a partir desses elementos que podemos compreender aspectos relevantes do objeto da investigação criminal, partindo de sua positividade típica legal para entender problemas relativos à verdade e às provas, o que constitui toda uma parte desta teoria.

### *O processo como método legal da investigação criminal*

A delimitação do método da investigação criminal ocorre pela formatação jurídica do processo penal, segundo os sistemas históricos e os diversos modelos de processo atualmente positivados. Nesse sentido, devemos

[388] L. Ferrrajoli, *Direito e Razão,* 2002, p. 74ss.
[389] Cf. J. F. Caballero, *Teoría del delito,* 1993, p. 69ss.

compreender a dicotomia clássica *acusatório* e *inquisitório*, preliminarmente, como espécies de métodos de investigação[390], em que o acusatório indaga a verdade por via da síntese e o inquisitório, por via da análise[391]. A considerar essa distinção, sob outra perspectiva, contudo, um e outro se distinguem por priorizar a liberdade ou a autoridade, resultando formas de investigação com maior ou menor restrição aos meios de obtenção de provas. Mas nem um nem outro ignoram o problema da tutela do inocente ou da repressão dos culpados. A questão está em que o método inquisitório tende a exprimir uma confiança na bondade do poder e sua capacidade de alcançar a verdade (o que é uma forma de dogmatismo), ao passo que o acusatório se caracteriza pela desconfiança no "poder como autônoma fonte de verdade" (o que é uma forma de ceticismo). Inquisitório e acusatório, nesse sentido, representam duas epistemologias opostas, que se transferem aos métodos de investigação, como "*dictum* de um só sujeito, ou contenda entre vários sujeitos"[392].

Ao final, tudo vai depender do modelo de processo penal, dos seus princípios estruturantes, segundo a forma de organização da sociedade política[393]. Mas se estamos em um Estado de direito, o método da investigação tende a considerar a garantia de direitos fundamentais, irremediavelmente. É nesse sentido que podemos compreender os princípios processuais penais, segundo a teoria do garantismo de Luigi Ferrajoli – princípios da jurisdicionariedade (*nulla culpa sine judicio*), acusatório (*nullum judicium sine accusatione*), do ônus da prova, ou da verificabilidade (*nulla accusatio sine probatione*) e do contraditório, ou da falseabilidade (*nulla probatio sine defensione*)[394] – como elementos que vêm compor o método processualístico da investigação criminal.

Assim, podemos encontrar nas diversas formas de processo penal, históricas ou atuais, a sede das diversas configurações de métodos legais de investigação criminal, atualmente, em grande parte, formas mistas sob certas perspectivas. Mas não se trata de um método exaustivamente definido, à forma de um roteiro de investigação, mas apenas do estabelecimento de alguns elementos fundamentais de sua lógica e alguns aspectos pragmáticos de seus meios, sobretudo os meios proibidos.

390 Cf. L. Ferrajoli, *Direito e Razão,* 2002, p. 452.
391 C. J. A. Mittermaier, *Tratado das provas em matéria criminal,* 1997, p. 33ss
392 Cf. L. Ferrrajoli, *Direito e Razão,* 2002, p. 483.
393 C. J. A. Mittermaier, *Tratado das provas em matéria criminal,* 1997, p. 34.
394 L. Ferrrajoli, *Direito e Razão,* 2002, p. 74ss.

A processualidade, contudo, se apresenta como a forma jurídica com que se assumem esses aspectos relevantes do método, refletindo nas diversas questões metodológicas que se encontram na investigação criminal, em seus diversos níveis, que serão objeto de discussão em parte específica na qual tratamos da metodologia da investigação criminal. É, portanto, imprescindível que se compreenda o processo penal em sentido amplo no qual se encontra a atividade de investigação criminal, como expressão pragmática de seu desenvolvimento por meios diversos de obtenção de prova. É o que fazemos em seguida para explicar em que sentido entendemos o processo penal, no qual incluímos a investigação criminal como parte sua imprescindível.

## A processualidade da investigação criminal

### *O processo penal como procedimento probatório-criminal*

A partir da noção de processo como categoria própria da teoria geral do direito[395], não faz sentido distingui-lo do procedimento, fazendo remontar a uma categoria anterior mais geral. O processo é já aquela categoria na qual podemos enquadrar atividades várias que se desenvolvem em diversidade de formas de proceder, nos distintos procedimentos. O que nos deve interessar é que espécie de processo é cada procedimento, se administrativo, civil ou penal, tendo em conta que uma qualquer teoria geral do processo deveria apenas se limitar a dizer o que concerne a todos em igualdade, e não o que supostamente pertence a algum deles como pretenso arquétipo dos demais.

O processo penal, assim, é procedimento, como todo e qualquer outro processo que se desenvolve em sequências de atos, nos quais concorrem posições jurídicas reguladas por normas, mas que se distinguem dos demais pelo ato final – a prova de um crime. Elio Fazzalari, embora tenha enfatizado o contraditório como nota distintiva do processo, chegou a admitir que os diversos processos se distinguem pelo ato final a que a sequência de normas tende, podendo identificar-se o procedimento ou nominá-lo, tendo em vista esse ato[396]. Nesse sentido, o processo penal é o procedimento que se distingue de outros pelo ato que lhe põe fim – um ato de declaração cognitiva sobre a existência ou não de um crime, suas

[395] Como o sustenta E. Fazzalari, "Processo (teoria generale)", *NVDI XIII*, 1957, pp. 1067-1076.

[396] E. Fazzalari, *Istituzioni di diritto processuale*, 1996, p. 79ss.

circunstâncias e seu autor. E tudo quanto converge para esse ato compõe o caminho do procedimento probatório criminal. Mas ao considerá-lo como procedimento, não estamos a admitir que exista algo como um procedimento fora do processo, no qual alguns elementos estariam ausentes, como o sustenta Fazzalari.

Pode-se, portanto, identificar o processo penal como todo e qualquer procedimento probatório-criminal, independentemente de jurisdição ou contraditório, acusação ou defesa[397]. Essa concepção nos permite abranger não apenas nossas perspectivas de um processo justo e perfeito, o que tem sempre uma perspectiva teórica ideal, como também abrange nossas retrospectivas de processos injustos que se realizaram na história do processo penal e podem estar presentes em uma análise sociológica do processo sob sua perspectiva funcional. Trata-se de admitir que o processo penal comporta uma dimensão antenormativa, como instituição social e política, que revela antes uma atividade probatória criminal que se realiza segundo normas estruturadas com pretensão de justiça, mas que podem não "funcionar" exatamente assim. Essa concepção nos permite, ainda, abranger não apenas nossas expectativas de atividade probatória criminal racional, segundo parâmetros epistêmicos que correspondem à posição atual de nossa racionalidade científica contemporânea. Abrange, portanto, todo o conjunto de atividades que se podem enquadrar como provas físicas ou mágicas, segundo uma racionalidade pré-científica que se conhece na história do processo.

Assim, o processo se destina a reunir condições para uma decisão racional, segundo nossas aspirações teóricas, mas sempre por uma metodologia probatória de construção do seu objeto como problema a ser resolvido. E os princípios que postulamos para estruturá-lo correspondem a nossas aspirações axiológicas e epistemológicas, segundo nossa racionalidade jurídica e científica. Pode-se dizer, portanto, que o processo penal é procedimento probatório-criminal de uma organização garantido por princípios que se orientam a permitir uma decisão racional, científica e juridicamente aceitável. E os diversos modelos (histórico, positivos ou teóricos) de processo se podem entender, assim, segundo a espécie de racionalidade probatória com que se pretendem legitimar e justificar.

[397] Cf. E. S. Pereira, *Processo Penal: conceito, fundamentos e princípios,* 2021, pp. 83-112, para maiores discussões sobre os fundamentos dessa concepçao, em diálogo com as teoria do processo como relação jurídica, situação jurídica e atividade jurídica.

É, portanto, na atividade probatória criminal que se pode encontrar – usando a expressão de Fazzalari – a "ratio distingendi" do processo penal relativamente a outras espécies de processo, e sobre a qual incidem princípios jurídicos que postulam a capacidade de justiça do processo, na qual se deve supor alguma capacidade de verdade.

A atividade probatória criminal – compreendida como quaisquer atos orientados à descoberta, obtenção, custódia, formalização, transmissão, discussão, valoração, conjectura, refutação e rediscussão de provas relativas a um crime, dispostos em procedimento – é a coluna fundamental em torno da qual tudo mais se constrói a respeito do processo penal. A prova é o *núcleo essencial* do processo penal[398]; é o seu *coração pulsante*, pois é mediante ela que o processo persegue seu escopo assertivo[399]; em outras palavras, é aquilo que constitui a essência das leis processuais, pois sua disciplina fundamental assenta na matéria probatória[400].

Pode-se, portanto, traçar toda uma teoria do processo desde a perspectiva da prova, pondo-se em evidência os atos do processo que mais interessam ao seu desenvolvimento e conclusão, que se praticam pelos diversos sujeitos do processo. Não se pode, contudo, é descuidar de que a prova, conquanto represente um aspecto objetivo do processo, tem subjacente a cada ato de prova um ato de sujeitos que fazem da prova penal um ato complexo – não apenas um ato cognitivo, mas antes e sobretudo um ato potestativo – que representa a epistemologia e axiologia ético-política de um sistema processual[401].

Mas essa concepção de processo como procedimento probatório-criminal, agora compreendido como atividade cognitivo-potestativa, se por um lado nos obriga a abranger a investigação criminal, por outro nos permite igualmente excluir muitos atos do inquérito que se realizam durante o processo a título exclusivamente potestativo. Que todo ato de investigação é uma expressão de poder do Estado, isso é coisa que se impõe compre-

[398] Nesse sentido, G. Marques da Silva, "Prefácio", *Prova Penal: Estado democrático de Direito,* 2015

[399] Nesse sentido, P. Tonini, C. Conti, *Il diritto delle prove penali,* 2014, p. 1

[400] Nesse sentido, cf. J. Benthan, *Tratado de las pruebas judiciales,* 1825, p. 4; também C. J. A. Mittermaier, *Tratado da prova em matéria criminal,* 1997, p. 11; E. Florian, *Delle prove penali,* 1961, p. 3.

[401] Nas palavras de P. Tonini, C. Conti, *Il diritto delle prove penali,* 2014, p. 1: "È la prova il segno tangibile della modernità epistemologica di un sistema e dello statuto dei diritti dell'individuo all'interno di un ordinamento".

ender pela dimensão essencialmente potestativa do processo, mas apenas quando orientado cognitivamente esse ato se pode dizer substancialmente processual. Atos de investigação que se reduzem a mero atos potestativos, não orientados cognitivamente ao objeto do processo, não passam de atos de polícia (ainda que procedidos por um juiz ou a pedido do Ministério Público, mesmo que durante o espaço-tempo do processo). Isso quer dizer que o inquérito pode conter atos de investigação ou atos de polícia, descritivamente considerados, mas apenas aqueles são ou podem ser processuais, embora qualquer um possa ser legítimo por razões diversas. Mas não se trata mais de distinguir entre fases sucessivas, como faz a dogmática formalista, mas antes entre os tipos de atividades segundo a natureza desses atos.

O inquérito se compõe, assim, de *atos potestativos qualificados cognitivamente*, por estarem orientados à prova, e de *atos meramente potestativos* independente de qualquer orientação à prova. Mas isso não o faz diverso de qualquer outra fase do processo penal em que igualmente se observam atos das duas espécies. O certo é que essa concepção está em condições de abarcar toda atividade de investigação criminal no âmbito do processo penal. E é com base nela que podemos compreender o processo como o conjunto de atos de investigação e discussão probatória, que exige tanto uma justificação cognitiva, quanto uma legitimação potestativa.

### *A investigação criminal como contexto de descoberta do processo penal*

A investigação criminal, portanto, embora esteja concentrada comumente na fase do inquérito, verdadeiramente não está limitada nas estremas de uma fase processual e não se pode entender como uma atividade que se põe antes ou fora do processo. O processo penal precisa, definitivamente, entender-se tanto como investigação quanto como discussão de provas. É, nesse sentido, ainda e essencialmente, atividade probatória, pois tanto na investigação quanto na discussão é a prova que se encontra como objeto central. Mas essa distinção não deve cindir o processo, pois, como já Francesco Carrara dizia, "o juízo criminal compreende tanto aquela série de atos com que se procede à *investigação* do fato, e que se indicam pelo nome de *processo*, quanto aquela última série, graças à qual se obtém a formação e manifestação do juízo intelectual, designando-se pelo nome de *discussão* e *sentença*"[402]. Não se trata, portanto, de dividir o processo penal

[402] F. Carrara, *Programa do curso de direito criminal. Parte Geral, Volume II*, 1957, p. 283.

em etapas que se distinguem em fases rigidamente separadas e necessariamente sucessivas, mas antes de distinguir tipos de atividades, que se podem entrelaçar e desenvolver em alguns momentos de forma simultânea, mas que se desenvolvem em torno do fato a conhecer, visando a uma decisão final racional.

A questão passa necessariamente por entender o processo penal tanto como *investigação* de provas, quanto como *discussão* dessas provas, o que nos permite falar tanto de uma pragmática, quanto de uma lógica do processo penal. Essa distinção aproxima-se daquela que vamos encontrar na epistemologia científica entre *contexto de descoberta* – que concerne à pragmática e às técnicas de obtenção de conhecimento e prova –, e *contexto de justificação*, que concerne à lógica e ao método propriamente dito de demonstração da validade daquele conhecimento[403]. Podemos, assim, dizer que a investigação como processo penal concerne ao contexto de descoberta do método processual (processo de investigação penal), e as atividades de discussão dessa prova (processo de discussão penal), ao seu contexto de justificação[404], mas isso não significa que a investigação criminal não possua uma lógica que se vai consolidando em decisões preliminares antes da decisão final.

A investigação criminal, portanto, corresponde a todo o *contexto de descoberta processual penal*, no sentido que ressalta antes uma questão de legitimação do poder, que se vai imbricar na justificação cognitiva, na lógica das conclusões que surgem durante processo, desde as primeiras decisões tomadas no inquérito. Assim como acontece na investigação científica, pode-se fazer um relato completo do processo penal exclusivamente a partir de sua lógica, mas dificilmente teremos uma adequada compreensão dessa atividade se lhe sonegamos a perspectiva pragmática[405]. Tradicionalmente, as teorias processuais estiveram preocupadas com o caráter puramente lógico da prova, produzindo uma discussão excessivamente for-

[403] A respeito dessa distinção entre contexto de descoberta e contexto de justificação, na ciência em geral, cf. L. Hegenberg, (org.), *Métodos*, 2005, p. 11; R. Omnes, *Filosofia da ciência contemporânea*, 1996, p271ss.)

[404] A respeito do "processo de investigação penal", mais detalhadamente, cf. nosso E. S. Pereira, *Saber e Poder: O Processo (de Investigação) Penal*, 2019.

[405] Tem-se admitido, e assim o consideramos, que uma epistemologia deve passar tanto pela lógica, quanto pela pragmática da investigação científica. Sobre essa tradição na ciência, cf. L. H. Araújo Dutra, *Pragmática da investigação científica*, 2008, p. 259ss.

mal da disciplina probatória processual, sem preocupar-se com as circunstâncias ético-políticas e sociais pressupostas na atividade de obtenção da prova[406]. É certo que essa compreensão da atividade probatória estava em consonância com uma ideia de processo penal como caminho puramente técnico para a aplicação da pena. Mas a compreensão do processo penal como descoberta e justificação já não se pode evitar se temos em mente os princípios jurídico-processuais relativos às proibições probatórias que concernem aos meios de obtenção das provas[407].

A partir de uma análise da relação entre contexto de descoberta e contexto de justificação, podem-se compreender não apenas certos aspectos epistêmicos relevantes de uma teoria do processo penal, conforme tenha prevalência um ou outro contexto, mas sobretudo aspectos ético-políticos mesmo das abordagens do conhecimento processual penal, quando pensamos em que tipo de justificação admitem os sistemas processuais. Em outros termos, é relevante observar se, ao considerar a justificação do conhecimento produzido no processo penal, os sistemas normativos bastam-se com uma justificação puramente epistêmica, sem se importarem com o caminho como certas provas são obtidas no contexto de descoberta, ou se têm admitido razões extra-epistêmicas que justificam excluir certas provas na proibição de valoração.

Uma teoria do processo que pretenda separar e ignorar o contexto de descoberta como parte do processo penal, portanto, não apenas impõe uma compreensão truncada da epistemologia processual penal como ainda incorre em equívocos sérios de ordem ético-política. E esse tem sido ainda em grande parte um problema da doutrina processual penal brasileira, ao tratar o inquérito policial como algo que se põe de fora da dimensão epistemológica do processo, ainda, em muitos casos, pretendendo não comunicar as nulidades da investigação à instrução e ao julgamento[408].

[406] O sistema lógico de prova legais é, historicamente, o melhor exemplo dessa tendência, mas teoricamente a ênfase na lógica ainda se estendeu por muito tempo, mesmo com o sistema da íntima convicção do juiz, a exemplo da doutrina de N. F. Dei Malatesta, *A lógica das provas em matéria criminal*, 1927.

[407] Desde o ensaio pioneiro de E. Beling, "As proibições de prova como limite para a averiguação da verdade no processo penal" (1903), *Proibições probatórias no processo penal*, 2013, pp. 1-46, "as proibições de prova estão hoje legalmente consagradas com a autonomia, generalidade e consistência que permitem perspectivá-las como uma das construções basilares da dogmática processual penal" (M. Costa Andrade, *Sobre as proibições de prova em processo penal*, 1992, p. 11.

[408] Cf. F. C. Tourinho Filho, *Manual de Processo Penal*, 2013, p. 548.

Todas essas questões, em síntese, se transmitem à racionalidade potestativa da investigação criminal, que vem necessariamente limitada por direitos fundamentais que lhe conferem uma juridicidade intrínseca.

### *A racionalidade potestativa da investigação criminal*

A investigação criminal possui uma racionalidade potestativa fundada nos limites jurídicos que se impõem ao seu objeto e aos seus métodos, tendo por parâmetro não apenas a verdade como fim, mas também a justiça dos meios de obtenção de provas com respeito a certos direitos fundamentais.

É, portanto, cada vez mais urgente que a comunidade jurídica compreenda a investigação criminal como atividade potestativa que se desenvolve no âmbito de um processo penal relativamente ao objeto típico que se encontra delimitado juridicamente no direito penal, não se tratando de outra coisa distinta e anterior que se possa excluir dos limites jurídicos decorrentes das garantias aos direitos fundamentais opostas ao poder punitivo em geral.

A racionalidade potestativa da investigação criminal é, nesse sentido, a mesma que se exige do Estado de Direito a todo o poder punitivo, tanto no que se refere ao seu objeto, delimitado pela lei penal, quanto no que se refere ao seu método, delimitado pela lei processual penal. Não se refere a outra ordem de coisas, não se encontra em outro lugar distinto das ciências jurídico-penais, mesmo quando se recorre a outras ciências naturais e sociais na busca por tecnologia e métodos de pesquisa que possam contribuir ao aperfeiçoamento da investigação criminal.

Assim, qualquer avanço científico da investigação criminal, considerada como meio de aquisição de conhecimento acerca do crime, orientada pela máxima capacidade de identificação do seu autor e suas circunstâncias, deve vir acompanhada pela compreensão dos limites jurídicos da investigação criminal, considerada igualmente como meio de exercício do poder punitivo. É, portanto, possível compreender o inquérito como forma política de gestão de conflitos, por meio da busca de uma verdade[409], com a

[409] M. Foucault, *A verdade e as formas jurídicas*, 2002: "O inquérito é precisamente uma forma política, uma forma de gestão, de exercício do poder que, por meio da instituição judiciária, veio a ser uma maneira, na cultura ocidental, de autentificar a verdade, de adquirir coisas que vão ser consideradas como verdadeiras e de as transmitir"

ressalva de que as estratégias para produzir essa verdade não se sobreponham a certos direitos fundamentais. Nesse contexto é que emerge a necessidade de pensar os diversos modelos de investigação criminal como tentativa de conciliar essas questões.

# 7
# OS MODELOS DE INVESTIGAÇÃO CRIMINAL

## A ideia de modelo: classificações

A investigação criminal tem sido disciplinada segundo diversos regimes jurídicos que se foram construindo ao longo da história positiva dos sistemas processuais penais, mas apesar da dinâmica com que a legislação costuma ser alterada é possível delimitar alguns modelos fundamentais para uma orientação teórica da compreensão da realidade. Um modelo se pode entender como o que um mapa representa para a paisagem real, embora o seja de forma simplificada. Ele se apresenta como uma descrição de traços marcantes com eliminação de detalhes inúteis ao objeto metodológico[410]. Os modelos, nesse sentido, constituem-se pelo que consideramos mais relevante de uma perspectiva jurídica com base no colhimento de alguns elementos histórico-positivos, que se sintetizam nas razões que o justificam.

É, portanto, como descrição típica de realidades históricas e positivas de alguns sistemas processuais selecionados que podemos falar em modelos, mas não como um modelo histórico-positivo específico, sim como modelos teórico-descritivos da realidade, com o objetivo de confrontá-lo com o podemos chamar de modelo de devida investigação criminal[411]. Esses modelos se podem compreender como dimensões distintas da experiência jurídica, representando perspectivas fática e valorativa, que vão dialo-

[410] J.-F. Dortier, *Dicionário de ciências humanas,* 2010, p. 417.

[411] Na terminologia de M. Bunge, *Teoria e realidade,* 2008, p. 22ss, os elementos histórico-positivos se caracterizam melhor como "objeto-modelo" que se distingue do "modelo teórico". E esse se compreender bem como aquilo que M. Weber, *Conceitos sociológicos fundamentais,* 2009, p. 39, chama de "tipo ideal".

gar em nossa discussão crítica, concorrendo à análise de qualquer modelo normativo de direito processual penal[412].

Assim, podemos enquadrar os modelos segundo algumas várias perspectivas, que nos permitem uma compreensão integral para realizar classificações possíveis. Inicialmente, em uma perspectiva histórica, podemos falar de "investigação acusatória" em oposição a uma "investigação instrutória", tendo em conta a função probatória ampla ou limitada assumida pelo modelo, embora nessa função seja necessária uma segunda distinção entre funções pretendidas e funções realizadas, o que nos permite falar em "investigação probatória" e "investigação não-probatória", em que os modelos acusatório ou instrutório podem ou não se enquadrar.

Nossa hipótese é que o chamado modelo acusatório de investigação se constrói pela tentativa de negação do modelo instrutório, buscando reduzir a função probatória da investigação criminal anterior ao juízo. A história recente do processo penal se pode escrever, nesse sentido, com base no movimento de tentativa de desconstrução das funções instrutórias da primeira fase do processo, em que se encontra o essencial da investigação criminal, antes chamada instrução preparatória, para lhe conferir funções meramente preparatórias da acusação penal formal. Em perspectiva crítica, contudo, pode-se sustentar uma contra-história dessa tentativa, observando que esse é um projeto frustrado pela questão probatória fundamental que conduz a investigação criminal, se não mais a uma função instrutória, a uma função inevitavelmente probatória, em razão do aumento de provas não repetíveis na metodologia moderna da investigação criminal.

Em complemento, contudo, tendo em conta a tendência que essa "investigação acusatória" assume, cada vez mais como investigação de parte, é inevitável reconhecer a necessidade de uma igual "investigação defensória", pela qual a defesa tenta resistir ao avanço da acusação na fase preliminar do processo penal, antecipando todas as provas com que pretende garantir uma mais fácil condenação sem possibilidades reais de refutação. E, ao final, portanto, a considerar que os modelos positivos tendem sempre e cada vez mais a assimilar-se como "modelos de controle de crime", torna-se necessário falar em "modelo de devida investigação", como modelo teórico, no quadro de uma distinção segundo a finalidade.

412 M. Reale, *O direito como experiência,* 1992, p. 164: "O modelo normativo significa, desse modo, o resultado de uma "requalificação tipológica", isto é, de um ato abstrativo que pressupõe a existência de dados de fato e de valor suscetívies de enquadramento pluriunitário".

## Modelos funcionais de investigação

### *A investigação criminal instrutória*

A *investigação instrutória* se pode considerar como toda atividade que pretende revelar o fato incriminado ao órgão julgador. O modelo se estrutura em torno do conceito de instrução[413]. O destinatário do resultado da investigação é primordialmente quem julga, mas quem realiza, seja autonomamente, seja em nome de outrem, pode não ser necessariamente um juiz. Fala-se então em instrução mediata ou imediata, conforme o juiz tenha ou não contato direto com os atos de instrução. Essa é certamente a principal distinção que existe entre a investigação instrutória contemporânea, em que o juiz instrutor não é o julgador, à diferença dos modelos históricos de investigação instrutória. Entende-se, nesse sentido, por que no modelo instrutório de investigação, a atividade mesmo de investigação se pode encontrar distribuída por vários sujeitos do processo penal, ainda que se atribua valor probatório distinto a cada resultado de instrução. Não importa, nessa perspectiva, tanto quem realiza a investigação, mas que ela se realize em função instrutória.

A entender-se assim, a investigação instrutória se pode realizar mesmo em fase posterior, como de fato sói ocorrer até em processos penais que se organizam com base em uma investigação acusatória, quando o órgão julgador precisa acrescer ou confirmar a prova em investigação complementar. O importante, sobretudo, é entender que a investigação instrutória é uma atividade de procura e descoberta de provas fáticas acerca do crime que se vão submeter à valoração e uso posteriores, especialmente em julgamento.

Os atos de investigação se confundem com atos de instrução em sentido amplo no modelo instrutório. Estruturalmente, não há uma fase de investigação distinta de uma fase de instrução, ou quando há, a investigação se constitui em uma instrução preparatória. Por isso, nesse modelo, dizemos que não importa tanto quem pratica os atos, conquanto em grande parte sejam de competência de um juiz de instrução, mas a finalidade com que se praticam os atos, ainda que venham a sofrer uma alteração redutiva da

[413] Cf. J. C. Mendes Almeida, *Princípios fundamentais do processo penal*, 1973, p. 6; G. Foschini, *Sistema del diritto processuale penale, II. La istruzione*, 1961, p. 18ss; F. Carnelutti, *Principi del processo penale*, 1960, p. 134; F. Cordero, *Ideologie del processo penale*, 1966, p. 151: "l'instruzione è un'attivitá strumentale ala decisione".

eficácia probatória em momento posterior. Na investigação instrutória, embora todo ato de investigação se realize em função de instruir o julgamento, nem todo ato de instrução exige uma atividade de investigação, podendo dar-se o caso de haver mera recolha de elementos que se vão constituir em prova ou ser base de uma investigação posterior.

O protótipo de modelo instrutório tem sua matriz histórica no processo penal francês do *Code d'Instruction Criminelle* de 1808 que por muito tempo se reproduziu em boa parte dos processos penais da Europa e América do Sul que têm raízes na cultura jurídica latina. O modelo contemporâneo ainda vigente no século XXI que se manteve mais próximo dele se vai encontrar na fase do sumário da *Ley de Enjuiciamento Criminal* de 1882 (LECrim). A este exemplo se segue igualmente o inquérito policial brasileiro, previsto pelo Código de Processo Penal de 1943. Mas, mesmo nesses sistemas, podemos encontrar elementos que se dirigem no sentido de uma mutação acusatória da investigação criminal. São, assim, sistemas em transição que contêm vários elementos típicos ideais.

O inquérito policial brasileiro se poderia considerar um exemplo de investigação instrutória, a julgar pelas expressões com que a Exposição de Motivos do *Código de Processo Penal* (Decreto-Lei n. 3.689, de 3 de outubro de 1941) o designava, mas a decisão de afastar o juizado de instrução à época, bem como sua caracterização como processo preparatório da ação (item IV), devem orientar melhor a sua compreensão, apesar das primeiras interpretações jurídicas que se seguiram no campo probatório. O inquérito policial tem longa tradição histórica no direito processual penal brasileiro. O Decreto-Lei n. 3.689 de 1941 apenas se decide por conservá-lo, mesmo diante das exigências de juiz de instrução à época, mas a Exposição de Motivos o concebe originariamente como *instrução provisória*, atribuindo-lhe, contudo, a natureza de "processo preliminar ou preparatório da ação penal". Há, em sua concepção, portanto, uma confusão entre funções instrutórias e funções puramente acusatórias, o que se compreende por se tratar de uma legislação de época de transição de paradigmas. Mas originariamente, de fato, prevalecia uma função instrutória, a considerar que a doutrina admitia valor probatório pleno ao inquérito, não lhe pesando qualquer proibição de valoração[414]. Essa contradição, contudo, a partir de questionamentos que lhe são feitos pela doutrina, culminou com

[414] E. Espínola Filho, *Código de Processo Penal brasileiro anotado, Volume I,* 1954, p. 295ss.

a limitação do valor probatório do inquérito para o julgamento[415], embora mantenha o valor das provas cautelares e irrepetíveis, o que implica inevitavelmente uma natureza dúplice.

Assim, não tem sentido a tentativa de reduzir o inquérito no processo penal brasileiro como mera peça informativa[416]. Embora se tente argumentar que o inquérito policial se destina exclusivamente à decisão sobre a ação penal, não tendo valor probatório para a instrução, é cada vez mais evidente que a condução do inquérito por autoridade de polícia judiciária não pode ser unidirecional, apenas no sentido de obtenção de provas favoráveis à acusação, pois deve também obter e juntar provas em favor da defesa. Nesse sentido, é necessário questionar a doutrina tradicional que ainda insiste em afirmar erroneamente que o inquérito policial é fase disponível, pois não basta que o Ministério Público reúna elementos que permitam a acusação penal, porque, embora na prática quase nunca se realize assim, tampouco se considera razoável porque a exposição de motivos havia concebido o inquérito como "uma garantia contra apressados e errôneos juízos". Ademais, tem-se reconhecido ao inquérito uma função de cautelaridade, servindo assim tanto como base de acusação, quanto para decisões judiciais de provimentos e medidas cautelares[417]. Mas toda essa renovada compreensão do inquérito não pode ser compreendida segundo aquela noção originária de instrução preparatória.

Afinal, é certo que a noção histórica de "instruction préparatoire" do *Code d'Instruction Criminelle* de 1808, já se havia modificado profundamente até mesmo em França com o *Code de procédure penale* de 1958. Embora, em um sentido amplo, ainda se reconheça na investigação preliminar realizada pela Polícia Judiciária essa função, em um sentido restrito, ela passa a ser uma fase posterior à investigação preliminar e anterior ao julgamento; mas é uma fase no curso da qual também se realizam investigações e recolha de provas pelo juiz de instrução, nos limites estabelecidos pelo Ministério Público[418]. A ideia de instrução, portanto, não nega a noção

[415] Alteração feita ao art. 155 do CPP pela Lei 11.690/2008 "O juiz formará sua convicção pela livre apreciação da prova produzida em contraditório judicial, não podendo fundamentar sua decisão exclusivamente nos elementos informativos colhidos na investigação, ressalvadas as provas cautelares, não repetíveis e antecipadas".

[416] F. C. Tourinho Filho, *Processo penal 1*, 2002, p. 190.

[417] M. Saad, *O direito de defesa no inquérito policial*, 2004, p. 147ss

[418] J. Pradel, *L'instruction préparatoire*, 1990, p. 7ss; B. Bouloc, *procédure pénale*, 2014, p. 635ss; V. Dervieux, "O Sistema Francês", *Processos Penais da Europa*, 2005, p. 177ss

de investigação, embora na concepção legal desse modelo, a investigação criminal passe a ser uma fase anterior à instrução preparatória, no que o *Code* chama de *enquete preliminaire*, fase do processo penal cuja decisão de iniciar está a cargo do Ministério Público ou da vítima. É já um modelo acusatório de investigação.

### *A investigação criminal acusatória*

O *modelo acusatório* de investigação, nesse caminhar histórico, parte do postulado de que os atos de investigação apenas se prestam à tomada de decisão sobre a acusação formal. Essa ideia pretende reduzir a prova apenas ao que se produz em juízo oral, dando-lhe um sentido jurídico limitado. Não devendo a prova utilizada em julgamento ser admitida sem contraditório, tudo quanto se produz na investigação deve limitar-se a subsidiar a acusação. Embora, diversamente do que acontece no modelo instrutório, possa sofrer uma alteração ampliativa de eficácia probatória. Assim, pretende-se obstruir ao juiz qualquer função ativa na investigação, limitando-a à análise das restrições a direitos fundamentais como forma de realização do princípio acusatório. Em sua configuração máxima, embora não dependa disso, atribui-se ao Ministério Público a sua direção.

*Investigação instrutória* e *investigação acusatória*, nesse sentido, são modelos que se distinguem pela função que a investigação deveria cumprir, porque a isso se propõe, no sistema de processo penal. Enquanto o modelo instrutório se caracteriza geralmente pela centralidade do poder no órgão jurisdicional; o acusatório, por sua vez, no órgão do Ministério Público. Mas não devemos considerá-los segundo a autoridade que exerce a direção da investigação, como se tem discutido em Espanha[419]. A diferença fundamental está nas funções que a investigação postula cumprir no processo penal, ainda que alguns atos se realizem efetivamente por vários sujeitos.

Nesse sentido, não parece razoável a tipologia que pretende classificar as investigações em judicial, ministerial e policial[420]. É que, em qualquer que seja o modelo de investigação, ao final, é a polícia que realiza, de

[419] Cf. J. M. Villegas Fernández, *Fiscal investigador contra juez instructor,* 2012; D. Benavent Cuquerella, *La direccion de la investigacion criminal por el Ministério Fiscal en España: Situacion actual y reformas proyectadas,* 2014. No Brasil, a discussão gira em torno da oposição Ministério Público vs. Polícia Judiciária.

[420] É a tipologia sugerida por A. Lopes Jr; R. J. Gloeckner, *Investigação preliminar no processo penal,* 2013, p. 127ss.

fato, os atos de investigação. A posição que a Polícia Judiciária, no Brasil, ou os Órgãos de Polícia Criminal, em Portugal, ocupa em cada modelo apenas decorre de sua maior ou menor autonomia relativamente ao Juiz ou ao Ministério Público, não constituindo, nesse sentido, um modelo por si. A Polícia é quem sempre investiga, quer em função da instrução, quer em função da acusação. E a questão sobre se ela procede à investigação em condições absolutas ou relativas de autonomia se põe em outro plano do problema que não pretendemos tratar diretamente, embora isso possa nos interessar indiretamente pelo impacto nas questões relativas ao equilíbrio de poder entre os diversos sujeitos do processo[421]. O que nos importa, sobretudo, com essa tipologia básica dualista é enfatizar a função da investigação e deixar de lado a discussão em termos de "dominus" da investigação.

A assunção de funções estritamente acusatórias pela investigação criminal vem, assim, acompanhada de uma *metamorfose do sentido da instrução no processo penal (a)*. Esse elemento, que se vai encontrar em vários outros sistemas processuais, como decorrência da limitação da investigação a uma função acusatória, vem acompanhando de uma *exigência de limitação da produção probatória a fase posterior de instrução (b)*. Esse elemento pode vir modulado por diversas formas de regulação, mas o é especialmente pela limitação do valor probatório da prova obtida nessa fase. Por fim, embora não decorra necessariamente da limitação da função da investigação, tem sido exigida igualmente nesse modelo, como uma tendência insistente, a *transferência da direção da investigação ao órgão oficial de acusação (c)*. Esse elemento, por sua vez, também pode vir modulado nas diversas regulações, desde a entrega completa de todos os procedimentos de investigação ao Ministério Público de forma exclusiva até a entrega parcial ou concorrente com outros órgãos.

Esses três elementos – que se podem encontrar parcialmente ou todos em um mesmo sistema, ainda que com distintas formas de distribuição das funções institucionais entre juiz, Ministério Público e Polícia Judiciária, bem como circundados por outros tantos elementos peculiares a cada sistema – concorrem para a constituição do modelo acusatório. Nós os encontramos sob diferentes configurações em vários sistemas proces-

[421] A respeito, cf. E. Mathias, "O equilíbrio do poder entre a polícia e o ministério público", *Processos penais da Europa*, 2005, p. 431ss; também nosso E. S. P. *Introdução ao Direito de Policia Judiciária, i2019.*

suais contemporâneos, mas os podemos reconhecer como elementos de um movimento de reformas completas ou parciais que tendem ao modelo acusatório de investigação.

A *1ª Lei de Reforma do Direito processual penal de 9.12.1974*, na Alemanha, parece ser o primeiro sistema jurídico a implementar esse modelo acusatório, ao suprimir a instrução judicial e transformar profundamente o procedimento de investigação, com o objetivo de dotar de maior rapidez o processo penal, incluindo a diminuição de prazos[422]. Após essa legislação, a posição de poder do Ministério Público aumenta enormemente e, paralelamente, os órgãos de investigação são dotados, cada vez mais, de todos os meios técnicos modernos de investigação. A tudo isso, seguem-se alterações nos regimes de prisão provisória, registros e sequestros, acompanhadas de uma diminuição do poder de oposição da defesa[423]. Essa concepção acusatória da investigação aparece, ainda, no regime jurídico das provas, que exige produção e discussão em audiência[424].

A investigação criminal no processo penal internacional que se desenvolve segundo o Estatuto de Roma também agregou elementos do modelo acusatório. Já no Tribunal Penal Internacional para ex-Yugoslávia, assim como se dará no Tribunal Penal Internacional, competia ao Ministério Público determinar se um caso dependia de investigação. Ele tem a obrigação de imparcialidade, de buscar a verdade e apresentar provas não apenas a favor da acusação, mas também a favor da defesa[425].

O inquérito português que vem previsto no Código de Processo Penal de 1987 é um bom exemplo de consolidação do modelo acusatório de investigação, que se constrói a partir da cisão radical entre investigação e instrução. É de fato, possível encontrar muitos elementos do modelo acusatório no sistema processual português do Código de Processo Penal de 1987 (Decreto-Lei nº 78/87, Parte II, Livro VI, Título II, arts. 262 a 285), segundo proposta da Lei n. 43/86 (art. 2º, 2.4), na investigação criminal que se desenvolve durante a fase de inquérito. O inquérito tanto é fase processual quanto é atividade de investigação destinada a recolhimento

[422] J.-L. Gomez Colomer, *El proceso penal aleman. Introducion y normas basicas*, 1985, p. 34

[423] B. Schünemann, *La reforma del proceso penal*, 2005, p. 28ss; C. Roxin, *Derecho procesal penal*, 2000, p. 325ss.

[424] R. Juy-Birmann, "O Sistema Alemão", *Processos penais da Europa*, 2005, p. 47; K. Tiedemann, "O Direito processual penal", in *Introdução ao direito penal e ao direito processual penal*, 2007, p. 166.

[425] K. Ambos, *Processo penal internacional*, 2012, p. 16ss

de provas. Em conjunto com a fase de instrução, compõe o que Germano Marques da Silva passou a designar por *processo penal preliminar*[426]. Por ser fase obrigatória do processo penal comum (CPP, art. 262º/2), diferente da instrução que tem caráter facultativo (CPP, art. 286º/2), sua omissão constitui, portanto, nulidade insanável (CPP, art. 120º, alínea a)[427]. Nesse ponto, a investigação criminal no direito português parece assumir um caráter de prejudicialidade, sem a qual não é possível haver fases posteriores. O inquérito no CPP de 1987 tem natureza processual, mas não se considera atividade instrutória no sentido que atualmente se compreende a instrução pela doutrina. A investigação criminal no CPP87, portanto, não se considera instrução. O inquérito é fase processual distinta da instrução e se caracteriza como atividade processual de investigação e recolha de provas em ordem a permitir ao Ministério Público uma decisão sobre a acusação. O inquérito é de competência do Ministério Público, a quem se atribui exclusivamente decidir sobre sua abertura e fechamento, podendo delegar atos de diligências. Atos que restringem direitos fundamentais são de competência do juiz, mas o Código admite em certos casos que as buscas domiciliárias sejam ordenadas pelo Ministério Público (CPP87, art. 177º/3).

A esse exemplo se seguem as "indagini preliminari" previstas no *Codice di Procedura Penale* italiano de 1988. Encontram-se, de fato, muitos elementos do modelo acusatório nas *indagini preliminari* do *Codice di procedura penale* italiano de 1989. Construído a partir da lei delegada de 16 de fevereiro de 1987, que estabeleceu os princípios e diretrizes do novo código, o processo penal italiano está organizado segundo dois grandes princípios: a separação das funções processuais e a repartição das fases processuais. Pelo primeiro, pretende-se uma forma de garantia, pelo qual ao juiz se impõe a função de dirigir a assunção da prova, sem poderes de desenvolver a investigação, o que supõe uma distinção entre essas atividades, entregando-se ao MP a atividade de pesquisa da prova, sem o poder de assumi-la. Pelo segundo princípio, em decorrência, estabelecem-se fases distintas com *indagini preliminari*, *udienza preliminare* e *dibattimento*[428]. A direção da investigação compete ao Ministério Público, embora se tenha entendido que a

[426] G. Marques da Silva, *Do processo penal preliminar*, 1990.

[427] G. Marques da Silva, *Direito processual penal português III*, 2014, p. 71ss; P. P. Albuquerque, *Comentários do Código de processo penal*, 2011, p. 711ss

[428] Cf. G. D. Pisapia, *Lineamenti del nuovo processo penale*, 1989; P. Tonini, *Manuale di diritto processuale penale*, 2013, p. 33ss.

fase de *indagini preliminari* deve ser interpretada como uma concorrência de investigações da Polícia Judiciária, do Ministério Público e do Defensor. Mas embora esteja prevista uma investigação dirigida pela defesa, de fato, a investigação oficial comporta uma repartição de atribuições sobretudo entre Ministério Público e Polícia Judiciária[429].

### *A investigação criminal de parte*

A considerar, contudo, o que acabou se tornando o modelo acusatório de investigação, orientado que está sobretudo ao interesse da acusação, como contraponto a esse modelo, ao processo penal italiano pareceu inevitável reconhecer a necessidade de uma investigação com função defensiva, que se consolidou com a Lei n. 397/2000, cujo objetivo foi disciplinar melhor a possibilidade de investigação pela defesa, antes já prevista originariamente no art. 38 das disposições transitórias do CPP italiano (1988). E no Brasil, após a decisão do STF que autorizou a investigação criminal acusatória, a Ordem dos Advogados do Brasil achou por bem instituir a possibilidade de uma investigação defensória, nos limites do interesse da defesa por disciplina normativa interna. Essa contraposição entre modelo defensório e modelo acusatório, coloca este último sob nova perspectiva, a evidenciar melhor sua posição no sistema processual penal, como *modelo investigatório de parte* que se deve assimilar em igualdade de condições com o modelo defensório.

A solução italiana de previsão de uma investigação defensória que se acresce ao sistema geral de investigação se deve compreender na perspectiva da tentativa de garantir alguma igualdade entre as partes. É, portanto, um modelo que se compreende apenas na lógica do problema da igualdade que se coloca ao modelo acusatório. Se não fosse reconhecida a disparidade entre acusação e defesa, se fosse efetivamente levada a sério a ideia de que compete ao Ministério Público recolher provas também da defesa, nenhuma razão haveria para inserir-se nos sistemas que adotam o modelo acusatório uma contra-investigação para fazer frente à investigação da acusação. Ela é não apenas prova de que a acusação precisa reconhecer-se como parte, mas ainda que como parte se encontra em posição de proeminência em relação a defesa que não se consegue resolver com uma possível investigação complementar pelo juiz.

429 L. Carli, *Le indagini preliminari nel sistema processuale penale*, p. 2005, p. 24ss.

Mas, embora se lhe deva reconhecer um papel importante no aperfeiçoamento do sistema processual que adota o modelo acusatório de investigação[430], sem o que este se pode tornar um exercício despótico do poder processual, agregando-lhe um mínimo de simetria, o certo é que ainda a investigação privada ou defensiva está longe de resolver os problemas reais de um devido processo. Afinal, essa investigação não consegue equilibrar as partes, integrando à igualdade processual a ideia de equipolência. A investigação defensiva agrega-se aos direitos de defesa como mais um em seu rol, mas não reúne as condições potestativas para desenvolver-se de forma a fazer frente à investigação acusatória. Os poderes legais de que dispõe o defensor são muitos limitados considerados os poderes da acusação[431]. E sendo privada, fica ainda a depender da capacidade econômica da defesa. Isso, é claro, se pode mitigar nos sistemas que dispõem de defensores públicos, mas estes sempre estarão ainda a meio do caminho de uma efetiva equipolência em relação aos acusadores públicos, enquanto estes disponham em regime de exclusividade do aparato policial e toda a administração pública[432].

Não queremos negar que a questão da igualdade processual seja de difícil solução, sobretudo em virtude do sigilo que se exige em grande parte de seus atos iniciais, mas é preciso entender que esse problema não é sequer amenizado pelo modelo acusatório de investigação, quando esse é posto apenas em perspectiva de substituição do modelo instrutório. Antes, ele o aprofunda e tende a piorá-lo à medida que o estatuto do MP se aproxima mais e mais do estatuto do juiz. É por isso que o chamado modelo acusatório de investigação somente se pode compreender como um modelo de parte em contraposição a um modelo defensório, cujo valor probatório precisa ser reduzido aos interesses de parte em condições de igualdade.

[430] A defender essa investigação no sistema português, cf. G. Marques da Silva, *Direito processual penal português I*, 2013, p. 157; também. Cf. P. P. Albuquerque, *Comentário do Código de Processo Penal*, 2011, p. 189ss.

[431] cf. P. Tonini (cur.), *L'investigazione private nel nuovo processo penale*, 1990, p. 275; L. Carli, *Le indagini preliminari nel sistema processuale penale. Accusa e difesa nella ricerca e predisposizione della prova penale*, 2005, p. 420ss.

[432] Esse é o caso do sistema brasileiro, com os defensores públicos, bem como do sistema argentino que chega a prever um Ministério Público de defesa, mas ainda limitado economicamente, bem como restrito à atuação em segunda fase do processo penal. Cf. I. Arduindo, et al., "O Ministério Público na Argentina", *O papel do Ministério Público*, 2008, pp. 250-308.

### *A investigação criminal probatória*

Esses *três modelos de investigação – instrutório, acusatório e defensivo* – que se podem compreender segundo as funções que pretendem alcançar no processo, parecem inevitavelmente pedir que se centre a tipologia nos *sujeitos fundamentais do processo penal – juiz, acusação e defesa.* Contudo, mantendo aquela nossa premissa inicial de evitar a discussão em termos de "dominus", e para que não se sonegue a questão probatória fundamental que nos interessa em qualquer que seja o modelo de investigação, parece-nos ser necessário falar ainda em modelos de investigação *probatória* e *não-probatória.*

Afinal, aqueles modelos puros somente se realizam no campo teórico, porque na prática dos sistemas positivos apenas se pode dizer que alguns são tendencialmente mais instrutórios ou mais acusatórios que outros. É que, na sua totalidade, a investigação criminal parece cumprir as duas funções, quando temos em conta que algumas provas obtidas nela são sempre aproveitadas ao final para julgamento. E isso se torna evidente na prática positiva do inquérito policial brasileiro. Por isso, o modelo acusatório, sob outra perspectiva, pode-se reconduzir a uma forma de investigação probatória ou não, podendo ao final das contas transmudar-se em uma para-instrução, resignada a mera encenação de investigação acusatória, mas em realidade se mantém como investigação instrutória de parte, o que é a essência de uma investigação inquisitória.

Os processos penais, nessa perspectiva, são todos ainda, sem exceção, mistos em algum sentido[433]. Talvez não mais possamos falar de instrução inquisitória e instrução contraditória, como nos modelos históricos, pois de fato se podem encontrar mudanças estruturais e funcionais, com divisão do processo em fases distintas e distribuição de competências. Mas ainda, é certo, permanecem tendo "duas almas"[434]. Nele ainda podemos encontrar uma dualidade fundamental que faz do processo penal algo misto, não em suas fases, mas nas funções que efetivamente a investigação criminal desempenha na decisão final do processo.

Assim, em qualquer caso, seja instrutória ou acusatória, seja mesmo defensiva, interessa sempre saber quanto dessa investigação criminal aproveita ao julgamento final do processo penal, bem como sob que condições

[433] Nesse sentido, cf. T. Armenta Deu, *Sistemas procesales penales. La justicia penal en Europa y América,* 2012; K. Aambos, "El principio acusatório y el processo acusatorio", *Proceso penal y sistemas acusatórios,* 2008.

[434] Numa reinterpretação do uso feito por F. Cordero, *Procedura penale,* 2012, p. 65.

de garantia da verdade ela se aproveita. E, a considerar o crescimento da admissão em julgamento de provas (não-repetíveis) obtidas em investigação criminal, a considerar as muitas provas que se dizem produzidas em audiência, mas não passam de mera ratificação ou repetição das provas da investigação, coloca-se em dúvida séria uma real possibilidade de transmudar totalmente a função que exerce a investigação no processo penal, bem como em última análise o projeto fundamental que se encontra na base do modelo acusatório assumido pelo Ministério Público.

Afinal, é essa parte da investigação criminal que a transforma inevitavelmente em processo penal investigativo. É essa investigação funcionalmente probatória, realizada na prática do processo penal, diversamente dos tipos teóricos que causam perplexidade, mas que parece se tornar mais problemática nos sistemas que se sustentam no modelo acusatório dirigido pelo Ministério Público, ao produzir provas em condições nitidamente insuficientes de justiça processual.

Assim, portanto, se queremos assegurar uma justiça processual na investigação criminal é preciso que se assuma a distinção entre investigação de parte, realizada por sujeitos processuais parciais, e investigação realizada por sujeitos imparciais. E por isso, tendo o órgão oficial de acusação avançado na tentativa de assumir a investigação criminal no interesse de sua função acusatória, o órgão de defesa tem a necessidade de igualmente o fazer no interesse de sua função defensória. Trata-se, portanto, de duas formas de investigação em sua posição de modelos de investigação de partes, que se devem desenvolver em oposição igualitária, mas nenhuma delas deveria alçar-se à condição de investigação criminal oficial, que se deve manter a favor da produção probatória não parcial, garantindo algumas condições de devida investigação criminal. Essa consideração nos pede uma última distinção de modelos, considerando a finalidade que assumem.

## Modelos finalísticos de investigação

### *Modelo de controle do crime*

O problema, portanto, é que, embora se queira habilitar como uma alternativa ao modelo instrutório, visando evitar a produção de prova para o julgamento em fase anterior ao contraditório, o modelo acusatório de investigação acaba sub-repticiamente assumindo exatamente aquela função probatória antecipada no modelo instrutório, o que o transforma em um modelo investigatório de controle de crime.

O que chamamos de *Crime Control Model*, doravante apenas CCM, encontra-se muito bem sintetizado por Hebert L. Packer[435]. Trata-se de modelo que se caracteriza essencialmente pelo seu sistema de valores, cuja premissa fundamental está na repressão da conduta criminosa como função mais importante do processo penal, neste ocupando uma função central a investigação criminal. Deixar de aplicar a lei penal pode ser causa de ruptura da ordem pública e prejudicar uma importante condição de liberdade dos homens. Quando a lei não é aplicada, criando a impressão de que há uma alta porcentagem de omissão, tende-se a desenvolver uma descrença no sistema penal. E o cidadão pode sentir-se inseguro quanto a sua pessoa e propriedade. Nessa concepção, portanto, "pede-se que o processo penal seja uma garantia positiva de liberdade social"[436]. Nesse sentido, o CCM requer especial atenção à "eficiência com que o processo penal opera". Eficiência, aqui, vem entendida como a "capacidade do sistema de deter, processar, condenar e dispor de uma proporção elevada de criminosos cujos crimes são conhecidos". E para operar com eficiência, o modelo requer rapidez e definições precisas. A rapidez exige informalidade e uniformidade. As definições precisas devem minimizar confusões interpretativas que ocasionam impugnações. Assim, o modelo prefere o procedimento extrajudicial com operações informais, mas sobretudo exige *uniformidade*.

O modelo com que opera o CCM, assim, tende a ser mais administrativo, quase um modelo gerencial cuja imagem se assemelha a uma linha de montagem. O processo penal, segundo esse modelo, é considerado como um processo de triagem, pelo qual cada fase sucessiva – da investigação ao julgamento – vem considerada como uma série de rotinas (concepção técnico-formal do procedimento), que se avalia segundo o sucesso de levar o caso à conclusão satisfatória.

Esse modelo consente com a ideia de que uma pronta determinação de provável inocência ou culpa vem possibilitada pela experiência administrativa da polícia e do Ministério Público. "A hipótese é que os processos de triagem operados pela polícia e MP sejam indicadores de provável culpabilidade" – sustenta H. Packer. E isso é precisamente o que o modelo acusatório postula ao tentar reduzir a investigação a procedimento pre-

[435] H. L. Packer, *I limiti della sanzione penale*, 1978, pp. 161-167

[436] H. L. Packer, *I limiti della sanzione penale*, 1978, p. 162.

paratório da acusação. O modelo acusatório se presta a dizer apenas se o Ministério Púbico tem fundamentos para sua acusação. Em muitos casos, nesse modelo, a presunção de culpabilidade acaba atuando muito antes que a "pessoa suspeita" se torne um imputado. Essa presunção, certamente, não estará prevista em norma legal, mas ela "é simplesmente a consequência de um complexo de atitudes, um modo de agir". E se há confiança na credibilidade dessa atividade administrativa da primeira fase do processo, as fases posteriores tendem a ser relativamente negligenciadas[437].

É muito provável, por isso, que os processos de investigação, operados pela polícia e pelo acusador público, contenham adequadas garantias para um acertamento do fato, com o que acaba assumindo dessa forma uma posição mais proeminente. Assim, nesse modelo, "...o centro de gravidade do processo é posto na primeira fase administrativa de acertamento do fato", tornando-se as fases seguintes relativamente menos importante[438]. Nesse ponto, o CCM descreve precisamente os problemas do modelo acusatório que têm sido criticados pela doutrina, no sentido de que esse modelo de investigação antecipa conclusões do juízo, implicando uma perda da centralidade desse no processo penal[439].

A ênfase que o CCM põe na *garantia positiva* dos cidadãos que estão fora do processo – em detrimento da *garantia negativa* que interessaria ao cidadão de dentro do processo – evidencia uma concepção de utilitarismo penal clássico que sustenta a ideologia da defesa social contra o qual precisamente se vai opor o garantismo penal reformulado por Luigi Ferrajoli, que está na base do Estado de Direito e reivindica um modelo de devida investigação.

### *Modelo de devida investigação*

O Estado de Direito pede que o modelo processual de investigação, com suas máximas potestativa (oficialidade) e cognitiva (verdade), esteja conformado por uma divisão do poder intraprocessual que permita um exercício proporcional dos meios restritivos de direitos, cujo resultado seja ainda a melhor verdade possível, que esteja justificada por provas juridicamente racionais, aptas a legitimar decisões jurisdicionais não apenas finais,

[437] H. L. Packer, *I limiti della sanzione penale*, 1978, pp. 164-165.

[438] H. L. Packer, *I limiti della sanzione penale*, 1978, pp. 164-166.

[439] CF. C. Roxin, *Derecho procesal penal*, 2000, p. 334; E. Bacigalupo, *El debido proceso penal*, 2005, p. 205; M. R. Damaska, *El derecho probatório a la deriva*, 2015, pp. 132.

mas antes e sobretudo procedimentais, durante a investigação. A verdade, assim, não se entende apenas como um fim que a qualquer custo se deve obter, embora ainda permaneça como um fim, mas antes se entende como um meio com que se assegura a liberdade. Isso coloca a verdade em conexão com a igualdade, devendo influenciar a disciplina probatória em sentido não apenas negativo, mas antes e sobretudo positivo.

O problema da verdade não se resolve apenas proibindo meios de obtenção, em razão de valores extra-epistêmicos, que venham a reforçar a legitimidade do poder exercido, se para a verdade subsistente nos meios permitidos não se estabelecem normas permissivas de obtenção, já em razão de valores epistêmicos, que venham a garantir a justificação cognitiva do saber. A igualdade, nesse sentido, é uma condição de possibilidade da verdade processual, em sua expressão tanto potestativa quanto cognitiva, contidas em princípios da igualdade de armas e do contraditório, que constituem a coluna central de um processo equitativo[440]. Esses princípios, considerados na perspectiva dos postulados do Estado de Direito, vão pedir precisamente uma certa organização e procedimento que assegurem a funcionalidade da presunção de inocência, garantindo direitos processuais de defesa durante a investigação criminal.

Essas exigências prévias, que Luigi Ferrajoli considera garantias orgânicas e procedimentais da jurisdição, parecem estar compreendidas naquilo que o Tribunal Europeu de Direitos Humanos considera como garantias gerais do processo equitativo que se antepõem a garantias específicas, como a dizer que existe alguma obrigação estatal de organização institucional e procedimental[441]. Trata-se, assim, de um direito a organização e procedimento que, embora encontre objeções e variadas concepções sobre que tipo de direito, vem sendo sustentado pela doutrina jurídica[442]. E são exigências que se colocam desde logo mesmo na fase preliminar de investigação criminal.

[440] É nesse sentido, aliás, a jurisprudência do Tribunal Europeu de Direitos Humanos, segundo a compreensão de I. C. Barreto, *A Convenção Europeia dos Direitos do Homem*, 2010, p. 166: "Os princípios do contraditório e da igualdade de armas são elementos incidíveis de um processo equitativo".

[441] Cf. L. Ferrajoli, *Diritto e ragione. Teoria del garantismo penale*, 2008, p. 548ss; CEDH, *Guide de l'article 6. Droit à un procés équitable*, 2014, p. 12ss

[442] Nesse sentido, cf. R. Alexy, *Teoria dos direitos fundamentais*, 2011, p. 470ss; também, cf. J. J. Gomes Canotilho, *Estudos sobre Direitos Fundamentais*, 2008, pp. 69-84.

A ideia de direito a procedimento e organização se pode entender, inicialmente, como direito a uma certa "aplicação e interpretação", orientada ao judiciário, mas também pode ser entendido como direito cujo objeto é a criação de normas, que tem como destinatário o legislador. E é nesse ponto que parece haver uma maior controvérsia. Afinal, pode-se dizer que existe um direito fundamental a organização e procedimento como direito subjetivo? A concepção objetiva dos direitos fundamentais pretende sustentar que o direito a organização e procedimento somente existe como um interesse da coletividade, em que o indivíduo surge como membro. A fundamentação do direito aqui é não-individualista.

Robert Alexy defende, contudo, a existência de direitos a organização e procedimento como direitos subjetivos com status positivo. Ele considera que se trata de um direito que se pode opor ao legislador. Embora exista uma densa discussão sobre seu status positivo ou negativo, bem como sua natureza objetiva ou subjetiva, é necessário entender que há uma relação de dependência entre a garantia dos direitos fundamentais e o conjunto de normas relativas à organização e ao procedimento. E isso é exatamente o que interessa entender no âmbito do processo penal. Pode-se, nesse sentido, até discutir se de fato existe um direito subjetivo a obter do legislador uma determinada organização e procedimento, mas não se pode negar que esse direito é requerido em favor de direitos individuais. Se os devemos remeter a um âmbito político de discussão ou se os podemos discutir no âmbito jurídico, nesse ou naquele ordenamento jurídico, isso é coisa que podemos deixar por concluir, desde que se compreenda a relação de prejudicialidade que a questão possui com direitos processuais penais.

O que importa, sobretudo, é entender que essas garantias exigem uma determinada organização do poder punitivo que implica uma certa divisão entre os sujeitos, de forma que permita um equilíbrio que não frustre a proteção efetiva dos direitos fundamentais implicados no curso de um processo penal, a abranger atos de investigação criminal[443]. E embora se exija que no exercício desse poder se observem também critérios de proporcionalidade durante o procedimento, aquela organização acaba por ser uma condição de possibilidade dessa segunda exigência. Existe como que

[443] Na concepção de E. Bacigalupo, *El debido proceso penal*, 2005, p. 206: "La cuestion fundamental es cómo mantener en la fase previa al juicio, cuya importancia decisive ya nadie niega, un equilirio de fuerzas compatible con la igualdad de armas"

uma preeminência da divisão do poder em relação à proporcionalidade, quando essa é bem compreendida em conformidade com os dois objetivos do direito penal– punição dos culpados e proteção dos inocentes –, que vão requerer precisamente uma adequada organização dos sujeitos processuais para assegurar um devido juízo de proporcionalidade[444].

É do que trataremos no capítulo seguinte, ao falarmos dos diversos sujeitos processuais que intervêm durante a investigação criminal, sustentando uma específica divisão dos poderes que pode garantir um modelo de devida investigação criminal.

[444] A respeito, cf. L. Ferrajoli, *Diritto e Ragione,* 2008, p. 328ss.

# 8
# OS SUJEITOS DA INVESTIGAÇÃO CRIMINAL

A investigação criminal é atividade potestativa no curso da qual muitos sujeitos processuais intervêm, em relações jurídicas diversas de interação, a depender dos modelos com que os sistemas processuais penais positivos dividem o poder. Mas não nos interessa considerar a atuação desses diversos sujeitos conforme a legislação processual vigente, cuja dinâmica de alterações fazem muito constantemente deixar oculto o que importa essencialmente a uma devida investigação criminal. Interessa-nos especialmente considerar a organização intraprocessual da jurisdição penal, tendo em conta o postulado da divisão do poder punitivo que requer o Estado de Direito, no qual se devem distinguir órgãos oficiais de investigação e julgamento, como sujeitos imparciais, e órgãos de acusação e defesa, como sujeitos parciais. São esses órgãos em conjunto que compõem a função jurisdicional, que se deve entender tanto como expressão do poder punitivo, quanto em sua função de garantia. A jurisdição, em suma, não se confunde com o juiz, embora esteja nele a convergência do poder punitivo.

A jurisdição é, antes e sobretudo, uma função do poder punitivo[445]. E esse poder se impõe precisamente pelas mãos do juiz ou do Tribunal, não por qualquer outro órgão estatal[446]. O fato de que esse poder se encontra limitado por certas condições de exercício e validade não nos deve, por-

[445] S. Ranieri, *La giurisdizione penale*, 1930, p. 83: "L'adempimento di una funzione soppone sempre un potere..."

[446] Essa é uma tese fundamental que se colhe em J. Goldschmidt, *Princípios generalies del processo II*, 1961, p. 44.

tanto, confundir a compreensão de que corresponde, em última decisão, ao Poder Judiciário condenar o culpado, bem como autorizar as medidas restritivas de direitos fundamentais durante o inquérito[447]. Constitui, assim, um erro grave da dogmática processual penal ver o juiz apenas em função de garantia, relativamente aos demais órgãos estatais de persecução penal, deixando de observar que também contra ele é preciso assegurar os direitos fundamentais[448]. E isso tem se tornado evidente na jurisprudência de instâncias supra-estatais, como se encontra no Tribunal Europeu de Direitos Humanos e na Corte Interamericana de Direitos Humanos, onde se revisam certas práticas abusivas dos juízes e tribunais nacionais.

Esse poder se desenvolve por um conjunto de medidas restritivas de direitos e liberdades individuais, que se podem orientar à produção da prova criminal ou apenas à mera restrição do direito com função preventiva processual. E nesse ponto, esse poder tende a confundir-se com medidas de polícia[449], porque apenas são formalmente jurisdicionais em razão do órgão que as decretas, mas materialmente são idênticas a medidas administrativas que se decretam sem qualquer proporcionalidade efetivamente jurisdicional. São expressão de meros poderes potestativos. A jurisdição, assim, como expressão do poder estatal, se pode entender como um *conjunto de poderes cognitivos e poderes potestativos*[450] que depende de um conjunto de garantias para que se reduzam ou controlem os espaços de arbítrio que emergem dessa atividade.

## A jurisdição como garantia da devida investigação

A jurisdição penal tem uma natureza bifronte, tanto como poder, quanto como garantia, sendo relevante ter em conta uma distinção que faz Luigi Ferrajoli, entre jurisdicionalidade em *sentido lato* e *em sentido estrito*[451]. A jurisdição penal, em sentido lato, já se encontrava na cláusula 39 da

[447] A enfatizar o papel central do juiz, cf. M. Pisani, *Problemi della giurisdizione penale*, 1987, p. 29ss.

[448] De uma forma sutil, mas igualmente incisiva, M. F. Mata-Mouros, *Juiz das liberdades*, 2011, p. 451, assim conclui sua tese, propondo "uma dogmática que ouse quebrar o dogma de que tutela judicial é sempre assegurada pelo juiz; nunca contra ele".

[449] A respeito, falando de "crisi della giurisdizione e carcere preventivo", cf. L. Ferrajoli, *Diritto e ragione*, 2008, p.803ss.

[450] G. Riccio, *La procedura penal. Tra storia e politica*, 2010, p. 179

[451] L Ferrajoli, *Diritto e ragione*, 2008, p. 8ss.

Magna Carta, que previa a reserva de jurisdição em matéria penal como condição necessária para restrição da liberdade. Nela já se podia encontrar implícita a presunção de inocência, até que um juízo se manifestasse sobre a culpa de uma pessoa a respeito de um crime. Contudo, essa submissão ampla à jurisdição não exigia qualquer tipo de processo, mas apenas um qualquer processo legalmente estabelecido. Compreende-se, nesse sentido, por que a jurisdição em sentido amplo é uma garantia ainda meramente formal, que se pode encontrar tanto no processo penal acusatório, quanto no processo penal inquisitório. Havia, portanto, jurisdição naquela função exercida pelo inquisidor no *Directorium Inquisitorum*, bem como haverá nas funções do juiz de instrução do *Code dInstruction Criminelle* de 1808, tanto quanto há nas funções dos juízes do Código de Processo Penal brasileiro de 1943 e no Código de Processo Penal português de 1987, por exemplo. Ela se pode representar pela máxima *nulla culpa sine judicio*[452].

Mas lhes pode faltar algo que efetivamente garante os direitos processuais fundamentais, sobretudo durante a investigação e especialmente em sua fase preliminar de inquérito. A questão é, portanto, saber que juízo. Pode-se, assim, dizer que há exercício de jurisdição em várias situações histórico-positivas, independentemente de sua configuração orgânica e procedimental com que se realiza processualmente, mas apenas atendendo a determinadas condições um sistema jurídico-penal pode assegurar aqueles fins de legitimação do direito penal, entre os quais se inclui necessariamente também a prevenção de arbitrárias punições, em que se deve incluir ainda o arbitrário desenvolvimento do processo penal. Portanto, em sentido estrito, a jurisdição exige uma certa configuração, que impeça uma qualquer "dissimulado autoritarismo" com proeminência do juiz[453].

A noção estrita de jurisdição, na concepção de Ferrajoli, portanto, remete exatamente aos demais princípios do processo como desenvolvimento e aperfeiçoamento material seu. A jurisdição em sentido estrito, nesse sentido, exige exatamente os princípios que lhe seguem, relativos à acusação, prova e defesa. Assim, à máxima "nulla culpa sine judicio" se devem seguir ainda as demais – "nullum judicium sine accusatione",

[452] Cf. L. Ferrajoli, *Diritto e ragione*, 2008, p. 548ss.

[453] Cf. G. Marques da Silva *Direito processual penal português I*, 2013, p. 57: "a essencialidade da jurisdição não pode significar um dissimulado autoritarismo estatal de que a história nos dá conta, em prejuízo do equilíbrio entre os poderes do juiz, da acusação e da defesa".

"nulla accusatio sine probatione" e "nulla probatio sine defensione" –, que se podem sintetizar na fórmula *nullum iudicium sine accusatione, sine probatione et defensione*[454], com que podemos definir a jurisdição em sentido estrito, embora ainda se exijam outros tantos princípios que especificam cada elemento constitutivo e visam a garantir a liberdade, igualdade e verdade processuais implícitos[455]. Dessa forma, em seu sentido estrito, a jurisdição congrega princípios jurídicos que orientam a realização do direito como postulados de uma teoria da justiça processual, a título de um limite ideal para o qual deve a experiência caminhar no sentido de alcançar uma máxima legitimação possível. E isso se exige desde a fase preliminar de investigação, sob pena de inviabilidade efetiva da jurisdicionalidade material.

Assim, de uma perspectiva pragmática do processo penal, esses princípios jurídicos, no que nos interessa à compreensão dos sujeitos processuais da investigação criminal, exigem que tenhamos uma devida divisão intraprocessual do poder punitivo que possa viabilizar a realização garantista da jurisdição.

***O postulado fundamental da divisão do poder***

A divisão do poder é um postulado constitucional que é geralmente associado à teoria do Estado, em relação aos poderes tradicionais (legislativo, executivo e judiciário)[456], mas, bem entendida a teoria clássica, com maior razão, aplica-se ao poder punitivo que se exerce pela jurisdição no processo penal como exigência de um Estado de Direito. Afinal, seria ilógico sustentar de uma perspectiva constitucional um sistema que tem em consideração garantias cidadãs frente ao provável abuso no exercício do poder estatal, se quando se pretende regulamentar o uso da força do Estado exatamente na instância em que ele se exerce de forma real, suas soluções fossem absolutamente desvinculadas (ou contrárias) do modelo

[454] Cf. *Teorema 63* do Garantismo penal, segundo a teoria de L. Ferrajoli, *Diritto e ragione*, 2008, p. 90 (em nota).

[455] Não se trata apenas de princípios que regulam os vários momentos da jurisdição, como o considera S. Ranieri, *La giurisdizione penale*, 1930, p. 117ss, mas sim dos vários elementos com que ela se constitui.

[456] Nesse sentido, L. Ferrajoli, *Principia Iuris I. Teoria del Diritto e della democrazia*, 2007, p. 846ss; J. J. Gomes Canotilho, *Direito constitucional e teoria da constituição*, 2003, p. 250ss; M. G. Ferreira Filho, *Princípios fundamentais*, 2015, p. 259ss.

constitucional. É com razão, portanto, que se tem asseverado que "não se deve crer que este conceito é privativo da organização constitucional do Estado, somente porque nela alcançou o nível de paradigma. Na realidade, pode-se admitir que é o princípio básico segundo o qual se soluciona, no marco do Estado de Direito, a antinomia «eficiência processual-garantias individuais» e isto se apresenta em qualquer nível normativo que seja, mas sobretudo onde o Estado exerce a maior cota de violência: o processo penal"[457].

O processo penal é, nesse sentido, o cenário em que parte relevante do poder punitivo se desenvolve, revelando-se como um meio de exercício desse poder, cujas atividades envolve entre outras funções a investigação criminal que se configura como forma do poder punitivo em ação. É, portanto, necessário compreender que, abaixo dos poderes clássicos tradicionais, bem como no interior desses poderes, existe uma microfísica do poder que nos exige pensar melhor na divisão do poder punitivo exercido processualmente. É, portanto, necessário fazer uma leitura do processo penal segundo as formas de divisão do poder punitivo em ação.

É nesse sentido que Karl Heinz Gössel, tendo por referência o processo penal alemão, ao tratar da divisão do poder, observa que essa técnica se insere como uma autolimitação do poder público para garantia contra excessos de poder na busca da verdade. Por isso, como corolário da divisão do poder, o procedimento penal foi detalhado em três fases de averiguação, acusação e sentença, que deveriam estar sob a direção de distintos órgãos[458]. Bernard Bouloc, tendo por referência o processo penal francês, fala da separação de funções, mas sugere apenas a divisão das fases processuais de julgamento, instrução e persecução, não atentando seriamente para a necessária divisão entre acusação e averiguação[459]. Essa é a mesma divisão que se vai encontrar no processo penal português, a refletir a estrutura do Código de Processo Penal de 1987, acerca da qual Paulo Dá Mesquita sustenta sua tese sobre "repartição de funções e garantia judiciária"[460].

[457] M. A. Rusconi, "Division de poderes en el proceso penal e investigación a cargo del Ministério Público", 1993, p. 106.

[458] H.-K. Gössel, "El principio de Estado de Derecho en su significado para el procedimento penal", *El derecho procesal penal en el Estado de Derecho*, p. 26

[459] B. Bouloc, *Procédure pénale*, 2004, p. 38ss.

[460] P. Dá Mesquita, *Direcção do inquérito penal e garantia judiciária*, 2003, p. 23ss.

A questão, contudo, precisa colocar-se sob uma perspectiva mais esclarecedora ao processo penal, tendo em conta que estamos falando efetivamente do exercício da jurisdição penal. Não se trata apenas de repartir funções, como mera questão de divisão de tarefas, tampouco como questão dissociada do um mecanismo de controles. Maximiliano Rusconi observa que a divisão do poder deve ser considerada segundo o paradigma do "não-autocontrole". O que importa, em última análise, é "evitar o autocontrole no exercício de uma seção de poder". Interessa, portanto, é que "quem exerça um determinado poder não se controle a si mesmo, mas que o freio e equilíbrio funcional provenha do enfrentamento externo com o outro"[461]. Essa ideia nos permite ver com maior clareza o problema da divisão do poder no processo penal como questão de organização da jurisdição como expressão do poder punitivo. E é nessa perspectiva que Rusconi considera haver necessidade de que se divida o exercício do poder entre a função de investigar e a função de julgar, embora seja cada vez mais importante considerar também a divisão entre investigação e acusação.

Mas a projeção da divisão do poder no âmbito do processo penal não nos deve obstruir a compreensão completa do problema do poder punitivo, pois antes que exista uma divisão intraprocessual, existe ainda uma divisão no quadro dos poderes clássicos do Estado, a partir do qual podemos falar em física do poder punitivo em suas diversas dimensões[462]. E, assim como na teoria clássica da divisão do poder, havia referências à mecânica celeste newtoniana do equilíbrio de forças gravitacionais[463], não parece inadequado fazer uma comparação com a física das partículas subatômicas para falar de uma microfísica do poder. Essa é uma possível interpretação que se pode fazer da ideia de uma *microfísica do poder*[464], trazendo-a para uma melhor compreensão do poder punitivo. Trata-se de entender que, no interior do poder estatal, existe uma microfísica que nos exige aparelhos mais sutis de observação para entender a mecânica de seu funcionamento, com todas as suas incertezas.

[461] M. A. Rusconi, "Division de poderes en el proceso penal e investigacion a cargo del Ministério Público", *El Ministério Público en el proceso penal*, 1993, pp. 99-112.

[462] L. Ferrajoli, *Principia Iuris I*, 2007, pp. 862-865, considera que apesar da aparente similaridade entre essas duas realidades, implicam formas distintas de controle do poder, optando por chamar uma de separação dos poderes e outra de divisão do poder.

[463] R. Zippelius, *Teoria geral do Estado*, 2007, p. 407

[464] Embora M. Foucault, *Microfísica do poder*, 1979, esteja igualmente interessado nos poderes que existem abaixo e fora do Estado.

## A divisão do poder na devida investigação

### *A divisão entre julgamento e acusação*

Isso nos permite compreender a história do processo penal como história de tentativa de uma melhor divisão do poder punitivo jurisdicional. Pode-se, de fato, observar que o processo inquisitório se caracteriza exatamente por estar o poder concentrado nas mãos do juiz-inquisidor. Não se pode ignorar que, a despeito da falta de divisão do poder, nesse processo existia a divisão de tarefas, que não contribuía para qualquer limitação do poder. O inquisidor, a exemplo do que se relata na Inquisição Espanhola, se podia fazer auxiliar por um *comissário inquisitorial*, responsável pela investigação, bem como por *promotor fiscal*, responsável pela acusação, e até mesmo por *calificadores*, responsáveis por exames de provas documentais. Mas a proeminência do inquisidor sobre todos os demais era tal que representava uma unidade sob sua direção, uma divisão de tarefas no máximo, mas não uma divisão do poder punitivo[465].

O *princípio acusatório*, nessa perspectiva histórica de divisão do poder punitivo, pode-se compreender como uma tentativa de dividir o poder concentrado do juiz[466], embora sob argumentos vários que não se limitam a uma questão puramente potestativa. Se é certo que o princípio acusatório limita o poder do juiz, ao estabelecer que sua atuação dependa (e esteja limitada pelos parâmetros) da ação penal, não se pode ignorar que em grande parte isso se justifica também por um aspecto cognitivo do juízo penal, visando a sua imparcialidade cognitiva. É preciso compreender-se, nesse sentido, o acusatório como princípio que postula a separação entre acusação e julgamento como uma questão de divisão do poder punitivo, por razões também de garantia da verdade, não apenas de liberdade. Pretende-se que o julgamento não esteja viciado pela pré-compreensão do fato julgado. Busca-se, com o acusatório, uma imparcialidade do juízo que estaria viciada pela sua prévia condução da investigação, na qual já se estabeleceria um pré-juízo.

Ora, de um ponto de vista formal, a simples duplicação do juiz, em juiz de instrução e juiz de julgamento, já permitiria evitar esse problema, desde que cada juiz tivesse a autonomia relativamente ao outro (embora exista quem ainda faça objeção aos resíduos de corporativismo nesse caso).

[465] A. S. Turberville, *La inquisición española,* 1950.

[466] Cf. L. Ferrajoli, *Diritto e ragione,* 2008, p. 572ss.

E de fato, esse tem sido o esquema utilizado por alguns sistemas processuais. Mas a inserção do Ministério Público como órgão oficial titular da ação penal distinto e autônomo do juiz de julgamento se tem consolidado como a técnica mais consistente na realização da divisão do poder punitivo entre acusação e julgamento. O problema dessa técnica, assim com aquela outra da duplicação do juiz, é que geralmente ela vem conjugada com outras relativas às funções de defesa e investigação, que não têm sido levadas muito a sério da perspectiva da divisão do poder punitivo no processo. Há, portanto, a necessidade de algo mais.

***A divisão entre acusação e defesa***

É preciso avançar com a ideia de um autônomo *princípio defensório* que não venha confundido no exercício do princípio acusatório. É preciso afastar a persistente concepção que pretende sustentar um órgão de acusação como "parte imparcial" que estaria inclusive em condições de assegurar os direitos da defesa na fase de investigação criminal. Essa argumentação da parte imparcial, para além de ser uma mitologia do processo penal, representa uma concepção autoritária do processo penal. Mais precisamente, é um conceito processual fascista[467]. Ela representa um cripto-autoritarismo que em nada difere do juiz inquisidor. Afinal, a ser possível admitir um órgão de acusação imparcial, que mais se aproxima da noção de parte que o juiz, não haveria razão alguma para negar a um juiz instrutor a possibilidade de ser um julgador imparcial.

A questão é que, pelas mesmas razões que justificam a divisão do poder punitivo pelo princípio acusatório, se queremos levar a sério um princípio defensório, não podemos persistir na ideia de uma defesa tutelada exatamente pelos órgãos que perseguem outras finalidades, seja um juiz instrutor ou um Ministério Público investigador, na condução da investigação criminal, seja mesmo o juiz de garantias que em realidade decide pela restrição de direitos, no exercício de uma suposta jurisdição que acaba não se realizando de fato. O processo penal contemporâneo, na perspectiva de uma efetiva divisão do poder, sobretudo no contexto de uma sociedade aberta e democrática, não pode continuar a conceber a defesa tutelada, pois essa consiste exatamente na manutenção da defesa ausente, tornando

[467] R. R. R. Cassara, *Mitologia do processo penal*, 2015, p. 152ss; G. Riccio, *Procedura penale. Tra storia e politica*, 2010, p. 27ss.

o sujeito passivo do processo um quase-objeto, em alguns casos muito próximo do processo inquisitório.

Mas, não se logra uma organização da defesa, segundo um Estado de Direito, sem um efetivo contrapoder[468]. E isso não se consegue apenas atribuindo ao juiz essa função, com uma suposta jurisdição de garantia, porque isso exclui a posição de terceiridade que se exige ao juiz numa jurisdicionalidade material. Se quisermos levar a sério a teoria da divisão do poder, como postulado do Estado de Direito no processo penal, precisamos considerar a necessidade de um *princípio defensório* que assegure a uma defesa autônoma a tutela de seus direitos em igualdade de condições com a acusação. Não se consegue o equilíbrio de sujeitos processuais com uma mera divisão das funções de acusar e julgar, mantendo a defesa em mãos dos acusadores e julgadores. Ademais, sobretudo, não se consegue um equilíbrio entre princípios acusatório e defensório, se a investigação se mantém sob direção exclusiva do órgão de acusação, ou se apenas este órgão pode influir na sua condução em desigualdade com o órgão de defesa, sob o manto artificioso de controle externo da atividade do órgão de investigação.

### *A divisão entre investigação e acusação*

Assim, portanto, considerando o princípio acusatório como uma divisão do poder punitivo entre acusação e julgamento, bem como um princípio defensório como divisão entre acusação e defesa, deve-se pensar o *princípio investigatório*, no mesmo sentido, como uma igual divisão relativamente às funções de acusar, defender e julgar da jurisdição. Essa é, aliás, uma compreensão que parece se encontrar em H. K. Gossel, para quem, no Estado de Direito, o processo penal deve dividir as funções de investigar, acusar e julgar[469]. Embora essa divisão esteja em confronto com a tendência que se encontra na tradição europeia-continental de final do século passado, concentrando as funções de acusar e investigar, tara-se de concepção que tende àquela intuição básica de que o modelo inglês moderno é exemplo, ao proceder em suas reformas exatamente ao contrário, buscando a divisão dessas funções, ao criar um órgão oficial de acusação para retirar a concentração que existia antes em mãos do órgão oficial de investigação[470].

[468] Nesse sentido, cf. K. Ambos, *Princípios del proceso penal europeo*, 2005, p. 122ss.

[469] H.-K. Gössel, *El proceso penal en el Estado de Derecho*, 2007, p. 55

[470] E. Mathias, "O equilíbrio do poder entre a polícia e o ministério público", *Processos penais da Europa*, 2005, p. 503: "na Inglaterra, o Parlamento, em 1985, concebeu que as tarefas de

O princípio investigatório, assim, além do sentido cognitivo que vem relacionado ao princípio da verdade (legitimação cognitivista da jurisdição), parece exigir em sentido potestativo que se pense como uma questão de divisão do poder, em relação ao princípio da oficialidade, para questionar-se a quem deve competir a busca da verdade e sob que condições de controle a considerar sua limitação no processo penal do Estado de Direito. A questão, portanto, não se pode colocar apenas em termos de transferência do "dominus" da investigação a um outro órgão distinto do juiz ou do Ministério Público.

O postulado da divisão do poder punitivo precisa ser melhor compreendido para entender-se como questão de equilíbrio dos sujeitos que comporta uma forma de controle recíproco das diversas funções[471]. O que se impõe não é tanto nem apenas dividir essas funções, mas as organizar de tal forma que a quem compete investigar não possa a si mesmo controlar, devendo haver um controle sério dos desvios da investigação. Não o controle da própria investigação, que há de permanecer sempre com o órgão oficial que a dirija, mas o controle de suas consequências no âmbito de direitos implicados, tanto de interesse individual, quanto de interesse coletivo. Historicamente, esse órgão oficial de investigação surge na moderna legislação francesa pós-revolucionária, sendo teoricamente reafirmado por Luigi Ferrajoli ao sustentar que, na lógica do Estado de Direito, a investigação criminal deve corresponder à Polícia Judiciária, vinculada ao poder judiciário com garantias de independência, mas limitada na disponibilidade de direitos fundamentais[472]. O importante é, sobretudo, que a função de investigação não esteja atribuída a quem acusa ou julga, bem como que esteja sempre limitada por direitos fundamentais de que não pode dispor

investigação e a decisão da persecução eram incompatíveis por natureza, e não poderiam ser confiadas a uma mesma autoridade. O remédio foi a criação do CPS [*Crown Prosecution Service*]..."

[471] cf. M. A. Rusconi, "La divisão del poder en el proceso penal e investigación a cargo del ministerio público", *El Ministerio Público en el Proceso Penal*, 1993, p. 99ss

[472] Cf. a respeito, L. Ferrajoli, *Diritto e ragione*, 2008, p. 800: "Nella logica dello stato di diritto le funzioni di polizia dovrebbero essere limitate a ter sole attività: (...)In particolare la polizia giudiziaria, deputata all'investigazione dei reati e all'esecuzione dei provvedimenti giudiziari, dovrebbe essere separata rigidamente dagli altri corpi d polizia e dotata, rispetto all´esecutivo, delle medesime garanzie d'indipendenza che assistono il potere giudiziario da cui dovrebbe, esclusivamente, dipendere". Cfr. também nosso E. S. Pereira, *Introdução ao Direito de Polícia Judiciária*, 2019.

imediatamente, sem uma decisão judicial procedente de um juízo de proporcionalidade reciprocamente controlado por órgãos de acusação e defesa.

O problema da divisão do poder punitivo, no contexto da investigação criminal, passa, portanto, necessariamente pela colocação do Ministério Público, bem como pela questão do equilíbrio de poder entre ele e a Polícia Judiciária[473]. Mas passa também por uma recompreensão da jurisdição durante a investigação, bem como pelo papel efetivo do juiz durante ela, especialmente em matéria probatória. Afinal, apenas retirando do órgão oficial de acusação a direção da investigação e colocando-o em igualdade com um órgão de defesa, a jurisdição se pode exercer sem a necessidade de que o juiz assuma uma perspectiva *pro reo,* perdendo assim sua terceiridade necessária a uma efetiva jurisdicionalidade. Ademais, o problema passa ainda pela restituição da posição de controle da legalidade da investigação pelo Ministério Público, sem que ele mesmo esteja implicado diretamente com os possíveis abusos[474]. A questão, contudo, é que esse controle da legalidade que se deve exercer sobre os abusos da investigação não interessa apenas quanto aos excessos da atividade policial[475].

O controle dos desvios da investigação se deve fazer em dois sentidos, tanto por excesso, quanto por omissão de poder. O problema da investigação não é sempre, embora o possa ser em geral, de excesso dos meios relativamente a direitos do indivíduo. É igualmente, e sobretudo em tempo de enfrentamento da corrupção, de omissão do poder frente a certas classes de investigados, o que diz respeito a exigências de igualdade de tratamento pela lei. Trata-se de compreender os possíveis abusos da investigação tanto como desvio por excesso, quanto como desvio por falta[476].

[473] Cf. E. Mathias, "O equilíbrio do poder entre a polícia e o ministério público", *Processos Penais da Europa,* 2005, p. 431ss, acerca da "oposição de princípios entre o modelo europeu-continental e o inglês", embora advertindo sobre uma verdadeira convergência na prática, a considerar o aumento do poder das forças policiais em concomitante com o ostracismo burocrático do MP.

[474] A respeito, cf. H.-K Gossel, "El Ministerio fiscal y la policía criminal en el procedimiento penal del Estado de Derecho", *El derecho procesal penal en el Estado de Derecho,* 2007, p. 55: "Teoría y práctica exigen en igual medida transmitir al Ministerio Público tareas de investigación sólo el marco de su ofício de «vigía del Derecho», conformando la investigación de los comportamientos punibles como una función propia e independiente de la Policía".

[475] A tratar dessa questão, mas advertindo sobre sua artificialidade, cf. E. Mathias, "O equilíbrio do poder entre a polícia e o Ministério Publico" 2005, p. 502.

[476] A respeito dessas duas possibilidades na teoria do Estado, cf. J. J. Gomes Canotilho, *Direito constitucional e teoria da constituição,* 2003, p. 266, p. 273.

**O equilíbrio dos sujeitos processuais: um modelo de devida investigação**

As duas possibilidades de abuso no processo penal, em todas as suas fases, se podem remeter a interesses da defesa e da acusação, permitindo-nos levar a sério o postulado da divisão do poder que não obstrua uma autonomia do princípio defensório. Essa concepção exige um novo equilíbrio potestativo dos sujeitos processuais, sendo necessário distinguir entre sujeitos parciais (acusação e defesa) que operam na lógica da igualdade e sujeitos imparciais que operam na lógica da verdade e liberdade (investigação e julgamento).

Mas para alcançar esse equilíbrio devemos retomar uma antiga exigência que já Luigi Luchini fazia, bem como Francesco Carrara, e que Luigi Ferrajoli ainda hoje insiste em asseverar: a necessidade de um *Ministério Público de Defesa*, em contraposição a um *Ministério Público de Acusação*[477]. Esse é certamente um melhor caminho para assegurar uma igualdade processual real, desde a fase de investigação, sobretudo diante das novas técnicas ocultas que, embora inviabilizem uma chamada direta do investigado ao processo, já produzem provas não repetíveis. Essa instituição pública de defesa viria acrescida, contudo, de uma igual possibilidade de assistência, assim como acontece com a assistência de acusação, em momento posterior à conclusão da investigação ou antes mesmo, sempre que possível. Essa parece ser uma conclusão necessária de uma justiça penal pública que há muito promoveu o confisco do conflito penal com a obstrução do acesso da vítima em nome próprio, por considerar de interesse público a proteção de seus interesses, havendo que existir uma paridade com respeito ao investigado, tendo em conta o interesse igualmente público de proteção dos inocentes, segundo o duplo objetivo do sistema jurídico-penal, que defende Luigi Ferrajoli no garantismo penal.

Assim, à semelhança dos dois adjuntos que previa a legislação processual penal francesa pós-revolucionária[478], *Ministério Público de Acusação* e *Ministério Público de Defesa* assumiriam funções de controle dos desvios – por faltas e por excessos – do órgão oficial de investigação, com respeito a interesses individuais e sociais da comunidade, respectivamente. Em sín-

[477] A expressão "Publico Ministerio della Difesa" é de L. Ferrajoli, *Diritto e ragione*, 2008, p. 597, p. 631; L. Luchini, *Elementi di procedura penale*, 1905, p. 226, falava em "tribunato della difesa"; e F. Carrara, *Programa del Corso di Diritto Criminale (Parte Generale, II)*, 1924, p. 331ss, falava em "avvocato dei poveri".

[478] Cf. A. Laingui, "La phase préparatorie du procès penal: historique", *RIDP* 56, 1985

tese, um MP de defesa a controlar os excessos contra os interesses individuais do investigado e um MP de acusação a controlar as insuficiências contra os interesses coletivos da sociedade, em igualdade de condições e possibilidade de controle sobre a investigação criminal que, no entanto, nenhum deles teria à disposição exclusiva. Esse controle duplo assume um caráter tanto potestativo, quanto cognitivo, pois tende não apenas a justificar a verdade segundo uma epistemologia falseacionista, mas a diminuir o problema da legitimação do poder que se exerce passo a passo na investigação. Com ele criam-se as condições de possiblidade de um efetivo juízo de proporcionalidade dos meios de obtenção de prova que leve em conta seriamente argumentos também em favor da defesa. Afinal, os meios de obtenção de provas, antes de serem atos cognitivos, são essencialmente atos potestativos de restrição de direitos que, uma vez realizados, não se podem reverter. Mas a legitimação desses atos se baseia apenas geralmente em um juízo de proporcionalidade que pretende apresentar razões que justificam uma limitação de direito individual em favor de um interesse coletivo de investigação.

O problema da proporcionalidade está em que, nos meios ocultos de obtenção, os argumentos possíveis em favor da defesa nunca são postos pela própria defesa, mas apenas considerados em hipótese pelo juiz à vista exclusivamente de razões apresentadas pelos órgãos oficiais de acusação e de investigação, o que reduz a igualdade, sobretudo quando esses órgãos se confundem. É ao juiz que compete sempre, nessas circunstâncias, aduzir razões em favor da defesa com a agravante de, em caso de deferimento da medida, não haver hipótese de recurso como há em caso de indeferimento. Ora, nessas circunstâncias, não nos podemos esquecer da advertência de que, pelo método proporcionalista, podem-se produzir argumentos a favor de qualquer solução[479], o que vem quase sempre em detrimento da defesa, à falta de um órgão específico de proteção de seus direitos. Ademais, a proporcionalidade se limita a uma perspectiva do interesse público da acusação, orientada a obter provas para a condenação dos culpados, em detrimento de uma restrição de direitos individuais. A considerar, contudo, que é também interesse público do processo a proteção do inocente, dever-se-ia realizar reciprocamente um outro juízo de proporcionalidade com vistas ao direito efetivo de defesa, a considerar que a escolha entre

[479] J. Finnis, *Fundamentos de Ética*, 2012, p. 94

fins e meios, entre o que se pode considerar meio relativamente a um fim, é algo aberto[480], não havendo qualquer obstrução conceitual na ideia de proporcionalidade. Assim, é condição orgânica de uma proporcionalidade efetiva que antes tenhamos uma devida divisão intraprocessual do poder punitivo da jurisdição.

O reequilíbrio dos sujeitos pela divisão do poder punitivo que separa acusação e investigação, assegurando ainda uma defesa distinta e efetiva, permite que o juízo de proporcionalidade se realize à vista de argumentos e outros elementos sustentados em igualdade de condições e no momento oportuno à defesa efetiva. Essa organização institucional permitiria, ainda, a recuperação da característica de terceiridade da jurisdição material pela garantia de prévia atuação de alguma defesa, antes que seja imposta uma restrição ao investigado, retirando da acusação a exclusividade de sua perspectiva. Esse reequilíbrio de sujeitos permite, por fim, integrar ao processo penal efetivamente o fim de proteção dos inocentes, sempre mantido em uma instância meramente formal na fase preliminar de investigação, nos diversos sistemas processuais, que mantêm a defesa alheada sem uma verdadeira dignidade processual. A presença de um MP de defesa, ladeando um MP de acusação, e igualmente equidistante da investigação em posição de controle recíproco, vai assegurar assim a possibilidade de um juízo de proporcionalidade invertido que, tomando a proteção dos inocentes como um fim também do processo, propicia uma limitação ao interesse púbico da investigação.

Trata-se, em última análise, de fazer uma distinção no interior da jurisdição, desde a fase preliminar de investigação no inquérito, entre sujeitos imparciais (juiz e polícia judiciária) e sujeitos parciais (acusação e defesa), permitindo ao processo penal efetivamente tornar-se um método da jurisdição que realiza o direito para além da lei, em busca da justiça processual. Não havendo essa distinção entre os sujeitos com divisão intraprocessual dos poderes, o processo penal se pode tornar em mero instrumento da jurisdição como expressão do poder punitivo, sem capacidade de tornar-se uma garantia de segundo grau; e a investigação criminal se torna puro exercício de poderes potestativos sem garantia de verdade que exige um cognitivismo processual.

480 C. Perelman, *Tratado da Argumentação*, 2002, p. 315

# III
# OBJETO: QUE CRIME?

"Investigar é tentar descobrir a verdade de alguma questão"
(S. Haack, Ensaio 1, *Manifesto*)

# 9
# A COMPLEXIDADE ONTOLÓGICA DO CRIME

## O crime como fato histórico

A notícia-crime anuncia um fato que se supõe imediatamente evidente, como um dado em si que podemos encontrar disponível no mundo da realidade, bastando que nos coloquemos em busca dele, mas sem um sistema de referências é impossível apreender o objeto da investigação criminal. A questão decorre do caráter primariamente histórico do fato noticiado como crime. É a mesma questão que se encontra na pesquisa histórica relativa ao conceito de fato como dado imediato da realidade. Trata-se de um conceito problemático, pois não existe o fato como um dado em si, um objeto pré-moldado que se colhe entre tantos e se descreve sem maiores dificuldades teóricas. Isso decorre não apenas porque temos acesso ao fato histórico indiretamente, por inferência decorrente das provas; decorre também porque há inevitavelmente uma seleção dessas provas e, sobretudo, porque o fazemos com base em um sistema de referências, conceitual e teórico[481].

O que chamamos *fato* é, portanto, apenas "uma possibilidade objetiva de confirmação, constatação ou verificação". Trata-se de uma noção moderna, que nasce para indicar os objetivos da pesquisa científica, como algo independente de opiniões, juízos e valorações. Contudo, o pensamento contemporâneo tem ressaltado o "caráter teórico dos fatos", porque dependentes

[481] A respeito, cf. R. G. Collingwood, *A ideia de história*, 2001, p. 262; E. H. Carr, *O que é história?*, 1982, p. 43ss; A. Prost, *Doze lições sobre a história*, 2008, p. 64; A. Schaff, *Verdade e história*, 2000, p. 167ss; P. Veyne, *Como se escreve a historia*, 2008, p. 45ss.

de esquemas conceituas e alguma pré-compreensão[482]. Mesmo em ciências naturais, foi posta em causa a noção de fato científico como algo "em bruto" que se encontra disponível no mundo da natureza à disposição de mera colheita. Isso sucede, igualmente, tanto na pesquisa histórica quanto na investigação criminal, seja o fato histórico, seja o fato criminoso considerado como fato do passado. O fato histórico não é um dado em bruto, não é apenas um ponto de partida da pesquisa histórica, é também seu ponto de chegada, uma construção teórica, fruto de uma seleção, com base em um sistema de referência. E assim como em física quântica já não se pode considerar o átomo como partícula indivisível, não se pode sustentar o fato histórico como uma unidade, como coisa sólida. A noção de "fato histórico" é tão equívoca quanto as categorias *liberdade* e *causa*. Admite-se atualmente, portanto, que o problema se remete ao "papel do aparelho conceitual na construção da ciência" [483]. Assim, sabe-se em história que elementos e aspectos dos mais diversos podem constituir o fato histórico, não havendo, portanto, uma identidade entre *res gestae* e *rerum restarum*[484].

Apesar dessa consciência epistemológica da história, que se pode também encontrar nos avanços da teoria jurídico-analítica do crime, as tradições teóricas da investigação criminal parecem ainda não se ter apercebido de que o fato criminoso não é mais mero fato, em bruto, objetivamente colhido. A concepção objetiva do crime, puramente descritiva e valorativamente neutra, como o pretendiam sustentar antigas doutrinas naturalistas, cederam após a irrupção do neokantismo filosófico, dando lugar a concepções teleológico-finalista, em que se reconhecem elementos normativos e subjetivos no crime[485], revelando sua complexidade ontológica do objeto que decorre da teoria com que se compreende. E assim como acontece na pesquisa histórica, também na investigação criminal, é necessário ter em consideração o contexto no qual se insere o acontecimento nas suas relações com uma totalidade definida segundo um *sistema de referência*, para podermos distinguir entre o fato historicamente significante ou insignificante[486].

[482] N. Abbagnano, *Dicionário de filosofia,* 2003, p. 499ss.

[483] A. Schaff, *Verdade e história,* 2000, pp. 168-170.

[484] A. Schaff, *Verdade e história,* 2000, p. 171.

[485] A respeito, cf. J. F. Caballero, *Teoría del delito,* 1993, p. 179ss.

[486] A. Schaff, *Verdade e história,* 2000, p. 173ss.

Pensemos, por exemplo, no princípio da insignificância penal como uma problematização dos critérios de seleção dos fatos passados, relativamente ao tipo penal. Essa significância, em história, implica uma *escolha*, inevitavelmente, o que se faz com base no sistema de referência, que estabelece o quadro no qual se operam seleção inicial e valoração final. Portanto, não há fatos simples, unidades separáveis, que se colhem sem maiores questionamentos: isso é uma ilusão. O que há é uma abstração da complexidade da realidade concreta. Não é o fato que é simples ou complexo, somos nós que operamos parcialmente, temos interesse apenas em parte do fenômeno. É por isso que, na investigação criminal, tendo por base um *sistema de referência jurídico-legal*, interessa imediatamente apenas os elementos que são suficientes à hipótese típica. E tudo o mais é ignorado, embora se reconheça o caráter limitado dessa visão do mundo.

O crime como fato histórico, nesse sentido, portanto, não pode ser considerado falso ou verdadeiro. É preciso distinguir entre fato acontecido (ou crime ocorrido) e fato histórico (ou crime histórico, digamos assim). É este fato histórico que, assim como se apresenta no estudo da história, representa o objeto de pesquisa da investigação criminal, que em relação ao fato acontecido é "um equivalente deformado numa certa perspectiva". A questão do crime como fato histórico não se põe apenas no plano ontológico, mas também no gnosiológico, e nesse sentido, põe-se o problema do sujeito da investigação e da objetividade do conhecimento. Não há, portanto, fatos em bruto em história, como não há em investigação criminal. O que consideramos um fato criminoso passado, como um fato histórico, é uma constituição com base na seleção das suas componentes, pela definição dos limites temporais, espaciais e substanciais, que se conclui com uma interpretação e inserção num contexto mais vasto. Essa seleção, que se faz por critérios nem sempre explícitos, decorre da teoria preliminar a essas atividades, o que em investigação criminal é talvez mais simples de compreender que em história, porque a teoria jurídica do crime se apresenta como um instrumento operativo indispensável.

Afinal, o crime como fato histórico torna-se não apenas a premissa, mas sobretudo o resultado da investigação. Trata-se de "uma construção científica"[487] do objeto de pesquisa que, na investigação criminal, é antecipada pela construção legislativa do crime (princípio da legalidade), que vai

[487] A. Schaff, *Verdade e história*, 2000, pp. 183-189

condicionar a seleção probatória, cuja interpretação valorativa terá ainda a intervenção dogmática da doutrina (teoria jurídico-analítica), nas decisões sobre a verdade e a prova. A investigação criminal, portanto, assim como acontece na pesquisa histórica, ao proceder à seleção dos fatos que lhe interessam, configurados no conjunto de provas colhidas, a partir de uma hipótese típico-legal que vem pré-estabelecida por um sistema de referência jurídico-penal, responsável pela "orientação da seleção dos materiais históricos que constituem o fato dado"[488]. Mas essa orientação jurídico-teórica precisa ter em conta a complexidade ontológica do objeto de investigação, segundo a teoria egológica do direito penal.

## O crime como "objeto cultural egológico"

O crime é um "objeto cultural egológico", cuja complexidade ontológica se vai revelar no plano gnosiológico da diversidade de métodos necessários ao seu conhecimento na investigação criminal[489].

Jorge Frias Caballero considera que o crime é "conduta humana e, portanto, é um objeto cultural egológico e não um objeto natural, nem ideal, nem psicológico"[490]. Mas não significa que o natural, o ideal e o psicológico não estejam presentes em sua estrutura, apenas não constituem o seu ser essencial. A partir da noção ontológica de que há objetos de diversas naturezas (materiais, ideais, culturais, psicológicos e metafísicos), observa que os objetos culturais são produtos do fazer humano, cujo objetivo é satisfazer uma finalidade valiosa para a vida. Tais objetos estão no tempo e espaço, na história e na experiência, mas seu ser essencial, sua estrutura ôntica, não se esgota na base naturalística que lhes serve de substrato, mas sim no sentido valioso que o homem imprime no fragmento da realidade. Entre esses objetos culturais, contudo, é possível distinguir entre os *mundanos* e os *egológicos*. Enquanto os "mundanos" seriam objetos reais integrados no mundo da cultura, como utensílios, instrumentos, livros, obras de arte e edifícios; os *egológicos*, por sua vez, embora decorram do viver e atuar humano, não se esgotam na corporificação real. É certo que também

488 A. Schaff, *Verdade e história*, 2000, p. 190.

489 A respeito desse ponto, cf. J. F. Caballero, *Teoría del delito*, 1993, especialmente "Pressupuestos filosóficos de la teoria del delito en el Estado de Derecho" (pp. 69-121), bem como nosso E. S. Pereira, "Direito penal e investigação: convencionalismo e dogmatismo no conceito de crime como objeto de investigação criminal", *RBCCrim n. 101*, 2013, p. 283-316.

490 J. F. Caballero, *Teoría del delito*, 1993, p. 76ss (tradução nossa).

nesses objetos há uma base real, um substrato naturalístico, mas seu ser essencial não se esgota nessa corporificação, mas sim no sentido valioso que há conforme o sentido conferido pelo homem. É nesse tipo de objeto que se situa o crime, como *objeto cultural egológico,* cuja concepção nos permite melhor compreender a antiga disputa ontológica das escolas penais.

As antigas discussões entre as escolas penais, nesse sentido, podem ser compreendidas como uma disputa sobre a proeminência de elemento com que se constitui o conceito de crime. Assim, enquanto a *Escola Clássica* enfatizava o aspecto normativo do crime, a *Escola Positivista* enfatizava o seu aspecto fático. Mas nem uma nem a outra ignorava os demais aspectos do crime, antes apenas enfatizavam aspectos com que pretendiam constituir um programa político de direito orientado por valores que lhes interessavam fundamentalmente. A concepção de crime com que Francesco Carrara desenvolvia o seu programa de direito criminal tinha por objetivo enfatizar a relação formal de contradição entre o *fato do crime* e a *norma do crime,* valendo-se de uma abstração lógico-formal do direito que se colocava distante da realidade prática, mas pretendia assegurar certos direitos liberais contra o poder punitivo. A concepção positivista do crime, diversamente, recorria ao substrato real do crime, reduzindo-o a uma entidade naturalista com que pretendia evidenciar as relações causais entre condicionantes biológicas, psicológicas e sociológicas e a prática do crime como sintoma de uma personalidade perigosa. O crime se apresentava, então, como um fato real, um fato natural, uma entidade de fato. Quando, então, a *Terza Scuola* vem enfatizar o caráter social do crime, abriram-se as portas necessárias para a compreensão do crime como fenômeno complexo, que teriam nas perspectivas político-criminais uma ênfase nos valores coletivos da sociedade[491]. Assim, no conjunto, as perspectivas teóricas do direito penal, da criminologia e da política criminal apenas representam aspectos relevantes para a compreensão global do crime, na qual muitas outras ciências acrescem.

É nesse sentido que Jorge de Figueiredo Dias fala da necessidade de uma "ciência conjunta do direito penal". Assim, embora ao jurista ainda a dogmática jurídico-pena se apresente como seu ponto de partida, o que não se pode abandonar em razão da irrecusável constituição legal do crime no

[491] M. A. Vaccaro, *Origem e funções das Escolas Penais,* 2004; E. Ferri, *Princípios de direito criminal,* 2003, pp. 45-68.

tipo penal, na experiência da vida jurídica que se encontra além da acadêmica compreensão do crime, é preciso que se tenha em conta seriamente o conjunto de ciências abrangentes do crime, se o queremos conhecer em toda sua complexidade, o que é pressuposto necessário de uma investigação criminal. Atribui-se a Franz von Lizt o mérito de ter compreendido a relação entre direito penal, criminologia e política criminal, suscitando a ideia de uma "ciência conjunta", penal qual "qualquer uma das suas três vertentes seria em último termo relevante para a tarefa de aplicação do *direito* penal e, por aí, para a tarefa sociopolítica de controlo do fenômeno do crime". Não significa, contudo, que se ponha o direito penal na dependência de qualquer perspectiva puramente fática ou valorativa do crime, com desconsideração da norma, mas esta é inevitavelmente inspirada em concepções do fenômeno criminal, tanto na criação quanto na aplicação da lei penal, que por sua vez também inspira as discussões criminológicas e político-criminais. É, por isso, que, em lugar de discutir qualquer relação de dependência ou proeminência, o melhor é falar em interdependência entre as diversas perspectivas. Em resumo, diz-se, portanto, que "política criminal, dogmática jurídico-penal e criminologia são assim do ponto de vista científico, três âmbitos autónomos, ligados, porém, em vista do integral processo da realização do direito penal, em uma unidade teleológico-funcional"[492].

As implicações dessa concepção do crime se observam desde logo no plano da dogmática jurídico-penal, que se esforça por estabelecer categorias teóricas analíticas que possam assimilar essa diversidade ontológica, mas também repercute no plano metodológico de conhecimento do crime como objeto de investigação criminal. Afinal, por mais que a dogmática se empenhe em discutir teoricamente a complexidade do crime, criando categorias como tipicidade, antijuridicidade e culpabilidade, tudo isso precisa se colocar em uma perspectiva prática que considere as possibilidades de investigação dos diversos elementos com que se estrutura o crime como objeto do processo penal. Qualquer teoria jurídica do crime que apenas considere abstratamente os seus elementos, sem referência a dados imediatos da realidade e sua possibilidade de discussão intersubjetiva, tende a perder-se nos escaninhos solipsistas do jurista. É, portanto, tarefa de uma teoria da investigação criminal, embora tendo em conta as

[492] J. Figueiredo Dias, *Direito Penal – Parte Geral, Tomo I*, 2007, pp. 18-41.

concepções jurídicas do crime, colocar em evidência a sua especificidade ontológica como objeto de uma pesquisa em consonância com os métodos possíveis de apreensão cognitiva. E veremos em que sentido essa relação é efetivamente problemática, a considerar a complexidade ontológica do crime.

Assim, portanto, embora possamos admitir a concepção ontológica do crime como objeto cultural egológico que nos oferece J. Frias Caballero, não podemos consentir com a sua redução metodológica que remete apenas à *compreensão* como método apropriado e suficiente à natureza do objeto. Esse método, que se encontra na doutrina das ciências histórico-sociais de W. Dilthey, embora partindo do substrato material que lhe serve de base, segue na busca pelo sentido de valor ou desvalor no qual se encontra a essência do que interessa, voltando ao substrato em um movimento contínuo e mesmo circular para chegar à compreensão, de forma sucessiva e crescente, até a compreensão final completa do sentido do objeto[493]. Trata-se de método que efetivamente tem lugar na cognição do crime, mas não lhe podemos conferir o papel fundamental na cognição do crime, afinal, como teremos oportunidade de melhor discutir com detalhes, esse método constitui apenas parte do que é necessário para a investigação do crime, a considerar a sua complexidade ontológica.

É que, sendo o crime uma integração entre *natureza* e *espírito*, que se consolida no plano normativo do direito como expressão humana da *cultura*, a sua compreensão ontológica pede que nos aprofundemos na sua tridimensionalidade jurídica, como fato, valor e norma[494].

## A tridimensionalidade jurídica do crime

O crime como instituição jurídica se compreende como fato, valor e norma penal. A partir da noção ôntica do direito como objeto cultural, Miguel Reale sustenta que "o Direito é uma realidade, digamos assim trivalente ou, por outras palavras, tridimensional. Ele tem três sabores que não podem ser separados um dos outros. O Direito é sempre fato, valor e norma, para

[493] J. F. Caballero, *Teoría del delito,* 1993, p. 78s.

[494] M. Reale, *Teoria tridimensional do direito,* 1994. Assim como Carlo Cossio, cuja teoria serve de base a Jorge Frias Caballero, a teoria de Miguel Reale se situa no mesmo *culturalismo jurídico,* que enfatiza os valores do direito, advertindo que alguns adquirem uma importância maior, segundo os influxos ideológicos de cada época e conforme a problemática social de cada lugar (M. H. Diniz, *Compêndio de Introdução à Ciência do Direito,* 2001).

quem quer que o estude, havendo apenas variação no ângulo ou prisma de pesquisa"[495].

A norma jurídica em geral – assim como a norma penal incriminadora em específico – apresenta-se sempre como um modelo de estrutura tridimensional, em que as diversas facetas do fenômeno jurídico estão em relação dialética. Assim, podemos ter uma "visão integral do direito", bem como do crime como fenômeno jurídico. Portanto, tendo em conta essa tridimensionalidade, devemos compreender que: "a) onde quer que haja um fenômeno jurídico, há, sempre e necessariamente, um *fato* subjacente (fato econômico, geográfico, demográfico, de ordem técnica etc); um *valor*, que confere determinada significação a esse fato, inclinando ou determinando a ação dos homens no sentido de atingir ou preservar certa finalidade ou objetivo; e, finalmente, uma *regra* ou *norma*, que representa a relação ou medida que integra um daqueles elementos ao outro, o fato ao valor; b) tais elemento ou fatores (*fato*, *valor* e *norma*) não existem separados um dos outros, mas coexistem numa unidade concreta; c) mais ainda, esses elementos ou fatores não só exigem reciprocamente, mas atuam como elos de um processo (...) de tal modo que a vida do Direito resulta da interação dinâmica e dialética dos três elementos que a integram"[496].

A partir dos elementos constitutivos da teoria tridimensional – *fato, valor e norma* – M. Reale relaciona, respectivamente, os planos de *eficácia*, *fundamento* e *vigência* do direito às concepções científicas do *sociologismo jurídico*, *moralismo jurídico* e *normativismo jurídico*. Assim, igualmente, em relação ao crime como fenômeno jurídico, podemos relacionar ao *fato, valor e norma*, respectivamente, às concepções da *criminologia*, da *política criminal* e do *direito penal (ou dogmática jurídico-penal)*, como concepções teóricas acerca do crime.

A considerar, portanto, os pressupostos da teoria tridimensional do direito, podemos sustentar que o crime não é apenas um fato que se possa

[495] M. Reale, *Teoria tridimensional do direito*, 1994, p. 121.

[496] M. Reale, *Teoria Tridimensional do Direito*, 1994, p. 121ss, explica que: "Tal concepção cessa de apreciar fato, valor e norma como *elementos separáveis* da experiência jurídica e passa a concebê-las, ou como perspectivas (Sauer e Hall) ou como *fatores* e *momentos* (Reale e Recaséns) ineliminàveis do direito: é o que denomino 'tridimensionalidade específica", sendo que a de Sauer apresenta mais caráter estático ou descritivo; a segunda se reveste de acentuado cunho sociológico, enquanto a minha teoria procura correlacionar dialeticamente os três elementos em uma unidade integrante, e Recaséns Siches a insere no contexto de sua concepção de *logos del razonable*".

encontrar em alguma concepção natural de ilícito nem apenas a norma que se pode encontrar na concepção formal do tipo penal hipoteticamente previsto em lei, tampouco a mera aspiração de valor que se situa na ideia de tutela de bens jurídicos que se podem encontrar em alguma concepção social de delito. O crime é o conjugado de fato, norma e valor – por isso a sua complexidade ontológica. É com base nessa concepção que podemos desenvolver toda a discussão sobre o crime como objeto da investigação, tendo em conta as seguintes distinções que, embora não sejam incomunicáveis, se devem fazer como dimensões de compreensão interligadas:

a) *A dimensão fática do crime* encontra no conceito de *corpus delicti* o dado imediato da realidade como fenomenologia criminal (que é um capítulo da criminologia) com que se depara a investigação criminal, mas dificilmente poderá ser apreendido diretamente como fato em si, sem qualquer sistema de referência conceitual, que vamos encontrar inicialmente na hipótese típica da lei penal, sendo esta portanto um aspecto inseparável do objeto. Essa relação entre corpo de delito e tipo penal se encontra inclusive na construção teórica da tipicidade, que em sua concepção material vai exigir referência a condutas, sujeitos e resultados[497]. Apesar de sua primariedade ontológica, que o torna o objeto imediato da investigação criminal, é relevante que se tenha em conta, portanto, que ele somente é cognoscível a partir da legalidade do objeto com toda a carga valorativa que se pressupõe na estrutura típica formal.
b) *A dimensão valorativa do crime,* que vem pressuposta na tipicidade legal, encontra da discussão acerca dos *bens jurídicos* o fundamental das razões da tutela penal, embora a noção de bem possa oscilar da proteção a interesses individuais e concretos até interesses coletivos e abstratos, segundo as diversas funcionalidades postuladas pelas orientações axiológicas da política criminal, que tendem a ponderar valores diversos decorrentes de perspectivas múltiplas acerca dos direitos fundamentais no direito penal. A aspiração moderadora do valor, que se coloca entre fato e norma, está presente tanto no

[497] R. L. Tucci, *Do corpo de delito no direito processual penal brasileiro,* 1978, p. 5: "E isto, por certo, em virtude de originar-se o conceito de *tipo delitivo* do tradicional de *corpus delicti,* sua proclamada raiz histórica, no sentido primeiro de correspondência a toda *ação punível,* ou seja, ao *fato objetivo*"

momento da legislação penal, como inspiração normativa, quanto no momento da jurisdição penal em que a aplicação da lei é inspirada por teorias diversas do crime, especialmente na conclusão da investigação criminal, porque dela depende a operação final de imputação jurídico-penal com que se atribui alguma responsabilidade penal ao autor do crime investigado.

c) *A dimensão normativa do crime* é, portanto, o ponto de convergência de elementos fáticos e valorativos, que se situam imediatamente no tipo penal, no qual devemos identificar as condições formais e materiais da investigação. O tipo penal, em sua legalidade essencial, assume-se como a hipótese formal de partida da investigação, com a qual se compõem outras perspectivas hipotéticas acerca de como o crime foi praticado (criminologia) e como possivelmente se encontra em registros e vestígios que constituem as bases probatórias de *justificação* da *verdade* que se diz acerca do objeto.

É com base nessa concepção tridimensional do crime como instituição jurídica que passamos a discutir o objeto da investigação criminal, em sua complexidade ontológica fundamental.

# 10
# O OBJETO DA INVESTIGAÇÃO E SUAS HIPÓTESES

**"Corpus delicti": os dados imediatos da realidade**
A compreensão fática do crime nos exige resgatar o conceito de "corpus delicti", como elemento de conexão entre direito penal e direito processual penal, segundo o estágio teórico desses dois ramos jurídicos que se colocam em diálogo no desenvolvimento da atividade investigativo-criminal[498]. A relevância da compreensão desse conceito está em que ele constitui o objeto imediatamente disponível à investigação criminal, sem o qual esta se tornaria um exercício de conhecimento hipotético que se perde entre formalidades e pensamentos. O corpo de delito, nesse sentido, consiste nos *dados imediatos da realidade* com que se discute a existência de prova da realização do tipo penal.

O *corpus delicti* é um conceito medieval que tem sua origem na doutrina de antigas leis germânicas, nas quais se encontram referências ao exame do corpo da vítima, vindo depois a legislar-se na Inglaterra, seguindo-se por outros tantos países até transformar-se em conceito comum de diversos sistemas legais europeus, chegando à legislação dos países americanos e sobretudo alcançando papel de fundamental importância no direto penal do Estado de Direito na compreensão taxativa do princípio da

[498] A respeito do tema "corpo de delito", cf. L. R. Tucci, *Do corpo de delito no direito processual penal brasileiro,* 1978; J. M. Almeida Jr. *O processo criminal brasileiro,* Volume II, 1959, Título I (pp. 7-43); R. Plascencia Villanueva, *Teoria del delito,* 2004, p. 85ss; R. Plascencia Villanueva, "Cuerpo de delito", *Cuadernos de la Judicatura, n. 7,* 2001; G. A. Urosa Ramírez, "Consideraciones críticas en torno al cuerpo del delito en matéria federal", *RFDM, n. 241,* 2003.

legalidade[499]. Há, contudo, notícias mais antigas que o reconhecem desde o Direito Romano, no qual se postulava o princípio *actio no datur nisi constet de crimini*, em que se exigia antes a prova do corpo de delito para que se pudesse depois discutir a autoria do crime, mesmo no período acusatório das *questiones perpetue*, a considerar o risco de imposição de pena pela *delatio criminis* improcedente[500].

A exigência de corpo de delito se torna especialmente forte no direito canônico, quando são abolidas as antigas formas de acusação e disputas, especialmente quando se encontrava um cadáver e se cogitava sobre a possibilidade de fato criminoso. É quando se introduz no processo criminal, por obra de Inocêncio II (Decreto de 1214), a necessidade de inspeção ocular pelo juízo e de perícia médica, visando a estabelecer-se o corpo de delito, o que se estendeu depois a todos os "delitos de sangue", tendo evoluído gradativamente com os avanços da medicina, sobretudo quando passou da simples inspeção externa para o exame das entranhas por necroscopia[501].

É, contudo, no direito laico da Idade Média que a prática de investigação com base no corpo de delito se tornou mais persistente, especialmente no direito germânico e no direito inglês. Mas foram os jurisconsultos italianos do século XIV, especialmente os práticos napolitanos do século XV, que passaram a considerar o corpo de delito como "fundamento de todo o processo penal"[502], chegando a estabelecer-se no século XVI, por Júlio Claro Alexandrino, o princípio geral de processo penal, segundo qual *debet in primis constare iudici et in actis de corpore delicti*. Quando, então, o *Code d'Insstruction Criminelle* de 1808 retoma o antigo princípio (*actio non datur nisi constet de corpoe delicti*) para estabelecer o processo misto, o corpo de delito se transmite a toda a cultura jurídica ocidental como um conceito geral do direito[503].

O direito brasileiro afirma o conceito desde uma *Instrução de 4 de novembro de 1825*, cuja ideia geral se repete em toda a nossa história do processo

499 Cf. R. Plascencia Villanueva, *Teoria del delito*, 2004, p. 85ss; L. R. Tucci, *Do corpo de delito no direito processual penal brasileiro*, 1978, p. 5ss.

500 L. R. Tucci, *Do corpo de delito no direito processual penal brasileiro*, 1978, p.24ss

501 L. R. Tucci, *Do corpo de delito no direito processual penal brasileiro*, 1978, p. 30ss.

502 É nesse sentido que J. J. C. Pereira e Sousa, *Primeiras Linhas sobre o Processo Criminal*, MDCCC, p. 40, afirmava que: "O corpo de delicto he a base de todo o procedimento criminal sem o qual este não subsiste

503 L. R. Tucci, *Do corpo de delito no direito processual penal brasileiro*, 1978, p. 35ss.

penal, vindo expressamente no Código de Processo Criminal de 1832 previsto no capítulo sobre a forma do processo, em seu art. 134 que: "Formar-se-há auto de corpo de delicto, quando este deixar vestígios; não existindo porém vestígios, formar-se-há o dito auto por duas testemunhas que deponham da existência do facto, e suas circunstâncias"[504]. E ainda atualmente persiste no Código de Processo Penal de 1943: "Quando a infração deixar vestígios, será indispensável o exame de corpo de delito, direto ou indireto, não podendo supri-lo a confissão do acusado" (art. 158).

***"Corpus criminis", "corpus instrumentorum" e "corpus probationem"***

O conceito, contudo, embora de uso generalizado, tem adquirido sentidos variados. Identifica-se, na doutrina em geral, três sentidos de corpo-delito: (a) como o *fato objetivo*, tanto o permanente como o transitório, inserto em cada crime, ou seja, a ação punível descrita em toda e qualquer infração penal; (b) como *o efeito material* que os delitos permanentes deixam depois de perpetrados; ou, ainda, (c) como *qualquer rastro ou vestígio* de natureza real, que se conserva como registro da ação material perpetrada. Mas, em síntese, trata-se de identificar o corpo de delito com alguma materialidade em geral, distinguindo-se os crimes em *delicta facti permanentis* e *delicta facti transeuntis*, segundo deixem ou não vestígios e rastros. É o que sugere a palavra *corpo* com a qual se pretende recorrer ao conhecimento sensível do crime, o que explica a definição de João Mendes de Almeida Júnior: "*Corpo de delito* é o conjunto de elementos sensíveis do fato criminoso"[505]

Tendo em conta essa concepção, convencionou-se enquadrar os elementos do corpo de delito em três grupos: *(a) corpus criminis* – a pessoa ou coisa sobre a qual se realizou o ato proibido pela lei, como objeto da conduta (sujeito passivo, ou objeto material); *(b) corpus instrumentorum* – os instrumentos utilizados, as coisas com as quais e cometeu ou tentou cometer o fato delituoso (meios de ação); *(c) corpus probationem* – as chamadas "peças

[504] L. R. Tucci, *Do corpo de delito no direito processual penal brasileiro*, 1978, p. 47ss.

[505] J. M. Almeida Júnior, *O processo criminal brasileiro, Volume II*, 1959, p. 7; N. F. Dei Malaesta, *A lógica das provas em matéria criminal*, 1927, p. 645, fala em "tudo o que representa a material extrinsecação e a aparição física do delito".
Essa é a concepção de G. A. Urosa Ramírez, "Consideraciones críticas en torno al cuerpo del delito en matéria federal", 2003.

de convicção", nas quais se encontram vestígios, rastros e sinais deixados pelo sujeito ativo do crime[506].

O *corpus criminis* é, dentre todos, a base fundamental do conceito; é o corpo de delito em sentido estrito. A depender do tipo de crime, ele consiste em coisas como uma moeda falsa, um documento adulterado, publicações injuriosas, uma fotografia pornográfica, os registros de acesso na internet, entre tantos que representam o evento material permanente do crime; mas pode consistir também em corpos de cadáveres no homicídio e no aborto do feto, nas lesões físicas das agressões ou da retirada de um órgão. A considerar, portanto, todos esses crimes com as diversas possibilidades de cometimento, qualquer instrumento que se tenha utilizado em sua prática constituem o *corpus instrumentorum*. Assim, a arma branca ou de fogo, qualquer objeto que se tenha utilizado para produzir a lesão mortal ou não à vida humana, alguma substância química que se tenha manipulado, uma impressora ou um computador, bem como tudo mais que se possa constituir em instrumento específico do crime em investigação. Mas tudo quanto mais se possa habilitar como relevante ao conhecimento do crime e seu autor, qualquer vestígio que se possa relacionar com a prática do crime, ainda que não integre qualquer elemento do tipo penal, pode servir de *corpus probationem*. Assim, provas das diversas circunstâncias do crime podem conter dados que relacionam algum sujeito ao objeto investigado, como a roupa usada pelo suspeito na noite do crime, na qual se encontre respingos de sangue que se possam submeter a comparação com o sangue da vítima, ou apenas dados de comunicação entre o executor e o mandante de um homicídio ou qualquer outro crime em que figurem partícipes, bem como com o receptor de um bem roubado ou qualquer outro integrante de uma associação criminosa.

A diversidade do corpo de delito, assim considerado como "o conjunto dos elementos físicos ou materiais, principais ou acessórios, e permanentes ou temporários"[507], que nos servem ao conhecimento do crime se concentra no conceito processual da fase de averiguação que se chamava corpo de delito, como atividade instrutória, que por vezes assume a natureza cautelar, cuja finalidade era evidenciar o fato punível. É essa perspectiva

[506] R. Plascencia Villanueva, *Teoria del delito*, 2004, pp. 86-88; N. F. Dei Malaesta, *A lógica das provas em matéria criminal*, 1927, p. 645ss.

[507] L. R. Tucci, *Do corpo de delito no direito processual penal brasileiro*, 1978, p. 70.

processual do corpo de delito que permite um redimensionamento do conceito, porque exige não apenas averiguar e constatar, mas sobretudo documentar o corpo de delito com vistas a permitir a discussão probatória que se desenvolve a respeito de tudo quanto tenha sido reunido para demonstração do crime. É quando, então, o corpo de delito se assume em sentido ético-liberal, como um pressuposto de garantia do processo, a considerar que somente com base em elementos materiais mínimos se pode submeter alguém a acusação penal pública[508]. Mas, nesse caso, a concepção clássica precisa abrir-se a atualização teórica conforme a evolução da doutrina jurídica do delito no século XX.

### *Atualização conceitual do "corpus delicti"*

A respeito da concepção clássica, observou-se que, ao enfatizar o *elemento objetivo*, ela excluía todo e qualquer *elemento subjetivo* – porque em consonância com uma teoria causal do crime, em que se distinguia em absoluto a face objetiva da subjetiva, esta contida apenas na culpabilidade –, bem como o *elemento normativo* do tipo. Essa é certamente uma das razões por que a noção de corpo de delito se foi deixando esquecer – embora tão importante para a investigação criminal do processo penal –, cedendo à noção legal de tipo penal, com ênfase no direito penal. Entretanto, é preciso entender que o corpo de delito constitui ainda um elemento do tipo penal, com relação ao caráter objetivo deste, apesar dos elementos também subjetivos e normativos. O tipo penal, nesse sentido, seria como que um continente, aquilo que contém o corpo de delito. E com base nessa concepção, o corpo de delito acaba se esgotando na primeira dimensão necessária (fática), a partir da qual é possível considerar o crime sob os demais aspectos (valorativo e normativo).

Contudo, noutro sentido, encontra-se quem sustente que o corpo de delito seja todo elemento relativo ao fato do crime, mas não necessária e exclusivamente material, sim qualquer elemento que componha toda a descrição típica – seja com elementos objetivos, subjetivos ou normativos. A considerar que todos esses elementos compõem o tipo penal, diante da necessidade de prova de todos os elementos do crime, todo esse conjunto de provas seria o corpo de delito. Fala-se, assim, em "elementos plenários

[508] A respeito dessa perspectiva, cf. L. R. Tucci, *Do corpo de delito no direito processual penal brasileiro*, 1978, p. 76ss; p. 81ss.

do tipo"[509]. O problema é que o elemento subjetivo se conhece por inferência do conjunto de provas, não por prova diretamente observável, assim como os elementos normativos que se supõem conhecidos ordinariamente, mas decorrem de uma valoração pessoal.

Essa, portanto, não nos parece uma compreensão adequada (ou mesmo possível) à investigação criminal – não obstante termos de trabalhar com a noção de tipo penal com elementos objetivos, subjetivos e normativos. A questão que se coloca frente a essa noção de corpo de delito – a envolver elementos objetivos, subjetivos e normativos – concerne à dificuldade de constatação e demonstração de elementos que não sejam materiais, mas isso é um problema de prova, para o qual precisamos de uma adequada *teoria das provas criminais* orientada à prática da investigação criminal, em consonância com a *teoria dos significados dos elementos dos tipos penais* que lhe sirva de base, sem desconsiderar qualquer elemento.

É, portanto, necessário considerar o corpo de delito, não como o espelho fático completo do tipo penal, mas sim como fato do crime, ou em termos mais preciso, *a evidência fática da prática do crime*; em síntese, o corpo de delito é tudo que, uma vez externalizado, estando em forma de vestígio ou registro, possa contribuir para a compreensão fática do crime, ainda que não se identifique com todos os elementos objetivos do crime, ou que, mesmo se identificando, não exclua a necessidade de averiguar os demais elementos – subjetivos e normativos – tendo por referência o corpo de delito. Afinal, é esse corpo de delito que lhe serve de suporte fundamental, pois os elementos subjetivos e normativos não podem ser hauridos do nada, ou em conflito com as conclusões acerca dos elementos objetivos. Daí porque a pragmática da investigação criminal se dirige essencialmente a localizar e reunir os elementos do corpo de delito (em um sentido material, os objetos), e à sua falta localizar e reunir quem os possa representar por conhecimento (testemunhas e demais sujeitos que interessam ao processo).

O certo, sobretudo, é que a instância fática, embora possamos recorrer à noção de corpo de delito, não esgota a compreensão do crime. Embora seja o ponto de partida, não se pode extrair exclusivamente dos fatos a compreensão do crime, embora deles seja necessário partir. É que, sendo

[509] Essa é a concepção de G. A. Urosa Ramírez, Consideraciones críticas en torno al cuerpo del delito en matéria federal, 2003, p. 306.

o fato do crime um dado do passado (como em geral sói ocorrer na grande maioria das investigações), somente os *vestígios deixados pela ação* (o que deixou marca, *v.g.* a lesão de uma ofensa física) ou os *registros da ação* (ainda que não tenham deixado marca, *v.g.* a gravação de voz de uma ofensa moral, ou apenas o testemunho de um terceiro que presenciou a ação) é que nos confirmam a *notícia* de que um crime foi cometido. Assim, parece-nos que o conceito de corpo de delito, embora indispensável à compreensão fática do crime, não pode, contudo, ser confundido ou espelhado na noção de tipo, em sua integralidade, devendo circunscrever-se aos elementos materiais que, após a prática do crime, a este remetem, sejam para compor o tipo legal, seja para apenas sustentar as circunstâncias em que ele foi cometido, ainda que estejam fora do tipo. Dessa forma, *o corpo de delito é tudo que representa a externalização da conduta*, composta tanto de elementos objetivos que compõem o tipo legal, como de outros que apenas circunscrevem a conduta típica, embora contribuam para a confirmação desta.

### *A face processual do "corpus delicti"*

Assim, entenda-se como espalhamento absoluto ou parcial com o tipo penal, a compreensão fática do crime nos exige ter em mente que *é pressuposto de uma investigação criminal a notícia de um fato* (*notitia criminis*) que, antes de ser enquadrado tipicamente como crime em sentido formal, possa ser constatado pelo seu *corpo de delito*, no qual se encontram *vestígios ou registros, físicos ou psíquicos*, Isso nos remete para a compreensão processual do corpo de delito, especificamente para a atividade comprobatória do corpo de delito. Não sem razão, houve tempo em que a fase processual de formação do corpo de delito se chamava por metonímia de corpo de delito[510].

É, nesse sentido, importante distinguir o corpo de delito em sentido estrito (*corpus criminis*), que constitui a parte objetiva imprescindível de certos crimes materiais, do corpo de delito em sentido amplo (*corpus probationem*), porque este nos permite uma abrangência de dados probatórios que podem incluir até mesmo testemunhas. Afinal, não é apenas o vestígio meio hábil de prova ao conhecimento do crime. Também os diversos regis-

[510] A respeito, L. R. Tucci, *Do corpo de delito no direito processual penal brasileiro*, 1978, p. 14: "...na sua acepçãoestritamente processual, *corpo de delito*, – expressão multissecular e, não obstante, imperfeitamente adotada para significar, ao invés do *objeto* da constatação, a *própria atividade constatatória*, – diz com a necessidade de cognoscer e documentar, procedimentalmente, mediante a observância de regras específicas, a rática criminosa..."

tros que se tenham feito ao tempo do crime podem servir ao seu conhecimento. Embora nos sugiram uma maior convicção cognitiva os registros físicos, também estes não nos dispensam a necessidade de interpretação, que apenas vai exigir uma mais discussão sobre a credibilidade subjetiva do meio de prova testemunhal. Ademais, é certo que mesmo nas espécies de crime que deixam vestígios, a legislação processual penal tem sempre admitido que se faça um exame de corpo de delito indireto, aceitando a prova testemunhal, ainda que subsidiariamente. Ademais, não se pode ignorar a possibilidade de essa testemunha se qualificar como um *corpus intrumentorum,* na hipótese de ter sido ela usada como instrumento no caso de menor aliciado para a prática de crime, ou até mesmo como um *corpus criminis,* na hipótese de ter sido ela objeto de violação sexual que não tenha deixado vestígios, em razão do tempo decorrido entre o crime e sua notícia, faltando outra qualquer pessoa que o possa testemunhar.

Ao final, portanto, todo esse conjunto de elementos será a base fático-probatória de que decorre a possibilidade de concluir acerca dos demais elementos do crime que se encontram em sua tipicidade legal, o que, contudo, não significa que todos os elementos reunidos tenham uma igual força probatória relativamente a todos os elementos do tipo penal. É importante insistir nessa conclusão para não cairmos no equívoco de considerar auto-evidente o conjunto do que se chama corpo de delito, ao ponto de obstruir qualquer discussão posterior. Mas que se insista também em sua imprescindibilidade processual penal[511], porque é com base nele que a investigação criminal pode avançar com suas hipóteses.

## As hipóteses da investigação criminal

Os dados imediatos da realidade, que compõem o corpo de delito, constituem apenas o ponto de partida com que a investigação precisa desenvolver-se para concluir acerca de todos os demais dados que podem configurar o tipo penal do crime, sendo geralmente necessário sair em busca de outros dados materiais que não estão à disposição imediata da investigação, mas que podem acrescer até mesmo ao próprio *corpus criminis,* porque este não

[511] A respeito, L. R. Tucci, *Do corpo de delito no direito processual penal brasileiro,* 1978, p. 5: "A noção de corpo de delito – nada obstante a impropriedade da locução como largamente utilizada, inclusive nas legislações modernas (...) – permanece atual, especialmente no âmbito do Direito Processual Penal, enfatizando sua indispensabilidade, quer nos aspecto especulativo-científico, quer no dogmático".

se encontra por completo inicialmente. E, para tanto alcançar, a investigação criminal precisa avançar com hipóteses várias.

Inicialmente, o tipo penal constitui para a investigação criminal uma *hipótese jurídica* (formal), a que se deve ajustar uma *hipótese fenomenológica* (material) a respeito do que aconteceu na realidade (*modus operandi*), visando a orientar a investigação de provas, cujo resultado também se apresenta como uma *hipótese probatória* (processual). São essas *três perspectivas da hipótese da investigação* que constituem para o investigador o seu *objeto de pesquisa*. E no centro dessa tríade se encontra o *problema da verdade* de que não se pode desvencilhar a investigação por mera apresentação dos dados, pretendendo que estes falem por si como auto-evidência do crime.

A *hipótese jurídica* que se encontra no tipo penal é o ponto de partida irrecusável, não se podendo aceitar qualquer investigação criminal a respeito de notícia crime sem alguma correlação típica. Trata-se de hipótese que se encontra previamente dada pela legislação penal que o investigador precisa ter sempre em conta. Mas essa hipótese é apenas um modelo formal que precisa ser preenchido com hipóteses de como possivelmente esse crime aconteceu. Aqui se exige o conhecimento criminológico do investigador, que tendo em conta a fenomenologia criminal de casos ocorridos e conhecidos em sua experiência, pode conjecturar acerca de possíveis modos de como o caso investigado aconteceu (*hipótese fenomenológica*), orientando-se na busca de provas. Assim, portanto, o investigador tende a imaginar que a prática de um novo crime possui sempre alguma similaridade com práticas anteriores, por vezes até imagina que o mesmo autor voltou a praticá-lo, e em algumas situações terá êxito nesse procedimento sumário. Mas é preciso insistir que essa conjectura não passa de uma hipótese de orientação para a busca das provas, nunca uma conclusão dedutiva antecipada. Estamos ainda na antessala da investigação, onde as ideias são operativas e auxiliam na tomada de decisão sobre que caminho seguir, mas se consideradas com excessiva confiança na força sugestiva do passado podem configurar apenas um dogmatismo que não admite efetivamente qualquer prova porque delas não precisa. Afinal, a hipótese formal e material dependem da adequação probatória para confirmarem-se mesmo ao investigador, permanecendo ainda a outro interlocutor da investigação como hipótese probatória.

As provas, portanto, são consideradas ainda hipóteses em dois sentidos. Antes de tudo, a investigação conjectura sobre provas que pode obter, buscando encontrá-las. Essa hipótese se encontra no primeiro passo da investigação, quando o investigador conjectura sobre algumas espécies de provas que o tipo de crime costuma deixar. É possível que não as encontre, porque sua hipótese não se confirma, ou apenas porque o investigado cuidou de exclui-las ou apenas escondê-la em algum lugar que não foi conjecturado ainda. Mas é possível também que a investigação encontre outras provas não imaginadas, embora ainda lhe sirvam para demonstrar a hipótese formal do crime, entre outros que sequer tinha ainda considerado em hipótese. Contudo, mesmo que encontre as provas conjecturadas inicialmente, exatamente como previa em sua hipótese probatória, essa permanece para outros interlocutores da investigação como uma hipótese a discutir-se ao longo do processo penal. Assim, portanto, essas provas encontradas se apresentam sempre como hipótese criminal. É uma hipótese que postula tornar-se uma tese, discutida e confirmada. A investigação criminal, como pesquisa histórico-científica, conclui-se sempre como hipótese, como conjectura que se encontra aberta a possível refutação.

A considerar que o tipo penal, entre todas essas hipóteses, como ponto de partida irrecusável constitui o conceito central que congrega tudo mais, é importante termos uma compreensão mais alargada de seu sentido jurídico, cuja legalidade formal e material constituem condições da investigação criminal. É do que tratamos em seguida.

# 11
# A TIPICIDADE DO OBJETO DA INVESTIGAÇÃO

**O convencionalismo penal: *"nullum crimen sine lege"***

O objeto da investigação criminal, partindo de sua dimensão normativa, positivada legalmente segundo uma concepção convencionalista do direito penal, traz consigo a exigência das condições de possibilidade de investigação que constituem os seus primeiros limites jurídicos (formal e material). A *dimensão normativa* do crime nos exige uma adequada compreensão da sua legalidade, com que se constituem os sistemas jurídico-penais, como pressuposto essencial da investigação criminal e condição sua de possibilidade, pois "só é possível verificar empiricamente que se cometeu um delito se, antes, uma convenção legal estabelecer com exatidão que fatos empíricos devem ser considerados como delitos"[512].

Os sistemas jurídico-penais modernos estão em geral fundados na concepção convencionalista do crime, que é igualmente um princípio constitutivo do positivismo jurídico. Entende-se, assim, por que razão "o que confere relevância penal a um fenômeno não é a verdade, a justiça, a moral nem a natureza, mas somente o que, com autoridade, diz a lei" – *auctoritas, non veritas facit legem* é a máxima que o expressa[513]. Esse princípio positivista, decorrente das doutrinas do Liberalismo político e do Estado de direito, está implícito nos regimes democráticos que se organizam a partir de uma Constituição que prevê o *princípio da legalidade* como um método

[512] L. Ferrajoli, *Direito e Razão. Teoria do Garantismo Penal*, 2002, p. 38

[513] L. Ferrajoli, *Direito e Razão Teoria do Garantismo Penal*, 2002, p. 31.

de governo[514], como o sistema jurídico-penal brasileiro que tem na lei a fonte exclusiva da norma penal incriminadora[515]. Mas essa legalidade fundamental se pode entender em duplo sentido, como mera legalidade e como estrita legalidade.

A legalidade, sobretudo nos regimes constitucionais, não se tem entendido como princípio dirigido apenas ao juiz (e demais operadores do direito a partir da lei apenas), mas também ao legislador. Nesse sentido, tem-se distinguido *princípio da mera legalidade*, que limita a ação de órgãos administrativos e do judiciário ao que somente na lei é qualificado como crime, e *princípio da estrita legalidade,* que exige do legislador uma precisão empírica na formulação legal dos crimes, na forma de uma taxatividade que corresponde a uma "técnica legislativa específica". O primeiro diz respeito a uma *questão de vigência*; o segundo, a uma *questão de validade* – e ambos devem ser considerados condições de definição do crime. O segundo aspecto da legalidade especificamente, que na tradição jurídico-penal correspondia a aspirações filosóficas que se impunham de uma perspectiva apenas externa ao sistema jurídico, na era do constitucionalismo adquire uma perspectiva interna superior, ao estabelecer pautas de valores que condicionam já não apenas a vigência da lei, mas também a sua validade.

Assim, embora o princípio da mera legalidade seja uma *condição necessária* à definição jurídica do crime, *não é, contudo, suficiente,* tanto de uma perspectiva constitucional do direito penal, quanto de uma perspectiva empírica que estabeleça condições de controle das ações estatais, como é o caso da atividade de investigação do crime. Afinal, somente é possível investigar – e, sobretudo, sem excessos e subjetivismos incontrolados –, se antes uma lei (não apenas formal, mas também materialmente concebida) definir adequadamente o crime em termos que se permitam verificar e refutar[516].

Pode-se observar, assim, em conformidade com essas questões, que, enquanto o princípio da mera legalidade é uma condição de imposição da pena, o princípio da estrita legalidade é uma condição de imposição do

[514] "Enunciado por Anselm von Feuerbach atavés de la conocida fórmula latina (*nulla poena sine lege, nulla poena sine crimine, nullum crimen sine poena legale*) aunque no fue creado por el, su moderno origem arranca de la filosofía iluminista del siglo XVIII" (J. F. Caballero, *Teoría del delito,* 1993, p. 33).

[515] Constituição Federal, art. 5º. XXXIX; Código Penal, art. 1º.

[516] Cf. L. Ferrajoli, *Direito e Razão,* 2002, p. 38.

crime, e como tal exige não apenas a garantia formal da lei, mas também garantias substanciais que orientem o conteúdo das leis, além de garantias processuais que concernem à verificação da prática do crime e à refutação das hipóteses de acusação a respeito do crime. São essas garantias que, no programa de direito penal mínimo de Luigi Ferrajoli, adquirem a condição de axiomas de um sistema garantista de direito penal[517].

Dessa forma, sob essa perspectiva abrangente do sistema penal (que abarca desde a atividade legislativa, passando pela investigativa e processual, até chegar a uma sentença condenatória), podemos proceder a uma conclusão conceitual do objeto da investigação para dizer que *crime não é apenas o que a lei diz ser, mas o que a lei diz formalmente, sob certas condições materiais constitucionais que assegurem sua a verificação empírica, bem como, após a observância de certas condições processuais, que assegurem a refutação jurídica pelo acusado*[518].

Essa concepção, assim levada ao limite das condições materiais e formais, exige que não se considere crime qualquer fato, nem seu autor um criminoso, senão após se verificar uma sentença condenatória irrecorrível. Essa visão, contudo, está em contradição com a realidade social que se antecipa com repressões informais, mediadas por veículos de comunicação imediatistas, e nos demonstra que não apenas o sistema penal é estigmatizante (no sentido do etiquetamento que encontramos no *labelling approach*[519]), mas antes a própria sociedade o é, mesmo se utilizando de suas instituições mais democráticas.

Mas a ciência do direito penal (constitucional, material e processual), sob essa perspectiva deve (ou deveria) consistir exatamente no método eficaz para minimizar e reduzir essas violências potenciais, antecipadas e informais. É, portanto, no conjunto desses princípios todos que podemos encontrar as condições formais, materiais e processuais de possibilidade de uma investigação criminal. É com base nessa compreensão da legalidade penal que podemos postular o princípio fundamental "*nulla investigatio sine crimine*", que se segue necessariamente ao "*nullum crimen sine lege*", decorrente de concepção convencionalista do direito penal.

[517] Cf. L. Ferrajoli, *Direito e Razão*, 2002, p. 73ss.

[518] No sistema axiomatizado de L. Ferrajoli, *Direito e Razão*, 2002, p. 89 (nota 6), essa concepção parece corresponder ao seu *Teorema 57: Nullum crimen sine lege, sine necessitate, sine injuria, sine actione, sine culpa, sine judicio, sine accusatione, sine probatione et sine defensione.*

[519] A respeito, cf. A. Baratta, *Criminologia Crítica e Crítica do Direito Penal. Introdução à Sociologia do Direito Penal*, 1999.

## A legalidade do objeto da investigação: "nulla investigatio sine crimine"

### *As condições formais da investigação*

Não é possível uma investigação criminal sem lei anterior que defina seu objeto, sendo, portanto, a legalidade penal uma condição formal da investigação, sem a qual a investigação não pode iniciar, tampouco seguir, impedindo que notícia de fato atípico possa justificar investigação, sob pena de confundir-se com mera inquisição-devassa.

O que distingue a investigação criminal moderna da inquisição medieval, embora mantenha seus princípios de oficialidade e verdade, é o fato de que vem antes limitada formalmente pela legalidade do seu objeto. Essa distinção essencial deveria, portanto, servir de obstáculos a tentativas de investigação criminal que pretendem adentrar na esfera de liberdade do cidadão, sem qualquer fundamento legal de proibição de seus atos.

A notícia-crime, portanto, precisa ter como hipótese típica legal um fato punível. E essa é uma objeção que se pode e deve fazer a qualquer requisição, pois se trata de ordem ilegal determinar investigação de fato que, mesmo sendo confirmado ao final da pesquisa, já se sabe atípico. É, nesse sentido, imprescindível que se tenha em conta todos os aspectos formais da legalidade como condições de possibilidade de uma investigação criminal. Em outras palavras, podemos dizer que *é nula a investigação sem crime definido por lei*, não se podendo substituir essa condição formal por mera requisição de autoridades que exija uma investigação em razão de pura especulação sobre a possibilidade de encontrar algum crime no conjunto de atos que de imediato não se apresentam como puníveis.

Ademais, a legalidade que se exige é complexa e revela vários aspectos que se devem ter em conta pela investigação criminal. A lei incriminadora, que tipifica a conduta reprovável, para realizar devidamente o princípio da legalidade, deve atender, portanto, a certas exigências que são identificadas na doutrina pelos princípios (a) *nullum crimen, nulla poena sine lege scripta;* (b) *nullum crimen, nulla poena sine lex praevia;* (c) *nullum crimen, nulla poena sine lex certa;* (d) *nullum crimen, nulla poena sine lege stricta,* que podem ser identificados, concisa e respectivamente, como (a) princípio da reserva legal; (b) princípio da irretroatividade da lei penal; (c) princípio da taxatividade e (d) princípio da proibição de analogia[520]. Esse desdobramento da legalidade nos exige distinguir, contudo, entre dois pontos de vistas, o interno e o externo.

[520] Cf. J. F. Caballero, *Teoria del delito,* 1993, p. 31ss.

*Ponto de vista interno da legalidade. A irretroatividade da lei.* O princípio da mera legalidade (formal), que se pode expressar simplesmente pela fórmula latina *nulla poena, nullum crimen sine lege,* deve ser entendido de um ponto de vista interno e tem para o jurista, segundo Luigi Ferrajoli "o valor de uma regra metacientífica"[521]. É a partir dele que se estabelece um primeiro postulado do positivismo jurídico a respeito da separação entre direito e moral. No âmbito penal, isso implica reconhecer no crime um "caráter inteiramente artificial, convencional e contingente", o que impede artifícios ideológicos de sobreposição de apriorismo moral ou natural ao (des) valor jurídico. Como tal, contudo, é um princípio que se dirige ao jurista, ao operador do direito, ao juiz especificamente, assim como igualmente ao responsável pela investigação criminal, mas não ao legislador, para o qual a legalidade estrita e os princípios de orientação material, a partir de pauta de valores constitucionais, são o caminho adequado. Dele decorre como corolário a irretroatividade das leis penais (*nulla poena, nullum crimen sine praevia lege poenali*), que impede aplicar-se a lei a fatos que lhe sejam anteriores. Dessa mesma lógica decorre a possibilidade de aplicação de leis penais posteriores mais favoráveis (retroatividade da lei penal mais benéfica) e a necessidade de aplicação de leis penais menos graves ao tempo do fato (*tempus regit actum,* que implica uma *ultra-atividade* da lei penal, embora já possa ter sido revogada ao tempo de sua aplicação). Esse princípio traz consigo a afirmação política da separação dos poderes com reserva do monopólio exclusivo do Poder Legislativo em matéria penal.

*Ponto de vista externo da legalidade.* O princípio da estrita legalidade (material), por sua vez, deve ser entendido de um ponto de vista externo ao sistema jurídico-penal, pela incorporação de valores de orientação ao legislador na construção dos tipos penais, embora pelo constitucionalismo moderno tais valores sejam colhidos diretamente no sistema, em uma instância superior de normatividade, não mais assim em orientação filosóficas, ou talvez pior ideológicas, religiosas ou puramente morais. Isso, contudo, não exclui o caráter ético da legislação penal. A respeito disso, Luigi Ferrajoli nos adverte que não se pode deduzir tautologicamente da definição formal do crime seus critérios de valor, pois esses são inevitavelmente externos à lei, mas se lhes exigem ser compatíveis com a perspectiva formal. Assim, nesse sentido, "um fato não deve ser proibido se não é, em algum sentido,

[521] L. Ferrajoli, *Direito e Razão,* 2002, p. 302.

reprovável; mas não basta que seja considerado reprovável para que tenha de ser proibido"[522]. E mais expressamente, conclui que "o princípio liberal da separação direito-moral, apesar de no plano teórico-descritivo excluir do conceito de delito qualquer conotação de tipo moral ou natural, não impede que as proibições legais sejam suscetíveis de prescrição e/ou valoração no plano ético-político". Poder-se, nesse sentido, falar de uma "ética da legislação", pois "muitos dos princípios morais que servem de base para negar a justificação de certas proibições ou para justificar certos delitos estão incorporados ao direito positivo como outros tantos limites ou condições ou princípios jurídicos de deslegitimação de uns e de legitimação de outros", como é o caso dos diversos princípios constitucionais, alguns gerais outros especificamente penais.

*Taxatividade, proibição de analogia e interpretação restritiva.* É nessa perspectiva que se apresentam certos princípios que constam (ou deveriam constar) nas Constituições políticas como critérios de orientação material da tipificação dos crimes, segundo uma perspectiva taxativa das hipóteses típicas (princípio da tipicidade que se refere à técnica legislativa de tipificação de condutas), que tem como corolário a proibição de analogia (como limitação das fontes do direito penal) e do que se segue o dever de interpretação restritiva e proibição de interpretação extensiva das leis penais.

Quanto aos critérios, contudo, não se tem entendido exatamente como uma orientação positiva sobre o que se deve tipificar, porque seria impossível prever todas as possibilidades de uma só vez, mas precisamente como critérios negativos ou limitadores, e nesse sentido garantias substanciais que orientam a necessidade de lei penal e se podem expressar pelas fórmulas *nulla necessitas sine injuria; nulla injuria sine actione; nulla actio sine culpa*, segundo proposta de Luigi Ferrajoli, que podem ser traduzidos pelos *princípios da lesividade ou ofensividade, da materialidade da ação e da responsabilidade pessoal* e nos remetem a três elementos constitutivos do delito – resultado, ação e culpabilidade[523].

É com base nesses elementos que podemos postular o *necessário caráter fático (ou empírico) das hipóteses legais*, sem os quais se tornaria impossível proceder com precisão à investigação de certos crimes. O tipo penal deve-

[522] L. Ferrajoli, *Direito e Razão*, 2002, pp. 367-360

[523] L. Ferrajoli, *Direito e Razão*, 2002, p. 75, p. 371; Cf. também G. Bettiol, *Direito penal – Parte geral*, 2000.

ria, nesse sentido, ser tanto mais objetivo quanto possível. Trata-se de uma questão de *qualidade dos tipos penais*, sem o que inevitavelmente o princípio da legalidade tende a cair na mera formalidade e ineficácia, remetendo sempre a juízo de valores sobre pessoas, e não juízo de verificação sobre fatos; ou seja, "a lei não pode qualificar como penalmente relevante qualquer hipótese indeterminada de desvio, mas somente comportamentos empíricos determinados, identificados exatamente como tais e, por sua vez, aditados à culpabilidade de um sujeito"[524]. E isso nos remete às condições materiais da investigação.

### *As condições materiais da investigação*

A investigação criminal, para além de exigir a mera legalidade formal de seu objeto, portanto, exige que os tipos penais tenham um necessário caráter fático (ou empírico) como hipótese legal, sem o que se pode tornar em puro exercício decisório do poder sem qualquer cognição, a sugerir-nos que talvez sequer exista necessidade de tutela penal

Assim, na base dos princípios referidos (garantias substanciais) que nos remetem aos elementos constitutivos do crime, e em uma instância anterior segundo entendemos, deve-se perceber que há o *princípio da necessidade* da tutela penal, que se pode expressar pela fórmula *nulla lex (poenalis) sine necessitate*. Deve-se, assim, entender a necessidade da tutela penal em função da defesa de direitos fundamentais, porque, tratando-se a pena de uma restrição de direitos fundamentais, somente a proteção destes pode justificar a necessidade do direito penal. Esse princípio está em consonância com o programa de um direito penal mínimo que somente admite a tutela penal como solução última e justificada, na forma de proibições mínimas necessárias. A sua compreensão passa por considerar que o direito penal deve construir-se com base em duas características essenciais – a fragmentariedade e a subsidiariedade. Segundo se entende, "a *fragmentariedade* pretende que o Direito penal somente tenha intervenção diante dos ataques especialmente graves a bens jurídicos que ostentam grande relevância social. (...) A *subsidiariedade* do Direito penal, por seu turno, significa sua posição de *ultima ratio* frente aos demais sistemas de controle social formal ou informal"[525]. Apenas pela aceitação prévia desse princípio,

[524] L. Ferrajoli, *Direito e Razão*, 2002, p. 75, p. 31

[525] A. Garcia-Pablos de Molina, L. F. Gomes, *Direito penal – Parte geral*, 2007, p. 383.

que nos adverte sobre a característica essencial do direito penal, pode-se concluir acerca dos conteúdos dos demais princípios orientadores de um direito penal mínimo.

*"Nullum crimen sine actione": a materialidade da ação*

A primeira garantia que emerge das exigências substanciais do crime é a da *exterioridade da ação*. O fato punível não pode consistir em estados de ânimo interiores apenas. Exige-se que o crime tenha como base uma ação externa, empiricamente observável. Pensamentos, desejos e intenções, ainda que correspondam a vícios e maldade do homem, não se prestam a configurar o crime. Somente pela ação se pode averiguar sua relação com um resultado a partir do estabelecimento de um nexo entre os dois. Essa exigência, é claro, não encontra na disciplina penal da omissão uma clara conformação, embora as diversas teorias da ação na doutrina jurídico-penal se empenhem na sua clarificação e acomodação, dentro de limites controláveis, a partir de um conceito mais amplo de conduta.

O certo, contudo, é que, ao se falar em omissão, o que está excluído é exatamente essa exterioridade material, que nos permite uma verificação empírica segura. Trata-se, contudo, de um aspecto do crime que se não resolve na dimensão fática, mas na dimensão normativa do crime. Em tais casos, o direito penal deve (ou deveria) apegar-se a algum outro elemento material que nos permita averiguar a exterioridade do crime, como costuma ser a exigência de resultado (não de lesividade que evoca uma dimensão valorativa) em crimes de omissão.

Não é o que se observa, contudo, em todos os casos. Há crimes de omissão vazios de qualquer exterioridade, que se imputam ao homem por uma exclusiva relação normativa, sem exigência de qualquer resultado. É necessário entender a lógica dessas construções jurídico-penais sob a perspectiva de um direito penal mínimo que as torna ilegítimas desde esse ponto de vista. É o caso, por exemplo, no Brasil, do crime de omissão de socorro. A exigência de incremento da lesão, após a omissão, contudo, poderia ser uma solução parcial do problema, mas esse incremento costuma ser entendido na doutrina brasileira como mero exaurimento, não essencial ao tipo penal.

Não seja assim, perde-se de vista que o princípio da materialidade da ação se presta a assegurar um valor político de separação entre direito e moral, em verdadeira tutela da consciência humana, o que deve ser compreendido como a base de exigência desse elemento constitutivo do delito.

Luigi Ferrajoli afirma, a respeito, que "o princípio de materialidade da ação é o coração do garantismo penal, que dá valor político e consistência lógica e jurídica a grande parte das demais garantias"[526].

Essa é a razão por que boa parte da história das doutrinas do crime se desenvolveu em torno do problema da ação e seu conceito. De fato, nas teorias da ação se encontram discussões que revelam muito do caráter garantista ou não de certas concepções do direito penal e nos permite identificar o delineamento dos primeiros limites do poder estatal penal. Nesse sentido, uma leitura das teorias da ação pode ser feita sob essa diretriz de orientação. E é sob essa diretriz que podemos perceber a racionalidade ou irracionalidade de certos sistemas jurídico-penais que se fundam em tipos de ato ou tipos de autor; é ainda sob essa diretriz que podemos compreender epistemologias naturalista ou idealista de teorias da ação, e outras tantas que se prestam a arquitetar um conceito de ação, abrangente da omissão, como centro de uma teoria do crime.

*"Nullum crimen sine injuria": a lesividade do resultado*

O *princípio da lesividade* (do resultado), por sua vez, embora apresente um sentido aparentemente fático, sua maior importância se encontra em uma dimensão valorativa, pois como observa Luigi Ferrajoli "palavras como 'lesão', 'dano', e 'bem jurídico' são claramente valorativas"[527]. É em virtude desse princípio que se "impõe à ciência e à prática jurídica precisamente o *ônus da demonstração*".

A lesividade do resultado, contudo, não se confunde com sua exterioridade material. Assim, é possível encontrarem-se tipos sem resultado material, de mera ação material, com resultado lesivo ao bem jurídico. O que não se concebe como razoável são crimes sem ação (omissão), sem resultado exterior (omissão própria), considerados lesivos a um bem jurídico e de responsabilidade penal de alguém, ainda que se possa considerar em parte responsável moralmente. O importante, no entanto, é entender que "a necessária lesividade do resultado, qualquer que seja a concepção que dela tenhamos, condiciona toda justificação utilitarista do direito penal como instrumento de tutela e constitui seu principal limite axiológico externo"[528]. É por isso que, no centro desse princípio, se encontra a *noção de*

[526] L. Ferrajoli, *Direito e Razão*, 2002, p. 387.

[527] L. Ferrajoli, *Direito e Razão*, 2002, p. 374.

[528] L. Ferrajoli, *Direito e Razão*, 2002, p. 376.

*bem jurídico* e em torno dele todo um conjunto de discussões teóricas que se esforçam por estabelecer um fundamento objetivo (ou ontológico natural).

A *compreensão valorativa* do crime, assim, passa necessariamente pela compreensão do bem jurídico tutelado juridicamente pelo direito penal. Santiago Mir Puig distingue dois conceitos de bem jurídico: "(a) no 'sentido político-criminal' (*de lege ferenda*) daquilo que merece ser protegido pelo Direito penal (em contraposição, sobretudo, aos valores apenas morais); (b) no 'sentido dogmático (*de lege lata*) de objetivo efetivamente protegido pela norma penal vulnerada", a exemplo da vida, propriedade, liberdade, honra etc. A partir desse conceito, o autor explicita as funções do bem jurídico (além da função de limite do legislador): (a) *função sistemática* (na classificação dos diversos crimes previstos no Código Penal); *(b) função de guia de interpretação* (já que exclui do tipo condutas que não o lesionam nem o ponham em perigo); e (c) *função de critério de medida da pena* (conforme a maior ou menor gravidade da lesão)[529].

Mas também os conceitos de bem jurídico têm oscilado na história do direito penal, desde um ponto de vista estritamente individual e concreto (da tutela do homem) para um ponto de vista coletivo e abstrato (da tutela do próprio Estado, que chama a si o interesse na proteção de todos os bens). A meio caminho, entre esses extremos, encontram-se discussões atualmente presentes em nossa época que têm delineado um direito penal de tutela de bens coletivos e difusos. A extensão do conceito de bem jurídico, que se foi distanciando da dimensão fática (objeto material) para uma puramente normativa (crimes de perigo abstrato ou presumido), tem levado o direito penal a uma expansão igualmente ilimitada. Essa percepção do problema deve ser o fio condutor de uma análise das teorias do bem jurídico, sob a perspectiva de um direito penal mínimo. Assim, com razão, Luigi Ferrajoli refere-se a uma "parábola involutiva da doutrina do bem jurídico", que coincide em boa parte com a história do conceito de crime, e "caracteriza-se por uma ininterrupta expansão de seu significado, simultânea ao progressivo desvanecimento tanto de seus referentes empíricos como de sua função garantidora dos limites ou condições que podem justificar a proibição penal"[530].

É, portanto, necessário resgatar a referência semântica do bem jurídico, vinculando-o a situações mais objetivas, relativas a interesses de fato que

[529] S. Mir Puig, *Direito penal: Fundamentos e teoria do delito*, 2007, p. 139ss.

[530] L. Ferrajoli, *Direito e Razão*, 2002, p. 374.

sejam independentes de uma previsão normativa. É, cada vez mais, necessário devolver a "relevância crítica e a função axiológica" da noção de bem jurídico, "ainda que seja apenas como limite interno referido a valores ou bens constitucionais"[531]. É, por isso, que uma análise crítica das teorias dos bens jurídicos deve passar por uma compreensão proporcionalista como postulado de equilíbrio justo entre diversos bens, segundo suas diretrizes de adequação, necessidade e proporcionalidade em sentido estrito[532].

Luigi Ferrajoli, embora sem referir-se à proporcionalidade expressamente, apresenta exatamente suas diretrizes como orientação para uma teoria do bem jurídico, a partir de três critérios: (a) A tutela penal de um bem jurídico somente deveria ser justificada se antes uma tutela extrapenal se mostrasse efetivamente insuficiente, exigindo-se uma tutela penal (*necessidade* da tutela penal, segundo a noção de subsidiariedade de outras tutelas administrativas, civis etc.); (b) A tutela penal ao bem jurídico deve ser idônea ao fim que se pretende de proteção ao direito fundamental (*adequação* entre fins e meios penais utilizados); (c) Nenhum bem deveria justificar uma tutela penal se seu valor não for maior do que o bem privado pela pena (*proporcionalidade* estrito senso, entre direitos fundamentais)[533].

É desse último critério que emerge um dos pontos de ilegitimidade mais sérios do sistema jurídico-penal, porque não é compreensível que, apresentando-se um direito fundamental como justificação para a tutela penal, a liberdade (como direito fundamental igualmente relevante) seja considerada em desvantagem relativamente ao bem tutelado, a ponto de justificar-se a pena privativa para tantas lesões a direitos fundamentais de menor valor. Outro grande problema que emerge em conexão com a tutela do bem jurídico concerne à antecipação material dessa tutela, com figuras delitivas referidas a perigo meramente abstrato ou presumido, o que exclui a dimensão valorativa do crime e extrapola para uma normatividade vazia de conteúdo.

A partir dessa questão é que certas teorias constitucionalistas do bem jurídico tem exigido a coexistência do bem jurídico tutelado penalmente

[531] L. Ferrajoli, *Direito e Razão*, 2002, p. 376ss.

[532] A proporcionalidade é comumente referida por várias doutrinas como princípio, mas em conformidade com H. Ávila, *Teoria dos princípios*, 2006, preferimos falar como postulado que se encontra subjacente a certos princípios, bem como a regras, dando-lhe uma orientação de justiça.

[533] L. Ferrajoli, *Direito e Razão*, 2002, p. 378ss.

com a liberdade limitada, no mesmo sistema referencial de valores (a Constituição), porque, como nos adverte Luigi Ferrajoli, "seria ilógico, no entanto, entender que admita privações de um bem constitucionalmente primário, como é a liberdade pessoal, se não se fizer presente o intuito de evitar ataques de bens de categoria igualmente constitucional"[534].

É essencial que se entenda, nesse quadro, que toda norma jurídica assimila um valor ético que a política legislativa identificou no âmbito das relações sociais, conferindo-lhe uma tutela jurídica pelo Estado. E, sob uma perspectiva moderna dos direitos humanos e fundamentais, há sempre um direito implícito na tutela da norma, que se qualifica como um bem tutelado juridicamente. Mais especificamente, devemos entender que o Estado, ao tipificar uma conduta como crime, por um lado limita o âmbito de liberdade de alguém, por outro aumenta o âmbito de proteção de outrem. É com esse sentido que podemos entender a tutela penal na dimensão dos direitos humanos fundamentais, com o que podemos, igualmente, entender por que, no caso da Constituição Federal brasileira, há previsão de tipificação de certos crimes considerados mais graves (v.g. art. 5º, inc. XLI), em atenção aos direitos das vítimas, entre os demais direitos fundamentais de interesse do criminoso (v.g. art. 5º, XLIX). Trata-se, em última análise, de atender a um princípio que já constava na Declaração Universal dos Direitos Humanos, de 1948, art. XXIV, item 2: "No exercício de seus direitos e liberdades, toda pessoa estará sujeita apenas às limitações determinadas pela lei, *exclusivamente com o fim de assegurar o devido reconhecimento e respeito dos direitos* e liberdades de outrem e de satisfazer às justas exigências da moral, da ordem pública e do bem-estar de uma sociedade democrática" (itálicos nossos).

*"Nullum crimen sine culpa": a responsabilidade subjetiva*

O *princípio da culpabilidade*, por fim, ao afastar a responsabilidade objetiva, exige que nenhum fato ou comportamento humano seja considerado como ação delituosa se não for fruto de uma decisão; somente a ação intencional, realizada com consciência e vontade, por pessoa capaz de compreender e querer, pode ser considerada crime. As oscilações e crises no conceito de culpabilidade, contudo, têm demonstrado ser ela "o problema sem dúvida

[534] L. Ferrajoli, *Direito e Razão*, 2002, p. 380; cf. também, L. Regis Prado, *Bem jurídico-penal e Constituição*, 2009.

mais complicado da filosofia do direito penal". Em torno delas surgem teses sobre a inescrutabilidade da alma humana, que nos impossibilita conhecer e fazer qualquer prova, bem como da existência de uma imunidade do homem diante de investigações sobre sua consciência. Mas isso não pode afastar a compreensão de que "a punibilidade apenas dos atos intencionais é, com certeza, um insuprimível elemento do sentimento comum de justiça"[535].

Luigi Ferrajoli propõe que se considere uma concepção prévia sobre os elementos que compõem a noção de culpabilidade, a partir da distinção entre: (a) *personalidade* ("susceptibilidade de adscrição material do delito à pessoa de seu autor"); (b) *imputabilidade* (ou capacidade penal, condição psicofísica do réu, em abstrato, capacidade de entender e querer); (c) *intencionalidade* (ou culpabilidade em sentido estrito, que designa "a consciência e a vontade do delito em concreto" e pode assumir a forma de *dolo* ou *culpa*, segundo a intenção alcance ação e resultado, ou apenas ação, não o resultado). Tendo essa ideia de culpabilidade, é necessário distingui-la da responsabilidade, que é apenas "a sujeição jurídica à sanção como consequência de um delito"[536].

Assim, podemos falar em "fundamentos externos da garantia da culpabilidade", que se resumem ao seguinte: a) a reprovação da ação é uma condição necessária, ainda que não suficiente para justificar uma punição; b) "apenas condutas culpáveis podem ser objeto de prevenção por meio da pena"; c) o princípio da culpabilidade garante "a possibilidade de prever e de planificar o rumo futuro de nossa vida, partindo da estrutura coativa do direito"; d) "as ações culpáveis são as únicas que podem ser não somente objeto de reprovação, de previsão e de prevenção; são, também, as únicas que podem ser lógica e sensatamente proibidas". Esse último fundamento externo, no entanto, é talvez o mais importante, por ter uma função pragmática de orientação e condicionamento, e o único que nos permite "desemaranhar o intricado problema da natureza da culpabilidade e dos seus pressupostos, normalmente enredado por formulações metafísicas"[537].

É certo, conduto, que a culpabilidade tem sido teorizada segundo três noções fundamentais – (a) culpabilidade como causalidade da intenção

[535] L. Ferrajoli, *Direito e Razão*, 2002, p. 391.
[536] L. Ferrajoli, *Direito e Razão*, 2002, p. 392.
[537] L. Ferrajoli, *Direito e Razão*, 2002, p. 393.

(personalidade); (b) culpabilidade como capacidade psicofísica do agente para autodeterminar-se (imputabilidade); e (c) culpabilidade como conhecimento e vontade de ação (intencionalidade), mas por trás de todas elas, há uma noção de crime como ação anormal cometida por uma pessoa normal em condições normais; em todas elas se encontram concepções do mundo (necessidade) e do homem (liberdade), cujas opções teóricas têm o condão de alterar nossa concepção acerca da culpabilidade.

A principal questão, por trás do problema da culpabilidade, gira em torno do dilema metafísico entre determinismo e livre-arbítrio. É dessa discussão que têm emergido concepções várias entre dois extremos – um direito penal puramente objetivo e um direito penal puramente subjetivo. A ideia de irresistibilidade, por exemplo, alcançou seu auge no positivismo criminológico e dele ainda temos resquícios nas medidas de segurança. Mas, em outro sentido, encontram-se concepções psicológicas baseadas no nexo psíquico entre o agente e o ato, que se têm tornado arbitrárias na medida em que exigem como suficiente a atitude subjetiva (culpa pela conduta de vida). Entre determinismo naturalista e indeterminismo subjetivista, no entanto, o princípio da culpabilidade se tem entendido normativamente, na medida em que "impõe uma estrutura regulativa às proibições penais das quais requer: a) que o proibido por estas seja a comissão ou a omissão de uma ação e não um *status* ou uma condição de vida do sujeito; e b) que, *ex ante*, seja possível a comissão ou a omissão da ação proibida"[538].

É com base nessas considerações que L. Ferrajoli considera a culpabilidade como um elemento normativo não do autor, mas do crime, não portanto uma realidade psicológica, mas deôntica – em síntese, o dever de abster-se ou agir com base em uma possibilidade real de conduta (exigibilidade). Essa é, igualmente, a concepção que se encontra em J. Figueiredo Dias, para quem a culpabilidade, entre perspectivas objetivas e subjetivas, é essencialmente uma questão de reprovação normativa do direito[539].

A considerar, contudo, a diversidade de concepções teóricas que se apresentam a respeito de cada elemento material do crime, é importante compreender as funções da teoria jurídica do crime, bem como seus reflexos no âmbito da investigação criminal, o que faremos ao tratarmos da conclusão da investigação criminal no capítulo final desta nossa teoria

[538] L. Ferrajoli, *Direito e Razão*, 2002, p. 398.

[539] Cf. J. Figueiredo Dias, *LIberdade, Culpa, Direio Penal*, 1995.

com a imputação jurídico-penal. Mas toda essa discussão que se fará parte necessariamente do conceito primário de tipo penal que é fundamental tanto para a dogmática jurídico-penal moderna, quanto para uma teoria da investigação criminal.

### O tipo penal, elementos e problemas

O tipo penal, portanto, delimita não apenas o âmbito do punível, mas antes e também o âmbito do investigável, podendo ser considerado a hipótese legal da investigação criminal, a considerar que nele se encontram os elementos que exigem prova de que um crime foi cometido.

A noção de tipo, cuja origem se situa inicialmente na noção de *Tatbestand* (no século XIX), confundido com o significado de "fato do delito", como conceito advindo da realidade, em oposição ao seu conceito como abstração (*Degriff*), somente alcança independência na doutrina do delito-tipo de Ernest von Beling em 1906[540]. O seu conceito, portanto, evolui na medida em que o direito vai se aprofundando teoricamente, a partir das conquistas políticas em torno da liberdade do homem[541]. Assim, admite-se que no direito penal moderno, o tipo penal constitui a base de todo ordenamento jurídico-penal com *função de segurança*[542].

A partir dessa compreensão fundamental do tipo penal, pode-se detalhar algumas característica com que ele se torna mais compreensível ao conhecimento: 1) o tipo é uma mera descrição geral e abstrata; 2) sua elaboração compete exclusivamente ao legislador; 3) o tipo regula, tão-somente, eventos que têm a propriedade de ser antissociais; 4) o tipo determina que um evento antissocial adquire relevância social; 5) para cada classe de eventos antissociais há um, e somente um, tipo penal; 6) cada tipo penal caracteriza ou diferencia uma, e somente uma, classe de eventos antissociais; 7) a necessidade e a suficiência especificam a classe

540 Cf. E. Beling, *La doctrina del delito-tipo*, 1944.

541 A respeito dessa evolução conceitual, cf. R. Márquez Piñero, *El tipo penal*, 2005, p. 133ss, as seguintes fases: "1. Fase de la independência; 2. De carácter indiciário; 3. Fase de la ratio essendi de la antijuridicidad; 4. Fase defensiva. La figura rectora de Beling; 5. Fase destructiva; 6. Fase finalista."

542 A respeito dessa função de segurança, cf. R. Marquez Pinero, *El tipo penal*, 2005, p. 129: "las figuras típicas geometrizan lo antijurídico, corrigen la intuición, frenan la emoción y proporcionan al derecho penal uma mística noble y uma reciedumbre segura y grandiosa, que corta de raiz los arrebatos de la ira, los despotimos, las arbitrariedades y todos los excesos emotivos ínsitos em la endeble conición humana".

de eventos antissociais descrita; 8) o tipo delimita, com toda precisão, o âmbito do punível, e como consequência, permite conhecer, com certeza, o que não é punível; 9) o tipo tem como função a proteção de bens jurídicos; 10) sem a existência prévia de um tipo, não há crime[543].

*O tipo penal, nesses termos, tem para a investigação criminal, em um sentido científico, a relevância de uma hipótese legal previamente delimitada,* a respeito da qual deve concluir positiva ou negativamente, não se admitindo a inovação hipotética para sustentar uma tese fora dos parâmetros legais. Assim, entende-se por que a estrutura dos tipos penais pode influenciar no caráter mais ou menos científico da investigação criminal, pois, quanto mais se faça referência a elementos não objetivamente observáveis, tende a diminuir o espaço de certeza objetiva acerca dos elementos do tipo penal, remetendo a outras formas de constatação e demonstração dos elementos, pois não pode ser exigível demonstrar os elementos subjetivos e normativos igualmente como se demonstram elementos objetivos.

O estudo do tipo penal em geral, bem como dos tipos penais em espécie, é base fundamental para uma investigação criminal adequadamente conduzida segundo critérios não apenas científicos, mas sobretudo jurídicos, considerando que somente se pode considerar concluída a investigação se reunidos dados probatórios que correspondam a cada elemento típico, antes que se possa atribuir a um sujeito sua autoria. Tratando do tipo penal, a teoria do crime costuma partir de um *tipo padrão completo,* considerando o *crime comissivo, doloso e consumado,* embora existam vários tipos penais que fogem a esse padrão em algum ponto (*omissivo, culposo ou tentado*), além de existirem outros tantos tipos que, sem incorrer nessas variantes, estruturam-se em torno de certas particularidades que influenciam substancialmente na investigação criminal, seja porque excluem algum elemento presente no tipo padrão, seja porque incluem circunstância especialmente caracterizadora daquele tipo em específico.

Ademais, a investigação criminal deve atentar para o fato de que certos tipos penais têm um *núcleo comum mínimo* (em geral, tipos que se referem a lesões gradativas do mesmo bem jurídico), que somente se diferenciam por algum elemento particular para o qual se deve dar máxima atenção. Assim, para a investigação criminal, o estudo do tipo penal consiste no meio pelo qual a autoridade investigante pode extrair a *natureza* do que se pretende

543 Cf. R. Marquez Pinero, *El tipo penal,* 2005, p. 130.

pesquisar, a partir da qual pode estipular atos investigativos adequados para encontrar a prova em conexão com os elementos essenciais do crime.

### *Os elementos do tipo penal*

O tipo penal, em geral, é estruturado a partir de uma *ação* (conduta comissiva) representada por um *verbo* (p.ex. matar, subtrair, obter etc.) de que resulta um *resultado* (naturalístico) em *conexão causal* com a conduta. Além desses elementos, o tipo pode estabelecer o objeto e o sujeito da conduta, além do ânimo específico deste, embora subentenda-se existir sempre um elemento subjetivo implícito. Esse é nosso tipo padrão, mas há vários tipos que, em lugar da ação, temos uma omissão; em lugar do resultado naturalístico, nada temos; e em lugar do nexo causal, temos uma outra espécie de relação. Mas, apesar dessa variação, é importante o domínio da estrutura padrão.

O tipo é dividido em *tipo subjetivo* (aspecto interno) e *tipo objetivo* (aspecto externo) que concretiza o aspecto interno do crime. Entre os elementos do tipo objetivo temos a ação e o resultado, vinculados por um nexo, e eventualmente o sujeito da conduta, se essencial alguma particularidade deste; não sendo, em geral não consta no tipo. O tipo subjetivo, por sua vez, é representado pelo elemento subjetivo geral (o dolo, implícito sempre em qualquer tipo), podendo haver elementos subjetivos especiais (especiais motivos ou fins de agir, exigidos em alguns tipos penais).

Apesar da relevância desses elementos formais do tipo, o mais importante para a investigação criminal é a distinção dos *elementos descritivos, normativos, objetivos e subjetivos*. Aqui, é relevante a lição de Johannes Wessels, para quem *descritivos* "são aqueles elementos que através de simples descrição expressam concretamente o que pertence à proibição ou ao comando típicos" (ex. "coisa"; "móvel"); *normativos*, por sua vez, são os que carecem de complemento de valor, de tal forma que, "nas circunstâncias do fato, só podem ser pesados sob o lógico pressuposto de uma norma e determinados pelo juiz por via de um juízo de valor supletivo" (ex. "alheio"); *objetivos* (ou externos) são "circunstâncias que determinam o quadro externo de aparecimento do fato", podendo ser descritivos ou normativos, "relacionados com o fato ou com o autor"; e *subjetivos* (internos), por fim, "são circunstâncias que pertencem ao campo psíquico-espiritual e ao mundo de representação do autor"[544].

[544] J. Wessels, *Direito penal – Aspectos fundamentais*, 1976, p. 33ss.

A distinção da natureza dos elementos que compõem o tipo possui função operativa para a investigação criminal, na medida em que estabelece o *objeto de conhecimento*, sugere o *meio adequado para conhecê-lo* e enfatiza a *necessidade de prova*, em conformidade com aquela natureza. A respeito do meio de conhecer, p. ex., será necessário entender que os elementos descritivos "são aqueles que o autor pode *conhecer e compreender* predominantemente através de seus sentidos", ao passo que, quanto aos normativos, "predomina uma valoração", não podendo ser percebidos somente pelos sentidos[545]. E, nesse caso, ao final da investigação criminal é preciso valorar e expressar a valoração, não se podendo bastar com uma mera descrição, o que é uma questão de método específico a ser considerado oportunamente.

***Os tipos penais imperfeitos***

Apesar da relevância do estudo do tipo padrão, é preciso compreender que o maior problema das investigações criminais está fora desse âmbito, nos diversos tipos penais que inflacionam a legislação penal, na tentativa de dar respostas legislativas a novos problemas sociais, em atenção à necessária proteção de novos direitos. E assim surgem "tipos imperfeitos", do ponto de vista da técnica legislativa, que vão repercutir na dificuldade de investigar crimes com pouco ou nenhuma referência a dados reais, ou com referências imprecisas a termos que exigem uma integração do conceito legal.

O tipo penal imperfeito obriga a investigação criminal a recorrer muito mais a juízos subjetivos e valorativos para a conclusão acerca da tipicidade dos fatos investigados, sobretudo em relação ao estabelecimento do vínculo entre o crime e seu autor. O importante, contudo, é observar que mesmo havendo a exclusão de certos elementos materiais (ação e resultado, *v.g.*), o tipo penal imperfeito tende a criar circunstâncias essenciais em torno do fato, que são caracterizadoras do crime e para as quais em geral se exige a evidência de algum dado real em que se possam apoiar os juízos subjetivo e/ou valorativo. Assim, se por um lado o tipo penal imperfeito exclui certos elementos materiais, exigindo da investigação uma menor evidenciação com dados diretamente relacionados ao tipo, por outro tende a exigir de forma indireta a evidenciação de dados outros que permitem a configuração do tipo. Dessa forma, podemos observar que, pela exclusão de algum elemento material essencial do tipo penal, este tende a abran-

[545] E. Bacigalupo, *Direito penal – Parte geral*, 2005, p. 201ss.

ger certas circunstâncias materiais, a partir das quais investigação precisará concluir com juízos subjetivo e valorativo. Mas há casos, contudo, que a técnica legislativa efetivamente torna a investigação criminal difícil ou mesmo impossível, porque remete muitas questões a conjecturas que devem ser ponderadas na discussão final das provas.

*O problema dos tipos penais sem resultado*

Um problema sério que surge para a investigação criminal consiste na *exclusão do elemento relativo à lesão do bem jurídico*, materialmente constatável e representável por dados reais, sem o qual a pesquisa dos fatos exige estabelecer outro elemento sobre que se possa concluir pela existência do crime. Primeiramente, deve-se distinguir entre crimes de atividade, em que se suprime o resultado do tipo, porque impossível ou desnecessário, e crimes de resultado, em que além da ação se exige um resultado que pode ser de lesão ao bem jurídico ou de perigo apenas. Aqui, há que se distinguir, necessariamente, a lesão ao objeto material da lesão ao bem jurídico, pois neste não se exige um resultado material, mas apenas uma possibilidade desse resultado, representado por um perigo. O perigo de lesão, entretanto, deve estar evidenciado por algum dado real para que possamos concluir acerca de um risco concreto. Em sentido inverso, contudo, tem-se admitido tipo penal cujo resultado é de perigo abstrato, que dispensa a necessidade de verificar o perigo. O problema é que, na teoria do crime, esse perigo abstrato é geralmente presumido *juris et de jure*, ou seja, em outros termos "não precisa ser provado, pois a lei contenta-se com a simples prática da ação que pressupõe perigosa"[546], o que constitui uma verdadeira desconsideração do caráter empírico dos tipos penais. Mas, nesse caso, podemos estar diante de um crime de atividade, cuja diferença com o crime de perigo é muito difícil[547].

Essa aproximação nos permite recorrer a outra perspectiva de classificação dos crimes em *material, formal e de mera conduta*, em que o crime

[546] Cf. C. R. Bitencourt, F. Muñoz Conde, *Teoria geral do delito*, 2000, p. 27.

[547] A respeito, cf. E. Bacigalupo, *Direito penal – Parte geral*, 2005, p. 207: "a distinção entre os crimes de atividade e os de perigo abstrato é difícil. a classificação dos tipos penais em crimes de resultado e atividade (segundo a existência ou não de um resultado ou perigo sobre um objeto material) e em crimes de lesão ou de perigo (conforme o grau de intensidade do resultado sobre o objeto) é questionável, já que há crimes de perigo (abstratos) que, na verdade, dificilmente podem se diferenciar dos de atividade".

material é crime de resultado, a exigir evidência de uma lesão material, ao passo que o tipo de crime formal se aproxima de um crime de atividade, com certas particularidades, pois embora se admita um resultado material, a consumação do crime ocorre por antecipação, sendo o resultado mero exaurimento do crime que não se exige demonstrar. Diversa, contudo, é a caracterização do crime de mera conduta, que são crimes sem resultado, cujo tipo somente descreve a ação, dispensando evidenciação de qualquer dado relativo ao resultado. E aqui voltamos à dispensa de qualquer investigação sobre o resultado.

A considerar, portanto, a existência de certos tipos penais "imperfeitos", é importante que a investigação criminal trabalhe fundamentalmente com os elementos do tipo, tentando identificar em qual estágio de ação do autor do crime o legislador situou a consumação delitiva, devendo sempre ter em mente que, em geral, não se trata apenas de uma impossibilidade lesiva material do bem jurídico, mas de uma questão de política criminal em que se antecipa a lesão jurídica em função de sua maior relevância. Essa compreensão adequada dos objetivos do tipo penal permite uma melhor delimitação dos elementos que o compõem e do que é suficiente para considerar-se consumado, delimitando o âmbito do objeto de prova.

### *Os tipos omissivo, culposo e tentado*

A considerar o tipo padrão (comissivo, doloso e consumado), os tipos omissivo, culposo e tentado constituem exceções que suscitam outras tantas questões problemáticas à investigação criminal, criando para esta certas dificuldades práticas que a dogmática jurídico-penal geralmente não tem em conta na discussão teórica acerca de exigências de garantia que não encontram qualquer suporte fático. À falta dessa correspondência em contexto probatório processual, fica sempre por decidir o que resulta dessa inviabilidade prática dos termos teóricos, podendo pender a favor ou contra o investigado, a depender sempre de um maior espírito garantista da autoridade investigante, bem como da autoridade judicial que ao final conclua acerca do crime.

*O tipo omissivo*. A omissão, como forma de conduta penalmente relevante, instaura um problema na investigação criminal em relação à inexistência de ação material. Afastado o elemento material da ação, como pesquisar a "causa" do resultado? Como vincular um resultado lesivo (ou menos que isso, um perigo de resultado lesivo, em certos casos) a um sujeito que não agiu? Somente por meio da verificação de uma obrigação legal atribuída ao sujeito é que podemos compreender e "investigar" os dados reais relevantes à configuração típica. A esse respeito, contudo, será necessário distinguir entre os crimes omissivos em que o sujeito está obrigado a agir por determinação expressa da lei (omissivos próprios, a exemplo dos artigos 135, 168-A e 297, §4º do Código Penal) e os crimes omissivos em que o sujeito está obrigado a evitar um resultado, presente em um crime comissivo (omissivo impróprio, nos casos do §2º do art. 13, do CP, que estabelece quais omissões são penalmente relevantes)[548].

Quanto à omissão imprópria, temos um crime comissivo por omissão que depende de um resultado lesivo ao bem jurídico, sendo este o ponto de apoio da investigação criminal que deverá orientar-se na obtenção de dados reais que configuram a lesão, vinculando-a ao sujeito mediante esclarecimento da obrigação legal. O resultado é da essência do tipo penal que nesse caso se configura pelo concurso de normas (um tipo penal comissivo combinado com o §2º do art. 13 do CP). Mas, evidenciado o resultado lesivo por dados reais, também o vínculo entre o sujeito e a conduta omissiva se estabelece por uma interpretação jurídica que atribui a ele a obrigação de agir[549].

Quanto à omissão própria, não obstante a inexistência ou desnecessidade de resultado, a investigação há que buscar a evidência material a partir dos demais elementos do tipo penal, identificando o elemento específico caracterizador da essência do crime que o legislador buscou evitar. Assim, no crime de omissão de socorro (Código Penal, art. 135), considerando que emerge da norma que se visa a proteger uma pessoa de perigo iminente, há que se evidenciar por dados reais a existência do perigo; no crime de apropriação indébita previdenciária (Código Penal, art. 168-A), a investigação deve orientar-se na busca de evidência de que a contribuição foi recolhida previamente e não repassada "no prazo e forma legal ou convencional"; e no crime de omissão de assinatura de CTPS – Carteira de Trabalho e Previdência Social (Código Penal, art. 297, § 4º), basta a

[548] "A omissão é penalmente relevante quando o omitente devia e podia agir para evitar o resultado. O dever de agir incumbe a quem: a) tenha por lei obrigação de cuidado, proteção ou vigilância; b) de outra forma, assumiu a responsabilidade de impedir o resultado; c) com seu comportamento anterior, criou o risco da ocorrência do resultado."

[549] A respeito do crime omissivo com mais detalhes, cf. J. Tavares, *Teoria dos crimes omissivos*, 2012.

demonstração de que, em processo de trabalho anterior, o sujeito responsável foi condenado a assinar a CTPS (o que em geral é um dado certo e anterior à investigação). Assim, conquanto a omissão não se revele como um ato externo e real, observa-se que sempre há a necessidade de reunirem-se dados reais que possam conduzir à conclusão de que houve a omissão penalmente relevante. E quanto ao mais, o vínculo que relaciona o sujeito à conduta omissiva encontra-se também em uma averiguação puramente legal, que requer uma interpretação jurídica por parte da autoridade investigante para concluir acerca do indiciamento.

*O crime culposo.* O problema da investigação da culpa, que afasta o elemento subjetivo implícito nos tipos penais, deve ser enfrentado a partir de uma averiguação prévia da possibilidade de punição por culpa, a considerar que somente quando expressamente o admita a lei, é possível falar-se em crime culposo (segundo o parágrafo único do art. 18 do Código Penal). Presente esse requisito legal prévio, deve-se seguir a pesquisa das causas do resultado, que consistem basicamente na imprudência, negligência ou imperícia. Antes, contudo, há que se evidenciar o resultado lesivo por dados reais, para depois seguir-se a investigação dessas causas. Não havendo que evidenciar o elemento subjetivo doloso, a investigação deve evidenciar a infração a um dever de cuidado, não necessariamente extraída de uma norma legal. Observa-se que também aqui a pesquisa deve orientar-se no sentido de evidenciar a imprudência, negligência ou imperícia em confronto com um dever de ser prudente, negligente ou perito. Em certos casos, a investigação pode deparar-se com uma norma oriunda da atividade profissional em que o sujeito atua, próprias de suas atribuições (*v.g.* médicos, dentistas *etc*), em outros com normas dirigidas genericamente a qualquer um (*v.g.* leis de trânsito), mas há possibilidade de que a investigação não identifique norma formalmente posta ao sujeito, salvo pelo que de ordinário se entende por razoável exigir das pessoas (*v.g.* a mãe que esquece o filho recém-nascido no veículo sob o sol do meio-dia)[550].

*O crime tentado.* A tentativa, para os tipos penais que a admitem, precisa ser investigada a partir do tipo penal completo, excluindo a necessidade de averiguar e evidenciar o elemento resultado, mas em todo caso se deve averiguar o início da execução representado por um dado real que evidencie uma ação do sujeito. A investigação criminal, sob esse aspecto,

[550] A respeito do crime culposo com mais detalhes, cf. J. Tavares, *Teoria do crime culposo,* 2018.

estará reduzida a evidenciar a ação sem resultado, o que representa apenas uma diminuição dos dados reais, mas a fim de configurar-se o crime tentado, há que se evidenciar em complemento a existência de circunstâncias alheias à vontade do agente, em virtude das quais ele não poderia continuar na execução do crime. Acresce-se, nesse ponto, a necessidade de um novo dado real, a partir do qual se possa concluir pela existência da vontade de um crime consumado. Quanto ao mais, a tentativa em nada difere do crime consumado, inclusive no que se refere ao tipo subjetivo que deve ser o mesmo do crime completo, cuja evidenciação se fará exatamente por aqueles dados reais que demonstram as circunstâncias alheias à vontade do agente.

A diversidade das formas típicas do crime, ao suscitarem problemas para a investigação, nos exige observar que ao final tudo se conduz a uma questão de dados da realidade, que vão encontrar no conceito de "corpus delicti" o ponto de encontro entre direito penal e direito processual penal. É por isso que a sua atualização conceitual abrangente de elementos que estão fora do tipo pode contribuir para alguma garantia empírica que possa criar condições de verificação e refutação de qualquer imputação jurídico-penal. Mas o certo é que o problema fundamental está antes, no contexto de concepção dos tipos penais, tanto na sua técnica legislativa deficiente sem atentar para os elementos materiais de garantia, quanto na sua técnica política de maximizar a tutela penal com inflações legislativas. Ao final, tudo reflete no objeto da investigação criminal, tornando-a mais ou menos insegura juridicamente, quanto aos direitos fundamentais do investigado, mas também incerta cientificamente, quanto à verdade que se espera acerca das hipóteses da investigação criminal. Essa questão nos conduz ao próximo capítulo aceca da verdade, que constitui o coração pulsante do problema do objeto da investigação criminal.

# 12
# A VERDADE DA HIPÓTESE DA INVESTIGAÇÃO

## A verdade como valor epistêmico da investigação

A verdade é, antes e sobretudo, o valor epistêmico fundamental, em razão do qual procedimentos cognitivos como a investigação criminal alcançam seu objetivo; é o que confere validade ou eficácia a procedimentos cognitivos em geral, nos quais se encontram a investigação criminal que nos interessa mais especificamente. Nicola Abbagnano a considera uma "qualidade em virtude da qual um procedimento cognitivo qualquer torna-se eficaz ou obtém êxito"[551] – é o nosso conceito de partida.

Esse é, contudo, um conceito aberto que abstrai qualquer diferença entre definição e critérios de verdade, a exigir-nos que nos perguntemos sob que condições podemos dizer que algo é verdade. E mais ainda, a exigir-nos que nos perguntemos sobre exatamente o que se considera verdadeiro. A respeito da primeira questão, deve-se ter em conta que o conceito de verdade recorre muito constantemente a uma variedade de outros conceitos como coerência, aceitabilidade justificada, razoabilidade, que se reduzem a valores epistêmicos de que a verdade acaba por ser uma síntese sua como valor maior[552]. A respeito da segunda questão, deve-se ter em conta que a verdade tanto se pode referir a uma proposição, quanto a uma realidade, havendo ainda outras tantas possibilidades que se discutem no âmbito da teoria do conhecimento, e interessam à investigação criminal. É do que vamos tratar ao longo deste capítulo.

[551] N. Abbagnano, *Dicionário de filosofia*, 2003, p. 994ss.

[552] Cf. H. Putnam, *O colapso da verdade e outros ensaios*, 2008, p. 50: "Os valores epistêmicos também são valores"

Porém, antes de qualquer discussão específica acerca dessas questões, importa-nos desde logo entender preliminarmente que a verdade funciona na investigação criminal como uma espécie de ferramenta, permitindo colocar em acordo o tipo penal com a prova do crime. Essa é uma concepção pragmática que se desenvolve por Luiz Henrique de Araújo Dutra, cuja teoria acerca da verdade como acordo se aproveita adequadamente na investigação criminal, razão por que podemos usá-la como ponto de convergência de diversas concepções que existem acerca da verdade.

### *A verdade como acordo entre tipo e prova*

A verdade, na investigação criminal, é um acordo que se estabelece entre elementos do tipo penal e elementos probatórios que pretendem estabelecer um convencimento acerca da existência do crime, suas circunstâncias e autoria.

Luiz Henrique de Araújo Dutra, em sua concepção pragmática da investigação, sustenta uma abordagem alternativa ao problema da verdade na teoria do conhecimento, com base em uma *noção comum de verdade como acordo*, com a qual ele propõe um relato de como se apresenta, em uma investigação qualquer, o "papel desempenhado pela noção de verdade"[553]. Assim, nesse sentido sustentado, seja qual for a noção de verdade, sabemos que ela é essencial à investigação, ainda que façamos uso de um substitutivo, não sendo essencial, portanto, a escolha de um portador de verdade, como o fazem as diversas teorias, ao tratarem de proposições, enunciados e sentenças. É, de fato, uma questão corrente, nas disputas teóricas acerca da verdade, a divergência sobre o *portador da verdade*, pelo qual se considera a verdade como propriedade de algo, como "crenças ou proposições" (Russell), "enunciados" (Austin) ou "sentenças" (Tarski)[554]. Contudo, em todas essas concepções acerca dos portadores da verdade, teremos dificuldades ontológicas que somente parecem superáveis em uma abordagem mais pragmática do problema, afinal, "além das crenças, proposições, sentenças e enunciados, há outras coisas às quais costumamos atribuir a verdade como uma de suas propriedades. É o caso de uma teoria científica, ou então um relato qualquer"[555], Portanto, em princípio, qualquer

[553] L. H. Araújo Dutra, *Verdade e Investigação*, 2001, p. 72ss

[554] A respeito da questão do portador da verdade, cf. R. Kirkhan, *Teorias da verdade*, 2003, especialmente o seu segundo capítulo.

[555] L. H. Araújo Dutra, *Verdade e Investigação*, 2001, p. 75

portador é admissível, assim como, se devidamente defendida, qualquer teoria é aceitável. Assim, na investigação criminal, podemos encontrar a verdade pressuposta como ferramenta da investigação criminal, não apenas na mente do investigador, no diálogo em equipe, nos depoimentos testemunhais, laudos periciais e relatórios, bem como no indiciamento, na denúncia ou na sentença criminal ao final do processo, além dos debates orais em instrução criminal. Essas possibilidades, ademais, são tanto mais aceitáveis, se aceitamos discutir a questão da verdade também fora do âmbito das linguagens não formalizadas, como encontramos no âmbito de um programa pragmático de investigação.

Quanto às diversas teorias da verdade, podemos também ter uma compreensão mais aberta. Afinal, as teorias são programadas para atender a expectativas de determinado *contexto* de investigação, em detrimento de outros, mas, em todos elas, é possível identificar que em torno da noção de verdade, sob uma perspectiva pragmática da investigação, há um determinado *acordo* acerca do uso de termos como "verdade" ou "verdadeiro". O difícil, no entanto, "é dizer mais exatamente *em que consistiria tal acordo*". Mas nesse ponto a pragmática das investigações nos oferece os melhores exemplos: "O detetive que faz uma investigação almeja que sua hipótese sobre o autor provável de um crime esteja de acordo com os fatos. (...) Ao encontrar as provas que esperava, o detetive declara: «minha hipótese é verdade – eis o culpado!». E aqui diríamos: *o acordo (a verdade) consiste numa relação entre hipótese e as provas*. Essas são os fatos, diríamos, e aquela, a proposição"[556].

Assim sendo, em uma análise pragmática da investigação, segundo Luiz Henrique de Araújo Dutra, "a verdade é o acordo que se estabelece pelo ato de verificar, ou seja, a verdade é o acordo que se estabelece pelo ato de fazer tal acordo", o que, embora seja uma afirmação tão vazia quanto tautológica, conforme reconhece o autor, é boa do ponto de vista pragmático, porque "fora de um contexto de investigação, e sem um investigador que produz ou constate o acordo entre duas coisas (hipótese e prova, por exemplo), não faz sentido pensar na verdade"[557].

É, portanto, sob essa perspectiva pragmática da investigação, que podemos compreender a palavra "verdade", preliminarmente, não como uma

[556] O exemplo é de L. H. Araújo Dutra, *Verdade e Investigação*, 2001, pp.101-102.
[557] L. H. Araújo Dutra, *Verdade e Investigação*, 2001, p. 106ss.

propriedade de qualquer coisa ("crenças ou proposições", "enunciados" ou "sentenças"), mas antes que a verdade é algo em si, um evento, uma ação, ou como melhor se denomina, um acordo. Assim, essa noção de verdade como acordo torna possível sua aceitação no contexto de investigações em que ela se utiliza, segundo o dialeto próprio que se estabelece por convenções descritivas e demonstrativas da linguagem acerca especificamente do objeto de investigação, seja esta científica, jornalística ou criminal como a que nos interessa[558].

A ideia de acordo, portanto, coloca o problema da verdade em termos práticos, sendo adequada sua noção para a investigação criminal, na medida em que, seja qual for a teoria usada, desde que os atores do processo penal (delegado, promotor, defensor e juiz) estejam de acordo quanto ao que querem submeter ao crivo da verdade, e estejam de acordo quanto a como chegar a conclusões satisfatórias, dentro do que se propõem a averiguar. Esses acordos, contudo, não se estabelecem *a priori*, como uma estipulação preliminar, mas sim na medida em que o procedimento ocorre e as etapas vão sendo concluídas como satisfatória, a partir das discussões acerca das questões postas.

***Verdade como ferramenta de investigação***

A verdade, assim, assume o papel de ferramenta da investigação criminal, seja qual for a teoria a respeito de sua definição ou critérios, bem como de que portador venha a assumir a qualidade de verdadeiro.

O que emerge como fundamental dessa concepção é que a verdade é uma ferramenta de investigação; e ainda que o acordo possa ser quebrado, é válido enquanto não o for, e ainda que revisado, será até que não o seja, pois, nesse sentido, ainda assim a verdade permanece como uma ferramenta da investigação. Isso nos permite, ademais, trabalhar com mais de uma teoria da verdade, sem termos de escolher em absoluto e exclusivamente uma, à revelia de outras que nos possam auxiliar na investigação.

Assim, portanto, tendo em conta que *"muitas coisas podem ser verdadeiras – todas aquelas que possam ser colocadas de acordo umas com as outras"*, conforme o contexto em que se investiga algo, "todas as teorias da verdade são plausíveis, e todas aquelas coisas que elas apontam como portadores de verdade podem, de fato, ter essa propriedade". O importante, con-

[558] L. H. Araújo Dutra, *Verdade e Investigação*, 2001, p. 109ss.

tudo, é entender que essa verdade "é uma *propriedade que o investigador atribui a certas coisas* quando produz o acordo entre elas. *Fora da pragmática de uma investigação determinada, não podemos dizer de que coisa a verdade é uma propriedade*"[559].

A verdade na investigação criminal, portanto, tem a natureza de uma ferramenta de investigação, pois constitui o essencial da investigação, sendo ineliminável de sua concepção pragmática. Assim, ela se torna, mais que um conceito chave, um *elemento operativo*: "uma investigação que, neste sentido, não visa a verdade, não é realmente uma investigação"[560].

A discussão acerca da verdade, na investigação criminal, ademais, tem relevância sobretudo porque nos chama a atenção para a necessidade de verificação e refutação das proposições acerca do crime, visando a evitar certos vícios que se encontram muito frequentemente em sua prática, como por exemplo: a) os decorrentes de referências a fatos não comprovados, mas apenas referidos como conhecidos (ainda que existentes, mas limitados a uma verdade sabida de alguém, sem provas); b) os que remetem a fatos supostos, sob a forma de uma conjectura vazia, sem qualquer referência à realidade; c) os fundados em elementos irrelevantes, como características relativas ao investigado, quando estranhas a qualquer previsão legal; d) os que se fundam em intuições baseadas na experiência profissional do investigador, orientadas por cautelas e preconcepções acerca da realidade (que podem ter relevância quanto ao método de investigar, mas não quanto à verdade e à prova). Todas essas questões especificas da investigação criminal têm repercussão epistemológica geral. A verdade na investigação criminal partilha, portanto, de todas as questões que se colocam na teoria geral do conhecimento, sendo-nos relevante conhecê-las para lidar com elas no âmbito especificamente jurídico em que se desenvolve a discussão de nosso interesse.

## As teorias da verdade e seus problemas

### *Algumas distinções preliminares*

O conceito de verdade nos pede que façamos uma distinção preliminar entre seu *significado* e seus *critérios*, o que não é frequentemente observado em várias teorias, bem como que se distingam certos tipos de verdade

[559] L. H. Araújo Dutra, *Verdade e Investigação*, 2001, p. 103.
[560] L. H. Araújo Dutra, *Verdade e Investigação*, 2001, p. 149.

relativos a certos objetos de que falamos, especialmente tendo em conta a dimensão semiótica em que se discute

A respeito dessa distinção, entre *conceito* e *critérios*, Susan Haack adverte, contudo, que é preciso lidar com ela cuidadosamente, embora não se possa excluir seu uso. Mesmo sendo uma distinção problemática, ela é relevante para entender se teorias da correspondência e da coerência precisam ser tratadas como alternativas ou podem ser aceitas como complementares. Assim, considerando as vantagens na distinção, podemos dizer que enquanto "uma *definição* dá o *significado* da palavra 'verdadeiro', um *critério* fornece um teste por meio do qual se diz se uma sentença (ou o que quer que seja) é verdadeiro ou falsa"[561].

A mesma distinção, entre *definição (ou significado)* e *critério* de verdade, tem sido sustentada no âmbito jurídico por Luigi Ferrajoli, para quem, no contexto do processo penal, ela não é uma mera sutileza, mas sim uma questão essencial, por distinguir teoricamente a *condição de uso do termo "verdadeiro"* (em conformidade com a realidade objetiva) dos critérios (reconhecidamente subjetivos) pelos quais o juiz avalia e decide acerca da verdade ou da confiabilidade das hipóteses fáticas ou jurídicas discutidas em juízo[562].

Além dessa distinção, outras se fazem necessárias, a considerar que muito constantemente a verdade é referida a objetos muito distintos, do que decorre compreensões diversas a depender da atribuição mais precisa que lhe façamos. Podemos, assim, falar em classificações de espécies possíveis de verdade, tendo em conta que faz diferença, por exemplo, na investigação criminal, dizer que é verdade que *um crime foi praticado* por alguém; dizer que é verdade que *há provas de que esse crime foi praticado* por alguém; ou dizer que é verdade *o que se diz na imputação criminal*, seja com base em provas, seja com base em uma convicção pessoal.

[561] S. Haack, *Filosofia das lógicas*, 2002, p. 130: "Pode-se distinguir, de um lado, fixar o significado de 'febril' como ter um a temperatura mais alta que algum ponto dado e, de outro, especificar procedimentos para decidir se alguém *está* febril"

[562] "Na realidade, explica-se Ferrajoli, é essencial – e mais ainda na teoria do direito do que na teoria da ciência – para fundamentar no plano metateórico e normativo, modelos de motivação ou justificação racional das decisões jurídicas adequadas aos diversos setores do ordenamento e aos variados fins e valores políticos que os presidem. É essencial, sobretudo, para fundamentar teoricamente e para garantir a racionalidade específica das decisões penais" (L. Ferrajoli, *Direito e Razão*, 2002, p. 52ss)

José Ferrater Mora, a respeito da diversidade possível acerca da verdade, considera que os diversos conceitos de verdade "podem ser agrupados em vários tipos fundamentais". Assim, entre várias classificações possíveis, podemos distinguir entre: *(a) verdade ontológica (ou metafísica)*, que "equivale à verdade das coisas, ou à realidade como verdade" (realidade como algo distinto da aparência); *(b) verdade lógica (ou semântica)*, que "expressa a correspondência, ou adequação, do enunciado à coisa ou à realidade" (não contradição); e *(c) verdade epistemológica*, "refere-se à verdade na medida em que é concebida por um intelecto e formulada, num juízo, por um sujeito cognoscente" (adequação do entendimento e da realidade)[563].

Johannes Hessen, por sua vez, distingue apenas dois conceitos de verdade – o *transcendente* e o *imanente*. Assim, no domínio transcendente, "quando descrevemos o fenômeno do conhecimento, constatamos que, para a consciência natural, a verdade do conhecimento consiste na *concordância do conteúdo do pensamento com o objeto*", ao passo que, no domínio imanente, "a essência da verdade não reside numa relação do conteúdo do pensamento com algo contraposto, transcendente, mas sim no interior do próprio pensamento". A verdade, nesse caso, é uma *concordância do pensamento consigo mesmo*, algo puramente formal, uma correção lógica, sem referência necessária a qualquer objeto da realidade. O conceito transcendente nos remete a um *conceito realista* de verdade, ao passo que o imanente, a um *conceito idealista*, que só faz sentido aceitar, "caso não haja qualquer objeto real, exterior à consciência". Assim, havendo algum objeto, não faz sentido ignorar a realidade, confinando a verdade no domínio do pensamento puro, limitando-a a uma questão de correção lógica[564].

Luigi Ferrajoli, ao tratar do problema da verdade no âmbito do processo penal, também reafirma a ideia de que podemos considerar as diversas teorias da verdade, sem necessariamente contrapô-las, se distinguirmos a aplicação dos vários conceitos em distintos planos semióticos[565]. Assim, propõe que se aceitem distintas teorias da verdade, conforme estejamos no plano *semântico* (relativo ao significado do termo verdade em si); no plano

[563] J. Ferrater Mora, *Dicionário de filosofia*, 2001, p. 710ss.

[564] J. Hessen, *Teoria do conhecimento*, 2003, p. 119ss.

[565] A respeito das três dimensões da semiose, cf. N. Abbagnano, *Dicionário de filosofia*, 2003, p. 870: "*semântica*, que considera a relação dos signos com os objetos a que se referem; *pragmática*, que considera a relação dos signos com os intérpretes; e *sintática*, que considerada a relação formal dos signos entre si".

*sintático* (relativo ao conjunto de conhecimento em que se insere a noção de verdade) ou no plano *pragmático* (relativo à aceitação e *satisfatoriedade* pelos que fazem uso da verdade)[566].

Tendo em conta todas essas classificações possíveis, bem como a distinção entre definição e critério, precisamos entender que existem vária teorias acerca da verdade, entre as quais se encontram algumas proeminentes, como a correspondência e a coerência, entre outras que costumam disputar o conceito de verdade, seja em sua definição, seja em seu critério. O certo, contudo, é que não precisamos escolher apenas uma teoria, se tivermos em conta as distinções e classificações, bem como, sobretudo, as suas dimensões semântica, sintática e pragmática. É esta a concepção de Luiz Henrique de Araújo Dutra, para quem as diversas teorias se articulam em uma pesquisa, não nos sendo necessário optar exclusivamente por uma, com exclusão absoluta de todas as demais. É igualmente a concepção que teremos em conta nesta teoria da investigação criminal.

### *As diversas teorias da verdade*

As diversas teorias da verdade dizem respeito tanto ao significado, quanto aos critérios, bem como aos diversos tipos e contextos em que se discutem, não precisando por isso serem consideradas necessariamente alternativas entre si, desde que se façam essas distinções preliminares.

As teorias da verdade são muitas e variadas. Nicola Abbagnano, contudo, considera haver cinco conceitos fundamentais, com importância diferente na história da filosofia, tendo especial importância entre todas a teoria da correspondência, embora cada uma possa ser considerada por si, não como alternativas entre si, mas como teoria cujo propósito é muito específico, sendo possível encontrar mais de uma no mesmo pensador[567].

Aristóteles, de quem se tem uma persistente concepção de verdade ainda referida nas teorias modernas, a respeito da verdade, dizia que: "Negar aquilo que é e afirmar aquilo que não é, é falso, enquanto afirmar

[566] L. Ferrajoli, *Direito e Razão*, 2002, p. 52ss.

[567] N. Abbagnano, *Dicionário de filosofia*, 2003, p. 994ss, fala de teorias da verdade como correspondência; como revelação; como conformidade; como coerência; e como utilidade, mas seguindo L. H. Araújo Dutra, *Verdade e investigação*, 2001, pp. 17-71, preferimos tratar das *teorias da correspondência*, *teoria semântica*, *verdade como verossimilhança*, *verdade aproximada* e *como adequação empírica*, e *teorias epistêmicas*.

o que é e negar o que não é, é a verdade"[568]. E, com essa afirmação, enunciava duas teses fundamentais de sua concepção de verdade: "A primeira é que a verdade está no pensamento ou na linguagem, não no ser ou na coisa (...). A segunda é que a medida da verdade é o ser ou a coisa, não o pensamento ou o discurso: de modo que uma coisa não é branca porque se afirme com verdade que ela assim é, mas afirma-se com verdade que ela é branca por que é".

Essa é uma concepção que já àquela época se afastava dos filósofos gregos que buscavam a verdade em oposição à falsidade, como aparência ou ilusão: "A verdade era, nesse caso, idêntica à realidade, e esta última era considerada idêntica à permanência, ao que é, no sentido de 'ser sempre' – quer se trate de uma substância material, quer de números, qualidades primárias, átomos, ideias etc."[569]. A verdade, nesse caso, é concebida como descoberta do ser, o que representa apenas uma particular noção de verdade ontológica, distinta da verdade lógica (de não contradição) e da verdade epistemológica (adequação do entendimento e da realidade). É nessa dimensão que Aristóteles situa uma particular teoria da verdade, geralmente associada à noção de definição ou significado da verdade, ao lado de outras igualmente propugnadas na filosofia[570].

A concepção de Aristóteles acerca da verdade é entendida por muitos filósofos como a base fundamental da teoria da correspondência[571]. Diversamente, contudo, há quem entenda que a teoria semântica moderna de A. Tarski a assimila, embora sem a considerar necessariamente como uma definição correspondencial[572]. Mas, qualquer que seja a posição escolhida,

[568] *Apud* N. Abbagnano, *Dicionário de filosofia,* 2003, p. 994ss.

[569] J. Ferrater Mora, *Dicionário de filosofia,* 2001, p. 699.

[570] Cf. S. Haack, *Filsofoia das lógicas,* 2002, p. 127ss, para um panorama resumido sobre as teorias da verdade, em especial um esquema conciso das concepções e seus relacionamentos entre si; para uma visão mais detalhada e específica, contudo, cf. R. Kirkham, *Teorias da verdade,* 2003, cujo capítulo 1, sobre "projetos de teorias da verdade", traz-nos "uma categorização das teorias da verdade", especificando as diversas teorias, os filósofos que as propuseram e a categoria em que elas se encontram, conforme a classificação que nos propõe (tabela 1.1)

[571] N. Abbagnano, *Dicionário de filosofia,* 2003, 994; S. Blackburn, *Dicionário Oxford de filosofia,* 1997, p. 402; assim como P. K. Moser [et al.], *Teoria do conhecimento: uma introduçào temática,* 2004, p. 73: "a definição da verdade como correspondência tem sua raiz na proposição de Aristóteles..."

[572] S. Haack, *Filosofia das lógicas,* 2002, p. 127ss; L. H. Araújo Dutra, *Verdade e Investigação,* 2001, p. 17: "ela não deve ser interpretada necessariamente como uma definição correspondencial

as teorias da correspondência permanecem sendo o melhor ponto de partida para compreensão da verdade na investigação criminal.

***A concepção clássica da correspondência***

A verdade como correspondência expressa a ideia de uma relação entre *afirmações* e *fatos existentes*, entre o conhecimento e a coisa. Essa é, em essência, sua noção fundamental, que relaciona o que se diz (linguagem) ou se conhece (ideia) ao que existe (realidade). Nesse sentido, as coisas, a realidade externa ao conhecimento seria a medida da verdade. Existindo, há verdade, por haver correspondência entre conhecimento, íntimo ou expresso na linguagem, e a coisa que se pensa ou se diz[573]. Mas em que termos podemos observar essa relação de correspondência, é o que duas concepções especialmente representativas dessa ideia tentam responder: (a) a teoria da correspondência entre preposições e fatos, como congruência ou similaridade de estrutura entre eles (Russell); e (b) a teoria da correspondência em termos de correlação, entre convenções descritivas e convenções demonstrativas (Austin).

*Verdade como congruência*[574]

Bertrand Russell considera que a verdade pode ser definida como uma correspondência entre crença e fato. Afirma ele que "uma crença é *verdadeira* quando corresponde a um certo complexo associado, e *falsa* quando não corresponde". Assim, para Russell, "uma teoria adequada sobre a noção de verdade deve nos permitir saber em que circunstâncias o que dizemos do mundo é o caso; por isso a verdade não pode ser uma propriedade intrínseca de nossas crenças, mas tem de depender de algum fator externo, admitindo que isso possa falhar, e, logo, a verdade tem de ser correlativa à falsidade" [575].

A partir dessa noção de verdade como relação entre crenças e fatos, Russell sustenta que o mundo é constituído de fatos que são o gênero de

da verdade".

[573] N. Abbagnano, *Dicionário de filosofia*, 2003, 994; P. K. Moser *et al.*, *Teoria do conhecimento: uma introdução temática*, 2004, p. 73.

[574] *Congruência:* "Adequação. P. ex., 'recompensa congrua', isto é, adequada ao trabalho ou ao mérito. Em geometria, a congruência é a coicidência das figuras por sobreposição ao mesmo plano" (N. Abbagnano, *Dicionário de filosofia*, 2003, p. 173).

[575] *Apud* L. H. Araújo Dutra, *Verdade e Invstigação*, 2001, p. 18ss; a respeito da distinção entre "fato, crença, verdade e conhecimento", cf. B. Russell, *Conhecimento humano*, 2018, p. 241ss.

coisas que nos permitem dizer sobre proposições verdadeira ou falsas, o que quer dizer, em outros termos, que precisamos distinguir entre *fatos*, como aquilo que percebemos, e *crenças*, como aquilo em que acreditamos.

A principal objeção que se tem feito à teoria de Russell se refere ao *isomorfismo de estrutura*, que se encontra subjacente na sua ideia fundamental de correspondência como congruência entre duas estruturas, da proposição e do fato que lhe corresponde. Este é, segundo Luiz H. Araújo Dutra, o problema fundamental dessa teoria, porque pressupõe um "compromisso metafísico com a existência de uma similaridade entre mundo e linguagem, da qual deriva, então, o isomorfismo entre fato e proposição". A isso se segue uma outra objeção relativa à *noção de fato* de que se utiliza. Assim, ainda que aceitemos suas premissas, essa teoria se limita a oferecer uma *definição* aceitável de verdade, mas não um *critério* de verdade[576].

Mas a questão subsiste, afinal, questiona-se como seria possível haver uma similaridade (ou isomorfismo) entre estrutura de fatos e estrutura de proposições, entre duas coisas que são de natureza diversas. A respeito dessa crítica, Russell teria considerado que a dificuldade reside no problema da linguagem natural, por causa de suas imperfeições, pois, segundo ele, em uma linguagem logicamente perfeita, seria possível a similaridade, na medida em que a proposição em si é que mostraria a verdadeira estrutura do fato[577]. Se essa congruência é possível em algum contexto de linguagem formal, não nos vamos debater com isso, mas no contexto da investigação criminal, a considerar a complexidade ontológica do crime, precisamos duvidar de que possa a linguagem legislativa penal assegurar uma qualquer congruência nesse nível de correspondência que se postula por Russell, embora a sua ideia permaneça como uma intuição fundamental a ser retida, para que possamos seguir com ulteriores discussões e compreender a teoria de Austin.

*Verdade como correlação*[578]

John Austin também considera a verdade como relação entre palavras e mundo (ideia correspondista fundamental), mas diverge de Russell em

576 Cf. L. H. Araújo Dutra, *Verdade e Invstigação*, 2001, pp. 23-26.

577 A respeito, cf. L. H. Araújo Dutra, *Verdade e Investigação*, 2001, p. 24.

578 *Correlação:* "Uma das quatro formas de oposição enumeradas por Aristóteles, mais precisametne a que ocorre entre termos correlativos, como a metade e o dobro" (N. Abbagnano, *Dicionário de filosofia*, 2003, p. 214).

pontos específicos, porque não aceita a existência de um isomorfismo estrutural e considera que são portadores da verdade os *enunciados*, não as *proposições*.

Quanto ao isomorfismo estrutural, Austin não o aceita porque, para ele, "qualquer relação entre portador de verdade e estados de coisas tem de ser estabelecida convencionalmente", revelando com isso o caráter pragmático da linguagem como fator preponderante, no que se distingue da teoria de Russell que pugna por uma linguagem formalizada, afastando a aptidão da linguagem natural para a questão da verdade. Quanto ao portador da verdade, Austin defende que "os enunciados é que podem ser verdadeiros ou falso, porque eles é que podem, então, se referir a estados de coisas, a acontecimentos, por exemplo"[579].

Aqui, nessa teoria, é essencial a distinção entre *proposição* (como atitude mental) e *enunciado* (como linguagem), o que nem sempre se faz pela filosofia, na qual encontramos o uso de um pelo outro. Contudo, às vezes «proposição» é usada para um enunciado isolado, ao passo que «enunciado» é usado quando se encontra em um silogismo; às vezes, também, «enunciado» é usado como um termo neutro, que se pode decompor tanto em «proposição» (como um produto lógico do pensamento) quanto como «juízo» (como produto psicológico do pensamento). Mas mesmo essa decomposição se pode efetuar em sentido inverso, quando "o enunciado designa então o fato de enunciar uma proposição"[580].

Quando se faz essa distinção, contudo, diz-se que "o enunciado é verdadeiro quando exprime uma proposição verdadeira"[581]. Russell, no entanto, pretende reduzir a proposição a atitude mental, considerando-a como "crença" ou "atividade proposicional", ao afirmar que as proposições se devem considerar como atos fisiológicos, que se contêm e mantêm no âmbito de eventos psicológicos[582]. Essa teoria, embora seja compreensível e até se possa identificar no âmbito de nossas crenças cotidianas, não nos fornece a base de uma concepção de verdade que se possa utilizar no âmbito de uma investigação criminal, na qual nos interessa alguma possibilidade de controle intersubjetivo.

579 L. H. Araújo Dutra, *Verdade e Invstigação,* 2001, p. 27ss.

580 J. F. Mora, *Dicionário de filosofia,* 2001, p. 215ss.

581 N. Abbagnano, *Dicionário de filosofia,* 2003, p. 337

582 N. Abbagnano, *Dicionário de filosofia,* 2003, p. 801ss.

É, portanto, nesse sentido, que a teoria de Austin, em torno da noção de enunciado nos pode ser mais esclarecedora e operativa, porque um enunciado "é o proferimento por um falante de certas palavras, o emprego de uma sentença, diante de uma audiência e com referência a uma situação determinada". Assim, na teoria de Austin, considera-se verdadeiro um enunciado: "Quando o estado de coisas histórico (ou efetivo) com o qual ele é *correlacionado* pelas *convenções demonstrativas* (aquele estado de coisas ao qual o enunciado se refere) é de um tipo com qual a sentença utilizada para fazê-lo está *correlacionada* pelas *convenções descritivas*". Apesar da distinção entre descrição e demonstração, o fundamental das duas está no caráter convencional das correlações que constituem a correspondência da verdade. As "convenções descritivas" *correlacionam* sentenças com *tipos de situação,* coisas ou eventos que se encontram genericamente no mundo, ao passo que as "convenções demonstrativas" *correlacionam* enunciados com *situações históricas* que também se encontram no mundo[583].

A complexidade desse engenho conceitual da verdade, fundamentada em duas convenções, tem uma adequação muito grande no âmbito do que interessa à investigação criminal, tendo em conta que seu objeto é antes descrito por *convencionalismo penal,* em *tipos (penais) de situação* de coisas que se podem considerar crimes, ao que podemos identificar na jurisprudência ou na doutrina jurídica, certas convenções probatórias, igualmente convencionais, mais já aqui demonstrativas dos fatos históricos que se podem correlacionar àquelas descrições legais.

É verdadeiro, portanto, um enunciado (linguagem) quando ele está correlacionado, por convenções, a um estado de coisas (realidade) demonstrado, bem como correlacionada, por outras convenções, quanto à sua descrição (conceito); noutras palavras, os interessados na verdade estão de acordo (por convenções) quantos às correlações existentes entre coisas, ideias e linguagem, o que se pode traduzir, na mesma correlação triangular que encontramos na investigação criminal entre provas, notícia do crime e tipo penal.

A teoria de Austin supõe que a verdade depende seriamente da linguagem praticada na comunidade em que dela se utiliza. Assim, "a verdade e a falsidade dependem das circunstâncias, da audiência e dos propósitos e intenções com que se faz um enunciado", sendo, portanto, dependentes

[583] *Apud* L. H. Araújo Dutra, *Verdade e Investigação,* 2001, p. 28.

do conhecimento que se tem no momento em que são proferidas. Dessa forma, "ao fazer seus enunciados, *o falante sempre pressupõe o conhecimento que ele compartilha com sua comunidade linguística*, o que inclui uma delimitação do mundo sobre o qual ele fala. *Tal conhecimento está expresso nas convenções (descritivas e demonstrativas) que a comunidade estabelece*"[584].

É por isso que, tendo em conta as convenções, também na investigação criminal, a verdade pressupõe um conhecimento compartilhado pela comunidade em que está inserida, pressuposto nas convenções tanto da tipicidade penal, quanto da jurisprudência e doutrina jurídicas relativas à prova e ao crime.

### *A concepção semântica da verdade*[585]

A concepção de verdade proposta por A. Tarski, cuja definição se estabelece por intermédio de uma metalinguagem, constitui-se a partir de duas condições: adequação material e correção formal[586]. O primeiro pressuposto é, portanto, de que somente uma meta-linguagem nos permite uma definição adequada de verdade[587]. A primeira condição, por sua vez, estabelece limites para o conteúdo, ao passo que a segunda determina sua forma possível[588].

A. Tarski defende, portanto, que "a semântica de uma linguagem L qualquer deva ser especificada em uma outra linguagem M, uma *meta*-linguagem, diferente de L." Assim, tomando esses pressupostos e condições, "só podemos dar *definições parciais de verdade* para as sentenças de determinada linguagem, definindo as condições mediante as quais cada uma das sentenças é verdadeira", o que somente seria possível em linguagens formalizadas, porque possuem *estrutura sintática inteiramente especificável*[589]. Isso exige, portanto, que linguagens primárias, acerca de *relações*

[584] *Apud* L. H. Araújo Dutra, *Verdade e Investigação,* 2001, p. 32.

[585] Semântica: "Um dos três ramos em que a semiótica é usualmente divida: o estudo do significado das palavras e da relação entre os signos e os objetos a que eles são apicáveis" (S. Blackburn, *Dicionário Oxford de Filosofia,* 1997, p. 354). A respeito, cf. também N. Abbagnano, *Dicionário de filosofia,* 2003, p. 869.

[586] A. Tarski, *A concepção semântica da verdade,* 2007.

[587] J. Ferrater Mora, *Dicionário de filosofia,* 2001, p. 706

[588] S. Haack, *Filosofia das lógicas,* 2002, p. 143); J. Ferrater Mora, *Dicionário de filosofia,* 2001, p. 708).

[589] *Apud* L. H. Araújo Dutra, *Verdade e Investigação,* 2001, p. 34

*de designação* dos signos com os objetos (semântica), estejam especificadas inteiramente em outras linguagens (metalinguagem). Assim, nesses termos, em linguagens não-formalizadas (coloquial, ou natural), por terem estrutura sintática não-especificável, torna-se difícil estabelecer uma definição de verdade.

É com esse conceito proposto que A. Tarki postula uma noção de verdade neutra, "compatível com qualquer posição metafísica, seja realista, seja idealista", com a qual não é necessário comprometer-se[590]. E, assim, podemos ter definições adequadas de verdade para certas e determinadas sentenças, partindo do seguinte esquema geral (T):

*(T) X é uma sentença verdadeira se, e somente se, P*

Em que, *X* é o nome de uma sentença qualquer, e *P* se refere a um estado de coisas, como podemos observar no exemplo: *"a neve é branca" é uma sentença verdadeira se, e somente se, "a neve é branca"*. É a partir desse esquema geral, requisito formal da concepção semântica de verdade, que alguns filósofos tendem a interpretar a teoria de Tarki como uma concepção correspondencial.

Entretanto, esse esquema não é ainda a definição de verdade de Tarski, "mas apenas a formulação de uma das duas condições que devem ser satisfeitas para podermos ter adequadas definições de verdade para sentenças determinadas". É apenas uma primeira convenção formal, assim como também é uma convenção o outro requisito relativo à condição de adequação material[591]. Mas é nesse ponto que Tarki acaba recorrendo, em última análise, aos objetos do mundo como forma de satisfação da verdade das sentenças. Assim, embora uma meta-linguagem defina o verdadeiro em uma linguagem anterior (semântica), o procedimento indireto acaba por recorrer a objetos do mundo ao final. E é nesse ponto, portanto, que a teoria acaba por ser criticada, porque contraria sua postulada neutralidade metafísica ou epistemológica, que não se consegue manter em relação à segunda convenção material.

O outro problema da teoria semântica da verdade se encontra na exigência de que a definição da verdade somente é possível em uma linguagem necessariamente formalizada, mas semanticamente não fechada, o que exige uma metalinguagem (M) mais rica que a linguagem formali-

[590] Cf. L. H. Araújo Dutra, *Verdade e Investigação,* 2001, p. 40

[591] L. H. Araújo Dutra, *Verdade e Investigação,* 2001, p. 36ss.

zada (L), capaz de especificar a estrutura sintática de L, e em condições de definir o verdadeiro em termos de *satisfação* em L. Contudo, essa pode ser uma exigência excessiva, porque "construir uma linguagem formalizada, deste ponto de vista, é apenas especificar claramente um sistema sintático e dotá-lo de uma interpretação (semântica), e não é certo que não possamos fazer isso com certas partes da linguagem coloquial"[592]. E essa é uma questão que interessa precisamente ao âmbito da investigação criminal, na qual a formalização tem seus limites, sempre sendo necessário recorrer à linguagem coloquial, embora nela se possa adotar a teoria semântica de Tarski.

Afinal, a noção de verdade semântica, em resumo, pode ser assim sintetizada: "Atendendo, então, aos dois requisitos – de adequação material e correção formal – Tarski sustenta que podemos definir 'verdadeiro-em-L, sendo L uma linguagem formalizada qualquer. Para isso, devemos, em primeiro lugar, especificar a estrutura sintática de L. Em segundo lugar, temos de especificar a estrutura sintática da meta-linguagem M na qual vamos definir verdadeiro-em-L. M pode conter L como uma parte sua, caso contrário temos de providenciar meios para traduzir as sentenças L em M."[593]

Dessa forma, no âmbito da investigação criminal, embora a tipicidade penal não seja uma linguagem completamente formalizada, a dogmática penal sobre a teoria analítica do delito desempenha com êxito o desenvolvimento de uma metalinguagem que nos permite especificar melhor a semântica das sentenças legais que definem os tipos penais. Assim, ao falarmos da verdade acerca de um crime, podemos entender que somente é crime o que definido na lei como tal (linguagem L), mas somente a partir da dogmática penal (linguagem M), podemos apreender o sentido verdadeiro e inequívoco daquela linguagem L, em certas situações. Mas, ainda nesse sentido, também a jurisprudência tem uma função especificadora da semântica dos termos da linguagem jurídica, na medida em que exclui ou inclui certos fatos da hipótese legal.

Apesar, portanto, das objeções que se podem fazer à teoria semântica de Tarski, podemos aceitá-la pelo que é, a considerar o "preceito metodológico importante" que nos oferece, chamando a atenção para a necessidade

[592] L. H. Araújo Dutra, *Verdade e Investigação,* 2001, p. 38ss.

[593] L. H. Araújo Dutra, *Verdade e Investigação,* 2001, p. 39.

de sua formulação mais exata em contextos mais específicos de problemas ao quais queremos atribuir a qualidade de verdadeiros[594].

*Verdade como verossimilhança*[595]

A teoria semântica de A. Tarski tem sido considerada a mais bem-sucedida teoria da verdade entre os filósofos[596], apesar de ter suscitado diversas e variadas interpretações, sobretudo divididas entre os que negam sua natureza correspondencial[597] e os que assim a consideram, como Karl Popper com sua noção de verdade como verossimilhança[598]. Essa interpretação, contudo, embora questionada, é precisamente a que se utiliza por L. Ferrajoli no programa garantista da verdade processual assumido nessa teoria da investigação criminal[599].

A concepção de Popper assume as distinções entre definição e critérios acerca da verdade, advertindo que a definição de verdade deve ser objetiva, mas isso somente é possível se aceita a noção de correspondência com os fatos, com base no esquema geral proposto por A. Tarsk (T *x* é verdadeiro se, e somente se, *p*), como condição de adequação formal para definir a verdade de sentenças. Tendo, assim, por base essa definição, Popper apresenta sua concepção de conteúdo de verdade, a partir da ideia de verossimilhança, como forma de escolhermos, entre teorias diversas, a que mais se aproxima da verdade.

Ao sustentar o conceito de verossimilhança, contudo, Popper parece nos ter dado apenas critérios para escolha entre duas teorias diversas, tomando por base não uma verdade propriamente dita, mas uma das teorias apresentadas com base no conhecimento de que dispomos no momento. Assim,

594 L. H. Araújo Dutra, *Verdade e Investigação,* 2001, p. 41.

595 *Verossimilhança:* "Grau com que uma hipótese se aproxima da verdade. A primeira abordagem dessa noção deve-se a Popper, que a identifica com o grau com que uma teoria capta toda a veradde..." (Blackburn, 1997, p. 404).

596 S. Haack, *Filosofia das lógicas,* 2002, p. 143: "a teoria de Tarski tem sido, ultimamente, com grande probabilidade, a teoria da verdade mais influente e mais amplamente aceita".

597 Nesse sentido, cf. L. H. Araújo Dutra, *Verdade e Investigação,* 2001, p. 33ss, a considerar uma concepção ingênua da correspondência; para maiores detalhes sobre essa disputa, cf. R. Kirkhan, *Teorias da verdade,* 2003, p. 241ss.

598 Cf. K. Popper, "Comentários filosóficos sobre a teoria da verdade de Tarski", *Conhecimento objetivo,* 1999, pp. 294-312; K. Popper, "Verdade, racionalidade e o desenvolvimento do conhecimento científico", *Conjecturas e Refutações,* 2006, pp. 275-338.

599 Cf. L. Ferrajoli, *Direito e Razão,* 2002, p. 40ss.

noutros termos, "dada a situação em que se encontra nosso conhecimento, julgamos que uma das teorias é melhor que as outras, e a utilizamos para julgar as demais"[600]. Portanto, Popper não nos dá um conceito completo de verdade, mas apenas uma definição correspondencial conjugada com outros critérios; apenas, pretende sustentar uma definição de verdade como correspondência, aceitando a noção de verossimilhança como critério não-correspondencial.

A noção de verossimilhança, contudo, precisa ser compreendida em conjunto com uma exigência de máxima aproximação possível da ideia de verdade, no contexto de uma ideia maior de progresso constante das ciências, bem como de qualquer conhecimento baseado em seu programa falseacionista. É especialmente por causa desse programa que a concepção de Popper parece ter uma boa aplicação no âmbito do processo penal, segundo a proposta garantista de Luigi Ferrajoli, que vamos utilizar nessa teoria da investigação criminal, embora sua compreensão se possa enriquecer com outras concepções como as que se seguem.

*Verdade aproximada e adequação empírica*

A partir da ideia de *aproximação da verdade*, Richard Boyd acredita ser possível determinar *diferentes graus de verdade*, com base em critérios epistêmicos de avaliação de teorias. Mas, apesar de a história das ciências demonstrar que sempre há teorias novas que suplantam as velhas, aproximando-se a cada passo da verdade, Boyd, contudo, não desconsidera que em algum ponto as anteriores tinham algo de verdadeiro. Assim, admite-se que "ao longo deste processo dialético e natural que é a ciência, a verdade como correspondência entre nosso conhecimento e o mundo se nos impõe, gradualmente, isto é, sucessivamente, por meio de teorias cada vez mais próximas da verdade (exata)"[601].

É com base nessa concepção que Boyd, a distinguir definição e critério da verdade na mesma linha de Popper, sustenta que a noção de correspondência apenas nos dá uma definição de verdade, sendo, contudo, a noção de coerência o critério de verdade, ainda que aproximadamente. Mas se trata de um critério de autorização (falível), não um critério de garantia (infalível), pois apenas nos autoriza a concluir pela presença de

[600] L. H. Araújo Dutra, *Verdade e Investigação*, 2001, p. 46.

[601] L. H. Araújo Dutra, *Verdade e Investigação*, 2001, p. 54.

algo, em razão da relação de causalidade com outra previamente estabelecida (como a relação entre febre e infecção). O critério de garantia, por sua vez, depende da confiabilidade científica sobre a instrumentalidade de um meio para revelar algo, como um microscópio por exemplo[602]. Assim, nesse sentido, é necessário observar, no âmbito da investigação criminal, as conclusões sobre o crime, seu autor e suas circunstâncias, distinguindo entre critérios de garantia e autorização, tendo sempre em conta a confiabilidade que temos nos instrumentos utilizados, a considerar a intermediação interessada de vários sujeitos processuais, sobretudo quando se conclui com base em testemunhas, se estas não se encontram em coerência com outros provas da investigação.

A importância dessa teoria da verdade de Boyd, portanto, está na tentativa de apresentar um critério de verdade aproximada, associando confiabilidade instrumental e coerência. Assim, nesse sentido, uma teoria que se torna confiável e coerente com o conjunto de saber estabelecido, em determinado momento histórico de um conhecimento, pode ser considerada "aproximadamente verdadeira"[603].

Bas van Fraasen, apesar de também partir da definição de verdade como correspondência, propõe a noção de *adequação empírica* como critério, não de verdade, contudo, mas sim como forma de escolher entre duas teorias que possam competir a respeito de uma aproximação da verdade. Afastando-se de uma concepção realista da ciência, Fraasen não pretende responder à questão da confiabilidade da teoria em si, mas à questão de saber como escolher entre duas ou mais teorias que competem entre si, mesmo quando todas estão empiricamente bem fundamentadas, dando-nos explicações que nos permitem concluir igualmente[604]. Essa é, precisamente, a questão que se coloca no âmbito da investigação criminal, quando as hipóteses acusatória e defensória se colocam em disputa no contraditório processual, a considerar que as vezes se apresentam como igualmente fundadas empiricamente, segundo o estágio de nosso conhecimento, nos limites temporais do sistema penal que exige uma decisão antes da prescrição do direito de punir. É certo que, no âmbito jurídico do processo penal, na dúvida vai incidir o princípio dirimente *in dubio pro reo*. Mas a

[602] L. H. Araújo Dutra, *Verdade e Investigação*, 2001, p. 56ss.
[603] L. H. Araújo Dutra, *Verdade e Investigação*, 2001, p. 56.
[604] L. H. Araújo Dutra, *Verdade e Investigação*, 2001, p. 53.

questão está em saber quando podemos decidir, afastando assim a dúvida que pode ser afastada.

É aqui que Bas van Frassen nos oferece sua contribuição, ao postular que "uma teoria é empiricamente adequada exatamente se o que ela diz sobre as coisas observáveis e eventos neste mundo é verdadeiro – exatamente se ela «salva os fenômenos». De forma um pouco mais precisa: tal teoria tem pelo menos um modelo tal que todos os fenômenos dados nele se ajustam"[605]. Isso vai exigir que a hipótese vencedora, na ciência ou no direito, seja aquela que consegue apresentar um modelo completo de explicação para todas as provas que se encontram aceitas no processo de conhecimento sobre o qual se vai concluir. Assim, o que temos é uma ideia de adequação empírica subjacente à ideia de verdade, o que pode nos remeter de volta à noção de correspondência e se pode encontrar com teorias consideradas epistêmicas.

*Verdade e significado*

Ainda, a partir da teoria de Tarski, uma outra interpretação é proposta por Donald Davidson, que pretende aplicá-la para certas linguagens coloquiais, no que podemos compreender sua utilidade inclusive no âmbito de atividades como a investigação criminal.

O seu programa teórico tem, nesse sentido, a especial virtude de alargar a possibilidade de recorrer ao discurso da verdade em contextos de uso coloquial, permitindo que nesses se façam descrições tão formais quanto possíveis, nos mesmos termos que se fazem em outros contextos de discurso mais lógicos. Mas o objetivo de Davidson não é transformar as linguagens coloquiais em linguagens formais; antes o que pretende é chamar a atenção para a "compreensão profunda dos mecanismos lógicos". A noção de verdade em Davidson assume um papel especial na compreensão do significado de sentenças, porque isso somente se torna possível pela compreensão das suas condições de verdade. A verdade, nesse sentido, é como que "*uma ferramenta para compreender o significado das sentenças de uma linguagem*"[606].

Essa ideia, ao estabelecer as relações entre verdade e significado em uma linguagem qualquer, terá um papel especial na consideração da ver-

[605] L. H. Araújo Dutra, *Verdade e Investigação,* 2001, p. 57ss; a respeito da noção de "salvar os fenômenos", cf. B. C. Van Fraasen, *A imagem científica,* 2007, p. 83-130

[606] L. H. Araújo Dutra, *Verdade e Investigação,* 2001, pp. 47-51

dade jurídica que também se encontra na verdade processual, a considerar o problema da linguagem típica penal, que vai requerer o estabelecimento das condições pelas quais é verdade que alguém cometeu precisamente o que vem descrito na norma penal.

### *Concepções sintática e pragmática*[607]

Além da teoria da correspondência que, em suas diversas concepções tendem muito constantemente a estabelecer a noção de verdade a partir de alguma relação entre o mundo e o conhecimento que temos dele, há certas teorias que defendem a *noção de verdade como uma questão interna ao conhecimento,* dependente apenas do que pensamos em relação ao mundo, sem referência necessária ao que existe nele. Nessa categoria geral se encontram as teorias da verdade como coerência ou como utilidade, que se podem considerar teorias epistêmicas, mas que podemos igualmente considerar como teorias sintática e pragmática segundo suas dimensões semióticas[608].

*Verdade como coerência*

A noção preliminar da sintaxe como "qualquer organização, combinação ou sistematização de partes" nos permite entender a ideia de coerência como "ordem, conexão, harmonia de um sistema de conhecimento". É nesse sentido abrangente que se entendia o conhecimento como ordem e coerência de representações, tendo sido assumida por idealistas ingleses como critério de verdade. A coerência, nesse sentido, é muito mais do que simples *compatibilidade* entre os elementos de um sistema: "implica, com efeito, não só a ausência de contradição, mas a presença de conexões positivas que estabeleçam harmonia entre os elementos do sistema. Nessa acepção, esse termo não tem significado lógico" [609]

A teoria da verdade como coerência, nesse sentido, postula que uma proposição é verdadeira se pertence a um sistema sobretudo *consistente,*

[607] Em sentido semiótico, a *sintaxe* "é a possibilidade de combinar signos com base em regras deteminináveis", ao passo que a *pragmática* "trata das relações entre os signos e seus intérpretes, ou seja, estuda os signos nas situações concretas em que os intérpretes os usam para comunicar-se" (N. Abbagnano, *Dicionário de filosofia,* 2003, p. 916; p. 1073).

[608] L. H. Araújo Dutra, *Verdade e Investigação,* 2001, p. 61ss, fala em teoria da coerência e teoria pragmática como teorias epistêmicas; a distinção entre semântica, sintaxe e pragmática é de L. Ferrajoli, *Direito e Razão,* 2002.

[609] N. Abbagnano, *Dicionário de filosofia,* 2003, p. 147, p. 1073.

além de dotado de outras virtudes, desde que essas outras não sejam definidas igualmente em termos de verdade[610]. Apesar das diversas teorias que se podem encontrar sobre a coerência, os coerentistas estão de acordo que "a consistência é uma condição necessária para a coerência"[611].

Assim, pode-se definir que "*uma teoria da coerência é uma teoria que identifica a verdade com uma propriedade do sistema enquanto tal, internamente, sem referência a nada externo*". As teorias da coerência partem da ideia de sistema de crenças (ou proposições, não sendo relevante a discussão acerca do portador da verdade), como conjunto ou classe de sentenças ou proposições, de tal forma que possamos ter uma coerência interna, sem proposições contraditórias. A ideia de compatibilidade (ausência de desacordo), no entanto, deve ser tida como um requisito necessário, mas não suficiente. Assim, além da exigência de compatibilidade (entre as sentenças), exige-se também a abrangência (do sistema) para absorver outras sentenças, e se necessário revisar-se, em função de alguma sentença inicialmente conflitante com o sistema[612].

Dessa forma, a considerar essa exigência do sistema, observa-se que essa teoria não apenas define a verdade em termos de coerência, como elege este como seu próprio critério, de tal forma que qualquer outro critério para julgar algum elemento do sistema precisa derivar de seu próprio sistema, o que pode se tornar algo problemático quando a confinamos em algum contexto fechado de discussão como o processo penal, no qual não se admitam provas não trazidas à instrução, embora se conheçam por outros sujeitos externos ao sistema jurídico-processual. Torna-se ainda mais problemático nos modelos em que a investigação criminal se institui como instrumento exclusivo de informação do órgão de acusação, sobretudo quando seja dirigido por este órgão apenas, mas também ainda quando seja apenas controlado somente por este órgão.

A verdade como coerência, portanto, fica necessariamente a depender de que o sistema que se pretende coerente seja o mais aberto e amplo possível, capaz de abarcar outros tantos elementos não selecionados no interesse exclusivo de um sujeito de conhecimento ou uma parte processual. Ao contrário, quanto mais fechado e limitado o sistema de interesses da

[610] S. Blackburn , *Dicionário Oxford de Filosofia*, 1997, p. 401.

[611] J. Dancy, *Epistemologia Contemporânea*, 2002, p. 141.

[612] L. H . Araújo Dutra, *Verdade e Investigação*, 2001, p. 66.

acusação, bastará que se excluam ou apenas se deixem de buscar ou apresentar todos os demais elementos que não estão em coerência com esse sistema, somente para fazer sentido a verdade investigada como fundamento de uma acusação.

*Verdade como utilidade*

O pragmatismo é, antes de tudo, mas não apenas, uma "filosofia do significado e da verdade" que, embora tenha alcançado diversas concepções distintas entre si, o essencial "consiste na crença de que o significado de uma doutrina é idêntico os efeitos práticos que resultam de sua adoção"[613]. Contudo, o pragmatismo é também um método, mais que uma teoria, orientado para determinar o significado das palavras em relação com a vida prática[614].

A teoria pragmática da verdade se pode entender como "o ponto de vista, especialmente associado a James, segundo o qual a verdade de uma afirmação pode ser definida em termos de utilidade que há em aceitá-la"[615]. É, nesse sentido, uma teoria que tende a relacionar a noção de verdade com *utilidade, consenso,* ou algum outro substitutivo, que corresponda a interesses da vida prática, a expectativas que temos ao enfrentarmos problemas reais na busca por solução. Assim, segundo a concepção de Peirce, que considera a verdade como finalidade da investigação, a verdade pode ser compreendida como "aquela opinião sobre a qual há acordo geral entre aqueles que investigam utilizando o método científico após um tempo suficientemente longo"[616].

Nicola Abbagnano acredita que "talvez se possa antever uma forma diferente dessa mesma concepção na tese de Dewey, da *instrumentalidade* dos procedimentos cognoscitivos e do conhecimento em seu conjunto, com vistas ao aperfeiçoamento da vida humana no mundo. Contudo, em Dewey não se encontra a definição de verdade como utilidade, mas apenas a afirmação do caráter instrumental – portanto *válido,* mas não verdadeiro – das proposições"[617]. É nesse sentido que John Dewey tende a substituir o termo verdade pela expressão *assertabilidade garantida*, como uma pro-

613 S. Blackburn, *Dicionário Oxford de Filosofia,* 1997, p. 307.

614 C. De Waal, *Sobre pragmatismo,* 2007, p. 17ss

615 S. Blackburn, *Dicionário Oxford de Filosofia,* 1997, p. 403.

616 L. H . Araújo Dutra, *Verdade e Investigação,* 2001, p. 63.

617 N. Abbagnano, *DIcionário de filosofia,* 2003, p. 998.

priedade das crenças a que chegamos pela impossibilidade de refutação através da experiência[618]. Voltaremos a tratar dessa teoria, ao final de nossa teoria da investigação criminal, para explicar por que a investigação acaba por tonar-se a própria condição de verdade, nesses termos pragmáticos do instrumentalismo de Dewey.

## A verdade processual na investigação criminal

### *A verdade processual (fática e jurídica)*

A verdade na investigação criminal vem ainda acrescida de diversas questões que decorrem de seu encontro com outros valores não-epistêmicos que fazem dela uma verdade processual limitada juridicamente, aproximada, provável, opinativa e decidida.

A verdade processual é uma síntese conceitual de antigas concepções materialistas e formalistas, que compreende tanto uma verdade fática, quanto uma verdade jurídica. A verdade processual não é uma verdade material, no sentido histórico de correspondência absoluta da verdade que nos permite qualquer meio para alcançá-la, tampouco uma verdade formal que se contenta com o mero cumprimento de procedimentos e conclusões lógicas legalistas.

É preciso, inicialmente, afastar algumas distinções tradicionais equívocas e estabelecer outras que nos podem auxiliar na melhor compreensão da verdade no processo penal. Há primeiro que se afastar a distinção entre *verdade material* e *verdade formal*, que tem marcado a história das instituições processuais de forma nem sempre muito clara, optando-se pela expressão *verdade processual*[619].

A mais antiga distinção que se encontra entre verdade material e formal, como a explica Engenio Florian, decorria da metodologia do processo inquisitório pré-moderno, no qual a verdade formal se estabelecia com base em provas formais ou legais, que prescindia da convicção do juiz, ao passo que a verdade material seria aquela que se estabelecia no processo acusatório por livre convicção do juiz, distinção que permaneceu depois

618 J. Dewey, *Logica. Teoria de la investigacion*, 1950.

619 Cf. C. J. A. Mittermaier, *Tratado das provas em matéria criminal*, 1997, p. 16ss; L. Ferrajoli, , *Diritto e ragione*, 2008, p. 49; J. Ferrer Beltran, *Prueba y verdad en el derecho*, 2005, p. 61ss; N. Guzmán, *La verdade en el proceso penal. Una contribución a la epistemologia jurídica*, 2006, pp. 31-37; G. Marques da Silva, *Processo penal II*, 2001, p. 160ss.

sendo usada para explicar a disponibilidade da prova no processo civil em comparação com o processo penal[620].

Mas em outro sentido diverso, afastando-se essa distinção tradicional equivocada, pode-se estabelecer uma melhor compreensão da verdade processual penal. Essa verdade, não podendo ser uma verdade material (absoluta), em razão de limites epistêmicos intrínsecos a qualquer campo de saber, apenas pode ser uma verdade formal (relativa), embora orientada pela aspiração de ser a máxima verdade possível dentro de certos limites que se impõem por razões ético-políticas. Assim, compreende-se a verdade no processo como formal, por princípio, e relativa portanto, devido a estarem disciplinados os métodos de comprovação e de valoração das provas (formalmente limitada, portanto), embora por pretensão do investigador (subjetivamente orientado) se possa admitir a busca da verdade material, que se pode nunca alcançar em absoluto. A verdade processual, nesse sentido, é "uma verdade mais controlada quanto ao método de aquisição, porém mais reduzida quanto ao conteúdo informativo do que qualquer hipotética verdade substancial, no quádruplo sentido de que se deve estar corroborada por provas recolhidas por meio de técnicas normativamente preestabelecidas, de que é sempre uma verdade apenas provável e opinativa, e de que na dúvida, ou na falta de acusação ou de provas ritualmente formadas, prevalece a presunção de não culpabilidade, ou seja, da falsidade formal ou processual das hipóteses acusatórias"[621].

A *verdade processual*, assim, não pretende ser a verdade absoluta e material, porque se sabe condicionada não apenas por limites epistêmicos próprios ao conhecimento, mas sobretudo porque se encontra limitada por garantias procedimentais que fazem dela uma verdade relativa e formalmente condicionada pelo direito. Essa é, portanto, uma opção epistemológica do sistema jurídico, fundado no garantismo penal, a preponderar na investigação dos crimes, tendo em vista a proteção da liberdade dos cidadãos contra a arbitrariedade de verdades pretensiosamente substanciais e intoleráveis, das quais a história da inquisição nos dá exemplos suficientes.

Essas pretensões subjetivas a uma verdade substancial, e absoluta, estavam na base da investigação feita pela Inquisição em que se admitia a tor-

[620] A respeito, cf. L. Ferrajoli, *Direito e Razão,* 2002, p. 60; E. Florian, *De las pruebas penales, Tomo I,* 1968;

[621] L. Ferrajoli, *Diritto e ragione,* 2008, p. 16; em sentido similar, cf. P. Tonini, C. Conti, *Il diritto dele prove penali,* 2014, p. 2ss.

tura como método de revelação da verdade concebida previamente pela fé, buscando exclusivamente a confissão, considerada prova por excelência. Subjacente a esses métodos de investigação, podemos identificar a teoria da *verdade como revelação,* cuja concepção metafísica ou teleológica "afirma que a verdade se revela em modos de conhecimento excepcionais ou privilegiados, por meio dos quais se torna evidente a essência das coisas, seu ser ou seus princípios (Deus). A caraterística fundamental dessa concepção é a ênfase dada à *evidência,* assumida ao mesmo tempo como definição e critério de verdade. Mas a evidência, obviamente, nada mais é que a revelação ou manifestação"[622]. E lendo-se o *Directorium Inquisitorium* (Manual do Inquisidor), de Nicolau Eymerich (1376), essa é a noção que exsurge das práticas degradantes nele consolidadas, que não apenas afrontam a liberdade do investigado, mas igualmente a verdade, que acaba por não se tornar possível.

Considerando, assim, a noção de verdade, em sua perspectiva formal, é possível entender que as garantias, tantos as materiais, relativas ao objeto, quanto as processuais relativas ao método, presentes na investigação criminal, além de garantias de liberdade, são sobretudo garantias de verdade[623]. E, nesse sentido, deve-se compreender que tais garantias integram o conceito de verdade, a exigir-lhe uma adequação de *validade.*

Essa concepção nos conduz, portanto, a uma noção de verdade fundada na *validade jurídica* dos meios utilizados para seu alcance, o que, no âmbito da justiça penal, é ainda maior do que em qualquer outra atividade judicial. Assim, é necessário reconhecer um nexo entre *verdade* e *validade,* tendo esta um vínculo com o método de investigação (como se verá) que, embora limite a busca da verdade, permite legitimá-la pelo respeito a certos valores relacionados a tais limites jurídicos. A verdade processual é, em suma, como fim da investigação, uma verdade que exige uma validade dos seus meios de obtenção, ainda que ao custo da perda de possibilidade de correspondência material.

A verdade processual se compõe, ainda, de uma *quaestio facti* e uma *quaestio iuris,* mas não se podem separar essas questões em fases sucessivas, pois à medida que a investigação avança, as duas questões precisam ser enfrentadas simultaneamente.

[622] N. Abbagnano, *Dicionário de filosofia,* 2003, p. 996.

[623] L. Ferrajoli, *Direito e Razão,* 2002, p. 39.

Ao afirmar-se no processo penal que "alguém cometeu um crime", essa proposição se compõe de duas questões, que terá exigido investigar se "alguém cometeu tal fato" (*quastio facti*) e se "tal fato constitui crime" (*quaestio juris*). A verdade fática, relativa à primeira questão, é comprovável pela *prova* da ocorrência do fato e de sua imputação ao agente; a verdade jurídica, relativa à segunda, é comprovável por *interpretação* de enunciados normativos. A primeira é resolúvel por via abdutiva, segundo dados probatórios; enquanto a segunda é resolúvel por via dedutiva, segundo o significado da linguagem contida na lei[624].

A respeito dessa distinção, constitui equívoco limitar a investigação criminal à *quaestio facti*, pois a cada ato de investigação, interpretações são realizadas de forma que, embora provisórias, se vão constituindo em definitivas, primeiro para o fim de obter medidas restritivas, depois pela acumulação de hipóteses que se vão materializando em provas.

*O fático e o jurídico na teoria analítica do crime*

Ao distinguir a verdade processual em fática e jurídica, L. Ferrajoli insere a verificação da culpabilidade no âmbito da *quaestio facti*, sustentando que a proposição fática seria "alguém praticou tal fato culpavelmente"[625]. O tratamento da culpabilidade no âmbito da verdade fática por Luigi Ferrajoli parece justificar-se, metodologicamente, porque ele compreende "a culpabilidade como elemento normativo do fato". Assim, segundo o autor, "sob essa base podemos conceber a culpabilidade, tal como acontece, por outro lado, com a ação e com o resultado lesivo, como um elemento normativo não do autor, mas do delito, do qual designa, mas do que uma conotação psicológica, uma modalidade deôntica e, além disso, alética: o dever de abster-se de realizá-la com base na possibilidade material da sua omissão ou da sua comissão"[626].

Contudo, outra pode ser a conclusão acerca de sua posição no esquema geral da verdade, se partimos da *teoria normativa pura da culpabilidade*, tal

[624] L. Ferrrajoli, *Direito e Razão*, 2002, p. 43ss, fala em *via indutiva*, e assim considerávamos na primeira edição dessa teoria da investigação criminal, mas desde a segunda edição apuramos a compreensão dessa questão para falar mais precisamente em "abdução", como melhor veremos adiante.

[625] Cf. L. Ferrajoli, *Direito e Razão*, 2002, p. 41ss.

[626] Nesse sentido, L. Ferrajoli, *Direito e Razão*, 2002, p. 399ss.

como a defendeu Hans Wezel[627] e como vem aceita geralmente, de tal forma que "a culpabilidade limita-se a reunir aquelas circunstâncias que condicionam a censura do fato antijurídico. *Todo o objeto* da censura se encontra no injusto [fato típico e antijurídico]. Na culpabilidade permanecem apenas as condições que permitem *atribuí-lo a seu autor*"[628]. Não estamos aqui, contudo, a discutir qual seria a melhor posição da culpabilidade na teoria do delito, mas apenas optando pelo que nos parece mais adequadamente aplicável à investigação criminal relativamente a discussão sobre a verdade.

Assim sendo, quanto à proposição fática, entendemos que deveria ela ser decomposta em: a) verdade fática propriamente dita, limitada à observação da existência de fatos exclusivamente, referida à proposição "alguém praticou tal fato"; e b) "verdade valorativa", orientada por um *juízo de reprovação* sobre os fatos, referida à proposição "tal fato é culpável", somente após incidir o juízo de tipicidade e juízo de ilicitude, no âmbito da verdade jurídica. Mas essa é uma questão de imputação final da investigação criminal, a que voltaremos adiante.

### *A correspondência aproximada*

A partir da teoria de A. Tarski, pode-se estabelecer o significado semântico da verdade processual, tal como definida em *quaestio facti* e *quaestio iuris*, segundo as condições seguintes: quanto à proposição fática, "alguém praticou tal fato", se, e somente se, "alguém praticou tal fato"; quanto à proposição jurídica, "tal fato constitui crime", se, e somente se, "tal fato constitui crime". Assim, uma proposição acerca da verdade processual somente será verdadeira se, e somente se, forem verdadeiras, tanto fática quanto juridicamente, suas proposições constitutivas[629].

Luigi Ferrajoli, ao recorrer à concepção semântica de Tarki, assim o faz decisivamente orientado pela ideia de que não é ela uma definição real de verdade, mas uma definição nominal, considerando-a uma verdade como correspondência, limitando-se a um significado objetivo do termo verdadeiro, que nada diz acerca dos critérios de verdade, que remetem a teorias subjetivas. Assim, a teoria semântica da verdade não fornece um critério objetivo ou realista de aceitação da verdade, estando limitada a indicar em

[627] H. Welzel, *O novo sistema jurídico-penal,* 2001, p. 88ss.

[628] S. Mir Puig, *Direito penal: Fundamentos e Teoria do delito,* 2007, p. 414.

[629] Cf. L. Ferrajoli, *Direito e Razão,* 2002, p. 41, com a nossa exclusãoda culpabilidade do âmbito da proposição fática.

que condições se faz uso do termo *verdadeiro*, qualquer que seja a epistemologia adotada ou afastada. E nesse sentido, justifica-se o uso da teoria semântica no processo penal, porque "uma vez estabelecido que o termo «verdadeiro» pode ser empregado sem implicações metafísicas no sentido de «correspondência», é na realidade possível falar na investigação judicial como busca da verdade em torno dos fatos e das normas mencionadas no processo, e usar os termos 'verdadeiro' e 'falso' para designar a conformidade ou a desconformidade das proposições jurisdicionais a respeito deles"[630].

*A noção de verdade aproximativa processual*

Considerando, assim, a noção de verdade por correspondência, há que se ter em mente que ela corresponde apenas a *um ideal do qual podemos mais ou menos nos aproximar.* Afinal, se mesmo no âmbito da investigação científica, não se tem admitido a ideia de uma verdade objetiva ou absoluta, com maior razão, essa concepção se deve assimilar no processo penal. É, nesse sentido, importante compreender que: "a 'verdade' de uma teoria científica e, geralmente, de qualquer argumentação ou proposição empírica é sempre, em suma, uma verdade não definitiva, mas contingente, não absoluta, mas relativa ao estado dos conhecimentos e experiências levados a cabo na ordem das coisas de que se fala, de modo que, sempre, quando se afirma a 'verdade' de uma ou várias proposições, a única coisa que se diz é que estas são (plausivelmente) verdadeiras *pelo que sabemos* sobre elas, ou seja, em relação ao conjunto de conhecimentos confirmados que deles possuímos"[631].

Aqui, encontra-se aquela ideia de verdade aproximada, que vale para investigação no processo penal, tanto quanto vale para qualquer investigação científica, como verdade relativa. Nesse sentido, pode-se recorrer àquela interpretação sugerida por K. Popper sobre verossimilhança que nos conduz à noção de aproximação (Boyd), entendida esta como uma "ideia reguladora" da qual nos podemos aproximar em partes, sem, contudo, igualar por completo. Trata-se, nesse sentido, de uma ideia cujo papel de "princípio regulador" visa a decisão entre teses ou teorias a mais apro-

[630] Essa compreensão de L. Ferrajoli, *Direito e Razão,* 2002, p. 41ss, acerca da teoria de Tarski, acompanha nitidamente a compreensão que dela tem K. Popper, "Comentários filosóficos sbre a teoria da verdade de Tarski", *Conhecimento objetivo,* 1999, pp. 294-312

[631] L. Ferrajoli, *Direito e Razão,* 2002, p. 42.

ximadamente verdadeira, permitindo a escolha de uma pelo seu maior "poder de explicação".

Assim, a verdade processual se pode compreender semanticamente como correspondência, mas apenas como um ideal, como um *valor* regulador e limite da investigação. Nesse ponto, observa-se que, no plano semântico, a verdade formal do processo não difere em princípio da verdade das teorias científicas, salvo em virtude de certos fatores intrínsecos dos elementos empíricos da investigação do crime, bem como em virtude dos fatores relativos à verificação processual da verdade.

*O problema do grau de cognição da investigação*

A considerar essa noção de aproximação, tendo em conta que nunca nos podemos igualar ao ideal regulador, é importante enfrentar o problema do grau de cognição que se exige da investigação criminal em sua primeira fase de inquérito, relativamente à cognição que se segue posteriormente nas demais fases processuais.

Esse é um ponto fundamental do problema da verdade na investigação criminal, afinal, sendo essa aproximativa do ideal de correspondência, precisamos perguntar: quão aproximativa deve ser a busca da verdade no inquérito? É possível diferir a verdade buscada na investigação criminal preliminar, em quantidade ou qualidade, relativamente à verdade da investigação criminal judicial? Ou somente existe uma distinção pela finalidade a que se destina uma e outra, pelo fato de que, na primeira fase investigação, se pretender justificar uma outra decisão (o indiciamento) que não uma sentença (sendo por isso, menor a aproximação da verdade por correspondência)?

A respeito da questão, há ainda quem, partindo também da noção de que a investigação se destina apenas a justificar acusação formal ou não, chega à conclusão de que a investigação requer apenas um juízo de probabilidade e não de certeza como a sentença[632]. O equívoco aqui está imediatamente na assunção de uma teoria da verdade material fundada na ideia de certeza, inaceitável no estágio atual da filosofia da ciência, bem como no processo penal. A questão, portanto, a considerar a epistemologia falseacionista que temos assumido, é que também a sentença final de um processo permanece sendo igualmente provável e, em certo sentido,

[632] Nesse sentido, A. Lopes Jr, *Sistemas de investigação prepliminar no proceso penal,* 2003, p. 99.

também decorrente de indícios para justificar-se[633]. Dessa forma, tanto no indiciamento da fase do inquérito, quanto na sentença final da fase do julgamento, há um juízo de probabilidade, não sendo possível uma distinção segura nesses termos.

Se aceitamos a verdade processual na investigação em termos de verdade aproximativa (tal como no conhecimento científico geral), porque provável a verdade fática (além de opinativa a verdade jurídica), devemos entender o juízo de probabilidade na investigação como suficiente ao fim a que se destina (indiciamento preliminar, que pode subsidiar uma acusação penal), ou seja, não o necessário para uma condenação. Assim, somente se considerarmos graus de probabilidade, em termos de qualidade ou quantidade de provas, é que podemos estabelecer alguma diferença.

Mas é necessário entendermos que verdade se torna aceitável no âmbito da decisão de um sujeito cognoscente que investiga. E, nesse sentido, cabe a cada sujeito processual – autoridade investigante, órgão de acusação ou juiz –, aceitar como provável ou não a verdade que investiga, tanto quanto suficiente e necessário, no âmbito das funções que lhes competem (indiciar, denunciar e sentenciar), segundo sua própria convicção motivada, nos limites de sua competência. É, portanto, nessa perspectiva, impossível limitar a investigação da autoridade no inquérito até certo grau de cognição, para evitar um exaurimento das provas, pois estamos a falar, nesse ponto, em um *juízo de satisfatividade subjetiva do investigador.*

Contudo, nessa mesma perspectiva, ainda que a autoridade investigante do inquérito se considere satisfeita com o grau de cognição alcançado, concluindo pelo indiciamento do investigado, isso não assegura nem vincula o órgão de acusação a dar-se por satisfeito, podendo este requerer novas diligências, assim como o juiz pode entender pela falta de provas suficientes para a condenação, ou mesmo antes, para a aceitação da denúncia. Assim, não há como estipular supostos graus de cognição, dizendo a cada um dos atores do sistema processual penal (delegado, promotor/procurador e juiz), até que ponto pode investigar, pois somente cada um pode concluir sobre a cognição necessária e suficiente ao objetivo de sua função institucional. Seria, portanto, esdrúxulo exigir da autoridade investigante que se limite em sua cognição, quando ainda não tem elementos (subjetivos e objetivos) de convicção que o permitam concluir pelo indiciamento,

633 Cf. L. Ferrajoli, *Direito e Razão*, 2002, p. 43ss.

sob o argumento de que estaria a adentrar nas provas em demasia. De outro lado, igualmente esdrúxulo seria exigir da autoridade investigante contentar-se com elementos probatórios de uma cognição insuficiente, e mesmo assim esperar dele o indiciamento final.

A *questão do grau de cognição*, na investigação criminal, parece, portanto, trata-se de um falso problema, ou na melhor das hipóteses de um problema mal colocado, que contém vícios metodológicos, com base em preconceitos ideológicos, tendentes e diminuir a importância da investigação criminal, na fase do inquérito, quando mais se percebe na prática que ele tem avançado na função de instrução provisória com cada vez mais provas irrepetíveis que apenas se reafirmam em instrução judicial. Isso, aliás, tem repercutido na prática, pois mesmo quando a Polícia Judiciária tenta desvincular-se de uma investigação exauriente, o Ministério Público tende a querer exaurir as provas, esvaziando a instrução posterior.

Ademais, podemos preliminarmente distinguir entre investigação dos fatos (a chamada irrestritamente "materialidade" do crime, mesmo no caso de crimes meramente formais) e investigação da autoria, pois, em relação aos fatos, a investigação criminal preliminar deve ser exauriente, tanto quanto possível. É que não se justifica ter um procedimento preliminar de investigação, para ao final se concluir, na fase de julgamento, pela inexistência do fato. Trata-se, portanto, de uma contradição interna do sistema de persecução penal, que ofende ao princípio de economia processual, bem como torna supérflua toda uma estrutura administrativa orientada a uma atividade que, segundo se pretende, seria dispensável, não tem valor probatório, ou precisa ser repetida em juízo, ao passo que na prática, em regra, não se processa sem investigação prévia. A racionalidade do sistema de persecução penal, portanto, pede uma investigação criminal, nesse ponto, exauriente, acerca dos fatos, ainda que estes não se aceitem como típicos ao final, ou ainda que não se considere suficiente o conjunto probatório acerca do crime para imputá-lo ao réu, mas há que se concluir quanto aos fatos. Assim, a investigação criminal, na busca da verdade fática, deve ser exauriente, tanto quanto possível, buscando a verdade mais aproximativa possível do ideal de correspondência, de tal forma que possa ao final sustentar hipóteses fáticas o mais próximo possível do que realmente aconteceu.

Quanto à autoria, embora possamos distinguir o grau de probabilidade que se pode alcançar ao final do inquérito relativamente ao que se estabelece na sentença final, em razão do maior contraditório nas fases posteriores do processo penal, ela ainda permanece sendo uma verdade indiciária, independente do quão exauriente possa ser a investigação criminal, assim como o será mesmo ao final do processo com todo o contraditório possível. Isso decorre não do caráter preliminar da investigação criminal no inquérito, mas sim dos limites da verdade no processo penal, que é comum às diversas fases processuais.

***Os limites da verdade no processo***

A verdade processual tem limites que decorrem das duas verdades com que se compõe. É uma verdade que está limitada *faticamente como uma verdade apenas provável* e *juridicamente como uma verdade opinativa.*

Antes dos limites que decorrem da probabilidade da verdade fática e da opinatividade da verdade jurídica, como se discutirá, Luigi Ferrajoli se refere ainda à "subjetividade específica do conhecimento judicial", o que decorre do caráter não impessoal do juiz como investigador, e com igual razão da autoridade investigante, que, "por mais que se esforce para ser objetivo, está sempre condicionado pelas circunstâncias ambientais nas quais atua, pelos seus sentimentos, suas inclinações, suas emoções, seus valores éticos-políticos"[634]. Trata-se de uma questão prévia à investigação e ao problema da verdade, que se vai refletir nos limites dessa. Mas, além dessa questão, há também os limites que decorrem do "método legal da comprovação processual", por decorrência de certas condições de regras e procedimentos legais, o que concerne mais ao problema do método, como veremos melhor adiante.

Ademais, certos limites da verdade processual são comuns a todo conhecimento em geral[635], salvo os limites procedimentais, que na investigação são legais, e na ciência em geral podem ser apenas éticos, mas não menos limitativos aos seus procedimentos. Pensemos, por exemplo, nos limites éticos de certos procedimentos científicos que podem colidir com a dignidade da pessoa humana, ainda que não estejam proibidos em lei (como o uso de drogas experimentais mediante pagamento de quantia a "candidatos" impelidos pela necessidade financeira, embora conferindo o pagamento a título de compensação por despesas).

[634] L .Ferrajoli, *Direito e Razão,* 2002, p. 46.

[635] L .Ferrajoli, *Direito e Razão,* 2002, p. 51.

Preliminarmente e de forma geral, quanto à verdade fática, trata-se de uma verdade "relativa a proposição que falam de fatos passados, não diretamente acessíveis como tais à experiência", sendo assim considerada uma *verdade* que se considera *histórica*, por não admitir uma verificação experimental direta; ao passo que, quanto à verdade jurídica, trata-se de uma verdade que podemos chamar de *classificatória*, por referir-se à "classificação ou qualificação dos fatos históricos comprovados conforme as categorias subministradas pelo léxico jurídico e elaboradas mediante a interpretação da linguagem legal"[636]. É, sobretudo, em razão dessas questões, que devemos admitir que a verdade processual, na investigação criminal, tem sua verificabilidade estabelecida, ainda que possível, com certas limitações intrínsecas à espécie de verdade, seja ela fática ou jurídica.

*Abdução fática e verdade provável*

Quanto à verdade fática, em específico, sofre ela das limitações de qualquer proposição histórica, que somente pode ser enunciada pelos efeitos produzidos, pelos sinais do passado. Contudo, há diferenças em relação às investigações puramente históricas, pois estas se dirigem a fatos mais remotos e consiste predominantemente em encontrar fontes preexistentes (documentos, inscrições, utensílios etc.) e só raramente em criar novas fontes (entrevistas e relatos orais, provas químicas etc.). A investigação do crime, portanto, embora espécie de investigação histórica, possui suas particularidades, pois não consiste apenas na coleta de dados e provas de convicção, mas especialmente em "produzir *novas fontes* de prova", a exemplo do que temos em interrogatórios, testemunhos em geral, reconhecimentos, perícias etc.[637]

Admite-se, dessa forma, que, se há algum experimento fático, o que se experimenta pelo investigador não são os fatos delituosos, mas suas provas, assim como ocorre com o historiador. Em outros termos, os únicos fatos presentes são provas, embora estas se refiram a fatos passados, daí se dizer que não temos uma verificação experimental direta. E é em virtude dessa diferença entre experimento (de um fato presente) e provas (de um fato passado) que não pode chegar a verdade fática a uma correspondência objetiva.

636 L .Ferrajoli, *Direito e Razão*, 2002, p. 43.

637 L. Ferrajoli, *Direito e Razão*, 2002, p. 44ss.

Diante disso, Luigi Ferrajoli sustenta que "a verdade processual fática, da mesma forma que a verdade histórica, em vez de ser predicável em referência direta ao fato julgado, é o resultado de uma ilação dos fatos «comprovados» do passado com os fatos «probatórios» do presente. Esta ilação – realizada por um historiador, um juiz ou um detetive – pode ser representada como uma inferência *indutiva* que contém nas premissas a descrição do fato que se tem de explicar e as provas praticadas, além de generalidades habitualmente subtendidas (entimemáticas)[638] no atendimento de experiências análogas, e que contém na conclusão a enunciação do fato que se aceita como provado pelas premissas e que equivale a sua hipótese de explicação"[639].

É preciso, contudo, fazer uma ressalva à natureza indutiva dessa inferência, apesar de muitos outros autores assim a considerarem também[640], tendo em conta os estudos que se têm realizado acerca da *abdução* como inferência própria da lógica da investigação[641]. Afinal, a considerar que o objetivo da investigação criminal não é propor asserções gerais acerca dos fatos que investiga, ou seja, não pretende a partir de casos particulares apresentar conclusões gerais, não nos é possível aceitar a inferência indutiva como lógica nesses casos. A abdução, diversamente, apenas apresenta conclusões particulares a partir de outras premissas particulares.

Entretanto, mesmo com base nessa estrutura de raciocínio, devemos admitir até com mais razão que qualquer conclusão acerca da verdade fática na investigação tem o *valor de uma hipótese de probabilidade*, com base em uma "conexão causal entre o fato aceito como provado e o conjunto de fatos adotados como probatórios", de tal forma que "sua verdade não está *demonstrada*" como logicamente deduzida das premissas, mas "apenas *comprovada* como logicamente provável ou razoavelmente plausível de acordo

638 "O entimema fundado em premissas prováveis nunca conclui necessariamente, pois as premissas prováveis valem *na maioria das vezes*, mas nem sempre. (...) Assim, quando se diz que alguém está doente porque tem febre, ..., cria-se um silogismo do qual simplesmente se omite a premissa maior, ou seja, que quem tem febre está doente..." (N. Abbagnano, *Dicionário de filosofia*, 2003, p. 334).

639 L. Ferrajoli, *Direito e Razão*, 2002, p. 44.

640 A exemplo de I. M. Copi, *Introdução à lógica*, 1978, p. 391.

641 A respeito, cf. os diversos capítulos de U. Eco; T. A. Sebeok, *O signo de três*, 2014, escritos por diversos autores precisamente para discutir a especificidade da abdução no âmbito das investigações, tomando como exemplos as narrativas de Scherlock Holmes e Edar Allan Poe, bem como a lógica de Charles S. Peirce.

com um ou vários princípios de indução". Isso é o que se passa, igualmente, com explicações alternativas de dados historiográficos, sendo revelado com mais ênfase no juízo penal, em virtude da contradição de teses contrapostas, uma pela culpa e outra pela inocência, ainda que ambas estejam de acordo quanto às provas existentes. Dessa forma, a investigação do crime, quando chega em juízo, tende a ser uma conclusão acerca de duas hipóteses, que se conclui geralmente "em favor da hipótese mais simples, dotada de maior capacidade explicativa e, sobretudo, compatível com o maior número de provas e conhecimentos adquiridos com anterioridade"[642].

*Dedução jurídica e verdade opinativa*

Quanto à verdade jurídica, em específico, por sua vez, decorre ela de uma inferência que no direito se chama de *subsunção*, cuja natureza é de procedimento classificatório, na medida em que visa ao enquadramento de um fato em certo modelo típico definido por preposição legal. E, nesse caso, diversamente da verdade fática, o raciocínio se faz por *inferência dedutiva*, em que temos os seguintes elementos[643]:

1. *No antecedente, a conjunção da definição legal do crime (o tipo, tal como definido na lei penal, v.g. CP, 121, que define homicídio como "matar alguém") e da hipótese fática (v.g. "X desferiu 1 tiro em Y, levando-o à morte");*
2. *No consequente, a classificação do fato (já considerado comprovado anteriormente, no âmbito da verdade fática) no conceito jurídico do crime.*

Luigi Ferrajoli, ao explicar a verdade jurídica em termos de uma inferência dedutiva, considera-a tão *opinativa* quanto são as premissas de que se vale a dedução, de tal forma que é extremamente relevante que o conceito legal do crime seja suficientemente preciso, para permitir uma melhor dedução, a partir de premissas mais claras. Contudo, quem quer que tenha tido a necessidade de enquadrar certo fato em um tipo penal, sabe que a subsunção não é uma atividade de fácil correlação entre fatos e proposições, seja pela falta de qualidade técnica da linguagem legislativa, seja porque a linguagem nos remete a conceitos indeterminados e incertos, seja, ainda, porque os fatos da vida não estão todos e sob qualquer forma previamente tabelados pela lei. Em síntese, admite-se na investigação do

[642] L. Ferrajoli, *Direito e Razão*, 2002, 45.
[643] L. Ferrajoli, *Direito e Razão*, 2002, p. 45.

crime, tal como definido legalmente, que há sempre certas características insuscetíveis de serem investigadas empiricamente, e ainda quando o sejam, estão suscetíveis a argumentos quantitativos sobre seu exato enquadramento no tipo legal, sobretudo quando essa hipótese legal deixa em aberto certos pontos.

Um exemplo corrente desse problema, que limita a verdade no processo, pode ser observado na imprecisão que existe em relação ao enquadramento legal do fato provado de que determinado papel não corresponde a uma *moeda*, embora tenha sido recebida como tal no comércio. Assim, conquanto possa não se divergir sobre o fato certo, não é definitivamente claro que tal fato constitui *crime de estelionato* ou *crime de moeda falsa*, já que *opinativo* o entendimento da jurisprudência sobre os limites entre estelionato e a moeda falsa. Ao investigador, é claro, fica sempre a possibilidade de recorrer à *lógica jurídica dos tribunais*, como fonte de delimitação da verdade jurídica, mas isso não lhe retira o caráter opinativo que decorre do entendimento jurisprudencial, sempre cambiante e com possibilidade de retificação do entendimento do crime, a partir de uma nova compreensão dos valores e princípios do sistema jurídico-penal, a exemplo do que podemos observar nas interpretações em torno do *princípio da insignificância* que tem excluído do âmbito de tutela penal várias condutas antes consideradas típicas.

Assim, torna-se inevitável concluir que a verdade jurídica é, irremediavelmente, opinativa, na medida em que é opinativo enquadrar o fato comprovado em determinada modalidade típica de definição legal do crime, em outra modalidade ou mesmo não o enquadrar. Isso, certamente, foi o que levou Chaïm Perelman a afirmar que a lógica jurídica é o que diz ser a jurisprudência[644]. É, por isso, indispensável, na investigação criminal, reconhecer na jurisprudência os problemas decorrentes dessa hermenêutica opinativa, visando a adquirir mais consciência sobre os limites da verdade jurídica, bem como das possibilidades diversas de interpretação da norma.

### *A decidibilidade da verdade no processo*

Ao final de uma investigação do crime, há sempre uma decisão da autoridade investigante para concluir pelo indiciamento, como haverá igualmente pela autoridade judicial acerca das verdades fática e jurídica necessárias

[644] C. Perelman, *Lógica jurídica*, 1998, p. 221.

para concluir com uma sentença, que, embora partindo do significado objetivo de correspondência aproximativa, definem-se segundo critérios subjetivos, ainda que justificados com base em elementos necessários de motivação.

A decidibilidade da verdade, assim, decorre da necessidade de concluir a investigação do crime. É que, embora apenas aproximativa da noção da verdade objetiva, em virtude dos problemas e limites da verdade no processo (o que nos proíbe uma atitude dogmática), não se pode admitir uma atitude cética radical de que o conhecimento do crime seria sempre impossível. Ademais, certos limites legais, em específico, operam no sentido de uma ponderação de valores que o sistema jurídico prefere, mesmo que em detrimento de uma verdade mais aproximada da realidade, concluindo assim em favor do réu, sempre que em caso de dúvida não se possa chegar, satisfatoriamente e dentro dos limites legais, a uma síntese aceitável juridicamente.

Entretanto, essa decidibilidade da verdade não pode ser levada ao extremo de ignorar certos parâmetros não exclusivamente jurídicos, mas sobretudo lógicos, que consistem em condições necessárias para uma decisão aceitável. Tendo isso em vista, pode-se entender o juízo criminal como raciocínio a respeito da investigação do crime segundo três inferências dispostas na seguinte sequência:

1. *Uma inferência abdutiva* (prova ou abdução fática), cuja conclusão de fato, CF, é que "A cometeu o fato F" e cujas premissas são o conjunto de provas coletadas;
2. *Uma inferência dedutiva* (subsunção ou dedução jurídica), cuja conclusão de direito, CD, é que "A cometeu o delito D" e cujas premissas são a tese CF e a definição jurídica do crime (o fato F configura o delito D);
3. *Um silogismo prático* (ou disposição), cuja conclusão dispositiva, CD, é a decisão "A deve ser punido com a pena P" e cujas premissas são a tese CD e a norma penal (quem comete D deve ser punido com P)[645].

A diferença entre a conclusão final da investigação criminal em sentença penal e a conclusão parcial que se encontra no indiciamento está

[645] L .Ferrajoli, *Direito e Razão*, 2002, p. 53, embora nela se encontre referência à indução.

apenas na inexistência do terceiro elemento desse esquema, relativo ao silogismo prático que aplica uma pena, porque o indiciamento se detém na conclusão de que "A cometeu o crime C". Mas o esquema lógico é similar.

Assim, em virtude desse esquema lógico, a conclusão na investigação criminal, seja no indiciamento, seja na sentença, tende a ser discricionária, por causa da natureza das inferências abdutiva e dedutiva, sobretudo porque a abdução fática decorre de escolhas sobre fatos que são inevitavelmente *probabilísticos*, enquanto a dedução jurídica decorre de escolhas sobre premissas de direito que são inevitavelmente *opinativas*. Mas é preciso admitir que essa subjetividade não é específica e exclusiva das decisões em processo penal, afinal, essas decisões com certas escolhas pragmáticas são análogas em qualquer outra conclusão acerca de questões empíricas, mesmo no âmbito da ciência e suas teorias[646].

Apesar dessa ressalva, contudo, não devemos abandonar a teoria semântica da verdade como correspondência para expressar o significado da verdade, sendo possível adotar a *teoria sintática da verdade como coerência* e *a teoria pragmática da verdade como aceitabilidade justificada*, pois não há contraposição nem exclusão entre elas, sendo apenas necessário distinguir entre significado e critérios de verdade[647]. A respeito dessa distinção, entre significado e critérios de verdade, como vimos, Luigi Ferrajoli se alinha com a interpretação de Karl Popper, ao sustentar que "o significado de «correspondência», associada ao termo «verdadeiro», nada afirma acerca dos *critérios de verdade*, ou seja, das condições de aceitação da verdade de uma proposição". Assim, sem contradição entre as diversas teorias, pode-se assumir que a coerência e a aceitabilidade justificada são critérios com os quais é possível avaliar e decidir acerca da verdade tanto em relação às premissas probatórias quanto às premissas interpretativas. Mas o significado da palavra "verdadeiro" permanece sento a correspondência.

[646] L. Ferrajoli, *Direito e Razão*, 2002, p. 53: "Nas teorias científicas, por exemplo, presidem elas a aceitação das teses primitivas, quer dizer, dos postulados e das definições que constitutem as premissas do racicínios dedutivos e, por outro lado, a indução das leis científicas que, como se sabe, jamais são, por sua forma universal, inteiramente verificáveis, mas apenas aceitáveis como mais ou menos prováveis ou plausíveis pelo seu grau de confirmação e sua capacidade explicativa. É sobre esse caráter relativo e provisório – voluntarista, mas funcional – do conhecimento científico que se baseia o convecionalismo de grande parte da epistemologia contemporânea"

[647] L .Ferrajoli, *Direito e Razão*, 2002, p. 54ss.

É com base nessas distinções que Luigi Ferrajoli distingue os três planos de atuação das teorias da verdade (o semântico, o sintático e o pragmático), sendo os critérios da coerência e da aceitabilidade justificada "necessários apenas no plano sintático e no pragmático para estabelecer a verdade precisamente porque esta é caracterizável, no plano semântico, como correspondência apenas pelo que sabemos e somente de forma aproximativa"[648]. Assim, podemos recorrer aos seguintes critérios, segundo as seguintes razões:

1. A *coerência*, para afirmar que a tese avençada está confirmada e/ou não desmentida por uma ou várias provas coletadas e por uma ou várias interpretações jurídicas de outras normas e que, portanto, é verdadeira em relação ao conjunto dos conhecimentos de que dispomos[649]; e
2. A *aceitabilidade justificada*, para afirmar que tal conjunto, incluída a tese avençada, é mais satisfatória ou plausivelmente verdadeiro que qualquer outro por causa de sua maior capacidade explicativa[650].

Ocorre, no entanto, que no direito penal essa justificação redunda na referência aos elementos empíricos como motivação das decisões sobre a verdade, não sobre outros critérios identificados em outras ordens de conhecimento em geral. Nessas, os critérios não são necessariamente de verdade, pois podem remeter *à moralidade, conveniência, eficiência ou utilidade*, como se observa no pragmatismo em geral, ou podem até decorrer do *consenso outorgado pela comunidade científica*, como se defende por T. Kuhn

[648] L .Ferrajoli, *Direito e Razão,* 2002, p. 54ss.

[649] A respeito dessa teoria, L. Ferrajoli, *Direito e Razão,* 2002, p. 71 (em nota n. 79), refere-se expressamente à concepção de O. Neurath, nos seguintes termos: "quando se formula um enunciado, confronta-se-o com a totalidade dos encunciados existentes. Se concorda com estes, acrescenta-se-o a eles; se não concorda, é caracterizado como 'não verdadeiro' e é abandonado, ou bem se altera o atual conjunto de enunciados da ciência para que o novo enunciado possa ser nele inserido; em geral, dificilmente se escolhe esta última opção"

[650] A respeito dessa teoria, por sua vez, L. Ferrajoli, *Direito e Razão,* 2002, p. 72, refere-se à noção de J. Dewey acerca da verdade, no sentido de que "toda idéia é um 'esboço desenhado a partir de coisas existentes, uma intenção de atuar de forma que tais coisas se coloquem de uma determinada maneira. Disto deriva que se aquele esboço dá bons resultados, se as existêncais, com base em informações advindas das ações, se restabelecem da maneira desejada, então a idéia é verdadeira".

para a ciência em geral, embora modelos de justificação como estes sejam inaceitáveis no âmbito de uma justiça penal cognitivista (garantista)[651].

Assim, não bastaria ao processo penal cumprir uma função de prevenção e segurança, ou mesmo obter o consenso da comunidade jurídica, pois "nem uma amplíssima maioria nem sequer a totalidade dos consentidos podem justificar que se aceite como pressuposto de uma decisão penal uma tese não provada ou não submetida à prova", pois, sequer a título de fundamentação democrática, podemos aceitar que a liberdade de um homem seja submetida no interesse da maioria ou todos os demais, sem que antes se verifique cognitivamente a sua responsabilidade penal[652].

A verdade tem, nesse sentido, antes que um valor epistêmico, um valor ético e político fundamental decorrente do liberalismo penal que postula exclusão de justificações instrumentalistas, seja utilitária, contratual ou até mesmo democrática no caso de decisões penais que retiram a liberdade do indivíduo. É por isso que a verdade, embora demande uma decisão, essa somente se pode justificar na referência às provas que possam legitimá-la. Trata-se, assim, de uma vinculação do poder punitivo a estrita legalidade das hipóteses de fatos puníveis.

*Verdade fática e coerência do conjunto probatório*

Quanto à verdade fática, *a autoridade investigante deve ter como objeto fundamental a busca de todos os componentes da tipicidade*, de tal forma que todos os elementos desta, previstos abstratamente no tipo penal (seja qual for sua natureza – objetiva, subjetiva ou normativa), sejam comprovados por elementos probatórios compatíveis (segundo a natureza dos elementos, respectivamente).

Ainda no âmbito da verdade fática, embora vá repercutir na verdade jurídica, *a autoridade investigante deve reunir elementos comprobatórios de fatos que se relacionem à ilicitude e à culpabilidade*, seja porque não se podem dissociar do fato típico, estando intimamente ligado a este, seja porque interessam ao juízo de culpabilidade, por representar circunstâncias relevantes do fato principal, seja ainda porque pode interessar à possível defesa. Isso é necessário, tanto em razão de natureza empírica relativa à unidade do crime como fato típico, ilícito e culpável, quanto em razão de natureza

[651] Cf. nesse sentido, L .Ferrajoli, *Direito e Razão,* 2002, p. 55ss.

[652] Cf. nesse sentido, L .Ferrajoli, *Direito e Razão,* 2002, p. 56ss.

ética, que impõe uma busca irrestrita relativa a dados que possam interessar à defesa.

Em todo caso, é certo que a investigação criminal não pode se limitar a reunir um emaranhado de elementos comprobatórios de fatos que, colhidos desordenadamente, sejam relacionados por obra de puro arranjo estético. Quanto mais *coerente* o conjunto probatório reunido na investigação criminal, tanto maior será a aceitabilidade da decisão contida na investigação criminal – o ato indiciamento final, que conclui por haver elementos suficientes acerca da existência do crime, sua autoria e suas circunstâncias. Essa *coerência* possui relevância fundamental, sobretudo e especialmente, na atribuição da autoria do crime, pois quanto a esta, por mais que o crime esteja materialmente comprovado por elementos probatórios, não há, em geral, critério que permita de forma absoluta imputar a alguém a responsabilidade por um ato, em razão da intermediação de pessoas (subjetivamente envolvidas de alguma forma no caso) e das provas (objetivamente vinculadas a certo estágio de conhecimento científico sempre refutável). Assim, portanto, a coerência permite apenas chegar a uma decisão aceitável, desde que justificada por raciocínios lógicos que indicam o caminho da conclusão a que se chegou com a investigação, nos limites do estágio de conhecimento em que nos encontramos.

Quanto à coerência da verdade fática, trata-se de critério que tem sido referido na jurisprudência nacional, na qual se aceitam certas e determinadas provas como relevantes, desde que coerentes no conjunto probatório, ou seja, desde que as diversas provas existentes estejam em um mesmo sentido e não se contradigam[653]. Assim, portanto, qualquer fato provado que não esteja em concordância com o conjunto probatório pode conduzir à falta de coerência da investigação criminal em sua conclusão.

Essa compreensão da teoria da coerência impõe que a investigação criminal não se baste com uma pesquisa superficial, evitando exaurir a busca por provas em alguma fase do processo penal, como pode acontecer nos modelos unilaterais de investigação pelo órgão oficial de acusação.

[653] Nesse sentido, cf. STJ, HC 100.909/DF, DJ 02/06/2008: "Ainda que não apontada, efetivamente, nenhuma outra prova para dar suporte à acusação, a não ser o depoimento da vítima prestado no inquérito policial e ratificado em juízo, é plenamente admissível que, dependendo do contexto probatório produzido nos autos, desde que haja *coerência* e harmonia, essa prova seja utilizada validamente como fundamento único para condenar o réu."

*Aceitabilidade justificada (no indiciamento) e verdade opinativa*

O indiciamento, como ato final de conclusão da investigação com conteúdo decisório, na medida em que contém um efeito jurídico para o indiciado, ao adentrar na análise das provas e interpretação jurídica, há que se fazer de forma motivada, demonstrando com base em que é aceitável sua conclusão, justificando-a, portanto. Ele é um ato tão opinativo quanto a sentença, embora sem submeter-se ao contraditório pleno que se espera ao final do processo, sendo assim, com mais razão, exigível que se fundamente sua decisão nos termos da teoria da verdade como aceitabilidade justificada.

Isso decorre do dever de motivação, como princípio inerente à atividade da administração pública, sempre que suas decisões impliquem em atingir algum direito fundamental, pois no caso é indiscutível que o indiciamento atinge a imagem da pessoa indiciada, estando de todo superada a ideia de que a investigação criminal não produz nenhum resultado no âmbito jurídico da pessoa, sobretudo porque, uma vez indiciado, a prisão cautelar se torna sempre mais provável, entre outras medidas restritivas de direito que se podem seguir.

Assim, somente uma investigação criminal que seja capaz de apresentar uma tese aceitável de imputação do crime, justificada em fatos comprovados e normas existentes, poderá justificar uma denúncia com submissão do acusado aos demais atos processuais. Trata, nesse sentido, de justa causa para a admissibilidade da acusação penal, que vem assim limitada em seu poder de decisão pela existência efetiva de provas sobre as quais não pode inicialmente interferir em seu exclusivo favor. Certo, contudo, é que nenhuma conclusão a que chega a autoridade investigante é necessariamente vinculante para a denúncia ou para a sentença, mas estando justificada em fatos comprovados e normas existentes, a aceitabilidade será maior, tendente a prosseguir e passar tanto pelos testes de refutação da defesa, como pelo crivo do judiciário, em primeiro e segundo graus. Não o sendo, sequer deveria permitir a aceitação de uma denúncia formal. Nesse sentido, portanto, há que se perceber que a conclusão preliminar contida na fase processual de inquérito deve se mostrar como uma hipótese que, somente em sendo devidamente justificada e permanecendo aceitável até o final do processo, poderá alcançar a condição de uma tese capaz de servir de base a uma condenação final. Tudo vai depender das provas do crime. É com base na adequada compreensão da prova que podemos concluir acerca do objeto da investigação criminal.

# 13
# A JUSTIFICAÇÃO PROBATÓRIA DA VERDADE

## A prova como justificação da verdade

As provas são as razões que justificam a verdade, sem as quais não é aceitável qualquer conhecimento produzido pela investigação criminal como motivação de uma sentença penal.

A prova é condição necessária da verdade, sobretudo no âmbito do processo penal[654]. A prova está, assim, relacionada intimamente à verdade, mas essa relação se pode estabelecer em sentidos variados. Jordi Ferrer Beltrán, a respeito dessa relação, entre verdade dos enunciados sobre fatos e suas provas, explica-nos que existem pelo menos duas formas habituais de considerá-la. A concepção conceitual clássica em declínio considera que "uma proposição está provada se é verdadeira e há elementos de juízo suficientes a seu favor". A concepção teleológica, por sua vez, "não atribui à verdade nenhum papel conceitual da prova, mas apenas a considera o objetivo último da finalidade da atividade probatória". E, nesse sentido, pode-se dizer que "a finalidade principal da atividade probatória é alcançar o conhecimento da verdade acerca dos fatos ocorridos e cuja descrição se converterá em premissa do raciocínio decisório"[655]. A relação

[654] Há, contudo, algumas concepções que parecem inverter essa relação. A respeito, cf. J. Ferrer Beltran, *Prueba y verdad en el derecho*, 2005, p. 55ss; J. Ferrer Beltran, "La valoración de la prueba, verdade de los encunciados probatórios y justificacion de la decision", *Estudios sobre la prueba*, 2006, pp. 1-46.

[655] J. Ferrer Beltran, "La valoración de la prueba, verdade de los encunciados probatórios y justificacion de la decision", 2006, p. 2; cf. também J. B. Maier, *Derecho procesal penal, Tomo I*, 2004, p. 852: "*la verdad como objetivo del procedimiento*".

entre prova e verdade, portanto, é teleológica, sendo a verdade o objetivo da atividade probatória[656].

Ela se pode entender, segundo a epistemologia geral, como justificação da crença verdadeira. As provas são, assim, as razões que justificam a verdade do conhecimento[657]. Essa concepção põe a verdade na dependência da prova, como meio objetivo de que a crença se vale para justificar a verdade de alguma hipótese, embora não se possa cair na ilusão da certeza subjetiva que os tratadistas clássicos pretendiam sugerir[658]. Tampouco se pode cair no equívoco de que a prova demonstra a existência ou verdade de fatos, pois a verdade se refere mais diretamente a proposições[659].

A prova, em sentido geral, pode-se compreender como "procedimento apto a estabelecer um saber, isto é, um conhecimento válido", que abrange, por ser mais extensa, a "demonstração" que é mais restrita e melhor se entende como um procedimento lógico-matemático. Portanto, demonstrações são provas, mas nem todas as provas são demonstrações[660].

Nicolás Guzmán, nesse sentido, considera haver uma "função cognoscitiva da prova", no sentido de que "através dela se pode determinar a verdade de uma hipótese dada". Ao se falar, portanto, em função "demonstrativa" da prova, como geralmente se encontra em alguns tratados, o termo não pode ser lido rigorosamente como uma demonstração em sentido lógico, mas em um sentido mais vago e comum, querendo dizer apenas que existem elementos ou razões suficientes para assumir uma asserção como fundada. Assim, em termos mais apropriados, ao falarmos em uma função cognoscitiva da prova, devemos entendê-la em um sentido não lógico, mais limitado a uma "função confirmatória de uma hipótese fática"[661]. Luigi Ferrajoli, contudo, mais comedido, prefere falar em "comprovação" fática e processual, tendo em conta os limites jurídicos da prova, evitando falar

[656] Cf. M. Taruffo, *La prueba de los hechos*, 2011, p. 21.

[657] P. K. Moser [et al.], *A teoria do conhecimento*, 2009, p. 85ss: "o conhecimento tem de ser baseado em provas, ou seja, em razões que o justifiquem"; no mesmo sentido, cf. N. Guzmán, *La verdad en el proceso penal*, 2006, p. 100: "a prova opera ademais como elemento de *justificação*, quando serve para justificar racionalmente o juízo de fato...".

[658] A exemplo de N. F Dei Malatesta, *A lógica das provas em matéria criminal*, 1996, p.21ss; bem como C. J. A. Mittermaier, *Tratado da prova em matéria criminal*, 1997, p. 55ss.

[659] A exemplo de E. Florin, *Delle prove penali*, 1961, p. 3ss

[660] N. Abbagnano, *Dizionario di filosofia*, 2013, p. 876

[661] N. Guzmán, *La verdad en el proceso penal*, 2006, p. 99ss

em demonstração da verdade no processo penal[662]. O crime, nesse sentido, não está nunca *demonstrado*, mas *comprovado* por um conjunto de provas que podem não corresponder à realidade.

Isso nos exige entender que, quando em uma decisão penal se diz "está provado que *p*", há nisso um sentido muito limitado de que existem elementos a favor de *p*, com uma força descritiva[663]. E, com mais razão, é o que se deve entender na decisão final da uma investigação criminal em sua fase de inquérito. Assim, "está provado que *p*" significa mais precisamente que há uma aceitação por parte de quem o enuncia, mas não necessariamente entre todos aqueles que discutem a verdade[664]. Essa aceitação, é certo, sustenta-se em razões não apenas epistêmicas, no caso da prova jurídico-penal, mas ainda constitui o essencial da questão probatória sua capacidade de verdade, embora dando garantias não apenas lógicas, mas antes e igualmente pragmáticas acerca das condições de sua obtenção.

Dizer, portanto, que "está provado que *p*" em processo penal implica muito mais que uma questão de justificação; exige uma legitimação que decorre do seu modo de obterem-se as provas. Resulta, portanto, que a prova juridicamente considerada congrega problemas que não se limitam a questões cognitivas; ela abrange também questões potestativas. Claro é que as questões epistêmicas das provas em geral subsistem todas na prova jurídica, mas esta suscita questões outras relativas ao poder que se exerce no processo à medida que se busca a justificação da verdade. A prova resulta, assim, de uma imbricação cognitivo-potestativa que se transfere à qualidade da verdade que se pretende justificar.

A prova jurídica, portanto, não resulta específica relativamente a outros campos apenas pelo fato de que vem regulada juridicamente, como se tem sustentado[665]. É antes o fato de que ela se situa num contexto não apenas de saber, mas antes de exercício de poder, que exige uma regulação jurídica dos modos de sua obtenção e valoração. É antes essa realidade imbricada de questões cognitivo-potestativas que exige sua regulação jurídica. E, mais especificamente, o fato de que, não havendo maiores regulações,

[662] L. Ferrajoli, *Diritto e ragione*, 2008.

[663] J. Ferrer Beltran, *Prueba y verdad en el derecho*, 2005, p. 90ss

[664] L. H. Araújo Dutra, *Verdade e investigação*, 2001, p. 104ss, dirá que há nesses casos um "acordo"; cf. L. H. Araújo Dutra, *Introdução à teoria da ciência*, 2009, p. 129ss, sobre as teorias da aceitação.

[665] M. Taruffo, *La prueba de los hechos*, 2011, p. 342

o que fica a descoberto de garantia é também a liberdade que se verá limitada por duvidosas formas de conhecimento.

Mas antes que se estabeleçam quaisquer limites puramente potestativos à prova, como os que decorrem das proibições jurídicas de obtenção, orientados à tutela de outros valores não epistêmicos, há condições especificamente epistêmicas que por si já impõem limites ao poder, exigindo-lhe uma racionalidade que freia o autoritarismo cognitivo.

## Aspectos gerais da prova

### *Fato, vestígio e prova*

A prova, como o dissemos, em seu sentido mais geral, é todo "procedimento apto a estabelecer um saber, isto é, um conhecimento válido", mas nesse procedimento como gênero incluem-se atividades de naturezas muito diversas. Assim, "mostrar uma coisa ou um fato, exibir um documento, dar testemunho, efetuar uma indução são provas tanto quanto as demonstrações da matemática e da lógica"; as provas têm, portanto, um sentido muito mais amplo que a demonstração[666]. Eugenio Florian, nesse mesmo sentido, considera a prova como "todo meio que produz um conhecimento certo ou provável acerca de qualquer coisa, e, em sentido mais amplo e fazendo abstração das fontes, significa o conjunto de motivos que nos subministram esse conhecimento". Dessa forma a atividade probatória corresponde a todo procedimento que pretenda engendrar em si ou subministrar em outros a convicção da existência de algum fato em qualquer processo de conhecimento[667].

Assim, na investigação criminal como processo de conhecimento, a prova vem a ser um *veículo intermediário para cognição do crime*, como fato passado que não pode ser experimentado no presente. Contudo, não se trata de prova do fato, mas de prova acerca do que se diz dos fatos, ou rigorosamente falando, de prova das hipóteses fáticas que são sustentadas para justificação das conclusões de indiciamento, denúncia ou sentença. De início, quanto ao *fato*, como ocorrência do passado, há que se distinguir a *vivência* do fato, se dele participamos ou apenas o presenciamos, da *evidência* de que ele ocorreu, através de *vestígios* ou registros. A *vivência* é "a experiência viva ou vivida", que nos coloca em relação experiencial com os

[666] N. Aabbagnano, *Dizionario di filosofia*, 2013, p. 876

[667] E. Florian, *De las pruebas, Tomo I*, 1968, p. 3.

fatos (no sentido de experiência presente, não de experimento), somente sendo possível em relação ao crime quando, como testemunha, o presenciamos ou dele participamos de alguma forma. A *evidência*, por sua vez, é "apresentação ou manifestação de um objeto qualquer como tal" e, nesse sentido, é um fato objetivo, não subjetivo, embora esteja ligado à clareza e distinção de ideias, mas necessariamente quando se apresenta e manifesta em objetos. Apesar de encontrarem-se na filosofia concepções que consideravam a evidência um caráter subjetivo, a exemplo mesmo de Descartes, "...em toda filosofia contemporânea que se inspira na fenomenologia, a evidência readquiriu caráter objetivo, voltando a designar a apresentação ou manifestação de um objeto como tal, qualquer que seja o objeto e quaisquer que sejam os métodos com os quais e se pretende certificar ou garantir sua presença ou manifestação"[668].

A *prova*, assim, não se confunde com os *fatos* nem com os *vestígios*. Os *fatos*, na investigação criminal, são sempre históricos (passados), mas por vezes deixam *rastos* (fatos passados que permanecem no presente sob certas condições) que nos permitem conhecê-los, *por decorrerem dele* (vestígios) ou *a ele se referirem* (registros). *Vestígios* (coisas) e *registros* (documentos, em sentido amplo), juntamente com *pessoas*, que se podem considerar tanto vestígios quanto registros, compõe o que podemos chamar de *fontes de prova*.

O fato sempre existe para a investigação criminal, mas o vestígio depende da natureza do crime que se investiga, pois há crimes cujos elementos formais constitutivos não deixam qualquer *vestígio* no mundo material (v.g. crime de calúnia por expressão verbal). Independente da existência de vestígio, contudo, por vezes é possível conhecer o fato a partir de algum *registro* de sua ocorrência, considerando o documento em sentido amplo, que se constitui em uma prova por antecipação (v.g. crime de calúnia por expressão escrita, ou registro de som e imagem de qualquer ato, embora nesse caso, não exista propriamente *vestígio* da fala). Às vezes, fala-se em "indícios" do fato como prova por via indireta, a respeito do que precisamos fazer uma distinção importante.

### *A prova e o indício*

A respeito dos indícios, há várias concepções correntes. Há quem considere os indícios como *fatos probatórios naturais*, embora nesse sentido se con-

[668] N. Abbagnano, *Dicionário de filosofia*, 2003, p. 392, p. 1006.

fundam com o conceito de evidência ou vestígios, que se opõem à prova como *fato probatório artificial*. Há, ainda, quem considere os *indícios* como fato conhecido de que se extrai o desconhecido, embora nesse sentido se ignore que também a prova pode nos conduzir ao desconhecido, apenas em um nível diverso de certeza. Há, nesse sentido, uma concepção que remonta a Aristóteles, para quem a *prova* é o que produz um saber seguro, diversamente do *indício* que proporciona apenas um conhecimento provável[669]. Esse é o melhor ponto de partida para entendermos a distinção em termos de probabilidade, mas não necessariamente em favor de uma certeza da prova, em detrimento dos indícios. A questão precisa assumir uma distinção e terminologia que coloque a prova entre diversas probabilidades, segundo dois extremos possíveis – o apodítico e o indiciário. O que chamamos de prova, assim, será tudo quanto se apresenta ao conhecimento como justificação da verdade, que podemos assumir e nos convencer de forma apodítica ou indiciária, ou em outros termos em graus diversos de probabilidade.

Afastando-se, assim, portanto, da forma habitual de definir a prova em distinção aos indícios, L. Ferrajoli propõe chamar de "*prova* o fato probatório experimentado no presente, do qual se infere o delito ou outro fato do passado, e de *indício* o fato provado do passado, do qual se infere o delito ou outro fato do passado que, por sua vez, tenha valor de um indício". Observe-se que, nessa definição, a prova assume exatamente o lugar dos indícios considerados como "fatos probatório naturais", tendo em conta uma distinção prévia entre *fatos* e *dados probatórios*, "segundo sejam experimentados direta ou indiretamente, isto é segundo permitam mais ou menos indiretamente a indução do fato-delito"[670].

Assim, considerando a noção de verdade aproximada, que não se define nunca em termos de certeza, impedindo dessa forma qualquer postulado conhecimento apodítico, mas apenas em termos de probabilidade, devemos falar sempre em probabilidades, distinguindo entre *probabilidades apodíticas* (que tendemos a aceitar como prova em si) e *probabilidade indiciárias*. Dessa forma, ao falarmos de prova, estamos sempre falando em probabilidades, nas quais há inferências que conduzem o raciocínio a conclusões probabilísticas, só que um a partir de um dado probatório presente, outro

669 Cf. N. Abbagnano, *Dicionário de filosofia*, 2003, p. 947

670 Nesse sentido, cf. L. Ferrajoli, *Direito e Razão*, 2002, p. 106ss, com nossa ressalva sobre tratar-se de abdução.

por dados probatórios do passado. Mas um mesmo dado pode nos permitir conclusões probabilísticas, apodíticas ou indiciárias, embora a respeito de aspectos distintos do mesmo objeto.

Admite-se, nesse sentido, que uma *prova*, em que a testemunha afirma ter visto o investigado portando uma arma logo após a ocorrência do crime, seria *prova* apenas de que ela afirma ter visto o fato narrado, e seria um *indício*, mais ou menos provável, de que o fato ocorreu tal como narrado, a depender da sinceridade e confiabilidade do testemunho, o que somente se alcança por uma inferência. A essa inferência, pode-se acrescer outra relativa à fidedignidade da redação do depoimento, se somente por este tomamos conhecimento do testemunho, como ocorre em certos casos. Portanto, para considerar-se prova de que o investigado seria o autor do crime, teríamos mais uma inferência acrescida, o que mais aprofunda o caráter indiciário dessa *prova*. Não se pode, assim, descartar a possibilidade de que a testemunha tenha mentido, tenha se equivocado no que viu, ou mesmo que não se tenha traduzido bem seu testemunho para o depoimento. A prova apresentada no presente, assim, assume caráter indiciário ou apodítico, relativamente a cada aspecto do objeto da prova, nunca em absoluto relativamente a todas as questões relevantes ao conhecimento do crime.

Ora, considerando que nenhuma dessas inferências pode ser considerada verdadeira indubitavelmente, devemos considerar a distinção probatória entre o apodítico e o indiciário, segundo a quantidade de inferências que precisamos fazer para chegar ao que queremos provar, sendo claro que quanto maior o número de inferências, tanto menor o grau de probabilidade; mas quanto mais provas diversas e independentes, concordantes entre si, puderem concorrer para a conclusão, tanto maior o grau de probabilidade. Contudo, independente de qual seja o caso, devemos entender que "acerca do delito, as provas coletadas em um processo não são quase nunca provas *diretas*, mas quase sempre *indiretas*, quer dizer, provas de indícios, por sua vez, diretos ou indiretos; 'probabilidades de probabilidades...'"[671].

Assim considerada a diferença entre prova e indício, apenas a prova obtida diretamente pela autoridade poderá ser considerada rigidamente prova, e apenas relativamente ao que esteja diretamente vinculada sem inferência, o que depende de sua vivência diante da realização do crime.

[671] L. Ferrajoli, *Direito e Razão*, 2002, p. 107ss.

Mas, ainda dessa forma, mesmo em caso de flagrante delito que se presencie pela autoridade investigante, a mesma prova já terá para o juiz a natureza de indícios em razão da intermediação de um sujeito anterior. Essa é razão pela qual o direito probatório moderno insiste na imediação do juiz, para diminuir a necessidade de quantidade de inferências probabilísticas, embora isso não se resolva pela mera encenação na audiência com a apresentação de provas que se obtiveram antes e por outros sujeitos processuais diversos em condiçoes epistemológicas adversas.

É, portanto, necessário entender que a diferença entre prova e indício se deve fazer a partir da "diversa natureza da probabilidade" de um e outro, na medida em que "os indícios são, em suma, mais diretos que as provas no que toca à hipótese explicativa final, mas as provas são mais diretas do que os indícios no que toca à experiência probatória inicial". Assim, pode-se concluir com Luigi Ferrajoli que "a probabilidade ou *força indutiva* das provas afeta a *confiabilidade* ou *crédito subjetivo* da fonte ou do meio de prova: a sinceridade, a espontaneidade, o desinteresse e, mais em geral, a confiabilidade dos testemunhos, das confissões (...); o caráter não apócrifo dos documentos; a solidez das perícias; o rigor das inspeções (...); a autenticidade e não falsificação das pegadas e das peças de convicção. A probabilidade ou força indutiva dos indícios, por sua vez, afeta sua *relevância* ou *gravidade objetiva*, quer dizer, a sua idoneidade para gerar explicações plausíveis ou verossímeis de todo o material probatório em conjunto"[672]. Apesar dos exemplos penais referidos, essas questões são comuns a qualquer campo de conhecimento.

## Aspectos jurídicos da prova

### *Aspectos materiais: objeto, elementos e meios*

Além dos aspectos gerais que concernem à prova em qualquer procedimento cognitivo, há certas questões específicas que concernem ao âmbito jurídico, a começar por certas confusões terminológicas que precisam ser desfeitas.

Isso decorre porque *o conceito de prova é uma síntese de diversos aspectos*, em razão dos diversos sentidos que assume na linguagem no direito e dos diversos momentos que tem no processo, o que se pode resumir na imagem da "figura poliédrica" de Eugenio Florian, para quem o termo prova

[672] L. Ferrajoli, *Direito e Razão*, 2002, p. 107.

pode indicar ao mesmo tempo: 1) o objeto da prova ou a matéria que se deve provar; 2) a atividade probatória dos diversos sujeitos processuais; 3) os meios de prova que são admitidos e empregados; 4) o procedimento probatório com que são obtidas; e 5) tanto uma prova em específico quanto o resultado final e total do conjunto de tudo que se considera prova do caso. Em síntese, pela palavra "prova" se pode referir ao seu conteúdo substancial, sua manifestação formal e seu procedimento ou ao seu resultado[673].

É nesse sentido que Julio B. Maier também nos adverte para os diversos conceitos acessórios ou derivados que se ocultam sob o conceito originário de prova e nos auxiliam na compreensão de seu sentido jurídico, como os significados materiais de *elementos de prova, objeto de prova, meio de prova* e *fontes de prova,* bem como outros de caráter mais processual[674].

*Objeto de prova* é a matéria ou tema probatório acerca do qual precisamos fazer alguma prova; na concepção de E. Florian, "o objeto compreende a determinação das coisas que podem provar-se, é dizer, a determinação do requisito da idoneidade da comprovação processual, da aptidão processual da prova" [675]. No entanto, até se pode confundir o objeto da prova com o objeto da realidade material, a manifestação física imediata que se apresenta nos objetos que se obtém na investigação processual do crime. Mas, bem consideradas as coisas, são indiretamente os fatos acerca dos quais temos alguma afirmação direta que queremos provar, tendo em conta que os fatos são sempre passados, não se podendo experimentá-los no presente. A prova se apresenta, assim, como meio para confirmar a hipótese dos fatos, sendo essa hipótese o objeto imediato da prova. Pode-se, assim, inicialmente, identificar-se com o fato, mas na medida em que esse se constitui no conteúdo próprio da imputação.

*Elemento de prova*, por sua vez, é o que se apresenta imediatamente à percepção, como "o dado, o rastro, o sinal, contido em um meio de prova já realizado, que conduz, direta ou indiretamente, a um conhecimento certo ou provável do objeto do procedimento"[676]. Essa concepção não faz distinção entre o que se produz na fase de inquérito ou nas fases seguintes do processo. Mas há, diversa e erroneamente, quem pretenda consi-

[673] E. Florian, *De las prubelas penales, T. I,* 1968, p. 3ss.

[674] J. B. Maier, *Derecho procesal penal, Tomo I,* 2004, p. 859.

[675] E. Florian, *De las prubelas penales, T. I,* 1968, p. 52ss; J. B. Maier, *Derecho procesal penal, Tomo I,* 2004, p. 859.

[676] Essa é a concepção de J. B. Maier, *Derecho procesal penal, Tomo I,* 2004, p. 859.

derar elemento de prova como o dado ainda não incorporado ao processo mediante sua realização formal conforme as regras processuais. Assim, nesse sentido, o elemento de prova, como vestígios e documentos, não seria a prova enquanto não incorporado ao procedimento, segundo as regras jurídicas do contraditório. Essa concepção acaba incorrendo em artificialidade conceitual apenas para o fim de excluir certas provas não submetidas ao contraditório devido, porque concluídas no inquérito, embora depois em juízo não se acrescente nada epistemicamente que justifique a mudança de sua natureza. O melhor, portanto, será compreender o elemento de prova como o define Julio Maier, como aquilo que dará conteúdo ao meio de prova. Esse, aliás, parece ser o sentido que podemos encontrar em algumas jurisprudências, nas quais os elementos de prova aparecem como o conjunto probatório contido nos autos, sem referência ou distinção com os meios de prova, mas com referência ao todo que se encontra no processo como prova em sentido estrito, que autoriza uma conclusão condenatória[677].

*Meio de prova*, portanto, nesse sentido, será "o instrumento que permite a aquisição de um elemento de prova"[678]. É, mais especificamente, "o ato processual, regulado pela lei, por intermédio do qual se introduz no processo um elemento de prova, seu conteúdo eventual (a declaração testemunhal, o laudo pericial, o documento)". Em outros termos, são todas as formas legalmente estabelecidas pelo Código de Processo Penal, as formas como as provas se revelam no processo. Assim, uma vez descrito o objeto sobre o qual pode e deve desenvolver-se a prova, é necessário saber a maneira como ela se faz, os meios que servem para esse fim, as formalidades que se observam e a pessoa a quem cumpre essa tarefa, em síntese, como se verifica a introdução do objeto de prova no processo, com os elementos se encontram na investigação. Aqui, portanto, o que está em questão é a necessidade de reconhecerem-se as exigências de certas formalidades de instrumentalização da prova, mesmo antes de qualquer contraditório, tendo em conta suas regras jurídicas.

Contudo, tem-se admitido que "ordinariamente se considera meio de prova tudo que serve para estabelecer a verdade de um fato que tem importância para a sentença, é dizer, tudo que se apresenta razoável à convicção

[677] Nesse sentido, cf. p. ex. STF, HC 95.489; HC 95.725; HC 94.160.

[678] P. Tonini, *A prova no processo penal italiano,* 2002, p. 108; J. B. Maier, *Derecho procesal penal, Tomo I,* 2004, p. 859.

do juiz; em suma, o meio de prova é um meio de conhecimento". Dessa forma, esse conceito acaba sendo vago e insuficiente, pois diversos órgãos podem transmitir conhecimento direito ou indireto a respeito do objeto, ainda quando não estejam presentes no processo e não se tenham cumprido as regras processuais específicas, desde que sejam assumidas como fonte de prova razoável[679]. Essa compreensão ampla e aberta pode ser aceita em virtude de não haver tipicidade taxativa das provas criminais, na medida em que, sendo possível transmitir conhecimento acerca dos fatos, e considerando a livre convicção motivada do juiz (valoração da prova), todo elemento, embora não tipificado normativamente como meio de prova, não estando proibido, deve ser admitido como prova em sentido amplo.

Assim, portanto, pode-se reconduzir a questão dos meios de prova a outro conceito de *fonte de prova* que se refere a tudo aquilo que é idôneo a fornecer resultado apreciável para a decisão do juiz, como por exemplo *uma pessoa, um documento ou uma coisa*[680]. Mas sem insistir na artificialidade conceitual de considerar a fonte como algo anterior ao processo judicial, confinando-o ao que se encontra no inquérito, mesmo quando assumiu a forma de um meio de prova legalmente previsto e realizado. Essa confusão apenas contribui para sonegar à discussão teórica o que efetivamente interessa relativamente aos aspectos processuais.

### *Aspectos processuais: obtenção, admissão e valoração*

Além dos aspectos jurídicos materiais da prova, há certos aspectos especificamente processuais que merecem uma distinção entre obtenção, admissão e valoração, a considerar que isso nos permite entender melhor o que está realmente em causa na distinção artificial entre elemento de prova e meio de prova, que encontramos no discurso da doutrina processual.

A desqualificação que a doutrina tenta fazer às provas que se obtêm na fase de inquérito nunca esteve seriamente relacionada a uma questão substancial sobre o valor da prova em si como fonte de conhecimento, mas a uma questão processual sobre seu valor em razão da falta de contraditório com que é obtida e produzida. Mas ao buscarem desqualificar essa prova, acabam incorrendo em uma artificialidade discursiva, porque na fase seguinte do processo em juízo contraditório, em muitas espécies de provas pré-

[679] Nesse sentido, cf. E. Florian, *De las prubelas penales, T. I,* 1968, pp. 123-129.

[680] G. Badaró, *Processo penal,* 2008, p. 198.

-constituídas na fase anterior não se acresce qualquer conteúdo epistemológico, tampouco qualquer contraditório efetivo que justifique a mudança de seu status probatório. E, assim procedendo, o discurso persiste tratando do problema de forma insuficiente. Afinal, é ainda a mesma prova que se produz na fase de inquérito que se transmite ao juízo; e sendo irrepetível, apenas se admite na instrução e julgamento, sendo valorada em condições similares ao que se produz depois. A única exceção, no direito processual penal brasileiro, encontra-se na prova repetível que, além de ser cada vez menos utilizada, ainda pode ser valorada conjuntamente com as demais[681].

Mas, antes, essa questão nos exige distinguir entre obtenção, admissão e valoração da prova como conceitos processuais que interessam à compreensão da prova na investigação criminal, para entendermos que os sistemas processuais não estabelecem necessariamente uma simetria entre os casos de proibição de obtenção, admissão e valoração como fases de aquisição, incorporação e utilização da prova no processo penal[682].

A *obtenção da prova* se refere aos meios processualmente permitidos de aquisição probatória, bem como aos requisitos legais que são exigidos para a produção, recolhimento ou busca de uma prova, a exemplo do que podemos encontrar na disciplina jurídica da busca e apreensão, quebras de sigilos bancário e fiscal, bem como na interceptação telefônica, em comparação com outros meios como a oitiva de testemunhas, requisição de documentos ou de dados em geral.

A *admissão da prova*, por sua vez, diz respeito ao que, uma vez obtido ainda que por meios de obtenção não proibidos legalmente, poderá incorporar-se o processo como meio idôneo a ser objeto de valoração final. Essa fase processual de consideração probatória é especialmente relevante nos sistemas que permitem a "investigação de parte", como na Itália onde se procede o inquérito pelo órgão oficial de acusação, admitindo a prova para fim de juízo sobre a justa causa da ação penal, mas excluindo tudo que não foi produzido em contraditório para o fim de julgamento pelo "princípio da inutilizibilidade", embora exista em relação às espécies de prova irrepetíveis uma maior concessão à sua admissibilidade com base em um questionável "princípio de não dispersão da prova"[683].

[681] Essa é a interpretação que se pode extrair do art. 158 do Código de Processo Penal, após as alterações de 2008.

[682] A respeito, cf. P. Tonini, C. Conti, *Il diritto delle prove penali*, 2014, p. 485ss.

[683] Cf. P. Tonini, C. Conti, *Il diritto delle prove penali*, 2014, p. 497ss

A *valoração da prova*, por sua vez, diz respeito à efetiva utilização em juízo cognitivo que se faz sobre o conjunto probatório considerado idôneo a compor as motivações da sentença, pressupondo necessariamente que se tenha obtido por meios permitidos, bem como que se tenha admitido regularmente ao processo, embora possa ser excluído nesse momento, sobretudo quando não há uma fase anterior de admissão ao julgamento, e se possa valorar cada elemento com grau de probabilidade diverso, em razão de sua aptidão cognitiva relativamente ao objeto de prova.

## Os diversos meios de prova

Há vários meios de provas aptos a produzirem algum conhecimento acerca de algum aspecto do crime, sendo necessário à investigação criminal especificá-los o mais adequadamente, segundo a natureza dos elementos do tipo, tendo sempre em conta sua verificabilidade e falseabilidade.

Os códigos de Processo Penal costumam organizar-se com base em espécies diversas de meios de prova, mas uma classificação doutrinária pode nos fornecer alguma compreensão prévia à diversa aptidão cognitiva que cada uma nos oferece, segundo sua fonte probatória. É, portanto, nesse sentido que apresentamos algumas classificações que nos parecem relevantes para os problemas que a investigação criminal pode enfrentar na busca por estabelecer um conjunto probatório.

As provas, contudo, não interessam apenas por sua capacidade de verificar-se por qualquer um que se ponha a analisar positivamente o seu valor a favor de tese acusatória, mas sobretudo também a quem se ponha a analisá-las negativamente, buscando falseá-las a favor de teses defensórias. Assim, os diversos meios de provas devem ser considerados em suas diversas classificações possíveis, tendo em conta tanto sua verificabilidade positiva, quanto sua falseabilidade negativa, seja a favor de teses acusatórias, seja a favor de teses defensórias.

A investigação criminal como atividade essencial ao exercício da jurisdição não se pode sonegar nenhuma dessas possibilidades probatórias, limitando-se a uma direção apenas, em detrimento de outras. Ao tratarmos dos diversos meios de prova, nesse sentido, devemos ter em mente que elas se podem destinar a provar qualquer aspecto do crime, inclusive suas justificantes e excludentes. As classificações doutrinárias, assim, nada antecipam acerca de seu papel na disputa entre acusação e defesa, podendo servir tanto a uma posição quanto a outra.

### *A classificação fundamental das provas*

A partir de sua definição de prova como "meio objetivo pelo qual o espírito humano se apodera da verdade", Nicola Framarino Dei Malatesta sustenta que "sua eficácia será tanto maior, quanto mais clara, mais plena e mais seguramente ela induzir no espírito a crença de estarmos de posse da verdade"[684]. É com base nessa concepção que ele nos apresenta seu sistema de classificação das provas, que ainda permanece sendo reproduzido por diversas doutrinas, fazendo uma distinção entre uma classificação acessória, baseada nos fins da prova, e uma classificação fundamental, baseada em elementos essenciais, no que se refere à natureza e produção, propondo que se considerem três aspectos: objetivo, subjetivo e formal.

#### *A prova segundo o objeto: direta e indireta*

*Quanto ao objeto ou conteúdo*, a prova se pode considerar *direta* ou *indireta.* A prova, sob esse aspecto, "pode referir-se tanto à coisa que se quer verificar como a uma outra coisa diversa, de que se deduz a primeira. Quanto ao juízo penal em particular, pode respeitar ao *delito* ou a uma *coisa diversa dele*, do qual, pois, por um trabalho racional, o espírito do juiz o deduz"[685].

Malatesta explica que "a prova direta e a indireta requerem, de certo modo, a arte da lógica, para sua avaliação subjetiva". Assim, é do ponto de vista da avaliação objetiva, no exame do conteúdo da prova, que existe a diferença entre prova direta e indireta, pois, enquanto a conclusão a partir da prova direta pode ser obtida por uma afirmação pura e simples, sem aventar outras hipóteses excludentes, na prova indireta há sempre a necessidade de excluir hipóteses que possam explicar o fato de outra forma. Em síntese, conclui o autor que, "se do ponto de vista da avaliação subjetiva das provas não existe diferença entre prova direta e prova indireta, pois a razão explica sua atividade do mesmo modo para ambas, do ponto de vista da avaliação objetiva, ao contrário, existe uma enorme diferença entre prova direta e indireta. Com a simples percepção da prova direta, firma-se a conclusão objetiva; não se pode afirmar a conclusão da prova indireta, senão passando pelo trabalho de raciocínio, da sua percepção à do crime"[686].

São, nesse sentido, espécies de provas indiretas a *presunção* e o *indício,* que consistem em formas de raciocínio, o *presuntivo*, que deduz o conhe-

684 N. F. Dei Malatesta, *A lógica das provas em matéria criminal*, 1996, p. 19.

685 N. F. Dei Malatesta, *A lógica das provas em matéria criminal*, 1996, p. 112.

686 N. F. Dei Malatesta, *A lógica das provas em matéria criminal*, 1996, pp. 148-150.

cido do desconhecido por via do princípio da identidade, e o *indicativo*, por via do princípio da causalidade. Assim, enquanto, o raciocínio indicativo "reduz-se ordinariamente a um *entimema*, em que a premissa maior é omitida" (como *p. ex.* dizer que o autor acusado evadiu-se do local do crime, por isso é culpado, no que está subtendida a máxima da experiência de que geralmente quem se evade é o culpado, como premissa maior); ao contrário, o raciocínio presuntivo "reduz-se ordinariamente a uma simples conclusão, suprimindo-se as duas premissas, maior e menor" (como *p. ex.* o acusado, sem qualquer explicação, declarar-se inocente por presunção legal). Mas o importante é observar que, tanto em uma como na outra forma de raciocínio, a premissa maior é retirada da experiência comum do caso em questão. É, portanto, na premissa menor que se estabelece a diferença.

Assim, no raciocínio indicativo, a premissa menor primeiramente afirma uma verificação particular para dela retirar uma inferência pretendida de uma premissa maior não explicitada, mas da qual se espera tirar a força da conclusão particular, segundo uma suposta causalidade. Malatesta, nesse sentido, explica que "depois de termos enunciado na premissa maior do raciocínio que *a fuga, à primeira suspeita, é ordinariamente causada pela consciência do crime*, passa-se, na menor, a afirmar *a fuga do acusado*, para poder, então, concluir que ele tem consciência da sua culpa e, portanto, é réu"[687].

Ao contrário, no raciocínio presuntivo, pela premissa menor, sem nada afirmar acerca da premissa maior omitida subtendida, apenas atribui-se ao sujeito particular aquilo que se espera aceitar em relação a todos sujeitos em geral segundo uma suposta identidade. Malatesta, nesse sentido, explica que, "depois de ter afirmado na *maior* do raciocínio, que *os homens são ordinariamente inocentes*, passa-se, na *menor*, a afirmar que *o acusado é um homem*, para poder, por isso, concluir que o acusado é considerado inocente até que se prove o contrário. Ora, tanto neste caso, como no de qualquer outro raciocínio presuntivo, a compreensão do particular no geral, a continência do indivíduo na espécie, é percepção de senso comum; é percebido por todos intuitivamente e eis por que se julga também completamente inútil enunciar a proposição que afirma tal continência, suprimindo-se as premissas menor e maior"[688].

[687] N. F. Dei Malatesta, *A lógica das provas em matéria criminal*, 1996, pp. 180ss.

[688] N. F. Dei Malatesta, *A lógica das provas em matéria criminal*, 1996, p. 179ss.

*A prova segundo o sujeito: real e pessoal*

*Quanto ao sujeito*, por sua vez, considerando a origem de que emana a prova, esta pode ser *real* ou *pessoal*. A respeito desse critério, Malatesta nos explica que "o *sujeito* da prova não pode em concreto apresentar-se diante do juiz, como diante de qualquer outra pessoa, senão de uma forma particular, a *forma* da prova. Embora se trate de afirmação de pessoa ou coisa, não poderá nunca, em concreto, apresentar-se diante do juiz um *sujeito* da afirmação, destituído de uma determinada *forma* de afirmação: a pessoa que afirma nunca poderá apresentar-se à consciência do juiz, senão enquanto exterioriza sua afirmação pela forma do *testemunho* ou do *documento*, que são as duas únicas espécies formais de afirmação pessoal. A *coisa* que afirma não poderá, mesmo como tal, apresentar-se diante do juiz, senão quando exteriorize sua afirmação na forma de *prova material*, a única espécie formal da afirmação da coisa"[689].

Assim, uma vez ocorrido um fato, este pode deixar vestígios reais ou morais. São reais os que se apresentam aderentes à "realidade inconsciente da coisa", dando lugar ao que se chama de prova real; os morais, por sua vez, consistem nas impressões mnemônicas do espírito humano, que se distinguem em inconscientes e conscientemente reveladas. Essas últimas dão lugar à prova denominada pessoal. Assim, do ponto de vista do sujeito, a prova consiste em uma "afirmação da coisa", prova real, ou "afirmação de pessoa", prova pessoal.

O mais importante desse critério de distinção das provas está em compreender que "a distinção subjetiva das provas, em pessoais e reais, é considerada em relação à consciência do juízo dos debates", porque se assim não se fizer a distinção, se apenas atentássemos para a sua fonte originária, sempre teríamos provas reais, o que não corresponde ao espírito dessa distinção classificatória. Afinal, é preciso admitir que qualquer afirmação originária de uma pessoa pressupõe ainda uma prova em sentido genérico real relativamente à própria pessoa que afirma. Assim, portanto, "temos sempre uma prova real, relativamente ao que se faz a afirmação, que teve a percepção direta das coisas a que se refere (...). Toda prova, neste sentido, começa por ser real". A distinção, nesse sentido, em pessoal e real, depende do sujeito que ao final vai emitir o juízo conclusivo acerca da

[689] N. F. Dei Malatesta, *A lógica das provas em matéria criminal*, 1996, p. 275ss.

prova: "é este o momento em que se estuda a natureza subjetiva das provas, distinguindo suas classes"[690].

A prova é real, nesse sentido, portanto, somente quando, entre a coisa e o sujeito que se convence dela, não exista outra pessoa para intermediar o conhecimento segundo suas impressões pessoais. E por isso, "sempre que o escrito é uma manifestação consciente pessoal, destinada a fazer fé dos fatos nele afirmados, é sempre uma prova pessoal....", o que atinge a essência do que se tem buscado legitimar como prova material nos laudos periciais.

Assim, apenas são reais as provas que decorrem de coisas, quando sejam estas diretamente averiguadas pelo juiz julgador ou pela autoridade investigante a quem interessa conhecer e concluir sobre os fatos preliminarmente; e são pessoais as provas que decorrem de pessoas, sendo por estas intermediadas o conhecimento em relação ao julgador ou investigador. Uma prova pericial, portanto, por ser expressão de perito (pessoa), embora se refira a elementos materiais diretamente analisado pelo perito, não seria prova real; somente seria real se o conhecimento decorresse de incursão imediata pelo juiz na coisa, objeto da perícia. É, nesse sentido, que se entende a advertência de Malatesta sobre a necessidade de considerar a distinção da prova em relação à consciência do juiz. O que, dessa forma, pode constituir-se em prova real para a autoridade investigante, durante o inquérito, será para o juiz uma prova pessoal, salvo se essa última autoridade proceder à inspeção diretamente, sendo isso possível. Ou seja, somente a prova realizada pela autoridade a quem compete decidir, seja sobre a condenação (no julgamento), seja sobre o indiciamento (no inquérito), de forma direta, sem intermediação do conhecimento de outra pessoa, é que seria uma prova real, deixando de ser quando for intermediado por outros sujeitos.

*A prova segundo a forma: testemunhal, documental e material*

*Quanto à forma*, por fim, a prova pode ser *testemunhal*, *documental* e *material*. Entre as provas testemunhais, Malatesta arrola todas as hipóteses de conhecimento oriundo de testemunho, seja da testemunha imparcial, terceiro em relação ao processo, seja do ofendido ou do acusado, tratando apenas de distinguir a credibilidade de cada um, bem como o conteúdo possível do testemunho, nele se incluindo a hipótese de *confissão*. Ainda, entre as provas testemunhais, como o antecipa a distinção entre prova real e pessoal,

690 N. F. Dei Malatesta, *A lógica das provas em matéria criminal*, 1996, p. 286ss.

inclui o que se chama devidamente de "testemunho pericial", como aquele que "é prestado por testemunhas escolhidas *post factum*; testemunhas que procuramos para deporem sobre certas condições e certas relações particulares do fato, não-perceptíveis ao comum dos homens, mas somente a quem é dotado de uma perícia especial"[691].

A necessidade das perícias decorre sempre que a verificação de certas coisas não seja perceptível por conhecimento ordinário de senso comum, tendendo a diminuir à medida que certas ciências se vão assimilando à rotina das pessoas em geral, dispensando conhecimentos especializados, embora certos tipos particulares de crime sempre exijam uma mais detida atenção descritiva. Malatesta, no entanto, apresenta critérios de avaliação do testemunho pericial que merecem atenção, em especial ao considerar que "o testemunho do perito, com a da testemunha comum, tem tanto de valor probatório quanto de exatidão têm suas percepções. É preciso aqui saber como se verificam suas percepções, para se poder ter fé na sua exatidão, isto é, que o perito *dê causa da sua ciência*, como dizem os práticos a propósito do testemunho comum. (...) Quanto aos laudos científicos, enfim, o dar a razão da ciência se resolve, para o perito, na exposição dos motivos racionais das suas afirmações"[692].

Quanto à prova documental, Malatesta chama atenção para o sentido de documento como registro em geral, de forma permanente, não limitado ao escrito em papel como de ordinário tendemos a relacionar, embora este seja o mais comum dos documentos. Em todo caso, adverte o autor que "o documento é essencialmente prova pessoal", porque revela a expressão de uma pessoa a respeito de um fato. E aqui também podemos voltar à prova pericial, seja porque decorre de pessoas, seja porque materializada em um laudo, é sempre uma prova pessoal, no duplo sentido, nunca uma prova material em sentido estrito. Assim, deve ser submetida a dupla avaliação, segundo os critérios aplicados aos testemunhos e os critérios de avaliação dos documentos. A questão é que, sendo os peritos atualmente oficiais em sua maioria, alguns critérios são presumidos como cumpridos, embora nada impeça que se os considere no caso concreto[693].

Quanto à prova material, Malatesta explica que ela consiste em "uma materialidade que, apresentada à direta percepção do juiz, serve-lhe de

[691] N. F. Dei Malatesta, *A lógica das provas em matéria criminal*, 1996, p. 319ss, p. 534ss

[692] N. F. Dei Malatesta, *A lógica das provas em matéria criminal*, 1996, pp. 540-543.

[693] N. F. Dei Malatesta, *A lógica das provas em matéria criminal*, 1996, p. 553ss, p. 585ss.

prova". Há, nesse sentido, duas espécies de provas materiais, *transitórias*, quando praticadas na presença do juiz, mas que logo depois se esvaem; e *permanentes*, quando permanecem aptas ao conhecimento posterior. Além dessas espécies, é possível distinguir ainda entre prova material própria e imprópria, sendo material propriamente dita apenas a constatação judicial imediata, porque "tudo que se apura materialmente fora do juízo, será prova material para quem o percebe, não o será, no entanto, para o juiz de debates, ao qual o fato é simplesmente afirmado por uma pessoa"[694].

***Prova por concurso de circunstâncias, composta e imperfeita***

C. J. A. Mittermaier, após tratar das espécies de provas ordinariamente referidas em geral (prova por verificação judicial, por peritos, confissão, prova testemunhal, prova documental) apresenta conceitos sobre *prova por concurso de circunstâncias*; *prova composta, ou por concurso das diversas provas;* e *prova imperfeita*. Inicialmente, contudo, o autor se refere à divisão das provas em natural e artificial, ou circunstancial, sendo dessa natureza, segundo ele, os indícios, que não dão ao juiz uma segurança muito grande sobre os fatos, ao passo que as provas naturais repousam em evidências materiais, embora igualmente exijam uma série de conclusões do raciocínio, de tal forma que não seria relevante essa distinção[695]. As suas razões para a especial atenção que se deve dar a essas espécies de prova são dignas de consideração, porque nos adverte contra aquela superada ideia de que há provas mais naturais que por si possam levar a conclusões sem maiores inferências de raciocínio em contraposição ao que se obtém a partir da artificialidade dos indícios, tendo em conta que grande parte das provas relevantes a aspectos fundamentais do crime não se encontram nas evidências mais materiais.

Quanto à prova circunstancial, ou por concurso de circunstâncias, Mittermaier sustenta haver, além das provas naturais (evidências materiais), certas circunstâncias que são "testemunhas mudas" do crime, a partir das quais, por via de inferência se pode concluir de fatos conhecidos outros fatos necessários. Assim, são os meios de prova artificial, ou circunstancial, os indícios e as presunções, considerados, em essências, expressões sinônimas. Um indício é, dessa forma, "um fato em relação tão precisa com

[694] N. F. Dei Malatesta, *A lógica das provas em matéria criminal*, 1996, p. 603, pp. 621ss

[695] C. J. A. Mittermaier, *Tratado das provas em matéria criminal*, 1997, p. 116ss

um outro fato que de um o juiz chega ao outro por uma conclusão toda natural. É pois, preciso que haja na causa dois fatos, um verificado, outro não estabelecido, e que se trata de demonstrar, raciocinando do conhecido para o desconhecido; aplicado ao processo criminal, o indício é o fato, circunstância acessória que se prende ao principal, e por isso faz concluir ou que o crime foi praticado, ou que um indivíduo determinado tomou parte nele, ou que teve lugar por esta ou aquela forma. Em uma palavra, os indícios têm relação ou com o fato, ou com o agente, ou com o modo do fato". É nesse sentido que se fala, então, em prova por concurso de circunstâncias, sendo necessário, portanto, "pesquisar primeiro os fatos que servem de base aos indícios, e depois todos aqueles, cuja existência verificada permite determinar o valor dos primeiros"[696].

Considerando, dessa forma, que uma condenação penal requer a demonstração completa dos fatos investigados, até que seja plena e inteira a prova, não se pode considerar culpado o acusado. Assim, Mittermaier sustenta que, faltando alguma prova relativamente a algum elemento do crime, ainda que existam partes demonstradas pelas provas, não se tem *prova perfeita suficiente* para concluir acerca do crime, ou da autoria. Mas essa perfeição somente se pode chegar por composição de várias provas, o que se chama de *prova composta*, que consiste no conjunto de todas as provas, naturais e artificiais, sendo raro o caso em que um processo judicial não se conclua pelo concurso de diversas provas que devem ser contrastadas entre si[697].

Assim, portanto, na investigação criminal, tendo em conta essa concepção de Mittermaier, poderemos observar que "a maior parte dos meios de prova não repousam, como se supõe, na evidência material, e é sem razão atribuir a esta suposição a confiança que eles podem inspirar; é preciso, antes de tudo, que o espírito os examine, os analise, e nunca é sem terem passado por uma série inteira de conclusões do raciocínio, que o mesmo espírito presta fé à sua veracidade, e que se convence da realidade dos fatos em demonstração". Claro é que, nesse discurso, Mittermaier pretende atribuir ao indício um valor maior que o geralmente aceitável, o que somente podemos admitir nos limites daquela distinção que Luigi Ferrajoli nos apresenta, mas sua concepção tem especial valor por nos levar ao

[696] C. J. A. Mittermaier, *Tratado das provas em matéria criminal,* 1997, p. 315, p. 323, p. 329.

[697] C. J. A. Mittermaier, *Tratado das provas em matéria criminal,* 1997, p. 359ss, p. 365ss

final a concluir que "a divisão em prova natural e artificial não tem objeto prático"[698].

***Provas históricas e provas críticas***

Francesco Carnelutti considera a prova como "objetos mediante os quais o juiz obtém as experiências que lhe servem para julgar", ou, dito de outra forma, como "instrumentos, indispensáveis e perigosos, que conduzem ao conhecimento", embora não sejam suficientes para esgotar dito conhecimento, sendo necessário, segundo ele, "para tal fim, penetrar mais profundamente o dado, o que não se pode obter sem uma classificação", que ele sugere a partir de dois critérios, segundo a função da prova e segundo sua estrutura [699].

Inicialmente, tendo em conta a função, Carnelutti considera que "algumas provas têm e outras não têm eficácia representativa do fato a provar; as primeiras se chamam provas históricas, as segundas provas críticas. A diferença entre uma e outra está fundada sobre o conceito de *representação*, um mais entre aqueles conceitos que não pertencem à ciência do Direito, mas que são indispensáveis a esta....". Tendo, assim, em conta a noção de representação, "...o que distingue as provas históricas das provas críticas é sua idoneidade para suscitar na mente do juiz, direta ou indiretamente, mediante a *figura* ou o *discurso*, que são as duas espécies de *conceito*, a *imagem* do fato a provar, o que precisamente se diz *representar* no sentido de *fazer presente o que é passado ou distante*"[700].

Tendo em conta a estrutura da prova, por sua vez, Carnelutti considera que "quem observa como se desenvolva um processo, se dá conta facilmente de que os julgadores obtêm as razões já de *homens*, já de *coisas* (...). Segundo esse outro critério, de inteligência mais fácil que o precedente, as provas se distinguem em provas pessoais e provas reais. Entre as provas pessoais, o autor situa as que decorrem das partes, imputado ou parte prejudicada, e de terceiros. Entre as reais, as históricas e as críticas".

A prova histórica se pode inicialmente definir como "*um fato representativo de outro fato*", desde que esse se entenda como uma experiência que se representa imediatamente na prova. Mais especificamente, para que a

[698] C. J. A. Mittermaier, *Tratado das provas em matéria criminal*, 1997, p. 118ss

[699] F. Carnelutti, *Das provas no processo penal*, 2005, p. 16ss, p. 29ss.

[700] F. Carnelutti, *Das provas no processo penal*, 2005, p. 16ss, p. 30.

representação do fato se possa considerar uma prova histórica não basta que seja um representação indireta do fato, mas antes que seja uma representação direta de experiência relativa ao fato, o que se pode sintetizar na definição de que "a prova histórica é *não tanto um fato representativo de outro fato quanto de uma experiência*". Assim, Carnelutti considera que "histórica se chama precisamente a esta prova porque, representando uma experiência, ou seja, um fato ocorrido, afirma a historicidade do fato representado, ou seja que o inclui na história". E, nesse sentido, são provas históricas a testemunha e o documento, porque "...tanto a testemunha como o documento serve para *expressar uma impressão* do fato, mas a expressão da testemunha está dirigida a quem o escuta, pelo que ele pode ser uma maneira tosca, assimilado a um tubo pelo qual a impressão se *transmite*; em troca, a expressão do documento não está dirigida a nada e, por isso, o documento se assemelha, pelo contrário, a uma vaso, no qual a impressão *se conserva*"[701].

A prova crítica, por sua vez, em contraposição à *função representativa* das históricas, tem uma função denominada *indicativa*: "a diferença entre *representação* e *indicação* está em que o fato indicativo não é, como o fato representativo, um equivalente sensível do fato a provar, no sentido de que não determina sua imagem na mente do observador, quando menos imediatamente...". É nesse sentido que Carnelutti considera os indícios como *prova crítica natural*, na qual se situa o *corpo de delito*, que é "uma entre as 'cosias pertinentes ao delito' e, por isso, tem o primeiro posto entre os indícios deste"[702].

### *As provas periciais em específico*

Perícia é todo exame técnico, realizado em pessoas ou em coisas, para demonstração de fatos que dependem de conhecimento especializado, sem o qual os vestígios não se revelam imediatamente ao juiz, na fase de julgamento, ou à autoridade investigante, na fase do inquérito. Trata-se, nesse sentido, sempre de uma exposição técnica, segundo o estágio de determinada ciência, mas necessariamente nutrida da subjetividade do perito, segundo o estágio de sua especialização.

Assim, embora possa se considerar uma prova direta (em relação a quem pesquisa o objeto), nos casos em que a perícia se realiza diretamente no

[701] F. Carnelutti, *Das provas no processo penal*, 2005, pp. 34-35.

[702] F. Carnelutti, *Das provas no processo penal*, 2005, pp. 53-60

objeto de conhecimento, não é nunca uma prova real, como o adverte Malatesta, pois não representa o conhecimento imediato do juiz, ou da autoridade investigante, já que intermediada pelo conhecimento do perito. Por esse motivo, sobretudo, é que o art. 182 do Código de Processo Penal (1941) assegura ao juiz (e à autoridade investigante, por analogia) a possibilidade de aceitar o laudo ou rejeitá-lo, não ficando a ele adstrito, podendo ainda ordenar novo exame por outros peritos (CPP, art. 181). Seguindo essa compreensão, o art. 180, por sua vez, admite inclusive que pode haver divergência entre peritos, dando motivo a realização de nova perícia.

As perícias, nesse sentido, são *exames* (técnicas de pesquisa) realizados por peritos[703], pessoas qualificadas em conhecimentos especializados (no que se aproximam de um testemunho técnico)[704], e se consubstanciam em *laudos periciais* (documentos técnicos), nos quais se registram descrições e respostas aos quesitos feitos pela autoridade a que se destina. Assim, as perícias são provas que participam da natureza das provas testemunhais e documentais, e como tais devem ser valoradas pela autoridade a quem compete concluir sobre o crime, seja para indiciamento na fase do inquérito, seja para condenação na fase de julgamento. No entanto, a perícia se caracteriza especialmente por ser um exame sobre elementos reais denominados vestígios, cuja natureza material é de sua essência, permitindo-se sua constatação sensível por qualquer pessoa, a qualquer tempo, ainda que seja necessário o uso de instrumentos tecnológicos para verificá-los, bem como conhecimento específico para localizá-los e compreendê-los. Em síntese, destinam-se às infrações penais que se constituem de elementos materiais, ou cuja realização implica modificações fáticas, ainda que estas não constituam elementos típicos.

Em tais casos, o art. 6º, inc. I, do Código de Processo Penal (1941) determina, desde o primeiro momento, na fase de inquérito, que a autoridade policial deverá assegurar que não se alterem o estado e conservação das coisas, até a chegada dos peritos, reafirmando a necessidade dessa providência no art. 169. Essa providência, contudo, limita-se aos casos em que há um local de crime a ser resguardado, mas se deve estender, por analogia,

[703] O perito, mesmo quando não oficial, se submete à disciplina judiciária, sendo considerado auxiliar da justiça, segundo disposições contidas nos arts. 275 a 281.

[704] O testemunho técnico se qualifica por conter uma avaliação (perícia *deducendi*), além de declarações (perícia *percipiendi*), diferentemente da testemunha que deve se limitar a declarações. Nesse sentido, cf. G. Badaró, *Proceso penal*, 2008, p. 226.

a todos os demais casos em que, mesmo não havendo local de crime, há vestígios do crime a serem preservados.

*O tratamento diferenciado segundo a espécie*

As perícias, em geral, podem ser divididas, segundo sua imprescindibilidade, em: *(a) obrigatórias*, quando destinadas a crimes que deixam vestígios (*delicta facti permanentes*); e *(b) facultativas*, quando destinadas a crimes que não deixam vestígios (*delicta facti transeuntes*). A primeira, prevista no art. 158 do CPP, é o exame de corpo de delito. Sua obrigatoriedade deve ser aferida em função do conceito de "corpo de delito". As demais são referidas apenas como "outras perícias" pelo art. 159 do CPP.

Com relação à obrigatoriedade, contudo, sabe-se que a perícia se impõe por dois motivos preliminares: primeiro, porque há elementos materiais a serem submetidos a exame pericial; segundo, porque o juiz, ou o delegado de polícia, não dispõe de conhecimento específico à compreensão dos elementos. Daqui surgem duas questões iniciais, antes de se considerar a obrigatoriedade do exame de corpo de delito: se é possível perícia independente de vestígios; e se é possível dispensar perícia, quando o juiz, ou autoridade investigante, possui conhecimento suficiente para compreensão dos elementos materiais.

Quanto à perícia sem vestígio, o CPP parece reservar tal possibilidade para as "outras perícias", haja vista que, quando há vestígios, temos corpo de delito e o exame é obrigatório (art. 158). Por outro lado, contudo, admite que não sendo possível o exame de corpo delito, por desaparecimento dos vestígios, a prova testemunhal pode supri-lo (CPP, art. 167). Por sua vez, à luz do CPP, a falta de vestígio não impediria "outras perícias", mas o código não diz sobre que objeto se deve realizar tais perícias, embora o possamos deduzir das diversas espécies de exames como identificação de pessoas e a constatação de idade do acusado[705]. O problema, aqui, parece estar em torno do conceito de corpo de delito e sua equivalência integral ou não com todo e qualquer vestígio. Segundo entendemos, o art. 158, ao dizer que o exame de corpo delito será indispensável quando a infração deixar vestígios, aplica-se somente quando estes forem elementos materiais do tipo penal (corpo de delito); ao passo que o art. 184 diz respeito às demais perícias, sobre vestígios que não constituem elementos do tipo[706].

[705] A respeito, cf. D. Feitoza, *Direito processual penal*, 2008, p. 637.

[706] Em sentido aproximado, distinguindo entre perícia intrínseca (sobre o corpo de delito) e perícia extrínseca (sobre pessoas e coisas que conduzem à prova do crime), cf. G.

Na base dessa distinção está um determinado conceito de corpo de delito, que o limita aos elementos materiais do tipo. Somente se fazendo essa distinção, é possível entender os casos em que é indispensável o exame (de corpo de delito nesse caso), segundo o art. 158 do CPP, e separar dos casos em que o juiz ou a autoridade policial pode negar realização de perícia requerida pela parte (ou interessado na investigação), segundo o art. 184.

No entanto, posto dessa forma, deve-se observar que há certos vestígios que, mesmo não constituindo componente do crime, a este se relacionam de tal forma que seu conhecimento mesmo somente se completa com o conhecimento daqueles, mas, embora não imprescindível, por ser necessário ao esclarecimento da verdade, exigem perícia. Daí porque o art. 184, ao possibilitar ao juiz e à autoridade policial negar realização de perícia, ressalva o seguinte ao final: "quando não for necessário ao esclarecimento da verdade". E quando o será? Quando a compreensão de tais vestígios (secundários, circundantes) exigirem um conhecimento especializado que somente se alcança por perícia. Com essa conclusão, pode-se observar que o CPP, ao utilizar do termo "vestígios" o fez em sentido restrito e equivalente a um determinado conceito de "corpo de delito".

Assim, em relação ao segundo questionamento (sobre se é possível dispensar perícia), pode-se aceitar que, quando o juiz, ou autoridade investigante, possuir conhecimento suficiente para compreensão dos elementos materiais, poderá dispensar a perícia. Nesse caso, contudo, somente seria possível dispensar a perícia, na hipótese de "outras perícias" referidas pelo art. 184, haja vista o que este artigo excepciona ("salvo o caso de exame de corpo delito..."), deixando claro que aqui não pode o juiz, ou a autoridade investigante, negar a perícia, porque se trata de uma questão de direito à prova, direito ao seu esclarecimento para conhecimento e defesa em contraditório. Ainda que se possa considerar questionável essa preferência de uma perspectiva científica por estabelecer uma prova quase-necessária, é de uma perspectiva jurídica uma tentativa de aprimorar a garantia de verdade em favor da liberdade, não podendo ser lida em sentido contrário para tornar a prova pericial uma rainha das provas suficiente para a condenação.

Badaró, *Processo penal*, 2008, p. 226. Outra interpretação possível, mas inadequada segundo entendemos, seria considerar que o exame de corpo de delito se aplica em todos os vestígios, sejam estes componentes do tipo penal, sejam apenas resultados da ação típica sem relação com os elementos do tipo.

### *As provas digitais: a questão semiótica fundamental*

O universo de provas, por mais variedades de formas que se possam encontrar, mesmo na era da informação com as provas digitais, em seu conteúdo se resumem a testemunhos e documentos, e esses se reconduzem sempre à produção humana segundo seus interesses de momento; e quanto aos objetos materiais, que nunca falam por si, exigem que nós falemos algo sobre eles, por testemunha ou documentos, ainda que estes se habilitem como expertos, é sempre uma opinião subjetiva, de alguém sobre algo. Trata-se, sempre, em resumo, de *uma disputa semiótica de atribuição de sentidos a certos sinais*. A esse respeito, basta que pensemos no objeto perfeito por excelência no mundo da investigação criminal – o corpo de um morto, que embora evidente à primeira vista, pedirá que alguém fale por ele. Mas aqui ressurge a mesma questão sempre acerca dos testemunhos periciais apresentadas por um documento, como Nicola Malatesta nos adverte em sua teoria lógica das provas[707]. Assim, portanto, as provas digitais ressuscitam as mesmas questões várias que se devem ter em conta em relação às provas em geral. Para que tenhamos algumas ideias, vejamos alguns exemplos, que encontramos nos problemas dos acessos às fontes abertas e fontes fechadas, bem como nos falsos perfis.

O problema do acesso às fontes abertas continuará gerando as mesmas dúvidas de credibilidade da prova obtida na investigação criminal sem o controle recíproco das partes em contraditório. O fato de que se apresentam por veículos de materialidade digital, colhida no mundo virtual, não exclui a dúvida sobre o local de obtenção e sua relação com o autor imputado, podendo exigir-se uma auditoria pericial que dê conta da cadeia de obtenção e transmissão dessa prova, atestando o que se diz a respeito da fonte. Esse é um problema recente que se suscitou a respeito das interceptações de comunicações por terceiro que disponibilizou para a investigação, embora se trate de fontes que juridicamente seriam restritas.

E mesmo as fontes restritas e controladas não se livram dessa limitação indiciária, afinal a questão dessas fontes está no objetivo de proteção aos seus conteúdos – geralmente em garantia da intimidade das comunicações, apesar da extensão promovida pelo marco civil da internet no Brasil. Mas quanto à credibilidade da informação, muito pouco se acresce em relação às fontes abertas, mantendo assim seu caráter indiciário, a consi-

[707] N. F. Dei Malatesta, *A Lógica das provas em matéria criminal*, 1996.

derar que, do ponto de vista lógico, em razão da intermediação por mais um sujeito, que detém a informação, precisamos inferir que ele nos disponibiliza todas, sem alteração, acréscimo ou exclusão, em síntese sem interesse direto no caso criminal.

O problema dos falsos perfis nos remete à negação da identidade. Não se trata de um problema absolutamente novo e típico da era da informação, a considerar as identidades falsas para saque de FGTS e benefícios previdenciários fraudulentos, mas os falsos perfis se tornaram muito mais fáceis de ser criados do que a produção de uma nova identidade física. Atualmente proliferam perfis falsos, em vários sites, aplicativos e base de dados informáticos, que se utilizam pelo agente criminoso, mas a identificação neste caso se transfere a outros dados de que dificilmente se pode desvencilhar sem a colaboração de um terceiro. Contudo, as possibilidades de incerteza subsistem, devendo merecer cautela da investigação sempre que o terminal possa ser de utilização coletiva ou mesmo compartilhada, embora os aparelhos com acesso por digital papilar tendam a minimizar essa dúvida. Mas mesmo nesses casos há possibilidades de dissociação entre a identificação digital de acesso e a identicidade de quem realizou a navegação, salvo se tivermos algum registro de imagem com que possamos aproximar melhor de alguma certeza, embora levando em conta a necessidade de confirmação da pessoa da imagem, tendo em consideração casos de erros recentes sobre a prisão de homem que tinha alguns muitos centímetros a menos do que a imagem captada, apesar das similaridades inicialmente indiciárias.

**Adequação probatória ao tipo: problemas**

Considerando a teoria jurídica do crime como linguagem conceitual de interpretação da tipologia legal, a partir da qual nos referimos aos fatos e dados probatórios, é princípio fundamental da atividade probatória na investigação criminal que seja dirigida em conformidade com esse pressuposto teórico. Antes, portanto, que nos sirva à operação final de imputação jurídico-penal, A teoria do crime é, nesse sentido, a base de partida para auxiliar na obtenção das provas, na medida em que determina *o que provar (objeto da prova) e qual sua natureza*, para somente depois contribuir como ponto de chegada, pois somente se conclui uma investigação criminal quando estiverem presentes provas que se refiram a cada elemento do crime que se permita provar. Há, assim, que se ter uma adequação probatória segundo a natureza dos elementos do tipo.

Inicialmente, devemos ter em mente que a prova de que falamos se destina a alcançar certeza sobre a existência de fatos, não do direito nem da teoria do crime. Assim, quando dizemos, do ponto de vista da teoria, que há crime se presentes tipicidade, ilicitude e culpabilidade, estes elementos são constatados por *juízos* de tipicidade, de ilicitude e de culpabilidade, mas sobre os fatos demonstrados por provas. E tais fatos essenciais aos referidos juízos, em suma, estão delimitados pelo tipo penal. É, portanto, a partir do tipo penal – como estrutura hipotética legal que deve ser "preenchida" por provas – que a atividade probatória deve realizar-se. Em outros termos, o tipo penal, devidamente *decomposto* em seus elementos, é o ponto de partida e de chegada da investigação criminal. Somente quando todos seus elementos estiverem devidamente confirmados por provas adequadas é que podemos concluir pela existência do crime. Tais provas, não raramente, são obtidas pelo concurso de circunstâncias que configuram uma prova composta, mas é fundamental que a investigação esteja orientada por *responder* a cada elemento do tipo penal com uma *prova adequada a natureza do elemento do tipo.*

A investigação criminal, nesse sentido, deve distinguir entre os elementos materiais (objetivos-descritivos), normativos e subjetivos do tipo, pois somente aqueles primeiros, em virtude de sua natureza ontológica, são passíveis de investigação e prova em sentido estrito. Quanto aos elementos normativos, o conhecimento deles se basta em uma atividade puramente valorativa (um juízo de valor), para a qual não se exige investigação propriamente dita, embora se deva concluir a respeito deles, ainda que provisoriamente, já na própria investigação. Quanto aos elementos subjetivos (seja ele geral, o dolo, seja um especial fim de agir), somente de forma indireta são conhecidos, a partir da investigação dos elementos materiais (elementares ou circunstanciais do tipo), que constituem indícios da subjetividade do investigado, ou quando este mesmo admite sua intenção.

Isso limita substancialmente o campo de investigação criminal e torna proporcionalmente complexa a atividade, considerando que, não obstante, ao se falar em investigação e prova do crime, é exigível que todos os elementos estejam referidos na conclusão. Assim, somente falando em prova em um sentido muito amplo é que poderíamos dizer que o crime está provado, segundo os elementos do tipo. Em todo caso, seja por prova propriamente dita, seja por juízo de valor sobre elementos normativos, seja por indício a respeito de elementos subjetivos, a investigação criminal deve referir-

-se conclusivamente a cada um dos elementos do tipo, indicando em que se fundamenta para o indiciamento. Seria, portanto, adequado que, para cada fato ou dado probatório, considerado especificamente na conclusão, se atribuísse um símbolo de valor probatório a um determinado fato ou dado (*p*, v. g.) em função de determinado elemento do tipo penal (*e*, v.g.). Assim, ainda que não conste no ato formal de indiciamento, em sua análise pessoal, valendo-se dos símbolos, a autoridade investigante deveria relacionar provas (*p*) a elementos (*e*) de maneira racional e segura, que lhe conduza no discurso de fundamentação do ato.

Trata-se de simples técnica de trabalho em que, considerando o *conjunto probatório completo* (*P*, vg.), podemos catalogar os fatos e dados probatórios (*p', p", p'''...*), a partir dos quais cada elemento do tipo poderia ser considerado como provado (*p'→e'; p"→e"...*), em uma argumentação lógica formalmente demonstrada, permitindo uma melhor visualização dos resultados da investigação, naquilo que interessa mais imediatamente à conclusão – os fatos e dados probatórios com relação aos elementos do tipo penal.

### *A noção de verificabilidade imediata: prova preferencial*

Essa organização do trabalho probatório, para além de permitir uma conclusão da atividade investigativa, com relação precisa sobre os elementos do crime demonstrados, permite, nas fases de instrução e julgamento, a verificabilidade dos fatos e dados que são referidos como fundamento para a conclusão acerca do crime e sua autoria. Além disso, uma vez especificado o elemento do tipo e a prova a ele relacionado, podemos observar mais seguramente a aptidão da prova para demonstrar o objeto de prova. Não quer isso dizer que devemos falar de *provas necessárias*, segundo a natureza do elemento do crime, mas com isso podemos adquirir a consciência da *possibilidade* de outras provas mais adequadas para sustentar uma maior aceitação das hipóteses fáticas, segundo sua força de convencimento em julgamento. Falemos, assim, em lugar de prova necessária, de provas preferenciais.

Podemos, nesse sentido, sustentar que certas provas estão mais aptas a demonstrar o crime, em virtude de certas qualidades de que dispõem para produzir um conhecimento mais aceitável, seja porque traduzem maior credibilidade, seja porque reduzem as inferências necessárias para uma conclusão. Assim, havendo várias provas possíveis de se realizar na investigação, e considerando que não basta um conjunto quantitativo, a autoridade investigante, racionalizando sua atividade, deveria optar por certas provas em detrimento de outras, preferindo:

1. Dados *objetivos*, em lugar de *subjetivos*, em virtude do interesse subjacente que toda testemunha tem em relação aos fatos, embora não se possa ignorar a subjetividade de laudos e quaisquer referências a objetos;
2. Registros *originários* (ocorridos ao tempo do fato), em lugar de *derivados* (no presente), em virtude da artificialidade dos registros *a posteriori* (a exemplo da preferência expressa na hipótese do art. 174, III do CPP);
3. Conhecimento subjetivo *imediato* (inspeção pessoal), em lugar de conhecimento *mediato* (determinado a terceiro), embora não se possa considerar o exame corpo de delito como prova necessária, sem maiores considerações acerca de uma obrigatoriedade legal.

Ao falarmos de preferência probatória, não devemos pensar em *prova necessária*, mas apenas de *prova possível*, tendo em conta os subsistemas de liberdade e valoração de provas geralmente presentes nos sistemas processuais, embora seja relevante considerar a *obrigatoriedade legal* do exame de corpo de delito que certos sistemas processuais ainda insistem em exigir, parecendo instituir uma espécie e preferência legal, embora com a ressalva de que é obrigatória caso seja possível a prova segundo esse meio. Não o sendo, contudo, os sistemas processuais costumam admitir o exame indireto, que pode ser feito por testemunhas do fato[708]. Essa preferência, portanto, deve ser bem compreendida, para que não se estabeleça a falsa ideia de uma prova necessária, sob pena de estarmos retrocedendo a um sistema medieval de provas legais. Isso passa pela necessidade de entender melhor a perícia como espécie de prova, a sua classificação e espécies possíveis.

### *O problema da prova da autoria*

É necessário que se distinga entre prova do crime e prova da autoria. Ao passo que podemos falar em prova mais ou menos segura da existência do crime, em relação à sua autoria os dados probatórios têm quase sempre apenas um caráter indiciário. Mesmo quando temos a confissão do investigado, essa não passa de um indício muito forte de que ele é o autor do

[708] Esse é o caso do sistema do CPP brasileiro de 1943.

crime, desde que não tenhamos nenhum motivo para duvidar de sua sinceridade. Fora dessa hipótese, considerando que a prova direta se estabelece em função da autoridade a quem cabe concluir, somente quando esta tenha presenciado o cometimento do crime é que podemos ter uma prova mais ou menos segura. Dizemos "mais ou menos segura" porque ainda assim subsiste a possibilidade de a autoridade não ter *representado* adequadamente a compreensão do fato, em virtude de vários fatores psicológicos que interferem na cognição. Assim, nem mesmo a testemunha presencial, uma vez tendo que transmitir à autoridade competente seu conhecimento, poder-se-ia considerar uma prova absoluta e definitiva. Nesse sentido, podemos dizer que, em geral, a autoria se estabelece por indícios. É, portanto, um equívoco acreditar que *o indiciamento* do investigado se dá apenas por ser a investigação criminal do inquérito um estágio prévio de conhecimento probatório, pois mesmo na investigação instrutória de julgamento, ao aprofundar-se a persecução cognitiva do crime e sua autoria, a conclusão a respeito desta permanece sempre como um indício mais ou menos provável.

A questão da autoria do crime é, portanto, um dos problemas probatórios mais complexos da investigação. Uma vez demonstrado o crime (que em geral, segundo o estágio de nossa ciência, pode-se dizer devidamente provado), cumpre à investigação concluir e explicar por que determinado sujeito, e não outro, é seu autor. Pense-se, p. ex., nos casos de homicídio, de nota falsa e de todos os crimes que deixam vestígios, cuja conclusão acerca de sua existência é seguramente obtida, sempre é claro de acordo com o que entendemos por morte, falsidade etc. Mas isso já não podemos dizer do autor. É importante, portanto, compreender que certos fatos e dados probatórios que indicam o investigado como autor são aptos às vezes a indicar outros tantos sujeitos, sem maiores distinções, e nesse caso a conclusão indiciária é tão frágil que não se pode sustentar. E continuará a ser indiciária mesmo ao final do processo.

É certo, porém, que durante a investigação fática do crime, há certos fatos e dados probatórios que direcionam para um sujeito genericamente considerado (que detém certas características em comum com outros), o que em conjunto com outros dados adicionais podem auxiliar na individualização do sujeito. Mittermaier, a respeito desse problema, explica que "...o fato, que atrai para uma pessoa a atenção do juiz, serve de base, de ponto de partida para o indício; porém, para que daí resulte um estado real de suspeita, é preciso descobrir uma série inteira de circunstâncias acessórias, cujas coincidências fixam as convicções do juiz [e da autoridade investigante]"[709]. Nesse sentido, não basta concluir a partir dos elementos materiais do crime a autoria, pois há que se observarem certas circunstâncias externas ao tipo penal, que indicam o autor dos fatos. Mas isso ainda não será conclusivo a respeito da autoria, é preciso que se reconheça.

Ainda que se reúnam todos os fatos e dados que conduzem a determinado investigado, é importante que se ouça ele a respeito desses elementos, porque ele pode fornecer outra hipótese explicativa dos mesmos fatos e dados de forma igualmente adequada sem que, no entanto, impliquem-no ao caso investigado. Sendo sua hipótese explicativa razoável, igualmente aceitável relativamente à hipótese acusatória, a dúvida pode conduzir, no julgamento, à absolvição; não o sendo, contudo, justificada estará uma condenação, ou teríamos que, levando ao extremo o princípio *in dubio pro reo*, nunca admitir uma condenação[710]. Ao final do inquérito, portanto, pode-se manter o indiciamento do investigado, remetendo a decisão de acusação ao Ministério Púbico, que poderá ou não sustentar uma denúncia temerária, ou ao órgão de julgamento, que poderá ou não ter ao final do processo outros elementos de convicção. É nisso apenas, em síntese, que diferem as conclusões indiciárias acerca da autoria, no inquérito, na ação e na sentença. Mas ainda assim, no indiciamento, os indícios precisam ter força probante à autoridade investigante como devem ter para o juiz ao final do processo.

## A prova como resultado da investigação

A prova, nesse sentido, é – bem compreendida em sua função justificante da verdade – o resultado da operação probatória que se realiza com base nos diversos elementos reunidos, constituídos por dados sensíveis sintetizados nas suas formas instrumentais, mas dependentes sempre das inferências a que se pode chegar a partir dela. Assim, embora possamos falar, de forma simples e direta, em busca de provas e obtenção de provas, estas não constituem o objeto imediato da investigação, que se encontra em outro conceito – de corpo de delito –, permitindo-nos atribuir valor de

[709] C. J. A. Mittermaier, *Tratado das provas em matéria criminal*, 1997, p. 332.

[710] A respeito dos limites razoáveis desse princípio, cf. L. Ferrajoli, *Direito e Razão*, 2002, p. 119ss.

prova a qualquer dado. Os meios físicos com que se apresenta a prova não são prova em si, a menos que façamos referência dela ao objeto de investigação e possamos estabelecer um significado especificamente probatório.

Ao dizermos, então, que atividade probatória constitui a essência da investigação criminal, considerando que todo ato investigativo deve estar orientado a obter provas relativas ao crime, sua autoria e suas circunstâncias, é preciso ter em conta o que isso representa efetivamente. Afinal, considerando a liberdade da produção probatória e o sistema de valoração motivada, ainda que mitigado, parece não ter sentido estabelecer distinções entre os meios formais de prova admitidos pela lei. Desse ponto de vista, qualquer meio de prova formalmente previsto na lei, sendo apto a transmitir um conhecimento acerca do que se investiga, deverá ser aceito no processo. Essa conclusão, portanto, à vista da liberdade da produção probatória (tendo em conta, sobretudo, a possibilidade de provas atípicas), permite-nos concluir que qualquer *dado probatório*, seja ele típico ou não, estando apto a oferecer um conhecimento sobre o objeto de investigação, pode ser considerado prova em algum sentido.

Essa extensão da noção de prova se justifica, ademais, em virtude daquelas considerações que Malatesta faz a respeito da prova real e pessoal, em que a distinção é feita a partir do sujeito a quem compete decidir sobre o valor da prova. Assim, considerando que a prova é real ou pessoal, segundo a autoridade que conclui acerca da probabilidade dos fatos, podemos entender que a prova direta ou indireta se define não em função de sua natureza própria, mas em função de quantas inferências são necessárias para se concluir acerca do crime ou de sua autoria; e toda vez que, entre a autoridade que decide e o objeto de prova, se interpõe alguém, haverá pelo menos um inferência que a torna indireta, relativa a acreditar em quem concluiu antes a respeito dos fatos. E mesmo quem conhece o dado probatório diretamente (p. ex. um perito em relações ao corpo do delito), não o conhece senão por alguma inferência que decorre do conjunto de conhecimentos prévios de que se vale para compreender o objeto. A única exceção a isso parece ser a hipótese em que o sujeito cognoscitivo conhece o crime ou sua autoria a partir da experiência atual do fato, sendo ele o próprio autor ou testemunha, mas esta, se não for ela a própria autoridade a quem compete decidir, tornar-se-á igualmente um *veículo intermediário*, o que implicará na necessidade de uma inferência para se chegar ao conhecimento.

Assim, é razoável aceitar a distinção que faz Ferrajoli a respeito das provas e indícios, para admitir que elas apenas se distinguem em graus de probabilidades, por estarem mais ou menos próximas do objeto de prova, sejam dados, sejam fatos probatórios. Em todo caso, como adverte o autor, "as provas coletadas em um processo não são quase nunca provas *diretas*, mas quase sempre *indiretas*, quer dizer, provas de indícios, por sua vez, diretos ou indiretos"[711]. Dessa forma, a prova pode ser considerada o dado probatório que conclui sobre o objeto, segundo o que sabemos dele no momento em que concluímos, sendo, contudo, sob certo aspecto, um indício, na medida em que fazemos alguma inferência para concluir acerca do objeto de conhecimento e, sobretudo, porque, sendo esse conhecimento adquirido em conformidade com o estágio de nossa ciência, não está nunca descartada a possibilidade de que estejamos errados sobre nossas conclusões, sendo nesse ponto, portanto, apenas um indício de que estamos certos. Consciente desse caráter limitado da prova para produzir conclusões absolutamente certas acerca do crime, seja qual for sua natureza, apodítica ou indiciária, podemos aceitar a ideia de Karl Popper, para quem nossas hipóteses são conjecturas que se mantém até que sejam refutadas por outra explicação melhor[712]. A prova é, nesse sentido, uma hipótese e como tal um objeto mediato da investigação. É somente nesse sentido que podemos aceitar ainda a concepção de Malatesta: "Sendo a prova o meio objetivo pelo qual o espírito humano se apodera da verdade, sua eficácia será tanto maior, quanto mais clara, mais plena e mais seguramente ela induzir no espírito a crença de estarmos de posse da verdade"[713].

O objeto imediato, portanto, encontra-se nos dados da realidade, naquilo que podemos chamar de corpo de delito em sentido amplo, atualizado e alargado para abranger tudo quanto podemos verificar sensivelmente, utilizando como base para nossas hipóteses probatórias. A prova é, nesse sentido, o objeto mediato da investigação criminal, constituído pela argumentação final que se baseia em fatos (dados sensíveis obtidos) e ideias (hipóteses relativas aos fatos), conforme um raciocínio necessário de conclusão, relativo às lógicas diversas do método da investigação, que teremos oportunidade de melhor apresentar e discutir na próxima parte.

[711] L. Ferrajoli, *Direito e Razão,* 2002, p. 107.

[712] Cf. K. Popper, *Conjecturas e refutações,* 2006.

[713] N. F. Dei Malatesta, *A lógica das provas em matéria penal,* 1912.

# IV
# MÉTODOS: QUE PROCESSO?

"O método científico é o caminho para a verdade, porém ele não proporciona, mesmo em princípio, nenhuma definição única de verdade"
(W. V. O. Quine, *Palavra e Objeto*)

# 14
# A COMPLEXIDADE EPISTEMOLÓGICA DO PROCESSO

## O discurso geral do método

A investigação criminal se desenvolve por um conjunto de atos de diversas naturezas, que se podem sintetizar no conceito amplo e complexo de método como caminho necessário para obtenção de um conhecimento valido acerca do crime, que esteja não apenas justificado como resultado cognitivo, mas sobretudo que esteja legitimado como exercício de um poder punitivo.

O método consiste, essencialmente, em um *modelo racional* de que se utiliza o ser humano para realização de diversas operações orientadas a um fim estabelecido, seja para obter ou validar um conhecimento[714]. A investigação criminal, nesse sentido, se pode compreender ela mesma como o conjunto de métodos de obtenção de prova para a justificação e legitimação da verdade acerca de um crime, suas circunstâncias e seu autor. É o método de que se vale uma jurisdição cognitivista para cumprir seu fim, formalmente estabelecido em um processo jurídico. Assim, também nessa atividade persecutória estatal se encontram, portanto, as diversas noções de método com que podemos compor uma metodologia processual da investigação criminal.

[714] É o que se pode deduzir da definição de E. P. Haba, Racionalidad y método para el Derecho, *Doxa n. 7*, 1990, p. 175: "*Método* é o conjunto ordenado – modelo racional – de procedimentos intelectuais e eventualmente materiais, que se empregam para um determinado tipo de atividades; esses procedimentos são meios que apontam para certos aspectos de um tipo de objetos (reais ou ideais), aos quais o método é aplicado com a finalidade de obter ou confirmar conhecimentos acerca deles ou para elaborar ou transformar ditos objetos" (tradução).

"Methodos", semanticamente considerado, decorre de "metá" (no meio, entre, através) e de "hódos" (caminho). Diz-se, nesse sentido, que *é o caminho a percorrer-se, procedimento para alcançar um objetivo qualquer.* Pode, assim, aludir a um modo mais amplo de investigação ou a uma técnica específica orientada a fins próprios de uma disciplina ou arte. Pode, ainda, referir a projetos organizados com o objetivo de instrução ou técnica para fazer algo. É termo usado em sentido amplo como processo particular ou conjunto de processos vários orientados ao conhecimento de alguma realidade, à produção de algum objeto ou mesmo ao ordenamento de comportamentos humanos[715]. Mas foi no âmbito do saber, sobretudo do saber científico, que o termo adquiriu seu mais respeitável significado que tende considerar-se como modelo metodológico de conhecimento a ser reproduzido por vários outros campos de saber, a exemplo da investigação criminal. A esse respeito, contudo, será necessário ter em mente a mais dura crítica desferida contra o método científico como modelo único e universal, na defesa por uma espécie de metodologia do "vale tudo"[716].

Entre a dogmática científica do método e a liberdade metodológica do espírito, podemos encontrar algumas possibilidades intermediárias que se podem aproveitar à metodologia da investigação criminal, tendo em conta que como método para estabelecer um específico conhecimento, nela se podem encontrar procedimentos gerais das ciências, como técnicas para obtenção e observação de dados, descrição e explicação, assim como também muitos outros específicos, como interpretação de normas, valoração e imputação jurídica, o que nos exige uma consideração prévia acerca de duas noções fundamentais do método que se colocam em continuidade para nossa compreensão específica.

O certo é que há muitos e inúmeros métodos, sendo possível encontrar tantos métodos quantas sejam as doutrinas teóricas existentes na filosofia do conhecimento[717]. Ademais, há outras tantas noções de método que se referem às diversas técnicas de que se utiliza um campo específico de

[715] L. Hegenberg (org), *Métodos,* 2005, p. 9ss

[716] Cf. P. K. Feyerabend, *Contra o método,* 2011; também R. Omnès, *Filosofia da ciência contemporânea,* 1996: "O método existe, nenhum horizonte parece limitá-lo e ele encontra seu fundamento último na liberdade do espírito"

[717] Cf. N. Abbagnano, *Dicionário de filosofia,* 2003, p. 668: "...não há doutrina ou teoria, quer científica quer filosófica, que não possa ser considerada sob o aspecto de sua ordem de procedimentos, sendo, pois, chamada de Método"

conhecimento. A considerar, portanto, todas as questões relativas ao discurso geral do método, este engloba muitas coisas diversas em natureza, como ações e pensamentos, regras e procedimentos, projetos e gerenciamento, que refletem a complexidade ontológica do método, que podemos encontrar também no âmbito da investigação criminal.

***As diversas racionalidades: noção primária de método***

A noção primária de método nos remete à ideia de racionalidade com que uma investigação qualquer se desenvolve visando a apresentar algo que faça sentido a quem interessa seu resultado.

A mais antiga noção de método se confunde, assim, com a ideia de investigação em si, mas se encontra vinculada à doutrina geral que o fundamenta, que concerne a um específico conceito de racionalidade e uma respectiva noção de verdade[718]. Assim, poderemos entender a racionalidade inquisitória que se encontra na história das instituições processuais penais como uma concepção metodológica a que se segue uma noção de verdade. Essa racionalidade institucional, contudo, tem raízes em certas racionalidades cognitivas nas quais encontra as bases de sua metodologia, podendo mesclar-se ainda com outras tantas racionalidades ao longo da história e diante de específicos objetos que exijam novas posturas racionais diante de problemas novos. Essa racionalidade mais geral acaba por incidir nos procedimentos, regras e técnicas particulares de pesquisa que concernem a um campo de conhecimento, como podemos identificar na história da investigação criminal com sua diversidade metodológica, até chegar à racionalidade moderna que se vai unir à ciência e tecnologia para alcançar seus objetivos.

*As racionalidades (pré, proto e técnico) científicas*

A racionalidade metodológica da investigação criminal, nesse sentido, acompanha a racionalidade geral da cultura na qual se desenvolve, passando por fases de racionalidade pré-científica (ordálias), proto-científica (inquisição) e técnico-científica (moderna)[719]. Essa racionalidade técnico-científica, contudo, não é garantia de excelência metodológica, pois apenas representam a superação de certas limitações epistêmicas do passado, caindo em outras que correspondem ao pensamento da modernidade.

[718] N. Abbagnano, *Dicionário de filosofia*, 2003, p. 668.

[719] A respeito, cf. nosso E. S. Pereira, *Processo Penal: Conceito, Fundamentos e Princípios*, 2021.

A informática e as novas tecnologias de comunicação, as ciências biológicas e a engenharia genética, e cada vez mais conhecimentos de diversas áreas têm contribuído de uma forma surpreendente para modificar as técnicas e os métodos de investigação criminal que constituem o modelo do processo penal moderno. Essa inovação se tem percebido sobretudo nos meios de obtenção de prova e nos meios de provas periciais, que traduzem na investigação criminal as bases do modelo técnico-científico da modernidade. Esses meios não apenas têm se tornado importante para o processo penal, como em alguns casos são os únicos meios de investigação para certas formas de cometimento de crime que vêm também aumentando, como ocorre nos crimes cibernéticos. E isso é o que torna tudo cada vez mais problemático. Não se trata apenas de discutir se devemos ou não usar esses novos meios de investigação, pois haverá casos em que sem eles certos crimes se tornam impossíveis de investigação. O problema dos limites jurídicos permanece no âmbito do direito, mas o que se põe antes é saber quais limites epistêmicos estão em suas bases. É quanto a esses limites que precisamos nos acautelar, evitando que o direito se substitua pela ciência e tecnologia, ou pelo que ingenuamente pensamos ser o saber técnico-científico.

A cautela que se pede ao pensamento técnico-científico não nos pode conduzir a qualquer "demonização" mítica, que implique a exigência de uma sociedade em que o artificial esteja fora de nossas vidas, mas é preciso antes de tudo saber reconhecer que ciência e tecnologia instauram no mundo uma racionalidade instrumental da qual acabamos reféns pelas comodidades que elas nos proporcionam, ao passo que nos submetem a uma lógica muito próxima do que é uma ideologia, pois cria uma nova forma de legitimidade política silenciosa que se vai ampliando à medida que a capacidade de consumir essa tecnologia aumenta[720]. O âmbito de problemas internos da investigação criminal é um bom exemplo de que a resolução técnica prevalece sobre questões práticas de ordem ética. Não sem razão, portanto, Feyerabend soube reconhecer na ciência uma ameaça à democracia, quando existe uma simbiose entre Estado e uma Ciência

[720] J. Habermas, *Técnica e ciência como "ideologia"*, 1968, p. 75: "esta intenção tecnocrática não está realizada em parte alguma nem sequer nos seus passos iniciais, mas serve, por um lado, como ideologia para uma política dirigida à resolução de tarefas técnicas que põem entre parênteses questões práticas"

não devidamente examinada[721]. E isso acontece na investigação criminal. A atitude de acautelamento, que precisa anteceder a compreensão especificamente jurídica dos problemas que a ciência nos traz, justifica-se porque existe uma grande tendência para serem aceitas como objetivas ou neutras certas provas, sem mais questionamentos, ainda que produzidas na fase preliminar de investigação, sem efetivo contraditório no momento de sua obtenção[722].

A questão é que a tecnologia e a ciência se mantêm num nível de descrição e explicação que não são suficientes à justificação do conhecimento criminal em virtude da tridimensionalidade complexa do seu objeto que não se basta com esses níveis, porque não abrangem todo o problema cognitivo que interessa ao processo penal, além de não levar a sério o problema potestativo que subjaz nas diversas etapas de construção do conhecimento. Elas parecem colocar-se como que a salvo da preocupação jurídica a partir de um discurso de objetividade e neutralidade que não correspondem à realidade das coisas vistas de perto. É, portanto, necessário compreender que tecnologia e ciência, de uma perspectiva ainda epistêmica, estão a meio do caminho do que se exige para justificar o conhecimento no processo, e que elas têm limites que precisam ser compreendidos para que o direito volte a ter consciência de que é necessário garantir seu âmbito próprio de proteção jurídica no processo de investigação penal.

Ademais, é importante observar que, mesmo chegando a essa racionalidade técnico-cientifica moderna com que se tem desenvolvido a investigação criminal, podemos identificar algumas possibilidades diversas no interior do método. Assim, a considerar a diversidade fenomenológica da criminalidade, podem-se identificar pelo menos três racionalidades metodológicas fundamentais com que atualmente a investigação criminal se desenvolve mesmo em sua fase científica: analítico-cartesiana; investigativo-acionista; sistêmico-complexa.

*O método analítico-cartesiano*

A primeira e mais fundamental racionalidade metodológica da investigação criminal encontra no discurso do método cartesiano suas bases essen-

[721] P. K. Feyerabend, *A ciência em uma sociedade livre*, 2011, p. 95.

[722] As advertências, contudo, começam a surgir. Cf. P. Tonini, "Dalla perizia «prova neutra» al contraddittorio sulla scienza", 2011, pp. 3-20.

ciais que sintetizam a racionalidade moderna ocidental em sua fase inicial. É uma metodologia que podemos encontras na investigação da criminalidade ordinária, orientada a crimes individualizados e conclusos, que se desenvolve segundo uma racionalidade analítica cujas linhas gerais possuem a orientação cartesiana do método, organizada pela divisão e análise de dados, que constituem verdadeiras regras para direção do espírito.

René Descartes, a respeito dessas regras para a direção do espírito na busca metódica do conhecimento, explica que "todo o método consiste na ordem e disposição das coisas, para as quais é necessário dirigir a agudeza do espírito para descobrir a verdade". Noutras palavras, consideram-se método "regras certas e fáceis, graças às quais o que as observa exatamente não tomará nunca o falso por verdadeiro e chegará, sem gastar esforço inutilmente, ao conhecimento verdadeiro de tudo aquilo que seja capaz" [723].

A respeito dessas regras, que se sintetizam em seu discurso do método, cujo objetivo é dar garantia de obtenção da verdade, Descartes nos apresenta a seguinte ordem de passos: (1) a *primeira* é a regra da evidência que consiste em "*nunca aceitar como verdadeira coisa alguma que não se conheça evidentemente como tal*", devendo-se evitar com todo cuidado a precipitação e a prevenção, só incluindo nos juízos conclusivos o que se apresenta de tal modo claro e distinto ao espírito que não se possa disso duvidar; (2) a *segunda* regra é a do *método analítico* que consiste na "*divisão de cada dificuldade que se deve examinar em tantas partes quanto seja possível e necessário dividir para resolvê-las*", para escapar às generalizações; (3) a *terceira* é a *regra da síntese* que consiste em "*conduzir ordenadamente o pensamento, iniciando pelos objetos mais simples e mais fáceis de conhecer, para chegar, aos poucos e gradativamente, ao conhecimento dos mais compostos*", supondo sempre uma ordem de precedência de uns em relação aos outros; (4) *quarta* regra, por fim, consiste em "*fazer enumerações tão completas e revisões tão gerais*", para acercar-se de certeza de que não houve omissão alguma[724].

O método proposto por Descartes, contudo, deve ser visualizado dentro de uma filosofia racionalista, cujo modelo de conhecimento é predominantemente conceitual e dedutivo. Esse método é concebido para ser utilizado em qualquer investigação racionalmente orientada, porque a motivação cartesiana era de unificação do conhecimento[725]. Mas se trata de

[723] R. Descartes, *Regras para a direção do espírito,* 2004, p. 81, p. 85.

[724] R. Descartes, *Discurso do método,* 2004, pp. 31-32.

[725] J. Hessen, *teoria do conhecimento,* 2003, p. 49; L. Hegenberg (org), *Métodos,* 2005, p. 36

método que aposta excessivamente na razão e na crença da infalibilidade do raciocínio, contra o que Francis Bacon fazia ressalvas, buscando apoio empírico, ao referir-se aos tantos obstáculos com que a mente humana se debate na busca da verdade[726]. Esse é também o problema que se coloca no âmbito da investigação criminal, na qual a concepção puramente racionalista, embora necessário em certos passos do método, pode ser desastrosa se apenas alimentar-se da abstração teórica do mundo.

A essa atitude racional e dedutivista, portanto, costuma-se opor a filosofia empirista que provém das ciências naturais fundadas geralmente na experiência e na indução. É esse diálogo entre racionalismo e empirismo que constitui as bases do racionalismo crítico contemporâneo, cujo modelo tópico-falseacionista tem sido utilizado muito frequentemente em certas espécies de investigação criminal.

*O método tópico-falseacionista*

A criminalidade múltipla que se tem desenvolvido em fases contínuas e sucessivas tem demandado um incremento da racionalidade metodológica de investigação, cuja base teórica se pode encontrar na concepção tópico-falseacionista de pesquisa orientada a resolver problemas sociais. Essa racionalidade tem permitido conduzir investigações criminais baseadas na ideia de processo de aquisição de dados seguida de decisões progressivas que se seguem e incrementam o conhecimento para novas investigações. A cada investigação que se desenvolve em fases se seguem outras investigações de forma que a conclusão de uma é o pressuposto de possibilidade da outra, levando a investigações em série, o que é propício à criminalidade continuada e organizada, que se podem não ter concluído no passado, persistindo na prática social. Trata-se de um aspecto fundamental do método científico, segundo a concepção popperiana, que se pode encontrar na base da concepção sociológica de investigação-ação.

Karl Popper defende que a questão do método científico está estreitamente ligada ao critério de demarcação da ciência (a falseabilidade, conforme ele propõe). Ao considerar o *problema da teoria do método científico,*

[726] A respeito da "teoria dos *idola*", F. Bacon considerava necessário antes purificar a mente dos "ídolos", fixando-se no conhecimento das formas da natureza o verdadeiro objetivo do saber, para somente depois ver através de que caminhos, procedimentos e de que *método* tal objetivo pode ser alcançado (G. Reale, D. Antiseri, *História da filosofia*, V. II, 2003, p. 339)

Popper sustenta as regras metodológicas como convenções, como *regras do jogo da ciência*, centrando sua atenção nas ciências empíricas, cuja estrutura pode ser comparada ao jogo do xadrez, que se pode definir em função de suas regras, assim como "a Ciência pode ser definida por meio de regras metodológicas". E nesse sentido, bem considerado, "não se deve esperar verdades profundas da parte da metodologia. Não obstante, em muitos casos, ela pode auxiliar-nos a ver mais claramente a situação lógica e mesmo a resolver alguns problemas de longo alcance..."[727].

Assim, com base nessa ideia, apresenta-nos *um exemplo simples* de regra metodológica, nos seguintes termos: "Uma vez proposta e submetida a prova à hipótese e tendo ela comprovado suas qualidades, não se pode permitir seu afastamento sem uma «boa razão». Uma «boa razão» será, por exemplo, sua substituição por outra hipótese, que resista melhor às provas, ou o falseamento de uma consequência da primeira hipótese".

Popper parte do *problema da indução* de Hume, para rejeitar o método indutivo, considerando que "está longe de ser óbvio, de um ponto de vista lógico, haver justificativa no inferir enunciados universais de enunciados singulares, independentemente de quão numerosos sejam estes; com efeito, qualquer colhida desse modo sempre pode revelar-se falsa: independentemente de quantos caso de cisnes brancos possamos observar, isso não justifica a conclusão de que *todos* os cisnes são brancos". Essa rejeição da indução atinge vários aspectos de uma investigação, naquilo que geralmente ela pressupõe com base em regras de experiência do investigador, embora se possa utilizar ainda como regra prática para sustentar hipóteses. Mas como regra lógica, diversamente, Popper considera necessário recorrer ao que chama de *método dedutivo de prova*, com base no qual "a partir de uma ideia nova, formulada conjecturalmente e ainda não justificada de algum modo – antecipação, hipótese, sistema teórico ou algo análogo – podem-se tirar conclusões por meio de dedução lógica. Essas conclusões são em seguida comparadas entre si e com outros enunciados pertinentes, de modo a descobrir-se que relações lógicas (equivalência, dedutibilidade, compatibilidade ou incompatibilidade) existem no caso".

Observe-se como essa construção se encontra no curso completo do processo penal, na relação entre as teses de acusação e defesa, e sua relevância para antecipar na investigação criminal o *valor* de suas conclusões,

[727] K. Popper, *A lógica da pesquisa científica*, 2007, p. 57.

postas em situação de prova. Essa lógica dedutiva de provas é o que constitui a essência da discussão processual penal, para a qual a investigação criminal oferece provas que possam servir de base empírica acerca de quaisquer aspectos sobre o crime, sua autoria e suas circunstâncias. Podemos identificar mais explicitamente esse método hipotético-dedutivo utilizado nas provas periciais que recorrem às diversas teorias científicas de base, mas é precisamente essa racionalidade metodológica que podemos também encontrar em práticas de investigação criminal que atualmente se desenvolvem na dinâmica de persecução de crimes que continuam a praticar-se mesmo após a primeira investigação, seguindo-se sempre em novas etapas sem finalização, o que exige uma forma de simetria operativa da investigação criminal, visando a resolver novos problemas criminais que não se permitem compreender completamente pela racionalidade cartesiana estática. Contudo, essa racionalidade dinâmica da investigação-ação não exclui em absoluto a racionalidade cartesiana, a considerar que ainda pode aproveitar a mesma lógica analítica de consideração dos dados necessários à investigação criminal em cada caso individual e particular. O que vai alterar mais seriamente aquela racionalidade cartesiana é o que podemos identificar na racionalidade sistêmica, orientada a enfrentar a complexidade da criminalidade nas sociedades do risco.

*O método holístico-sistêmico*

A criminalidade múltipla que se tem desenvolvido nas sociedades que viabilizam crimes em massa pelas possibilidades tecnológicas exige uma metodologia sistêmica que possa antes organizar os dados e orientar a investigação, não a cada caso como problema individual, mas ao conjunto de casos como problemas entrelaçados em um sistema. Essa metodologia exige retenção de dados para uma organização compreensiva da totalidade do problema, não o reduzindo a cada caso individual, o que pode permitir uma identificação de atores principais da criminalidade em um nível diverso de percepção da atividade criminosa. A sua racionalidade se encontra naquilo que podemos denominar por paradigma sistêmico de pensamento[728].

[728] Não é aceitável a concepção de M. J. E. Vasconcellos, *Pensamento sistêmico: o novo paradigma da ciência*, 2002, p. 43, que postula uma "equivalência entre as noções de paradigma e epistemologia". Ao falar de paradigma, devemos pensá-lo como paradigma ético-epistêmico,

A vida, biológica ou sociologicamente considerada, está imersa em uma "nova ecologia" que nos tem exigido pensar de forma sistêmica para compreender a complexidade do mundo em que vivemos. Fala-se de uma "ecologia profunda", orientada a superar os paradigmas atuais da sociedade, porque "quanto mais estudamos os principais problemas de nossa época, mais somos levados a perceber que eles não podem ser entendidos isoladamente. São problemas sistêmicos, o que significa que estão interligados e são interdependentes"[729]. A criminalidade – entre outros tantos – é apenas um dos problemas que nos exigem um novo paradigma de pensamento. Na base desse paradigma vamos encontrar uma teoria dos sistemas, especialmente a que se iniciou com Ludwing von Bertalanffy, mas devemos ainda incluir uma melhor compreensão do problema da complexidade, segundo o discute Edgar Morin.

Antes, contudo, devemos ter a pré-compreensão de que as implicações de um novo paradigma como este não se limitam ao campo científico. Com ele podemos chegar não apenas a uma melhor compreensão da realidade, mas também ter muitas implicações ético-políticas. E é isto que importa compreender. Um novo paradigma que pretende nos oferecer uma nova descrição da realidade traz consigo elementos teóricos que nos habilitam a agir no campo prático em um sentido diverso. Fritjof Capra considera que para os principais problemas de nosso tempo há soluções até simples, mas requerem "uma mudança radical em nossas percepções, no nosso pensamento e nos nossos valores"[730].

A "teoria geral dos sistemas" de Ludwig von Bertalanffy implica uma mudança na concepção tradicional de sistema jurídico, inclusive o que se circunscreve ao processo penal, tendo em conta uma concepção sistêmica do mundo. O pensamento sistêmico tem permeado vários campos das sociedades contemporâneas, em parte decorrente dos problemas que se põem a essa nova sociedade, que vão desde questões de natureza indus-

a considerar que "o problema da liberdade entrelaça-se intimamente com o problema do conhecimento" (E. Cassirer, *Indivíduo e Cosmos na filosofia do renascimento*, 2001).

[729] F. Capra, *A teia da vida: Uma nova compreensão dos sistemas vivos*, 2006; L. Ferry, *A Nova Ordem Ecológica: a árvore, o animal e o homem*, 2009, p. 121. Atribui-se a Aldo Leopold (The Land Ethic) a ideia de uma Ecologia Profunda, defendida em seu ensaio publicado pós-morte em 1949: "The land ethic simply enlarges the boundaries of the community to include soils, waters, plants, and animals, or collectively: the land" (www.aldoleopold.org)

[730] F. Capra, *A teia da vida*, p. 23.

trial e militar, até questões emergentes de meio ambiente e poluição, bem como congestionamento de trânsito e criminalidade organizada. Mas não apenas essa criminalidade. O fato de que o enfrentamento de todos os outros problemas pode exigir força pública, em última análise é o direito penal que se expande em todos os campos, vindo a exigir mais do que se costumava do processo penal[731]. Não se trata, portanto, de uma questão de avanço tecnológico apenas, mas sobretudo de "transformação nas categorias básicas do pensamento". Implica, primeiramente, uma reorientação do pensamento que se viu sentir em vários campos do conhecimento, incluindo as ciências sociais. Implica, ainda, compreender fatos históricos em escalas diversas, chegando a observações de maior alcance que nos impele a admitir que somos resultados de "forças históricas" decorrentes de sistemas socioculturais.

Uma ideia fundamental da teoria dos sistemas é a tendência a não isolar fenômenos em contextos confinados, mas a buscar compreendê-los em interações cada vez maiores, em sistemas cada vez mais amplos, no tempo e no espaço. Mas uma consequência que disso parece resultar é a priorização de coletividades em detrimento de individualidades, o que para o campo do direito tende a implicações nitidamente totalitárias, baseadas em ideias de defesa da sociedade. Bertalanffy admitiu que, no contexto de uma teoria geral dos sistemas, "o homem torna-se substituível e consumível"; assim como "o indivíduo se torna cada vez mais uma roda dentada dominada por uns poucos líderes privilegiados, mediocridades e mistificadores que só têm em vista seus interesses privados sob a cortina de fumaça das ideologias"[732]. Esse é exatamente o problema que se põe ao Direito relativamente às ideias de uma teoria geral dos sistemas aplicada à ciência jurídica, não se podendo perder de vista a diferença entre a abordagem descritiva da realidade e sua abordagem valorativa.

Há, ademais, outras ressalvas a fazerem-se. É necessário acrescer à teoria dos sistemas, que se encontra na base do ecologismo holítisco, a compreensão do que Edgar Morin chama de *pensamento complexo*, se não quisermos parar a meio do caminho desa renovação paradigmática. Morin admite também que os modos simplificados de conhecimento mutilam a reali-

[731] Nesse sentido, cf. J. M., Silva Sanchez, *A expansão do direito penal*, 2002; J. M., Silva Sanchez, *Aproximação ao direito penal contemporâneo*, 2011, p. 93ss

[732] L. von Bertalanffy, *Teoria geral dos sistemas*, 2008, p. 29ss

dade, sendo necessária uma forma de pensamento complexo que a possa abordar. Mas ressalta que "a complexidade é uma palavra problema e não uma palavra solução". O pensamento complexo, mais que apresentar uma teoria da realidade complexa, aspira a um conhecimento multidimensional mediante um método adequado para aquela realidade. Portanto, ao pretender abordar a complexidade, não se pode cair na tentação de pretender a completude e a certeza. Essas duas ilusões devem ser afastadas. O pensamento complexo comporta "o reconhecimento de um princípio de incompletude e de incerteza"[733].

Essa advertência sobre a incompletude e incerteza nos deve trazer de volta ao nosso ponto de partida, relativo ao tipo de criminalidade que tem motivado o pensamento sistêmico como paradigma de racionalidade de nova metodologia de investigação criminal, para entendermos que no limite não será nunca possível investigar todos os crimes que se apresentam, pois ainda que o quiséssemos não nos seria possível ter o domínio completo de conhecimento dos crimes, sobretudo considerados como organizações criminosas.

### *As técnicas específicas: noção secundária de método*

Além da racionalidade subjacente ao método com seus modelos de ação, considerando que todo campo de conhecimento tem seus métodos específicos, é preciso ter em conta uma segunda noção de método que nos remete a técnicas, regras e procedimentos com que se desenvolve uma investigação criminal, na qual podemos distinguir diversas etapas de pesquisa.

Todo campo de conhecimento tem seus métodos específicos, embora alguns métodos possam ser partilhados por ramos diversos; assim, a investigação criminal tem métodos que são comuns a outros ramos de conhecimento, mas há alguns que lhe são específicos. É, nesse sentido, que se tem questionado com razão a ideia de um único método científico, como padrão apriorístico, que possa ser válido para toda e qualquer circunstância, pois se tem observado que não podemos estabelecer de uma vez por todas um método definitivo. É, ao contrário, cada vez mais evidente que – a considerar as incertezas da realidade – os métodos devem ser inventados a cada vez, em relação a cada situação e objeto, o que relativamente à investigação criminal é inevitavelmente necessário. Essa mudança na orientação do

[733] E. Morin, *Introdução ao pensamento complexo*, 2008, p. 8.

método se percebe na diversidade metodológica da investigação criminal, que decorre da mudança social da criminalidade (fenomenologia criminal) e nas formas de percepção e resposta político-criminal, cujas bases se encontram nas diversas racionalidades e seus modelos fundamentais.

É nesse sentido que podemos compreender que o método significa a investigação em si mesma[734]. A investigação criminal se compreende, assim, ela mesma como o método através do qual o processo penal adquire o conhecimento necessário acerca do crime e seu autor, visando à aplicação da lei penal pela interpretação jurídica. Como o fazer, contudo? Isso nos leva a outro sentido, que concerne ao procedimento da pesquisa. Era nesse sentido que Bacon e Descartes concebiam a ideia do método, como caminho que nos leva ao conhecimento. Tratava-se do método como caminho para construção do conhecimento, o que é muito diverso do que atualmente se considera método ao se falar de "um método para julgar, não para construir"[735].

O importante é entender que, nesse sentido, podem-se distinguir espécies de métodos segundo a espécie do objeto e os tipos de conhecimento que se pretende, tendo em conta especialmente fins variados, o que se pode colocar em etapas diversas de uma metodologia mais ampla. Assim, podemos ter na ideia geral de método etapas várias nas quais certas técnicas se utilizam especificamente para cada operação. É a respeito dessa distinção do método em etapas que Carnap considerava haver *três etapas* sucessivas e fundamentais, relativas ao método: 1) uma *etapa relativa ao encontrar,* como espécie de "invenção" de uma conclusão; 2) uma *etapa relativa à construção,* também outra "invenção", mas de uma prova que permita submeter a verificação essa conclusão; e, por fim, 3) uma *etapa relativa ao controle,* ao exame sobre se aquela conclusão é correta, mediante a prova proporcionada[736]. Essa distinção é especialmente importante para a investigação criminal, porque nos exige entender que qualquer metodologia investigativa não se basta apenas com a primeira fase que geralmente costuma ser considerada pela tradição prático-policial.

É preciso que tenhamos essa distinção em mente, pois se encontra na investigação criminal não apenas a busca de fatos, mas sobretudo a cons-

[734] N. Abbagnano, *Dicionário de filosofia,* 2003, p. 780.

[735] R. Òmnes, *Filosofia da ciência contemporânea,* 1996, p. 271ss.

[736] *Apud* E. P. Haba, Racionalidad y método para el Derecho, *Doxa n. 7,* 1990, p. 175ss

trução probatória desse fato, para que se submeta ao exame e controle processual dos sujeitos parciais. Ademais, essas são etapas fundamentais mais gerais que se podem ainda detalhar em seu funcionamento interno com outras diversas sub-etapas, como podemos observar no caso da chamada construção em que se exige não apenas uma formalização da prova, mas operações que envolvem descrição, narrativa e explicação, além de uma imputação jurídica final. E todo esse conjunto se pode ainda colocar segundo perspectivas metodológicas muito variadas conforme o contexto lógico, pragmático ou processual em que se considerem, o que nos exige uma última distinção relativa aos contextos metodológicos.

***Contextos metodológicos: descoberta, justificação e legitimação***

A considerar as duas noções fundamentais do método, encontra-se ainda no discurso do método uma distinção corrente na metodologia em geral, entre contexto de descoberta e contexto de justificação, ao que precisamos acrescer um contexto de legitimação próprio da metodologia específica da investigação criminal.

A distinção entre *contexto de descoberta* e *contexto de justificação* que surgiu no século XX traz consigo a distinção entre técnica e método em sentido estrito, respectivamente. Dessa forma, "as técnicas se prestam para *descobrir* (exibir, colocar claros, mostrar) os dados passíveis de experimentação e controle. Entretanto, a fim de *justificar* resultados descobertos, não valem as técnicas – vale o método (...). Diferenças de técnicas não estão obrigatoriamente associadas a diferenças de métodos"[737]. Atribui-se, geralmente, a H. Reichebach (*Experience and Predition*, 1938) essa distinção que se tornou mais conhecida no âmbito do positivismo lógico, em que se insistia na proeminência do contexto de justificação, em detrimento do contexto de descoberta. Contudo, Karl Popper, já na primeira edição de *A lógica da pesquisa científica* (1934) fazia uso de uma distinção similar para também privilegiar o contexto de justificação, embora tenha combatido as teses fundamentais do Círculo de Viena[738]. Embora se admita que essa distinção perdeu força no século atual, ela permanece como forma de elucidar aspectos distintos da pesquisa, e na investigação criminal nos permite distinguir, em matéria probatória, aspectos metodológicos relevantes.

[737] L. Hegenberg (org), *Métodos*, 2005, p. 7ss

[738] Cf. R. Òmnes, *Filosofia da ciência contemporânea*, 1996, p271ss.

A partir desses dois sentidos do método, pode-se entender uma distinção relevante entre os aspectos lógicos e pragmáticos de uma pesquisa como a investigação criminal.

Ao falarmos, assim, de metodologia da investigação criminal, devemos ter em mente dois significados de metodologia que se admitem, tanto como "lógica ou parte da lógica que estuda os métodos", quanto como "conjunto de procedimentos metódicos de uma ou mais ciências"[739]. Dessa forma, no primeiro sentido, considera-se a metodologia uma forma de lógica aplicada, como "ciência das operações do intelecto que servem para avaliação da prova"; no segundo sentido, considera-se o "conjunto de procedimentos técnicos de averiguação ou verificação à disposição de determinada disciplina ou grupo de disciplinas". A ênfase que nesse caso se dá às técnicas como recurso metodológico nos permite falar de tecnologia da investigação criminal[740].

Assim, podemos falar não apenas em uma *metodologia da investigação*, como também de uma *tecnologia da investigação criminal*, o que, de certa forma, já existe na prática da investigação criminal, a exemplo das diversas operações policiais que, a partir de um projeto operacional, chegam a resultados satisfatórios de um ponto de vista gerencial. Mas podemos igualmente falar, como o preferimos e faremos adiante, em *pragmática da investigação e lógica da investigação*, seguindo a esse respeito uma distinção metodológica entre *o que se faz* e *o que se pensa enquanto se faz* uma investigação criminal. Esses dois aspectos, contudo, embora possam ser apresentados separadamente como se seguem na disposição dos capítulos, se imbricam no desenvolvimento metodológico da investigação criminal, nas diversas etapas com que podemos enfrentar os problemas específicos do método.

É preciso, portanto, compreender que essa distinção entre contexto de descoberta e contexto de justificação apenas se justifica no âmbito teórico, afinal na atividade cotidiana mesmo as duas concepções se imbricam na ideia geral do método, que ficaria incompreensível se apenas tivermos em conta os resultados de uma investigação, sem levar em conta todo o caminho percorrido pela pesquisa. A importância dessa imbricação prática se

739 N. Abbagnano, *Dicionário de filosofia*, 2003, p. 780ss

740 Mas, nesse sentido, "o termo «tecnologia», quando usado de maneira ampla, designa disciplina assentada na ciência e voltada para os projetos (não a execução) de coisas e processos artificiais – inanimados (p.ex. computadores), vivos (p. ex. um vegetal) ou sociais (p. ex. distribuição de serviços em uma empresa)" (L. Hegenberg (org), *Métodos*, 2005, p. 7ss).

torna mais evidente no caso da investigação criminal cujo contexto de descoberta nos vai revelar questões relativas a problemas de legitimação do poder nos diversos meios de obtenção de prova, que embora não digam respeito diretamente ao problema da verdade e sua justificação cognitiva das provas, pode impedir a validade jurídica destas no contexto pragmático de sua utilização efetiva para motivação de uma sentença. Afinal, o método é, ainda, em um outro sentido, "procedimento de investigação organizado, repetível e autocorrigível que garanta a obtenção de resultados válidos"[741]. E validade na investigação criminal evoca necessariamente o respeito a regras de proteção a direitos fundamentais.

Assim, quanto à específica metodologia da investigação criminal, devemos ter em conta não apenas as relações entre contexto de descoberta e contexto de justificação, como também o contexto de legitimação. Esse contexto se torna evidente e relevante sobretudo no âmbito do método compreendido em suas técnicas, regras e procedimentos, ao estabelecer condições legais de procedimento, mas também nas conclusões lógicas juridicamente orientadas. Aos falarmos de metodologia da investigação criminal, portanto, a lógica e a pragmática se encontram envoltas na forma jurídica do processo, que constitui em última análise o método que torna válido o conhecimento pretendido pela investigação. E, tendo em conta que essa metodologia processual transmite propriedades jurídicas à lógica e à pragmática da investigação, podemos falar em uma metodologia processual da investigação criminal que fazem dela algo específico relativamente a qualquer outro campo de conhecimento.

## A metodologia processual da investigação

A metodologia processual da investigação criminal, portanto, tendo em conta todas as noções de método, suas distinções teóricas fundamentais e as questões relativas à legitimação processual, desenvolve-se em *três dimensões teóricas do método*, relativas a perspectivas *pragmática, processual* e *lógica,* com que podemos compreender, a partir do discurso geral do método, a questão do método específico da investigação criminal. Mas essas três perspectivas não podem sugerir qualquer ideia de etapa, embora venham tratadas nos capítulos que se seguem a este introdutório

Ao falarmos de perspectivas metodológicas pragmática, processual e lógica, estamos a considerar que as três correspondem a um aspecto do

[741] N. Abbagnano, *Dicionário de filosofia*, 2003, p. 780.

método da investigação que se pode tratar separadamente, podendo até mesmo assumir a função de diretriz principal de abordagem metodológica da investigação, embora essa não seja a nossa opção. A nossa abordagem pressupõe que cada uma corresponde a um aspecto metodológico sempre presente em qualquer espécie de método, sendo sempre necessário ter em conta que os demais se acrescem e complementam nossa compreensão geral, sobretudo em certas operações específicas que pressupõem as três perspectivas. Nesse sentido, uma técnica simples de busca e apreensão que se apresenta sob seu aspecto pragmático de ato de investigação materialmente orientado à obtenção de provas, pressupõe certas hipóteses de busca que depois exigirão uma inferência lógica acerca de sua conclusão probatória, além de exigir que se realize segundo certas normas processuais sem as quais se torna inválido o conhecimento produzido como resultado. E essa mesma compreensão lógica, pragmática e processual se pode ter em relação a qualquer outra técnica de investigação.

O que importa é, sobretudo, compreender que a perspectiva processual assume uma proeminência metodológica em razão de seu papel de legitimação do conhecimento, embora se alimente das demais perspectivas para descobrir as provas e justificar a verdade acerca do conhecimento do crime. E isso, por si, exige-nos uma atenção preliminar e mais aprofundada para entendermos o processo jurídico como método de legitimação.

### *O processo jurídico como método de legitimação*

A ideia fundamental de *processo* nos remete a um *método de realização do direito*, que oferece condições para um alcance melhor de justiça, porque se abre a perspectivas múltiplas de conhecimento e valoração de um objeto, antes de uma decisão. Mas, indo além da questão puramente ética, ele se pode ainda compreender como um método de legitimação política do conhecimento. O processo se assume, assim, como metodologia de uma teoria da justiça em um mundo de valores múltiplos e ciências diversas. Ele nos remete a aceitar, em algum sentido mais axiológico, uma teoria processual de justiça[742], entre as quais se encontra aquela que pretende sustentar a legitimação do poder, com base no fato de que se desenvolve segundo um procedimento previamente estabelecido[743]. Ademais, bem

[742] Cf. A. Kaufmann, *Filosofia do direito*, 2007, p. 393ss, sobre as diversas teorias processuais da justiça.

[743] Essa é a tese fundamental de N. Luhmann, *Legitimação pelo procedimento*, 1980.

compreendido em um sentido mais epistemológico, também nos sugere uma teoria processual de justificação do conhecimento que busca legitimar a decisão penal em valores epistêmicos[744]. E, no conjunto, permite-nos compreender a processualização do direito como um caminho possível, por vezes até necessário, embora não se deva aceitá-lo como suficiente para a realização da justiça, sem um elemento ético-material[745].

A processualização do direito, assim, consente com a ideia de que, pela metodologia processual, muitos órgãos e atividades estão em condições de realizar o direito de forma igualmente justa, desde que se obedeçam a certos princípios de justiça processual, conquanto se deva admitir que é no exercício da jurisdição que esses princípios soem estar mais firmemente consolidados e tendem, por isso, exatamente, a ser copiados por outras instituições jurídicas ou mesmo não jurídicas[746].

O processo penal é estruturado com base em certas concepções metodológicas contidas nas normas que o disciplinam. Ainda que isso não nos seja evidente, teoricamente podemos sustentar essa afirmação, e a prática do processo na investigação criminal, por sua vez, reproduz tais regras ou, em certas situações, até multiplica outras tantas concepções não abrangidas pela norma, sobretudo no âmbito da atividade de investigação criminal. Em geral, os sistemas processuais se estruturam com base em modelos fundamentais, em conformidade com certas teorias da política e do conhecimento, nos quais certos princípios metodológicos emergem na diretriz de investigação que regem a atividade dos sujeitos processuais. É do que tratamos em seguida.

### *A dicotomia "acusatório vs. inquisitório"*

Os sistemas processuais penais acusatório e inquisitório podem-se entender, em perspectiva teórica, como *métodos de investigação* dirigidos por epistemologias próprias, que se relacionam tanto com a organização judiciária quanto com o modelo de Estado em que se praticam[747]. É, nesse sentido,

[744] Essa é a tese fundamental de L. Laudan, *Verdad, error y proceso penal*, 2013.

[745] Cf. nesse sentido, a teoria processual da justiça materialmente fundada de A. Kaufmann, *Filosofia do direito*, pp. 426-439.

[746] Cf. O. Medaur, *A processualidade no direito administrativo*, 2008.

[747] "A dicotomia «acusatório/inquisitório» pode utilmente designar uma dúplice alternativa: primeiramente aquela entre dois modelos opostos de organização judiciária e por conseguinte entre duas figuras de juiz; em segundo lugar aquela entre dois métodos igualmente

que se podem compreender as razões ético-políticas que se encontram subjacentes nos diversos modelos processuais nos quais as normas exprimem opções por certos direitos, vindo a influir nos métodos de investigação processual[748]. A partir dessa perspectiva, pode-se distinguir bem acusatório e inquisitório, segundo os interesses defendidos, entre coletividade e individualidade, mas é preciso ressaltar que "nem o processo inquisitório ignora o problema da tutela do inocente, nem tampouco o acusatório descuida do escopo da repressão dos culpados". Entende-se, assim, por que C. J. A. Mittermaier considerava que, "quando se comparam as vantagens e os inconvenientes da acusação e da inquirição, é um erro considerar esta essencialmente nociva à liberdade e à inocência; as censuras que fundadamente merecem os abusos, as aplicações bastardas de seu princípio, não podem ser dirigidas a este mesmo princípio, quando for aplicado com lealdade e inteligência".

O dilema se pode colocar, portanto, em outros termos, para entender que, "enquanto o método inquisitório exprime uma confiança tendencialmente ilimitada na bondade do poder e na sua capacidade de alcançar o verdadeiro, o método acusatório se caracteriza por uma desconfiança do mesmo modo ilimitada no poder como autônoma fonte de verdade"[749]. Assim, de um ponto de vista político, devemos compreender que no conhecimento sustentado pelo inquisitório, prepondera o *princípio da autoridade* e o sujeito tende a ser reduzido a mero objeto de investigação, enquanto no sustentado pelo acusatório, pretende-se assegurar o *princípio da liberdade* e encarar o investigado como sujeito de direitos. Em síntese, "o predomínio de uma ou outra forma em um Estado depende, sobretudo, da Constituição política deste"[750].

### *Os princípios autoditório e contraditório*

Além das diferenças de natureza política, de um ponto de vista a metodológico, pode-se ainda compreender a diferença entre acusatório e inquisi-

contrapostos de investigação processual e, portanto, entre dois tipos de juízo" (L. Ferrajoli *Direito e Razão*, 2002)

[748] L. Ferrajoli, *Direito e Razão,* 2002, p. 451ss; C. J. A. Mittermaeir, *Tratado da prova em matéria criminal,* 1997, p. 34.

[749] Cf. L. Ferrajoli, *Direito e Razão, 2002,* p. 483, com correção nossa ao equívoco da tradução brasileira, comparando com o original italiano.

[750] C. J. A. Mittermaeir, *Tratado da prova em matéria criminal,* 1997, p. 39.

tório segundo seus princípios cognitivos. Assim, enquanto o inquisitório pretende indagar a verdade por via da análise, o acusatório o faz por via da síntese[751].

A análise, em geral, remete a descrição ou interpretação de qualquer objeto ou situação em termos mais simples e detalhados possíveis. A síntese, por sua vez, além do significado de unificação e composição, apresenta-se como método oposto à análise, a partir de uma unidade dialética de opostos, visando à unificação de conhecimento, como unidade de contrários[752]. O caráter analítico do inquisitório está intimamente relacionado à investigação da verdade por esforço exclusivo e individual do investigador, ao passo que o caráter de síntese do acusatório, relacionado à noção de descobrimento da verdade por dialética do contraditório.

É nesse sentido que Nicolás Guzmán sustenta ser o contraditório não apenas um direito do imputado e um dever do Estado de garanti-lo, mas *um método conveniente para o conhecimento da verdade*[753]. Assim, podemos admitir que, se no sistema acusatório há um *princípio contraditório* que sustenta a investigação como método *dialógico* de conhecimento do objeto por multiplicidade de sujeitos, em exercício de igualdade, no sistema inquisitório, por sua vez, há um *princípio autoditório* que sustenta a investigação como método *monológico* de conhecimento com apropriação do objeto por um único sujeito que investiga.

Sustenta-se, assim, que pelo contraditório, diversamente do inquisitório, assegura-se maior *objetividade* no conhecimento da verdade, porque o método se constitui com base na *imparcialidade* do juiz no processo penal, na medida em que as funções de acusação, defesa e julgamento estão divididas entre sujeitos diversos. Sob essa perspectiva, no inquisitório, porque o responsável pela busca da verdade é o mesmo a quem cabe decidir em definitivo, essa imparcialidade tende a ser afetada pela subjetividade do envolvido. Mas essa distinção precisa ser aprofundada para que não se caia na sedução fácil de uma objetividade impossível.

751 C. J. A. Mittermaeir, *Tratado da prova em matéria criminal*, 1997, p. 37.

752 N. Abbagnano, *Dicionário de filosofia*, 2003, p. 51, p. 905.

753 N. Guzmán, *La verdad en el proceso penal*, 2006, p. 149ss: "se ha insistido demasiado en el contradictorio como derecho de defensa, como garantia individual, pero no se ha puesto de relive – con igual medida – su dimension como *medio* para el descubrimiento de la veradd, para la correcta reconstrucción de los hechos".

*Intersubjetividade e intrassubjetividade*

A distinção teórica entre acusatório e inquisitório não se pode conduzir a uma simetria entre objetividade e subjetividade, pois não é certo, em absoluto, que o contraditório permita um conhecimento objetivo da verdade, em oposição à subjetividade do inquisitório. O que há, em um e em outro, são subjetividades distintas. Assim, podemos falar em *intersubjetividade* e *intrassubjetividade*, para distinguir os métodos contraditório e autoditório, respectivamente.

A intersubjetividade se pode entender como a propriedade "sobre a qual a opinião de diferentes sujeitos coincide ou pode coincidir. Se isso acontecer unicamente porque os sujeitos têm uma natureza em comum, pode-se supor que essa propriedade não é totalmente objetiva"[754]. Nesse sentido, dizemos que o conhecimento obtido pelo método contraditório tende a ser intersubjetivo, porque se abre para composição múltipla de sujeitos diversos, mas não é essa multiplicidade que lhe confere a legitimidade necessária, sim o caráter participativo do sujeito a respeito de quem se discute a verdade. Se em algum momento lhe falta essa participação, desde o momento de obtenção da prova em investigação, essa intersubjetividade já será defeituosa, não sendo compensada pela mera participação sobre a discussão posterior.

No método autoditório, diversamente, há uma intrassubjetividade, em virtude de o conhecimento não se abrir para o sujeito a respeito de quem se discute a verdade. Ainda que, no âmbito do inquisitório, exista uma multiplicidade de sujeitos, esses são internos ao seu próprio procedimento. Eles dialogam entre si, fechados em relação a quem interessa igualmente. É o que ocorre na metodologia processual de investigação que se estabelece no diálogo exclusivo entre Polícia Judiciária e Ministério Público como parte acusatória que sonega à defesa a mesma possibilidade de dialogar. A intersubjetividade, portanto, exige um controle intersubjetivo entre *sujeitos distintos do conhecimento*[755].

Esse processo de formação da verdade, por ter um impacto direto no método, ainda que não alcance a objetividade tão propugnada por um ideal de ciência pura, como se admite, tem o condão de influir na legitimidade das decisões tomadas com base no conhecimento obtido, não tanto pela

[754] S. Blackburn, *Dicionário Osford de Filosofia*, 1997, p. 208.

[755] Enrique P. Haba, Racionalidad y método para el Derecho, *Doxa* 7, 1990, p. 178.

qualidade da verdade alcançada (subjetiva/objetiva), mas pela especial relevância política que se encontra no caráter participativo do sujeito interessado, o que vai pedir uma conciliação do poder entre os diversos sujeitos processuais que podem atuar na investigação criminal.

# 15
# A PRAGMÁTICA DA INVESTIGAÇÃO CRIMINAL

**A investigação criminal como projeto: macro-etapas**

A investigação criminal se pode entender como um *projeto de pesquisa* que se concebe e desenvolve por atos de diversos agentes, sob a direção de uma autoridade competente para conduzir todo o procedimento formal. A concepção teórica da investigação criminal como atividade cientificamente orientada, tendo em conta as similaridades e especificidades que observamos relativamente ao objeto e aos métodos de outros campos de conhecimento, passa necessariamente pelo tratamento de seu aspecto técnico de pesquisa, em que a concepção do projeto tem um papel fundamental antes de chegarmos à compreensão dos problemas relativos a cada etapa de desenvolvimento.

A pesquisa, em sentido geral, é busca (do desconhecido) e averiguação (do conhecido), a partir de indagações relativas a um problema pressuposto em situação concreta, ou posto pelo pesquisador em formulação abstrata. Tendo por fim obter respostas às questões que se colocam, a pesquisa, qualquer que seja a sua espécie, é sempre um procedimento sistematizado, fundado em conhecimentos teóricos anteriores, que visa a uma investigação lógica e pragmática, baseando-se na organização de dados obtidos, registrados e analisados meticulosamente. É, em síntese, uma perscrutação do problema que se examina com atenção, sondando-o, estudando-o, penetrando-o[756]. O ponto de partida é sempre "a existência de um problema que se deverá definir, examinar, avaliar e analisar criticamente para,

[756] M. A. Marconi, E. M. Lakatos, *Ténicas de pesquisa*, 2009, p. 3ss.

em seguida, ser tentada sua solução"[757], o que na investigação criminal, corresponde ao crime, segundo a *notitia criminis*, a respeito do qual se deve concluir sobre sua existência e espécie (o que), sua autoria (quem) e suas circunstâncias (quando e onde, como, por que e para que). Mas esse problema precisa ser enfrentado a partir de algum planejamento que se inicia pelo tipo de problema e tipo de pesquisa possível do objeto.

A depender da natureza do problema e dos objetivos pretendidos, a pesquisa pode ser (a) pura ou aplicada; (b) histórica, descritiva ou experimental; (c) individual ou grupal; (d) monodisciplinar ou interdisciplinar; (e) bibliográfica, social, tecnológica ou laboratorial, e de campo[758]. A partir dessas espécies, podemos classificar a investigação criminal como pesquisa de tipo aplicada, histórica, descritiva, grupal e interdisciplinar, em que se desenvolvem ações de natureza bibliográfica, tecnológica, laboratorial e de campo. É *aplicada* pelo seu interesse prático na solução de um problema bem delimitado, embora suscite necessariamente ao final uma hipótese teóricas a respeito do crime que investiga; é *histórica* porque (em geral) se refere a fatos do passado, embora cada vez mais se tenha dedicado a crimes que se realizam no presente e continuam a realizar-se sem cessação, não perdendo por isso a especificidade da pesquisa histórica, voltada ao fato particular; é *descritiva* em virtude da descrição desse passado, podendo eventualmente envolver algum *experimento* em perícia criminal, mas a descrição não esgota a sua fase analítica dos dados, pois também se exige uma explicação e valoração, sobretudo em seu sentido jurídico específico contido na imputação final; é *grupal*, porque (em geral) vários são os indivíduos que concorrem para elucidar o problema, embora possa eventualmente ser *individual*, nos casos mais simples, mas em qualquer caso será sempre processual, seguindo-se por várias fases que se complementam por outros sujeitos necessariamente; é *interdisciplinar*, porque, mesmo quando se desenvolva por único indivíduo, dificilmente se conclui com base em um único campo de conhecimento. A investigação criminal, assim considerada, recorre a estudos e pesquisas de natureza diversas, incluindo tanto a pesquisa bibliográfica (na obtenção de conhecimento prévio teórico, sobretudo em razão do caráter jurídico do objeto, em sua expressão legislativa e jurisprudencial), quanto a pesquisa de campo (na obtenção

[757] A. Vera, *Metodologia da pesquisa científica*, 1983, p. 11.

[758] M. A. Marconi, E. M. Lakatos, *Ténicas de pesquisa*, 2009, p. 5ss.

de dados reais relativos ao crime), bem como a recursos tecnológicos que permitam o acesso adequado ao conhecimento (aparelhos de interceptação telefônica, p. ex.) e estudos laboratoriais (nos casos de perícias químicas em entorpecentes, p. ex.). É essa a multiplicidade de facetas que se pode conter na investigação criminal.

### *Planejamento, execução e conclusão*

É, possível, contudo, a título de sistematização, dividir a investigação criminal segundo suas macro-etapas, nas quais se encontram diversas ações específicas essenciais que podemos identificar sempre. Uma primeira visão geral nos permite distinguir na pesquisa macro-etapas de *planejamento, execução e conclusão,* nas quais o projeto de investigação tem um papel gerencial importante.

*A fase de planejamento,* inicialmente, exige tanto uma imaginação criativa do raciocínio, quanto um projeto escrito de orientação. O planejamento deve ocupar um lugar fundamental na investigação como pesquisa, pois com ele se permite equilibrar meios materiais disponíveis e objetivos pretendidos. O efetivo equilíbrio, contudo, se realiza na dinâmica gerencial da administração da investigação. Mas o projeto "deve ser preparado com o critério de que não é imutável, mas, pelo contrário, provisório e perfectível. Sua finalidade é proporcionar apoio e ajuda, não coerção"[759]. O *projeto de investigação criminal* deve ser produto de reflexão que exige conhecimento prévio sobre o objeto a pesquisa, tanto jurídico quanto científico, passando ainda uma postura estratégica no planejamento da gestão dos meios, visando chegar ao fim pretendido[760]. O projeto de pesquisa, portanto, não corresponde aos autos de inquérito que se expõe ao público, porque ao antecipar um *roteiro de investigação,* requer que se consolide em um caderno à parte de orientação do investigador. Um projeto de investigação criminal, assim entendido, tem uma dupla função relevante: (a) como conjunto de elementos que estabelecem a hipótese da investigação, suas técnicas e estratégia de execução; (b) como memória da investigação, contendo elementos que permitem estabelecer a conexão entre as diversas diligências realizadas, o sentido probatório dos dados reunidos e a indicação implícita do que falta realizar. Quanto à primeira função, de um

[759] A. Vera, *Metodologia da pesquisa científica,* 1983, p. 106

[760] Cf. A. M. Barbosa, *Curso de investigação criminal,* 2014, a respeito da gestão estratégica da investigação.

ponto de vista jurídico, um projeto permite estabelecer a distinção entre o que se pode levar ao conhecimento do investigado, considerando seu direito de vista dos autos, limitando-o a conhecer o que já foi produzido, nunca o que será feito pela autoridade investigante de um ponto de vista da estratégia da investigação. Não fosse assim, seria impossível investigar efetivamente, dando ao investigado conhecer sempre cada passo da investigação[761]. Quanto à segunda função, de um ponto de vista administrativo, ele permite manter a continuidade da investigação, mesmo nos casos em que a autoridade investigante é sucedida ou substituída, impedindo uma cessação constante da marcha da investigação, ou renovação de diligências em sentido diverso.

*Quanto à etapa da execução*, esta se revela contrária a determinismos que pré-fixem o caminho necessário da pesquisa. O que se pode, em relação à execução, é oferecer modelos que auxiliem na prática da pesquisa, em condições de sempre permitirem inovações, com fugas e reorganizações, aptas a responder aos problemas que podem surgir no curso da investigação. A ideia de *roteiros de investigação*, dessa forma, não se pode estabelecer como modelos normativos que impliquem limitação na capacidade do investigador de inovar o curso de sua pesquisa. Essa é uma questão de gestão estratégica que não se pode negligenciar. A metodologia da pesquisa costuma dividir a investigação em geral por ações materiais e externas, *etapas de atividades* que se desdobram em "coleta de dados, elaboração dos dados, análise e interpretação dos dados, representação dos dados e conclusões"[762]. No âmbito da investigação criminal, contudo, podemos observar certas ações investigativas que, embora não se possam estabelecer de forma cronológica, são etapas que se distinguem e se comunicam em sua pesquisa. Nesse sentido, considerando que toda a investigação como pesquisa se desenvolve em torno de dados reais, deve-se distinguir entre as ações de *obtenção*, *formalização*, *análise* e *manutenção* desses dados. O importante é entender que a investigação criminal como pesquisa, ao desenvolver-se segundo essas etapas, não se limita a atos que se dirigem a dados empíricos ou de mera exploração, o que constitui o ponto de partida, mas nunca

[761] É nesse sentido importante ter em conta a *Súmula Vinculante n. 14 do STF*: "É direito do defensor, no interesse do representado, ter acesso amplo aos elementos de prova que, já documentados em procedimento investigatório realizado por órgão com competência de polícia judiciária, digam respeito ao exercício de defesa".

[762] M. A. Marconi, E. M. Lakatos, *Ténicas de pesquisa*, 2009, p. 9ss.

o todo de uma investigação cientificamente orientada[763]. É necessário que se trabalhe com conceitos de uma teoria jurídica do crime, atentando para o *aspecto lógico* da investigação e tendo em conta a necessária instrumentalização probatória, para permitir o estágio de *verificação* e *refutação* processuais. É importante, assim, na execução da pesquisa, que se tenha sempre em conta as *ações de natureza pragmática e lógica, que se encontram envoltos pela forma jurídica processual.* Essas perspectivas diversas da execução *não são, portanto, fases* sucessivas que se seguem, *mas antes faces* que se imbricam na metodologia da investigação criminal, em uma mesma atividade que se desenvolve simultaneamente na pesquisa de forma interdependente, não se podendo considerar como formas alternativas de pesquisa.

É possível, assim, imbricar essas perspectivas para definir o programa metodológico mais específico com que podemos analisar os problemas da investigação em cada etapa. E, nesse sentido, é importante ter em conta algumas operações básicas da fase de execução, sendo essencial aquelas que constituem a base fundamental de toda investigação em sua metodologia específica: *1º Obtenção processual de provas; 2º Observação, descrição, explicação das provas e interpretação jurídica de normas; 3º A imputação jurídica-penal.* Essa última corresponde, precisamente à *fase de conclusão*, que, por sua vez, se pode encontrar tanto em indiciamento, na primeira fase do processo, quanto em denúncia e sentença, nas fases seguintes, a representarem conclusões do órgão oficial de investigação, da acusação e do juiz.

Essa compreensão das macro-etapas da investigação criminal considerada como projeto corresponde a uma específica perspectiva pragmática que enxerga cada ação investigativa como conhecimento, permitindo-nos ter uma compreensão simplificada das micro-etapas da investigação como pesquisa.

## A perspectiva pragmática da investigação

A perspectiva pragmática nos informa imediatamente o conjunto de ações básicas com que metodologicamente se desenvolve uma investigação em sua forma externa, independente de um relato sobre as operações lógicas que também se desenvolvem subjacente aos atos.

Assim, antes da perspectiva lógica, pode-se considerar a metodologia da investigação criminal segundo uma perspectiva pragmática, em que

[763] Cf. R. Òmnes, *Filosofia da ciência contemporânea*, 1996, p. 274ss.

se ponha relevo não no contexto de justificação do conhecimento, mas no seu contexto de descoberta[764]. Essa abordagem, em contraste com a lógica que se preocupa apenas com a justificação racional do conhecimento, pretende não ignorar os meios pelos quais chegamos às hipóteses e teorias. Nessa perspectiva pragmática da investigação científica, a ciência é essencialmente uma atividade de formular modelos, através de um conjunto de comportamentos que se encaixam em determinados contextos institucionais identificados como uma tradição científica. É uma abordagem pragmática que podemos utilizar como base para entender uma pragmática da investigação criminal, considerando a concepção de conhecimento como ação; a ideia de modelo-réplica da atividade científica; e a relevância do contexto de investigação, em que se encaixam as ações de investigar. O que se segue é uma síntese dessa concepção, no que tem de relevante à compreensão de uma pragmática da investigação criminal.

O termo "pragmática" aplicado à investigação tem aqui um sentido muito específico. Trata-se de "uma classe de aspectos da investigação ordinariamente apresentados pela prática científica", entre os quais se encontram teorias, modelos, observações etc., com o que se pretende apenas uma compreensão parcial da atividade, mas não como uma perspectiva normativa de como se deve investigar. O que se pretende com uma abordagem pragmática é apenas "mostrar como alguns de seus aspectos mais salientes se apresentam nos contextos de investigações científicas"[765]. Nesse sentido, quanto à investigação criminal, não se trata de apresentar um conjunto de etapas como roteiro prático de investigação, mas apenas de evidenciar as etapas mais gerais com que uma investigação se desenvolve, no que podemos denominar de "padrão de investigação".

### *Ações investigativas como conhecimento*

O ponto de partida da pragmática da investigação criminal é *a noção de conhecimento como ação*, tendo em conta que "em última instância, a concepção do conhecimento humano como representação está fundamentada na concepção do conhecimento humano como ação". Segundo a ideia de conhecimento como representação, conhecer é representar o que se encon-

[764] Essa é a concepção de L. H. Araújo Dutra, *Pragmática da investigação científica*, 2008, p. 259ss, que trata lógica e pragmática da investigação científica como tradições filosóficas da ciência, e iremos segui-lo na compreensão de uma pragmática da inevstigação criminal.

[765] L. H. Araújo Dutra, *Pragmática da investigação científica*, 2008, p. 262ss.

tra fora de nós, podendo ser verdadeiro ou falso o conhecimento. Segundo a ideia de conhecimento como ação, conhecer é uma forma de lidar com os objetos, é uma forma de comportamento que muda à medida que os conhecemos, o que pode se mostrar mais ou menos eficiente no que pretendemos. Há abordagens que consideram as duas ideias inconciliáveis, mas há quem as considere complementares, ainda que partindo inicialmente de uma abordagem "externalista" do conhecimento[766].

Na abordagem externalista, que está associada à concepção pragmática, a teoria do conhecimento é uma descrição de comportamentos do homem em relação ao seu ambiente, que são elementos do contexto em que se encontra o fenômeno cognitivo. Isso nos permite falar de "diversos tipos de investigação, nos diversos domínios do saber humano e na vida cotidiana", de cuja generalização se podem extrair propriedades cognitivas dos homens. Sob essa perspectiva externalista e pragmática, o conhecimento é aquilo que os homens fazem, não o que se pressupõe (crenças e representações) para explicar o que fazem. Não implica ignorar a ideia de conhecimento como representação, mas entender que esta pressupõe a de conhecimento como ação. A abordagem pragmática é, portanto, uma abordagem externalista relevante à explicação do conhecimento humano, que pode prescindir da abordagem lógica e internalista, ao passo que esta pressupõe aquela necessariamente[767].

É nesse sentido que se pode considerar essa abordagem conceitualmente econômica, por reduzir ao essencial as questões conceituais. Nessa abordagem, as ações investigativas assumem papel relevante. *Pragmático*, assim, nesse sentido, pode ser entendido em seu sentido originário, não relacionado ao pragmatismo, como se tem usado na linguagem contemporânea, mas relativo à ação[768]. Mas de que ação (ou ações) se trata, quando falamos de pragmática investigação? Podemos relatar o conjunto de ações investigativas de forma concisa ou detalhada. Trata-se de observar as ações básicas do padrão de investigação, que se encontra naquele padrão de que J. Dewey já falava[769]. Antes, contudo, tenhamos em conta uma outra perspectiva relevante na compreensão pragmática da investigação, com base em modelos.

[766] L. H. Araújo Dutra, *Pragmática da investigação científica*, 2008, p. 26ss.

[767] L. H. Araújo Dutra, *Pragmática da investigação científica*, 2008, pp. 36-48

[768] N. Abbagnano, *Dicionário de filosofia*, 2003, p. 783: "quando não se refere a pragmatismo, designa simplesmente *o que é ação ou que pertence à ação*"

[769] L. H. Araújo Dutra, *Pragmática da investigação científica*, 2008, p. 137.

### *A pragmática da investigação com base em modelos*

A perspectiva pragmática da investigação se pode tornar inicialmente clara com base na ideia e modelos a que recorre o investigador em qualquer contexto, inclusive no âmbito da investigação criminal. Assim, antes de tratar de cada micro-etapa da investigação, essa descrição pragmática se pode tornar ainda mais clara e rica em detalhes, quando a descrevemos como atividade que trabalha com modelos[770]:

A) O investigador, ao se deparar com uma situação real, tenta compará-la com um *modelo idealizado existente* que se encontra na tradição de investigação em que desenvolve sua atividade;
B) Se não o conseguir, o investigador tende a *elaborar um novo modelo* que se ajuste à situação real ou possa melhor se aproximar dela. Essa é a ação que se considera a atividade científica propriamente dita, mas que pressupõe outras anteriores e posteriores;
C) O novo modelo idealizado deve ser testado com a teoria de base, na qual se baseia também o modelo não suficiente. É essencial que o novo modelo seja aceitável no âmbito da teoria;
D) O novo modelo deve ainda ser comparado com a situação real, através de modelos-ponte, considerado "uma peça de engenharia da investigação" que permite observações e/ou experimentos;
E) Com base em um modelo-ponte, o investigador deve contrastar situações reais, através de experimentos e/ou de observações, para obter informações relevantes. Trata-se do chamado "trabalho de campo" que pressupõe vários elementos institucionais externos à atividade;
F) Consolidados os dados colhidos, o investigador deve compará-los com o modelo abstrato. Nesse passo, temos uma atividade especulativa;
G) Conforme o resultado, o novo modelo pode ser incorporado à teoria de base que sustenta a tradição de investigação. Aqui, temos o momento crucial com a corroboração do modelo, que pode conduzir a uma "simples extensão da teoria" ou a uma "revisão na teoria".

[770] A concepção de é de L. H. Araújo Dutra, *Pragmática da investigação científica,* 2008, p. 283; cf. também. L. H. Araujo Dutra, *Pragmática de modelos: Natureza, estrutura e uso dos modelos científicos,* 2013; e esepcialmente Araújo Dutra, L. H. Pragmática da investigação: modelos instencionais na investigação policial, *Revista Brasileira de Ciências Policiais,* 2010, pp. 137-152.

Esse roteiro de passos (A-G), com algum esforço comparativo, pode ser constatado no âmbito da investigação criminal, mas antes precisamos entender o que são os diversos modelos referidos, e como eles se apresentam no contexto jurídico em que temos modelos pré-teóricos estabelecidos em lei.

*A noção de modelos, suas espécies e sua heurística*

A noção de modelo é uma ideia central na concepção pragmática de investigação, por isso é essencial entendermos o que é um modelo, quais suas diversas formas e como eles podem figurar na investigação criminal. Inicialmente, um modelo pode ser entendido como uma idealização da realidade; ele se pode entender, descritivamente considerado, embora de forma bem simplificada, como o que "um mapa é para a passagem real", na qual se eliminam detalhes inúteis. O uso de modelos é comum nas ciências humanas, podendo utilizar-se na pragmática da investigação criminal[771]. Mas a noção de modelo não é unívoca.

Mario Bunge situa a discussão do modelo no âmbito do que ele considera a nova metodologia que aproxima as ciências empíricas (física e não-físicas), distintas apenas em objeto, técnicas especializadas e estágio de evolução[772]. É nessa nova metodologia que se destaca a construção de *objetos-modelo* e de *modelos teóricos*. O primeiro passo é uma "conquista conceitual da realidade", que começa por idealizações, através da extração de "traços comuns de indivíduos ostensivamente diferentes, agrupando-os em espécie". Disso nasce o objeto-modelo, ou modelo conceitual, que é um afastamento da informação, com adicionamento de alguns elementos imaginários. Em síntese, um objeto-modelo é uma representação de um objeto, que pode ser uma coisa ou um fato (nesse caso, temos um *evento-modelo*). Na investigação criminal, podemos encontrar o modelo conceitual, ou evento-modelo, nos tipos penais de crime. Nesse sentido, os tipos penais podem ser entendidos como abstrações da realidade, através da redução das informações fáticas ao mínimo essencial (elementos constitutivos materiais) e acréscimo de alguns elementos imaginários (pressuposição da liberdade de ação e do conhecimento da proibição legal, p. ex.). O tipo penal se apresenta como um modelo conceitual que, como ressalta Mario

[771] J.-F. Dortier, *Dicionário de Ciências Humanas,* 2010, p. 417; L. H. Araújo Dutra, Pragmática da investigação: modelos instencionais na investigação policial, *RBCP n.1, v.1,* 2010, pp. 137-152.
[772] M. Bunge, *Teoria e realidade,* 2008, p. 11ss.

Bunge, "negligenciará numerosos traços da coisa [ou evento] e afastará as características que individualizam os objetos"[773]. O outro passo remete à construção do modelo teórico, que é "um sistema hipotético-dedutivo que concerne a um objeto-modelo". É a descrição do objeto-modelo em termos teóricos que nos permite enquadrá-lo em um todo sistemático compreensível, no âmbito de uma teoria geral, o que na investigação criminal se encontra claramente na doutrina jurídica do crime como modelo teórico que postulada uma teoria geral compreensiva dos diversos tipos penais.

Luiz Henrique de Araújo Dutra, após considerar algumas concepções de modelos, sustenta em sua abordagem pragmática a noção de *modelos-réplica*, que nos permitem conduzir uma investigação no domínio de uma prática científica, mesmo que não tenhamos modelos matemáticos formalizados[774]. Nesse sentido, sob uma perspectiva pragmática da investigação, "os modelos-réplica são um artifício metodológico". E embora a descrição da realidade que emerge do modelo-réplica se possa considerar incompleta, ele tem o que se pode chamar de "uma vantagem heurística", porque aberto à intuição e operativo para guiar nossa predição (ou retrodição) e observação dos fenômenos. Em síntese, é uma ferramenta que opera no contexto de descoberta, que tem a mesma estrutura abstrata de uma teoria, mas em nível diferente de abstração. O modelo-réplica é também uma maneira de formulação teórica. Em síntese, "os modelos-réplica instanciam uma teoria porque concebem situações possíveis nas quais estão em determinadas relações certas entidades de que fala a teoria, especificando e descrevendo suas propriedades".

Dessa forma, o que Luiz Henrique de Araújo Dutra considera um modelo-réplica não parece se confundir com o que Mario Bunge considera um modelo-objeto (a que pudemos comparar com o modelo típico-penal). Pelo menos no âmbito da investigação criminal não vemos como seria isso possível. Afinal, somente se considerarmos o modelo-réplica como um modelo abaixo do tipo penal (modelo-evento), como *ferramenta operativa e heurística* para a investigação criminal, podemos conceber a possibilidade de modificá-lo. Precisamos dessa distinção porque, quando falamos de modelos típico-penais, a norma jurídica tem prevalência sobre a

[773] No entanto, adverte M. Bunge, *Teoria e realidade*, 2008, p. 17: "A formação de cada modelo começa por simplificações, mas a sucessão histórica dos modelos é um progresso de complexidade". O que é igualmente verdadeiro no direito penal.

[774] L. H. Araujo Dutra, *Pragmática da investigação científica*, 2008, p. 123ss.

observação fática, ainda que possamos observar uma ofensa ao bem jurídico análoga a uma ofensa prevista no tipo penal. O que está em jogo aqui é a limitação do poder punitivo pelo princípio da legalidade. Daí porque o roteiro de passos (A-G) encontra na investigação criminal certas peculiaridades que precisam ser adaptadas à sua abordagem pragmática.

Nesse sentido, podemos entender que a pragmática da investigação criminal pode conceber modelos-réplica como modelos de *formas de manifestação do crime*, como descrição fenomenológico-criminal, que é uma tarefa importante da Criminologia. Trata-se de entender o modelo-réplica da investigação criminal essencialmente como modelos de *modus operandi* dos crimes, mas nisto se pode incluir tanto o *modelo fático do crime*, quanto o seu *modelo probatório*, visando ao tipo de prova que se espera encontrar. Dessa forma, o modelo-ponte pode ser entendido apenas como uma adaptação dos modelos disponíveis na tradição de investigação, para abranger as novas formas de cometimento de crimes.

Assim, as observações fáticas em conflito com o modelo típico-penal podem orientar discussões criminológicas e político-criminais, em um âmbito de discussão anterior ou posterior, mas exterior ao funcionamento do sistema legal (nas universidades, nos programas de pesquisas científicas e nos processos legislativos), embora não possam conduzir à redefinição do modelo típico-penal no âmbito da própria investigação criminal. Em outras palavras, não podemos ajustar o modelo típico-penal para abranger nossas expectativas investigativas que não foram confirmadas.

*Antecipações lógicas na pragmática: hipóteses, suposições e conjecturas*

A noção de modelos usada na pragmática da investigação evita entrar em termos de inferências lógicas, mas ao entendermos exatamente o que pode ser um modelo, torna-se evidente que há antecipações lógicas na atividade pragmática. Nós as podemos identificar com hipóteses, conjecturas e suposições E não há como fugir dessa imbricação lógico-pragmática, por mais que nos empenhemos em tentar antecipar apenas os passos práticos de uma investigação. Assim, é relevante ter em conta que nas micro-etapas da investigação criminal como pesquisa, antecipações lógicas são inevitáveis se queremos avançar pragmaticamente na investigação.

A hipótese é, em seu sentido mais geral, uma espécie de "enunciado (ou conjunto de enunciados) que só pode ser comprovado, examinado e verificado indiretamente, através das suas consequências. Portanto, a característica da hipótese é que ela não inclui nem garantia de verdade nem a possibilidade de verificação direta". Isso tem implicações na sua verdade, porque embora possa ser verdadeira, essa verdade não resultada de uma verificação direta, mas apenas de suas consequências; assim, raciocínios que tenham base em hipóteses pressupõem algum acordo preliminar, não tendo valor probatório apodítico. Essa concepção originária que se encontrava na lógica aristotélica, na qual a hipótese aparece como "premissa de grau ou qualidade inferior"[775].

Contudo, a hipótese adquiriu muitos significados ao longo da história do pensamento ocidental, podendo-se elencar pelo algumas muitas noções que não se contradizem necessariamente, mas que causam alguma perplexidade compreensiva em quem queira dela fazer uso mais seguro. Fala-se, assim, em hipótese como "antecedente de uma proposição hipótese ou condicional", nos casos em que se prestigia o raciocínio anapodítico ou um silogismo hipotético (lógica estóica); "uma proposição originária assumida como fundamento de um discurso científico", seja um axioma ou postulado cuja verdade não é posta em causa; "uma condição qualquer" quando se coloca algo sob condição de outra; "explicação causal dos fenômenos"; "o argumento de um discurso" quando proposto no início de seu desenvolvimento; "uma teoria científica" como explicação provisória"[776].

Mas o significado que nos aproveita melhor ao âmbito da investigação criminal, tendo em conta o pensamento de Stuart Mill, aperfeiçoa-se na lógica de C. S. Peirce. Mill considerava a hipótese como um procedimento especial que pretendia substituir a indução no padrão científico de investigação, presumindo uma lei com base na qual se raciocina. Peirce, contudo, coloca a hipótese ao lado da dedução e da indução, como espécie típica de raciocínio válido, chamando-a por vários nomes, inclusive por "suposição". Assim, embora nas novelas de Sherlock Holmes, ao explicar seu método, o detetive afirme que nunca faz suposições (*O Signo de Quatro*), C. S. Peirce considerava precisamente que "uma hipótese deve sem-

[775] N. Abbagnano, *Dicionário de Filosofia*, 2007, pp. 500ss; J. Ferrater Mora, *Diccionario de filosofía. Tomo I*, 1964, p. 846: "De un modo menos general Aristóteles considera la hipótesis como una afirmación de algo, de lo cual se deducen ciertas consecuencias, a diferencia de la definición, en la cual no se afirma (o niega) nada, sino sólo se precisa el significado de aquello de que se habla (An. Pr., I 44, 50 a 30-33)".

[776] N. Abbagnano, *Dicionário de Filosofia*, 2007, pp. 500-502; J. Ferrater Mora, *Diccionario de filosofía. Tomo I*, 1964, pp. 846-848

pre ser considerada como uma pergunta e, embora todo o conhecimento novo surja de conjecturas, elas são inúteis sem o teste de averiguação"[777]. Portanto, hipóteses e suposições se correspondem, pois suposições são formas de hipóteses preliminares. E quando se colocam como hipóteses conclusivas, mas que se sabe ser necessário verificar com possibilidade de refutação, podemos chamá-las de conjeturas.

Assim, sem que entremos a falar das inferências lógicas fundamentais (dedução, indução e, sobretudo, a abdução com que a investigação criminal se pode desenvolver), importa antecipar na sua pragmática que a hipótese está sempre pressuposta como suposição, porque "excogitar hipóteses sobre as causas desconhecidas de fatos resultantes é o ponto-chave da busca", o que é um princípio válido em qualquer pesquisa, mas em especial na investigação criminal[778]. Tendo essa consideração preliminar, podemos embarcar na análise da mínima pragmática da investigação criminal, na qual algumas antecipações lógicas são necessárias, sobretudo nas fases de hipóteses.

## A investigação criminal como pesquisa: micro-etapas

A abordagem pragmática da investigação criminal, conquanto não possa evitar algumas antecipações lógicas, evidencia essencialmente algumas micro-etapas com que se desenvolve a pesquisa do investigador que se pode comparar ao padrão de investigação científica. É precisamente isso que pretende Irving M. Copi, embora buscando explicar o que considera um exemplo de lógica indutiva, ao apresentar o modelo de atividade do detetive como cientista, "cujo objetivo não é idêntico ao do cientista puro, mas cuja abordagem e técnica para a investigação dos problemas ilustram, claramente, o método da ciência"[779]. A sua explicação se divide em sete pas-

[777] T. A. Sebeok; J. Umiker-Sebeok, "Você Conhece Meu Método: Uma justaposição de Charles S. Peirce e Sherlock Holmes", *O signo de três*, 2014, p. 26ss.

[778] M. A Bonfantini; F. Proni, "Suposição: SIm ou Não?, Eis a Questão", *Signo de três*, 2014, p. 138: "Que uma investigação policial deva alcançar as causas, as origens – e, por essa razão, (...), deva estar baseada mais do que tudo na *retrodução* ou *abdução* – é um fato tão cristalino quanto a água. A questão que se coloca é se o tipo de abdução envolvida na investigação é idêntica ou apenas similar à investigação teórico-científica, a qual se supõe mais próxima do coração de Peirce".

[779] I. M. Copi, *Introdução à lógica*, 1978, p. 391, recorre às narrativas de Arthur Conan Doyle (1859-1930), explicando que "o método científico não está limitado aos cientistas profissionais; pode-se dizer que procede cientificamente toda pessoa que obedece ao padrão geral de

sos, que em síntese correspondem ao Problema (1); hipóteses preliminares (3); compilação de fatos adicionais (3); hipótese conclusiva (4); dedução de consequências adicionais (5); verificação das consequências (6); e aplicação (7). Luiz Henrique de Araújo Dutra, contudo, propõe que se limite a abordagem pragmática da investigação a quatro etapas fundamentais: "1. a colocação de um problema; 2. a elaboração de uma hipótese, visando solucionar o problema; 3. a constituição de uma base de dados, com a qual a hipótese vai ser comparada; 4. a constatação do acordo entre hipótese e a base de dados, a averiguação propriamente dita"[780]. Essas etapas da investigação são desenvolvidas e explicadas por Luiz H. A. Dutra, com base em dois exemplos típicos de investigação, a científica e a policial, através dos quais ele demonstra os pontos em comuns[781].

É com base no entrelaçamento dessas duas propostas que apresentamos nossa descrição concisa da investigação criminal como pesquisa, detalhando um pouco mais cada micro-etapa como se segue, sendo importante a esse respeito considerar que as operações lógicas internas são geralmente subtendidas, pondo-se ênfase nas ações materiais externas da investigação, o que corresponde a uma descrição clara e concisa da investigação criminal.

### *A colocação do problema*

A investigação criminal se inicia com um *problema*, assim como toda e qualquer investigação. Mas embora os teóricos estejam de acordo em iniciar sempre a descrição da pesquisa a partir do problema, esse somente emerge no conjunto de uma situação previamente compreendida em suas indeterminações. A relevância dessa *situação indeterminada* foi enfatiza por John Dewey como essencial a qualquer investigação[782], mas no âmbito da investigação criminal ela é especialmente relevante porque nos exige compreender o contexto em que se insere o problema criminal a ser enfrentado. Assim, antes que tenhamos consciência da situação indeterminada, não nos é possível formular adequadamente o problema de partida.

raciocínio, depois de provas evidentes, para chegar a conclusões suscetíveis de testes experimentais. Nesse sentido, o detetive hábil é um cientista, como o somos a maioria das vezes, – pelo menos, em nossos momentos mais racionais."

780 L. H. Araújo Dutra, *Verdade e Investigação*, 2001, p. 141.

781 L. H. Araújo Dutra, *Verdade e Investigação*, 2001, pp. 141-148

782 J. Dewey, *Logica. Teoria de la investigación*, 1950. p. 82ss.

A notícia de um crime se situa em contexto determinado de descumprimento da lei, considerada formalmente em sua tipicidade, tendo uma *base inicial de dados* que nunca se apresenta de imediato ao investigador com todos os elementos necessários à configuração típica, sendo sempre necessário proceder à busca de outros elementos que o possam confirmar, sobretudo certos detalhes que interessam a certas especificidades típicas, bem como, principalmente, a individualização da autoria. É nesse conjunto de elementos típicos que se encontra a indeterminação a ser especificada como problema. Somente porque reconheço a indeterminação da situação, posso formular o problema adequadamente.

Problema é um fato ou um grupo de fatos a respeito do qual não se tem qualquer explicação aceitável: "todo pensamento reflexivo – e este termo inclui tanto a investigação criminal como a pesquisa científica – é uma atividade de resolução de problemas..."[783]. Na investigação criminal, portanto, o problema é levantado em determinado contexto (ou "pando de fundo"), no qual "múltiplos elementos conceituais tomam parte". Em geral, o problema nasce de uma "expectativa violada", que, na investigação dos crimes, consiste em uma infração da lei que rege o comportamento das pessoas e que se espera seja respeitada. Assim, "é o contraste com uma expectativa ou predição antes feita [no caso de uma investigação científica] que dá lugar a um problema que gera a investigação. O problema é formulado mediante a constatação de um fenômeno saliente e, em muitos casos, não apenas saliente, mas inesperado"[784].

### *As hipóteses preliminares*

Ao problema, seguem-se *hipóteses preliminares*, porque "é rigorosamente impossível fazer qualquer tentativa séria de reunir dados sem *ter* teorizado de antemão", afinal existem demasiados dados para que alguém queira registrar todos eles. Não precisa ser uma hipótese conclusiva, completa, mas há que ser um esboço antecipado dela, ou seria impossível decidir que fatos selecionar. Considerando que "existem demasiados fatos particulares, demasiados dados no mundo, para que seja possível alguém registrá-los todos", no início de uma investigação, deve-se ter alguma hipótese preliminar de trabalho, a partir da qual são colhidos dados relevantes, para

[783] I. M. Copi, *Introdução à lógica*, 1978, p. 391ss.

[784] L. H. Araújo Dutra, *Verdade e Investigação*, 2001, p. 141ss.

assim ser possível decidir sobre que fatos selecionar, visando a uma análise da totalidade do problema. "Algumas dessas hipóteses são sempre requeridas para orientar o investigador na sua busca de dados relevantes, pois na ausência de toda hipótese preliminar, há, simplesmente, fatos demais, neste mundo, para examinar", mas, a respeito dessa hipótese preliminar, deve-se enfatizar que "não necessita ser uma solução completa do problema". Em síntese, "a hipótese preliminar deve ser sumamente provisória e deve basear-se em conhecimento prévios. Mas, para iniciar uma investigação séria, a hipótese preliminar é tão necessária quanto a própria existência do problema"[785].

Assim como o problema, a elaboração de uma hipótese somente é possível em um determinado contexto. No caso de uma investigação de crimes, há certas questões que não requerem explicação, outras que são implícitas, como no caso de um assassinato em que se supõe ter sido cometido por uma pessoa (ficando de fora certas conjecturas mirabolantes, como seria o caso de suscitar um crime cometido por extraterrestres, espíritos malignos ou algo parecido). Em geral, é com base em outros crimes já investigados e resolvidos, e por isso considerados relevantes, que se torna possível especificar "hipóteses plausíveis", ao que se agregam certos dados inicialmente disponíveis que permitem uma hipótese inicial[786].

Na investigação criminal, as premissas iniciais são sustentadas, em geral, com base em certas regras de experiência, segundo o que normalmente se observa na prática da investigação, servindo de hipótese. Por exemplo, no caso de um crime previdenciário, em que se exige liberação do benefício previdenciário por um funcionário público, é possível partir da premissa de que houve participação, dolosa ou culposa, de um funcionário e que o beneficiário da vantagem indevida estava em conluio com ele. Isso é o que normalmente se observa em várias investigações, servindo de hipótese a ser confirmada pela base de dados, mas não é absolutamente a única possibilidade de cometimento do crime. Em não se confirmando, outra hipótese deve ser levantada, mas sempre com fundamento na base de dados inicial e nos dados posteriormente obtidos, no caso incluindo os que falsearam a hipótese inicial.

[785] I. M. Copi, *Introdução à lógica*, 1978, p. 392ss.

[786] L. H. Araújo Dutra, *Verdade e Investigação*, 2001, p. 142ss.

### *A base adicional de dados*

A partir desses elementos (dados iniciais e experiências anteriores), a investigação segue na busca de outros dados com base nas hipóteses levantadas. A hipótese requer ser sustentada por uma base de dados, que permita concluir positivamente pela sua aceitação. Em uma investigação científica, essa base de dados é em geral constituída por experimentos adequados que podem levar à confirmação da hipótese; em uma investigação de crime, outros dados que estejam em conformidade com os dados iniciais, obtidos por meios de provas comumente aceitos na investigação, levarão à confirmação da hipótese. Em todo caso, uma investigação requer que se estabeleça sua base de dados.

Mas é importante observar que somente com as hipóteses preliminares é possível passar à *compilação de fatos adicionais*, e igualmente necessário, afinal os fatos iniciais que constituem o problema são insuficientes para a hipótese conclusiva. A respeito dessa compilação, deve-se compreender que "toda investigação séria principia com algum fato ou grupo de fatos que fere a atenção do investigador, como problemáticos, e que desencadeia todo o processo do inquérito. Os fatos iniciais que constituem o problema são, usualmente, demasiado escassos para que proporcionem, por si só, uma explicação totalmente satisfatória, mas poderão sugerir – ao investigador competente – alguma hipótese preliminar que o leve a procurar fatos adicionais. Espera-se que esses fatos adicionais sejam pistas importantes para a solução final"[787], para o que devem concorrer várias operações essenciais do método de investigação (observação, descrição, explicação, interpretação). Embora seja certo que precisamos de uma hipótese preliminar, é igualmente certo que novos fatos podem sugerir novas hipóteses que conduzem a busca de novos fatos, e assim por diante. Nesse sentido, observamos que os passos "2" e "3" são interdependentes e podem ser repetidos diversas vezes. Assim, os passos 2 e 3 estão correlacionados e podem repetir-se quantas vezes sejam necessárias, até chegar à formulação da *hipótese conclusiva (4)*, após algumas reflexões. É o resultado de tais reflexões uma hipótese, desde que explique todos os dados, tantos os do conjunto inicial de fatos que constituíram o problema, quanto os fatos adicionais.

[787] I. M. Copi, *Introdução à lógica*, 1978, p. 393ss.

### *A hipótese final: constatação de acordo*

Assim, em algum momento, "numa ou noutra fase de sua investigação, qualquer homem quer seja ele detetive, cientista ou um mortal comum – terá a sensação de possuir todos os fatos de que necessita para a solução"[788]. E essa conclusão final, resultado de reflexões e inferências, é considerada a sua hipótese se explica o conjunto de todos os fatos, tanto iniciais quanto adicionais, mas não se pode ignorar que essa hipótese explicativa se aproxima de uma descoberta, porque exige um processo criador em que está envolvido tanto imaginação quanto interpretação.

É nesse ponto que podemos falar da noção de verdade como ferramenta operativa da investigação, que em sentido pragmático corresponde a uma *constatação de acordo*. É quando, por fim, há a verificação, ou melhor dizendo, a *averiguação*, que consiste em *"constatar o acordo entre a hipótese levantada e a base de dados estabelecida"*[789]. Isso se dá, no sentido corrente da expressão, quando na investigação, o investigador averiguou que determinado crime foi cometido por alguém. Em síntese, o acordo se dá entre uma hipótese e uma base de dados. Nesse ponto, há um raciocínio lógico que, partindo de certas premissas, leva à conclusão, que é um certo conhecimento produzido acerca de alguma coisa. Trata-se de uma hipótese final ou conclusiva.

### *Consequências, verificação e aplicação*

Mas dessa hipótese conclusiva, pode-se ainda obter alguma *dedução de consequências adicionais (5)*. Afinal, "uma hipótese, realmente frutuosa, explicará não só os fatos que originalmente a inspiraram, mas ainda muitos fatos adicionais"[790]. Nesse ponto, a dedução tem um papel importante no inquérito indutivo, a demonstrar que a investigação não se basta na indução, pois "o valor fundamental de toda hipótese reside no seu poder preditor ou explicativo, o que significa que fatos adicionais devem ser deduzíveis de uma hipótese adequada". Na investigação criminal, isso implicaria abranger além dos fatos adicionais do inquérito, fatos adicionais trazidos pela defesa do investigado. A esse poder preditivo como confirmação da hipótese, soma-se a *verificação das consequências (6)*, que se pode reduzir apenas à observação, se não for possível algum experimento. Ao final, no último

[788] I. M. Copi, *Introdução à lógica*, 1978, p. 394ss.

[789] L. H. Araújo Dutra, *Verdade e Investigação*, 2001, p. 143ss.

[790] . M. Copi, *Introdução à lógica*, 1978, p. 395ss.

passo, exige-se que a hipótese tenha *aplicação (7)*, ou seja, que tenha fins práticos, o que se encontra na identificação do autor do crime, se este ainda não tiver sido identificado, ou até mesmo na constatação de novos crimes cometidos pelo autor identificado.

Assim, uma boa hipótese de investigação apontará sempre mais além dos fatos inicialmente disponíveis, permitindo ir em direção de outros fatos novos, de cuja existência não se suspeitava, mas precisamente esses fatos novos se verificados poderão confirmar a hipótese que conduziu a investigação à obtenção das provas. É o que se dá, quando, concluída a investigação, mesmo havendo alegações e provas do investigado em sua defesa, sendo provadas, é possível aceitá-las em conformidade com a hipótese conclusiva. Mas, inversamente, se uma investigação criminal se conclui com determinada hipótese, havendo indiciamento do investigado, mas depois, ante alegações igualmente plausíveis e provas contrárias, observa-se que a hipótese não se mantém. Assim, ou se renova um ciclo de investigação, em sendo ainda conciliável a hipótese com uma nova versão a ser confirmada, ou se arquiva a investigação, em sendo inconciliável. O importante, sobretudo, é entender que essa submissão à verificação das consequências como teste de validade da hipótese constitui etapa necessária da lógica da investigação, que se conclui, portanto, apenas ao final do processo em contraditório probatório. Afinal, tendo em conta que em última análise o interesse da investigação gira em torno de uma questão prática, diante de um crime a resolver, não apenas se exige explicar os fatos, como indicar o seu autor. Mas este poderá sempre opor-se às hipóteses em refutação, sem a qual o processo lógico não se pode concluir.

Essas micro-etapas – que se iniciam com a colocação do problema e chegam até as consequências finais – representam, assim, o que se considera um "padrão de investigação científica", de tal forma que "procede cientificamente toda pessoa que obedece ao padrão geral de raciocínio", não se limitando aos cientistas profissionais. O termo "científico", nesse sentido, "refere-se a qualquer raciocínio que procure desenvolver-se, a partir de fatos observáveis da experiência, para chegar a explicações razoáveis (isto é, relevantes e testáveis) para esses fatos"[791]. Contudo, insistimos na observação de que, ao tratar da lógica como padrão geral de raciocínio, Irving Copi imbrica na sua exposição aspectos pragmáticos pressupostos para a

[791] I. M. Copi, *Introdução à lógica*, 1978, p. 400.

inferência. Ademais, embora esse padrão se desenvolva por Irving Copi em capítulo específico da lógica indutiva, é evidente que não corresponde ao que classicamente se entende por indução, não apenas por recorrer adicionalmente a raciocínios dedutivos no decorrer do processo lógico, mas porque, rigorosamente considerado, o essencial de seu desenvolvimento passa por raciocínios abdutivos. Mas não se pode negar papel às induções na investigação, bem como às deduções, que se encontram imbricadas nas operações essenciais do método, que trataremos no capítulo próprio sobre a lógica da investigação criminal.

# 16
# A OBTENÇÃO PROCESSUAL DAS PROVAS

## O método legal de comprovação processual

Antes que falemos das operações essenciais do método, bem como das lógicas que sustentam as inferências básicas do raciocínio da investigação criminal, é preciso considerar a obtenção processual das provas que está envolvida por normas variadas e difusas que condicionam a verdade à validade jurídica relativa ao cumprimento de certos princípios e regras procedimentais.

Essas normas metodológicas, que giram em torno da atividade de obtenção processual da prova, podem-se reduzir a princípios de *necessidade de prova*, *possibilidade da refutação* e *convicção justificada*, que correspondem a três condições cuja natureza epistemológica se pode encontrar na ciência em geral, mas que adquirem a função de garantia no processo, cuja natureza jurídica se reflete na ideia de método legal de comprovação, na noção de prova como método jurídico-processual e na sua estrutura lógica fundamental que se conclui no raciocínio *in dubio pro reo*.

À diferença, contudo, do que acontece em outras atividades cognitivas (na ciência em geral), o "método legal de comprovação processual" é limitado por várias regras e procedimentos que disciplinam a comprovação da verdade, com um caráter *autoritativo* e convencional. Luigi Ferrajoli observa que, "essas regras são muito menos rígidas e numerosas no processo penal moderno do que no processo medieval, em que havia espaço para as chamadas «provas legais» (...). Mas ainda hoje, no atual processo informado pelo princípio da «livre apreciação do juiz», continuamos disciplinando pelo menos o *método* de investigação e de formação da verdade processual". A respeito disso, podemos encontrar diversos exemplos, como os relativos ao número de testemunhas admitidas, o ônus da prova atribuído à acusação, o princípio *in dubio pro reo*, entre outros. Certas normas, é certo, devemos compreender e admitir, se destinam a garantir o processo contra abusos e assegurar o contraditório às partes, e algumas se dirigem a permitir a conclusão do processo, mesmo em caso de dúvida quanto ao mérito da causa, mas há "numerosas normas e mecanismos processuais que entorpecem inutilmente a busca da verdade"[792].

Assim, portanto, embora a lei não discipline positivamente o método de investigação por completo, ela limita negativamente o método de investigação, naquele âmbito de questões que estabelece a forma de conhecimento da verdade e obtenção de provas. E nesse sentido é que podemos falar em *método legal negativo*, por não estar dito na lei qual método seguir, embora esteja dito qual método não seguir, em certos casos. Em geral, de um ponto de vista material, esse âmbito coincide com o âmbito de proteção dos direitos fundamentais, assegurados por normas absolutas de proibição (a exemplo da proibição de tortura), embora, de um ponto de vista formal, existam variadas normas que apenas restringem ou condicionam o afastamento do direito fundamental (a exemplo da possibilidade de interceptação telefônica por autorização judicial). Essas normas são essencialmente processuais, por isso podemos falar de uma metodologia processual da investigação criminal, que se reflete essencialmente na disciplina jurídica da prova criminal que passa necessariamente pelo contraditório como princípio central.

### *O contraditório como princípio central*

O contraditório tem uma centralidade fundamental no princípio probatório do processo penal garantista[793]. Ele encarna as razões essenciais que justificam o conhecimento perseguido pelo processo e que legitimam uma possível condenação penal. Ele constitui o núcleo fundamental do direito

[792] L. Ferrajoli, *Direito e Razão*, 2002, p. 49ss.

[793] Cf. L. Ferrajoli, *Diritto e ragione*, 2008, p. 629ss; G. Ubertis, *Principi di procedura penale europea*, 2009, p. 49ss; P. Ferrua, *Il 'giusto processo'*, 2012, p. 99ss; P. Tonini, C. Conti, , *Il Diritto delle prove penali*, 2014, p. 31ss; p. 486ss; I. C. Barreto, *A Convenção Europeia dos Direitos do Homem*, 2010, p. 166ss; G. Marques da Silva, *Direito processual penal português I*, 2013, p. 86ss; M. M. Guedes Valente, *Processo Penal, Tomo I*, 2010, p. 123ss; N. J. Giacomolli, *O devido processo penal*, 2015, p. 161ss; G. Badaró, *Processo penal*, 2015, p. 50ss.

de defesa, a forma elementar de defesa dirigida à prova, mediante uma específica forma de pesquisa da verdade no processo penal[794]. É, nesse sentido, uma específica forma de controle epistêmico das provas[795]. Mas também, em última análise, "exprime os valores democráticos do respeito da pessoa do imputado, da igualdade entre as partes..."[796]. Ele, portanto, garante não apenas a verdade, mas também a igualdade.

A questão, contudo, está em definir sua extensão, sobretudo no âmbito da investigação criminal na fase processual do inquérito. E, a respeito disso, várias são as concepções que se podem colocar em disputa, sobretudo quando se leva em conta sua projeção no âmbito da investigação criminal. Pode-se considerá-lo apenas de uma perspectiva puramente cognitiva, como forma de controle da justificação cognitiva do processo, mas também se pode vê-lo como um elemento de legitimação do poder que se exerce no processo. Pode-se, ainda, considerá-lo apenas de uma perspectiva puramente lógica, ao limitá-lo ao momento de discussão sobre as provas, mas também se pode colocá-lo em perspectiva pragmática no âmbito da obtenção da prova. Essas quatro perspectivas – cognitiva, potestativa, lógica e pragmática – conjugadas de formas diferentes parecem cobrir a diversidade das concepções fundamentais acerca do contraditório.

O contraditório se pode entender, primeiramente, como o direito de contestar a admissibilidade e relevância das provas produzidas pela outra parte e, em segundo, como o direito de propor provas contrárias às propostas[797]. A primeira revela uma perspectiva lógica do contraditório, em "modo fraco", e se pode limitar a uma discussão argumentativa, em que as partes têm a possibilidade apenas de controlar a valoração da prova. Em um segundo sentido, o contraditório requer um conjunto de poderes que permitam uma defesa tendente a produzir a prova contrária. Essa perspectiva, se levada a sério, exige muito do direito processual, pois requer não apenas poderes para obter provas, mas possibilidades atuais de exercê-los em momentos oportunos para fazer frente à prova contraditada. Trata-se de um "modo forte" de contraditório, uma forma de "defender-se provando"

[794] N. Picardi, "Il princípio del contradittorio", *RDP* 53, 1998, p. 680.

[795] M. Taruffo, *La prueba de los hechos*, 2011, p. 427ss; N. Guzman, *La verdade en el proceso penal*, 2006, p. 149ss.

[796] L. Ferrajoli, *Diritto e ragione*, 2008, p. 629ss; G. Ubertis, *Principi di procedura penale europea*, 2009, pp. 49-51.

[797] M. Taruffo, *La prueba de los hechos*, 2011, p. 429ss.

que se contrapõe à forma de "acusar provando"[798]. Essa perspectiva pragmática, contudo, se pode desenvolver simultaneamente, se o processo o permitir, embora o comum seja a forma diferida no processo penal. Podemos falar aqui de um "modo médio" de contraditório.

Luigi Ferrajoli, a considerar essas diversas concepções de contraditório, por exemplo, parece lhe conferir uma extensão amplíssima, que, tendo em conta sua expressão cognitivo-potestativa, abrangeria não apenas a lógica da discussão sobre a valoração da prova, mas antes sua pragmática de obtenção: "para que a disputa se desenvolva lealmente e com paridade de armas, é necessária, por outro lado, a perfeita igualdade entre as partes: em primeiro lugar, que a defesa seja dotadas das mesmas capacidades e dos mesmo poderes da acusação; em segundo lugar, que o seu papel contraditor seja admitido em todo estado e grau do procedimento e em relação a cada ato probatório singular, das averiguações judiciárias e das perícias ao interrogatório do imputado, dos reconhecimentos aos testemunhos e às acareações"[799]. O contraditório, nesse sentido, em sua máxima extensão, deveria abranger não apenas a possibilidade de refutar cada ato praticado com anterioridade pela acusação, no momento da discussão e julgamento, mas antes uma igual possibilidade de investigação da defesa – em paridade com a investigação da acusação, com igual tempo e poder.

É precisamente porque o contraditório, em seu máximo significado garantista, nos exige toda essa extensão, que a questão probatória constitui talvez o cerne dos problemas dos modelos processuais de investigação criminal. Afinal, a considerar o inevitável processo penal de duas fases que se impõe pela ideia de uma investigação prévia, não parece haver momento oportuno para um contraditório com essa dimensão, sobretudo no modelo de investigação dominado pelo órgão oficial de acusação.

Claro é que se pode tomar um caminho diverso, retirando do contraditório essa centralidade fundamentadora da prova, na busca por outros mecanismos de controle epistêmico que o possam substituir, a considerar que seu objetivo principal, embora não único, seja, em última análise, conferir uma qualidade epistêmica à prova que se produz[800]. Mas é por-

[798] Acerca das questões que se põem nesse ponto, cf. T. Rafaraci, *La prova contraria*, 2004, p. 72, para quem a noção de prova contrária também exige "controle sobre a valoração da prova" (p. 253ss).

[799] L. Ferrajoli, *Diritto e ragione*, 2008, p. 629.

[800] Nesse sentido, cf. M. Taruffo, *La prueba de los hechos*, 2011, p. 430, para quem o contraditório "não pode ser entendido como uma condição geral e absoluta de utilizabilidade do meio

que esses outros mecanismos falham que, longe de criarem substitutivos do contraditório, antes o reafirmam pela necessidade de seu aperfeiçoamento para frear o autoritarismo cognitivo que se tem constituído pelos meios técnico-científicos de obtenção de provas na investigação criminal contemporânea.

As soluções alternativas que pretendem sustentar-se em supostas qualidades de certas provas consideradas objetivas ou neutras, ou que acabam apostando no mero procedimento formal garantido por regras de autocontrole do poder, não se podem aceitar se realizarmos uma análise mais minuciosa que acaba por revelar aspectos problemáticos da prova. A considerar os limites das abordagens técnico-científicas, bem como o caráter seletivo e parcial da investigação como pesquisa histórica, apenas uma concepção ingenuamente inconsciente ou maliciosamente consciente das ciências e tecnologias poderia encontrar nelas justificação aceitável. É que, inversamente, bem analisadas as diversas possibilidades, elas na verdade vão pedir uma melhor compreensão e expansão do contraditório, e não sua superação, a nos revelar as diversas fases de um necessário controle epistêmico mais detalhado.

Assim, aquilo que a doutrina tende a reduzir a mera constatação das condições legais de medidas restritivas de direito que resultam em prova, exigiria um controle sobre a verdade parcial dessas condições e, em certos casos, a possibilidade de um controle da necessidade da medida, numa espécie de juízo de proporcionalidade contraditório. Aquilo, por sua vez, que a doutrina tende a considerar uma parcela objetiva da investigação policial, representada por vestígios meramente recolhidos, exigiria na verdade um controle da seleção sobre o que se recolhe e, em certos casos, sobre como recolher a título de vestígios, numa espécie de seletividade contraditória[801]. E, por fim, no que diz respeito às provas periciais que se

de prova"; em sentido contrário, cf. N. Guzman, *La verdad en el proceso penal*, 2006, p. 159ss, a sustentar a ilegitimidade de qualquer possibilidade de o Estado condenar sem prévio contraditório.

[801] Cf. J. M. Asencio Melado, *Derecho procesal penal*, 2012, p. 95ss; V. Gimeno Sendra, *Derecho procesal penal*, 2012, p. 343s, a respeito da jurisprudência do TC espanhol, ao admitir como parte objetiva certas diligências policiais que se aceitam como prova preconstituída; em sentido similar, embora implícita a ideia de objetividade, P. P. Albuquerque, *Comentário do Código de processo Penal*, 2011, p. 914, ao aceitar p. ex. revistas, buscas e apreensões, mesmo que nao sejam examinados em audiência.

pretendem suficientemente fundamentadas na ciência de uma forma equivocadamente irrefutável, é preciso entender que a refutabilidade é uma qualidade intrínseca da ciência não se podendo aceitá-las como superação da dúvida subjetiva do julgador por uma qualquer pretensa qualidade objetiva do conhecimento[802].

A prova técnico-científica exige, na verdade, muito mais contraditório do que geralmente os sistemas positivos estão dispostos a conceder[803]. Primeiro, pela possibilidade de desde o início a defesa apresentar quesitos ao perito oficial, numa espécie de contraditório cruzado do testemunho pericial; segundo pela possibilidade de apresentar perícia por assistente técnico próprio, tendo disponibilizado o material e igual tempo, numa espécie de contraditório pericial; e terceiro, pela necessidade de o juízo ter em conta uma espécie de contraditório anterior e externo ao processo que diz respeito ao controle epistêmico sobre as teorias de que se tenha utilizado o perito em seu exame e laudo, visando a verificar sua aceitabilidade pela comunidade científica específica que esteja em condições de assegurar sua corroboração ou refutação[804].

A prova técnico-científica, portanto, não se pode entender como substituto do contraditório, pois a ciência em sentido estrito pede exatamente um contraditório qualificado pela especialidade de uma defesa pericial apta a contradizer os diversos elementos do testemunho pericial, tanto as observações particulares sobre os vestígios e materiais, quanto as conclusões dedutivo-nomológicas que se seguem no exame. As provas ditas objetivas ou neutras, na verdade, não autorizam a dispensa do contraditório, antes o reafirmam pela necessidade de uma melhor adequação jurídica do princípio aos diversos avanços técnico-científicos, pedindo ainda em complemento um sistema de controle epistêmico por mecanismos aptos

[802] Cf. D. Tochetto, (org.), *Tratado de perícias criminalísticas*, 1995, pp. 1-52, acerca dessa visão equivocada da ciência em confronto profundo com as ideias de K. Popper, *A lógica da pesquisa científica*, 1975.

[803] Cf. G. Marques da Silva, *Processo Penal II*, 2011, p. 268: "A formação dialéctica da prova, para funcionar como veículo eficaz de controle do conhecimento técnico, científico ou artistic introduzido no processo, não pode exaurir-se no contraditório sobre o relatório dos peritos".

[804] Cf. C. Vázquez, *De la prueba científica a la prueba pericial*, 2014, pp. 277-287; P. Tonini, C. Conti, *Il Diritto delle prove penali*, p. 354-383; E. S. Pereira, «Conjecturas e refutações» na investigação criminal: perícia, contraditório e ponderação jurídico-científica das provas criminais, *Galileu*, *v.* XVIII, p. 193-215, 2013.

a assegurar a cadeia de custódia dos vestígios e materiais sobre os quais recaem exames e perícias[805].

O contraditório, portanto, persiste tendo uma proeminência no quadro de justificação-legitimação da prova que não se pode seriamente substituir. E, por isso, ele requer um modelo de devida investigação, que leve a sério a divisão intraprocessual do poder entre os diversos sujeitos processuais, distinguindo seriamente entre sujeitos parciais e imparciais, visando a assegurar uma disciplina jurídica da obtenção da prova.

### *A prova como método: epistemologia e política*

A obtenção da prova concentra em si a disciplina jurídica fundamental que importa à compreensão da metodologia processual da investigação criminal, em razão de sua função cognitiva central. Afinal, metodologicamente considerado, "o processo se nutre da prova e através dela se adquire o conhecimento. A prova é o único instrumento que pode ser utilizado pelo juiz para afirmar que um determinado evento passado ocorreu em um determinado lugar, em um certo momento e de determinada maneira"[806]. Assim, no processo penal, a prova como método opera no *contexto de justificação*, não como *demonstração* do fato propriamente dito, mas como *confirmação* de uma hipótese fática. Ela é, sob esse aspecto, o veículo necessário à compreensão fática do crime, com *função confirmatória*, não exatamente como *demonstração*. A prova, portanto, opera como "*elemento de justificação* quando serve para justificar racionalmente o juízo de fato, é dizer, a concatenação e a combinação das inferências em função das quais a asserção do fato é assumida como verdadeira". É, portanto, em razão dessa sua função primordial, que se torna necessário falar em condições epistêmicas mínimas de compreensão processual.

A ideia de que a prova em processo penal deve atender a condições mínimas, contudo, pode parecer pouco convincente, pois ela nos remete a admitir que há algo que antecede ao direito positivo e pretende colocar-se fora de uma disponibilidade legislativa. E, de fato, por muito tempo, a noção de contraditório, por exemplo, esteve sustentada na ideia de um direito natural, mais precisamente em princípios de razão natural, ima-

[805] Cf. a respeito, G. Prado, *Prova penal e sistema de controles epistêmicos. A quebra da cadeia de custódia das provas obtidas por métodos ocultos*, 2014; também a enfatizar os problemas da cadeia de custódia, cf. P. Tonini, C. Conti, *Il Diritto delle prove penali*, 2014, p. 363ss.

[806] N. Guzman, *La verdad en el proceso penal*, 2006, p. 93 (tradução nossa).

nente ao processo[807]. E essa mesma justificação se poderia utilizar para qualquer outro princípio fundamental da prova, sob condição de aceitarem-se as razões de direito natural como fundamento para a proeminência de um preceito[808].

Pode-se alterar o fundamento de uma qualquer pretendida preeminência de preceito, recorrendo-se a outros postulados, mas ele vai sempre permanecer sob condição de aceitarem-se suas razões. Nicola Framarino dei Malatesta, por exemplo, havia recorrido aos princípios da lógica para fundamentar sua teoria da prova, mas mesmo nessa perspectiva ele já tinha consciência de que o objetivo último era o respeito pela personalidade humana[809]. Afinal, a questão se pode reconduzir ao entendimento de que se trata sempre de uma específica razão natural, uma específica lógica ou mais genericamente uma específica racionalidade. E é nessa perspectiva que podemos admitir a ideia de recorrer a condições mínimas que se exigem de um qualquer direito da prova em processo penal, para falar não de razão natural, não de lógica, mas de condições epistêmicas. Não podemos, contudo, cair na redução epistemologista de que existe uma exclusiva forma de pensar, que se torna então ante-normativa e condicionante ao direito, pois estaríamos por outro caminho a sustentar que existe uma razão natural nos termos clássicos, mas podemos invocá-la consciente de que se trata de uma específica (não exclusiva) forma de pensar que permite e promove valores próprios de uma forma de viver.

Somente assim podemos admitir aquilo que Luigi Ferrajoli chama de condições mínimas da prova que têm um caráter antes epistemológico que jurídico, mas que vão dar suporte àqueles princípios especificamente jurídicos sem os quais não existe prova no sentido garantista, que pretende

[807] Nesse sentido, cf. N. Picardi, "Il principio del contraddittorio", *RDP* 53, n. 3, 1998, p. 673-681.

[808] T. Hobbes, *Leviatã,* [2004], Capítulo XIV, p. 120, tratando da primeira e segunda leis naturais e dos contratos, dizia: "Um pacto no sentido de alguém se acusar a si mesmo, sem garantia de perdão, é igualmente inválido".

[809] N. F. Dei Malatesta, *A lógica das provas em matéria criminal*, 1927, p. 17: "Assim como o código das penas deve ser a espada infalível para ferir os delinquentes, assim também o código das fórmulas, inspirando pelas teorias da lógica sã, ao mesmo tempo que deve ser o braço que guia com segurança aquela espada ao peito dos réus, deve ser também o escudo inviolável da inocência. E sob êste aspecto que o Código de processo penal, que é o corolário legislativo da sciência e da arte judicial, é o índice seguro do respeito pela personalidade humana, e o termómetro fiel da civilisação de um povo".

igualmente assegurar a dignidade da pessoa contra o poder[810]. As condições mínimas, nesse sentido, se colocam como requisitos da prova que se exigem assegurar por um justo processo penal. Fugindo, assim, daquelas concepções histórico-tradicionais que pretendiam arbitrar o valor de qualquer prova *a priori*, de forma geral e abstrata, ao final de um qualquer processo sob quaisquer condições de produção da prova, essas condições se antepõe como requisitos para que a prova se possa habilitar a sua função justificante de uma condenação penal. Elas se exigem como condição de que a prova se possa constituir o melhor possível, pondo em dúvida, diversamente, não apenas sua justificação cognitiva, mas antes sua legitimidade caso não se observem[811].

Essas condições se expressam pela (i) necessidade de prova; (ii) possibilidade de contraprova e (iii) exigência de justificação do convencimento. Elas têm uma expressão tanto lógica, quanto pragmática, além de processual. Mas, antes e sobretudo, é preciso entender sua dimensão epistemológica. Pela primeira condição, abandona-se a predeterminação da qualidade ou quantidade da prova – que poderia levar à ideia de um conjunto de provas suficientes – para exigir-se que exista um conjunto de provas necessárias a sustentar uma acusação. Pela segunda, vai-se exigir a instituição de um conjunto de possibilidades de refutação da acusação. E pela terceira, vai-se exigir que qualquer decisão esteja justificada no conjunto de provas que emergem dessa contradição entre um e outro[812]. São condições que devem orientar os princípios da prova no processo penal de base garantista.

Elas não se entendem, contudo, apenas como condições epistêmicas mínimas relativas a uma específica tradição de racionalidade teórica, mas também como condições políticas mínimas relativas a uma específica tradição de racionalidade prática, que se unem na concepção de uma sociedade aberta. Trata-se, em suma, de condições epistêmicas que se recolhem de uma epistemologia especificamente falseacionista, cuja melhor expressão não apenas cognitiva, mas sobretudo potestativa, se encontra muito bem delimitada na obra de Karl Popper[813].

[810] L. Ferrajoli, *Diritto e ragione*, 2008, p. 132ss.

[811] Essa é a exata compreensão que se pode colher em L. Ferrajoli, *Diritto e ragione*, 2008, p. 133, cuja tradução brasileira (l. Ferrajoli, *Direito e razão*, 2002, p. 123) comete o erro de excluir daí a irracionalidade cognitiva.

[812] Cf. L. Ferrajoli, *Diritto e ragione*, 2008, pp. 126-132.

[813] K. Popper, *A lógica da pesquisa científica*, 1975; K. Popper, *A sociedade aberta e seus inimigos*, 1987.

Pode-se, contudo, postular que essas condições devem ter preeminência porque elas permitem chegar a uma melhor verdade, a uma boa verdade construída a partir do diálogo, não do consenso, entre as perspectivas relativas a um fato. Somente uma sociedade aberta, democrática e epistemicamente disposta a colocar-se sob refutação, está apta a assumir essas condições como bases de sua justificação cognitiva e legitimação potestativa. E é nesse sentido que nos parece ser possível aceitá-las como condições garantistas da prova, na interpretação de seu princípio probatório fundamental, tendo em conta que os meios de obtenção são não apenas técnicas de pesquisa, mas sobretudo restrições de direitos.

### Os meios de obtenção da prova como técnicas de pesquisa e restrição de direitos

Os diversos meios de obtenção de prova disponíveis à investigação criminal na legislação processual penal se podem considerar as técnicas de pesquisa específicas desse campo de conhecimento, que partilham de várias semelhanças com as diversas técnicas de recolhas de informações nas investigações das ciências sociais em geral[814]. Mas, sob o nome de obtenção da prova, a investigação criminal pode realizar ações muito distintas, como *recebimento*, *recolhimento* e *busca* de provas, devendo ter em conta o diverso valor probatório segundo o interesse de orientação de cada modalidade de obtenção. Em todos os casos, contudo, elas representam além de técnicas de pesquisa, verdadeiros meios restritivos de direito e assim devem ser consideradas igualmente, visando ao seu aperfeiçoamento teórico.

O conceito de técnica em sentido amplo abrange muitas e diversas coisas, desde atividades cognitivas, comportamentais e organizativas, bem como produtivas[815], mas no sentido restrito orientado à pesquisa, a técnica é "um conjunto de preceitos ou processos de que se serve uma ciência ou arte; é a habilidade para usar esses preceitos ou normas, a parte prática", tendo em conta que todo campo de conhecimento recorre a variadas formas técnicas para o alcance de seus objetivos[816].

[814] A respeito, cf. nosso E. S. Pereira, "Ciências sociais e investigação criminal: metodologia da investigação crimina na lógica das ciências sociais", *RBCP V. 2, N. 2,* 2011, pp. 35-46; R. Quivy, L. van Campenhoudt, *Manual de investigação em ciênia sociais,* 2008, p. 188ss.

[815] N. Abbagnano, *Dicionário de filosofia,* 2003, p. 939ss.

[816] M. A. Marconi, E. M. Lakatos, *Ténicas de pesquisa,* 2009, p. 48ss.

A considerar a tipologia das técnicas que se encontram nas ciências sociais em geral, todos os meios disponíveis para obtenção de provas na investigação, com suas particularidades jurídicas, podem enquadrar-se em alguma das técnicas conhecidas, aproveitando-se de suas discussões metodológicas. Assim, a vigilância policial, a interceptação telefônica e a captação ambiental de sons e imagens, podem-se considerar modalidades de observação direta; a infiltração de agentes se aproxima da observação participante; a entrevista e o interrogatório partilham dos problemas da entrevista em geral; a quebra de sigilos bancário e fiscal, e a busca e apreensão, se consideram meios de recolha de dados preexistentes.

Quanto às particularidades das técnicas de recolhimento de dados na investigação criminal, em parte decorrem do sistema jurídico em que se praticam, em parte, do objeto próprio de pesquisa. Entre as principais particularidades que se observam no campo da investigação criminal, os limites jurídicos decorrentes dos direitos fundamentais certamente são os mais importantes. A considerar que toda técnica de recolha de dados em sentido científico, embora possa transportar ao âmbito da investigação criminal, encontra nesta um condicionamento ético muito particular, que limita efetivamente a persecução de uma verdade fática, em favor da valorização do direito de liberdade dos investigados. Essa é uma barreira intransponível da investigação como pesquisa, mas é dentro desses limites que o aperfeiçoamento das técnicas deve ser desenvolvido.

Em contrapartida, as modalidades técnicas encontram na investigação uma variedade de que talvez nenhuma outra investigação científica se possa beneficiar. Em alguns casos, como a interceptação telefônica, na investigação criminal, de um ponto de vista científico, obtém-se um depoimento espontâneo que poucas entrevistas de pesquisa social poderiam obter. Noutros casos, como no agente infiltrado, a observação participante não depende do consentimento do grupo observado. Entretanto, é nos estudos das ciências sociais destinados às técnicas de recolha de dados que a investigação criminal pode encontrar considerações científicas relevantes para o aperfeiçoamento de seus meios de obtenção de provas. A tais estudos e considerações técnicas das ciências sociais, contudo, devem-se acrescer estudos e considerações jurídicas a respeito das particularidades dos meios de obtenção da prova no contexto da investigação criminal.

Quanto à entrevista, por exemplo, a partir da perspectiva do *interacionismo simbólico*, tem-se considerado que em situações de investigação, "o significado atribuído pelos sujeitos aos atos sociais é produzido no interior da própria relação em que esses atos ocorrem". Ademais, para além dos problemas comuns às ciências sociais, essa técnica encontra na investigação criminal todo um conjunto de problemas que decorrem da especial situação pesquisada – a existência de um crime, a respeito do qual se procura seu autor, vindo acrescida da interação entre uma autoridade e um sujeito em posição hierarquicamente distinta. É, portanto, exigível que essa técnica tenha uma atenção redobrada na investigação criminal, tendo em conta as diversas questões já suscitadas em sociologia como um bom ponto de partida para estudos mais específicos. Nesse sentido, deve-se considerar que: "respostas a perguntas anteriores podem afetar as respostas a perguntas subsequentes"; "a ordem das opções de resposta pode afetar as respostas dos inquiridos"; "as respostas podem ser afetadas pelo próprio formato da pergunta"; "os contextos culturais de pertença afetam a forma de interpretar e responder"[817]. Apesar da relevância dessa técnica na investigação criminal, assim como nas ciências sociais, os pesquisadores tendem a dedicar pouca atenção a ela. Mas sua sistematização em torno de um modelo de entrevista, como técnica de pesquisa fundada em certos pressupostos básicos da psicologia, com uso de tecnologia de colheita (gravadores de voz) e redação de relatório, pode contribuir para a qualidade científica das investigações criminais.

A considerar o quanto de questões suscita uma simples técnica de entrevista utilizada aqui como exemplo, pode-se antever a complexidade metodológica das diversas técnicas com que a investigação criminal se desenvolve, tendo em conta a necessidade de seu aperfeiçoamento. É, nesse sentido, necessário acautelar-se contra o discurso tecnológico limitado ao horizonte de eficiência[818], porque isso pode gerar mais problemas do que soluções à investigação criminal. Assim, visando ao aperfeiçoamento técnico dos meios de obtenção de provas, tendo em conta tantas considerações das ciências sociais quanto as particularidades jurídicas, devem-se observar como critério de orientação duas diretrizes. Uma diretriz deve ser no sentido de aumentar a capacidade de conhecimento, incluindo o alcance de maior fidedignidade possível em relação à informação. Outra

[817] W. Foddy, *Como Perguntar: Teoria e Prática da Construção de Perguntas em Entrevistas e Questionários*, 1993, p. 23ss.

[818] G. F. Kneller, *A ciência como atividade humana*, 1980, p. 245: "Onde a Ciência persegue a verdade, a tecnologia prega a eficiência".

diretriz, no sentido de diminuir a necessidade do uso da força, sob qualquer forma, mesmo de constrangimento psíquico que possa influenciar naquela diretriz anterior. Essa é uma orientação que deve alcançar todos os meios técnicos de obtenção de prova se não queremos transformar a investigação criminal em mero exercício de poder punitivo sem qualquer base cognitiva séria.

Assim, portanto, as técnicas devem ser aperfeiçoadas ou desenvolvidas, tendo por princípio de orientação a *busca do aumento da capacidade de conhecimento, incluindo o alcance de maior fidedignidade possível em relação à informação, mas sempre ponderada com a diminuição da necessidade do uso da força*. Há, nessa orientação, uma imbricação entre os valores epistêmicos e não-epistêmicos. É preciso ter em conta que, na investigação criminal, a justificação com base na busca da verdade não legitima toda e qualquer técnica (p. ex. a tortura, dantes aceita, hoje repudiada), e quando aceita certa técnica, há casos em que não se prescinde de certas formalidades essenciais (p. ex. autorização judicial para interceptação telefônica). É com essa orientação que devemos estudar e aplicar as diversas técnicas de pesquisa, tanto as decorrentes da ciência em geral, como as específicas da investigação criminal. Mas especialmente devemos considerar o problema da prisão como técnica.

### *A tecnologia autoritária da prisão processual*

Considerando o princípio de orientação aqui propugnado em relação à técnica, é impossível legitimar-se qualquer prisão cautelar como forma de pesquisa. Sendo a investigação criminal uma forma de saber-poder em que o conhecimento deveria superar o uso da força, é inaceitável que, ainda atualmente, no Estado de Direito, a prisão possa ser utilizada como alguma forma de conhecimento, sobretudo diante de sua ineficácia para esse fim, porque a verdade assim produzida tem sempre sobre si a dúvida indigna do autoritarismo cognitivo.

É certo, contudo, que a prisão cautelar (preventiva ou temporária) pode assumir outras funções legais que não estamos a considerar, embora também estas outras funções possam ser igualmente reprováveis sob outras perspectivas. Mas é especialmente do ponto de vista epistemológico, exclusivamente em relação à hipótese de imprescindibilidade para a investigação (Lei n. 7.960/89, art. 1º, I) e conveniência da instrução criminal (CPP, art. 312), que se pode questionar a tecnologia autoritária da prisão como forma de conhecimento. A prisão cautelar, em geral, pode, assim, ser questionada sob uma perspectiva dos valores que delineiam o Estado de Direito, tendo em conta que, ontologicamente, a prisão antes da sentença tem o mesmo resultado prático que a restrição da liberdade do acusado, antes de ser considerado culpado. O uso da prisão, como meio para outros fins que não a retribuição ao final do processo, tem sempre o condão de *transformar o ser humano em meio* para fins diversos dos poucos que ainda legitimam o direito penal moderno (a proteção dos bens jurídicos).

Considerada como forma de cognição, enquanto for mantida e utilizada na investigação criminal, a prisão, em última análise, representa o reconhecimento da incapacidade do Estado para desenvolver técnicas mais racionais (cognitivas) de obtenção da verdade, optando sempre e ainda por recorrer ao uso da força como técnica (coativa) ineficaz ao fim a que se destina, deixando sempre implícito outros motivos que não se declaram expressamente na lei, nem na prática das investigações[819].

**Os sistemas de obtenção e proibição de prova**

Os meios de obtenção de provas estão, em princípio, livres a investigação criminal, salvo expressa proibição absoluta ou relativa, que se justifica por razões não apenas epistêmicas, no interesse da melhor verdade possível, mas também por razões ético-políticas, no interesse de proteção de outros valores não-epistêmicos.

Além das diversas disposições sobre meios de provas, os sistemas processuais penais se organizam segundo os diversos meios de obtenção, cujos modelos atualmente, com maiores ou menores diferenças, partem de uma relativa liberdade de produção, que vem, no entanto, limitada por um sistema de proibição probatória que alcança não apenas a obtenção por meios ilícitos como também a valoração das provas assim obtidas.

Assim, portanto, ainda que se possa falar em relativa liberdade de produção de prova, como disposição implícita que deixa em aberto todos os caminhos não obstruídos por disposição normativa, o que marca efetivamente o sistema de obtenção é sua relativa proibição que se torna como um caminho impedido de investigação criminal a ser levado a sério, tendo em conta que qualquer prova obtida fora desses parâmetros se torna ilícita e assim imprestável a qualquer conclusão juridicamente válida acerca do crime.

819 A respeito do tema, cf. artigo nosso E. S. Pereira, "Investigação e crime organizado: funções ilegítimas da prisão temporária", *Boletim do IBCCRIM* n. 157, 2005

Ademais, há que se considerar como fundamental a obrigatoriedade do *contraditório como essência do conceito jurídico de prova*, que se projeta no âmbito metodológico da investigação. O contraditório, sob essa perspectiva, projeta-se nas provas como elemento essencial de sua produção, sem o qual a verdade obtida não adquire a validade necessária para fundamentar as decisões judiciais.

### *A liberdade de produção probatória*

Ao falarmos em *liberdade de produção probatória*, portanto, devemos entender que são admitidas todas as provas possíveis no processo penal, com ampla liberdade, desde que não existam restrições legais. A mais importante restrição encontra-se na proibição de provas obtidas por meios ilícitos, tratada adiante devido à sua relevância.

Essa liberdade abrange as fontes, os meios e os métodos de obtenção. Quanto ao objeto de prova, embora os códigos de processo penal não costumem tratar dele, pode-se limitar aos fatos pertinentes, relevantes e controversos, ou sobre os quais não haja presunção legal[820]. Não se trata nesse caso propriamente de uma restrição à liberdade de prova, mas de uma racionalização ao que é essencial ao processo. Há outras restrições, ainda, relativas ao estado das pessoas, à quantidade de testemunhas e ao momento para apresentação de provas.

Assim, por exemplo, no Código de Processo Penal, "somente quanto ao estado das pessoas serão observadas as restrições estabelecidas na lei civil" (art. 155, parágrafo único), impondo-se ao juiz recorrer aos meios estabelecidos por lei. Em relação a essa restrição, a *Súmula 74 do STJ* estabelece que "para efeitos penais, o reconhecimento da menoridade do réu requer prova por documento hábil". Em relação à prova testemunhal, o Código de Processo Penal restringe seu número, admitindo, por exemplo, apenas 8 testemunhas, no procedimento comum ordinário e no do tribunal do júri arts. 401 e 406, § 2º), e 5 testemunhas, no procedimento comum sumário (art. 531). No que se refere à apresentação de provas, além dos limites decorrentes da preclusão em geral, não se admite no tribunal do júri, durante o julgamento, a leitura de documento ou a exibição de objeto que não tiver sido juntado aos autos com antecedência mínima de

[820] G. Badaró, *Processo penal*, 2008, p. 203ss adverte, contudo, que em relação aos fatos incontroversos, no processo penal, não se pode admitir uma confissão como suficiente à condenação, podendo ainda assim ser objeto de prova o fato alegado.

3 dias úteis, com ciência à outra parte (art. 479). São essas as restrições expressas. No mais, vige um sistema de liberdade de provas, com os limites gerais decorrentes da proibição de provas obtidas por meios ilícitos.

O sistema moderno de liberdade das provas concorre com o sistema medieval de taxatividade das provas, ou de provas legais limitadas ao que a lei preveja, que já não tem sentido entre os sistemas processuais contemporâneos. Admitem-se no sistema do CPP brasileiro provas típicas, previstas expressamente na lei, e provas atípicas, consideradas essas tudo quanto possa produzir conhecimento relativo aos fatos discutidos no processo. Esse sistema de liberdade se conecta com o sistema de valoração das provas, no qual o juiz também tem liberdade para apreciá-las segundo sua convicção, embora existam algumas restrições atuais. Permitidas as provas atípicas, os limites se encontram na proibição de provas obtidas por meios ilícitos, princípio fundamental que orienta toda a produção probatória, ficando ao juiz a livre apreciação do conhecimento produzido, segundo uma avaliação criteriosa da credibilidade da prova, o que se exige mesmo nas provas típicas. Entre as *provas atípicas*, podemos citar a *prova emprestada* em geral e as *provas obtidas fora do processo* sem ofensa à lei.

A *prova emprestada*, produzida em outro processo, tem sido admitida através de produção documental, devendo o juiz analisar se foi ela produzida com respeito ao devido processo legal, o que exige a identidade das partes nos dois processos[821]. Assim, não se tem admitido a prova emprestada que foi produzida em outro processo, no qual a parte atual não participou em contraditório. Não tendo participado, deve-se repetir a prova com participação do réu. E, em todo caso, essa prova não pode ser o fundamento exclusivo da condenação[822].

Entre as provas obtidas fora do processo, sem ofensa à lei, tem-se admitido como prova lícita a gravação de conversa telefônica por um dos interlocutores, ou a escuta com ciência e autorização de um deles[823]. Assim também, qualquer filmagem feita por ofendido, sem ofensa à intimidade

[821] G. S. Nucci, *Código de processo penal comentado*, 2007, 348.

[822] Cf. nesse sentido, STF, HC 67.064-4/RS.

[823] G. S. Nucci, *Código de processo penal comentado*, 2007, 340ss; nesse sentido, já o STF (RE 402.035-SP, 06/02/2004) e o STJ (HC 33.110-SP, 25/05/2004; HC 23.891-PA, 28/10/2003) se pronunciaram considerando lícitas as duas formas. Também a gravação feita em espaço público, tem sido admitida como lícita. Nesse sentido, MS 12429/DF, d.j. 29/06/2007, STJ: "Não configura prova ilícita gravação feita em espaço público, no caso, rodovia federal, tendo

e vida privada do filmado. A questão aqui, assim como na hipótese anterior, está na credibilidade da prova que deve ser avaliada pelo juiz, ou se necessário até submetida a perícia para analisar a veracidade dos dados e inexistência de manipulação, mas a prova em si não é ilícita, estando dentro do âmbito de liberdade de produção de provas[824]. Mas essas questões, inevitavelmente, conduzem-se à discussão mais detalhada sobre a proibição de provas, que ainda tendem a oscilar muito constantemente com o entendimento da jurisprudência.

### *A proibição de obtenção por meios ilícitos*

*A proibição de prova ilícita*, dentre os princípios jurídicos da prova – que deve ser lido em conexão com os limites da investigação –, *se insere no conceito de prova como elemento constitutivo de sua definição jurídica*, na medida em que no processo penal somente o conhecimento produzido com respeito aos direitos fundamentais pode ser considerado prova em sentido jurídico e admitido como base de fundamentação de uma decisão judicial. O princípio, nesse sentido, decorre diretamente da noção de um devido processo penal, com respeito a certos limites fundamentais do Estado Democrático de Direito, tendo por consequência impor limites à liberdade de produção das provas[825].

As proibições probatórias são atualmente consagradas nas diversas constituições políticas e legislações processuais penais, apesar da grande resistência que encontrou na prática processual histórica dos tribunais e ainda persiste encontrando naqueles que consideravam inaceitável admitir a absolvição daquele que se sabe verdadeiramente culpado[826]. É, portanto, importante entender que as proibições probatórias, para além de já não se terem pensado como garantia da verdade, mas antes para outros

em vista a inexistência de 'situação de intimidade' (HC 87341-3, Min. Sepúlveda Pertence, 07.02.2006)".

[824] Na jurisprudência do STJ, admite-se também como lícita a prova obtida por 'acidente', durante interceptação telefônica de investigação de outro crime. Nesse sentido: "É lítica a prova de crime diverso, obtida por meio de interceptação de ligações telefônicas de terceiro não mencionado na autorização judicial de escuta, *desde que relacionada com o fato criminoso objeto da investigação*" (HC 33.553-CE, 5ª T., rel. Min. Laurita Vaz, 17.03.2005 – com grifo nosso). Posteriormente, contudo, o STJ se pronunciou de forma diversa sobre a ressalva contida no julgado (STJ, HC 69552/PR, 06/02/2007 – Rel. Felix Fischer)

[825] Cf. M. Costa Andrade, *Sobre as proibições de prova em processo penal*, 1992, pp. 11-17.

[826] Cf. T. Armenta Deu, *A prova ilícita. Um estudo comparado*, 2014, p. 5ss.

valores não-epistêmicos, implicam efetivamente uma redução da possibilidade de verdade[827].

Ao falar de proibição de provas, a doutrina costuma distinguir entre proibição de obtenção e proibição de valoração, sendo decorrente da primeira a ilicitude da prova sobre a qual depois poderá pesar uma proibição de valoração, embora não exista uma simetria necessária entre as duas figuras proibitivas nos sistemas normativos[828].

A origem do princípio da proibição é disputada por muitas doutrinas, sendo geralmente indicado o processo penal dos Estados Unidos no qual surge a prática do princípio da exclusão (*exclusionary rule*), por obstar ao Judiciário a apreciação de prova assim obtida, mas nesse tema não se pode ignorar o papel pioneiro da doutrina teórica de E. von Beling em 1903[829].

Dentre os vários fundamentos, que justificaram o princípio da exclusão, o que mais se impôs nessa doutrina norte-americana como primordial foi o sentido de prevenção na atividade da polícia, visando a dissuadir condutas policiais ilícitas com violação a direitos fundamentais. Considerando que a prova assim obtida não pode ser utilizada na fase de julgamento, espera-se que os policiais não trabalhem com violação de direitos. Por esse motivo, há assim uma tendência crescente a aceitar certos casos em que a função de prevenção não estaria presente, justificando a aceitação de provas ilícitas orientada por outros critérios de exceção. No entanto, a partir da doutrina alemã, é possível identificar fundamentos que excedem o âmbito da atividade policial e suas questões, com o que o discurso teórico se enriquece com a consciência dos limites de toda o aparelho estatal na busca por provas, a justificar que se compreenda o princípio como expressão dos direitos fundamentais em matéria probatória oponível a qualquer autoridade[830].

A partir do princípio da proibição de provas ilícitas surge a "doutrina dos frutos da árvore envenenada" (*fruis of the poisonous tree doctrine*), pela qual se pretende a inadmissibilidade das provas derivadas daquelas originariamente ilícitas. São provas ilícitas por derivação[831]. O art. 157, §1º do

[827] Cf. H. K. Gössel, "Las prohibiciones de prueba como límites de la búsqueda de la verdad en el processo penal", *El derecho procesal penal en el Estado de Derecho,* 2007, pp. 143-168.

[828] Cf. M. Costa Andrade, *Sobre as proibições de prova em processo penal,* 1992, p. 55ss.

[829] Cf. a tradução E. von Beling, "As proibições de prova como limite a averiguaçào da verdade no processo penal", *Proibições probatórias no processo penal,* 2013, pp. 1-46.

[830] Cf. M. Costa Andrade, *Sobre as proibições de prova em processo penal,* 1992, p. 11ss.

[831] A respeito da ilicitude por derivação como extensão do princípio originário, no Brasil, cf. jurisprudência do Supremo Tribunal Federal (RHC 90376/RJ, D.J. 18/05/2007 – Rel. Celso de Mello).

CPP (com a redação dada pela Lei nº 11.6890, de 9/6/2008) agora expressamente estabelece que "são também inadmissíveis as provas derivadas das ilícitas, salvo quando não evidenciado o nexo de causalidade entre umas e outras, ou quando as derivadas puderem ser obtidas por uma fonte independente das primeiras". Com essa disposição, a lei não somente acolhe a doutrina do fruto da árvore envenenada, como já estabelece as exceções admitidas ao princípio da proibição da prova ilícita, que já vinham sendo consideradas pela jurisprudência, seguindo tendências da doutrina jurídica norte-americana, na qual alguns tópicos fundamentais já estão consolidados, como (a) *exceção da boa-fé;* (b) a *fonte independente*; e (c) a *descoberta inevitável*[832], atualmente incorporadas no sistema probatório brasileiro.

*Algumas exceções: boa-fé, fonte independente e descoberta inevitável*

*a)* *Exceção da boa-fé (good faith exception).* Essa exceção é dirigida à proibição da prova ilícita originária, com base no seguinte argumento: considerando que o objeto do princípio da proibição é de prevenir provas obtidas por meio ilícito, se elas forem obtidas com boa-fé, não se justificaria sua exclusão do processo. Um exemplo de boa-fé poderia ser o cumprimento de mandado de busca expedido por juiz que se sabia incompetente, mas o policial cumpre na crença de que se tratava de uma ordem legítima. Em uma situação dessas, no direito processual penal brasileiro, considerando a definição legal atual de provas ilícitas (segundo a disciplina do art. 157, caput, com a redação dada pela Lei n. 11.690, de 9/6/2008), "assim entendidas as obtidas em violação a normas constitucionais ou legais", acreditamos ser difícil sustentar o aproveitamento de uma prova nesse caso, sobretudo no caso de incompetência decorrente de norma constitucional, embora a questão permaneça em aberto sempre para o entendimento jurisprudencial.

*b)* *Fonte independente (independent source limitation).* Essa exceção, assim como a seguinte, tem sido oposta à proibição da prova ilícita por derivação, com fundamento no argumento de que, se a prova ilícita por derivação puder ser obtida por uma fonte diversa da primeira,

[832] Além dessas hipóteses, D. Feitoza, *Direito processual pe*nal, 2008, p. 613) apresenta outras de exceção à doutrina dos frutos da árvore envenenada, como a limitação da contaminação expurgada (*purged tanit limitation*) ou da conexão atenuada (*attenuated connection limitation*).

ela se desvincula do vício originário. O art. 157 do CPP (com a redação dada pela Lei n. 11.690, de 9/6/2008) admite expressamente que são admissíveis as provas derivas das ilícitas quando "puderem ser obtidas por uma fonte independente da primeira" (§1º), "considerando-se fonte independente aquela que por si só, seguindo os trâmites típicos e de praxe, próprios da investigação ou instrução criminal, seria capaz de conduzir ao fato objeto da prova" (§ 2º). Na jurisprudência do STF e STJ, antes mesmo da inovação legislativa, já se podia encontrar referência a essa exceção, sob a denominação de *prova autônoma, ou independência da prova*, afastando-se assim o reconhecimento da teoria do fruto da árvore envenenada[833].

c) *Descoberta inevitável (inevitable discovery).* Também suscitada como exceção à proibição da prova ilícita por derivação, segundo essa tese, não se impede a admissão de prova derivada de uma violação constitucional, se tal prova teria sido descoberta "inevitavelmente" por meio de atividades investigatórias lícitas sem qualquer relação com a violação. Para além de se tratar de uma situação dificilmente provável, não estamos certos sobre sua aplicabilidade no direito brasileiro, a não ser que a descoberta da nova prova rompa com o nexo causal em relação à prova originariamente ilícita, e nesse caso outra será a fonte da prova, não mais o conhecimento oriundo da ilicitude inicial. Nesse sentido, segundo nos parece, é que se apresenta a segunda exceção legal à inadmissibilidade da prova derivada da ilícita, ao admitir nos casos em que "não evidenciado o nexo de causalidade entre umas e outras" (CPP, art. 157, §1º, com a redação dada pela Lei n. 11.690, de 9/6/2008). Dessa forma, bem interpretado o dispositivo, parece que a lei admite a prova pela simples falta de evidência do nexo de causalidade, não exigindo uma demonstração dessa falta de nexo[834].

As diversas exceções em seu conjunto se configuram como que um retorno da proeminência do valor epistêmico em relação ao não-epistêmico, pondo em suspensão a discussão sobre se nesses casos violam ou não

[833] Nesse sentido, confiram-se os julgados: STF, HC 89032/SP, D.J. 23/11/2007, Rel. Menezes Direito; STJ, AGRHC 40089/MG, D.J. 29/08/2005, Rel. Felix Fischer.

[834] Esse sentido, aliás, de certa forma já vinha sendo atribuído pela jurisprudência do STJ (HC 67433/RJ, d.d. 07/05/2007).

direitos fundamentais, mas em última instância elas procedem a um novo cálculo da proporcionalidade no âmbito da investigação criminal

*A proporcionalidade, entre proibições e exceções*

A discussão teórica acerca das proibições probatórias e suas exceções tem deixado o terreno da dogmática para passear pela casuística das diversas possibilidade de conflitos entre direitos individuais do investigado e o bem jurídico tutelado pelo sistema penal que, após a lesão consolidada pelo crime, torna-se de interesse coletivo. Assim, embora a lei processual tenha como pressuposto um juízo prévio de proporcionalidade que antecipa as situações possíveis em que e possível um meio de obtenção de prova com restrição de direitos, proibindo outros meios sob certas circunstâncias, tem-se tornado cada vez mais comum o argumento de que é necessário abrir-se a possibilidade de um juízo de proporcionalidade especificamente judicial, no curso do processo penal, sempre que se observar um conflito de interesses casuístico em que a proibição de provas protegeria um bem inferior ao que se busca proteger com a investigação criminal.

O exemplo típico extremo dessa situação se encontra na defesa de possibilidades de tortura como meio de obtenção de prova contra terroristas que possuem uma bomba prestes a explodir, matando milhares de pessoas, o que proporcionalmente poderia legitimar o meio proibido de prova. Mas a mesma lógica de raciocínio se pode colocar subjacente à perspectiva defesa que, vendo-se diante da possibilidade de perda injusta da liberdade em um processo no qual não consegue produzir provas, considere proporcional produzir provas violando a privacidade de terceiro, inclusive a dos agentes estatais envolvidos em sua investigação. Os exemplos se podem multiplicar, nos dois sentidos, tanto a favor ou contra a acusação ou a defesa, colocando de lado a legitimidade da lei processual que por fim tende a ser totalmente substituída pela autoridade judicial, a quem seria permitido sempre refazer o cálculo de proporcionalidade subjacente à disciplina legal da proibição de provas, para agir e decidir segundo seu juízo exclusivo.

A realização de um novo cálculo de proporcionalidade, conforme o caso concreto investigado, parece fazer algum sentido, pois a lei nunca consegue antecipar todas as situações concretas com que a investigação criminal precisa lidar, mas basta que se compreenda os meandros internos da proporcionalidade para entender que este postulado não opera facilmente sem maiores problemas. É do que passamos a tratar no tópico a seguir com uma incursão profunda, visando a tornar a proporcionalidade compreensível em termos teóricos, antes de sua reivindicação prática na investigação criminal, que busca geralmente a redução de direitos fundamentais sem considerar seriamente as consequências para todo o sistema jurídico.

## A proporcionalidade na investigação criminal

A proporcionalidade é a específica qualidade processual que se exige das diversas medidas de obtenção de prova na investigação criminal que resultam em restrição de direitos fundamentais, mas é necessário entendê-la em conformidade com o duplo objetivo do direito penal: a persecução dos culpados vs. a proteção dos inocentes.

Enrique Bacigalupo considera que, em razão dos limites que os princípios garantistas encontram na fase processual do inquérito, a proporcionalidade exerce um especial papel durante a investigação criminal, estabelecendo limites na garantia de direitos fundamentais que são restringidos[835]. Uma medida restritiva de direitos, nesse sentido, somente se pode considerar legítima se o interesse na persecução penal em concreto tem uma importância adequada para justificar a limitação. Nessa concepção que tem prevalecido na dogmática processual, deve-se ponderar a gravidade da intervenção com o benefício que dela se pode obter[836]. Essa nos parece ser, contudo, uma perspectiva limitada da proporcionalidade, que cria precisamente as condições de desequilíbrio entre acusação e defesa, sem atentar para o objetivo duplo do direito penal no processo. Ademais, como o veremos, ela concebe a proporcionalidade de forma equivocada, ao acreditar que por si só ela seja capaz de produzir resultados equitativos durante a investigação, independentemente de uma devida organização do poder intraprocessual, de que efetivamente vai depender seu real alcance garantista. Essa concepção é a mesma que se pode encontrar em grande parte da doutrina processual, mas, se bem analisados os elementos que compõem o juízo de proporcionalidade, podemos encontrar alguns indícios primários de que outra pode ser a perspectiva da proporcionalidade, como pensamos ser necessário entender.

[835] E. Bacigalupo, *El debido proceso penal*, 2005, pp. 55-58, cita ainda o *nemo tenetur se ipsum accusare* e a celeridade, ao lado da proporcionalidade, como princípios que buscam limitar a configuração da fase prévia ao juízo.

[836] E. Bacigalupo, *El debido proceso penal*, 2005, p. 65ss

A proporcionalidade tem sido considerada tanto um conteúdo material do Estado de direito, quanto uma base racional de justiça. É duvidoso, contudo, que ela possa assumir esse papel de parâmetro de racionalidade e justiça, sem maiores considerações sobre o que lhe é subjacente e sobre tudo que precisa pressupor axiológica e potestitvamente no processo penal. Um e outro sentidos se podem compreender como faces de um mesmo paradigma ético-epistêmico que postula um modelo de relação entre Estado, Sociedade e Indivíduo, que se pode aplicar em diversos campos do direito, embora tenhamos interesse limitado ao processo penal e, de forma mais específica, às medidas de investigação criminal que implicam alguma restrição de direitos fundamentais.

No primeiro sentido, ela vem originariamente conjugada com a proibição de excesso, tendo por orientação permitir a restrição da liberdade individual apenas em função de uma necessidade decorrente de um fim premente da comunidade, embora seja originariamente associada a uma concepção liberal de Estado[837]. No segundo sentido, ela vem investida na função de permitir um sistema de ordenação racional, seja pela legislação, seja pela interpretação do direito, embora se reconheça que ela encontra limites na necessidade de determinar a importância de vários fins colidentes entre si[838].

A proporcionalidade na comunidade jurídico-científica vem geralmente considerada como princípio constitucional. É nesse sentido que J. J. Gomes Canotilho a aborda, como subprincípio concretizador do princípio constitucional do Estado de Direito, associado intimamente aos direitos fundamentais. Sua origem estaria no século XVIII como "máxima suprapositiva", sendo introduzido no século XIX como princípio geral do direito de polícia na fórmula da proibição de excesso. Assume atualmente a qualidade de "regra de razoabilidade" nos países de Common Law e tende a assumir o papel de "regra de controle" exercido pelos tribunais nos países europeus sobre todos os atos do poder público. Nesse sentido, aplica-se no controle de atos de legislação, administração e jurisdição. Trata-se, em sua concepção, de um controle de natureza *equitativa*, que pretende alcançar a justiça no campo da conflitualidade social[839].

837 R. Zippelius, *Teoria Geral do Estado*, 2007, p. 389ss

838 R. Zippelius, *Filosofia do Direito*, 2010, p. 193ss

839 J. J. Gomes Canotilho, *Direito constitucional e Teoria da Constituição*, 2003, p. 266ss

Em seu sentido mais geral, a proibição de excesso pretende "evitar cargas excessivas ou actos de ingerência desmedidos na esfera jurídica dos particulares", o que permite compreendê-lo igualmente no sentido também de uma *proibição por defeito,* com o que "o estado deve adoptar medidas suficientes, de natureza normativa ou de natureza material, conducente a uma proteção adequada e eficaz dos direitos fundamentais"[840]. Ora, se essa concepção puder ser abrangente a direitos de defesa, a proporcionalidade deveria ter muito mais a oferecer do que se tem costumado retirar dela na fase de inquérito do processo penal, que vem orientado mais pelo princípio da investigação visando à condenação dos culpados, sem igual proteção aos interesses dos inocentes.

***Idoneidade, necessidade e proporcionalidade estrito senso***

A proporcionalidade – segundo Nicolas Gonzalez-Cuellar Serrano – aparece como princípio geral do Direito que "obriga ao operador jurídico a tratar de alcançar o justo equilíbrio entre os interesses em conflito"[841]. Ele, contudo, está ciente das dificuldades que o juízo de proporcionalidade oferece na experiência prática do processo penal. Esse juízo começa com a avaliação de elementos empíricos que se encontram na análise da *idoneidade* e da *necessidade,* embora nessa já exista alguma consideração valorativa. Depois se segue com a *proporcionalidade estrito senso* que exige uma análise mais valorativa[842].

A *idoneidade* constitui um critério de caráter empírico e se refere à causalidade entre a medida em relação ao fim, tendo em vista a obtenção de êxito. Ela se apoia, assim, na relação meio-fim, no exame de sua relação de causalidade. A medida deve ser idônea em concreto, segundo a real finalidade estatal, sob pena de haver um "desvio de poder". O problema está em determinar o grau de sua idoneidade. Diz-se que, nesse caso, a idoneidade reclama uma adequação tanto qualitativa como quantitativa. Assim, uma medida de busca deve ser qualitativamente adequada (necessária) para, p. ex., encontrar e apreender documentos; e deve ser quantitativamente adequada (suficiente) para o que se pretende, sem necessidade de prolongar-se

[840] J. J. Gomes Canotilho, *Direito constitucional e Teoria da Constituição,* 2003, p. 273.

[841] N. Gonzalez-Cuellar Serrano, *Proporcionalidad y derechos fundamentales en el proceso penal,* 1990, p. 17s.

[842] N. Gonzalez-Cuellar Serrano, *Proporcionalidad y derechos fundamentales en el proceso penal,* 1990, p. 155.

no tempo ou expandir-se para ambientes onde não se imagina encontrar qualquer documento. A medida deve, ainda, nesse sentido, ser adequada subjetivamente, limitando-se aos sujeitos envolvidos de alguma forma no processo ou que possam aportar elementos probatórios[843].

A *necessidade*, também denominada de "intervenção mínima", obriga o Estado a comparar medidas aplicáveis que sejam suficientes para o fim desejado. É nesse sentido um juízo comparativo que busca a otimização dos direitos pela menor limitação possível. A comparação exige recorrer a medidas alternativas, o que implica estabelecer critérios. Mas, embora se tenda a exigir que essa medida alternativa seja tão idônea quanto a outra, Nicolas Serrano considera que isso inviabilizaria o juízo, com desconsideração da exigência de otimização dos direitos. Assim, sugere que exista apenas uma "aptidão suficiente". A medida alternativa, nesse sentido, bastaria ser suficientemente idônea. Isso, contudo, exige não apenas um juízo técnico-empírico, pois há já nesse juízo de necessidade uma ponderação de valores. A eleição de um meio alternativo não é, efetivamente, uma análise exclusivamente empírica, pois exige considerações valorativas sobre o esquema meio-fim. E nessa valoração, tendo em conta a otimização dos direitos fundamentais, devem entrar não apenas a idoneidade da medida, mas também as consequências que ela traz ao âmbito de proteção dos direitos limitados (v.g. a repercussão social de uma prisão preventiva)[844].

O principal juízo se encontra na análise da proporcionalidade estrito senso que exige uma ponderação de valores. Nicolas Serrano sustenta, assim, que o princípio da proporcionalidade estrito senso é (a) um princípio valorativo, que pressupõe um estudo da relação empírica medida-finalidade, mas que seu campo próprio está no terreno dos valores; (b) um princípio ponderativo, porque exige ponderar um par de valores estatais e individuais; (c) um princípio de conteúdo material, pois embora pareça nos remeter a uma exigência meramente formal de uma perspectiva lógica, o mesmo não se pode dizer de uma perspectiva histórica, pois ele surge nesse sentido para afirmar valores constitucionais como limites do Estado

[843] N. Gonzalez-Cuellar Serrano, *Proporcionalidad y derechos fundamentales en el proceso penal*, 1990, pp.152-182

[844] N. Gonzalez-Cuellar Serrano, *Proporcionalidad y derechos fundamentales en el proceso penal*, 1990, pp.189-202.

no direito de polícia e direito administrativo, devendo assim ser considerado no direito processual penal[845].

A questão fundamental que caracteriza o juízo estrito de proporcionalidade se encontra, portanto, na ponderação de valores que, no processo penal, costuma ser delimitado a partir do conflito "interesse estatal *versus* interesse individual", tendo geralmente em conta o processo como instrumento a serviço de normas materiais. Nicolas Serrano observa, contudo, que há concepções diferentes, pois se elas fossem apenas instrumentais, não haveria sentido perguntar por sua justiça. Há muitos casos em que as normas processuais negam sua subordinação ao direito material, a exemplo do que acontece com as proibições probatórias. Em sua concepção, portanto, "tudo isso demonstra que as normas processuais podem ser interpretadas desde o ponto de vista da «justiça processual», o que significa que não são simplesmente instrumentos neutros a serviço da pretensão punitiva do Estado". O princípio da proporcionalidade é, nesse sentido, uma questão de justiça processual[846].

Ademais, há outros motivos que justificam a limitação de direitos fundamentais no processo penal, a exemplo dos seguintes interesses estatais: a) a proteção dos direitos fundamentais do indivíduo; b) a tutela de outros bens constitucionalmente protegidos; e c) o correto desenvolvimento do processo e adequado funcionamento das instituições processuais. Mas quando se considera o interesse individual frente ao interesse estatal, ele tende a resumir-se a questão de manutenção do *ius libertatis*, como interesse de não sofrer ingerência nenhuma sobre seus direitos. Pode-se, é certo, entendê-lo não apenas como direito de liberdade, mas como todo e qualquer direito, mesmo aqueles que não se encontram na esfera legal de consequência da medida, a exemplo ainda das consequências que a medida teria na saúde, física e psíquica, do imputado, em sua vida familiar, social e profissional, incluindo ainda as consequências que outras pessoas venham a sofrer, a exemplo da família[847]. Nicolas Serrano chama ainda a atenção para um possível conflito entre exercício de direito de defesa e o

[845] N. Gonzalez-Cuellar Serrano, *Proporcionalidad y derechos fundamentales en el proceso penal*, 1990, pp.225-227.

[846] N. Gonzalez-Cuellar Serrano, *Proporcionalidad y derechos fundamentales en el proceso penal*, 1990,, pp. 243-245.

[847] N. Gonzalez-Cuellar Serrano, *Proporcionalidad y derechos fundamentales en el proceso penal*, 1990, p. 273ss.

interesse estatal no correto desenvolvimento do processo, no tema relativo ao prazo razoável do processo[848]. Mas tudo isso, contudo, está longe de alterar no juízo de proporcionalidade a relação entre meio-fim, tendo em conta a finalidade de tutela do inocente, como o veremos ser necessário.

É, ainda, portanto, no *interesse de persecução penal* do Estado que se encontra a mais detida análise dos critérios que permitem medir a proporcionalidade. Nicolas Serrano, no entanto, considera que apenas se justifica esse interesse se tender a assegurar a proteção final dos bens jurídicos tutelados pelo direito penal. Mas isso representa uma tutela de bens em segundo plano, pois esse bem já foi ofendido pelo crime, restando apenas como bem a tutela do inocente, que vem justamente submetido como meio aos fins da persecução penal.

Ademais, o problema está em como medir isso, a considerar os diversos critérios da doutrina e legislação[849]. Todos esses critérios, bem como quaisquer outros que sejam desenvolvidos, são postos na investigação criminal sob uma perspectiva em que se consideram sempre com exclusão das razões (fáticas e jurídicas) de quem sofre a medida, na perspectiva exclusiva da acusação em diálogo com o juiz. Isso limita a proporcionalidade a uma concepção fraca, que não abrange a complexidade do objetivo duplo do garantismo penal, a exigir uma adequada organização do poder intraprocessual que o permita realizar-se. A insistência em erigir a proporcionalidade a parâmetro racional autossuficiente, com dissociação do problema prejudicial da organização do poder, constitui ainda uma forma persistente de discurso de legitimação do poder punitivo.

É preciso, contudo, uma melhor compreensão da proporcionalidade, para entender que ela, como uma questão procedimental ("como"), não funciona independentemente da organização do poder ("quem"), o que tivemos oportunidade de discutir ainda na parte relativa ao conceito de investigação criminal, na qual sustentamos uma devida investigação criminal organizada ela divisão de poderes entre órgãos de investigação,

[848] N. Gonzalez-Cuellar Serrano, *Proporcionalidad y derechos fundamentales en el proceso penal*, 1990,, pp. 245-250.

[849] N. Gonzalez-Cuellar Serrano, *Proporcionalidad y derechos fundamentales en el proceso penal*, 1990, p. 251ss, entre outros, cita: a) consequência jurídica do crime; b) importância da causa; c) grau de imputação e d) êxito previsível da medida. A lei portuguesa, estabelece expressamente como critérios a gravidade do crime e as sanções que possivelmente possam ser aplicadas (Cf. P. P. Albuquerque, *Comentários do Código de Processo Penal*, 2011, p. 567-573).

acusação, defesa e julgamento. Mas essa é uma condição anterior e externa, a que se acrescem outros vários problemas internos da proporcionalidade, que podemos dividir em teóricos e práticos.

***Alguns problemas teóricos da proporcionalidade***

O problema teórico principal está inicialmente em crer na ideia de que a proporcionalidade ostenta uma neutralidade metodológica, independente da força com que os envolvidos no processo conseguem promover seus interesses. Essa parece ser a concepção com que David Beatty pretende sustentar sua teoria do Estado de Direito baseada na proporcionalidade dos juízos jurisdicionais[850]. Apesar de objeções éticas sérias que se podem fazer a essa neutralidade, Beatty tem suas razões para sustentar essa neutralidade. Ele considera que "o caráter moral da sociedade deve ser definido por ela mesma", não cabendo aos juízes assumir pontos de vistas pessoais, mas o ponto de vista das partes no julgamento. Esse é um elemento importante a reter-se dessa concepção, a considerar que a proporcionalidade no processo penal vem viciada precisamente por faltar o ponto de vista de uma das partes.

A neutralidade, nesse contexto, implica reconhecer que o justo é o corretamente proporcional em cada sociedade, sendo a justiça um ideal local, não universal. Assim, "as proporcionalidades variam diretamente com o peso e o valor que as pessoas atribuem aos interesses envolvidos". Segundo Beatty, portanto, "aplicada com isenção, a proporcionalidade é um princípio moral passível de se utilizar em qualquer parte do mundo", que, em suma, "promove a integração entre o real e o ideal, entre o local e o universal...". Essa confiança otimista na proporcionalidade decorre do que Beatty chama de "lógica da proporcionalidade". Ele parece realmente está convencido de que a proporcionalidade pode conduzir-se de maneira lógica sem maiores complicações, pois considera que ela transforma o processo de controle num exercício simples de raciocínio lógico. Essa sua confiança o leva a considerar, equivocadamente, que "a proporcionalidade transforma em questões de fato problemas que na filosofia moral constituem questões de valor"[851].

Essa, contudo, é uma compreensão limitada da proporcionalidade. Em virtude de sua pesquisa não detalhar muito bem os elementos da propor-

[850] D. M. Beatty, *A essência do Estado de Direito*, 2014, p. 304ss

[851] D. M. Beatty, *A essência do Estado de Direito*, 2014, p. 306.

cionalidade, Beatty não se dá conta de que a cognição empírica é uma parte importante do cálculo, mas não constitui toda a sua racionalidade que depende ainda de uma opção valorativa. É em virtude dessa sua incompreensão que talvez conclua equivocadamente que "pelo fato de não atribuir aos direitos nem aos números nenhum status especial, a proporcionalidade pode reivindicar para si a objetiva integridade que nenhum outro modelo de controle judicial de constitucionalidade é capaz de satisfazer"[852]. E esse parece ser o sentido subjacente com que a proporcionalidade costuma ser assumida no processo penal. No entanto, Beatty admite que a proporcionalidade tem subjacente a si uma dimensão valorativa baseada na igualdade, que nos permite concluir pela "justiça da proporcionalidade". Ela presume, nesse sentido, nas discussões entre maiorias e minorias, que todos os participantes de um debate são iguais entre si. É, certamente, isso que o faz considerar que "somente a proporcionalidade pode garantir que a Constituição realize o melhor de suas possibilidades". Em síntese, Beatty não leva a sério a incomensurabilidade entre certos interesses, como o veremos, mas insiste que é preciso ouvir as partes no debate entre maioria e minoria, o que é um problema fundamental do processo penal, considerando o duplo objetivo do garantismo penal[853].

É também um problema de compreensão tentar ver a proporcionalidade como um outro princípio, dissociado dos demais princípios que constituem o arcabouço garantista fundamental do processo penal, quando o certo deveria ser compreendê-la como o que se postula pelo conjunto dos princípios do sistema processual penal de um Estado de Direito. A proporcionalidade, nesse sentido, precisa ser vista como algo diverso dos princípios, mas não como algo que se substitui a eles, na falta de algum deles durante a investigação criminal. Há, a respeito disso, algumas concepções esclarecedoras.

Robert Alexy, por exemplo, considera que a proporcionalidade é uma máxima que decorre da própria natureza dos princípios, segundo sua teoria dos mandamentos de otimização, em cuja formulação "os princípios são normas que ordenam que algo seja realizado na maior medida possível

[852] D. M. Beatty, *A essência do Estado de Direito*, 2014, p. 311ss

[853] É justamente como conflito entre interesses de maioria e interesses de minoria que L. Ferrajoli, *Diritto e Ragione*, 2008, p. 328, compreende o duplo objetivo do direito penal a ser representado por partes distintas no processo penal.

dentro das possibilidades jurídicas e fáticas existentes"[854]. Assim, afirma expressamente que "a natureza dos princípios implica a máxima da proporcionalidade", o que significa dizer que a proporcionalidade "decorre logicamente" da natureza dos princípios, ou seja, que é deduzível dessa sua natureza[855]. Em outros termos, um sistema jurídico de princípios igualmente importantes, em uma sociedade de valores múltiplos, exige logicamente uma máxima de proporcionalidade, sem a qual perderia toda racionalidade. É nesse sentido que David Beaty, acertadamente nesse ponto, considera a proporcionalidade como "parte essencial e inevitável de todo texto constitucional", porque sem ela haveria uma "impossibilidade lógica" de existir Constituição[856].

Tudo está a indicar que a proporcionalidade não se pode considerar como um princípio, mas tampouco algo que decorre da natureza dos princípios. Não diríamos, portanto, que ela decorre logicamente de princípios postos em confronto, porque melhor se compreende como algo que precede os princípios, como razões que os justificam em seu conjunto, assim como precedem regras muitos específicas sobre medidas restritivas de direitos. É nesse sentido que a concepção de Humberto Ávila tem a vantagem de considerá-la como postulado, embora segundo uma equivocada compreensão do que seja postulado. Afinal, postulados não são "normas imediatamente metódicas que instituem os critérios de aplicação de outras normas situadas no plano de objeto de aplicação"[857]. Primeiro, porque não se limitam à aplicação das normas, pois estão presentes desde a sua criação. Segundo, porque esses critérios são em verdade razões subjacentes às diversas normas, que se justificam sob condições de atenderem ao postulado de justiça implícito[858]. A proporcionalidade, nesse sentido, apenas postula realizar uma ideia de justiça, segundo uma racionalidade meramente procedimental, não estando limitada à atividade de aplicação e interpretação.

[854] R. Alexy, *Teoria dos direitos fundamentais*, 2011, p. 90.

[855] R. Alexy, *Teoria dos direitos fundamentais*, 2011, p.116ss.

[856] D. M. Beatty, *A essência do Estado de Direito*, 2014, p. 294ss

[857] H. Ávila, *Teoria dos princípios*, 2013, p. 143ss, em sua incerteza terminológica, chega a admitir que "seja qual for a denominação preferida, os postulados funcionam de forma diferente relativamente a outras normas do ordenamento jurídico".

[858] R. Alexy, *Teoria dos direitos fundamentais*, 2011, p. 120, ao fundamentar a proporcionalidade com base em normas de direitos fundamentais que tem caráter de princípios, admite expressamente que essa fundamentação não exlcui outras baseadas no Estado de Direito, bem como no conceito de Justiça.

Ela postula uma racionalidade proporcional de diversas normas em conflito. Mas nesse ponto, como o veremos, entramos nas questões e objeções que se colocam pela filosofia moral sobre a possibilidade de o proporcionalismo nos servir de postulado ético independentemente da admissão de uma norma fundamental anterior com conteúdo materialmente definido.

O juízo de proporcionalidade está, portanto, antes na legislação, segundo aquela concepção constitucionalista que encontramos em Alexy e Beatty, mas, como já se observou acertadamente, ele terá a mesma estrutura na proporcionalidade sobre as medidas restritivas de direitos fundamentais durante o inquérito[859]. E nesse sentido, a proporcionalidade pressupõe uma regra de sopesamento ou ponderação que corresponde à ideia de concordância prática[860]. Afinal, a proporcionalidade pressupõe a existência sempre de um conflito para o qual postula uma possibilidade de concordância prática como solução racional. Mas nessa sua lógica há um decisionismo sub-reptício que oculta a insuperável discordância entre elementos importantes do juízo de proporcionalidade[861].

Alexy, ao exigir otimização de princípios colidentes, segundo um primeiro enunciado da lei do sopesamento, parece admitir que a restrição de um princípio se justifica pela mera importância do outro[862]. Isso poderia permitir qualquer restrição de direitos, sempre a título de proteção de outros direitos, sem quaisquer condições. Em um segundo enunciado do sopesamento, contudo, ele considera que "quanto mais pesada for a intervenção em um direito fundamental, tanto maior terá que ser a certeza das premissas nas quais essa intervenção se baseia"[863]. O problema é que, além de essa certeza exigir conhecimento que geralmente não se encontra disponível para a decisão[864] – quer no contexto da legislação, quer no contexto da jurisdição –, há de fato uma questão prejudicial que concerne à relação meio-fim.

[859] M. F. Mata-Mouros, *Juiz de Liberdades*, 2011, p. 290.

[860] Nesse sentido, cf. R. Alexy, *Teoria dos direitos fundamentais*, 2011, p. 173.

[861] A respeito desse decisionismo, cf. T. Fischer-Lescano, "Crítica da concordância prática", in *Crítica da Ponderação*, 2016, pp. 37-61.

[862] R. Alexy, *Teoria dos direitos fundamentais*, 2011, p. 593: "Quanto maior for o grau de não-satisfação ou de afetação de um princípio, tanto maior terá de ser a importância da satisfação do outro".

[863] R. Alexy, *Teoria dos direitos fundamentais*, 2011, p. 617: a essa lei ele chama de "lei epistêmica do sopesamento", em oposição àquela primeira que chama de "lei material do sopesamento".

[864] A respeito, cf. K.-H, Ladeur, "Crítica da ponderação na dogmática dos direitos fundamentais", in *Crítica da Ponderação*, 2016, p. 139: "A legitimidade democrática da lei não

Afinal, o primeiro problema da proporcionalidade passa antes por estabelecer o que é meio relativamente a que fim. Apenas depois é que se seguem os problemas relativos especificamente à adequação, necessidade e proporcionalidade em sentido estrito. O estabelecimento da relação entre meio e fim depende da existência de bens jurídicos que se imbricam numa relação intersubjetiva, em que há uma medida concreta (legislativa, administrativa ou jurisdicional) que se destina a realizar algum fim. Há que se estabelecer que fim está em *relação de causalidade* com o meio. Esse fim se define tanto internamente, por um interesse real relativo a uma pessoa ou um objeto, quanto externamente, segundo finalidades atribuídas ao Estado[865]. Mas, concedendo que o Estado, no processo penal, tem como finalidade tanto a punição dos culpados, quanto a proteção dos inocentes, é irremediavelmente arbitrária que toda a discussão sobre proporcionalidade no processo penal sempre se conduza pelo fim da investigação em detrimento de direitos individuais que são limitados, como a colocar o princípio da presunção de inocência a serviço do princípio da investigação.

Essa questão prejudicial, portanto, é o problema fundamental do juízo de proporcionalidade em processo penal, que constitui seu cerne filosoficamente problemático, se tivermos em conta a objeção da incomensurabilidade dos interesses da maioria com os interesses da minoria, segundo a concepção garantista dos fins do direito penal.

Afinal, o proporcionalismo, como filosofia moral, pretende sustentar uma metodologia própria e específica, no contexto de teorias utilitaristas e consequencialistas, que dificilmente se justifica, sobretudo na forma limitada com que se desenvolve no discurso processual legitimador das restrições de direitos. Como teoria ética, "ele abrange todos os métodos que propõem determinar a escolha certa em função das *quantidades* de benefícios e danos, não apenas os métodos que insistem na *maximização* do benefício". É proporcionalista, nesse sentido, quem se predisponha a buscar a "melhor proporção entre benefícios e danos". Utilitarismo e consequencialismo são, portanto, formas de proporcionalismo, que acabam por ser a designação mais ampla para o conjunto de teorias éticas que sugerem um

pode obscurecer o fato de que o conhecimento necessário para a decisão não se encontra disponível de forma central...".

[865] H. Ávila, *Teoria dos princípios*, 2013, p.183ss, adverte que "no direito processual manipula-se a ideia de proporção entre o gravame ocasionado e a finalidade a que se destina o ato processual".

juízo de proporcionalidade como forma de escolha ética[866]. Mas é importante entender que, segundo John Finnis, não é exatamente proporcionalista o método que contém um juízo moral prévio, ou se baseia em algum compromisso prévio a respeito do qual apenas se realiza uma opção. Em sentido estrito, "há proporcionalismo apenas quando uma avaliação global dos benefícios e danos, sem depender de qualquer outro julgamento moral, é considerado o critério exclusivo do juízo moral, ou o critério para derrogar ou qualificar outros juízos morais"[867]. A diretriz moral básica do proporcionalismo é uma injunção metodológica que consiste essencialmente na comparação de benefícios e danos. Em suma, o que se propõe é um cálculo de proporcionalidade. Ele pressupõe necessariamente que há alguma comensurabilidade entre o que se compara, e é contra isso que o garantismo se insurge ao observar que são incomensuráveis os interesses da maioria e da minoria.

Finnis defende que é impossível realizar esse cálculo, não apenas porque é impossível calcular a globalidade das consequências, mas sobretudo porque é sem sentido, ao se propor comparar bens incomensuráveis, tornando a escolha decorrente do cálculo irrazoável, pois ela ainda pode subsistir sendo uma escolha moralmente errada. "A irrazoabilidade de escolhas moralmente erradas não está na incompreensibilidade de escolher um bem menor (...). Pelo contrário, está na irrazoabilidade de buscar o bem arbitrariamente ou inequitativamente, ou fanaticamente, ou inconstantemente, ou por meio de um ataque direto a algum bem básico, ou de alguma forma contrária a um princípio de razoabilidade prática". Contudo, "o proporcionalismo persuade porque a sua máxima metodológica parece *autoevidente*". E ele se fortalece por sugerir que há uma única resposta moral correta, que se tem perpetuado em certas concepções legalistas dogmáticas. Mas se temos em mente que os bens humanos básicos, em qualquer situação considerada moralmente, são incomensuráveis, é fácil perceber que os argumentos proporcionalista tem subjacente a seu cálculo "meras racionalizações de conclusões a que chegou por motivos não proporcionalistas". Essa é a maior crítica de Finnis ao proporcionalismo, que precisamos reter, pois, como ele observa: "Uma vez que um moralista aceite o método proporcionalista, mesmo que como um princípio meto-

[866] J. Finnis, *Fundamentos de Ética*, 2012, p. 81ss

[867] J. Finnis, *Fundamentos de Ética*, 2012, p. 87.

dológico entre outros, ele pode produzir argumentos a favor de qualquer solução que lhe agrade"[868].

### *Alguns problemas práticos da proporcionalidade*

Aos problemas teóricos, seguem outros de natureza prática difícil de resolver. O primeiro decorre porque, como se tem observado, a proporcionalidade subsiste sendo bem-sucedida num espaço de falta de diretrizes normativas suficientemente precisas, em que é necessário tomar decisões[869]. Ela é, em definitivo, um critério de racionalidade condicionado, limitado e impreciso, mas é, igualmente, de fato, uma condição de possibilidade de justiça em um Estado de Direito que pressupõe uma sociedade aberta com valores múltiplos, sem a qual seria impossível conciliar racionalmente conflitos de princípios não absolutos a priori. Ela se pode considerar, nesse sentido, como um postulado do Estado de direito que visa a alcançar uma equidade processual. A proporcionalidade entende-se, assim, como um postulado de justiça, próprio de um Estado (constitucional) de direito em sentido material, que tem em conta a dignidade do homem em sua expressão como indivíduo. Mas é preciso considerá-la de forma realista, tendo em conta o problema potestativo que vem nela imiscuído. Ela não tem uma aptidão autônoma, decorrente de alguma especial metodologia procedimental, para estabelecer posições éticas acertadas por si só. E, nesse sentido, ela vai pressupor o postulado da divisão do poder, como condição de sua possibilidade jurisdicional, sem o qual se torna um instrumento de legitimação de restrições de direitos fundamentais[870].

Ela requer, ademais, que exista antes um fim legitimamente aceito em concorrência com outros fins, para estabelecer meios que se mostram conformes com eles. Mas a cada meio escolhido, em razão de um fim privilegiado, implica que algum outro fim foi desconsiderado, tornando-se em meio daquele outro fim. A relação entre fins e meios, portanto, é tão volátil que dificilmente se pode estabelecer rigidamente o que é meio relati-

[868] J. Finnis, *Fundamentos de Ética*, 2012, p. 90-94.

[869] Cf. I. Augsberg, "A desunidade da razão na multiplicidade de suas vozes: a teoria da ponderação e a sua crítica como um programa jurídico-teórico", in *Crítica da ponderação*, 2016, pp. 19-35.

[870] A concepção de D. M. Beatty, *A essência do Estado de Direito*, 2014, p. 304ss, portanto, é aceitável sob essa condição de que os interessados no juízo de proporcionalidade estejam representados no processo.

vamente a um fim. Como já se observou, "a escolha de certo fim permite valorizar uma ação que, noutras situações, costuma-se condenar". Afinal, "conquanto seja verdade que o fim valoriza os meios, nem sempre ele os justifica, pois o uso destes pode ser condenável em si, ou ter consequências desastrosas, cuja importância pode ultrapassar a do fim buscado"[871].

O problema que concerne ao processo penal está em que, geralmente, o que se estabelece como fim é a punição dos culpados, a respeito do que as medidas de investigação criminal restritivas de direitos se mostram como meios. Essa é, ainda, a perspectiva corrente com que se considera o juízo de proporcionalidade no processo penal, com uma tendência a considerar a restrição do direito subordinada aos fins que o princípio da investigação postula, a colocar em risco a concepção liberal dos direitos fundamentais[872]. É dessa perspectiva manca da proporcionalidade que vários modelos de investigação se alimentam, criando uma falsa expectativa de justiça processual.

Outra, contudo, poderia ser a perspectiva do juízo de proporcionalidade, se levarmos em conta que também é fim do processo penal a tutela do inocente[873], em relação à qual deveríamos questionar se também os meios de defesa disponíveis são proporcionais ao fim que se propõe. Afinal, não há nada que obrigue a proporcionalidade a ser considerada exclusivamente apenas naquele sentido anterior, a não ser uma tendência inquisitória que subsiste no processo penal contemporâneo, a enfatizar o princípio da investigação na fase de inquérito. Mas se queremos equilibrar esse princípio com os demais princípios do Estado de Direito, notadamente a presunção de inocência, parece-nos necessário reconsiderar essa compreensão da proporcionalidade na fase de inquérito.

Trata-se de uma questão de efetiva jurisdicionalidade, se não queremos reduzir a jurisdição penal a uma repetição do juízo legal de proporcionalidade ou a uma revisão do juízo administrativo de proporcionalidade que se pressupõe na proporcionalidade do processo. Afinal, as disposições normativas restritivas de direitos são já expressão de um juízo hipotético de

[871] C. Perelman, L. Olbrechts-Tyteca, *Tratado da argumentação*, 2002, p. 315.

[872] Nesse sentido, partindo de estudo ao direito de propriedade, cf. K.-H. Ladeur, "Crítica da ponderação na dogmática dos direitos fundamentais: apelo para uma renovação da teoria liberal dos direitos fundamentais", in *Crítica da Ponderação*, 2016, p. 170ss.

[873] Como vem subentendido no segundo objetivo de prevenção do direito penal, segundo L. Ferrajoli, *Diritto e ragione*, 2008, p. 325ss.

proporcionalidade, que antecipam a relação entre fim e meio[874]. Pressupõe-se, assim, na legislação processual penal, uma proporcionalidade em toda medida restritiva de direitos fundamentais em favor de interesses processuais. O próprio direito processual penal se pode entender, assim, como uma manifestação setorial do postulado de proporcionalidade pela legislação, pela previsão de meios de persecução penal com restrição de direitos fundamentais em favor de um fim persecutório dos culpados. Entre os interesses processuais, contudo, o princípio da investigação deveria ser posto na disposição legal do processo penal em proporcionalidade com o princípio da presunção de inocência, com medidas igualmente aptas à garantia desse fim.

As restrições legais, em todo caso, se devem entender como possibilidades restritivas, não como deveres obrigacionais de restrição, o que, para além de poder ser questionada em abstrato pelo controle de constitucionalidade das leis, precisa ser averiguado em concreto, a exigir um juízo administrativo de proporcionalidade, como o que se realiza pela polícia em situações cotidianas de restrição de direitos[875]. A proporcionalidade das restrições de direitos fundamentais, portanto, não se pode averiguar por completo em abstrato, apenas pela sua previsão normativa a admitir uma medida. Ela se realiza precisamente por uma análise concreta do caso em que existe uma restrição, mas é preciso que se distinga materialmente entre juízo administrativo e juízo jurisdicional de proporcionalidade. Afinal, a jurisdicionalidade de uma restrição de direitos segundo a proporcionalidade exige muito mais que apenas conferir ao órgão judicial sua apreciação, como mera corroboração ou refutação de juízo administrativo prévio, nos casos em que o órgão oficial de acusação requer uma medida submetida a condição de reserva judicial, pois nenhum meio eleito resistiria a outros meios hipoteticamente considerados[876]. E esse é o problema com que o juízo de proporcionalidade se depara nas medidas restritivas de direito na fase de inquérito, quando neste não há atuação da defesa em igualdade com a acusação[877].

[874] É nesse âmbito que R. Alexy, *Teoria dos direitos fundamentais*, 2015, p. 116ss, deriva a proporcionalidade dos princípios, assim como D. M. Beatty, *A essência do Estado de direito*, 2014, p. 311ss, considera-a essencial à Constituição

[875] A respeito dessa compreensão, cf. M. M. Guedes Valente, *Teoria Geral do Direito Policial*, 2014, pp. 196-206.

[876] Nesse sentido, cf. H. Ávila, *Teoria dos princípios*, 2013, p. 194ss.

[877] É isto o que mais enfatiza em sua análise crítica M. F. Mata-Mouros, *Juiz de Liberdades*, 2011, p. 290.

A considerar que é necessário proceder a averiguações empíricas que dependem do caso concreto, sem a qual a justiça abstrata da proporcionalidade pode incorrer em falta de equidade, o que se exige do juízo jurisdicional é ter em conta as razões dos interesses processuais em igualdade de condições. Certo é que, pela natureza sigilosa própria de certas medidas restritivas na investigação, o imputado mesmo dificilmente poderia participar da discussão sobre a proporcionalidade, mas é igualmente certo que à falta de sua presença o juízo de proporcionalidade resulta sempre imperfeito, dependente da benevolência do órgão de acusação ou do órgão de decisão.

A proporcionalidade jurisdicional, portanto, não se realiza efetiva e completamente pelo mero juízo unilateral de qualquer autoridade judicial, em substituição ou correção de uma proporcionalidade administrativa, ou em complemento de uma proporcionalidade legislativa, sem que haja a participação do interessado na discussão da base empírica em que se discute adequação e necessidade. Nesses casos, fica sempre por faltar a nota essencial de jurisdicionalidade da medida restritiva, havendo mera formalidade substitutiva da administração, que não explica por que razão se transfere a um juiz uma decisão sobre medidas restritivas, sem participação da defesa. O problema da proporcionalidade não está tanto na diversidade e indeterminabilidade de critérios com que cada um dos seus elementos se pode avaliar, mas na sempre ausência da parte a quem interessa o juízo de proporcionalidade, no âmbito das medidas restritivas que acontecem na fase processual de inquérito.

A proporcionalidade no processo penal precisa, assim, ser considerada da perspectiva dos princípios que concernem à tutela do inocente e aos direitos de defesa, o que incrementaria a complexidade do juízo comumente limitado a considerar o impacto do princípio da investigação na restrição de direitos fundamentais de liberdade e privacidade[878]. Afinal, ao processo penal não deve interessar apenas a proporcionalidade dos meios de investigação relativamente ao fim de obter a condenação dos culpados, mas também a proporcionalidade dos meios de defesa relativamente ao fim de obter a tutela do inocente. Mas esses dois juízos de proporcionalidade considerados em conjunto tornam a questão muito mais problemática do

[878] Ainda que no cálculo da proporcionalidade se considere o conflito entre interesse estatal e interesse individual, como o observa N. Gonzalez-Cuellar Serrano, *Proporcionalidad y derechos fundamentaels en el proceso penal*, 1990, p. 243ss.

que o juízo simples faz supor sem colocar em perspectiva real a defesa no processo. Ao conjunto desses dois juízos de proporcionalidade cruzados podemos chamar de proporcionalidade composta ou recíproca. E isso é precisamente o que falta nos modelos de investigação sem atuação paritária da defesa, visando a garantia da jurisdicionalidade material durante o inquérito penal.

A partir do princípio da presunção da inocência como fim igualmente relevante ao processo penal, da perspectiva da defesa impõe-se um juízo de proporcionalidade entre os meios disponíveis para defender-se das ingerências estatais restritivas de direito sobretudo nos casos que implicam obtenção de prova durante a investigação criminal, a considerar que as medidas indevidamente conferidas, além de não admitirem recurso durante o processo, ao final deste já não interessam em virtude da discussão sobre a matéria principal da condenação[879]. O juízo de proporcionalidade simples orientado apenas pelos fins da investigação não consegue alcançar a equidade procedimental que a proporcionalidade pretende, porque deixa sempre de lado a defesa naquelas medidas restritivas de direitos que, ademais, ainda podem resultar em produção de prova a ser posteriormente utilizada em motivação de sentença condenatória. O juízo de proporcionalidade realizado pelo juiz de garantias, nos casos em que há pedido de autorização judicial para medidas restritivas de investigação, apenas sobrepõe-se a um outro qualquer juízo que se poderia realizar pela Polícia ou pelo Ministério Público, mas nada nele se acrescenta materialmente se não for precedido de uma possibilidade real de a defesa manifestar-se[880].

A redução tradicional da proporcionalidade, ao confrontar apenas interesse estatal da investigação como fim e interesse individual como meio, não é suficiente para expressar a complexidade real dos problemas de proporcionalidade que suscita o processo penal. A considerar o duplo fim do direito penal, dever-se-ia melhor falar em proporcionalidade entre meios de defesa e meios de obtenção de prova que implicam restrição de direitos, relativamente a cada fim que se propõem os princípios da investigação e da presunção de inocência no processo penal. Essa perspectiva coloca meios de obtenção de prova e meios de defesa em situação inversamente

[879] Cf. a respeito, a constatação de M. F. Mata-Mouros, *Juiz das Liberdades*, 2011, p. 284-288.

[880] Com razão, portanto, F. Ruggieri, *La giurisdzione di garantia nelle indagini preliminari*, 1996, p. VIII, ao considerar que nesse caso o juiz se torna apenas uma "longa manus" do Ministério Público.

proporcional. Os meios de defesa deveriam ser inversamente proporcionais às ingerências no âmbito de proteção da liberdade, de forma que aumentassem à medida que o investigado sofresse maior redução daquele âmbito.

O funcionamento efetivo dessa proporcionalidade inversa e recíproca fica, contudo, a depender de um equilíbrio entre os diversos sujeitos como condição de sua possibilidade, sem o que todo juízo de proporcionalidade se perde nos escaninhos da consciência da autoridade judicial. Apenas a existência de um equilíbrio de forças entre os sujeitos parciais do processo pode assegurar que o juízo de proporcionalidade tenha em conta todas as perspectivas teleológicas do processo penal e esteja em condições de uma melhor aproximação da justiça processual. Apenas uma devida investigação criminal, na qual tenhamos a divisão do poder entre órgão de investigação, acusação, defesa e julgamento, pode viabilizar um juízo efetivo de proporcionalidade na fase processual de inquérito, permitindo uma legitimação processual do método.

# 17
# AS OPERAÇÕES ESSENCIAIS DO MÉTODO

## A interpretação (fática) das provas

Após a obtenção de dados da realidade que nos oferecem a base empírica da investigação criminal, muitas atividades concorrem para uma qualquer conclusão acerca do crime, não importa inicialmente se positiva ou negativamente, relativamente a que interesse de parte. Podemos falar, de uma forma geral, que isso constitui uma espécie de intepretação dos fatos, cujo resultado é uma atribuição de sentido semiótico aos sinais recolhidos.

Mas não se trata de uma interpretação que se inicia e termina antes de uma qualquer interpretação jurídica. Se colocamos esta interpretação ao final do capítulo, é apenas por uma questão de ordem dispositiva do texto, porque a interpretação fática acontece simultaneamente, à medida que avança a interpretação jurídica, numa construção mútua do fenômeno criminal que interessa à investigação. Afinal, o sentido fático que interessa à investigação é aquele que encontra seu significado em alguma norma. Não nos interessa na investigação criminal especificar algum dado como um objeto em si, a exemplo de um veículo furtado e depois encontrado em posse de alguém, senão como "bem de propriedade alheia" que se encontra na norma jurídica como elemento do tipo. É, portanto, nesse sentido que precisamos entender a interpretação fática como a ante-face da interpretação jurídica. Mas entre uma e outra, muitas atividades serão necessárias ao investigador, e veremos em que medida cada uma delas se tornam problemáticas e devem reter a nossa atenção. Antes, contudo, especifiquemos melhor o sentido do que chamamos de intepretação fática e como a podemos reconduzir a uma questão de *atribuição semiótica de sentido.*

À primeira vista, falar em interpretação de fatos pode sugerir algum relativismo tendente ao ceticismo, mas não é disso que se trata. Os fatos existem e não os podemos negar, porque eles existem a partir de um mínimo indiscutível, a respeito do que realmente não temos muito o que discordar, desde é claro que tenhamos uma linguagem mínima de partida; mas acerca do que se põe em uma zona de interesse e disputa, como sucede no âmbito da questão criminal, subsiste sempre algo a dizer sobre os fatos, algo a discutir e atribuir algumas possíveis interpretações destoantes. A intepretação dos fatos está imbricada com a observação e descrição atenta daquilo que interessa à investigação.

Temos um corpo ao chão, sangue e outros objetos, uma porta sem arrombamento, mas nada foi levado da residência. Essa aparente descrição, por si já discutível em vários pontos que não nos interessa de imediato, permite mais de uma interpretação ou se basta como descrição? A partir do momento em que a investigação criminal nos exige responder a algumas perguntas extras que não decorrem imediatamente da observação e descrição dos dados, abre-se todo aquele domínio de possibilidades interpretativas que nos conduzem a outros ambientes metodológicos da investigação. A quem quer que se tenha investido na função de apresentar uma descrição narrativa de um crime, explicando ainda alguns pontos em aberto, mas que são relevantes ao tipo penal, saberá o quanto podemos construir a respeito dos fatos, chegando a diversas explicações. O historiador bem o sabe, não se entrega facilmente ao que se revela à primeira vista, porque a história nunca nos é evidente naquilo que interessa[881]. Por que o seria com o investigador criminal? A nossa percepção é que com maior razão ainda que na história, na investigação criminal é necessário falar em interpretação dos fatos, a considerar que estes nos interessam pelo que representam na perspectiva de uma norma penal. É nesse sentido que precisamos falar de uma interpretação dos fatos no direito[882].

Contudo, pode-se evitar que falemos em interpretação fática para falar em outros termos dessa atividade essencial à investigação criminal como uma questão que interessa a todos os domínios de pesquisa. Trata-se do que podemos chamar de *atribuição semiótica de sentido* aos sinais que foram reunidos pela obtenção da prova. Assim, em lugar de interpretação, pode-

[881] M. Bloch, *Apologia da histórica ou o ofício do historiador*, 2001.

[882] A respeito, cf. E. R. Rabenhorst, "A interpretação dos fatos no direito", 2003, pp. 8-18.

mos falar em inferência, desde que isso não exclua que estamos atribuindo sentido a certos sinais que a semiótica toma por signos; desde que essas inferências não se reduzam a formas lógicas tradicionais. É claro que nesse sentido precisamos de uma concepção semiótica mais aberta, para não voltarmos à redução do campo apenas dos atos comunicativos intencionais como a linguagem. É, portanto, em C. S. Peirce (não em F. Saussure), que encontramos a base mais fundamental da semiótica como teoria geral do signo; é nele que podemos compreender a semiótica como atribuição lógica de sentido dos signos, no que se incluem objetos perceptíveis ou apenas imagináveis[883].

Apesar de emancipar-se da linguística, a ideia de atribuição de sentido aos diversos dados que se colhem pela investigação consiste em uma operação similar ao que fazemos com a linguagem, porque também esses dados se podem compreender como um conjunto de sinais que comunicam algo, ainda que não tenha sido essa a intenção de quem produziu. No contexto da investigação criminal, esses diversos sinais podem ter algum sentido manifesto em documentos redigidos especificamente para algum objetivo, embora este possa não se mostrar explicitamente ou representem apenas uma simulação da realidade; ademais, estes sinais podem também vir apenas incorporado em algum vestígio deixado não intencionalmente, mas que ainda assim permanece comunicando algo; em qualquer caso, portanto, e isso é incontornável, será preciso atribuir-lhes sentidos. É dessa atribuição que emerge o caráter probatório do dado, porque lhe requeremos uma função justificatória do que se afirma a respeito do objeto investigado. A prova nunca se revela por si mesma como auto-evidente, mesmo que se pretenda a exposição do *corpus criminis*.

Assim, a considerar esses dados probatórios como signos de objetos perceptíveis, usando a concepção semiótica peirceana, podemos dizer que a atribuição de sentido lógico consiste em síntese que "observamos os caracteres de tais signos e, a partir dessa observação, por um processo a que não objetarei chamar *Abstração*, somos levados a afirmações, eminentemente falíveis e por isso, num certo sentido, de modo algum necessárias, a respeito do que *devem ser* os caracteres de todos os signos utilizados por

883 E. Walter-Bense, *A teoria geral dos signos*, 2010, pp. 1-57; C. S. Peirce, *Semiótica*, 2017, p. 45: "Em seu sentido geral, a lógica é, como acredito ter mostrado, apenas um outro nome para *semiótica* (...), a quase necessária ou formal, doutrina dos signos"

uma inteligência científica isto é, por uma inteligência capaz de aprender através da experiência"[884].

A atribuição de sentido, assim compreendida, pode ser estática ou dinâmica. A estática é linear, sugerindo-nos que ela acontece apenas ao final da investigação, presentes todos os dados que precisamos para concluir a pesquisa, e de fato é necessário que assim seja. Mas é na dinâmica que a atribuição de sentido encontra sua maior virtude operativa, à medida que oferece hipóteses complementares de investigação, que podem orientar outras medidas de obtenção de provas. E, nesse ponto, encontramo-nos no âmbito lógico da abdução, que teremos oportunidade de melhor discutir em capítulo próprio. O importante é que nesse primeiro passo, entenda-se a circularidade metódica da investigação, cujas chamadas "operações essenciais" não se desenvolvem linearmente, podendo suceder que cada operação se volte ao círculo interno do método como um sistema de técnicas que se retroalimenta com resultados parciais obtidos, até o momento em que será possível concluir acerca do que se investiga. Há algo como que uma *ruminação metodológica*, se queremos ter uma imagem metafórica forte do método da investigação criminal[885].

## A observação, fenomenologia e descrição

A observação consiste na operação mais ordinária e fundamental de uma metodologia da investigação criminal, estando na base de diversas técnicas de obtenção de dados necessários à prova do crime. Ademais, nela se pode detalhar algumas ações que não são muito bem consideradas juridicamente, mas que cientificamente são especialmente relevantes à compreensão dos condicionamentos e problemas que pode suscitar metodologicamente.

Ao tratar da observação em investigação nas ciências sociais, Raymond Quivy e Luc van Campenhoudt consideram necessário realizar três operações que, na investigação criminal, não se costumam seguir, mas que deveriam compor o projeto de suas pesquisas. Distinguem-se as operações de (a) "conceber o instrumento de observação", preparando-a para aplicar na prática, sobretudo nos casos de inovações técnicas que requerem trei-

[884] C. S. Peirce, *Semiótica*, 2017, p. 45: "Quanto a esse processo de abstração, ele é, em si mesmo, uma espeçie de observação".

[885] Ao tratar da lógica como espaço pleno de uberdade, Peirce já utilizou a expressão "play of musement" (T. A. Sebeok, "Um, dois, três, uberdade desta vez", *Signo de três*, 2014, p. 11).

namento para o seu uso; (b) "testar o instrumento de observação", para assegurar sua viabilidade e sua eficácia ao fim que pretende, abrindo oportunidade para identificação de defeitos nos resultados esperados; (c) "recolha de dados", que consiste na execução prática das técnicas apropriadas[886].

Henri Peretz, ao tratar da observação como método fundamental em sociologia, explica essa técnica, a partir da noção de interação social, distinguindo entre a atividade de observação e o registro dos dados observados[887]. Apesar da grande relevância que possui essa passagem do observado ao seu registro, essa questão não tem sido devidamente considerada nas práticas sociais de pesquisa, assim como não encontramos a devida atenção nas práticas de investigação criminal, nas quais os agentes devem aperfeiçoar a prática de relatar o observado. O descaso pela observação como técnica, em parte, decorre de uma visão muito difundida que limita o científico ao experimento, ao fato como dado imediato da realidade que se colhe e registra sem maiores problemas, sem questionamentos sobre as condicionantes que atuam desde a seleção dos dados. Afinal, como técnica que pode vir imbricada na recolha de informação, nas ciências sociais, apesar dos vários sentidos que pode adquirir, em um sentido mais restrito e bem delimitado, "a observação consiste em estar presente e envolvido numa situação social para registrar e interpretar, procurando não modificá-la"[888].

A observação é, nesse sentido, portanto, a operação fundamental de partida de uma metodologia da investigação; uma técnica que tem como objetivo encontrar um significado para os dados recolhidos, a fim de classificá-los, o que se exige igualmente na investigação criminal, em correspondência com um tipo jurídico-penal.

Dentre as espécies de observação, pode-se estabelecer uma comparação entre as formas da sociologia (direta, indireta e participante) com as diversas formas de observação que se encontram na investigação criminal. Mas é importante entender que a observação do fato, como operação fundamental que se desenvolve no contexto da obtenção da prova, pode vir muito constantemente imbricada no próprio ato de obtenção. Assim, podemos falar em (a) observação direta pela autoridade – local de crime e inspeção; (b) a observação indireta – por agentes e peritos, com pes-

886 R. Quivy, L. V. Campenhoudt, *Manual de investigação em ciências sociai,* 1995, p. 155ss.

887 H. Peretz, *Método em Sociologia: A observação,* 1998.

888 H. Peretz, *Método em Sociologia: A observação,* 1998, p. 13.

quisa de campo em vigilância, em laboratórios, com relatórios e laudos; c) A observação participante – agente infiltrado.

Entretanto, as técnicas da investigação não se reduzem restritamente às modalidades sociológicas. Algumas parecem não se enquadrar muito facilmente nas modalidades comuns de observação. É o caso da interceptação telefônica que, embora se refira a dados verbais tem a característica própria da observação, por não interferir na situação. A infiltração de agente, por sua vez, melhor se pode considerar uma observação encoberta[889]. E o sentido que tem a observação indireta, em sociologia[890], não se pode confundir com a gravação de imagens e sons. Mas em todos os casos temos a questão comum da precedência teórica.

### *A precedência da teoria sobre a observação*

Qualquer que seja a forma de observação, é preciso compreender que existe uma teoria subjacente condicionando os atos do investigador, porque não existe observações objetivamente desvinculadas de qualquer ideia prévia da realidade como forma purificada de conhecimento. As observações empíricas são sempre precedidas de teorias. É, portanto, necessário entender "a dependência que a observação tem da teoria"[891].

O indutivismo ingênuo acredita que "a ciência começa com a observação" e que a partir dessa observação se produz uma base segura de que se pode derivar todo conhecimento. Contrariamente, contudo, sabe-se que as experiências visuais que temos estão determinadas não exclusivamente pela sensação, pois "o que um observador vê é afetado pelo seu conhecimento e experiência". Em outras palavras, "experiências não são dadas como únicas e imutáveis, mas variam com as expectativas e conhecimento do observador". A. F. Chalmers nos apresenta um exemplo, a partir do desenho de uma escada em perspectiva. A perspectiva é um expediente de desenho técnico que nos permite compreender uma realidade tridimensional, a partir de uma representação bi-dimensional. Há várias formas de perspectiva; no exemplo do autor, a escada é apresentada em perspectiva oblíqua. A primeira imagem regular que de imediato surge é uma escada cujos degraus estão na parte superior. Mas, sem dificuldade, é

[889] U. Flick, *Métodos qualitativos na investigação científica*, 2002, p. 238.

[890] R. Quivy, L. V. Campenhoudt, *Manual de investigação em ciências sociai*, 1995, p. 164ss.

[891] C. G. Hempel, *Filosofia da ciência natural*, 1970, p. 30; K. Popper, *A lógica da pesquisa científia*, 1972, p. 61; A. F. Chalmers, *O que é ciência, afinal?*, 1993, p. 45.

possível extrair uma escada "de cabeça para baixo". E experimentos com tribos africanas, cuja cultura não abarca a compreensão tridimensional de representações, têm demonstrado que seus membros apenas conseguem ver traços paralelos, representados bi-dimensionalmente. A esse respeito, é preciso entender que a representação tridimensional é uma aquisição cultural. Dessa forma, podemos começar a nos questionar quando seremos capazes de representar e compreender uma realidade tetra-dimensional, em que o espaço tridimensional está entrelaçado ao tempo, como sugerem certas teorias contemporâneas da física. A conclusão é que "as proposições de observação pressupõem teoria". Pode-se até aceitar que a experiência particular da realidade seja acessível diretamente ao observador, mas não as "proposições de observações públicas", que são asserções externadas pelo observador a respeito do que captou. Assim, portanto, "algum tipo de teoria deve preceder todas as proposições de observação e elas são tão sujeitas a falhas quanto as teorias que pressupõem"[892].

As teorias, portanto, precedem as observações, e as preposições de observação, feitas segundo alguma teoria, são precisas na medida em que o são as teorias e todo seu conjunto de leis, conceitos e hipóteses. Em suma, "teorias precisas, claramente formuladas, são um pré-requisito para proposições de observações precisas", assim em ciência como em investigação criminal. Mas, considerando que as teorias do conhecimento científico são falíveis e incompletas, "a orientação que elas oferecem, como por exemplo, as observações relevantes para algum fenômeno sob investigação, podem ser enganosas e podem resultar no descuido com alguns importantes fatores"[893].

Essas afirmações que se podem fazer acerca das observações da ciência em geral com maior razão se devem fazer às observações da investigação criminal em específico, para questionar que teorias se encontram subjacentes na base de diversas observações declaradas sobre provas obtidas.

### *A fenomenologia como método de observação*

A fenomenologia como método de observação pode nos oferecer maior compreensão acerca dos problemas com que essa operação fundamental se depara na simples atividade de interagir com um objeto qualquer.

[892] A. F. Chalmers, *O que é ciência, afinal?*, 1993, p. 51ss.
[893] A. F. Chalmers, *O que é ciência, afinal?*, 1993, p. 58

A fenomenologia, significava originariamente a "descrição da consciência e da experiência, abstraindo de considerações sobre seu conteúdo intencional"[894], mas a partir da filosofia de Edmund Husserl – que considera precisamente a intencionalidade como marca característica da consciência –, o conceito passou a ter um sentido especialmente próprio e assim permanece atualmente[895].

A fenomenologia de Husserl pressupõe um determinado conceito de fenômeno que não se limita apenas ao que aparece ou se manifesta ao homem, sob determinadas condições, mas "aquilo que aparece ou se manifesta em si mesmo". A partir dessa noção de fenômeno, a fenomenologia seria não ciência de dados de fato, mas uma ciência de essências (*eidética*), empenhada assim na exclusão dos fenômenos psicológicos das características reais do fenômeno, o que constitui a *redução eidética*: transformação do fenômeno em essência. *Eidética* é o termos introduzido por Husserl "para indicar tudo o que se refere às essências, que são objeto da investigação fenomenológica"[896].

A redução eidética se opera através do que Husserl chama de *epoché*, algo como uma suspensão de juízo que se encontrava nos antigos céticos e consiste sumariamente em "não aceitar nem refutar, não afirmar nem negar" qualquer coisa a respeito das coisas em diversos momentos da investigação[897]. E, nesse sentido, a fenomenologia significa, antes de tudo, um *conceito de método*, que pretende mostrar aquilo que não se manifesta, aquilo que está escondido, sendo por isso considerada a verdadeira e única ontológica possível.

A respeito do método fenomenológico, é preciso que ele não se entenda como um instrumento, utensílio ou técnica específica. Trata-se de um método que consiste sobretudo na *variação imaginária*, ou seja, "faz-se variar as determinações pensadas do objeto no sentido de se ver se ele tem possibilidades de ser outro desde que não prejudiquem a sua identidade, a identidade 'invariável' da coisa nela mesma que faz ser ela e não outra

[894] Esse era o sentido atribuído por Kant, conforme N. Abbagnano, *Dicionário de filosofia,* 2003, p. 437.

[895] E. Husserl, *A ideia da Fenomenologia,* [2012].

[896] N. Abbagnano, *Dicionário de filosofia,* 2003, p. 308; J.-F. Lyotard, *A Fenomenologia,* 2006, p. 15ss

[897] N. Abbagnano, *Dicionário de filosofia,* 2003, p. 339; J.-F. Lyotard, *A Fenomenologia,* 2006, p. 23ss

coisa. Pela variação livre da imaginação se revela a verdadeira resistência da essência e a sua contingência..."[898].

É, nesse sentido, portanto, relevante considerar a potencialidade metodológica da fenomenologia para a investigação criminal, tendo em conta a complexidade ontológica de seu objeto que, não sendo por si um crime *in natura*, exige que os dados imediatos sejam observados e avaliados a partir de uma suspensão inicial do juízo e após variação imaginária das diversas possibilidades de sentido antes que se constitua como crime. Assim, a fenomenologia pode concorrer para o aprimoramento da investigação, sobretudo no interior das diversas técnicas de obtenção e observação que se seguem, visando à compreensão eidética do crime, em conformidade com a sua estrutura ontológica tridimensional. Trata-se de uma operação metodológica que exige um *exercício fenomenológico*, sobretudo em virtude do caráter unilateral da investigação, mesmo no caso do juiz ao final do processo, quando as partes se manifestaram em contraditório, mas ainda precisa concluir em sua decisão individual. A vantagem pode ser evitar, no exercício da investigação, a compreensão precipitada do objeto, obtida por conclusões imediatas, sem ponderações acerca de outras possíveis conclusões igualmente aceitáveis. É preciso compreender que acerca de um mesmo dado da realidade podemos chegar a conclusões diversas igualmente aceitáveis. Assim, o exercício fenomenológico pode, portanto, concorrer para uma investigação mais esmerada na intenção de compreender o objeto em sua essência fundamental.

### *"Os fatos não falam por si": a descrição e seus mitos*

Após a obtenção da prova e sua observação fática, que se podem desenvolver em fases circulares e repetitivas, chega um momento em que a investigação criminal requer uma análise do conjunto probatório para produzir uma exposição interpretativa, afinal os fatos não falam por si, tampouco se bastam com uma mera descrição aparentemente neutra a considerar a complexidade problemática do crime, que requer muito mais do que a simples apresentação das provas.

O positivismo difundiu uma ideia irreal de que é possível adquirir fatos de forma objetiva, dando-lhes uma descrição pura que exclua todo interesse subjetivo do pesquisador. Essa ideia se difundiu, por exemplo, na abando-

[898] L. Hegenberg (org), *Métodos*, 2002, p. 107; A. Ales Bello, *Introdução à fenomenologia*, 2006, p. 21ss.

nada historiografia factográfica de L. von Ranke, mas ainda hoje persistente no positivismo da investigação criminal que espera do investigador apenas um relatório sem maiores discussões valorativas e muito menos jurídicas, embora o fato típico seja essencialmente uma realidade jurídica tridimensional constituída de fato, valor e norma, e o tipo se constitua de elementos objetivos, subjetivos e normativos. É, portanto, necessário acabar com o mito de exigência da mera descrição, que se constitui na base de um autoritarismo cognitivo, buscando justificar a verdade em sua autoevidência. E contra essa ideia factográfica, é exatamente na história que podemos encontrar a melhor mudança de paradigma para a investigação criminal, ao identificar fases de descrição, explicação e avaliação no método.

O método científico dos historiadores para a exposição de seu conhecimento pretende que "cada afirmação seja acompanhada por provas e pela indicação das fontes..."[899]. Esse método pode ser observado igualmente na investigação criminal. Mas antes da exposição, há fases que se não mostram claramente ao investigador, mas que o historiador tem percebido que são obrigatórias. Houve tempo em que, entre os historiadores, se cria no processo de colecionar fatos e reuni-los simplesmente, na crença de que os "fatos falam por si". Esta é uma crença ingênua que ainda persiste na atividade da investigação criminal, ou o que é pior, um discurso deliberadamente tendencioso que pretende omitir a subjetividade do conhecimento. Por vezes até pede-se ao investigador que apenas descreva os fatos, sem qualquer outra operação, como se isso fosse realmente possível. Chama-se a esta forma de história *historizante, factográfica*. Mas "não há fatos sem questionamento". Não há fatos sem hipótese prévia, sem uma questão posta. O problema é que em geral o questionamento é implícito e não declarado.

Adam Schaff observa que o historiador não pode escapar ao papel ativo, como sujeito de uma relação cognitiva, assim como não o pode igualmente o investigador. No fato histórico (assim como no fato criminoso passado), como categoria científica, introduz-se o fator subjetivo. E isso não se reduz à seleção preliminar, pois se prolonga por todas as fases do conhecimento histórico, que podemos vislumbrar na descrição, explicação e avaliação[900]. Ao descreverem-se os fatos, faz-se uma interpretação, inevitavelmente, segundo conceitos. E ao interpretar é que se reconstrói o fato. Isso é evidente na investigação criminal, por trabalhar com conceitos teóricos sem

[899] A. Prost, *Doze lições sobre a historia*, 2008, p. 55.

[900] A. Schaff, *Verdade e história*, 2000, p. 197ss.

os quais é impossível estabelecer em que elemento do crime se pode situar um vestígio qualquer, tendo em conta as categorias conceituais da teoria jurídico-analítica do crime. Mas a história não se limita a selecionar fatos para descrevê-los. Deve também explicá-los. Não basta dizer o que se passou, há também que dizer como e por quê. Estas questões, na investigação criminal, encontram-se exigidas implicitamente nos motivos e fins do crime que por vezes compõem o tipo penal fundamental. Mas como se procede à explicação em história e investigação criminal? Este é um dos problemas fundamentais do método em história, com que filósofos e historiadores se debatem em torno dos conceitos de compreensão e explicação, geralmente como atividades contrapostas, mas por vezes como atividades que se confundem.

## As explicações diversas: narrativa, causal e social

A primeira explicação é, contudo, a narrativa que constitui a essência do método historiográfico. Trata-se de uma explicação temporal, cujo alcance e limites da história nos leva ao problema fundamental da narrativa, que pretende nos oferecer uma história que faça sentido ou que, em termos jurídico-processuais, faça sentido para uma condenação. Assim como acontece em história, a investigação criminal exige uma narrativa do que se passou, unindo todos os elementos existentes e provados. É o método de explicação narrativa, que consiste em conferir sentido à narração de fatos que se sucedem no tempo, em um lugar específico. Essa é a conclusão de Jörn Rüsen, para quem "explicações especificamente históricas são explicações narrativas", que se podem representar conforme o *esquema de Danto*, que aqui reproduzimos com pequena alteração[901]:

| *Esquema de uma explicação narrativa* | |
|---|---|
| (1) S é F em $t_1$ | *Explanandum* |
| (2) G ocorre com S em $t_2$ | *Explanans* |
| (3) S é H em $t_3$ | *Explanandum* |

S = "sujeito" de uma história; F = situação inicial; H = situação final; G = acontecimento; t=tempo

[901] Cf. J. Rüsen, *Reconstrução do passado. Teoria da história II: os princípios da pesquisa histórica*, 2010, p. 51, que adota a argumentação de A. C. Danto, *Analytische Philosophie der Geschichte*, Frankfurt, 1974.

Mas mesmo a explicação narrativa histórica exige, além da ordem temporal dos fatos, dizer *o que* se passou, bem como dizer *o como* e *o porquê*, questões que, na investigação criminal, encontram-se exigidas implicitamente nas diversas circunstâncias do crime, seus motivos e fins do crime que por vezes compõem o tipo penal fundamental ou o qualificam. Em geral, na história se procede à explicação com base em máximas de experiência, leis pseudocientíficas que pressupomos na explicação corriqueira de fatos ordinários, para os quais não há ciência em condições de nos oferecer leis explicativas – que é igualmente comum à investigação criminal – mas não raro a história, assim como na investigação criminal, recorre às ciências em geral, às chamadas leis científicas. Assim, além da explicação narrativa, podem ser necessárias mais explicações complementares, que se podem distinguir em causal e finalista[902]. Essa distinção, que parece conciliatória de certas divergências existentes na teoria da história, serve-nos ao entendimento da atividade de explicação na investigação criminal. À pergunta "por quê?" duas séries de respostas são possíveis – "por causa de X" ou "para que X". No primeiro caso, temos uma *retrodicção*, em que não se espera uma explicação integral de todas as causas, mas a causa próxima, parcial. No segundo, uma *compreensão*, com a qual se busca "compreender a ação".

A retrodicção é um procedimento em que, tendo um ponto de chegada bem definido (os efeitos), o historiador se orienta na busca de uma causa presumida, por imaginação[903]. Carl Hempel descreve a retrodicção com base na *função de leis gerais em história*, mas não *leis especificamente históricas*, sustentando que se trata de explicação de um evento que contém (1) "uma série de afirmações que asseveram a ocorrência de certos eventos (...) em certos lugares" e (2) "uma série de hipóteses universais...", a partir das quais é possível deduzir a conclusão[904]. As hipóteses universais que exercem a função de lei podem ser retiradas de vários campos do conhecimento científico, ou da experiência diária. Em história, assim como em qualquer outro ramo da investigação empírica, "só é possível obter a explicação científica mediante hipóteses gerais adequadas ou mediante teorias

[902] A. Schaff, *Verdade e história,* 2000, p. 201ss.

[903] A. Prost, *Doze lições sobre a historia,* 2008, p. 156; P. Veyne, *Como se escreve a história,* 2008, p. 162.

[904] C. Hempel, As funções das leis gerais na História, p. 43ss, in P. Gardiner, *Teorias da Historia,* 2008.

que sejam corpos de hipóteses sistematicamente correlacionadas". Grande número de explicações na história (mas não todas) se procede dessa forma, mas nem as condições prévias nem as hipóteses são indicadas explícita e univocamente. Em consequência, a imprecisão determina a probabilidade da explicação, com caráter estatístico. O que temos, portanto, são *esboços de explicação*, decorrentes de alguns limites da explicação histórica. O primeiro limite decorre do fato que em história, assim como em investigação criminal, em geral na base hipotética há *máximas de experiência*. O segundo decorre do conceito limitado de causa, que geralmente é restringido ao imediatamente anterior, à causa eficiente, uma condição necessária, mas não suficiente. Essa causa é escolhida, segundo um sistema de referência. E isso é muito evidente na investigação criminal, em que o sistema de referência aceita como causa uma responsabilidade legal, a exemplo do que temos em crimes de omissão imprópria, cujo autor é responsável por não ter agido quando devia. Ou seja, na investigação criminal, como acontece na história, a "explicação histórica nunca é integral" e "tudo o que é insignificante é ignorado"[905]. Mas tudo aquilo que recebe uma explicação causal se comporta segundo o *esquema nomológico de Hempel*, seja com base em leis científicas nos casos de perícias, seja com base em máximas de experiências, como o sintetiza Jörn Rüsen no quadro que aqui reproduzimos[906]:

| *Esquema de uma explicação nomológica* | |
|---|---|
| (1) A é o fato<br>(2) Sempre que se trata de A, também acontece B | *Explanans* |
| (3) B acontece | *Explanandum* |

(1) = Condição inicial ou marginal ("Causa"); (2) = Lei; (3) = "Efeito"

A explicação causal, contudo, não é suficiente, nem na história, nem na investigação criminal. Em história, "a explicação causal é sempre acompanhada pela explicação finalista"[907]. E, no contexto jurídico-penal da investigação criminal, deve-se ter em conta que Hans Welzel já havia observado essa particularidade da conduta humana como "exercício de uma atividade

905 A. Schaff, *Verdade e história*, 2000, p. 206ss

906 Cf. J. Rüsen, *Reconstrução do passado. Teoria da história II: os princípios da pesquisa histórica*, 2010, p. 24, com base em C. G. Hempel, *Explanation in science and in history*, Londn, 1966.

907 A. Schaff, *Verdade e história*, 2000, p. 209.

final"[908]. É como efeito da explicação finalista que surge a atividade de *compreensão*. Encontram-se, contudo, duas formas essenciais de considerá-la na história. Há quem a considere uma operação simpatética, como o faz R. G. Collingwood, cuja ideia de história como "reconstituição da experiência passada" requer que o historiador passe pela experiência do personagem histórico[909]. Embora criticada essa forma de compreensão subjetivista na história, Luigi Ferrajoli considera que ela corresponde precisamente ao que se pede na análise da inexigibilidade de conduta diversa para determinação da culpabilidade, explicando, contudo, que "esta compreensão simpatética não consiste em uma identificação com os hábitos mentais do sujeito em julgamento, como a que proviria de uma romântica fusão afetiva, mas em uma 'participação imaginativa indireta e mediata', que é de tipo racional, porque se baseia na 'representação da situação do fato' submetida a julgamento"[910].

Diversamente, contudo, G. Simmel considera que essa "pretendida transferência da própria experiência interior" não é a chave para a compreensão do personagem histórico[911]. A esta forma de compreensão K. Popper opõe uma "teoria objetivista da compreensão subjetiva", na qual o essencial não é a reconstituição mental do passado[912]. O papel do historiador, portanto, seria a "análise situacional", que se pode fazer a partir do "esquema tetrádico" $P1 \rightarrow TP \rightarrow DC \rightarrow P2$, em que temos problema inicial, teoria provisória ou solução conjectural ou hipotética, discussão crítica à luz das provas e novo problema. O que Popper considera uma *análise situacional* está bem descrita em exemplo-padrão apresentado, pelo qual se supõem elementos psicológicos do personagem, mas eles são tratados como elementos objetivos da situação[913]. Encontramos uma forma típica de análise situacional no direito penal na teoria finalista da ação, quando se pressupõem no agente certos atributos psicológicos, como o dolo natural no tipo subjetivo cujo sentido se colhe pelo resultado objetivo externo. Karl Popper opta por este método objetivo porque "permite a discussão crítica das nossas soluções provisórias – das nossas tentativas de recons-

908 H. Welzel, *O novo sistema jurídico-penal*, 2001.

909 R. G. Collingwood, *A ideia de história*, 2001,

910 L. Ferrajoli, *Direito e Razão*, 2000, p. 132.

911 G. Simmel, A natureza da compreensão, *Escritos sobre a história*, 2011, p. 30.

912 K. Popper, Uma abordagem pluralista à filosofia da história, *O Mito do Contexto*, 2009, p. 226.

913 K. Popper, Modelos, instrumentos e verdade, *O Mito do Contexto*, 2009, p. 242.

truir a situação". Ora, é exatamente o que mais interessa à investigação criminal, tendo em conta as particularidades do direito e a necessidade oportuna do contraditório. E mesmo entre historiadores, Jörn Rüsen adota uma explicação intencional com base no *esquema de Donagan,* a partir de considerações sobre a teoria de Hempel e Popper, segundo o quadro que aqui reproduzimos[914]:

| *Esquema de uma explicação intencional* | |
|---|---|
| (1) S quer Z<br>(2) S avalia a sua situação como C<br>(3) S está convencido que, em C, só é possível conseguir Z por meio de x | *Explanans* |
| (4) S executa x | *Explanandum* |

S = sujeito da ação; Z = objetivo da ação; C = natureza de uma situação (um conjunto de possibilidades de agir); x = ação

Ao final de tudo, além da diversidade explicativa que se pode exigir na atividade de investigação, temos a valoração como parte do trabalho do historiador. Em geral, essa avaliação judicatória é implícita, através da apreensão e seleção dos fatos, sem formulação clara, mas é possível afirmar que "os valores e os juízos invadem o terreno do historiador, trazidos pelos vetores mais diversos que escapam muitas vezes ao controle do historiador e mesmo à sua consciência"[915]. A questão é que, assim como em história, também na investigação criminal, isto é inevitável. Mas na investigação criminal essa questão se vai situar no âmbito mais jurídico da imputação de uma responsabilidade penal por um crime, ao que daremos uma atenção em separado, após aprofundar alguns aspectos da explicação nomológica das perícias.

## A explicação causal nomológico-dedutiva das ciências naturais

A investigação criminal exige, por vezes, que, no conjunto das explicações causais, se recorra às ciências naturais, sem as quais alguns aspectos do crime não se tornam evidentes, sendo, contudo, necessário acautelar-se

[914] Cf. J. Rüsen, *Reconstrução do passado. Teoria da história II: os princípios da pesquisa histórica,* 2010, p. 24, com base em A. Donagan, Neue Überlegungen zur Popper-Hempel-Theorie, Frankfurt, 1982.

[915] A. Schaff, *Verdade e história,* 2000, p. 217.

sobre o alcance e limites dessa metodologia para não se cair no romantismo científico ingênuo de uma verdade infalível que nega a maior aquisição da epistemologia popperiana.

As ciências, em síntese, "são sistemas de teorias", teorias que "estão em perpétua mutação". K. Popper explica que "é fácil obter confirmações ou verificações para quase toda teoria, desde que a procuremos", mas o critério que define o seu *status* científico seja sua capacidade de ser testada ou refutada. Essa concepção falseacionista da ciência nos permite entender que "todas as leis e teorias são essencialmente tentativas, conjecturas, hipóteses – mesmo quando não é mais possível duvidar delas" [916].

Carl G. Hempel entende que "uma teoria é usualmente introduzida quando um estudo prévio de uma classe de fenômenos revelou um sistema de uniformidades que podem ser expressas em forma de leis empíricas" [917]. O que a teoria representa é uma explicação dessas regularidades, proporcionando uma compreensão mais profunda dos fenômenos em questão, a partir de leis pressupostas, algumas hipóteses adicionais e certos conceitos teóricos que formam a rede do conhecimento científico[918]. Hempel também critica a "concepção indutiva estreita da investigação científica". Segundo ele, a partir de um problema, o investigador levanta várias hipóteses e as considera inicialmente por *modus tollens*. De tal forma que "se *H* é verdadeira, *I* o será igualmente; mas *I* não o é (por observação ou experimento); logo, *H* não é verdadeira". Ao encontrar uma possível explicação, o investigador conclui pelo que se chama em Lógica de "falácia de afirmação do consequente", o que é dedutivamente não valido, isto é, a conclusão pode ser falsa, ainda que verdadeiras as premissas. Nesse sentido, temos que "se *H* é verdadeira, *I* o será igualmente; *I* é verdadeiro (por observação ou experimento); logo, *H* o será também". Ora, segundo bem observa Hempel, "o resultado favorável de uma verificação, i. e., o fato de ser achada verdadeira a implicação inferida de uma hipótese, não prova que a hipótese seja verdadeira". E isso se pode afirmar ainda que várias implicações de uma hipótese tenham sido obtidas por observações e experimentos,

[916] K. Popper, *A lógica da pesquisa científica*, 2007; K. Popper, *Conjecturas e refutações*, 2006, p. 66ss

[917] C. G. Hempel, *Filosofia da ciência natural*, 1970, p. 92ss.

[918] "A sistematização científica requer o estabelecimento de diversas relações, por leis ou princípios teóricos, entre os diferentes aspectos do mundo empírico que são caracterizados pelos conceitos científicos. Estes são como que os nós de uma rede cujos fios são formados pelas leis e pelos princípios teóricos" (C. G. Hempel, *Filosofia da ciência natural*, 1970, p. 117).

pois ainda assim podemos ter uma hipótese falsa. Isso não quer dizer que essa hipótese não tenha qualquer valor, pois pelo menos nos fornece certo suporte, alguma corroboração dela.

Essa compreensão contraria a ideia indutivista de conhecimento científico, afinal como adverte Hempel, "as premissas de uma inferência indutiva implicam a conclusão apenas com maior ou menor probabilidade"[919]. Ademais, um relato indutivista do conhecimento científico é irreal, pois sugere que devemos fazer observações e registros de todos os fatos, analisá-los e classificá-los independentemente de qualquer hipótese anterior, para somente depois fazer derivar das observações uma generalização com verificação adicional. Acerca dessa sugestão, Hempel nos adverte que seria impossível observar todos os fatos e mesmo analisá-los, sem partir de uma qualificação dos relevantes, sem exclusão de qualquer interveniente externo, a menos que tenhamos uma hipótese, uma ideia prévia como tentativa de resposta ao problema que nasce na investigação. Com isso, Hempel conclui que "não existe, portanto, 'regras de indução' aplicáveis em geral, mediante as quais hipóteses ou teorias possam ser mecanicamente derivadas ou inferidas dos dados empíricos". Em síntese, "as 'regras de indução' devem ser concebidas em analogia com as regras da dedução como cânones de validação e não propriamente de descoberta". Ou seja, elas não geram uma hipótese que nos dá "uma razão de certos dados empíricos"; elas em verdade "pressupõem que além desses dados empíricos que formam as 'premissas' de um 'argumento indutivo' seja *dada* também a hipótese proposta como sua 'conclusão'".

Ademais, as verificações, sejam por experimentos sejam por observações, em geral incluem certas hipóteses *auxiliares*, tendo um caráter condicional, pois "elas nos dizem que, sob determinadas condições, ocorrerá um resultado de certa espécie"[920]. Quanto à *hipótese auxiliar*, ela comumente está subtendida (ou implícita) na hipótese principal, de tal forma que ou esta ou a auxiliar pode ser falsa, quando uma verificação não se confirma.

919 C. G. Hempel, *Filosofia da ciência natural*, 1970, p. 27ss

920 "As implicações de uma hipótese são pois normalmente implicações num duplo sentido: são enunciados implicados pela hipótese e são enunciados da forma 'se-então', que, em Lógica, são chamados condicionais ou implicações materiais" ((C. G. Hempel, *Filosofia da ciência natural*, 1970, p. 32). Em síntese, algo como "Se se realizarem as condições C; então ocorrerá o acontecimento E". Um exemplo típico é a lei *V=c.T/P*, que explica o *volume* de um gás como *função* de sua *temperatura* e sua *pressão*, sendo C um fator constante.

Se se confirma, não parece criar maiores problemas. No âmbito de uma perícia, uma hipótese auxiliar pode dizer respeito, p. ex., ao que se espera, implicitamente, de certos instrumentos utilizados nas observações. Mas às vezes, incluem-se até mesmo hipótese *ad hoc*. No séc. XVIII, p. ex., a *teoria do flogístico* foi contestada por Lavosier ao demonstrar que, após a combustão de um metal, este não perdeu o flogístico como se supunha, pois apresentava peso maior. A hipótese *ad hoc* então oferecida dizia que o flogístico teria peso negativo, buscando salvar a teoria originária de sua refutação. No caso da perícia criminal, o recurso a hipótese *ad hoc* deveria ser excluída, ou pelo menos referida expressamente pelo perito, se utilizada.

O certo, portanto, é que, sendo favorável um resultado a partir das verificações, por mais numerosas e exatas, isso não implica certeza, mas um apoio, mais ou menos forte, conforme o seja esse suporte empírico em questão. Esse suporte exige *quantidade, variedade e evidência sustentadora*[921], e por vezes confirmações por novas implicações. O que resulta, em todo caso, é sempre uma probabilidade da hipótese. Em virtude disso, segundo Hempel, rigorosamente, "deveríamos falar da *credibilidade de uma hipótese H relativa a certo corpo de conhecimento*, que é o conjunto *K* de todos os enunciados aceitos pela ciência da época". E essa deve ser rigorosamente a natureza da conclusão de uma explicação científica pericial, portanto.

Com base nessas considerações, podemos agora entender que uma *explicação científica*, como as que se encontra em certas perícias, deve ter certos requisitos – a *relevância explanatória*[922] e a *verificabilidade*[923] – assumindo geralmente a forma de explicação *dedutivo-nomológica* (D-N), em que temos *leis gerais* (L) e *enunciados acerca de fatos particulares* (C), como *explanans*, e a explicação científica (E), como *explanandum*, por subsunção dedutiva. Trata-se, portanto, daquela mesma explicação nomológica que podemos encontrar acerca de outros dados da realidade, apenas distinta pela natureza da lei sustentada em alguma ciência:

[921] Cf. C. G. Hempel, *Filosofia da ciência natural*, 1970, p. 48ss, a respeito dessas questões e sua relevância para aceitação de teorias e leis.

[922] "A informação aduzida fornece bom fundamento para acreditar que o fenômeno a ser explicado de fato aconteceu ou acontecerá. É a condição a ser satisfeita para que estejamos autorizados a dizer: o fenômeno está explicado – é justamente o que se esperava nas circunstâncias dadas" (C. G. Hempel, *Filosofia da ciência natural*, 1970, p. 66).

[923] "Os enunciados que constituem uma explicação científica devem prestar-se à verificação empírica" (C. G. Hempel, *Filosofia da ciência natural*, 1970, p. 67).

| *Esquema de uma explicação dedutivo-nomológica (D-N)* | |
| --- | --- |
| (1) $L_1, L_2, ..., L_n$<br>(2) $C_1, C_2, ..., C_k$ | *Explanans* |
| (3) $E$ | *Explanandum* |

As conclusões periciais, quando fundamentadas em ciências empíricas, assumem essa estrutura lógica fundamental. Mas, em certos casos, as leis gerais são *leis probabilísticas*, dando-se, portanto, uma *explicação* probabilística, para a qual se sugere separar o *explanans* do *explanandum* por um traço duplo (==) para especificar que, "nesse caso, o *explanandum* não deve ser esperado como 'certeza dedutiva', mas como uma 'certeza prática"[924]. Advertir, portanto, a autoridade investigante acerca do caráter probabilístico das leis pressupostas na explicação científica deve ser um requisito técnico das perícias. À falta dessa advertência, o assistente técnico do imputado deve ter conhecimento suficiente para captar essa particularidade e expô-la ao juízo.

O requisito da relevância explanatória, que consiste em explicar um fenômeno em termos científicos fundamentado em certas leis, é necessário, mas não suficiente. Faltando-lhe verificabilidade, não se pode dizer científica uma explicação, porque nos falta suporte empírico para uma possível refutação[925]. Esse critério, no âmbito jurídico, adquire papel fundamental, na medida em que permite ao imputado, por assistência técnica, conhecer a explicação científica pela explanação pericial e verificar se é mesmo o caso de chegar àquela conclusão, ou não o sendo ter condições de contraditório jurídico.

### *A especificidade do contraditório nas perícias científicas*

O que caracteriza o científico, portanto, é sua maneira de expor-se ao falseamento, por todos os meios concebíveis, submetendo-se a provas[926]. Nessa concepção, o objetivo da ciência não é salvar a vida de teorias, mas selecionar o que se revela comparativamente melhor. Na fase judicial da investigação criminal, as provas científicas apresentadas como explicação de enunciados singulares devem ser entendidas como proposições acerca

[924] C. G. Hempel, *Filosofia da ciência natural*, 1970, p. 79.
[925] C. G. Hempel, *Filosofia da ciência natural*, 1970, p. 67.
[926] K. Popper, *A lógica da pesquisa científica*, 2007, p. 44.

da observação dos vestígios, com base em teorias e leis. É ao expor-se a uma contradição jurídica que a explicação científica se expõe à refutação, sendo corroborado o conhecimento científico a cada caso singular que consegue explicar sem ser falseado. Assim, sejam as provas científicas ou não, podemos vislumbrar a concepção falseacionista atuando na investigação criminal.

No entanto, além dos requisitos da explicação científica (verificabilidade e relevância explanatória), que são epistemológicos e essenciais à possibilidade de contraditório jurídico efetivo, o direito deve estabelecer outras condições que assegurem uma possibilidade real de defesa pelo acusado em processo. Com efeito, em tais casos, não basta ao direito dizer que é assegurado ao imputado contraditar as provas científicas, como em qualquer outra prova. Há que se assegurar a efetividade desse direito, para que as conclusões periciais não sejam apenas verificáveis, mas ainda falseáveis, segundo expressão sugerida por K. Popper a respeito das teorias e leis científicas em geral, que se pode estender à compreensão jurídica do contraditório no processo. Um dos caminhos possíveis para isso é a garantia jurídica de assistência técnica ao imputado. Essa garantia, ademais, é uma forma de assegurar a objetividade do conhecimento científico no processo.

A respeito dessa questão, entre objetividade e subjetividade no conhecimento científico, Karl Popper chama a atenção para o problema da base empírica relativa a enunciados singulares (proposições acerca de fatos) que podem ser contrapostos aos enunciados universais (teorias e leis)[927]. Popper nos adverte que existe um problema de base empírica, no que diz respeito à relação entre *experiências perceptivas* e *enunciados singulares*, que não se pode resolver pela convicção do observador, por mais *autorizado* que ele seja no campo de seu conhecimento. Popper chega a usar a si mesmo como exemplo, ao perguntar: "Pode qualquer enunciado encontrar justificativa no fato de K. R. P. estar totalmente convencido de sua verdade? A resposta é 'não' e qualquer outra resposta se mostraria incompatível com a ideia de objetividade científica". Dessa forma, a pretendida *objetividade* acerca de enunciados singulares (que em uma perícia seriam os relativos aos vestígios que serão explicados por teorias e leis científicas), por não ser possível decorrer da percepção *subjetiva* do observador, deve ser alcançada intersubjetivamente. Portanto, "a objetividade dos enunciados científicos

[927] K. Popper, *A lógica da pesquisa científica*, 2007, p. 46ss.

reside na circunstância de eles poderem ser *intersubjetivamente submetidos a teste*". Ora, não há intersubjetividade efetivamente possível na contraposição entre a hipótese de um perito e a opinião de um advogado do imputado, ou mesmo com a opinião do juiz, porque estes não detêm conhecimento científico acerca dos fatos que se deseja definir como objetivos. Somente pela composição dialógica entre sujeitos com conhecimentos equivalentes, em condições de estabelecerem uma discussão, pode-se chegar à objetividade intersubjetivamente. É, nesse sentido, portanto, essencial a assistência técnica ao acusado.

Ademais, essa compreensão do problema jurídico nos permite uma compreensão democrática do saber científico. No direito, não se pode concluir exclusivamente em argumentos de autoridade do perito, sob o risco de termos um autoritarismo científico. A concepção científica de Popper, segundo seu critério da falseabilidade, tem esse condão de nos advertir para problemas políticos e de autoridade subjacentes ao problema do saber[928]. Nem mesmo a maior autoridade no assunto poderia justificar decisões que impliquem restringir a liberdade de um homem, sem que a este, a quem mais interessa a consequência prática do saber, seja dada a oportunidade real de contraditar o saber científico da autoridade no assunto. Esse é o problema e a forma com que devemos compreendê-lo – em todo saber há subjacente um poder que, se não for devidamente conformado por certas regras, tende a prevalecer sobre aquele – o que é verdade mesmo no âmbito de perícias que pretendem fundamentar-se em ciências.

É sob essa perspectiva que se pode compreender a relevância da previsão legal da assistência técnica nos sistemas jurídicos, bem como sua efetiva garantia. A respeito da questão, Germano Marques da Silva salienta que, em virtude do especial valor probatório da prova pericial, "compreende-se a necessidade de rodear a perícia de garantias para assegurar o contraditório para a prova"[929]. E adverte que a formação dialética da prova, para funcionar como veículo eficaz de controle do conhecimento científico, não se pode exaurir no contraditório sobre o relatório dos peritos. O que se deve ter em conta no caso é que o conhecimento humano, mesmo considerado objetivamente, deve-se construir por oposição dialética, pois não há conhecimento *a priori* e absoluto que não possa estar equivocado.

[928] Cf. K. Popper, *A pobreza do historicismo,* 2007.

[929] G. Marques da Silva, *Curso de Processo Penal II,* 2008, p. 221.

E isso sem sequer cogitarmos de vícios subjetivos, pela imperícia ou até possibilidades de corrupção dos sujeitos envolvidos no processo.

Assim, em síntese, para que se garanta o contraditório efetivamente, no caso de provas científicas, são várias as condições que devem concorrer, desde condições intrínsecas à explicação pericial em si (verificabilidade e relevância explanatória), até as que assegurem uma falseabilidade no direito, tanto formal (por previsão na lei), quanto material (por garantia efetiva de assistência técnica). Não se pode deixar que o ideal de verdade (que é um valor da ciência) prevaleça sobre o ideal de liberdade (que é um valor da justiça), porque ambos devem ponderar-se no direito.

***A necessária ponderação jurídico-científica das provas periciais***

A investigação criminal, nas diversas fases processuais, requer uma decisão final acerca das provas em seu conjunto, no qual se pode encontrar uma prova pericial científica. E na decisão final que implica uma restrição completa à liberdade, em juízo, os cuidados devem ser sempre maiores que nas fases preliminares. Se houve assistência técnica ao acusado, o juiz deverá ponderar suas considerações sobre a prova científica. E ainda que não tenha havido, não pode deixar de considerar o valor da prova. Mas em que sentido se faz uma valoração jurídica das provas. Tem sentido, além de uma ponderação do valor jurídico, fazer-se uma ponderação do valor científico?

No Brasil, porque o Código de Processo Penal (1941) estipula que "o juiz não ficará adstrito ao laudo, podendo aceitá-lo ou rejeitá-lo, no todo ou em parte" (art. 182), não há dúvida de que se permite ao juiz adentrar no círculo da questão científica. Em Portugal, o Código de Processo Penal (1988) é mais detalhado, ao estabelecer primeiramente que "o juízo técnico, científico ou artístico inerente à prova pericial presume-se subtraído à livre apreciação do julgador" (artigo 163º), embora admita a ponderação "sempre que a convicção do julgador divergir do juízo contido no parecer dos peritos", devendo fundamentar sua divergência[930]. Como fazê-lo, contudo?

Esse problema foi enfrentando em decisão da Suprema Corte dos Estados Unidos da América (*Daubert v. Merrel Dow Pharmaceuticals Inc.*, 509 U.S.

930 G. Marques da Silva, *Curso de Processo Penal II*, 2008, p. 219, neste caso, adverte que não estamos perante um novo regime de prova legal, no sentido de que se deve admitir a verdade da perícia *a priori*, pois se exige do juiz avaliar efetivamente a aceitação das teorias e técnicas, bem como sua correta aplicação no caso.

579, 113 S.Ct. 2795, 1993), no qual se sugerem cinco critérios para avaliação da admissibilidade de um testemunho pericial, que se podem resumir nos questionamentos seguintes: se a teoria ou a técnica é testável; se ela foi submetida à revisão ou foi publicada; se existem padrões sustentáveis de controle do uso da técnica; se os cientistas, em geral, aceitam que ela funciona; e se há alguma margem conhecida de erro conhecida. Não se trata, contudo, de uma lista exaustiva, mas de indicação de pontos que são relevantes à aceitação de uma explicação científica, como ela costuma ser controlada na comunidade científica dos vários campos do conhecimento humano. Estas exigências são necessárias, além de outras, não porque os peritos não fazem o seu melhor, mas precisamente porque "muitos peritos não entendem o seu papel no processo criminal e não são sensíveis às diferenças entre a sua própria ciência e a aplicação desta no contexto forense"[931].

Em última análise, o problema que se coloca é *uma questão de verdade*, mais especificamente uma questão de *decidibilidade da verdade*. E na investigação criminal, embora devamos trabalhar com um conceito de verdade como correspondência com a realidade, da qual nos podemos aproximar mais ou menos, mas nunca absolutamente, devemos decidir com base em certos *critérios de verdade* (coerência e aceitabilidade justificada). Dessa forma, na fase processual de julgamento em que exista condenação, dever-se-ia dizer a rigor que é possível concluir pela condenação, considerando a *coerência das provas* (o conjunto das provas, incluída a prova pericial), bem como a *aceitabilidade* que podemos ter dela, segundo sua capacidade explicativa e o estágio de nosso conhecimento. Nada mais que isso, de tal forma que, em se alterando o nosso conhecimento acerca dos enunciados referidos na condenação, o sistema jurídico deve estar em condições de sempre admitir uma revisão da condenação, o que se alcança pelo instituto da revisão criminal. Somente assim, se a ciência avançar em conhecimento no sentido inverso ao que permitiu uma condenação criminal, o processo penal pode rever suas conclusões, para que uma maior aproximação da verdade, pela evolução da ciência, não represente uma menor diminuição e afastamento da liberdade, mas sim sua expansão.

[931] O caso como exemplo e suas diretrizes foram extraídos de P. J. van Koppen, O mau uso da psicologia em tribunal, *Psiciologia e Justiça*, 2008, p. 130ss.

## A hermenêutica (jurídica) das normas

Ainda que o tipo penal se pretenda taxativo, em razão da linguagem que permeia todo o objeto jurídico da pesquisa, é um problema específico da metodologia da investigação criminal compreender as condições sob que se especifica a compreensão hermenêutica dos fatos a partir da letra da lei. A questão central da hermenêutica na investigação criminal está, portanto, na interpretação do tipo penal, mas essa questão se insere no quadro geral da hermenêutica jurídica, bem como em um quadro mais amplo de uma hermenêutica geral.

A hermenêutica em termos gerais se compreende como a teoria da interpretação do sentido, pela qual pretende especificar como é possível estabelecer alguma objetividade nas descrições do sentido subjetivamente intencional do outro, mas passando pela subjetividade própria do intérprete[932]. Ainda que a teoria hermenêutica clássica se tenha empenhado na tentativa de estabelecer uma teoria geral da interpretação, como epistemologia e metodologia que pudesse garantir a compreensão do espírito objetivo nas ciências humanas, a filosofia hermenêutica sempre enfatizou que o cientista social, como intérprete, está ligado ao seu objeto por um "contexto de tradição", o que significa precisamente "a existência prévia de uma compreensão do seu objeto quando o aborda".

Assim, portanto, tendo em conta o crime como objeto da investigação criminal que decorre do tipo penal, não se pode ignorar que "o conceito daquilo que intervém na compreensão muda, consequentemente, da reprodução de um objeto pré-determinado, para a participação na comunicação existente entre passado e presente"[933]. Em outros termos, ao agir na investigação criminal em busca de provas, a autoridade investigante já se coloca em posição participativa no estabelecimento do sentido jurídico do tipo, podendo oscilar entre tradição e mudança, contribuindo para reafirmar o sentido antigo da jurisprudência ou para fomentar alguma mudança dela. E ao concluir a investigação criminal, com a imputação jurídico-penal, a autoridade investigante como intérprete subjetivo terá dado a compreensão que possui do objeto, em sua historicidade subjetiva. Mas é claro, não se trata nunca de uma compreensão isolada, porque ao inserir-se em um "círculo hermenêutico", o intérprete vive em um "mundo comparti-

[932] J. Bleicher, *Hermenêutica contemporânea*, 2002, p. 13ss.

[933] J. Bleicher, *Hermenêutica contemporânea*, 2002, p. 15ss.

lhado". A compreensão que decorre da interpretação, nesse sentido, resulta de uma pré-compreensão que se encontra em alguma tradição na qual o intérprete vive, modelando seus preconceitos. A atividade compreensiva, assim, é como uma experiência que opõe tradição e mudança[934]. O que resulta, portanto, não é uma questão de mera interpretação, mas um agir no mundo, postulando sentidos para a realidade, o que pode contribuir para modificá-la a partir de sua comunicação. Trata-se, em uma instância, de uma questão que extrapola o mundo linguístico para encontrar-se com vários elementos que concorrem para a compreensão do intérprete, tendo em conta o contexto de seu pensamento e os interesses de sua ação no mundo em geral[935].

A interpretação jurídica, nesse contexto mais amplo da hermenêutica, "é apenas uma espécie, talvez a mais importante, do gênero denominado *interpretação em função normativa*". Contudo, interpretar não significa apenas conhecer o pensamento do legislador, apesar dos dogmas hermenêuticos tradicionais ainda persistentes nas sociedades fechadas, cuja autoridade legislativa pretende se impor sem discussão, porque uma norma somente tem sentido quando se (re)conhece para integrar ao mundo da vida real. É, nesse sentido, que Emilio Betti postula em sua teoria: "A interpretação aqui não tem uma função meramente recognitiva do pensamento (de um pensamento concluído em si na sua peculiaridade histórica), mas a função de desenvolver diretivas para a ação prática ou para uma opção" [936].

O problema fundamental da hermenêutica jurídica se pode reduzir, portanto, a uma disputa entre *voluntas legislatoris* e *voluntas legis*, que se podem considerar, respectivamente, concepções subjetiva ou objetiva da interpretação[937]. Mas para além dessa questão, há algo mais que decorre

[934] H. Gadamer, *O problema da consciência histórica*, 2003, p. 14: "Toda experiência é confronto, já que ela opõe o novo ao antigo, e, em princípio, unca se sabe se o nvo prevalecerá, quer dizer, tornar-se-á verdadeirmante uma experiência, ou se o antigo, costumeiro e previsível reconsiquistará finalmetne a sua conssitência".

[935] J. Bleicher, *Hermenêutica contemporânea*, 2002, p. 17ss.

[936] E. Betti, *Interpretação da lei e dos atos jurídicos*, 2007, p. 5ss: ë assim assume a tarefa de manter sempre em vida, mediante o entendimento, as exigências de uma ordem da realização, e particularmente assume a tarefa de conservar em perene eficácia na vidade de uma sociedade normas, preceitos e avaliações normativas, que são destinados a regulá-la ou a servir-lhe de orientação".

[937] K. Engisch, *Introdução ao pensamento jurídico*, 2008, p. 194ss: "...é perefitamente correcto aceitar aquele entendimento da oposição conceitual em referência que até qaqui foi mantido

da *historicidade da interpretação*, em razão do que toda questão de interpretação se pode reduzir a uma disputa entre *tradição* e *mudança*[938]. Em todo o caso, o que o pensamento hermenêutico contemporâneo tem admitido é que não pode ignorar o caráter construtivo da interpretação[939]. Ademais, é preciso admitir, em síntese, que em toda interpretação há teorias[940].

E todas essas questões concorrem na interpretação normativa dos tipos penais que servem como hipótese formal à investigação criminal, mas que ao final serão base de uma imputação jurídico-penal, na qual a tradição dogmática da doutrina (que encontramos da teórica jurídica do crime) exerce um papel fundamental na pré-compreensão do objeto, como o veremos na última parte. Antes, contudo, precisamos ter em conta algumas considerações acerca da lógica da investigação criminal

num segundo plano, mas que agora volta a operar com os conceitos *vontade do legislador ie ivontade da lei...*"; T. S. Ferraz Jr, *Introdução ao estudo do direito*, 2007, p. 268: "...embora não se dintigam com essa nitidez, podem ser separadas didaticamene conforme o reconhecimento ou da *vontade do legislador* ou da *vontade da lei* como sede do sentido das normas. Chamamos a primeira de doutrina *subjetivista*, a segunda de *objevista*"

[938] H. Gadamer, *O problema da consciência histórica*, 2003, p. 10ss.

[939] R. Dworkin, *O império do direito*, 2007, p. 55ss: "Em linhas gerais, a inerpretação construtiva é uma questão de impor um propósito a um ojeto ou prática, a fim de torná-lo o melhor exemplo possível da forma ou do gênero aos quais se imagina que pertençam".

[940] K. Popper, *O conhecimento objetivo*, 1999, p. 158: "...toda interpretação é uma *teoria* e, como toda teoria, é ancorada em outras teorias..."

# 18
# AS LÓGICAS DA INVESTIGAÇÃO CRIMINAL

Ao longo da pragmática da investigação criminal, muitas inferências são realizadas subjacentes às ações investigativas, não sendo possível avançar em fases sem operações lógicas; assim, a investigação criminal se desenvolve tanto por dedução, quanto por indução, a considerar a diversidade das questões com que se depara, mas é na abdução que se encontra o fundamental de seu raciocínio. É nesse sentido que podemos falar de lógicas da investigação criminal que compõe sua tríade fundamental de raciocínio[941].

O conhecimento acerca do crime não se justifica por si, pelo simples fato de ter sido produzido por uma autoridade estatal. Não se justifica, igualmente, pela apresentação de uma prova confirmatória do fato, ainda que não tenhamos motivo para duvidar de sua confirmação, sem que seja dada pelo menos a possibilidade de refutá-la a quem mais interessam suas conclusões. Não se justifica nem mesmo se o conteúdo do conhecimento corresponde a tudo o que sabemos, ou podemos saber, sobre o crime (pretensão de verdade), se os meios utilizados para alcançá-los não tiverem atendido a certas condições formais essenciais que se encontram no direito. É certo, portanto, que em suas conclusões probatórias, o processo penal acaba por assimilar certas particularidades que podem interferir nessa lógica da investigação, a exemplo do que decorre de princípios da presunção de inocência e do *in dubio pro reo*, que especificam garantias jurídicas de direito fundamentais, transmitindo especificidades à forma de racio-

[941] A respeito, cf. "A tríade do raciocínio", bem como "Os três tipos de raciocínio", em C. S. Peirce, *Semiótica*, 2017, p. 9, pp. 29-35, pp. 211-224.

cinar. Mas ainda assim, o processo penal partilha da lógica que podemos encontrar nos diversos raciocínios com que se desenvolve a atividade investigativa, em inferências parciais e intermediárias, até chegar às conclusões finais acerca do crime. E, nesse sentido, é preciso ter em conta em que sentido podemos falar de lógicas da investigação criminal.

A história da lógica está repleta de sentidos que lhe foram atribuídos. Fala-se de três períodos de desenvolvimento, cada uma com discussões muito próprias e distintas a ponto de podermos falar não de uma lógica (como se pretendeu relativamente à lógica aristotélica, considerada *a* lógica), mas de lógicas diversas[942]. A lógica moderna (antes de Boole), por exemplo, desenvolve-se essencialmente como ideia da "arte de pensar", e chega-se a defender que a lógica contém "princípios invariantes para todos os mundos possíveis" (Leibniz). Noutro sentido, contudo, sustenta-se sobre a lógica que "os objetos de que trata são o resultado de generalizações empíricas" (Mill). Essas diversas concepções põem em causa uma questão filosófica sobre a natureza das leis da lógica, se elas são descrições do modo como pensam os seres humanos (Boole), ou são prescrições independentes de qualquer psicologismo (Frege).

A lógica se pode definir como "o estudo dos métodos e princípios usados para distinguir o raciocínio correto do incorreto"[943]. A lógica trata de argumento e inferências[944]. A inferência é um processo com o qual chegamos a uma proposição (conclusão), que se afirma baseada em outras proposições (premissas). Não é, contudo, o processo de inferência que interessa à lógica, mas o argumento que lhe corresponde. Esses argumentos costumam ser apresentados em dois tipos fundamentais – dedutivos e indutivos. A partir das premissas, especialmente de uma geral, os argumentos dedutivos pretendem chegar a uma prova conclusiva. Se as premissas são verdadeiras, a conclusão há que o ser igualmente. No raciocínio indutivo, não acontece o mesmo. A pretensão é de que a conclusão nos forneça apenas alguma prova, melhor ou pior, segundo um grau de verossimilhança ou probabilidade, a partir de premissas particulares. As duas lógicas estão presentes em operações básicas da investigação, sendo relevante identificar sua estrutura fundamental e seus limites para que se compreendam

[942] J. F. Mora, *Dicionário de filosofia*, 1993, p. 432ss.

[943] I. M. Copi, *Introdução à lógica*, 1978, p. 19.

[944] W. Salmon, *Lógica*, 1969, p. 13.

as razões conclusivas de uma investigação criminal. Mas estudos modernos têm cada vez mais tratado de uma lógica abdutiva que corresponde mais precisamente ao essencial do que se passa na investigação criminal.

## A abdução na investigação criminal

A lógica da investigação criminal é essencialmente abdutiva. Embora recorra a indução e dedução em várias inferências com que desenvolvem operações básicas, é na abdução que podemos encontrar a estrutura lógica fundamental da investigação criminal.

Guilherme de Baskerville, explicando-se ao noviço Adson de Melk sobre como procedia nas investigações dos crimes, conclui que "resolver um mistério não é a mesma coisa que deduzir a partir de princípios primeiros. E não equivale sequer a recolher muitos dados particulares para depois deles inferir uma lei geral. Significa antes achar-se diante de um, dois ou três dados particulares que aparentemente não têm nada em comum, e tentar imaginar se podem ser muitos os casos de uma lei geral que não conheces ainda, e talvez nunca tenha sido enunciada"[945]. Ao descrever assim o "método para chegar a uma verdade provável através de uma série de erros seguros", Umberto Eco expressamente exclui a dedução (primeira frase) e a indução (segunda frase), para indicar como método a abdução, que ele mesmo voltará a discutir em contexto mais teórico, juntamente com Thomas Sebeok na coletânea de artigos dedicados ao estudo da lógica da investigação[946].

A abdução, com a dedução e a indução, constitui o conjunto de três figuras lógicas irredutíveis que se encontram no famoso exemplo do saco de feijões utilizado por Charles S. Peirce para demonstrar as diferenças e complementariedade entre elas, nos seguintes termos, em que temos *regra (a)*, *caso (b)* e *resultado (c)*[947]:

945 U. Eco, *O Nome da Rosa*, 1995, p. 349.

946 U. Eco, T. A. Sebeok, *O signo de três*, 2014.

947 T. A. Sebeok, "Um, Dois, Três, UBERDADE Desta Vez", *O signo de três*, 2014, p. 9; a considerarar, contudo, a observação de N. Harrowitz, "O arcbaouço do modelo de detetive", *O signo de três*, 2014, p. 199ss, a respeito da importância da cronologia da obtenção da informação que não aparece no original, optamos por alterar a ordem de disposição na abdução, porque nesta nos parece ser o resultado o ponto de partida que faz dela algo distino da dedução e da indução.

| *Dedução* | *Indução* | *Abdução* |
|---|---|---|
| (a) Todos os feijões deste saco são brancos | (b) Estes feijões provêm deste saco | (c) Estes feijões são brancos |
| (b) Estes feijões provêm deste saco | (c) Estes feijões são brancos | (a) Todos os feijões deste saco são brancos |
| (c) Estes feijões são brancos | (a) Todos os feijões deste saco são brancos | (b) Estes feijões provêm deste saco |

A abdução, nesses termos, corresponde ao "primeiro degrau do raciocínio científico", porque em última análise, é o "único tipo de argumento que inicia uma nova ideia", sendo por isso considerado "um instinto que confia na percepção inconsciente de conexões entre os aspectos do mundo..."[948]. E, assim, compreende-se por que se torna essencial à lógica da investigação criminal, cujo sentido principal é apresentar uma resposta desconhecida sobre um caso a partir de um resultado conhecido, sem que tenha uma regra suficientemente estabelecida, embora pressuposta na suposição que faz. Em outras palavras, "quando o homem não faz suposições, ele se vê guiado por visões complexas e sistemáticas da realidade, por concepções filosóficas, das quais ele tem mais ou menos uma vaga consciências mas que, de todo modo, dão forma a seu modo de pensar, seus mais profundos hábitos que determinam sua capacidade de julgamento"[949]. Assim, ao pressupor qualquer regra geral, a confiança do investigador não está nela, mas nos dados particulares da experiência imediata que tem às mãos e à vista.

Portanto, na base da abdução está um indício sempre, que possa sustentar a narrativa explicativa do investigador, e nele está a base fundamental de argumentação conclusiva da investigação[950]. Mas, o indício por si não é conclusivo, sem qualquer suposição. Por isso, C. S. Peirce conclui que "abdução é, afinal de contas, apenas suposição". E é com base em indícios e suposições que se constrói a conclusão: "a abdução é processo de formação

[948] T. A. Sebeok, J. Umiker-Sebeok, "Você Conhece Meu Método". Uma justaposição de Charles S. Peirce e Sherlock Holmes, *O signo de três,* 2014, p. 23.

[949] M. A Bonfantini, G. Proni, "Suposição: Sim ou Não?, Eis a Questão", *O signo de três,* 2014, p. 147.

[950] G. P. Capretitini, "Peirce, Holmes, Popper", *O signo de três,* 2014, p. 149: "Nenhuma narração pode se sustentar sem indícios ou sintomas".

de uma hipótese explanatória"[951]. Em outros termos, a hipótese final com que podemos concluir uma investigação criminal.

***As diversas possibilidades abdutivas***

Há uma distinção entre dois tipos fundamentais de abdução que costumam ser considerados, tendo em conta o tipo de investigação e seu objetivo. É o que nos explicam M. Bonfantini e G. Proni: "No trabalho da polícia, o objetivo é retroceder de um evento específico até sua causa específica, enquanto no trabalho científico o objetivo é encontrar uma lei teórica fundamental de aplicação geral ou, mais frequentemente, adequar u fato anômalo à aplicabilidade de uma lei fundamental por meio de reajustamento de leis "intermediárias"[952]. A respeito dessa distinção, também Umberto Eco a reconhece: "o primeiro tem início com um ou mais fatos particulares surpreendentes e termina com a hipótese de uma lei geral (este parece ser o caso de todas as descobertas científicas), enquanto o segundo se inicia com um ou mais fatos particulares surpreendentes e termina com a hipótese de um outro fato particular que se supõe ser a causa do primeiro (este parece ser o caso da investigação criminal)". Mas essa distinção pode esconder uma artificialidade, porque na hipótese da inferência abdutiva particular, há como que uma suposição de uma possível lei geral que poderia ser o caso, embora nunca tenha sido postulada, nem venha a ser porque este apenas não é o objetivo da investigação criminal[953]. A melhor distinção que se pode fazer das espécies abdutivas se encontra em outro ponto, no grau de codificação que se supõe na lei de mediação que permite a inferência[954].

As abduções são mais comuns do que sugerem a arrojada inferência com que chega a certas afirmações, não se devendo estranhar que a investigação criminal se utilize delas sistematicamente, embora as suas conclusões devam ser cuidadosamente consideradas segundo o grau de originalidade

[951] N. Harrowitz, "O Arcabouço do Modelo de Detetive: Charles S. Peirce e Edgar Allan Poe", *O signo de três*, 2014, p. 201.

[952] M. A Bonfantini, G. Proni, "Suposição: Sim ou Não?, Eis a Questão", *O signo de três*, 2014, p. 138.

[953] U. Eco, "Chifres, Cascos, Canelas: Algumas hipóteses acerca de tr6es tipos de abduçào", 2014, p. 226.

[954] M. A Bonfantini, G. Proni, "Suposição: Sim ou Não?, Eis a Questão", *O signo de três*, 2014, p. 146: "... é necessário distinguir três tipos principais de abdução, com três graus ascendentes de originalidade e criatividade"

e criatividade que elas nos sugerem a respeito de certos pontos de interesse no conhecimento do crime. É relevante a esse respeito ter em conta algumas possibilidades abdutivas que fazem da inferência algo seriamente problemático, a depender das consequências práticas que se pretendam com base na conclusão. Assim, tendo em conta a origem e natureza da lei que se supõe na base da inferência, a considerar que essa lei pode ser de aceitação e conhecimento muito variados conforme a situação concreta, é possível observar que quanto mais criativa for a abdução hipotética, menos certeza podemos ter acerca das conclusões abdutivas. Atualmente, tem-se admitido três tipos fundamentais, embora com nomes diversos[955]:

O primeiro tipo abdutivo (*abdução hipercodificada*) desenvolve a inferência lógica com base em uma lei de mediação muito conhecida, cujos signos são de domínio comum, o que torna a inferência quase automática; são abduções que se encontram no domínio da cultura compartilhada, não suscitando maiores discursões; assim, se durante uma investigação criminal se depara com um arquivo de fotos de crianças nuas no computador pessoal do investigado, embora outras inferências possam igualmente ser realizadas, ninguém questionará, salvo o próprio investigado e seu advogado, a inferência que conclui pela hipótese de que o investigado é um pedófilo que recorre às redes para obtenção de pornografia infantil. Tendo a investigação criminal como âmbito de discussão, esse tipo de abdução corresponde à inferência que mesmo alguém alheio ao mundo da criminalidade teria condição de fazer, desde que se preste a raciocinar um pouco sobre os fatos que tem imediatamente à disposição.

O segundo tipo abdutivo (*abdução hipocodificada*), por sua vez, desenvolve a inferência lógica com base em lei de mediação menos conhecida e compartilhada, embora possa ser por um grupo específico de conhecimento, mas não se encontra no domínio geral comum; são abduções que podem encontrar apenas na comunidade cientifica específica ou no círculo limitado de uma cultura, a que precisamos de um acesso especial; assim, embora a existência de corrupção política seja de domínio do senso comum, poucos cidadãos estariam aptos a identifica-la em certas atitudes corriqueiras dos sujeitos envolvidos, podendo dar-se às vezes que sequer o investigador responsável pelo caso suscite imediatamente uma

[955] Os nomes entre parênteses são sugeridos por U. Eco, "Chifres, Cascos, Canelas: Algumas hipóteses acerca de três tipos de abduçào", 2014, pp. 219-243.

inferência abdutiva acerca do crime, até que esteja pela experiência familiarizado como diversos *modus operandi* que costumam ser utilizado para a prática corrente desses crimes, a exemplo dos diversos casos de lavagem de dinheiro com aparência de negócio lícito.

O terceiro tipo abdutivo (*abdução criativa*), por fim, desenvolve a inferência lógica com base em lei de mediação que é completamente suposta a partir do caso específico; é uma abdução que exerce um papel criativo porque inventa uma resposta originária, a partir de dados específicos do caso; assim, embora a investigação criminal possa geralmente deparar com crimes que muito constantemente repetem certos *modus operandi*, às vezes depara com casos originais de crimes que inovam tanto na prática tradicional que dificilmente encontrará no conhecimento comum ou mesmo especializado de campo alguma sugestão pronta a que possa recorrer. É a partir dessas abduções que a literatura policial explora as narrativas mais surpreendentes, ao enfatizar detalhes poucos evidentes ao mais comum observador, como no caso das histórias de Conan Doyle[956]. Aqui, portanto, o exemplo de alguma investigação perde seu valor, porque a abdução criativa consiste precisamente em retirar-se do típico para produzir a partir de dados particulares algumas hipóteses igualmente particulares que podem vir a ser confirmadas.

### A indução, heurística e limites

A indução parte de casos particulares para generalizações, o que se pode identificar subjacente a muitos raciocínios que o investigador pressupõe em suas hipóteses de pesquisa, tendo em conta o conjunto de casos particulares que já investigou, bem como relatos alheios e outras tantas fontes formais ou informais de conhecimento acerca de como se praticam certos crimes. A título de exemplo, pense-se na suposição corriqueira que se faz acerca do reincidente de um crime novamente investigado; ou na frequente constatação de que certos crimes contra a administração pública contam quase sempre com a participação de servidores públicos.

C. S. Peirce faz um relato sobre o furto de um relógio seu em uma viagem de trem, supondo que um funcionário negro o tinha roubado, razão por que pede que todos lhe sejam apresentados em fila, fazendo-lhes per-

[956] U. Eco, "Chifres, Cascos, Canelas: Algumas hipóteses acerca de tr6es tipos de abduçào", 2014, p. 238: "Muitas das assim chamadas "deduçoes" de Sherlock Holmes são de fato instâncias de abdução criativa".

guntas para tentar identificar qual entre ele podia ser o autor do crime[957]. A atitude de Peirce chamará a atenção pelo explícito preconceito político de sua suposição, mas é necessário distinguir o aspecto epistemológico dessa inferência. Ainda que possamos discutir as razões culturais por que negros acabam sendo suspeitos de furto naquele contexto social, assim como em outras tantas sociedades que partilham os mesmos problemas sociais, trata-se de um conjunto de dados particulares que sugerem suposições similares acerca de policiais em crimes violentos contra populações pobres ou acerca de políticos em crimes de corrupção. Assim, a condição de negro não teria nenhuma relevância indutiva em uma sociedade na qual todos sejam negros, tampouco em uma sociedade onde policiais não sejam violentos ou os políticos não sejam corruptos. A inferência indutiva emerge independentemente das condições sociais dos fatos particulares que considera; é importante ter essa distinção em mente, mas sem descuidar que essa inferência permanece como uma hipótese, cuja força lógica depende da quantidade de casos particulares considerados, não podendo desvencilhar-se do preconceito político em que se sustenta. Mas ainda que não possamos defender politicamente essas condições, elas revelam uma virtude heurística ao delimita o campo de pesquisa, embora seja necessário ter em conta seus limites epistêmicos.

## O problema (da indução) de Hume

Assim, portanto, essas suposições indutivas somente nos servem para criar hipóteses de partida para a investigação, não podendo ser utilizadas como inferência conclusiva do geral para o particular, pois esse exige sempre alguma prova específica acerca do que se quer afirmar na investigação criminal. É importante, portanto, a esse respeito, ter em conta os limites da indução que já Hume havia identificado, porque ao partir de questões particulares para universalizar, encontra-se barreira na impossibilidade de abranger todos os casos particulares. Nesse sentido, é preciso entender que "a indução não tem valor necessário ou demonstrativo, conquanto seja mais clara que o silogismo; seu âmbito de validade é o mesmo do fato, ou seja, da totalidade dos casos em que sua validade foi efetivamente constatada"[958].

[957] O relato se encontra em T. A. Sebeok; J. Umiker-Sebeok, "Você Conhece Meu Método: Uma justaposição de Charles S. Peirce e Sherlock Holmes", *O signo de três,* 2014, p. 26ss.
[958] N. Abbagnano, *Dicionário de filosofia,* 2003, p. 557.

Tendo em conta essa natureza da indução, Hume propôs o seguinte problema: "Todas as inferências extraídas da experiência supõem, como fundamento, que o futuro se assemelhará ao passado e que poderes semelhantes estarão unidos a qualidades sensíveis semelhantes. Se houvesse alguma suspeita de que o curso da natureza pudesse mudar e de que o passado não servisse de regra para o futuro, toda a experiência se tornaria inútil e não poderia dar origem a nenhuma inferência ou conclusão. É impossível, portanto, que argumentos extraídos da experiência possam provar a semelhança entre o passado e o futuro, visto que todos os argumentos desse tipo se fundam na suposição dessa semelhança. Mesmo se admitindo que o curso das coisas sempre regular foi, só isso, sem nenhum argumento ou inferência nova, não prova que no futuro continuará assim"[959].

A esse problema foram dadas algumas soluções baseadas na existência de uma uniformidade, seja considerando um princípio de causalidade natural, seja considerando a uniformidade da estrutura do intelecto, mas somente na filosofia contemporânea é que se reconheceu a impossibilidade de justificação teórica, para se sugerir uma justificação pragmática. Uma das justificações pragmáticas se encontra na *interpretação probabilista da indução*, segundo a qual, "quando a proporção é igual a cem por cento das amostras examinadas, quando o caráter em questão ocorre em *todas*, tem-se a generalização *uniforme* ou *completa*. (...) Por outro lado, quando o valor numérico dessa proporção é tomado como medida da *possibilidade* de que o caráter em questão reapareça em novo exemplo, tem-se um juízo de *probabilidade*"[960].

Outra forma de justificação pragmática da indução consiste em reconhecer nela a *capacidade de autocorreção*, ou seja, admite-se que o procedimento indutivo "tem o caráter de um método de tentativa e erro". Noutros termos, sustenta-se que "o problema da indução em geral, assim como o problema de inferir o futuro do passado ou os casos não observados dos casos observados, não têm sentido por falta de dados. (...) Na realidade, os

[959] N. Abbagnano, *Dicionário de filosofia*, 2003, p. 558; D. Hume, *Investigação sobre o entendimento humano*, [2013], p. 86ss.

[960] N. Abbagnano, *Dicionário de filosofia*, 2003, p. 559, considera tratar-se em síntese de uma questão estatística: "A mais simples expressão da regra da indução probabilista talvez seja a de Kneale: 'Depois de observarmos certo número de coisas $\alpha$ e de descobrirmos que a frequencia das coisas $\beta$ entre elas é $f$, concluímos que a frequência que $P(\alpha, \beta) = f$, ou seja, que a probabilidade de uma coisa $\alpha$ ser $\beta$ deve ser $f$".

procedimentos científicos e, em geral, os comportamentos e as diretrizes *racionais* do homem consistem em limitar o risco, em torná-lo calculável, não em eliminá-lo"[961]. Essa é a concepção de Popper aceca da indução, para quem esta inferência é um mito, nem um fato psicológico nem um fato da vida comum, tampouco um procedimento científico.

Karl Popper considera equivocada, portanto, a lógica indutiva propugnada pelas ciências empíricas que buscam validar seus enunciados universais a partir de enunciados singulares, porque independente de quantos casos se observem, isso não justifica concluir que todos os casos são e serão como enunciados. Mas as mesmas dificuldades permanecem no caso de substituir a indução pela probabilidade, deixando de falar em "verdadeiro" para falar em "provável". Essa questão, contudo, não se pode confundir com o problema psicológico do conhecimento, acerca do ato de conceber uma hipótese, que é um estágio anterior que diz respeito a questões de fato, não à questão de justificação que interessa à lógica[962].

É por isso que Popper defende como lógica da pesquisa científica a "prova dedutiva de teorias", cujo método deve partir de uma hipótese conjecturada, que pode ser comprovada logicamente por vários meios. É, contudo, com base na "comprovação por meio de aplicações empíricas das conclusões que dela se possam deduzir" que podemos concluir sobre uma hipótese, se as conclusões singulares se mostrarem aceitáveis. Neste caso, dizemos que a hipótese está corroborada, não que seja verdadeira ou mesmo provável, pois subsiste sempre a possibilidade de em outra aplicação empírica ser refutada.

Assim, bem considerados os problemas da indução, não se trata de uma questão de substituição de uma lógica por outra, mas de entender os limites de cada lógica, seja por indução, seja por dedução, orientada a cada tipo de operação investigativa. Como veremos, a chamada lógica dedutiva da ciência, sem excluir as possibilidades limitadas de indução, terá aplicação em outros aspectos da metodologia da investigação criminal.

### O método hipotético-dedutivo

Tendo em conta o problema da indução, bem como as diversas justificações apresentadas, em especial a que nos oferece Karl R. Popper, podemos

[961] N. Abbagnano, *Dicionário de filosofia*, 2003, p. 561.

[962] K. Popper, *A lógica da pesquisa científica*, 2007, p. 27ss.

recorrer ao método hipotético-dedutivo proposto por Carl G. Hempel, como forma de compreender a maneira de atuar das hipóteses, no contexto da justificação do método científico. Assim com K. Popper, também C. Hempel considera que "não se chega ao conhecimento científico pela aplicação de algum procedimento de inferência indutiva a dados coligidos anteriormente, mas, antes, pelo que é frequentemente chamado 'o método da hipótese', *i.e.*, pela invenção de hipóteses como tentativas de resposta ao problema em estudo e submissão dessas hipóteses à verificação empírica. Parte dessa verificação consistirá em apurar se a hipótese se ajusta ao que já fora estabelecido antes de sua formulação; outra parte, em derivar novas implicações para submetê-las a observações e experiências apropriadas"[963].

A lógica da investigação científica, portanto, não corresponde a uma indução em sentido estrito, mas apenas em *um sentido mais amplo*, pelo fato de que aceita hipóteses baseadas em dados que não fornecem uma evidência dedutiva conclusiva, sim o que se pode chamar de "suporte indutivo". Assim, conclui-se que "as regras da indução devem ser concebidas, em analogia com as regras da dedução, como cânones de validação e não propriamente de descoberta. Longe de gerarem uma hipótese que dê razão de certos dados empíricos, essas regras pressupõem que além desses dados empíricos que formam as «premissas» de um «argumento indutivo» seja *dada* também a hipótese proposta com sua «conclusão». As regras de indução forneceriam então critérios para a legitimidade do argumento".

O método hipotético-dedutivo consiste em suma em (1) estabelecer uma hipótese, (2) deixando-a ao lado das condições iniciais da investigação, para (3) deduzir as consequências que podem ser (4) testadas em confronto com a experiência[964]. É o que se pode observar muito frequentemente nas diversas pesquisas periciais que se realizam na investigação com base em alguma ciência, mas também se pode encontrar em todas as situações em que a investigação pretenda apresentar conclusões probatórias a partir de máximas de experiência elevadas a conhecimento geral que justifique alguma inferência lógica.

[963] C. G. Hempel, *Filosofia da ciência natural*, 1970, p. 30ss.

[964] L. Hegenberg (org), *Métodos*, 2005, p. 185; S. Blackburn, *Dicionário Oxford de Filosofia*, 1997, p. 248.

### *Os modos dedutivos das provas*

A dedução, assim, em sua mais ampla expressão, terá aplicação em várias outras operações durante a investigação, a considerar a natureza da lei penal e a necessária subsunção que se realiza a partir de premissas legais.

A dedução, considerada como "relação pela qual uma conclusão deriva de uma ou mais premissas", pode ser interpretada de várias formas. Aristóteles a considerava como silogismo – "um raciocínio em que, postas algumas coisas, seguem-se necessariamente algumas outras, pelo simples fato de aquelas existirem", sendo esse o significado mais geral que se atribui à palavra. E, nesse sentido, a dedução se distingue da indução por sua estrutura esquemática, por ser "procedimento que leva do particular ao universal". Um e outro, segundo Aristóteles, seriam os dois caminhos pelos quais formamos nossas crenças, embora a indução, pelo seu caráter demonstrativo, esteja limitada ao âmbito de validade do fato, ou seja, à "totalidade dos casos em que sua validade foi efetivamente constatada", diversamente da dedução que deve ter premissas universais, a partir de pressupostos substanciais do objeto considerado em sua essência[965].

Há, ainda, uma noção de dedução convencional, presente na lógica contemporânea, que admite "a possibilidade de livre escolha das regras de dedução". E, nesse sentido, a dedução, atualmente, entende-se como "discurso que se inicia com pequeno número de regras assumidas como premissas, e que sempre pode assumir como regra qualquer proposição deduzida daquelas premissas e em conformidade com as regras que elas prescrevem". Assim, como método, a dedução consiste "em procurar a confirmação de uma hipótese através da verificação das consequências previsíveis nessa mesma hipótese".

Em síntese, na dedução, o primeiro aspecto a considerar são as *premissas* – o ponto de partida convencionado ou sobre o qual não se diverge. E esse é certamente o problema que pode sempre surgir na investigação criminal que postule como conclusão inferências dedutivas baseadas em conhecimento sobre o qual se diverge ou cuja convenção seja puramente legal como presunção jurídica.

Ademais, partindo das premissas, ainda que elas não se questionem, podemos chegar a deduções, por dois modos de silogismo hipotético que conduzem a conclusões distintas. Pelo *modus ponens*, "posto o antecedente,

[965] N. Abbagnano, *Dicionário de filosofia*, 2003, p. 232ss; p. 556ss.

põe o consequente (se *A* é, é *B*; mas *A* é, portanto, é *B*)"; pelo *modus tollens*, "retirado o consequente, retira o antecedente o antecedente (se *A* é, é *B*; mas *A* não é, portanto, não é *B*)[966]. A distinção lógica é sutil, mas corresponde a diversos interesses que se podem identificar no processo penal, considerando que as confirmações probatórias assumem a forma de *modus ponens*, ao passo que as refutações assumem a forma de *modus tollens*[967].

## A tríade lógica da investigação

A considerar tudo quanto se infere em investigação criminal, precisamos considerar as relações cambiantes entre dedução, indução e abdução, enfatizando que embora a investigação parta de fatos para fazer afirmações particulares, ao recorrer implicitamente a leis gerais implícitas ou manifestas, desenvolve-se num círculo de tríades lógicas constantemente.

A investigação criminal trabalha essencialmente com fatos individuais acerca dos quais pretende inferir outros fatos particulares. A distinção está entre o que se possui como dados de partida e o que se afirma como hipótese de chegada. Mas entre um e outro sempre se pressupõem leis gerais acerca das quais pode haver consenso ou não. Quando a lei geral pressuposta for de conhecimento comum, essa abdução terá recorrido a uma dedução implícita que poderá sugerir uma força justificante maior aos demais interlocutores; quando a lei geral for de conhecimento menos compartilhado, essa abdução terá recorrido a uma indução implícita que poderá suscitar alguma disputa acerca da generalidade suposta; mas quando a lei geral for de conhecimento reduzido, extraída apenas da experiência própria do investigador, é muito provável que a disputa acerca da inferência lógica seja muito maior. Essas diversas possibilidades lógicas, contudo, não incidem uniformemente em todos os pontos de discussão da investigação. É muito provável que em relação a elementos materiais do tipo penal, a investigação criminal alcance inferências com base em generalidades mais compartilhadas, evitando maiores discussões, o que não ocorrerá igualmente com elementos normativos e subjetivos do tipo. O certo, contudo, é que em relação a autoria do crime, a inferência lógica sempre exigirá alguma abdução mais arrojada que suscitará maior disputa acerca da conclusão.

[966] L. Hegenberg (org), *Métodos*, 2005, p. 132ss; N. Abbagnano, *Dicionário de filosofia*, 2003, p. 680.

[967] A respeito, cf. L. Ferrajoli, *Direito e Razão*, 2002, p. 116.

Portanto, concluir logicamente acerca dos elementos materiais de um homicídio, a partir dos dados de característica da lesão e seu resultado será muito menos disputado que atribuir a determinado sujeito sua autoria, porque há muito mais dados acumulados a respeito das características gerais de lesão do que a respeito da individualidade do sujeito imputado. Isso é incontornável em investigação criminal, assim como seria em qualquer outra pesquisa que se destine a imputar (ainda que não criminalmente) qualquer ato particular a um sujeito específico. O que temos é um grau distinto de garantia das inferências lógicas. Para que pudéssemos concluir com maior garantia lógica acerca da autoria de um sujeito, seria necessário termos um conjunto de dados particulares colhidos que nos permitisse formular previamente leis gerais a respeito dele, visando ao uso eventual em futura investigação. Na inviabilidade de uma metodologia assim, o máximo que se tem feito é acumular previamente dados particulares do sujeito que podem ser confrontados em analogia nas futuras investigações, a exemplo de arquivos com digitais papilares ou códigos genéticos. Mas nesses casos devemos ter em mente que há leis gerais presumidas acerca dos dados que nos permitem fazer a ponte entre os dados individuais e a hipótese particular acerca da autoria. Em outras palavras, devemos estar cientes de que essa analogia aparentemente simples entre os dados pressupõe ainda algumas leis gerais acerca da interpretação dos dados, nas quais podem subsistir algumas possibilidades de erro na lei da ciência de base; em síntese, mesmo os exames de DNA ou as perícias datiloscópicas podem chegar a conclusões erradas, em razão do problema da indução que nos permite formular leis gerais.

Se conseguirmos entender que as leis gerais são sempre hipóteses, estejam presentes como ponto de partida (dedução), ponto de chegada (indução) ou ponto intermédio (abdução), nas diversas possibilidades de inferência lógica, teremos a devida compreensão das hipóteses a respeito de afirmações que fazemos acerca de casos particulares como os que precisamos concluir na investigação criminal. É o que pensamos ser possível visualizar no esquema abaixo das relações entre as inferências lógicas na investigação criminal.

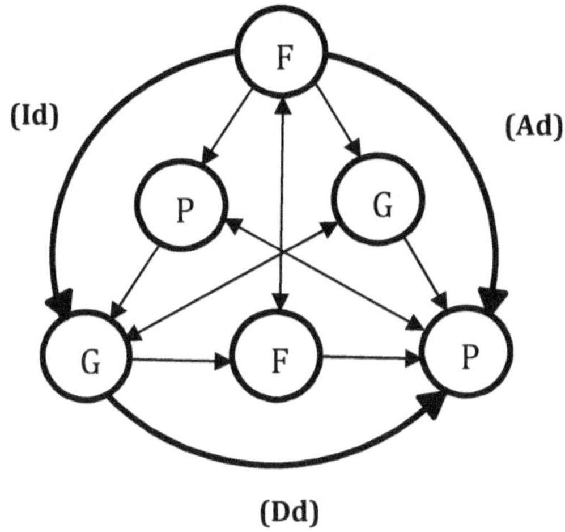


Ad = abdução, Id = indução, Dd = dedução
F = (dados de) fato, G = (enunciado) geral, P = (enunciado) particular

## A lógica jurídica das provas

Ao final da investigação criminal, tudo se pode resumir a decidir sob que condições "está provado que *P*", em que *P* significa a imputação de um crime a um autor (c – a), decorrendo disso a sua responsabilidade jurídico-penal. Trata-se de uma questão de lógica especificamente jurídica, que envolve tanto aspectos materiais, quanto processuais da prova na investigação criminal. É preciso ter essa dupla natureza probatória em conta na conclusão lógica. Assim, ao final da investigação criminal somente se pode dizer que está provado que um crime foi cometido por um autor, se as provas estiverem material e processualmente válidas.

### *A lógica processual das provas*

As provas obtidas por meios admissíveis são a princípios valoráveis, salvo proibição expressa em razão de motivo que justifica sua exclusão do conjunto probatório, o que pode atingir certas provas obtidas em investigação criminal na fase de inquérito, embora não em todas as espécies de prova. Essa é uma questão essencialmente processual porque não diz respeito à aptidão epistêmica que tem a prova para produzir um conhecimento acerca do crime. A exclusão é geralmente procedida em razão de uma formalidade processual descumprida, embora por uma presunção de desconfiança. Mas pode acontecer, em sentido contrário, que o sistema processual privilegie alguma valoração, por uma presunção legal de força cognitiva, sem uma qualquer garantia de sua verdade.

A respeito dessa valoração processual, portanto, admitem-se, historicamente, três sistemas distintos: 1) o sistema de provas legais, ou tarifado pelo legislador; 2) o sistema de livre e íntima convicção do julgador; e 3) o sistema do livre convencimento motivado, ou da persuasão racional.

O *sistema de provas tarifadas*, estabelecido pelo legislador *a priori*, determinava o que poderia ser admitido como prova para determinado crime, em hipótese, independente da realidade concreta de cada processo. Há, ainda, nos sistemas atuais, certos resquícios dessa limitação valorativa, ao se estabelecer em alguns casos que o estado da pessoa somente se prova segundo a lei civil (art. 155)[968]. Trata-se de um sistema que confia na infalibilidade do legislador em antecipar racionalmente todas as hipóteses fáticas, podendo incorrer muito facilmente em conflitos entre lei e realidade. Além disso, representa ideologicamente certa proeminência do legislador em relação ao poder judiciário, que se resumiria a ser "a boca da lei".

O *sistema da íntima convicção pura*, em sentido contrário, inverte a ideologia jurídica para colocar nas mãos do judiciário a discricionariedade não controlada sobre a valoração das provas, admitindo-se ao julgador decidir sobre a prova segundo sua exclusiva consciência. É o sistema que ainda subsiste nos sistemas processuais relativamente a alguns crimes, como podemos encontrar no Tribunal do Júri, por disposição constitucional que lhe reconhece "a soberania dos veredictos"[969].

O *sistema do livre convencimento motivado*, por sua vez, pretende justificar-se na ideia de que o Judiciário deve fundamentar suas decisões com argumentos racionais capazes de persuadir o cidadão sobre seus motivos de decisão, sendo tal requisito elemento legitimador do exercício do poder. Esse é o modelo que tem prevalecido em muitos sistemas processuais penais contemporâneos, às vezes inclusive por disposição constitucional expressa[970], constituindo princípio lógico processual da prova que

[968] É a hipotese que podemos encontrar no art. 155 do CPP brasileiro.

[969] Aqui o axioma é constitucional, previsto no art. 5º, XXXVIII, "c" da CRFB de 1988.

[970] A exemplo do sistema processual brasileiro, cujo art. 93, inc. IX da CRFB de 1988 assim dispõe: "todos os julgamentos dos órgãos do Poder Judiciário serão públicos, *e fundamentadas todas suas decisões*, sob pena de nulidade..."

emana a exigência lógica para todos os casos de imputação, incluindo também aqueles que se realizam pelo Legislador e Executivo, ao exercerem atividades que impliquem restrição de direitos fundamentais. Assim, portanto, esse sistema deve também ser o usado nas decisões de indiciamento da investigação criminal, justificando a autoridade investigante suas conclusões acerca do crime e do investigado.

Contudo, atualmente, o direito processual contemporâneo, seguindo um movimento crescente de mitigação da liberdade motivada de valoração, tem criado algumas exceções restritivas que pretendem limitar o valor da prova obtida na investigação criminal da fase de inquérito, como uma forma de assegurar o princípio probatório garantista fundamental que exige produção da prova em contraditório[971]. Trata-se de inovação jurídica que, embora limite consideravelmente a discricionariedade judiciária, não parece entrar em conflito direto com a garantia da motivação, pois a exige até com maior rigor, na medida em que não se a admite com base em elementos colhidos sem o devido processo em contraditório. O que se restringe, assim, é a liberdade de convicção do julgador, que poderia sentir-se convencido com base em elementos da investigação, mas não poderá fundamentar sua decisão final nelas.

Temos, assim, um sistema de convicção motivada, mitigado pela restrição de valoração de certas provas, que se tem encontrado em diversos regimes jurídico-processuais comparados, que precisa ser melhor compreendido de forma sistêmica para entender que, em última análise, ele não previne o problema que pretende resolver, apenas cria uma artificial obstrução processual à valoração das provas da investigação obtidas na fase de inquérito, sob o argumento de cumprir o princípio probatório garantista de produção da prova sob contraditório.

*A insuficiência dos sistemas de controle da prova*

A forma mais comum de assegurar o princípio probatório garantista tem sido a exigência positiva de que o juiz ou tribunal apenas julgará com

[971] É o que podemos encontrar nas disposições do art. 155 do CPP de 1943 (após as reformas de 2008), no qual se diz que "o juiz formará sua convicção pela livre apreciação da prova, produzida em contraditório judicial...", embora na sequência estabeleça uma limitação ao livre convencimento (não à necessidade de motivação), para determinar que não pode o juiz "fundamentar sua decisão exclusivamente nos elementos informativos colhidos na investigação, ressalvadas as provas cautelares, não repetíveis e antecipadas".

base nas provas produzidas em juízo[972]. Esse princípio da imediação, bem considerado, apenas reafirma o contraditório em um sentido subjetivo, ao exigir que o imputado se deva confrontar com o acusador diante do juiz, quando então se deveriam produzir as provas a serem utilizadas em julgamento[973]. Quando se propõe, portanto, que a prova da investigação se limite à decisão sobre a acusação e não se transmita ao julgamento, apenas reafirma esse princípio por um caminho diferente. O problema, contudo, é que ele fica a depender de um sistema eficiente de controle dessa prova, cujos exemplos positivados em vários sistemas processuais parecem não assegurar, inclusive no Brasil.

1) Uma primeira forma de concretizar esse postulado fundamental é pela proibição de valoração de provas obtidas em investigação criminal. Ela pode vir expressamente assim exposta ou, em outros termos, afirmando a necessidade de que as provas do julgamento sejam limitadas àquelas produzidas em audiência. Pode-se ver nessa forma de disposição uma similaridade com aquela que limita o conceito jurídico de prova ao que se produz em audiência, mas aqui a prova é reconhecida, ficando apenas sua valoração proibida. Evita-se, assim, trabalhar com ficções terminológicas, bem como uma contradição com as disposições sobre meios de obtenção de prova praticados fora de audiência, que assim se reconhecem, portanto, como provas que apenas estão proibidas de valoração. Esse parece ser o sentido da disposição normativa fundamental que caracteriza o sistema processual português (segundo o CPP de 1987)[974].

O problema é que o sistema parece fazer uma abertura, ao admitir não apenas a produção, como também o exame da prova. O que significa admitir que mesmo não sendo produzida em audiência, basta o exame da prova. Além dessa exceção conceitual do dispositivo fundamental, permitem-se ainda todas as exceções em dispositivos que concedem apenas na leitura, visualização ou audição de atos produzidos anteriormente à audiência, o

[972] Cf. a respeito, M. Jaen Valejo, *Los principio de la prueba en el proceso penal*, 2000, p. 13ss; P. Tonini, C. Conti, *Il diritto delle prove penali*, p. 134ss; G. Marques da Silva, *Direito processual penal português I*, 2013, p. 100ss.

[973] Acerca desse sentido do contraditório, cf. P. Tonini, C. Conti, *Il Diritto delle prove penali*, p. 32ss; em sentido similar, cf. P. Dá Mesquita, *A prova e o que se disse antes do julgamento*, 2011, p. 298; p. 656.

[974] Pontualmente, encontra-se no art. 355º (Proibição de valoração de provas), cujo item 1 assim dispõe: "Não valem em julgamento, nomeadamente para o efeito de formação da convicção do tribunal, quaisquer provas que não tiverem sido produzidas ou examinadas em audiência".

que acaba vulnerando excessivamente o contraditório. O dispositivo de leituras que se admite como exceção acaba por abrir-se tanto que mais poderia considerar-se a regra do sistema probatório, a considerar que poucos são os casos em que a prova produzida antes da audiência não se aproveita de alguma forma. Chega-se, por fim, a admitir até a leitura de declarações do arguido feitas no inquérito. Em outros termos, teoricamente considerado, admite-se a leitura até da prova que se poderia produzir originariamente em audiência[975].

Ademais, a considerar o entendimento de que essa disposição fundamental não abrange a prova documental, bem como todos os meios de obtenção de prova de que se utiliza a investigação criminal – autos de exames, revistas, buscas, apreensões e escutas telefônicas[976], o postulado probatório fundamental que o legitima parece subsistir totalmente deturpado na prática processual.

2) Uma outra forma similar de obstruir o uso da prova obtida na investigação preliminar se encontra no instituto da "inutilizabilidade" da prova, que muito se pode aproximar da ideia de proibição de provas, mas que enfrenta mais abertamente o problema do ponto de vista do debate em audiência, para dizer que a prova se torna inutilizável mesmo para debate em razão de uma falha originária no contraditório da obtenção. Esse parece ser o sentido do sistema probatório com que o processo italiano enfrenta a questão da prova obtida em fase anterior ao debate (segundo o CPP de 1988). A ideia de inutilizibilidade dos atos oriundos da investigação se pode interpretar como um corolário do princípio da neutralidade psíquica do juiz, segundo o qual o julgador somente pode se utilizar de atos produzidos perante ele em contraditório. Em outros termos, uma conjugação de contraditório e imediação, na perspectiva de quem se utiliza ao final da prova produzida. Tem-se chamado esse sistema de "inutilizabilitá fisiológica", cujo significado reconduz-se à ideia fundamental de todos os sistemas que pretendem limitar o valor probatório da investigação criminal realizada no inquérito – o juiz não pode usar como base de sua decisão final atos anteriores ao debate[977].

[975] Essa é uma das alterações que a reforma da Lei n. 20/2013 realiza, não sem resistência da doutrina (Cf. G. Marques da Silva, *Direito processual penal português III*, 2014, p. 223s).

[976] Nesse sentido, cf. P. P. Albuquerque, *Comentários do Código de Processo Penal*, 2011, p. 914ss.

[977] P. Tonini, C. Conti, *Il diritto delle prove penali*, 2014, p. 485ss;

A questão é que processo penal italiano faz depender a funcionalidade do sistema de inutilizibilidade de uma "técnica dos autos duplicados". Apenas aquilo que constar nos autos duplicados pela secretaria da Corte pode ser usado como prova, embora os autos do MP possam ser usados como prova de refutação sempre que se queira rebater um depoimento dado em julgamento. A limitação ao valor probatório dos atos de investigação, que se devia operar por meio dessa técnica, pretende impedir que o juízo de julgamento tenha qualquer acesso a provas da investigação. Contudo, a secretaria do juízo ao constitui-lo deve juntar relatórios escritos de atos de investigação que não podem ser repetidos, bem como o "corpus delicti" e objetos a ele relacionados. Admitem-se ainda os autos da defesa, bem como as provas contidas nos autos do MP que possam ser usadas negativamente em refutação. As provas da investigação podem, assim, ser admitidas por constituição dos autos duplicados ou por leitura. E pelo simples fato de serem admitidos e/ou lidos adquirem a natureza de prova para o julgamento. Em suma, nesses autos duplicados seguem relatórios das medidas investigativas que não podem ser repetidas, além das provas do incidente, bem como os autos elaborados pela defesa. O princípio de que a investigação (do MP, da Polícia ou da defesa) não constitui atos de prova, em síntese, à partida, não se aplica aos casos de irrepetibilidade probatória[978].

O problema, portanto, do sistema italiano, assim como de todos os sistemas que buscam concretizar o princípio fundamental garantista, é a impossibilidade de repetição ("non ripetiibilità oggettiva") de certos atos probatórios produzidos anteriormente, o que se deve entender muito sobriamente como uma espécie de derrogação do princípio do contraditório[979]. É necessário enfrentar a questão de uma perspectiva mais realista, admitindo que as exceções implicam de fato um afastamento do contraditório. Afinal, como se tem observado, é exatamente a partir do conceito de "non ripetibilità", cujo significado oscila entre uma concepção naturalística e outra jurídica, que se tem desenvolvido o "princípio de não dispersão dos elementos de provas", que a doutrina já tem chamado de "mecanismo perverso", porque permite ao final das contas a utilização de um amplo conjunto de atos que se praticam na investigação criminal de

978 A. Perrodet, "Sistema italiano", *Processos penais da Europa,* 2005, p. 387-395ss

979 Cf. C. Cesari, "«Giusto processo», contradditorio ed irripetibilità degli atti di indagine", *RIDPP,* ANNO XLIV, Fasc. 1, 2001, pp. 56-87.

uma forma elástica[980]. Isso, contudo, tem levado a uma melhor compreensão do problema, ao exigir-se que em qualquer caso de aquisição unilateral da prova, exista logo um sucessivo controle dialético da prova. Assim, exige-se que, embora se admita a produção unilateral anterior ao debate, a prova se deve produzir por meios que permitam um controle sucessivo. Essa interpretação, se bem pretenda minimizar os problemas da falta de contraditório simultâneo, subiste ainda no problema de que a investigação criminal sob direção do órgão acusatório, embora se proponha a obstruir o valor probatório de seus elementos, acaba por admitir muito mais do que exceções, pois estas tendem a ocupar a maioria dos casos no sistema processual. Essa é, portanto, a principal objeção que se pode fazer também ao modelo brasileiro no que se refere ao valor da prova obtida em investigação do inquérito.

*A força probante dos elementos da investigação*

A forma com que o sistema penal brasileiro tenta resolver a questão probatória fundamental do garantismo se pode denominar de "aceitabilidade condicionada", tendo em conta as disposições do CPP brasileiro de 1941 com as reformas de 2008[981]. No processo penal brasileiro, sempre se discutiu o valor probatório dos atos de investigação que resultam em provas. A doutrina considerava inicialmente que o inquérito policial tinha valor probatório para o julgamento. Em comentários contemporâneos à promulgação do código, ao tratar do valor que ao inquérito se reconhece na aferição da prova, Eduardo Espínola Filho observou que embora fosse destinada a instruir a denúncia, o juiz não o podia desprezar na apreciação da prova ao proferir a sentença. Observou-se que, para além de apenas recepcionar a jurisprudência majoritária anterior ao DL 3.689/1941, dever-se-ia ter em conta o princípio norteador do novo código, que remetia ao sistema de livre convicção do juiz. Nessa linha de interpretação, a conclusão era que não se podia prefixar uma hierarquia de provas, sendo todas as provas consideradas relativas, não subordinadas a qualquer critério apriorístico[982].

[980] P. Tonini, C. Conti, *Il diritto delle prove penali*, 2014, p. 497ss;

[981] "Art. 155. O juiz formará sua convicção pela livre apreciação da prova produzida em contraditório judicial, não podendo fundamentar sua decisão exclusivamente nos elementos informativos colhidos na investigação, ressalvadas as provas cautelares, não repetíveis e antecipadas".

[982] E. Espínola Filho, *Código de Processo Penal brasileiro anotada, Volume I*, 1954, p. 295ss.

O art. 155 do CPP brasileiro, contudo, com a Lei 11.690/2008, passou a limitar a convicção do juiz à livre apreciação da prova produzida apenas em contraditório judicial, proibindo-lhe fundamentar a decisão *exclusivamente* naquilo que se passou a designar de "elementos informativos". Esses elementos, segundo se entende, correspondem precisamente à investigação que se contém no inquérito policial[983]. Tende-se a sustentar, assim, que os atos de investigação do inquérito policial não possuem valor probatório[984]. Mas, assim como os demais, o sistema processual brasileiro permanece funcionalmente incapaz de realizar essa diretriz. Ademais, observou-se que esse artigo contém uma limitação moderada em relação ao inquérito[985]. É que, ao dizer "exclusivamente", o artigo parece admitir que os elementos informativos possam ser considerados provas, se estiverem em conjunto com provas produzidas em instrução.

Essa é de fato uma interpretação que se pode fazer, levando a considerar que a prova obtida em investigação tem um valor condicionado a sua conjunção com outra prova obtida em instrução. Esse sistema, contudo, não parece levar a sério a ideia de que uma prova assim obtida possa influenciar a produção de outras provas obtidas posteriormente. Ademais, assim como em outros sistemas, admite-se, já aí sem qualquer condição, que provas cautelares, não repetíveis e antecipadas, podem servir para julgamento, ainda que obtidas em investigação criminal, o que tende a ser a maioria dos casos e, portanto, está longe de serem exceções a partir das leis de interceptação telefônica e de organizações criminosas[986]. E, assim, em seu conjunto probatório, mesmo quando se referem a provas que possam ser repetidas, não se podem simplesmente ignorar sem concluir por alguma *força probante* dos elementos reunidos na investigação do inquérito, sendo possível distinguir sua relevância segundo o *conjunto quantitativo* (quanto mais provas melhor, na medida em que conferem maior probabilidade, embora não se exijam provas supérfluas), bem como segundo o *conjunto qualitativo* (coerência das diversas provas, referidas especificamente aos elementos do tipo penal, em condições de ser verificada em processo contraditório).

Assim sendo, em síntese, tratando-se de prova produzida na fase processual de inquérito, não sendo repetível (como é o caso de certas perícias

983 G. Badaró, *Processo penal*, 2015, p. 416.

984 A. Lopes Jr, *Direito processual penal*, 2015, p. 156.

985 G. S. Nucci, *Código de processo penal comentado*, 2014, p. 362.

986 Pontualmente, cf. as leis nº 9.296/96 e nº 12.850/2013.

realizadas ainda durante o inquérito, entre outras cada vez mais como busca e apreensão, quebra de sigilos e interceptação), deve nesse caso ser analisada pelo juiz, segundo as circunstâncias em que foi produzida, mas será considerada prova em sentido pleno. Os demais elementos de prova produzidos na investigação criminal, ainda que sem contraditório, devem ser ponderados pelo juiz e aceitos no conjunto probatório, desde que não seja a base exclusiva de sentença condenatória. Mas não sendo repetível, a norma está a admitir que com base nela, ainda que exclusivamente, possa haver condenação. Nesse caso, contudo, o contraditório deve ser diferido, permitindo-se ao acusado sempre uma manifestação acerca da prova, ainda que posterior. Não há, assim, um afastamento do direito ao contraditório. Em síntese, nesse ponto, não difere essencialmente das demais provas que devem ser submetidas ao contraditório diferido. Em todo caso, embora produzida na investigação com seu valor limitado a esta, desde que se transfira ao processo como elementos de prova, com submissão ao contraditório, deve e pode ser valorada segundo a convicção motivada pelo juiz. Afinal, em última análise, não se pode negar ao inquérito como procedimento penal a função probatória que lhe foi conferida como objeto principal sobretudo à vista de cada vez mais provas irrepetíveis.

O que precisamos é encontrar formas jurídicas de torná-lo mais garantido por princípios probatórios, em uma perspectiva material de garantia, que não apenas interceda em momento posterior com proibições meramente processuais. Isso passa pela anterior organização do poder intraprocessual, que divida as funções dos sujeitos processuais, visando a permitir uma lógica material das provas.

### *A lógica material das provas*

A verificação fática do crime, por meio das provas obtidas em investigação criminal, segue um sistema de inferências com limitações que lhe são inerentes, sem conclusão acerca da verdade da hipótese, que apenas se confirmam ou se invalidam ao final do processo penal. Assim, ainda que uma hipótese acusatória não se possa sustentar com qualquer conjunto de provas suficientes, permanece sendo exigível um conjunto de provas necessárias para justificar-se. É, nesse sentido, a síntese de Luigi Ferrajoli, para quem "nenhuma prova é suficiente e todas as provas e contraprovas praticáveis são necessárias". Ademais, em razão da estrutura processual, em que prova e contraprova são atribuídas a partes antagônicas, diferentemente do que ocorre na investigação científica em geral, existe uma *estrutura lógica da prova* em que há confirmação por *modus ponens* e refutação por *modus tollens*[987].

O esquema probatório relativo à justificação das hipóteses fáticas do crime, no processo penal, está constituído, portanto, pelos seguintes elementos:

1) O ônus da *acusação* de produzir dados ou fatos probatórios que tenham o valor de confirmações necessariamente consequentes acerca da hipótese acusatória e de generalizações ou "máximas da experiência" que os liguem a ela;
2) O direito da *defesa* de invalidar tal hipótese, contraditando-a mediante contraprovas compatíveis apenas com hipóteses alternativas, as quais por sua vez a acusação tem o ônus de invalidar;
3) A faculdade de o *juiz* aceitar como convincente a hipótese acusatória (não se, mas) apenas se concordante com todas as provas e resistentes a todas as contraprovas coletadas.

Dessa forma, observa-se que a investigação fática no processo não parte das provas para chegar à inferência indutiva, mas de hipóteses fáticas, sustentadas como verdadeiras e que podem ser confirmadas pelas provas.

Esse esquema lógico do processo penal decorre especialmente do fato de que seu objeto é um acontecimento do passado, impossível de ser experimentado por reprodução artificial no presente, tendo assim a prova um *caráter indireto de cognição* para a explicação do crime cuja natureza não é exatamente causal, mas condicional, como ocorre na historiografia, porque condicionada pelas hipóteses fáticas como plausíveis e pela base de dados de acordo com elas.

Tendo em conta a estrutura lógica da prova, e as condições epistemológicas do processo (necessidade de prova; possibilidade da refutação e convicção justificada), chegamos ao contexto de justificação que, no processo penal, possui um raciocínio organizado em três fases. Luigi Ferrajoli, a respeito de cada condição referida, assim explica o raciocínio probatório final[988]:

[987] Cf. L. Ferrajoli, *Direito e Razão,* 2002, p. 116ss.

[988] L. Ferrajoli, *Direito e Razão,* 2002, p. 121ss

1) A hipótese acusatória deve ser, antes de tudo, confirmada por uma pluralidade de provas ou dados probatórios. A tal fim, deve ser formulada de tal modo que implique a verdade de vários dados probatórios e a explicação de todos os dados disponíveis. Com efeito, uma hipótese verdadeira é sempre fecunda, isto é, idônea para explicar muito mais fatos do que aqueles para os quais fora formulada e, portanto, para produzir *modus ponens;*
2) Ainda mais importante do que a necessidade da prova é a garantia do contraditório, isto é, a possibilidade da refutação ou da contraprova. Com efeito, se a verificação de uma hipótese é impossível, dado que sua verdade não pode ser demonstrada, senão apenas confirmada, é, ao contrário, possível sua refutação por *modus tollens*;
3) A terceira condição ou garantia da verdade fática, conectada às outras duas e não menos decisiva, se refere à imparcialidade da escolha realizada pelo juiz entre hipóteses explicativas em conflito. Para ser aceita como verdadeira, a hipótese acusatória não só deve ser confirmada por várias provas e não ser desmentida por qualquer contraprova, senão que também deve prevalecer sobre todas as possíveis hipóteses em conflito com ela, que devem ser refutadas por *modus tollens.*

*O princípio lógico-jurídico dirimente da dúvida*

A partir desse esquema, a decisão acerca da hipótese fática do processo penal, que, embora fundamentada na livre convicção do juiz, exige a justificação com base nos dados probatórios, deve atender, como norma de decisão, em caso de dúvida, ao princípio *in dubio pro reo*, quando não são refutadas nem a hipótese acusatória nem as hipóteses em conflito com ela. "Esse princípio", segundo Luigi Ferrajoli, "equivale a uma norma de conclusão sobre a decisão da verdade processual fática, que não permite a condenação enquanto junto à hipótese acusatória permaneçam outras hipóteses não refutadas em conflito com ela. Por isso, enquanto a hipótese acusatória só prevalece se estiver confirmada, as contra-hipóteses prevalecem pelo fato de (não) haverem sido refutadas: não desmenti-las, com efeito, ainda que sem justificar sua aceitação como verdadeira, é suficiente para justificar a não aceitação como verdadeira da hipótese acusatória". É o que se chama de *favor rei*[989].

[989] L. Ferrajoli, *Direito e Razão*, 2002, p. 122.

Ao final, bem entendido o princípio *in dubio pro reo*, ele corresponde a uma atualização derivada diretamente da presunção da inocência em momento de decisão[990], cuja dúvida pode subsistir mesmo diante de uma pluralidade de prova, não sendo aceitável a concepção que o limita à falta absoluta de prova[991]. A "dúvida", operando sempre em favor do réu, exige que seu afastamento se dê por meios confiáveis de prova, sendo o contraditório ainda a forma fundamental com que o processo penal garantista se pode legitimar. É certo que, da perspectiva de quem julga ao final, contraditório e investigação de fato parecem ser modelos antagônicos de modelos epistêmicos, que não se podem conciliar adequadamente[992]. Mas isso não obstrui que na perspectiva de quem investiga esse antagonismo possa ser minimizado, desde que o modelo processual de investigação organize as funções dos sujeitos processuais, como propomos no capítulo relativo ao modelo de devida investigação criminal.

O importante é entender que o princípio *in dubio pro reo*, embora opere mais enfaticamente ao final de todo o processo, estará presente em todas suas fases. Essa interpretação impede que na dúvida se faça o indiciamento ou a acusação, mas não impede que se mantenha a dúvida em fase preliminar, remetendo a fases posteriores, como teremos oportunidade de desenvolver melhor. Ademais, é ainda importante observar que, embora se insira na lógica material das provas, esse princípio lógico tem um caráter estritamente jurídico, pois ele recalcula a conclusão do processo penal segundo um ponto de vista que não é científico, mas político, porque nos autoriza a concluir em favor do investigado. Isso explica por que, a depender da fase do processo, esse princípio se impõe com maior ou menor força. Em qualquer caso, apenas estando de posse dessas considerações lógicas, é que podemos chegar à conclusão da investigação com a imputação jurídico-penal.

[990] Nesse sentido, P. Andrés Ibáñez, "Presunción de inocencia e «in dubio pro reo»", *Prueba y coviccion judicial en el proceso penal*, 2009, p. 86.

[991] Nesse sentido, S. Sentis Melendo, *In dubio pro reo*, 1971, p. 20ss; p. 158ss.

[992] Nesse sentido, cf. P. Dá Mesquita, *A prova e o que se disse antes do julgamento*, 2011, p. 297ss.

# V
# CONCLUSÃO: QUE FINS?

"A verdade só encerra o percurso constitutivo
de sentido com o socorro da justiça"
(P. Ricoeur, *O justo*)

# 19
# A IMPUTAÇÃO JURÍDICO-PENAL

## A imputação como fim da investigação

Ao final da investigação criminal, é necessário concluir com uma atividade complexa que, utilizando de diversas formas lógico-explicativas para justificar-se, pressupõe tanto a interpretação fática das provas, quanto a interpretação jurídica das normas, mas depende essencialmente de uma teoria do crime para chegar ao ato último de imputação jurídica. A investigação criminal se pode, portanto, utilizar de várias áreas de conhecimento para o fim de explicar o crime em sua dimensão histórica, natural e social, mas ao final se exige dela uma imputação jurídica como operação que a distingue de todos os demais tipos de conhecimento, na sua fase de valoração especificamente jurídica da responsabilidade penal de um agente. Assim, embora se assemelhe ao conhecimento histórico na sua narrativa retrospectiva do crime, este não se constitui como um saber meramente histórico para o futuro; embora se assemelhe às ciências naturais na sua explicação causal dos atos ilícitos que produzem resultados, estes não interessam por sua mecânica; embora se assemelhe às ciências sociais na sua explicação final do ato do sujeito, este não interessa pelo seu sentido social, conquanto nos forneça as bases para chegar à síntese jurídica. O que, portanto, caracteriza a operação essencial da investigação criminal ao final é a imputação penal que se faz da conduta ao sujeito, em sua significância normativa do que decorre a possibilidade de resposta igualmente jurídica. É um ato de responsabilização que possui níveis correspondentes a cada fase do processo penal.

A imputação tem uma longa tradição de pensamento filosófico que busca estabelecer as condições com bases nas quais é admissível atribuir a alguém a responsabilidade por seus atos. É essa ideia originária que encontramos na concepção de Immanuel Kant: "imputação (*imputatio*) em sentido moral é o juízo por meio do qual alguém é considerado como autor (*causa libera*) de uma acção, que então se chama acto (*factum*) e está submetido às leis"[993].

Essa ideia, contudo, assume uma nova perspectiva no pensamento positivista, quando Hans Kelsen, retirando a ênfase no sujeito imputado, enfatiza a relação que se estabelece com base na norma: "A *imputação* é a conexão, realizada com base em uma norma, entre um fato (objeto da norma) e uma pessoa (o sujeito da norma)"[994]. A imputação, nesse sentido, fugindo da concepção clássica, surge como uma *conexão* entre o ilícito e suas consequências, não como uma conexão entre o sujeito e sua conduta[995]. Mas Kelsen não nega que o sujeito imputável é precisamente este sujeito que pode ser punido por uma conduta[996]. O que pretende evidenciar é a específica natureza jurídica do que chama de imputação como categoria do direito: "É de suma importância esclarecer que essa conexão realizada com base em uma norma, a qual chamamos de imputação, não é de natureza causal nem teleológica, mas sim uma conexão específica, que podemos chamar de normativa, dado que tem lugar com fulcro em uma norma". O que, contudo, não parece ter ficado claro em Kelsen é que essa imputação normativa não descarta em absoluto o causal nem o teleológico, pois esses ainda permanecem necessários, apenas não são suficientes e adquirem o sentido que lhe impõe o normativo.

Atualmente, assumindo a imputação como uma categoria generalíssima da teoria deôntica do direito, Luigi Ferrajoli parece estabelecer uma síntese das diversas razões que se podem reunir como condição de impu-

993 I. Kant, *Metafísica dos Costumes*, [2011], p. 38

994 H. Kelsen, *Teoria pura do direito*, [2000], pp. 86ss

995 Em suas palavras: "...a imputação não consiste noutra coisa senão nesta conexão entre o ilícito e a consequência do ilícito. A imputação que é expressa no conceito de imputabilidade não é, portanto – como pressupõe a teoria tradicional – a ligação de uma determinada conduta com a pessoa que assim se conduz".

996 Em suas palavras: "imputável é aquele que pode ser punido pela sua conduta, isto é, aquele que pode ser responsabilizado por ela, ao passo que inimputável é aquele que – porventura por ser menor ou doente mental – não pode ser punido pela mesma conduta, ou não pode por ela ser responsabilizado".

tação, e assim então propõe definir a imputação como "l'ascrizione a un soggetto, a qualunque titolo, di una modalitá, o di un'aspettativa o di um comportamento"[997]. Mas com essa definição aparentemente simples como o reconhece, Ferrajoli não pretende excluir o imputado como autor de um comportamento que lhe é atribuído segundo a qualificação normativa. A imputação como categoria generalíssima pretende designar uma esfera de ação de um sujeito no âmbito de um sistema jurídico[998].

Assim, a imputação jurídica é um ato que se pode sustentar em condições várias, a depender sempre de alguma teoria, mas segundo um quadro jurídico. Inicialmente limitada à comprovação de que o ato acontecido tinha sido querido pelo sujeito, muitas outras condições se foram acrescendo e tem ainda sido discutidas sob diversas perspectivas que pressupões visões de mundo e expectativas de ação. Aqui nos interessa limitadamente apresentar e discutir as condições que concorrem para uma imputação especificamente penal, que se exerce ao longo de todo o processo penal, desde as fases preliminares de investigação até o seu final.

A respeito dessa finalidade da investigação criminal, a teoria do crime é essencialmente o espaço de discussão acerca dos requisitos necessários para imputar-se ao agente uma conduta típica, sendo necessário a qualquer teoria da investigação recorrer aos aspectos diversos que a dogmática jurídico-penal desenvolve, pois o que se apresenta aqui constitui apenas a síntese de seus elementos fundamentais que nos permitem compreender o essencial do juízo de imputação jurídico-penal, sem pretensão de esgotar o assunto.

## A teoria do crime como teoria da imputação

A teoria do crime exerce funções várias, especialmente de orientação axiológica e epistêmica da interpretação da norma penal, relativamente aos fatos que se investigam criminalmente, mas ela é sobretudo uma teoria da imputação que nos oferece algumas orientações fundamentais com as

[997] L. Ferrajoli, *Principia Iuris. Teoria del diritto e della democrazia. 1. Teoria del dirito,* 2002, p. 187ss: "Precisamente, con una definizione all'apparenza símplice ma in realtá asssai complessa, definirò '*imputato' (di qualcosa)* chiunque autore di un comportamento o titolare della modallitá da cui il comportamento (altrui) è qualificato".

[998] Em suas palavras: "'Imputazione' e 'imputabilitá' sono dunque categorie genealissime – della teoria deontica, prima che della teoria del diritto – designhanti la sfera delle azione e delle posizioni di um sogetto entro um sistema deontico".

quais nos orientamos entre fatos (interpretação fática) e normas (interpretação jurídica), no estabelecimento final de que alguém deve ser responsabilizado por um ilícito criminal.

Enrique Bacigalupo, a respeito de uma teoria da imputação, explica que "a teoria do delito é, em primeiro lugar, o meio técnico-jurídico para estabelecer a quem se deve *imputar* certos fatos e quem deve responder por eles pessoalmente". Trata-se de um ponto de vista que não é novidade na dogmática, mas que precisa ser melhor desenvolvido em suas diversas formas. Em um conceito preliminar e geral de imputação, pode-se dizer que imputar significa, em síntese, "por nas costas de um sujeito algo objetivo"[999].

A teoria da imputação tem, assim, na teoria jurídica do crime sua principal base de sustentação, devendo seus conceitos serem assumidos pelo caráter metodológico para os juízos diversos que se exigem na avaliação conclusiva de uma investigação criminal no processo penal[1000]. A teoria do crime se pode entender, assim, precisamente como o esquema teórico que nos permite atribuir o sentido jurídico-penal dos fatos juridicamente considerados, fazendo uma imputação do ato ao sujeito com as consequências da responsabilidade penal que dele decorrem.

A teoria do crime constitui-se como um sistema de elementos conceituais comuns aos diversos crimes ou alguns crimes em específico, a partir de uma hermenêutica do direito positivo. É o que se chama de dogmática do Direito penal[1001]. Ela tem, portanto, como objetivo teórico o estabelecimento de princípios básicos do Direito penal positivo, na tentativa de oferecer-nos um sistema unitário de compreensão do crime, segundo uma perspectiva daquilo que deveria ser o crime, podendo nesse sentido considerar-se uma doutrina[1002]. Ela é a parte da ciência do direito penal que se ocupa do delito em geral, buscando explicá-lo a partir das característi-

[999] E. Bacigalupo, *Direito penal – Parte, geral,* 2005, p. 177ss.

[1000] Cf. R. Carnap, "O caráter metodológico dos conceitos teóricos", *Os pensadores,* Nova Cultural, 1988, pp. 221-254.

[1001] S. Mir Puig, *Direito penal. Fundamentos e teoria do delito,* 2007, p. 112ss.

[1002] A diferença entre "teoria" e "doutrina", portanto, é relevante, a considerar as advertências de L. Ferrajoli, *Direito e Razão,* 2000, para quem o termo teoria deveria limitar-se a um sentido empírico (ser), ao passo que doutrina tem um sentido axiológico (dever-ser), o que é mais condizente com a natureza do crime não apenas como fato, mas como norma e valor jurídicos. A "ideologia", por sua vez, seria a doutrina ou a teoria que incorre na confusão entre explicação e justificação, entre "ser" e "dever-ser", que pretendem derivar fatos de valores ou inversamente. Não obstante, mantivemos o termo teoria por ser a linguagem corrente das

cas que deve ter todo e qualquer delito. Trata-se de construção dogmática que proporciona um caminho lógico para verificar se há crime no caso[1003]. É, nesse sentido, um meio técnico-jurídico pelo qual podemos decidir a quem imputar certos fatos, responsabilizando-o pessoalmente, mas como "instrumento conceitual" cuja finalidade é a aplicação da lei penal ao caso concreto[1004]. A teoria do crime, assim, propõe um esquema estratificado que permite apreender o fato punível (dados da realidade) em comparação com o tipo penal (hipótese legal), em níveis distintos de compreensão (tipicidade, antijuridicidade e culpabilidade). Esses diferentes conceitos ou categorias com que a teoria do delito se organiza decorrem de uma generalização dos diversos elementos que se encontram regularmente na definição legal do crime. Mas quando falamos em teoria do crime, no entanto, devemos estar cientes de que há várias teorias (histórica e comparativamente distintas) que se distinguem pela forma como estruturam esses elementos constitutivos do conceito em níveis distintos de compreensão teórica do objeto.

O importante, sobretudo, é ressaltar que, na investigação criminal durante o processo, a teoria do crime, entre suas diversas funções, cumpre uma *função operativa*, em virtude de seu *caráter metodológico*, ao fazer a mediação entre o fato punível (como objeto da realidade) e o tipo penal (como hipótese legal normativa), permitindo uma interpretação adequada da lei penal. Assim, com base na teoria do crime, podemos:

a) distinguir aspectos e níveis de observação do delito (tipicidade, antijuridicidade e culpabilidade), estabelecendo uma sequência racional de compreensão gradativa; ou seja, cada elemento teórico focaliza os fatos da realidade sob uma perspectiva, evidenciando aspectos de um mesmo objeto. Assim, não se trata de investigar tipicidade, antijuridicidade e culpabilidade, mas de investigar uma unidade fática (embora, por vezes, complexa) e analisá-la (teoria analítica) sob perspectivas diversas (típica, antijurídica e culpável); daí sua

fontes citadas, a exceção de J. Figueiredo Dias, *Direito Penal – Parte geral, Tomo I*, 2007, que se refere a "Doutrina geral do crime".

1003 E. R. Zaffaroni, J. H. Pierangeli, *Manual de Direito penal brasileiro – Parte geral*, 2009, p. 333: "esta explicação não é um mero discorrer sobre o delito com interesse de pura especulação; contrariamente atende ao cumprimento de um propósito essencialmente prático, consistente *em tornar mais fácil a averiguação da presença, ou ausência, do delito em cada caso concreto*".

1004 E. Bacigalupo, *Direito penal – Parte geral*, 2005, pp. 180ss.

natureza de método de trabalho, ou, melhor dizendo, de *meio técnico-jurídico*.

b) evidenciar *o que* e *qual a natureza* do objeto de prova, orientando adequadamente a atividade probatória na busca de fontes e constituição de meios; sob esse aspecto, pode-se assim entender, a teoria do crime funciona à maneira de uma *ontologia particular*, na medida em que estabelece a natureza dos elementos do crime (a essência das categorias, a propriedade dos elementos objetivos, subjetivos ou normativos do tipo), permitindo com isso orientar o conhecimento adequado de cada elemento[1005].

c) estabelecer uma *linguagem conceitual* (ou mais precisamente, uma "metalinguagem" a partir da linguagem legal)[1006], com o que é possível qualificar dados obtidos na investigação, em conformidade com uma referência linguística que pode ser comunicada aos demais sujeitos da persecução penal, ao longo de todo o processo.

É nesse sentido que Luigi Ferrajoli considera a teoria do crime também uma teoria do significado, como "teoria das condições de uso do termo «verdadeiro», quer dizer, da verificabilidade", tendo em conta a lei como linguagem penal. Assim, ela estabelece as relações entre a denotação (extensão) e conotação (intenção) do signo, evidenciando, por exemplo, se o fato X (disparar tiros em direção de alguém, produzindo-lhe lesões) pode ser considerado extensão do significado conotado na norma Y (matar alguém), sob que condições de fato e probatórias[1007]. Mas, assim entendida como teoria do significado, ela exerce uma função mediadora, entre outras duas teorias, da prova referida à *questio facti* e da norma, referida à *questio iuris*[1008], que têm também seus domínios linguísticos específicos,

[1005] A respeito da teoria especial do conhecimento e sua relação com a ontologia, cf. J. Hessen, *Teoria do conhecimento*, 2003, p. 133 e ss; sob a perspectiva da teoria do crime, cf. J. F. Caballero, *Teoria del delito*, 1993, p. 78 e ss, em que se encontra "la ontologia regional, la evolucion de las escuelas penales y la elaboracion de la teoria dogmática del delito".

[1006] A respeito dessa teoria, cf. A. Tarski, *A concepção semântica da verdade*, 2007; Essa concepção de verdade (como conceito, não como critério) é referida por L. Ferrajoli, *Direito e Razão*, 2002, p. 40, como a teoria adequada ao processo penal, por estabelecer em que condições podemos usar o termo verdadeiro e quais os limites da noção de correspondência com a realidade.

[1007] L. Ferrajoli, *Direito e Razão*, 2002, pp. 95-98.

[1008] E. Bacigalupo, *Direito penal – Parte geral*, 2005, pp. 180-181: "...a teoria do delito cumpre com uma dupla função mediadora. Por um lado, medeia entre a lei e a solução do caso concreto, cumprindo assim a teoria do crime uma função de metalinguagem própria daquela condição de verdade que postula a teoria semântica.

A questão é que não existe uma só e única teoria do crime. Admitem-se hoje tantas teorias que já podemos falar em uma história das diversas teorias do crime. E mais do que descrevê-las é necessário entender o que está em causa nesse excurso todo de discussões, antes que possamos opinar entre elas na imputação jurídico-penal.

### *As diversas teorias do crime: migração e disputa*

A partir de uma perspectiva meramente formal, é possível descrever uma história da teoria do delito, nos últimos tempos, como "uma migração de elementares dos delitos entre os diferentes andares do sistema", pela qual se concentra um grande esforço na questão sobre que posição deve ocupar cada elemento do crime no sistema de sua definição teórica[1009]. Assim, cada teoria nos aparece mais explicitamente como a construção de sistema de elementos que descrevem o comportamento analiticamente com base em um número de elementos variados (objetivos, subjetivos e normativos), que se organizam em diversos estratos apresentados como uma unidade explicativa da descrição legal do fato punível. Mas não é apenas essa aparente migração formal que interessa. O que não tem se tornado evidente é que as doutrinas do crime se constituem em diversas concepções axiológicas, acerca da valoração de certos bens relevante,s e epistemológicas acerca da cognição dos fatos que compõem a norma penal.

É, portanto, igualmente possível, assim nos parece, na perspectiva do problema da imputação, descrever essa mesma história da teoria do delito, não apenas como uma *questão de migração formal de elementos*, mas como uma *questão de disputa material* sobre a qualidade da espécie de imputação que é necessária ou suficiente para atribuir a alguém a responsabilidade penal por um ato tipificado como crime, tendo aqui em conta nesse último caso pressupostos axiológicos e epistemológicos fundamentais. Entre os principais esquemas teóricos, encontram-se na história três que postulam e

ou seja, entre a norma geral, que expressa a valoração do legislador, e a concreção desta em uma norma particular que decide sobre o caso concreto. Por outro lado, existe também uma mediação entre a lei e os fatos objeto do julgamento pois cada uma das categorias da teoria do delito faz referência a determinados aspectos factuais que constituem o material objetivo ao qual se deve aplicar a lei".

[1009] C. Roxin, *Política criminal e sistema jurídico-penal*, 2005, p. 85ss.

especificam os tipos de imputação natural, social e normativo, sintetizados respectivamente pelo causalismo, finalismo e funcionalismo penais[1010]. E bem compreendidas essas teorias no essencial que respeita ao problema da imputação, elas nos oferecem argumentos para os níveis de imputação que se sobrepõem em estratos que não podem ser simplesmente substituídos, pois defendem níveis de imputação necessários, embora não suficientes.

Assim, de uma perspectiva preliminarmente formal, os esquemas teóricos se distinguem sinteticamente como se segue, conforme as migrações de elementos constitutivos do crime, mas tendo por pressupostos algumas questões epistemológicas que precisam emergir para que possamos entender a inovação que decorre do funcionalismo em termos científicos ao direito penal.

A concepção *causal-naturalista*, originariamente concebido por Franz von Lizst, distinguia o crime segundo uma dupla visão, um aspecto objetivo (o injusto) e um subjetivo (a culpabilidade), em virtude dos quais o crime se configurava por uma causação física de um resultado socialmente danoso e uma causação psíquica deste mesmo resultado, na forma dolosa ou culposa. A partir desse esquema (injusto objetivo – culpabilidade psicológica), "o que, em definitivo, se devia investigar para saber se havia delito eram dois nexos causais: um físico (a conduta causou o resultado?) e outro psíquico (há uma relação psicológica entre a conduta e o resultado?)"[1011]. O crime era conceituado como conduta (entendida como vontade exteriorizada que inicia a marcha causal) antijurídica (não se distinguindo tipicidade da antijuridicidade), culpável (decorrente de uma relação psicológica entre conduta e resultado) e punível (submetida a uma pena pela lei). Nas palavras de Lizst: "Crime e o injusto contra o qual o Estado comina pena e o injusto, quer se trate de delicto do direito civil, que se trate do injusto criminal, isto é, do crime, é a accção culposa e contraria ao direito"[1012]. Ernest von Beling, embora tenha mantido a estrutura fundamental objetivo-subjetiva de Lizst, introduz no esquema a *teoria do tipo* (distinguindo tipicidade e antijuridicidade), de tal forma que o crime passa a ser conceituado

[1010] A respeito das diversas histórias da "evolução da teoria do delito", cf. C. R. Bitencourt, *Tratado de direito penal*, 2000, p. 15ss); J. Figueiredo Dias, *Direito penal – Parte geral, Tomo I*, 2007, p. 238ss; A. Garcia-Pablos de Molina, L. F. Gomes, *Direito penal – Parte geral*, 2007, p. 173ss; E. R. Zaffaroni, H. Pierangeli, *Manual de direito penal brasileiro*, 2009, p. 343ss.

[1011] E. R. Zaffaroni, H. Pierangeli, *Manual de direito penal brasileiro*, 2009, p. 343.

[1012] F. von Lizst, *Tratado de Direito Penal allemão, Vol. I*, [2006], p. 183.

como conduta (ainda vontade exteriorizada que movimenta o fluxo causal), típica (como proibição de causação do resultado), antijurídica (como contradição entre causação do resultado e ordem jurídica) e culpável (ainda uma relação psicológica entre conduta e resultado, nas formas dolosa ou culposa). Assim, em suas palavras: "Toda ação, por antijurídica e culpável que seja, se não está incluída nos tipos legalmente estabelecidos – o atípico – pra o jurista significa uma ação *não punível*; e vice-versa, *ação típica* significa uma ação *digna de* pena segundo a medida das penas correspondente e conforme às demais disposições legais relativas à punibilidade"[1013]. Mas essa categoria não implicava a ruptura do esquema básico objetivo-subjetivo, que viria apenas a romper-se com a crítica neokantista (G. Radbruch) ao conceito de conduta voluntária sem conteúdo, porque o elemento subjetivo (dolo ou culpa) estava localizado apenas na culpabilidade. A partir dessa concepção, passou-se a observar que em certas situações não havia qualquer relação psicológica, v.g. os chamados "delitos de esquecimento", e Frank (1907) propôs um *novo conceito de culpabilidade* (misto, porque normativo, quando não houvesse relação psicológica, ou psicológico, quando houvesse). Dessa forma, em acréscimo, passou-se a sustentar que, para precisar a tipicidade, seria necessário recorrer à observação de certos aspectos subjetivos do tipo (os chamados *elementos subjetivos do injusto*). Assim, rompe-se o esquema objetivo-subjetivo, e o crime passa a ser conceituado como uma *conduta* (ainda uma vontade exteriorizada que põe em marcha a causalidade), *típica* (como proibição de causação de resultado, mas já admitindo elementos subjetivos), *antijurídica* (como contradição entre causação do resultado e ordem jurídica) *e culpável* (como reprovabilidade, embora com conteúdo doloso ou culposo).

O que fica evidente com essa viragem valorativa no esquema clássico é que a concepção causal-naturalista seguia um pressuposto epistemológico próprio das ciências naturais, buscando enquadrar a ação como conduta criminosa em um esquema puramente empírico[1014], seguindo assim um monismo científico ao tentar transpor ao direito o que era próprio da física, e especificamente à física que se conhecia àquela época de positivismo científico. É nesse sentido que se deve ler a definição de Lizst, no sentido de que "Acção é pois o facto que repousa sobre a vontade humana,

[1013] E. von Beling, *La doctrina del delito-tipo*, [1944], p. 5.

[1014] J. Figueredo Dias, *Direito penal – Parte geral, Tomo I*, p. 239ss.

a mudança do mundo exterior referível á vontade do homem". É preciso ver que em sua "ideia de acção em geral, Lizst não ignora a vontade, pois o afirma expressamente que "sem acto de vontade não há acção, não há injusto, não há crime", mas o fazia no quadro de uma visão empírica do crime, que logo em seguida enfatizava o resultado como essencial, ao dizer: "mas também não há acção, não há injusto, não há crime sem uma mudança operada no mundo exterior, sem um resultado" [1015]. A ação como ato de vontade no causalismo, é muito resumidamente, uma ação com um conteúdo qualquer a que não se dá maior atenção[1016].

A *concepção finalista*, partindo essencialmente dessa fragilidade do pensamento causalista, considera que "a ação humana é o exercício da atividade finalista. A ação é, portanto, um acontecer «finalista» e não somente «causal». A «finalidade» ou atividade finalista da ação se baseia em que o homem, sobre a base de seu conhecimento causal, pode prever em determinada escala as consequências possíveis de uma atividade com vistas ao futuro, propor-se a objetivos de índole diversa e dirigir sua atividade segundo um plano tendente à obtenção desses objetivos"[1017]. Assim, sendo a conduta uma ação voluntária final, o dolo e a culpa passam a compor a tipicidade, no esquema finalista, ficando a culpabilidade como pura reprovabilidade (teoria normativa pura)[1018]. Essa é uma viragem importante que se reconhece ao finalismo, no sentido de remeter a um normativismo puro a culpabilidade, mas que a dogmática atualmente pretende estender para além dela e antes, já no juízo de tipicidade com o que considera uma correção normativa do juízo de causalidade. Afinal, observou-se que, embora se tenha retirado do campo das ciências naturais, o finalismo acaba por colocar-se no campo das ciências sociais, vinculando seu fundamento à compreensão do homem com entidade ontológica em si[1019].

É nesse ponto que finalismo e causalismo, embora se distingam na ciência de base, social ou natural, acabam partilhando de um projeto único na busca por um fundamento anterior e externo ao direito, colocando-se

[1015] F. Von Lizst, *Tratado de Direito penal allemão, Vol. I,* [2006], p. 193.

[1016] G. Jakobs, *Fundamentos do direito penal,* 2003, p. 51ss.

[1017] H. Welzel, *Direito penal,* 2004, p. 79.

[1018] Essa é a teoria que no Brasil se estabeleceu desde a Parte Geral do Código Penal de 1984, apesar de algumas divergências sobre a culpabilidade (C. R. Bitencourt, *Teoria Geral do Delito,* 2007), bem como do avanço cada vez mais crescente de concepçõees funcionalistas.

[1019] J. Figueiredo Dias, *Direito penal – Parte geral, Tomo I,* 2007, p. 244ss.

ambas como projetos ontológicos que se contrapõem a projetos deontológicos[1020]. A dogmática penal, assim, como doutrina do delito, se debate entre duas concepções de direito penal, uma que postula o fundamento externo no mundo dos fatos, na natureza das coisas, segundo uma ciência natural ou social, e outra que postulada o fundamento interno no mundo dos valores político-criminais de orientação, como pretende o funcionalismo. Mas que se antecipe a crítica a esse postulado, para entender que também não se trata de um postulado de fundamentação interna, desde dentro do próprio direito penal, mas de uma fundamentação interna a um sistema escolhido teoricamente para oferecer os valores que a dogmática se encarrega de sintetizar no direito penal. Ao final, bem visas as coisas sem o romantismo idealista alemão, tanto o causalismo e finalismo, quanto o funcionalismo, vão buscar fora da norma penal, quer seja em fatos, quer seja em valores, as bases de fundamentação normativa para dizer o que seja o direito penal no sistema de ordenação social dos homens.

Assim, o funcionalismo enfatiza essencialmente a função do Direito penal, mas a partir desse postulado geral, diversas correntes se estabelecem em sentidos muitos diversos, demonstrando o quanto a orientação axiológica (ética-política) pode representar na concepção teórica do crime. E, então, pode-se encontrar a fundamentação do direito penal na função de proteção de bens jurídicos, de forma fragmentária e subsidiária no sistema geral do direito (Roxin); na função de proteção da norma penal (Jakobs); na função de garantia do Direito penal (Hassemer); ou, função redutora do Estado de polícia (Zaffaroni)[1021]. Mas ao falar em *função*, é preciso observar que a doutrina está falando na verdade em *fim*, encontrando-se no mundo dos bens e valores que constituem objetivos de proteção, porque rigorosamente falando, em termos sociológico, enquanto o fim consiste em um postulado, a função se desenvolve à revelia do que os homens pretendem e esperam das normas.

É nesse contexto político-criminal do Direito penal que, para além da questão dos fins das penas, mas ainda em conexão com ela, insere-se nos esquemas funcionalistas uma renovada discussão em torno da teoria da

[1020] Nesse sentido, cf. E. Bacigalupo, *Direito penal,* 2005, p. 181, a falar em dogmática "ontológica" e "normativizante", embora nos pareça melhor contrapor ser (ontológico) e dever-ser (deontológico), com expressões teóricas de fatos e valores que concorrem ao mundo das normas.

[1021] A. Garcia-Pablos de Molina, L. F. Gomes, *Direito penal – Parte geral,* 2007, p. 183ss.

imputação, na qual se tem enfatizado a imputação objetiva, na busca pela "determinação das propriedades objetivas de uma conduta imputável", visando a identificar "aspecto da imputação" que estabeleça limites à causalidade a partir de bases normativas. E nesse sentido a teoria do crime se pode considerar como uma teoria da imputação, que traz consigo não apenas questões axiológicas, mas antes e sobretudo epistemológicas relativas à identificação e explicação do fato punível, pois ela se pode considerar o conjunto de critérios interpretativos de aplicação da lei penal[1022].

A "hipótese-base da teoria da imputação objetiva", nos termos que assim a defende G. Jakobs, "enuncia que um direito de comportar-se de determinada maneira, ou formulado de forma diversa, o ilícito de um comportamento, não pode ser determinado somente tendo em conta um indivíduo isolado e uma norma, mas sempre tendo em conta as pessoas, isto é, atendendo às regras específicas de uma sociedade"[1023]. E, nesse sentido, explica-nos E. Bacigalupo que "os princípios da imputação objetiva surgem (...) primeiramente da *finalidade do direito penal*, de garantir expectativas normativas. Pode-se concluir, então, que as *condutas socialmente adequadas*, ou seja, que se desenvolvem dentro da ordem social, não serão típicas"[1024].

O importante é entender que, a partir do esquema *funcional-sistêmico*, tem-se entendido que o conceito de crime não é puramente epistêmico, dependente apenas de uma apuração científica, pois exige consideração de sua finalidade penal, dependente de uma ponderação político-criminal, não estando sujeito a dados impostos pela natureza[1025]. É como se houvesse uma volta ao neokantismo (1930), mas já não segundo uma orientação pelas normas gerais da cultura, que se mostraram pouco claras, mas segundo uma suposta orientação da política criminal, em conformidade com os fins da pena, que se vai refletir nos critérios de uma teoria da imputação, na qual se imbricam questões não apenas epistêmicas, mas sobretudo ético-políticas.

[1022] E. Bacigalupo, *Direito penal – Parte geral,* 2005, p. 180.

[1023] G. Jakobs, "La imputacion juridico-penal: desarrollo del sistema con base en las condiciones de la vigencia de la norma", *Dogmática de Derecho Penal y configuración normativa de la sociedad,* 2004, p. 85.

[1024] E. Bacigalupo, *Direito penal – Parte geral,* 2005, p. 246.

[1025] E. R. Zaffaroni, *Manual de direito penal brasileiro,* 2009, p. 348ss.

***O axiológico e o epistêmico nas teorias***

Ao tratar do que considera uma "relatividade dos sistemas dogmáticos do delito", Enrique Bacigalupo nos adverte que "nenhum dos sistemas tem validade absoluta", sendo inevitável reconduzir qualquer teoria do crime a uma decisão anterior sobre a teoria da pena, bem como também a uma teoria da sociedade[1026]. Mas bem entendido, não se trata apenas da sociedade, mas desta em conexão com uma teoria do Estado e do indivíduo, o que nos remete ao final aos valores fundamentais dessas teorias e sua axiologia de base. Em suma, tudo depende do quanto estamos dispostos a expandir a análise do sistema (penal ou social) ao fim de discutir e compreender as pressuposições básicas de qualquer teoria. Ao final, podemos sintetizar todas essas pressuposições na ideia de uma política criminal, desde que se entenda esta como uma síntese teórica de vários pressupostos não explícitos.

É nesse sentido que podemos entender os diversos modelos analítico-doutrinários do crime como *teses axiológicas em função de uma visão político-criminal* que pretendem não apenas justificar o direito penal, mas também racionalizá-lo segundo certos valores considerados anteriores ao direito penal, que se encontram em teorias sociais, teorias políticas e em última análise em antropologias. A postulada função política-criminal, que se tornou mais evidente na fase funcionalista, existia também implícita nas anteriores teorias.

A doutrina do crime, portanto, tende (ou deveria tender) a ser não apenas uma doutrina da estrutura do crime a partir da lei, formalmente considerada apenas, mas igualmente uma doutrina de seus limites como condições essenciais que se devem impor desde a fase da legislação e "criação" dos crimes, em conformidade com uma política criminal (funcionalmente dirigida). Assim, as diversas doutrinas do crime se tornam aptas para congregar os diversos conhecimentos que interessam a uma compreensão global do direito penal e cumprir, além de uma função operativa do direito (metodológica), a função de transmitir e afirmar valores que se devem impor ao direito punitivo, visando não apenas a racionalizá-lo, mas também a minimizá-lo ao necessário. Isso é claro, se tivermos em mente um

[1026] E. Bacigalupo, *Direito penal – Parte Geral,* 2005, p. 185; a considerar também a teoria da imputação como parte da teoria da pena, cf. H H. Lesch, *El concepto de delito. Las ideias fundamentales de una revisión funcional,* 2016, p. 116ss.

programa garantista voltado à construção de um sistema de direito penal mínimo, que se pode construir não apenas pela crítica à legislação, desde uma perspectiva externa a ela, mas pela integração racional da legislação, desde uma perspectiva interna que, quando necessário se faça, seja controlada constitucionalmente.

Contudo, para além do aspecto axiológico, é importante compreender que as teorias do crime pressupõem uma certa concepção epistemológica acerca do aspecto fático do crime que se vão transferir à pragmática processual de sua investigação. É a partir de uma vontade de certeza objetivada em um elemento material, decorrente de um empirismo radical, que se vai construir o causalismo penal, quase se perdendo em um determinismo; ao passo que o finalismo se concentra na especificidade individual da ação, segundo um sociologia não determinista, mas focada em um individualismo metodológico, que somente se vai superar pelo funcionalismo que resgata uma visão sistêmica das ciências sociais, embora muitos variados funcionalismos se possam extrair de uma visão assim holística da sociedade, no qual se encontra também uma visão de Estado e de Indivíduo. Assim, todas essas questões estão subjacentes na compreensão dos elementos com que se estruturam analiticamente as diversas teorias, a partir das noções de tipicidade, antijuridicidade e culpabilidade, alimentadas por teorias da imputação que se devem compreender como etapas substanciais necessárias, mas não suficientes[1027].

A imputação jurídico-penal é, assim considerada todas essas questões, um complexo de considerações práticas acerca de elementos empíricos, psíquicos e normativos, que dependem essencialmente do conhecimento teórico de base que lhes serve de fundamentação nas ciências naturais, sociais e jurídicas, mas tendo ainda por centro integrador a ideia de pessoa humana como sujeito responsável por seus atos na vida em comum com outros que possuem expectativas sociais. Assim, não apenas o nexo de causalidade, como também o vínculo social, são estabelecidos a partir do estágio de nosso conhecimento, segundo o espírito jurídico de um espaço-tempo que constitui o *ethos* de uma sociedade sempre em movimento.

Tudo depende, portanto, não apenas do estágio de nosso conhecimento científico, a respeito das relações entre causa e efeito dos fenômenos natu-

[1027] É como diz Jescheck (*apud* J. Figueredo Dias, *Direito penal. Parte geral – Tomo I*, 2007, p. 239 ): "Nenhuma das teorias conseguiu afastar completamente as outras, continuando ainda hoje vivos, uns junto aos outros, pensamentos procedentes dos três sistemas".

rais, tampouco apenas do estágio dos vínculos sociais que vigoram no sistema de relações pessoais, mas antes de como tudo isso é assimilado no sistema jurídico-penal tendo em conta o universo de normas que vigoram em sociedade. O direito penal, assim, pode interferir para limitar essa relação causal afastando certas imputações, mas não desconsiderar a ciência a ponto de admitir uma imputação jurídica em confronto com o que se conhece a respeito dos fenômenos causais.

A questão central, portanto, é que a postulada imputação normativa, embora se possa entender como a imputação última do juízo penal, não pode abrir mão das imputações natural e social que concernem ao aspecto objetivo e subjetivo do tipo penal, baseando-se em concepções científicas. Podemos dizer que essas imputações são necessárias, embora não suficientes, mas não as podemos simplesmente negar em favor de uma imputação puramente jurídica. Porque ao final, essa imputação que pretende ser uma forma de correção da imputação física e psíquica pode se tornar como que uma autônoma possibilidade jurídica de imputar sem quaisquer limites.

***O empírico, o psíquico e o normativo na imputação***

Ao falarmos no empírico, psíquico e normativo da imputação jurídico-penal, contudo, devemos nos prevenir contra a ideia linear de colocá-las simplesmente em ordem de fases, porque a imputação constitui uma unidade de atribuição de responsabilidade, em que o normativo não é uma fase em si, mas apenas o tratamento jurídico que se deve dar ao aspecto objetivo e subjetivo do tipo, podendo-se reduzir a imputação em objetiva e subjetiva, tendo em conta todas as suas ponderações jurídicas ao que compõe o mundo ontológico (natural ou social) de base. Ademais, não há consenso acerca da ordem e terminologia dessas fases, sendo importante explicar o esquema de nossa escolha.

O que consideramos imputação normativa corresponde ao que geralmente a doutrina tem chamado de imputação objetiva, embora haja quem inclua nessa além da imputação empírico-causal aquela especificamente normativa[1028]. Mas antes que tenha resultado, há o problema comum da imputação da conduta, que não é exclusivo dos crimes de resultado. A imputação causal é, nesse sentido, apenas uma parcela da imputação empírica, que deveria abranger todas as possibilidades típicas, tendo em

[1028] J. Tavares, *Fundamentos de teoria do delito*, 2018, p. 198ss, faz essa divisão.

conta os elementos objetivos do tipo. Portanto, o que chamaremos de imputação objetiva terá como início o tratamento da imputação da conduta independentemente do resultado, que é também um aspecto da teoria da imputação objetiva. Como bem observou Mir Puig, a imputação objetiva "deve estender seu alcance para além do problema do nexo que deve existir entre a conduta e o resultado nos delitos de resultado"[1029].

É, portanto, necessário distinguir, no estabelecimento da realização do tipo objetivo, uma imputação empírica, orientada pela realização da conduta e causação natural do resultado, e uma imputação normativa, que tem sido discutida como imputação objetiva, na qual o nexo de causalidade é apenas um meio auxiliar para a determinação da imputação dirigida pela finalidade da norma[1030]. Havendo resultado típico, deve-se averiguar a existência de nexo entre conduta e resultado, que consiste em um vínculo de natureza causal, conforme critérios de conhecimento científico, mas limitado normativamente pelos princípios da teoria da imputação objetiva.

É nesse sentido que "a teoria da imputação objetiva do comportamento aporta o material com cuja ajuda se pode interpretar o resultado posto em marcha por uma pessoa como um acontecer socialmente relevante ou irrelevante, como um acontecer socialmente estranho ou adaptado, como que, socialmente se considerou mérito ou, especialmente como que se destaca de modo negativo o resultado" [1031]. E assim, quanto aos critérios de imputação, sinteticamente, o juízo de imputação deve averiguar se (a) a ação criou um perigo proibido para a produção do resultado; e (b) o resultado produzido pela ação corresponde à realização do perigo (proibido juridicamente) criado pela ação[1032].

A questão é que a verificação do nexo de causalidade é apenas um estágio posterior, e limitado aos crimes de resultados, que exige antes uma imputação objetiva da conduta. É necessário, portanto, distinguir o tratamento dos *crimes de resultado lesivo*, em que se situa a questão da causalidade, dos *crimes de perigo* e os *de mera conduta*, em que não temos causalidade, mas apenas conduta, seguida de um *juízo* sobre o risco quando for o caso, no qual se deve levar em conta o que se conhece pelo agente, a

[1029] S. Mir Puig, *Direito PenaL. Fundamentos e Teoria do Delito,* 2007, p. 207.

[1030] J. Wessels, *Direito penal – Aspectos fundamentais,* 1976, p. 40

[1031] G. Jakobs, *Imputação objetiva no Direito Penal,* 2013, p 21.

[1032] L. Greco, *Um panorama da teoria da imputação objetiva,* 2007.

considerar que muitas condições não são de seu conhecimento[1033]. É preciso compreender o sentido amplo que: "A imputação objetiva deve ser entendida como o juízo que permite imputar *juridicamente* a realização da parte objetiva do tipo à sua execução *material*[1034].

O que se chama parte objetiva do tipo, assim, não se resolve apenas na imputação causal, embora ainda permaneça como imputação empírica, pelo menos entre os crimes comissivos, a considerar que ainda se pede sempre uma conduta materialmente considerada e sobretudo exteriorizada. Nesse caso, conhecida a ação típica, havendo provas a respeito delas, o que se exige é saber se é possível imputar a ação ao agente, ainda em seu aspecto objetivo. Tenha-se em conta o exemplo de crimes de falsidade documental ou de moeda falsa. Ainda que não falemos em resultado da conduta, considerando que o crime se configura formalmente, há uma materialidade que se exige considerar e imputar a um sujeito. O que se pede aqui, portanto, ainda a título de imputação objetiva do tipo ao autor é que existam provas a respeito do crime que possam associar o ato materializado ao sujeito imputado. Trata-se ainda de uma imputação objetivamente considerada, sem ainda falarmos do tipo subjetivo, que se segue ao final do juízo de tipicidade.

A imputação objetiva em sentido amplo, portanto, "trata da determinação das propriedades objetivas de uma conduta imputável"[1035]. E sua relevância prática está em estabelecer pressupostos que se aplicam a crimes culposos ou dolosos, não importando essa diferença[1036].

## A imputabilidade como condição de imputação

Antes que se possa fazer qualquer imputação ao sujeito, é preciso que se verifique sua imputabilidade, sem a qual se torna impossível prosseguir nos demais juízos de imputação. Embora esse elemento seja posto geralmente no domínio da análise de culpabilidade, ele é na verdade anterior e um pressuposto de análise do próprio injusto penal, obstruindo as demais etapas ou influindo em certos aspectos procedimentais.

A respeito, observa J. Tavares, ao distinguir entre imputabilidade capacidade de culpabilidade, que "a análise da imputabilidade deve ser ante-

[1033] E. Bacigalupo, *Direito penal – Parte geral*, 2005, p. 289.
[1034] S. Mir Puig, *Direio penal. Fundamentos e Teoria do delito*, 2007, p. 207.
[1035] E. Bacigalupo, *Direito penal – Parte, geral*, 2005, p. 180.
[1036] G. Jakobs, *Imputação objetiva no Direito Penal*, 2013, p 21.

cipada para o âmbito do injusto, mais propriamente para o âmbito da ação"[1037]. Mas de uma perspectiva pragmática, que interessa à teoria da investigação, sua análise até se antecipa procedimentalmente, orientando as demais fases. Trata-se, assim de distinguir entre uma capacidade de culpabilidade *a priori* excluída, de uma capacidade de culpabilidade que somente *a posteriori* se pode excluir.

O que está em causa nesse juízo é saber se o sujeito tem "a possibilidade de conhecer a desaprovação jurídico-penal do fato" que realizou. Embora a dogmática situe analiticamente essa questão ao final do juízo acerca do crime, de um ponto de vista pragmático que interessa à teoria da investigação criminal, é inevitável iniciar pela consideração acerca do sujeito do crime, porque em se tratando de menor ou louco, a imputação toma rumos diferentes. Assim, no caso de menor será necessário remeter ao juízo acerca do fato seguirá outros parâmetros muito distintos da teoria do crime, ao passo que no caso do louco, a imputação seguirá nos limites das restrições que cada sistema impõe, a depender da medida que se aplica.

O que está em causa aqui é saber se há conduta no sentido juridicamente necessário à consideração típica do crime. Não se trata, portanto, de uma questão que se resolve no âmbito de uma mera observação da conduta, embora essa seja o ponto de partida necessário. É que a conduta que importa à imputação penal não tem apenas o sentido natural em sua expressão física, pois além de envolver a omissão, antes de tudo tem um sentido finalístico e social, mas sobretudo juridicamente qualificado pelos fins do direito.

A concepção originária de H. Welzel acerca da "estrutura fundamental da ação", é um bom ponto de partida, porque enfatiza a finalidade da ação, tendo em conta o saber causal que tem o homem a respeito de sua conduta, cuja direção pode ser conscientemente orientada a um fim[1038].

[1037] J. Tavares, *Fundamentos de teoria do delito,* 2018, p. 456

[1038] H. Welzel, *Um novo sistema jurídico-penal,* 2001, p. 27: "A ação humana é exercício de uma atividade final. A ação é, portanto, um acontecimento final e não puramente causal. A finalidade, o caráter final da ação, baseia-se no fato de que o homem, graças ao seu saber causal, pode prever, dentro de certos limites, as possíveis consequências de sua conduta, designar-lhe fins diversos e dirigir sua atividade, conforme um plano, à consecução desses fins. (...) A atividade final é uma atividade dirigida conscientemente em razão de um fim, enquanto o acontecer causal não está dirigido em razão de um fim, mas é a resultante causal da constelação de causas existe em cada momento. A finalidade é, por isso – dito de forma gráfica – 'vidente', e a causalidade, 'cega'"

Essa concepção de Welzel é discutível sobre diversos aspectos, sobretudo por sua pretensão de estrutura ontológico anterior ao direito, bem como por suas bases fundamentadas na ideia de sujeito racional, liberdade de ação e consciência. Todas elas se suportam em algumas bases teórico-científica que têm sido discutidas. Mas a ideia de ação livre e consciente ainda exclui que se considere como sujeito de crime alguém que não a tem. Essa é, contudo, uma perspectiva individual da ação, a partir do sujeito que a prática, mas é preciso ter em conta que a ação tem uma perspectiva também coletiva, sendo necessário considerá-la segundo sua relevância social, tendo em conta ainda que ela não se encontra no domínio absoluto do sujeito como o espera o finalismo, sendo portanto relevante considerar a sua relativa dominabilidade. A esse respeito, defende-a adequadamente H. Wessels: "*Ação* no sentido do Direito Penal é, de acordo com essa construção aqui representada, a *conduta socialmente relevante, dominada ou dominável pela vontade humana*"[1039].

Mas não é apenas isso, mais que considerada em sua individualidade ou em sua socialidade, a conduta humana tem para o direito um sentido especificamente jurídico que, embora não prescinda do questionamento prévio acerca dos elementos empíricos individuais ou coletivos, tem seu sentido na capacidade do agente com pessoa que delibera sobre o crime em uma relação comunicativa com os outros que assimilam cada comportamento como algo significativo a todos[1040]. É essa capacidade que interessa ao direito penal considerar como condição de imputação.

Essa condição pode ser objeto da investigação, embora possa ser absolutamente presumida no caso de menoridade (*iuri et de iuris*), segundo cada legislação penal, o que obstrui o juízo de imputação *a priori*, mas não nas diversas hipóteses de doença mental que exige uma pesquisa acerca das causas que obstruem ou diminuem a imputabilidade, conquanto não impeçam a continuidade da investigação, tampouco a imputação jurídico-penal ao fim de aplicar-se uma medida de segurança.

[1039] J. Wessels, *Direito penal – Parte geral*, 1976, p. 22.

[1040] J. Tavares, *Fundamentos de teoria do delito*, 2018, p. 456: "deve-se acentuar sempre que o conceito de ação como elemento prévio do injusto, é um conceito jurídico, o que não prescinde de elementos empíricos, como a vontade, mas que tem seu núcleo calcado na capacidade do sujeito de ser tomado como pessoa deliberativa"

## A imputação objetiva do tipo

### *O juízo sobre a conduta: risco, criação e permissão*

O primeiro juízo de imputação se deve orientar à parte objetiva do tipo penal, respondendo inicialmente se estão presentes provas com que se podem afirmar a realização da conduta típica. Afinal, "para que a conduta causadora de um resultado típico possa ser considerada realizadora da parte objetiva do tipo é necessário que *ex ante* aparecesse como criadora de um risco tipicamente relevante"[1041]. Mas não somente como causação de um resultado típico, também nos casos em que a ação esgota o tipo objetivo, pois o âmbito da teoria da imputação objetiva deve ter seu alcance estendido para além do problema do nexo: "A imputação objetiva deve ser entendida como o juízo que permite imputar *juridicamente* a realização da parte objetiva do tipo à sua execução *material*"[1042].

Trata-se de especificar que conduta do sujeito exatamente colocou em risco o bem jurídico, antes e independentemente de questionar por seu resultado, caso este seja necessário, pois a depender da espécie típica não o seja. Mas em qualquer que seja a espécie, há que se especificar a conduta, mesmo quando esta tenha sido uma omissão. O importante, em todos os casos, a concentrar a unidade do juízo de imputação objetiva da conduta será qualificá-la como uma criação de risco relevante ao bem jurídico, em conformidade com a proibição típica. A respeito, conforme ressalta Jorge Figueiredo Dias: "O problema começa, neste contexto, por ser o de determinar os riscos cujas produção pode ser razoavelmente referido o tipo objetivo de um crime de resultado, isto é, o âmbito ou o círculo dos riscos que, neste sentido, devem considerar-se juridicamente desaprovado e, em consequência, *não permitidos*. Apesar de todos os esforços doutrinais desenvolvidos o procedimento é – e, em último termo, tem de ser – eminentemente *casuístico*, embora susceptível de uma certa tipologia"[1043].

A imputação objetiva nesse momento se pode reduzir a uma especificação probatória da conduta e sua interpretação típica em termos de relevância do risco ao bem jurídico, embora em seu curso se possam identificar algumas várias causas de exclusão típica em razão de *ausência de criação do risco*, a *permissão do risco* ou sua *insignificância*[1044].

[1041] S. Mir Puig, *Direio penal. Fundamentos e Teoria do delito*, 2007, p. 203.

[1042] S. Mir Puig, *Direio penal. Fundamentos e Teoria do delito*, 2007, p. 207.

[1043] J. Figueiredo Dias, *Direito penal – Parte Geral, Tomo I*, 2007, p. 332.

[1044] G. Jakobs, *Imputação objetiva no direito penal*, 2013, p. 35ss; E. Bacigalupo, *Direito penal – Parte geral*, 2005, p. 246ss; J. Tavares, *Fundamentos de teoria do delito*, 2018, p. 222ss.

A ausência de criação do risco exclui juridicamente a tipicidade embora essa se tenha realizado naturalmente. Quando um comerciante vende uma arma destinada a posse, cuja aquisição foi devidamente autorizada, não cria o risco em razão do adquirente que decide portá-la posteriormente sem a autorização específica para isso. Ademais, não responde sequer pelo risco inerente à posse mesmo nos limites da residência do adquirente que possua filho menor, pois esse risco se encontra permitido juridicamente porque nesse caso temos uma adequação social da conduta. E embora questionável que se considere um caso de risco diminuído a posse de munição sem compra autorizada, a insignificância do risco em relação ao bem jurídico tutelado é causa também que exclui a tipicidade nos casos em que verifica, impedindo a imputação objetiva da conduta.

*Delitos de perigo e de mera conduta*

O juízo de imputação não se limita a crimes de resultado, tendo cada vez mais suscitado problemas vários nos crimes de perigo, sobretudo em razão do aumento da legislação penal que prescinde de resultado lesivo material, chegando no limite aos crimes de mera conduta que se podem assimilar na mesma ideia de perigo abstrato [1045].

Os crimes de perigo concreto, embora não exijam resultado material, exigem "que a ação tenha posto em perigo um bem jurídico ou aumentado esse perigo"[1046]. Mas embora esse perigo tenha de ser verificado especificamente na imputação a título de resultado, o juízo acerca desse perigo se faz sobre o momento em que o autor realizou a conduta, considerando o conhecimento do agente naquele momento, diz-se nesse caso que é um conhecimento *ex ante,* sobretudo porque, não sobrevindo qualquer resultado (dispensável ao tipo objetivo), o conhecimento *ex post* de todas as circunstâncias pode inviabilizar o juízo de perigo, transmudando-o em juízo sobre o resultado que não ocorreu. É por isso que o juízo de imputação se centra na conduta e no conhecimento do perigo nesse momento, independentemente do resultado que sobrevenha ou não. O exemplo clássico aqui é o crime de incêndio.

Os crimes de mera conduta, assim como os crimes de perigo abstrato, que não exigem prova de qualquer resultado, o juízo de imputação se

[1045] C. Roxin, *Drecho penal – Parte general, Tomo I,* 1997, p. 403ss; E. Bacigalupo, *Direito penal – Parte geral,* 2005, p. 288ss.

[1046] E. Bacigalupo, *Direito penal – Parte geral,* 2005, p. 288

resume à especificação da conduta que coloca em risco o bem jurídico tutelado[1047]. Quanto ao crime de perigo abstrato, em especial, a exemplo da condução de veículo em estado de embriaguez, a imputação se resume a especificar essa conduta criadora do risco, embora em alguns casos como de moeda falsa, a considerar as diversas qualidades de falsificação, coloca-se a questão sobre o risco desse resultado[1048]. Os crimes de perigo abstrato, em razão de seu afastamento maior da referência a uma lesão, suscitam diversas objeções sobretudo no âmbito da prova necessária à imputação, pois a conduta tende a limitar-se a uma mera infração da norma, que emerge em si como o próprio objeto de proteção[1049].

Problemas específicos de imputação da conduta surgem nesse caso em especial nos crimes associativos. A considerar a exigência ou não de o sujeito pratique uma conduta necessariamente típica e criadora de um risco para uma específico bem jurídico, tendo em conta que o tipo de base apenas exige que se organizem, é importante que se especifique a base de um juízo de imputação da conduta[1050].

***O juízo sobre o resultado: causalidade e funcionalidade***

Tratando-se de crime cujo resultado é parte objetiva do tipo, é necessário que se siga uma imputação objetiva do resultado, dentro da qual se debatem questões naturais e normativas, orientadas por concepções causalista e funcionalista do nexo entre conduta e resultado. Trata-se de especificar se o resultado pode ser considerado como decorrente da conduta que criou um risco relevante ao bem jurídico, mas não apenas seguindo um nexo causal puro, já que este pode conduzir a conclusões fisicamente verdadeiras, mas juridicamente injustas, razão por que há muito várias teorias têm buscado estabelecer alguns limites.

*A teoria das condições e suas restrições tradicionais*

Apesar das diversas teorias que discutem a causalidade no sistema de imputação penal, apenas a teoria da equivalência das condições (com os acréscimos que lhe foram feitos) corresponde a uma teoria positiva da imputação

1047 E. Bacigalupo, *Direito penal – Parte geral*, 2005, p. 289ss.

1048 J. Figueiredo Dias, *Direito penal – Parte Geral, Tomo I*, 2007, p. 334.

1049 Cf. P. C. Bottini, *Cirmes de perigo abstrato*, 2019.

1050 J. Figueiredo Dias, *Direito penal – Parte Geral, Tomo I*, 2007, p. 788.

empírica, porque as demais que se lhe seguiram correspondem à uma teoria negativa da imputação empírica, visando a restringir juridicamente o alcance da teoria principal, chegando até o ponto em que encontramos a concepção da teoria da imputação objetiva como teoria normativa por essência.

A teoria da equivalência das condições considera causa do resultado toda e qualquer condição que tenha equivalência como uma causa[1051]. Assim, "é causa de um resultado *toda* condição de que dependeu sua produção, independentemente de sua maior ou menor proximidade ou importância"[1052]. Essa teoria recorre a uma fórmula heurística de caráter hipotético – *conditio sine qua non* –, com base na qual pretende questionar cada condição, perguntando se a sua exclusão impediria o resultado. Mas, assim procedendo, embora possa averiguar precisamente se a conduta do agente é relevante causalmente diante de sua exclusão, é possível chegar a muitas outras condições que lhe são anteriores, conduzindo, portanto, a uma especificação muito ampla da causalidade que pode se estender até o infinito. Por essa razão, tanto do ponto de vista causal, quanto do ponto de vista funcional, essa teoria tem sofrido algumas objeções limitativas, mas sem excluir em absoluto sua validade mínima.

Assim, na perspectiva puramente causal, tem-se suscitado algumas objeções que precisam ser levadas em conta. Inicialmente, é preciso entender que o juízo de imputação nos exige muito conhecimento acerca da eficácia causal que por vezes não possuímos, podendo nos conduzir a virtualidades causais em retrospectiva linear pouco fundamentadas. Assim, é possível que essa causalidade hipotética, mesmo sem fundamentos científicos, acabe incluindo, por raciocínio puramente lógico, causas muito distantes embora juridicamente irrelevantes. Isso pode acontecer por exemplo em situações no domínio do uso de medicamentos que levam um longo tempo para produzir um efeito penalmente relevante, cuja conclusão dependerá sempre de um campo específico de conhecimento cujas teorias são ainda conjecturas que podem vir a ser refutadas no futuro com novas pesquisas. O mesmo pode acontecer diante de múltiplas causas que por si só não fossem suficientes, mas em conjunto podem produzir o resultado, excluindo

[1051] E. Bacigalupo, *Direito penal – Parte geral,* 2005, p. 230ss; J. Frias Caballero et al, *Teoría del delito,* 1993, p. 218ss;

[1052] S. Mir Puig, *Direito penal. Fundamentos e teoria do delito,* 2007, p. 186ss.

causas próximas relevantes. Assim, é possível descartar causalmente uma facada dada por um agente porque teria sido insuficiente para matar a vítima, embora as dez facadas dadas por dez agentes diferentes tenham sido ao final determinante da morte.

Não é preciso, contudo, abandonar a fórmula da *conditio sine qua nom*, mas interpretá-la adequadamente, afinal "*a teoria da equivalência oferece o conceito lógico de causa*"[1053], responde fisicamente de forma adequada ao problema da causalidade em sua perspectiva puramente fática, embora não responda ao problema normativo da conduta e do resultado em sua perspectiva jurídica. Não se pode pedir a ela muito mais que isso, competindo a outras teorias discutir a questão relativa a outros aspectos da imputação objetiva. Assim, é possível admitir a validade da teoria para casos simples, auxiliadas por conhecimento de leis da natureza, evitando retroagir a causas remotas segundo um causalismo virtual, o que implica restringir-lhe juridicamente o alcance, o que tem sido proposto pela *teoria da adequação.*

A *teoria da adequação*, atenta à perspectiva do direito e não da eficácia causal da conduta, postula que apenas se devem levar em conta na imputação as condições que sejam possíveis conhecer pelo expectador objetivamente considerado no momento da conduta. Assim, "não serão adequadas quando fosse muito improvável que produzissem o resultado e não se pudesse contar com a ocorrência do mesmo"[1054]. Mas o que se considera previsível aqui é o resultado concretamente realizado, tendo em conta os conhecimentos que teria uma pessoa prudente nas mesmas condições do autor, embora sem discutir subjetivamente o que efetivamente conhecia o autor particular. A teoria, portanto, não antecipa o elemento subjetivo do tipo, embora objetive essas condições subjetivas como condição de imputação objetiva do resultado. Trata-se em última análise de uma teoria que já antecipa as questões da teoria da imputação objetiva, e por isso "a teoria da adequação não pode ser considerada uma teoria da causalidade, senão uma teoria da imputação objetiva, é dizer, de limite da responsabilidade sobre a base efetiva da causalidade"[1055].

A *teoria da relevância* aprofunda o aspecto que interessa ao direito no juízo de imputação, ao enfatizar a necessidade de atender à finalidade da

[1053] S. Mir Puig, *Direito penal. Fundamentos e teoria do delito*, 2007, p. 191ss

[1054] S. Mir Puig, *Direito penal. Fundamentos e teoria do delito*, 2007, p. 200.

[1055] S. Mir Puig, *Direito penal. Fundamentos e teoria do delito*, 2007, p. 201.

norma do direito penal, embora seja semelhante à teoria da adequação nas consequências. Mas essa teoria é mais incisiva na diferença entre a causalidade e a normatividade da imputação. Assim, aceitando a teoria da condição na parte que se refere à casualidade, quando à imputação normativa do resultado, orienta-se pelo que considera uma "*relevância jurídico-penal* da corrente causal, onde (semelhante à teoria da adequação) só reconhece as *condições adequadas ao tipo*, dentro do decorrer causal, como fundamentadoras de responsabilidade". E com esse procedimento pretende deixar em aberto a imputação ao atendimento da "*finalidade da norma* e as particularidades dos tipos penais em espécies"[1056].

*A restrições da teoria da imputação objetiva*

A atual teoria da imputação objetiva tem tornado claro que a *imputação empírica*, em virtude da amplitude da causalidade e da necessidade de estabelecer limites a teoria causais, precisa ter parâmetros jurídicos de responsabilização por condutas lesivas, em conformidade com as finalidades do direito penal. A teoria da relevância já considerava que, "uma vez comprovada a causalidade natural seria preciso verificar a relevância típica de tal nexo causal a partir de uma correta interpretação do tipo penal". A teoria da imputação, por sua vez, postula "a substituição da relação de causalidade, como único fundamento da relação entre a ação e o resultado, por outra relação elaboração com base em considerações jurídicas e não naturais". Em suma, a causalidade vem a ser necessária, mas não suficiente para uma imputação objetiva do resultado[1057]. Esse reconhecimento da amplitude causal da teoria das condições e sua necessidade de limitações jurídica da responsabilidade é admitida por toda dogmática jurídico-penal contemporaneamente, embora sejam divergentes as diversas opiniões sobre essas limitações. O juízo de imputação, nesse momento, tendo em conta o nexo causal, parte de uma premissa fundamental: "É necessário, ademais, que o resultado causado possa ser visto precisamente como a realização do risco inerente à conduta". Diz-se que portanto, além da relação causal, deve existir uma "relação de risco", que embora nos sugira a possibilidade de questionar também empiricamente a noção de risco, esse é assimilado em seu sentido preponderantemente normativo.

[1056] J. Wessels, *Direito penal – Aspectos fundamentais,* 1976, p. 39-44.

[1057] E. Bacigalupo, *Direito penal – Parte geral,* 2005, p. 244.

A imputação objetiva, assim, segue-se na verificação da existência de certos motivos de exclusão da responsabilidade pelo resultado, em situações nas quais se considera não haver uma razão juridicamente relevante fundamentada na finalidade do direito penal. Encontram-se na doutrina várias razões para exclusão, cuja casuística por vezes parece deixar em aberto possibilidades múltiplas de consideração objetiva dos fins do direito penal. Contudo, algumas hipóteses têm sido bem formuladas em termos teóricos que nos permitem expandir seus argumentos além dos casos particulares. Entre esses motivos de exclusão, temos alguns principais como *princípio da confiança*, a *proibição de regresso infinito* e *princípio da autorresponsabilidade*[1058].

Aqui na imputação objetiva do resultado, diversamente da imputação da conduta na qual se faz uma prognose *ex ant*, trata-se de apreciar *ex post* a realização do risco, que não se realizando exclui a imputação. Assim, não é objetivamente imputável o resultado a quem tendo criado um risco não permitido, mesmo sem este o resultado teria se produzido em razão da conduta da própria vítima, como no casso do motorista que dirige em excesso de velocidade, mas é surpreendido pela vítima que se lança na frente do veículo, pois há aqui um princípio de confiança como razão jurídica de exclusão. Também não é objetivamente imputável o resultado, quando entre uma causa anterior e o resultado, coloca-se outra que por si seria suficiente para produzir a lesão, como nos casos do paciente que morre e acidente de trânsito com ambulância na qual era conduzido por causa de um corte não fatal, pois há aqui uma proibição de regresso como razão jurídica de exclusão.

Além dessas causas, embora a doutrina tradicional situasse no âmbito da justificação da ilicitude, a teoria da imputação objetiva tem considerado tratar-se de excludente de tipicidade o consentimento da vítima, nos diversos casos em que há uma auto-colocação em perigo ou hetero-colocação em perigo consentida. O que se impõe como razão jurídica, em todas essas hipóteses, é o *princípio da autorrresponsabilidade*[1059] que exclui a imputação objetiva igualmente em qualquer resultado que decorre do próprio exercício profissional, porque em todos eles a imputação penal não serve aos fins de proteção da norma penal.

[1058] J. Tavares, *Fundamentos de teoria do delito*, 2018, p. 237ss; E. Bacigalupo, *Direito penal – Parte geral*, 2005, p. 250ss; J. Figueredo Dias, *Direito penal – Parte geral, Tomo I*, 2007, p. 331ss.
[1059] J. Tavares, *Fundamentos de teoria do delito*, 2018, p. 242ss.

## A imputação subjetiva do tipo

Além da imputação que se realiza no âmbito do tipo objetivo, também no tipo subjetivo há que se fazer uma imputação igualmente. Fala-se, nesse caso, em *imputação subjetiva*[1060], embora seja uma expressão equívoca que requer uma explicação. É preciso que se compreendam os fatos psíquicos em um sentido não exclusivamente subjetivo, reclusos no espírito individual do agente sem referência ao seu significado externo, representado por sua conduta sempre objetivamente considerada. É nesse sentido que G. Jakobs considera sensivelmente insignificantes os fatos psíquicos ou disposições de saber, porque esses somente adquirem significado quando são considerados em separado da consciência particular e postos como parte de um processo comunicativo. Assim, tanto o dolo como a culpa, como o conhecimento ou desconhecimento do ilícito, não são em realidade parte do ilícito, mas portadores de significados da conduta sensivelmente conhecida. É somente essa relação com o significado do comportamento como parte externa da expressão de sentido de uma pessoa pertencem os fatos ao Direito penal[1061].

O núcleo fundamental do tipo subjetivo se encontra na ideia de dolo, a respeito do qual a doutrina tradicional por muito tempo se debateu entre duas teorias, visando a estabelecer qual a sua essência. A *teoria da vontade* que tinha na vontade a essência do dolo, embora tenha prevalecido em muitos espaços dogmáticos por muito tempo, começou a apresentar como principal dificuldade a prova dessa exigência. A *teoria da representação*, por sua vez, embora se tenha limitado a exigir uma representação do tipo, teve dificuldades para determinar o grau de probabilidade com que o autor representava a realização do tipo[1062]. A tradicional definição do dolo, valendo-se das duas teorias, exigia assim tanto o elemento volitivo, quanto o elemento cognitivo, mas a evolução teórica acabou por perceber algu-

[1060] A falar de imputação subjetiva, cf. J. Wessels, *Direito penal – Aspectos fundamentais*, 1976, p. 49: "nos delitos dolosos, o *dolo do tipo* determina a direção e o fim do atuar. Como núcleo do injusto pessoal da ação, constitui o *elemento geral* do tipo de injusto subjetivo e o fundamento para a *imputação subjetiva* do resultado típico"; também J. Tavares, *Fundamentos de teoria do delito*, 2018, p. 248ss.

[1061] G. Jakobs, "La imputacion juridico-penal: desarrollo del sistema con base en las condiciones de la vigencia de la norma", *Dogmática de Derecho Penal y configuración normativa de la sociedad*, 2004, p. 89ss.

[1062] E. Bacigalupo, *Direito penal – Parte geral*, 2005, p. 291.

mas impropriedades sobretudo no caso do crime omissivo em que o autor que omite nada quer realizar, apenas deixa que os fatos se encaminhem. Assim, chegou-se à conclusão de que o elemento volitivo era na verdade supérfluo. Em suma, na atual dogmática: "*age com dolo aquele que sabe o que faz, conhecendo o perigo concreto gerado por sua conduta*"[1063]. Essa concepção duas consequências fundamentais, primeiramente na distinção tradicional entre dolo direito e eventual, depois na distinção entre culpa inconsciente e consciente.

Era comum distinguir-se entre duas formas de dolo. No dolo direito, a consequência da ação está no objetivo do autor, o que exige um elemento volitivo, ao passo que no dolo eventual, aquelas consequências não são perseguidas. Contudo, atualmente se entende que o elemento volitivo constitui apenas um elemento a mais que caracteriza uma especial forma de dolo, mas não constitui sua essência, pois o dolo mínimo se basta naquilo que antes se considerava um dolo eventual[1064].

Isso terá implicações extremamente relevantes em um antigo problema teórico que impedia conclusões práticas, em relação à tentativa de distinguir dolo eventual e culpa consciente, o que se torna uma questão simples. Pois, "somente se pode admitir como culpa a chamada culpa inconsciente", afinal se há consciência do resultado, já estamos tratando do dolo em sua forma mínima suficiente. A moderna concepção da culpa, portanto, foi simplificado, podendo-se entender que a culpa se caracteriza como "forma de evitabilidade, na qual o autor carece de um conhecimento atual do que se deve evitar", o que significa dizer que há culpa quando o agente produz objetivamente o resultado típico, embora tenha incorrido em erro sobre o risco de sua conduta, apesar da possibilidade de conhecê-lo[1065].

Quando falamos em dolo como conhecimento, é preciso que se especifique o objeto de conhecimento. O dolo é essencialmente "conhecimento dos elementos do tipo objetivo". Entre esses elementos, é certo, há que se distinguir entre os descritivos e os normativos possíveis no tipo. O conhecimento dos elementos descritivos exige apenas a percepção pelos senti-

[1063] E. Bacigalupo, *Direito penal – Parte, geral,* 2005, p. 295.

[1064] J. Figueredo Dias, *Direito penal – Parte geral, Tomo I,* 2007, p. 366ss, mantém ainda, contudo, a discussão acerca do "momento volitivo do dolo" como essencial ao tipo subjetivo.

[1065] E. Bacigalupo, *Direito penal – Parte, geral,* 2005, p. 299; p. 318; a discutir ainas os "termos da distinção entre dolo eventual e negligência consciente", cf. J. Figueredo Dias, *Direito penal – Parte geral, Tomo I,* 2007, p. 366ss.

dos, ao passo que os normativos não se bastam na sensação, pois exige uma compreensão de seu significado. Não queira isso dizer que se requer do autor uma compreensão técnico-jurídica, mas apenas o que se tem considerado um "conhecimento paralelo na esfera do leigo". Assim, ao referir-se a "documento,", o tipo penal não pede que o autor o compreenda juridicamente; basta que saiba tratar-se de um documento em sentido leigo geral. Em outras palavras, pede-se que ele não esteja em erro quanto ao papel, achando se tratar de uma folha qualquer sem efeito jurídico nenhum. Isso implica dizer que a exigência do dolo se encontra nos limites daquelas situações que podem implicar erro sobre os elementos do tipo objetivo.

Portanto, havendo erro de conhecimento sobre os elementos descritivos ou normativos do tipo, é possível a exclusão do dolo[1066]. Mas nesse erro, portanto, não se exclui nunca o chamado erro de subsunção. Esse erro se dá quando o autor conhece os elementos do tipo, mas faz uma qualificação jurídica deles equivocada. Esse erro pode implicar algo diverso que não subsiste na análise típica, pois pode configurar um erro de proibição, cuja consideração se encontra em etapas posterior da imputação jurídica.

### *A ideia de dolo integral*

O finalismo postula a ideia de um dolo natural destituído de qualquer *consciência da ilicitude* que tem sido questionada. Diversamente e com razão, Santiago Mir Puig sustenta uma ideia de dolo completo que exige a consciência da antijuridicidade, embora seja conveniente distinguir o juízo do dolo em três níveis[1067]. Assim, embora no juízo de tipicidade possamos falar apenas em dolo natural como o quer o finalismo, quando estivermos no campo do juízo de ilicitude, o dolo precisa alcançar as causas de justificação, como o demonstra a teoria dos elementos negativos do tipo, porque a existência das causas de justificação afeta as condições da hipótese de fato; e chegando ao final do juízo de imputação completo, há a necessidade de considerar o dolo integral, abrangendo a consciência da ilicitude. O que se deve ter em conta, portanto, é que não se trata de um outro elemento que surge desligado do elemento cognitivo, em nenhum dos casos. É, em síntese, necessário prosseguir com as demais etapas analíticas da imputação.

[1066] Acerca das hipóteses de erro de tipo, cf. E. R. Zaffaroni et al., *Derecho penal – Parte geral*, 2002, pp. 531-545; C. Roxin, *Derecho penal – Parte geral, Tomo I*, 1997, pp. 456-495.

[1067] S. Mir Puig, *Direito penal. Fundamentos e teoria do delito*, 2007, p. 210.

## As etapas analíticas da imputação

A imputação jurídico-penal não se esgota no juízo de tipicidade, pois é necessário ainda que se sigam os juízos de antijuridicidade e culpabilidade com que se compõe a teoria analítica do delito, acrescentando-se por vez a exigência de que seja punível[1068]. Mas ao falarmos em tipicidade, ilicitude e culpabilidade não podemos incorrer do equívoco de considerar cada uma dessas categorias teóricas como juízos dissociados, pois apenas estamos falando de "níveis de imputação"[1069]. Podemos assim falar em uma *teoria plurifásica da imputação*[1070].

A tipicidade, contudo, possui uma proeminência teórica cuja compreensão é fundamental à investigação criminal, pois é ela a base inicial de imputação e de um ponto de vista prático-jurídico tem, como realidade imediata do crime, uma prioridade conceitual em relação aos demais[1071]. A tipicidade, portanto, partindo do tipo penal, embora não restrita à sua expressão legal puramente formal, congrega todos os demais elementos, expressa ou implicitamente.

Apesar das divergências teóricas que existem entre essas categorias fundamentais, o importante é compreender que elas exercem uma função essencial no conjunto de atos pragmáticos e lógicos da investigação criminal, no tratamento dos dados probatórios obtidos para apresentar conclusões acerca das hipóteses de pesquisa. Eles se constituem em verdadeiros

[1068] S. Mir Puig, *Direito penal,* 2007, p. 115: "Admite-se geralmente – deixando-se de lado pequenas divergências – que 'o delito é um comportamento humano tipicamente antijurídico e culpável', acrescentando-se, frequentemente, a exigência de que seja punível".

[1069] E. Bacigalupo, *Direito penal – Parte geral,* 2005, p. 192ss.

[1070] A expressão é de J. Wessels, *Direito penal: Aspectos fundamentais,* 1976, p. 45ss, que assim distingue: "a) no setor da ação questionamos o que os homens, comparativamente com outras formas de vida, poderiam realizar. Medida de imputação é aqui o 'humanamente possível'; b) dentro do tipo de injusto objetivo é de se perguntar (estritamente) o que *alguém* é capaz de realizar no *papel social do autor* (como, por exemplo, médico, motorista etc.) e que exigências o Direito pode nisso apresentar. Medida de imputação é aqui o 'possível de alguém'; c) no campo da culpa a imputabilidade se orienta finalmente segundo o *poder individual-concreto do autor particular,* com seus dados e capacidades pessoais. Aqui se refere ainda só ao 'propriamente possível', portanto em torno do que este homem pode realizar e evitar na lesão ao bem jurídico".

[1071] C. R. Bittencourt, F. Munoz Conde, *Teoria geral do delito,* 2000, p. 117ss; J. Frias Caballero, *Teoría del delito,* 1993, p. 153, a respeito da tipicidade como prioridade conceitual em relação aos elementos do fato punível: "de estas tres categorías [tipicidad, antijuridicidad y culpabilidad] la primera y más relevante desde el punto de vista jurídico-penal, es la tipicidade".

"conceitos metodológicos" que permitem à investigação criminal concluir pela imputação jurídica em seus diversos níveis, exigindo da autoridade investigante eventualmente tomar posição sobre certas disputas teóricas, com consciência das questões axiológicas e epistêmicas implicadas, mas tendo sempre como ponto de partida fundamental o domínio do tipo penal.

***O juízo de ilicitude***

Um fato típico será necessariamente antijurídico se não houver qualquer excludente de ilicitude. A tipicidade de um fato corresponde a indício de antijuridicidade[1072]. Assim, portanto, "o nível correspondente ao ilícito, ..., desenvolve-se- em dois momentos diferentes que respondem ao duplo jogo de normas penais, as proibitivas (ou mandamentais) e as autorizadoras"[1073]. Tipicidade e antijuridicidade compõem, assim, face positiva e face negativa do juízo completo acerca do ilícito penal. A *teoria dos elementos negativos do tipo,* assim, parece alguma razão ao considerar que no tipo já se encontra toda matéria proibida e antijurídica, podendo-se compreendê-lo segundo duas perspectivas, uma positiva (tipo positivo) relativa aos elementos objetivos, subjetivos e normativos do tipo e outra negativa relativa à ausência de qualquer causa de justificação.

As causas de justificação, bem consideradas em seu sentido material, encontram-se em todo o ordenamento jurídico, podendo identificar-se pela exclusão da pena na norma positiva[1074]. Isso o prova a hipótese de justificação identifica genericamente como estrito cumprimento do dever legal ou como exercício regular de direito. Além dessas hipóteses gerais, são causas específicas a legítima defesa e o estado de necessidade. Em razão de legítima defesa, torna-se justificada a conduta típica se o agente usa moderadamente de meios necessário para repelir a uma agressão injusta, atual ou iminente, que lhe seja dirigida ou mesmo a terceiro[1075]. Em razão de estado de necessidade, por sua vez, torna-se justificada a conduta típica que se prática em situação de perigo atual não provocado pelo agente,

[1072] Ainda que não se assuma a "teoria dos elementos negativos do tipo", a respeito da relação inversa entre tipicidade e ilicitude, cf. E. Bacigalupo, *Direito penal – Parte geral,* 2005, p. 323ss.

[1073] E. Bacigalupo, *Direito penal – Parte geral,* 2005, p. 193.

[1074] E. Bacigaulpo, *Direito penal – Parte geral,* 2005, p. 324ss; S. Mir Puig, *Direito penal. Fundamentos e teoria do delito,* 2007, p. 391.

[1075] J. Tavares, *Fundamentos de teoria do delito,* 2018, p. 330ss; J. Figueiredo Dias, *Direito penal – Parte geral, Tomo I,* 2007, p. 404ss.

quando não o podendo evitar, usa de meio típico para salvar direito próprio ou alheio, cujo sacrifício não é razoável exigir[1076].

A respeito do estado de necessidade, é exigível que o bem sacrificado não seja de maior valor que aquele que se pretende salvar, caso contrário produzirá o que se considera um estado de necessidade exculpante, geralmente tratado pela doutrina como uma causa de exclusão da culpabilidade no âmbito da inexigibilidade de conduta diversa[1077]. Contudo, tem se tornado cada vez questionado esse elemento da culpabilidade, cujo tratamento se tem antecipado no âmbito da justificação do ilícito mesmo[1078].

### *O juízo de culpabilidade*

A culpabilidade também se desenvolve em dois momentos, porque inicialmente é necessário questionar-se se o autor podia saber que sua conduta é proibida ou não; e somente em caso afirmativo, questiona-se se podia compreender a ilicitude de sua conduta de acordo com a compreensão. E embora existam disputas sobre o conteúdo de cada momento da culpabilidade, há certa unanimidade em relação aos elementos. Apenas é importante considerar que no caso da capacidade de compreensão previamente excluída por presunção jurídica, como na hipótese de menoridade, esse juízo antecede qualquer imputação porque é condição desta. Apenas nas hipóteses em que, a despeito da capacidade de culpa que elimina a punibilidade, subsiste a possibilidade de aplicar-se medida de segurança.

A respeito da culpabilidade é importante que se tenham em conta duas perspectivas fundamentais de tratamento, a considerar a possibilidade de culpabilidade pelo fato ou culpabilidade do autor. A culpabilidade pelo fato considera a conduta específica em investigação, não tendo em conta o comportamento anterior do agente quanto à conduta que lhe é imputada. A culpabilidade do autor, diversamente, considera em seu juízo o comportamento social do autor antes e depois do fato. Enquanto o fundamento da primeira se encontra no livre-arbítrio do agente, tendo implicações retribucionistas, implica maiores garantias; o fundamento da segunda se baseia em exigências de prevenção especial, com menores possibilidades

[1076] J. Tavares, *Fundamentos de teoria do delito,* 2018, p. 322ss; J. Figueiredo Dias, *Direito penal – Parte geral, Tomo I,* 2007, p. 438ss.

[1077] J. Tavares, *Fundamentos de teoria do delito,* 2018, p. 499ss; J. Figueiredo Dias, *Direito penal – Parte geral, Tomo I,* 2007, p. 611ss.

[1078] E. Bacigalupo, *Direito penal – Parte geral,* 2005, p. 354; p. 389.

de defesa sobre a sua personalidade. Contudo, nenhum sistema jurídico-penal atua exclusivamente na base de uma perspectiva apenas, sendo possível encontrar-se sua expressão nas diversas fases do processo de investigação[1079]. Assim, enquanto a primeira perspectiva estará mais presente na fase de investigação do inquérito cuja imputação final não dispõe de qualquer possibilidade de discutir a aplicação da pena conforme as qualidades do agente, a fase final com que se conclui o processo, conquanto possa não considerar a culpabilidade do autor na imputação do crime, certamente não a descartará no momento de aplicação da pena.

O juízo de culpabilidade, em síntese, está mais do que qualquer outra categoria de imputação dependente da teoria com que se assume seu conceito. Mas, é certo, atualmente tem-se aceitado que sua estrutura conceitual abrange pelo menos três elementos: a capacidade de compreensão da ilicitude e de comportar-se segundo essa compreensão (imputabilidade); a possibilidade de conhecimento da ilicitude (potencial consciência da antijuridicidade); e a exigibilidade de conduta diversa da prática do fato[1080]. A discussão de cada uma delas exige uma imersão mais detalhada na teoria do crime que ultrapassa os limites reduzidos dessa teoria da investigação pretende, mas que o jurista experimentado saberá identificar na doutrina geral.

O que importa é, sobretudo, enfatizar o papel fundamental que exerce a teoria analítica do crime como teoria da imputação jurídico-pena, que constitui etapa final da investigação criminal, evidenciado o aspecto prático-metodológico que as categorias conceituas exercem no juízo de conclusão. Contudo, essa consideração não estaria completa sem que se pusesse em evidência especialmente a perspectiva procedimental com que a imputação se apresenta ao longo de toda a investigação criminal, retomando aqui o conceito inicial que assumimos da investigação como uma atividade que se prolonga por todo o processo penal, excluindo a confusão que pretende confiná-la apenas na primeira fase processual do inquérito.

### As etapas procedimentais da imputação

A imputação jurídica é, portanto, um ato que se realiza em diversas fases do processo de investigação, desde a fase preliminar de inquérito, pelo órgão oficial de investigação, passando pela fase intermediária de ação,

[1079] E. Bacigalupo, *Direito penal – Parte geral*, 2005, p. 377ss.

[1080] A respeito, cf. E. Bacigalupo, *Direito penal – Parte geral*, 2005, p. 388ss, pra quem, contudo, a exigibilidade seria na verdade uma questão pertencente ao âmbito da ilicitude.

pelo órgão oficial de acusação, até chegar à fase final, pelo juiz que decide o processo, ao que se pode ainda acrescer sua confirmação ou alteração em segundo grau de jurisdição. Essa possibilidade de alteração da imputação do juiz pelo tribunal evidencia que não há razão para desconsiderar como forma de imputação as anteriores somente pelo fato de que são depois modificadas ao final. Não é requisito de existência de uma imputação que ela se consolide, mas que ela produza alguns efeitos jurídicos proporcionais à sua realização durante o processo, o que encontramos tanto na ação penal, quanto no indiciamento. Assim, podemos falar em imputações preliminar, intermediária e final como etapas procedimentais[1081].

Em todos os casos, a imputação somente se pode realizar se estiverem presentes as *condições de punibilidade*, cujas causas suspensivas ou extintivas correspondem a cada sistema positivo de direito penal, mas são condições concretas de possibilidade jurídica da imputação, embora se possa em abstrato se fazer um juízo sem efeitos práticos. Assim, o sujeito que matou alguém, ainda que tenhamos todas as provas possíveis, não será imputado se antes disso tiver ele mesmo morrido; igualmente, tendo cometido um crime que depois a lei descriminaliza, não será imputado se antes disso sobrevier a *abolitio criminis*. Algumas hipóteses extintivas ou suspensivas podem suscitar algum objeção ético-política acerca de sua justiça, a exemplo da mera prescrição, embora presentes todas as condições probatórias de imputação, suscitando se não seria o caso de subsistir a possibilidade de imputação, embora restringindo seus efeitos. Mas essa é uma questão que concerne ao sistema de cada país, ficando apenas em teoria sua discussão, não sendo justificável que se proceda com a imputação à revelia da legislação.

### *O indiciamento como imputação preliminar*

O ato de indiciamento é o momento em que o órgão oficial de investigação, após concluir pelos elementos do tipo penal, imputa à conduta o resultado típico, segundo certos critérios, bem como ao sujeito a conduta típica. Tendo em vista esse objetivo, há que se distinguirem critérios de imputação segundo a espécie de tipo penal, conforme tenha ou não resultado, e seja este de lesão ou de perigo[1082].

[1081] A refeito dessa concepção ampla de imputação, cf. J. L. Moutinho, *O arguido e o imputado no processo penal português*, 2004.

[1082] A respeito dessa forma distinta de tratamento da realização do tipo objetivo, segundo as espécies típicas, cf. E. Bacigalupo, *Direito penal – Parte, geral*, 2005, p. 228, 288 e 289.

Em uma compreensão ampla da investigação crime, que se estende por diversas fases do processo, embora se concentre na primeira de inquérito, como temos discutido nessa teoria, a imputação se pode encontrar, portanto, em vários níveis. Mas não se pode aceitar a ideia de graus de cognição para fundamentar imputações sem convicção motivada em nenhum delas. O fato de que a imputação mais bem fundamentada se encontra na imputação final do juiz na sentença, após ponderar as razões de acusação e defesa, não retira da imputação acusatória, tampouco da preliminar a juízo do órgão oficial de investigação o ônus de motivar sua convicção, sendo arbitrária a ideia de imputar por conclusão implícita.

O indiciamento, portanto, deve estar assentado na convicção motivada da autoridade investigante e com maior peso de exigência deveria estar nos sistemas que admitem a imputação pelo próprio órgão de acusação, pois isto retira do método processual uma fase de controle que existe na divisão dessas funções. O princípio da convicção motivada, portanto, embora tenha seu maior peso na imputação final pelo juiz, é uma exigência a todos que possam fazer alguma imputação ao agente de um crime.

*Juízos de ilicitude e culpabilidade*

O ato de indiciamento se conclui por uma delimitação de provas acerca da verdade jurídica e uma especificação das normas acerca da verdade jurídica, o que exige operar com as categorias fundamentais da teoria analítica do crime, acerca das quais há grande discussão sobre que se deve enfrentar em cada fase da investigação criminal no curso do processo penal.

A autoridade investigante deve fazer necessariamente uma inferência dedutiva, a respeito da tipicidade dos fatos constatados e comprovados, como forma de chegar ao indiciamento, embora deva considerar que a existência de excludente de ilicitude (leia-se, fatos que indicam sua existência) impede o indiciamento, devendo essa questão ser referida no relatório, como motivo da falta do indiciamento, embora não o faça de forma conclusiva, mas deixando claro que não se indiciou o investigado porque as provas estão a indicar a *possibilidade de excludente,* a ser apreciada na fases seguintes do processo, tanto pelo órgão de acusação, quanto pelo órgão de julgamento, sobretudo após ouvir igualmente as razões da defesa a respeito da excludente se houver acusação.

Há, portanto, grande equívoco na doutrina tradicional que pretende alhear a autoridade investigante da discussão jurídica acerca do crime.

Afinal, a considerar a necessidade da autoridade concluir a investigação criminal, a possibilidade de averiguar a verdade jurídica é condição sem a qual a conclusão se torna impossível. Isso decorre da própria natureza da investigação criminal, que se orienta por uma hipótese típica normativa, cuja interpretação jurídica é intrínseca a sua compreensão e a qualquer conclusão acerca dela, como o indiciamento. Por isso, retirar à autoridade investigante a possibilidade de interpretar os fatos juridicamente, seria lhe retirar a própria possibilidade de investigar (o que é uma contradição, já que a isso está obrigado por função pública), ou mesmo de concluir essa investigação satisfatoriamente (o que seria outra contradição, já que é a isso que se destina a investigação). A única ressalva a fazer é que essa conclusão não vincula os demais sujeitos do processo, permanecendo livre a acusação para fazer nova interpretação, bem como o juiz, inclusive em relação à acusação.

Mas ao proceder nesse sentido, a autoridade investigante precisará recorrer às categorias fundamentais da teoria analítica do crime, não havendo sentido sonegar-lhe a avalição de qualquer elemento, limitando a avaliação ao juízo de tipicidade, com exclusão da antijuridicidade ou culpabilidade. É que o crime permanece sendo uma unidade de compreensão cognitiva, independente da divisão analítica da teoria, não havendo sentido concluir por sua existência e sua autoria, ignorando qualquer juízo de ilicitude ou de culpabilidade, para limitar-se à tipicidade. Assim, portanto, mesmo no indiciamento, a autoridade investigante precisará enfrentar a questão das causas de justificação da ilicitude, bem como das excludentes de culpabilidade, sobretudo nos casos em que a lei expressamente as prevê. É o que se pode dar, por exemplo, nos casos típicos de inimputabilidade, cuja presença inviabiliza desde o início a sequência do juízo plurifásico de imputação.

Dessa forma, em relação à verdade jurídica, a investigação criminal se conclui pela *interpretação* da norma penal, mediante inferências dedutivas que não se podem fazer apenas com base em juízo de tipicidade, sendo necessário os juízos de ilicitude e culpabilidade[1083]. O que, contudo, não interessa ao indiciamento é o juízo de reprovabilidade que pertence ao

[1083] Aqui, nesse ponto, fazemos uma correção de nossa opnião expressa na primeira edição dessa teoria da investigação criminal, na qual excluíamos da autoridade investigante a possibilidade de juízo de culpabilidade que nessa segunda edição incluímos pelas razões agora apresentadas.

juiz, como antecedente necessário à decisão sobre aplicação ou não da pena criminal, quando for o caso.

*"In dubio pro dubio"*

A questão fundamental que se coloca no âmbito da imputação preliminar é saber se, subsistindo dúvida acerca da responsabilidade do investigado pelo crime, desde que este esteja suficientemente provado, é possível manter a imputação mesmo assim. Tem se tornado argumento recorrente que nessa primeira fase o órgão oficial de investigação labora *pro societate,* não lhe cabendo arbitrar antecipadamente em *favor rei.* Esse é um argumento que vem geralmente associado ao papel do órgão oficial de acusação que pretende excluir do órgão oficial de investigação a possibilidade de inviabilizar posição acusatória em favor da sociedade, visando a submeter o investigado a um maior juízo discursivo em que possivelmente poderia reforçar provas e encontrar melhores argumentos contra o réu. É compreensível que assim seja, mas apenas nos casos em que a imputação preliminar se subsome na própria acusação, porque esta mesma dirigiu a investigação no seu interesse parcial.

Mas diversa deve ser a orientação do órgão oficial de investigação que se constitui como autoridade independente do órgão de acusação, pois assim como não é possível antecipar um juízo liberatório do investigado em caso de dúvida, também não tem sentido que se antecipe a favor da acusação, tendo em conta que a autoridade investigatória deve exercer-se a título de sujeito imparcial. Assim, a investigação preliminar que se conclui ainda em dúvida, não podendo pender segundo a acusação nem a defesa, deve manter-se no âmbito de sua específica posição de imparcialidade, cujo ceticismo moderado sugere que se mantenha o status da dúvida – nem *pro reo*, nem *pro societate, in dubio pro dubio,* remetendo à fase posterior a decisão acerca da dúvida.

***Acusação penal como imputação intermediária***

A acusação penal pode simplesmente aderir à imputação preliminar, acontecendo até de ser apenas replicada sobretudo quando o órgão de acusação coincide com o de investigação, mas em qualquer caso, embora substancialmente nada tenha de diferente, é exigido que procedimentalmente observe algumas condições de aceitabilidade de sua propositura perante o juízo. Mas como imputação intermediária, é fato que se exige menos do que se exige da preliminar e final. É que na imputação intermediária a existência prévia de investigação fornece o essencial que procedimentalmente é exigível pelo processo penal. A investigação preliminar, portanto, consiste em uma condição procedimental de admissibilidade de uma acusação como imputação, caso contrário lhe falta justa causa.

Há sistemas processuais penais, é claro, que não instituem essa condição, mas se queremos levar a sério os direitos fundamentais que estão em jogo, em um Estado de Direito, é absolutamente estranho que uma qualquer acusação (como imputação penal que é) venha fundamentada no vazio de uma hipótese sem uma mínima investigação criminal[1084]. Essa é condição, portanto, de qualquer imputação intermediária em que se constitui a acusação penal. Sem ela, a acusação se torna puro exercício arbitrário da autoridade acusatória que pretende submeter alguém ao julgo do processo, antes que este se justifique em provas e legitime com todas as demais possibilidades anteriores de defesa que antecedem uma ação penal. É por isso que transferir ao órgão de acusação a investigação, esta apenas se torna na autolegitimação acusatória que pretende para o exercício de sua autoridade própria. Não se vislumbra o processo penal, em todas suas fases como um exercício dividido de poderes que se equilibram em controles recíprocos, mas apenas como fases que se auto-afirmam em legitimação intrassubjetiva.

*"In dubio pro societate"*

Aqui nessa fase de imputação, havendo dúvida, pode-se aceitar que o órgão oficial de acusação assuma para si a responsabilidade de proceder em favor da sociedade, no interesse coletivo, postulando provar a culpa do acusado. Não o deveria segundo um juízo exclusivamente ético, mas juridicamente considerado, o juízo de acusação corresponde precisamente a uma expectativa social de levar ao julgamento alguém a quem se pode atribuir uma culpa, deixando à discussão contraditória demonstrar se há razões em que sentido. É precisamente a esse fim que se presta o processo penal.

Mas não deveria assim proceder, sem incorrer em acusação temerária, caso antes da dúvida na imputação acusatória, já a imputação preliminar tivesse suscitado dúvida, porque nesse caso a imputação pode promover

1084 A respeito dessa imprescindibilidade do inquérito, cfr. Codigo de Processo Penal portugês de 1987, cujo Art. 119º, "d", considera nulidade insanável a falta de inquérito.

uma acusação temerária. Afinal, a lógica da investigação é no sentido de acumular razões que justificam uma imputação, assim como a desaconselham. Não é juridicamente aceitável que após uma dúvida que se deixa na imputação preliminar, a acusação reforçando a dúvida opte por fazê-la pesar sobre o réu, em vez de liberá-lo. A imputação preliminar, assim, sendo ou não positiva, terá sempre uma razão de justificativas para reforçar ou não a imputação acusatória. São dois juízos que se reforçam ou colidem em suas razões. Se reforçam na negativa ou na positiva, não suscita maiores problemas sobre a imputação. Se colidem, é preciso compreender que a lógica de cada imputação é assegurada pelas razões de cada autoridade específica. Mas no caso de dúvida que se sobrepõem, admitir que duas dúvidas estejam contra o réu, a favor da sociedade, é uma atitude especificamente antigarantista sempre. Ao proceder assim, o órgão oficial de acusação estará assumindo como orientação a máxima *auctoritas, non veritas, facit iudicim*, que é contrária à lógica do processo penal no Estado de Direito[1085]. Felizmente, nesse caso, subsistindo ainda a dúvida ao final, a imputação final poderá corrigir o erro acusatório.

***A sentença condenatória como imputação final (ou quase-final)***

A sentença, ao concluir pela imputação, terá já atrás de si outras imputações e contra-imputações, preliminares e intermediárias. E como sucede com a imputação acusatória, relativamente à imputação preliminar do inquérito, ela não consiste em nada especialmente diverso. É apenas de uma perspectiva procedimental, relativamente às condições de admissibilidade de sua autoridade, que ela se distingue seriamente das anteriores. E aqui com maior razão, porque se trata da imputação última, embora se possa alterar em recurso, mas em todo caso é a única que estabelece as consequências práticas da imputação, ao estabelecer também as penas que cabe ao autor do crime.

Assim, além de condições formais que impedem a punibilidade do agente, é condição especificamente processual da imputação final existente na sentença que antes o imputável tenha efetivamente tido todas as oportunidades de produzir, discutir e refutar as provas que servem de

[1085] É contra essa máxima que L. Ferrajoli, *Diritto e ragione,* 2008, defende o *cognitivismo processual* próprio do Estado de direito, que postula a máxima invesrsa: *veritas, non auctoritas facit iudicium.*

base à imputação. É certo que cada sistema estabelece essas possibilidades em graus diversos que oscilam, pelo menos teoricamente, de uma absoluta obstrução aos direitos de defesa à sua máxima admissão, embora na prática aconteça de encontrar-se entre esses dois externos. Mas o quanto dessa admissibilidade é permitido por cada sistema processual positivo é questão que se transmite ao grau de legitimidade da imputação. A legitimidade da imputação penal final tem o grau proporcional da possibilidade que foi conferida ao imputado para defender-se com todas as armas possíveis. À falta dessa disponibilidade no sistema, sobretudo quando a fase preliminar de investigação está a cargo do órgão oficial de acusação que orienta unilateralmente para as provas de seu interesse, a imputação penal final, bem como as anteriores se encontram viciadas pelo autoritarismo cognitivo que representa apenas a encenação do processo de investigação, cujos atos são meros atos de decisão, não de conhecimento, que reafirma a máxima da epistemologia inquisitória.

*"In dubio pro libertate"*

Ao final, se queremos fugir do autoritarismo cognitivo da investigação pelo Ministério Público, parece inevitável dar maior ênfase ao princípio da dúvida na imputação final. Assim, bem entendido o princípio "in dubio pro reo", como atualização derivada diretamente da presunção da inocência em momento de decisão[1086], a dúvida pode subsistir mesmo diante de uma pluralidade de prova, não sendo aceitável a concepção que o limita à falta absoluta de prova[1087]. A "dúvida", operando sempre em favor do réu, exige que seu afastamento se dê somente por meios confiáveis de prova, sendo o contraditório ainda a forma fundamental com que o processo penal garantista se pode legitimar. E nesse caso, a dúvida labora em favor da liberdade como valor de interesse não propriamente do réu como indivíduo, mas da jurisdição como garantia de liberdade – *in dubio pro libertate.*

É certo que, da perspectiva de quem julga ao final, contraditório e investigação de fato parecem ser modelos antagônicos de modelos epistêmicos, que não se podem conciliar adequadamente[1088]. Mas isso não obstrui que

[1086] Nesse sentido, P. Andrés Ibáñez, "Presunción de inocencia e «in dubio pro reo»", *Prueba y coviccion judicial en el proceso penal,* 2009, p. 86.

[1087] Nesse sentido, S. Sentis Melendo, *In dubio pro reo*, 1971, p. 20ss; p. 158ss.

[1088] Nesse sentido, cf. P. Dá Mesquita, *A prova e o que se disse antes do julgamento*, p. 297ss.

na perspectiva de quem investiga esse antagonismo possa ser minimizado, quando se afasta tanto do julgamento quanto da acusação, colocando-se em posição de sujeito imparcial. O que de fato se torna antagônico ao contraditório é o modelo de investigação pela acusação, mas não todo e qualquer modelo de investigação portanto. Mas a imputação final que tenha antes de si apenas imputações acusatórias, baseadas em provas obtidas apenas na sua própria investigação, sendo essas provas irrepetíveis, deve-se ter sempre em conta com maior ênfase o princípio *favor rei*, restaurando a máxima que deve orientar a jurisdição penal – *veritas, no auctoritas, facit iudicim*[1089].

[1089] Ferrajoli, *Diritto e ragione*, 2008, p. 9.

# 20
# O FIM DA INVESTIGAÇÃO CRIMINAL

## A investigação como condição da verdade

A considerar os problemas de imputação jurídico-penal com que se conclui a investigação, podemos entender que a verdade é o fim da investigação, de acordo com a concepção de S. Haack[1090], mas precisamos ter uma melhor compreensão dessa relação, segundo a concepção de J. Dewey, para quem somente a investigação controlada pode nos dar garantias de verdade, ou como ele prefere dizer, a possibilidade de asserções garantidas. E assim entendida, a investigação nos permite algo mais que a verdade, viabilizando para além dessas a persecução de outros fins.

A teoria da investigação de John Dewey, na qual ele sustenta a noção de verdade como *assertabilidade garantida*[1091], nos exige que tenhamos em conta não apenas asserções garantidas por outras investigações anteriores e externas ao processo penal, como parece ser a compreensão de Luigi Ferrajoli, mas sobretudo que tenhamos em conta as asserções garantidas pela investigação em causa, que se contém no processo em curso, avaliando se elas estão devidamente garantidas por essa investigação. Essa perspectiva atinge o coração dos problemas da investigação criminal e põe a questão sob outras luzes, pois vincula a dimensão pragmática da verdade à qualidade da investigação que garante as asserções. Ademais, essa concepção

[1090] S. Haack, *Manifesto de uma moderada apaixonada*, 2011, p. 58: "investigar é tentar descobrir a verdade de uma questão".

[1091] Esse critério vem considerado pela filosofia como uma concepção de verdade, conforme nos adverte S. Haack, *Filosofia das lógicas*, 2002, p. 140ss, mesmo Dewey tendo pretendendo a sua substituição pela noção de "verdade" ou de "conhecimento".

de verdade coloca modelos de investigação como o que se dirige pelo próprio órgão de acusação em dúvida quanto às exigências de controles para garantia da verdade final, a considerar a sua instrumentalização em favor apenas de um interesse restrito, qual seja, subsidiar a ação penal formal, o que estaria em confronto com o que J. Dewey sustenta em sua teoria.

O que John Dewey sustenta, e nos interessa especialmente, é a função garantidora que a investigação atribui às asserções que pretendemos aceitar como verdadeiras[1092]. Essa perspectiva da dimensão pragmática, em última instância, parece acrescer às outras teorias um aspecto indispensável à questão da verdade, sobretudo em contexto jurídico e tendo em conta os problemas que a investigação pelo órgão de acusação suscita em relação sobretudo à igualdade dos sujeitos parciais do processo. Assim, aquela ideia de aceitabilidade justificada que se defende por Luigi Ferrajoli parece estar a depender de que estejam garantidas não apenas pelo resultado probatório, mas antes e sobretudo pela qualidade da investigação. A justificação cognitiva da verdade advém precisamente do fato de que antes tenha existido uma investigação, controlada e garantida, mas não apenas sob o aspecto cognitivo, também igualmente sob o aspecto potestativo, sobretudo em condições de assegurar uma verdade aceitável. E a coerência que se espera das diversas asserções possíveis no conjunto de verdades, por sua vez, também se pode remeter à necessidade de que esteja garantida por uma investigação, igualmente controlada, que permita o acesso aso sistema coerente de outras provas não exclusivas da acusação.

J. Dewey pretende evidenciar que, não se podendo considerar uma verdade qualquer *a priori*, ela somente se sustenta como resultado de uma investigação. Mas em sua concepção essa investigação deve ser bem-sucedida e controlada[1093]. Essa noção de sucesso, embora se refira aos métodos que foram testados com êxito no âmbito de uma área de conhecimento, pode ser bem entendida no direito como uma questão de método legal que se tem mostrado adequado a controlar os problemas não apenas cognitivos, mas também potestativos do processo penal. Trata-se, em suma, de uma investigação que esteja em condições de garantir as asserções com que a autoridade penal pretende justificar sua decisão.

A verdade, em última análise, está de tal forma ligada à investigação que sua justificação dificilmente se pode desvincular da forma como a inves-

[1092] J. Dewey, *Logica. Teoria de la investigación*, 1950, p. 16.

[1093] J. Dewey, *Logica. Teoria de la investigación*, 1950, p. 32

tigação é conduzida e, sobretudo, por quem ela é conduzida. E por isso o método legal da investigação criminal terá um impacto direto na qualidade da verdade que produz, mas não apenas em suas qualidades cognitivas, mas antes em razão de suas qualidades destinadas a prevenir o abuso do poder investigativo. A verdade processual, em síntese, está a depender da investigação criminal inevitavelmente. E está a depender, sobretudo, pelo fato de que a sua justificação se encontra na prova que cada vez mais é produzida por investigação com caráter irrepetível. A questão da verdade processual que se coloca, portanto, nos impele inevitavelmente à prova e em última análise ao método processual de que se utiliza a investigação criminal para sua obtenção, indo ao final exigir que tenha em conta as relações de poder e a divisão de funções que se exercem durante todo o curso do processo, sobretudo desde os seus primeiros atos de investigação que antecedem a acusação penal formal.

O método de investigação criminal, como o vimos ao longo de nossa teoria, portanto, não é apenas uma questão de meios técnicos, é também uma questão de controles intersubjetivos do conhecimento, o que é em última análise uma questão de poder, de exercício do poder punitivo pela investigação durante o processo penal. Essa concepção amplia o horizonte finalístico da investigação, que se desdobra em dimensões várias nas quais, contudo, ainda permanece como seu núcleo a busca da verdade, mesmo quando não exista a imputação que discutimos no capítulo penúltimo.

### *A verdade sempre, ainda que não haja imputação*

Quando falamos em verdade na investigação, nós a temos ainda que não haja imputação ao final. É importante que se insista nisso. Claro é que nossa teoria se desenvolve tendo em conta aquilo que constitui o fim prático esperado na perspectiva da ideologia jurídico-penal. Havendo notícia de um crime, a expectativa social é que este seja descoberto, que seu autor seja identificado e punido. Mas esse não é o único fim da investigação. É possível sempre que nenhum crime seja encontrado; ou que embora encontrado, o autor não seja identificado, e ainda assim ser necessário concluir a investigação pela negativa da identificação. Mas isso que constitui a negativa na perspectiva social, é ainda uma conclusão positiva na perspectiva de algum investigado que possa ter sido injustamente indicado como autor do crime. É preciso que se insista nesse caráter garantista da investigação criminal, mesmo quando não chega ao autor. Excluir alguém da persecução penal, bem como excluir a notícia crime, demonstrando que não houve crime, é ainda uma forma de verdade garantida pela investigação. E não há maior verdade do que aquela que retira das costas de alguém um crime que não cometeu; não há maior verdade que aquela que exclui do sistema penal uma notícia de crime que nunca ocorreu. Ademais, não se trata apenas de uma questão de verdade, é também uma questão de justiça e paz social, que constituem outras dimensões finalísticas da investigação criminal.

### *A justiça processual: "os meios justificam os fins"*

Afinal, com a investigação criminal, desenvolve-se uma justiça processual, pela qual são os meios que justificam o fim, o que se torna mais enfático quando chegamos ao final sem a possibilidade de imputação, tendo garantido os direitos do investigado sem restrições indevidas ou desnecessárias durante o processo penal.

O pensamento filosófico do direito sempre afirmou existir um ligame genético entre *justiça* e *processo*, que emerge da compreensão do processo como limite ao poder, ao fazer uma distinção fundamental entre justiça da decisão e justiça do *iter decidendi*, que pretende desmistificar a ideia de neutralidade das formas processuais[1094]. A justiça processual, assim, concerne a um âmbito limitado e específico de discussão que não se confunde com a justiça penal material que se espera na decisão final do processo. Discuti-la é uma questão de estabelecer o que se exige de um processo para o considerarmos justo, antes e independente da justiça da decisão penal. Reinhold Zippelius fala de justiça processual como uma "área problemática específica" da filosofia do direito, ao lado de outras questões de justiça (constitucional, contratual, penal etc.), explicando-nos que a justiça processual se refere ao âmbito de "uma regulação ordenada de conflitos" (processo civil) ou "que têm por fim conduzir a uma punição" (processo penal), no qual é necessário incluir a atividade de investigação criminal. As decisões, nessa perspectiva, devem ser proferidas em "processo que conceda a todos os interessados uma oportunidade franca de fazerem a sua exposição dos fatos e exporem o seu ponto de vista jurídico"[1095]. É nesse sentido que precisamos falar de justiça processual no campo penal, mas não nos limitemos a dizer que seus princípios se resumem à oportunidade de exposição de fatos e ponto de vista. Há muito mais questões envolvidas

1094 Cf. G. Sorrenti, *Giustizia e processo nell'ordinamento costituzionale*, 2013, pp. 9-52.

1095 R. Zippelius, *Filosofia do direito*, 2010, p. 266.

no âmbito da justiça processual penal, sobretudo quando nela inserimos a atividade de investigação criminal. Nela podemos encontrar aqueles três elementos – formal, material e funcional – de que nos fala A. Kaufmann, na referência a uma exigência de igualdade, de bem comum e de segurança[1096]. Esses elementos se podem identificar em qualquer teoria de justiça processual, em medidas diversas conforme a tendência a privilegiar um ou outro[1097]. Mas o que resulta de uma teoria de justiça processual é, ao final, uma ideia de direito processual penal fundada em princípios jurídicos que vai constituir uma concepção de *justo processo*, no qual é cada vez mais imprescindível inserir a noção de uma *devida investigação*, em que os meios são fonte de legitimação dos fins perseguidos.

A verdade como fim da investigação criminal somente se legitima (além da justificação probatória que pretende) com base na justiça de seus meios em consideração aos direitos que garante. A justiça se assume, assim, como um objetivo intermediário, que se coloca em uma segunda dimensão finalística da própria investigação.

### *A redução da violência: o fim último*

Ao final, em última dimensão finalística, o fim último da investigação criminal se encontra no *postulado de redução da violência*, que corresponde a uma específica concepção do homem, que constitui a base da antropologia do humanismo jurídico no Estado de Direito.

A antropologia do humanismo jurídico é essencialmente metafísica. As partes metafísicas de um paradigma são "compromissos coletivos" que se podem definir como "crenças em determinados modelos"[1098]. Elas nos permitem perscrutar o paradigma e compreender melhor suas demais partes histórico-positivas e o sentido de seus valores. Essas crenças existem mesmo nas ciências naturais[1099]. Não devemos estranhar que existam nas ciências sociais e humanas. E o humanismo jurídico é exemplar nesse ponto. Afinal, por mais convincentes que sejam certas teorias sobre a natureza humana, o humanismo jurídico resguarda das concepções científicas

[1096] A. Kaufmann, *Filosofia do direito*, 2007, p. 223ss.

[1097] Cf. nesse sentido, p. ex., V. Grevi, *Alla ricerca di un processo penale "giusto"*, 2000, pp. 3-46.

[1098] T. Kuhn, *A estrutura da revoluções científicas*, 2009.

[1099] Nesse sentido, cf. G. Bachelard, *O novo espírito científico*, 2008, p. 7, para quem todo o homem, no seu esforço científico, se sustenta em duas metafísicas implícitas e contraditórias: o racionalismo e o realismo.

uma certa visão acerca do homem que as suplanta e não o restringe a uma perspectiva fenomenológica[1100]. Como base do paradigma humanista do direito, o homem subsiste sendo livre, conquanto se entendam as determinantes biológicas e sociológicas sustentadas pelas ciências; o homem subsiste sendo igual, conquanto se entendam as diferenças naturais e simbólicas que decorrem da natureza e cultura humana. O homem do humanismo jurídico é, portanto, essencialmente metafísico[1101].

Assim, dentre as várias concepções possíveis do homem, a que melhor parece adequar-se à compreensão do humanismo como paradigma jurídico-penal encontra-se na ideia de "homem segundo a capacidade de autoprojetar-se"[1102]. Karl Jaspers nos apresenta a melhor compreensão dessa concepção. Após discutir alguns conceitos fundamentais – *zoon logon echon*; *zoon politikon*; *homo faber*; *homo laborans*; *homo oeconomicus* –, conclui ao final que "cada uma dessas definições leva em conta uma característica, mas o essencial não está presente: o homem não pode ser concebido como um ser imutável, encarnando reiteradamente aquelas formas de ser. Longe disso, a essência do homem é mutação: o homem não pode permanecer como é". E, nesse sentido, "não há resposta satisfatória para a indagação a propósito do que o homem é", porque suas potencialidades permanecem ocultas em sua liberdade, não cessando de existir enquanto os homens estiverem empenhados na conquista de si mesmos[1103]. O homem tem, portanto, natureza indefinida porque "a grandeza e o milagre do homem estão no fato de ele ser artífice de si mesmo, autoconstrutor"[1104].

[1100] A antropologia filosófica é rica em teorias sobre a especificidade do homem, podendo-se, contudo, distinguir entre as fenomenológicas, algumas supostamente científicas, e as metafísicas. Cf. nesse sentido, B. Mondini, *O homem, quem é ele?*, 2003.

[1101] A. Supiot, *Homo juridicus. Ensaio sobre a função antropológica do Direito*, 2007: "O homem é um animal metafísico. Ser biológico, está antes de tudo no mundo por seus órgãos dos sentidos. No entanto, sua vida se desenvolve não só no universo das coisas, mas também num universo de signos"

[1102] N. Abbagnano, *Dizionario de filosofia*, 2013, p. 1133ss, propõe agrupar as várias definições de homem, considerando (a) o homem em relação a Deus; (b) o homem segundo uma característica ou capacidade que lhe é própria; (c) o homem segundo a capacidade de autoprojetar-se.

[1103] K. Jaspers, *Introdução ao pensamento filosófico*, 2007, p. 47, p. 54; cf. também, M. Reale, *O Homem e seus horizontes*, 1997, p. 37ss: "...o que caracteriza o homem é a capacidade de transcender-se ao transcender os dados da natureza"; "o ser do homem é o seu dever ser".

[1104] Nesse sentido, cf. Pico della Mirandola, *Discurso sobre a dignidade do homem*, [2011]: "Tu poderás degenerar nas coisas inferiores, que são brutas, e poderás, segundo o teu querer, regenerar-se nas coisas superiores, que são divinas".

Essa concepção é especialmente importante para o direito processual penal, no qual se inclui toda atividade de investigação criminal, do inquérito até a sentença, se a entendemos como uma forma de minimização da violência humana, consentindo que esse é um caminho de aperfeiçoamento do homem, que ademais constitui base primordial de uma filosofia política racional[1105]. O processo penal, assim, regido pelo direito, ainda quando não se conduza à máxima eficiência punitiva, subsiste como um instrumento de autoprojeção do homem, tendo o condão de contribuir para o aperfeiçoamento humano, não apenas do homem submetido ao processo, mas igualmente dos homens que submetem o outro a julgamento, pela forma menos violenta possível. Trata-se, portanto, de reduzir, não apenas a violência relativamente ao "uomo delinquente", mas antes e sobretudo também a violência relativamente ao "homo puniens".

É nessa perspectiva do homem como capacidade de autoprojeção que podemos compreender a ideia de *homo juridicus*, como homem constituído sob o signo do Direito, através do qual ele igualmente se autoprojeta na busca de sua felicidade e seus ideais. Não se trata, portanto, do homem em definitivo, mas das condições pelas quais o homem encontra os meios para autoprojetar-se. Não importa tanto o que seja o homem naturalmente, mas o que se pode tornar espiritualmente. O direito, assim, parece cumprir realmente uma função antropológica ao postular o que deve ser no horizonte de possibilidades do homem[1106], e a investigação criminal tem a possibilidade de contribuir com algo para esse fim, na construção de um mundo melhor, quando sua racionalidade se mantém nos limites jurídico-científicos de um racionalismo crítico que postula uma sociedade aberta, democrática e livre. É a esse fim que escrevemos esta teoria, que postula a redução da violência pela justiça processual da investigação criminal orientada sempre pela verdade – *veritas, non auctoritas facit iudium.*

[1105] A respeito da racionalidade política, cf. E. Weil, *Filosofia política*, 1990; em especial, acerca da não violência, cf. J.-M. Muller, *O princípio de não-violência. Percurso filosófico*, 1998.

[1106] Cf. A. Supiot, *Homo juridicus*, p. X: "Negar a função antropológica do Direito em nome de um pretenso realismo biológico, político ou econômico é um ponto comum de todos os empreendimentos totalitários".

# REFERÊNCIAS


Abbagnano, N. *Dicionário de filosofia.* São Paulo, Martins fontes, 2003.

Abbagnano, N. *Dicionário de filosofia.* 5ª ed. São Paulo, Martins fontes, 2007.

Abbagnano, N. N. *Dizionario di filosofia.* Torino, UTET, 2013.

Adame Goddard, J. *Naturaleza, persona y derechos humanos.* Cuadernos Constitucioinales México-Centroamérica, N. 21. Mexico, Universidad Nacional Autónoma de Mexico, 1996. Disponível em https://biblio.juridicas.unam.mx

Agamben, G. *Estado de exceção.* São Paulo, Boitempo, 2004.

Albert, H. *Tratado da razão crítica.* Rio de Janeiro, Tempo Brasileiro, 1976.

Albuquerque, P. P. *Comentários do Código de Processo Penal: à luz da Constituiçào da República e da Convenção Europeia dos Direitos do Homem.* 4ª edição actualizada. Lisboa, Universidade Católica Editora, 2011.

Ales Bello, A. *Introdução à fenomenologia.* Florianópolis, EDUSC, 2006.

Alessi, G. *Il processo penal. Profilo storico.* Roma-Bari, Laterza, 2011.

Alexy, R. *Teoria dos direitos fundamentais.* São Paulo, Malheiros, 2011.

Almeida Jr., J. M. *O processo criminal brasileiro.* Volume I. Rio de Janeiro, Typ. Baptista de Sousa, 1920.

Almeida Jr., J. M. *O processo criminal brasileiro.* Volume II. Rio de Janeiro, Freitas Bastos, 1959.

Amaral, M. N. *Dewey: Filosofia e experiência democrática.* São Paulo, Perspectiva, 2007.

Ambos, K. *Principios del proceso penal europeo. Analisis de la Convención Europea de Derechos humanos.* Bogota, Universidad Externado de Colombia, 2005.

Ambos, K. "El principio acusatório y el processo acusatorio: un intento de compreender su significado actual desde la perspectiva histórica", in Winter, L. B. (org.) *Proceso penal y sistemas acusatórios.* Madrid, Marcial Pons, 2008, pp. 49-72.

Andrés Ibáñez, P. "Presunción de inocência e «in dubio pro reo»", *Prueba y coviccion judicial en el proceso penal.* Buenos, Aires, Hammurabi, 2009.

Arduindo, I. et al. "O Ministério Público na Argentina", in Dias, J. P. Azevedo, R. G. (coord.) *O papel do Ministério Público. Estudo comparado dos países latino-americanos.* Coimbra, Almedina, 2008, pp. 250-308.

Armenta Deu, T. *Sistemas procesales penales. La justicia penal em Europa y America.* Madrid, Marcial Pons, 2012

Armenta Deu, T. *A prova ilícita. Um estudo comparado.* São Paulo Marcial Pons, 2014.

Araújo Dutra, L. H. *Verdade e Investigação.* São Paulo, EPU, 2001.

Araújo Dutra, L. H. *Pragmática da investigação científica,*. São Paulo, Loyola, 2008.

Araújo Dutra, L. H. *Introdução à teoria da ciência*, Florianópolis, UFSC, 2009.

Araújo Dutra, L. H. Pragmática da investigação: modelos instencionais na investigação policial, *Revista Brasileira de Ciências Policiais,* n.1, v.1, Brasília, ANP, 2010, pp. 137-152.

Araújo Dutra, L. H. *Pragmática de modelos: Natureza, estrutura e uso dos modelos científicos.* São Paulo, Loyla, 2013.

Aristóteles. *Metafísica* (Edição de Giovnni Reale, Vol. 1). São Paulo, Edições Loyola, [2002].

Asencio Melado, J. M. *Derecho procesal penal.* Valencia, Tirant lo Blanch, 2012.

Augsberg, I. "A desunidade da razão na multiplicidade de suas vozes: a teoria da ponderaçào e a sua crítica como um programa jurídico-teórico", in Campos, R. (org.). *Crítica da ponderação. Método constitucional entre a dogmática jurídica e a teoria social.* São Paulo, Saraiva, 2016, pp. 19-36.

Ávila, H. *Teoria dos princípios,* 5ed. São Paulo, Malheiros, 2006

Ávila, H. *Teoria dos princípios*, 14ed. São Paulo, Malheiros, 2013

Bachelard, G. *Ensaio sobre o conhecimento aproximado.* Rio de Janeiro, Contraponto, 2004.

Bachelard, G. *O novo espírito cientifico.* Lisboa, Edições70, 2008.

Bacigalupo, E. *El debido proceso penal.* Buenos Aires, Hammurabi, 2005.

Bacigalupo, E. *Direito penal – Parte geral.* São Paulo, Malheiros, 2005.

Badaró, G. *Proceso penal.* São Paulo, Elsevier, 2008.

Badaró, G. *Processo penal,* 3ed. São Paulo, Revista dos Tribunais, 2015.

Baratta, A. *Criminologia Crítica e Crítica do Direito Penal. Introdução à Sociologia do Direito Penal.* Rio de Janeiro, Revan, 1999.

Barberá, F. A.; Luis y Tuyrégano, J. V. *Polícia Científica.* Valencia, Tirant Lo Blanch, 1998.

Barberá, F. A.; Luis y Tuyrégano, J. V. *Manual de Técnica Policial.* Valencia, Tirant Lo Blanch, 2005.

Barbosa, A. M. *Curso de Investigação Criminal.* Porto Alegre, 2014.

Barreto, I. C. *A Convenção Europeia dos Direitos do Homem.* Coimbra, Coimbra Editora, 2010.

Baumann, J. *Derecho procesal penal. Conceptos fundamentales y princípios procesales,* Buenos Aires, Depalma, 1989.

Beatty, D. M. *A essência do Estado de Direito.* São Paulo, Martins Fontes, 2014.

Beling, E. *Derecho procesal penal.* Cordoba, Imprensa de la Universidad, 1943.

Beling, E. *La doctrina del delito-tipo.* Buenos Aires, Editorial Depalma, 1944.

Beling, E. "As proibições de prova como limite para a averiguação da verdade no processo penal" (1903), in Santiago, N. E. A. (coord). *Proibições probatórias no processo penal.* Brasília, Gazeta Jurídica, 2013, pp. 1-46.

Benavent Cuquerella, D. *La direccion de la investigacion criminal por el Ministério Fiscal en España: Situacion actual y reformas proyectadas.* Madrid, Fe d'erratas, 2014.

Benthan, J. *Tratado de las pruebas judiciales.* Paris, Bossange Fréres, 1825.

Betti, E. *Interpretação da lei e dos atos jurídicos.* São Paulo, Martins Fontes, 2007.

Bettiol, G. *Direito penal – Parte geral.* Campinas (SP), Red Livros, 2000.

Bitencourt, C. R. *Tratado de direito penal.* São Paulo, Saraiva, 2000.

Bitencourt, C. R.; Munoz Conde, F. *Teoria geral do delito.* São Paulo, Saraiva, 2000.

Bittencourt, C. R. *Teoria geral do delito. Uma visão panorâmica da domgática penal brasileira.* Coimbra, Almedina, 2007.

Blackburn, S. *Dicionario Oxford de Filosofia.* Rio de Janeiro, Zahar, 1997.

Blanché, R.; Dubucs, J. *História da lógica*. Lisboa, Edições70, 2001.

Bleicher, J. *Hermenêutica contemporânea*. Lisboa, Edições70, 2002.

Bloch, M. *Apologia da História ou o ofício de historiador*. Rio de Janeiro, Zahar, 2001.

Bobbio, N. *Eguaglianza e libertà*. Torino, Eunaudi, 1995.

Bonavides, P. *Curso de Direito Constitucional*. São Paulo, Malheiros, 2002.

Bonfantini, M. A.; Proni, G. "Suposição: Sim ou Não?, Eis a Questão", in Eco, U.; Sebeok, T. (org). *O signo de três*. São Paulo, Perspectiva, 2014.

Boudon, R *Tratado de sociologia*. Rio de Janeiro, Zahar, 1995.

Bouloc, B. *Procédure penale*. Paris, Dalloz, 2014.

Bourdé, G.; Martin, H. *As Escolas Históricas*. Lisboa: Europa-América, 2003.

Bove, L. "Inquisitio", *Novissimo Digesto Italiano*. VIII. Torino, UTET, 1975, p. 716.

Bove, L. "Imperium", *Novissimo Digesto Italiano*, VIII. Torino, UTET, 1975, pp. 209-212.

Bovino, A. *Principios politicos del procedimiento penal*. Buenos Aires, Ediciones del Puerto, 2009.

Braudel, F. *Escritos sobre a História*. São Paulo, Perspectiva, 1978.

Braz, J. *Investigação Criminal*.Coimbra, Almedina, 2009.

Bunge, M. *Teoria e realidade*. São Paulo, Perspectiva, 2008.

Burdese, A. *Manual de derecho publico romano*. Barcelona, Bosch, 1972.

Caballero, J. F. *Teoría del delito*. Buenos Aires, Hammurabi, 1993.

Carli, L. *Le indagini preliminari nel sistema processuale penale. Accusa e difesa nella ricerca e predisposizione della prova penale*. Milano, Giuffrè, 2005.

Carnap, R. "O caráter metodológico dos conceitos teóricos", *Os pensadores*. São Paulo, Nova Cultural, 1988, pp. 221-254.

Carnelutti, F. *Principi del processo penale*. Napoli, Morane Editore, 1960.

Carnelutti, F. *Das provas no processo penal*. Campinas, Impactus, 2005.

Capra, F. *A teia da vida: Uma nova compreensão dos sistemas vivos*. São Paulo, Cultrix, 2006.

Capretitini, G. P. "Peirce, Holmes, Popper", in Eco, U.; Sebeok, T. (org). *O signo de três*. São Paulo, Perspectiva, 2014.

Carr, F. *O que é história?* Rio de Janeiro: Paz e Terra, 1982.

Carrara, F. *Programa del Corso di Diritto Criminale (Parte Generale, II)*. Firenze, Fratelli Cammelli, 1924.

Carrara, F. *Programa do curso de direito criminal. Parte Geral, Volume II*. São Paulo, Saraiva, 1957.

Cassara, R. R. R. *Mitologia do processo penal*. São Paulo, Saraiva, 2015.

Cassirer, E. *Indivíduo e Cosmos na filosofia do renascimento*. São Paulo, Martins Fontes, 2001.

Castanheira Neves, A. *Sumários de processo criminal*. Coimbra, 1968.

Castells, M. *A sociedade em rede*. (A era da informação: economia, sociedade e cultura, Volume 1). Rio de Janeiro, Paz&Terra, 2000.

Ceccaldi, P. F. *A criminalística*. Portugal: Europa-América 1988.

Cesari, C. "«Giusto processo», contraddittorio ed irripetibilità degli atti di indagine", *RIDPP*, ANNO XLIV, Fasc. 1, 2001, pp. 56-87.

Chalmers, A. F. *O que é ciência, afinal?* São Paulo, Brasiliense, 1993.

Chase, O. G. *Direito, cultura e ritual. Sistemas de resolução de conflitos no contexto da cultura comparada*. São Paulo, Marcial Pons, 2014.

Cobra, A. N. *Manual de Investigação Policial*. São Paulo, Escola de Polícia de São Paulo, 1965.

Collingwood, R. G. *A ideia de história*. Lisboa, Editorial Presença, 2001.

Colognesi, I. C. "Potestas", in *Novissimo Digesto Italiano*, XIII, Torino, UTET, 1976.

Confalonieri, A. *Europa e Giusto Processo*. Torino, G. Giappichelli, 2010.

Copi, I. M. *Introdução à lógica*. São Paulo, Mestre Jou, 1978.

Cordero, F. *Ideologie del processo penale*. Milano, Giufrè, 1966.

Cordero, F. *Procedura penale*. Milano, Giuffrè, 2012.

Cortese, E. *Le grandi linee della storia giuridica medievale*. Roma, Il Cigno GG Edizioni, 2000.

Costa Andrade, M. *Sobre as proibições de prova em processo penal*. Coimbra, Coimbra Editora, 1992.

Coster, M. *Introdução à sociologia*. Lisboa, Editorial Estampa, 1998.

Cressey, D. R. *Theft of the nation. The structure and operations of organized crime in America*. London; New York, Routledge, 2017.

Damasio, A. *O mistério da consciência*. São Paulo, Companhia das Letras, 2015.

Damaska, M. R. *El derecho probatorio a la deriva* (*Evidence Law Adrift*, 1997, trad. Joan Picó I Junoy et al). Madrid, Marcial Pons, 2015.

Dá Mesquita, P. *Direcção do inquérito penal e garantia judiciária*. Coimbra, Coimbra Editora, 2003

Dá Mesquita, P. *A prova e o que se disse antes do julgamento*. Coimbra, Coimbra Editora, 2011.

Dancy, J. *Epistemologia contemporânea*. Lisboa, Edições70, 2002.

De Martino, E. *La giurisdizione nei diritto romano*. Padova, CEDAM, 1937.

Dei Malatesta, N. F. *A lógica das provas em matéria criminal*. Lisboa, Livraria Clássica, 1927.

Dei Malatesta, N. F. *A lógica das provas em matéria criminal*. Campinas, Bookseller, 1996.

Delmas-Marty, M. "Evolução do Ministério Público e princípios diretivos do processo penal nas democracias europeias", in *Discursos Sediciosos: Crime, Direito e Sociedade*, v. 2, n. 3. Rio de Janeiro, Revan-ICC, 1997, pp. 97-104.

Descartes, R. *Discurso do método. Regras para a direção do espírito*. São Paulo, Martin Claret, 2004.

De Waal, C. *Sobre pragmatismo*. São Paulo, Loyola, 2007.

Dervieux, V. "O Sistema Francês", in Delmas-Marty, M. (org.) *Processos Penais da Europa*. Rio de Janeiro, Lumen Juris, 2005, pp. 151-244.

Dewey, J. *Logica. Teoria de la investigación*. México, Fondo de Cultura Económica, 1950.

Dienstein, W. *Manual técnico del investigador policiaco*. México, Limuasa, 1965.

Díez Ripollés, J. L. *La política criminal en la encrucijada*. Montevideo-Buenos Aires, Bdef, 2007.

Di Marzo, S. *Storia della procedura criminale romana*. Napoli, Jovene, 1986.

Dimoulius, D.; Martins, L. *Teoria geral dos direitos fundamentais*. São Paulo, RT, 2007.

Diniz, M. H. *Compêndio de Introdução à Ciência do Direito*. São Paulo, Saraiva, 2001.

Domingues, B. G. *Investigação criminal: técnica e tática nos crimes contra as pessoas (vol. I) e contra os patrimônios (vol. II)*. Lisboa, Escola de Cadeia Penitenciária de Lisboa, 1963.

Dortier, J.-F. *Dicionário de Ciêncais Humanas*. São Paulo, Martins Fontes, 2010.

Dworkin, R. *O império do direito*. São Paulo, Martins Fontes, 2007.

Echeverría, J. *Introdução à metodologia da ciência*. Coimbra, Almedina, 2003.

Eco, U. *O Nome da Rosa*. Rio de Janeiro, Record, 1995.

Eco, U. *Tratado gearl de semiótica*. São Paulo, Perspectiva, 2009.

Eco, U.; Sebeok, T. A. *O signo de três*. São Paulo, Perspectiva, 2014.

Elias, N. Sociologia do conhecimento: novas perspectivas, *Sociedade e Estado*, v. 23, n. 3. Brasília, Departamento de Sociologia da Universidade de Brasília, 2008, p. 515-554.

Engisch, K. *Introdução ao pensamento jurídico*. 10 ed. Lisboa, Fundação Calouste Gulbenkian, 2008,

Esmein, A. *Histoire de la procédure criminelle em France et spécialement le XIIe siècle jusque'a nos jours*. Frankfurt am Main, Verlag Sauer & Auvermann KG, 1969.

Espínola Filho, E. *Código de Processo Penal brasileiro anotada, Volume I*. Rio de Janeiro, Borsoi, 1954.

Esteves, A. J. "A investigação-ação", *Metodologia das Ciências Sociais*. Lisboa, Editorial Presença, 2009.

Eymerich, N. *Manual dos Inquisidores*. (trad. *Directorium Inquisitorum*, 1376, revisto e ampliado em 1578 por Francisco de La Peña). Rio de Janeiro, Rosa dos Ventos; Brasília, Universidade de Brasília, 1993.

Falchi, G. F. *Filosofia del diritto processuale penale*. Treviso, Vianello, 1949.

Fazzalari, E. "Processo (teoria generale)", in *Novissimo Digesto Italiano, XIII*. Torino, UTET, 1957, p. 1068-1078.

Fazzalari, F. *Istituzioni di diritto processuale*. Padova, CEDAM, 1996.

Feitoza, D. *Direito Processual Penal: Teoria, Crítica e Práxis*. Niterói, Impetus, 2008.

Fernandes, F. *O processo penal como instrumento de política criminal*. Cpimbra, Almedina, 2001.

Ferrajoli, L. *Diritto e ragione. Teoria del garantismo penale*. Nona edizione. Roma-Bari, Laterza, 2008.

Ferrrajoli, L. *Direito e Razão. Teoria do garantismo penal*. São Paulo, RT, 2002.

Ferrajoli, L. *Principia Iuris I. Teoria del Diritto e della democrazia*. Roma-Bari, Laterza, 2007.

Ferrajoli, L. *Derchos y garantías*. Madrid, Editorial Trotta, 1999.

Ferrajoli, L. *Epistemología jurídica y garantismo*. México, Fontamara, 2004.

Ferrater Mora, J. *Diccionario de filosofia. Tomo I*. Buenos Aires, Editorial Sudamerica, 1964.

Ferrater Mora, J. *Dicionário de filosofia*. São Paulo, Martins Fontes, 2001.

Ferraz Jr, T. S. *Introdução ao estudo do direito*. São Paulo, Atlas, 2007.

Ferrer Beltran, J. "La valoración de la prueba, verdade de los encunciados probatórios y justificacion de la decision", *in Estudios sobre la prueba*. México, Universidad Nacional Autónoma de México, 2006 (disponível em www.bibliojuridica.org).

Ferrer Beltran, J. *Prueba y verdad en el derecho*. Madrid, Marcial Pons, 2005.

Ferrer Beltran, J. *La valoración racional de la prueba*. Madrid, Marcial Pons, 2007.

Ferreira Filho, M. G. *Princípios fundamentais do direito constitucional*. . São Paulo, Saraiva, 2015.

Ferri, E. *Princípios de direito criminal: o criminoso e o crime*. Campinas (SP), Russell, 2003.

Ferri, E. *Sociologia Criminal* (*Sociologia Criminale*, 1929, trad. Soneli M. M. Farina). Sorocaba (SP), Minelli, 2006.

Ferrua, P. *Il 'giusto processo'*. Bologna, Zanichelli, 2012.

Ferry, L. *A Nova Ordem Ecológica: a árvore, o animal e o homem*. Rio de Janeiro, DIFEL, 2009.

Feyerabend, P. K. *Contra o método*. São Paulo, Unvesp, 2011.

Feyerabend, P. K. *A ciência em uma sociedade livre* (*Science in a free society*, 1978 trad. Vera Joscelyne). São Paulo, Editora Unesp, 2011.

Figueiredo Dias, J.; Costa Andrade, M. *Criminologia*. Coimbra, Coimbra Editora, 1991.

Figueiredo Dias, J. *Direito penal – Parte geral. Tomo I.* Coimbra, Coimbra Editora, 2007.

Figueiredo Dias, J. *Direito processual penal.* Coimbra, Coimbra Editora, 1974.

Figueiredo Dias, J. *LIberdade, Culpa, Direio Penal.* Coimbra, Coimbra Editora, 1995.

Finnis, J. *Fundamentos de Ética*. Rio de Janeiro, Elsevier, 2012.

Fischer-Lescano, T. "Crítica da concordância prática", in Campos, R. (org.). *Crítica da ponderação. Método constitucional entre a dogmática jurídica e a teoria social.* São Paulo, Saraiva, 2016, pp. 37-62.

Fitzgerald, M. J. *Handbook of criminal investigation.* New York, Greenberg, 1951.

Fleiner-Gester, T. *Teoria Geral do Estado.* São Paulo, Martins Fontes, 2006.

Flick, U. *Métodos qualitativos na investigação científica.* Lisboa, Monitor, 2005.

Florian, E. *De las pruebas penales, Tomo I.* Bogotá, Editorial Temis, 1968.

Florian, E. *Delle prove penali.* Varese-Milano, Cisalpino, 1961.

Foddy, W. *Como Perguntar: Teoria e Prática da Construção de Perguntas em Entrevistas e Questionários.* Oeiras, Celta, 1993.

Foschini, G. *Sistema del Diritto processuale penale II. Instruzione.* Milano, Giuffrè, 1961.

Foucault, M. *Microfísica do poder.* Rio de Janeiro, Graal, 1979.

Foucault, M. *Arqueologia do Saber.* Coimbra: Almedina, 2005.

Foucault, M. *A verdade e as formas jurídicas.* Rio de Janeiro, NAU, 2002.

Fourez, G. *A construção das ciências: Introdução à filosofia e à ética das ciências.* São Paulo, Editora Unesp, 1995.

Fumerton, R. *Epistemologia* Petrópolis (RJ), Vozes, 2014.

Gadamer, H.-G. *O problema da consciência histórica.* Rio de Janeiro, FGV, 2003.

Garcia, I. E. *O procedimento policial.* São Paulo, Saraiva, 1983.

Garcia-Pablos de Molina, A. *Criminologia.* São Paulo, RT, 2008.

Garcia-Pablos de Molina, A.; Gomes, L. F. *Direito penal – Parte geral.* São Paulo, RT, 2007.

Gardiner, P. *Teorias da História.* Lisboa, Fundação Calouste Gulbenkian, 2008.

Garraud, R. *Compendio de direito criminal.* Lisboa, Livraria Clássica, 1915.

Garrido, V. [*et al.*], *Princípios de criminologia.* Valencia, Tirant lo Blanch, 2006.

Gaspar, A. H. "As exigências da investigação no processo penal durante a fase de instrução", *Que futuro para o Direito processual penal?.* Coimbra, Coimbra Editora, 2009, pp. 87-102.

Gettier, E. Is Justified True Belief Knowledge?, *Analysis, vol. 23,* n. 6. Oxford, Oxford University Press, 1963, pp. 121-123 (disponível em analysis.oxfordjournal.org).

Ghiglione, R. Matalon, *O inquérito. Teoria e Prática.* Oeiras, Celta, 2001.

Giacomolli, N. J. *O devido processo penal. Abordagem conforme a Constituição Federal e o Pacto de são José da Costa Rica.* 2ª ed. São Paulo, Atlas, 2105.

Gimeno Sendra, V. *Derecho procesal penal.* Madrid, Civitas, 2012.

Ginzburg, C. "Sinais: Raízes de um paradigma indiciário", in *Mitos, Emblemas, Sinais. Morfologia e História.* São Paulo, Companhia das Letras, 1989, pp. 143-180.

Ginzburg, C. "Chaves do Mistério: Morelli, Freud e Sherlock Holmes, in Eco, U.; Sebeok, T. A. *O signo de três.* São Paulo, pErspectiva, 2014, pp. 89-130.

Goldmann, A. I. A Causal Theory Knowing, *The Journal of Philosophy,* Vol. 64, No. 12 (Jun. 22, 1967), pp. 357-372.

Goldschmidt, J. *Princípios generales del processo II. Problemas políticos y jurídicos del proceso penal.* Buenos Aires, Ed. Juridicas Europa-America, 1961.

Goldschmidt, J. *Problemas jurídicos y políticos del proceso penal.* Montevideo-Buenos Aires, BdeF, 2016.

Gomes Canotilho, J. J. *Direito Constitucional e Teoria da Constituição.* Coimbra, Almedina, 2003.

Gomes Canotilho, J. J. *Estudos sobre Direitos Fundamentais.* Coimbra, Coimbra Editora, 2008.

Gomes, L. F; Mazzuoli, V. O. *Comentários à Convenção Americana sobre Direitos Humanos.* 4ª ed. São Paulo, Revista dos Tribunais, 2013.

Gomez Colomer, J.-L. *El proceso penal aleman. Introducion y normas básicas.* Barcelona, Bosch, 1985.

Gonzalez-Cuellar Serrano, N. *Proporcionalidad y derechos fundamentales en el proceso penal.* Madrid, Colex, 1990.

Gössel, H.-K. *El derecho procesal penal en el Estado de Derecho. Obras completas. Tomo I. Colección autores de Derecho Penal dirigida por Edgard Alberto Donna.* Santa Fe, Rubinzal-Culzoni, 2007.

Granata, L. *La tutela della libertà personale nel diritto processuale penale.* Milano, Giuffè, 1957.

Greco, L. *Um panorama da teoria da imputação objetiva.* São Paulo, RT, 2014.

Gross, H. *Guia práctico para a instrucção dos processos criminaes.* Lisboa, A. M. Teixeira, 1909.

Guaragni, F. A. *As teorias da conduta no direito penal.* São Paulo, RT, 2000.

Guarneri, G. "O problema da igualdade de armas no processo penal", *Revista Brasileira de criminologia,* Ano II, N. 9. Rio de Janeiro, Sociedade Brasileira de Criminologia, 1949, pp. 11-14.

Guarneri, G. *Le parti nel processo penale.* Milano, F. Bocca, 1949.

Guedes Valente, M. M. *Processo Penal. Tomo I.* Coimbra, Almedina, 2010.

Guedes Valente, M. M. *Teoria Geral do Direito Policial.* Coimbra, Almedina, 2014.

Guedes Valente, M. M. *Teoria Geral do Direito Policial.* 5a ed. Coimbra, Almedina, 2017.

Guerra, I. C. *Fundamentos e Processos de Uma Sociologia de Acção. O Planeamento em Ciências Sociais.* Estoril (PT), Principia, 2002.

Gui, B. *Manuel de L'Inquisiteur.* "Les classiques de l'histoire de France au moyen age", Paris, Société d'Éditon Les "Belles Lettres", 1964.

Guzmán, N. *La verdad en el proceso penal: una contribución a la epistemologia jurídica.* Buenos Aires, Editores del Puerto, 2006.

Haack, S. *Evidencia e investigación. Hacia la reconstrucción em epistemologia.* Madrid, Tecnos, 1997.

Haack, S. *Filosofia das lógicas.* São Paulo, Unesp, 2002.

Haack, S. *Manifesto de uma moderada apaixonada.* São Paulo, Loyola, 2011.

Haack, S. Diga "Não" ao Negativismo Lógico, LIHS, 2014. Disponível em http//lihs.org.br. Tradução (por Eli Vieira Arujo-Jnr) do Original: Haack, S. "Just 'No' to Logical Negativism", in *Putting Philosophy to Work: Inquiry and Its Plase in Culture – Ensays on Science, Religions, Law, Literature, and Life* (Amherst, NY: Promotheus Bokss)., 2013.

Haba, I. P. Racionalidad y método para el Derecho: ¿Es eso posible? (I). Doxa: Cuadernos de Filosofía del Derecho, núm. 7 (1990), pp. 169-247 (Disponível em: http://www.cervantesvirtual.com)

Häberle, P. *Verdad y Estado constitucional* (trad. Guillermo J. M. Garibay). México, UNAM, 2006.

Habermas, J. *Técnica e ciência como "ideologia" (Technick und Wissenschaft als "Ideologie",* 1968, trad. Arthur Morão). Lisboa, Edições70, 1968.

Habermas, J. *Sobre a Constituição da Europa* (*Zur Verfassung Europas*, 2011, trad. Denilson L. Werle). São Paulo, Editora Unesp, 2012.

Harrowitz, N. "O Arcabouço do Modelo de Detetive: Charles S. Peirce e Edgar Allan Poe", in Eco, U.; Sebeok, T. (org). *O signo de três*. São Paulo, Perspectiva, 2014.

Hegenberg, L. (org). *Métodos*. São Paulo, EPU, 2005.

Hélie, M. F. *Traité de l'instruction ciminelle. Premiere parte: histoire et théorie de la procédure criminelle*. Paris, Henri Plon, 1866 (Disponivel em gallica.bnf.fr).

Hempel, C. G. *Filosofia da ciência natural*. Rio de Janeiro, Zahar, 1970.

Hempel, C. G> As funções das leis gerais na História, in Gardiner, P. *Teorias da Historia*. Lisboa, Fundação Calouste Gulbenkian, 2008.

Hespanha, A. M. *Cultura jurídica europeia. Síntese de um milénio*. Coimbra, Almedina, 2012.

Hesse, K. *A força normativa da Constituição*. Porto Alegre, Safe, 1991.

Hessen, J. *Teoria do conhecimento*. São Paulo, Martins Fontes, 2003.

Hobbes, T. *Leviatã*. "Coleção Os Pensadores". São Paulo, Nova Cultural, [2004].

Hume, D. *Investigação sobre o entendimento humano*. Lisboa, Edições70, [2013].

Husserl, E. *A ideia da Fenomenologia*. Lisboa, Edições70, [2012].

Illuminati, G. *La presunzione d' innocenza dell'imputato*. Bologna, Zanicelli, 1979.

Jaen Valejo, M. *Los principios de la prueba en el proceso penal*. Bogotá, Universidad Externado de Colombia, 2000.

Jakobs, G. *Fundamentos do direito penal*. São Paulo: RT, 2003.

Jakobs, G. "La imputacion juridico-penal: desarrollo del sistema con base en las condiciones de la vigencia de la norma", *Dogmática de Derecho Penal y configuración normativa de la sociedad*. Madrid: Civitas, 2004.

Jakobs, G.; Cancio Melia, M. *Direito penal do inimigo*. Porto Alegre, Livraria dos Advogados, 2005.

Jakobs, G. *Imputação objetiva no Direito Penal*. São Paulo, RT, 2013.

Juy-Birmann, R. "O Sistema Alemão", in Delmas-Marty, M. (org.) *Processos penais da Europa*. Rio de Janeiro, Lumen Juris, 2005, pp. 5-70.

Kant, I. *Fundamentação da metafísica dos costumes* (trad. de Paulo Quintela). Porto, Porto Editora, 1995.

Kant, I. *Metafísica dos costumes* (*Die Metaphysik der Sitten*, 1907, trad. José Lamego). Lisboa, Fundação Calouste Gulbenkian, 2011.

Kaufmann, A. *Filosofia do direito*. Lisboa, Fundação Calouste Gulbenkian, 2007.

Keller, A. *Teoria geral do conhecimento*. São Paulo, Loyola, 2009.

Kelsen, H. *Teoria pura do direito*. São Paulo: Martins Fontes, 2000.

Kinderman, P. *As novas leis da psciologia*. São Paulo, Cultrix, 2018.

Kirkhan, R. *Teorias da verdade*. São Leopoldo-RS, Unisinos, 2003.

Kneller, G. F. *A ciência como atividade humana*. Rio de Janeiro, Zahar, 1980.

Koselleck, R. [et al]. *O Conceito de História*. Belo Horizonte, Autêntica, 2016.

Kriele, M. *Introdução à Teoria do Estado. Os fundamentos históricos da legitimidade do Estado Constitucional Democrático* (*Einführung in die Staatslehre*, 2003, trad. Urbano Carvelli). Porto Alegre, Safe, 2009.

Kuhn, T. S. *A estrutura das revoluções científicas*. São Paulo, Perspectiva, 2009.

Kunkel, W. *Historia del derecho romano*. Barcelona, Editorial Ariel, 1999.

Lacey, H. *Valores e atividade científica I*. São Paulo, Editora34, 2008.

Ladeur, K.-H. "Crítica da ponderação na dogmática dos direitos fundamentais", in Campor, R. (org) *Crítica da Ponderação. Método constitucional entre a dogmatica juridica e a teoria social.* São Paulo, Saraiva, 2016, pp. 133-224.

Laingui, A. "La phase préparatorie du procès penal: historique". *Revue Internationale de Droit Pénal,* N. 56. PAU (France), Association Internacionale de Droit Pénal, 1985, pp. 43-85.

Lakatos, I. *Falsificação e Metodologia dos Programas de Investigação Científica.* Lisboa, Edições70, 1999.

Laudan, L. *El progresso y sus problemas. Hacia uma teoria del crecimiento científico.* Madrid, Ediciones Encuentro, 1986.

Laudan, L. *Verdad, error y proceso penal.* Madrid, Marcial Pons, 2013.

Le Breton, D. *Antropologia dos sentidos.* Petrópolis (RJ), Vozes, 2006.

Le Goff, J. *História e Memória. 1º Volume.* Lisboa, Edições70, 2000.

Le Goff, J. *A História Nova.* São Paulo, Martins Fontes, 1990.

Lizst, F. von. *Tratado de Direito Penal allemão, Vol. I.* Brasília: Senado Federal, 2006, p. 183.

Locard, E. *A investigçaão criminal e os métodos científicos.* São Paulo, Saraiva, 1939.

Lombroso, C. *L'Uomo Delinquente.* Quinta edizione. Milano, Bompiani, 2013.

Lopes Jr, A. *Sistemas de investigação prepliminar no proceso penal.* Rio de Janeiro: LumenJuris, 2003.

Lopes Jr, A.; Gloeckner, R. J. *Investigação preliminar no processo penal.* 5ª ed. São Paulo, Saraiva, 2013.

Lopes Jr, A. *Direito processual penal.* São Paulo, Saraiva, 2015.

Luchini, L. *Elementi di procedura penale.* Firenze, Barbèra, 1905. Disponível em forgottenbooks.org

Luhmann, N. *Legitimação pelo procedimento.* Brasília, UnB, 1980.

Lyotard, J.-F. *A Fenomenologia.* Lisboa, Edições70, 2006.

Maier, J. B. *Derecho Procesal Penal. Tomo I: Fundamentos.* 2a ed. Buenos Aires, Editores Del Puerto, 2004.

Mannheim, K. *Ideologia e utopia.* Rio de Janeiro, Zahar, 1982.

Manzini, V. *Istituzioni di Diritto processuale penale.* Padova, CEDAM, 1967.

Marconi, M. A.; Lakatos, E. M. *Ténicas de pesquisa.* São Paulo, Atlas, 2009.

Marques da Silva, G. *Do Processo penal preliminar.* Lisboa, UCP, 1990

Marques da Silva, G. *Curso de Processo Penal II,* LIsboa, Verbo, 2008.

Marques da Silva, G. *Processo penal II,* Lisboa, Verbo, 2011.

Marques da Silva, G. *Direito processual penal português I.* Lisboa, UCP, 2013.

Marques da Silva, G. *Direito processual penal português III.* Lisboa, UCP, 2014.

Marques da Silva, G. "Prefácio", *Prova Penal: Estado democrático de Direito.* Florianópolis, Emporio do Direito, 2015.

Márquez Piñero, R. *El tipo penal. Algunas consideraciones em torno al mismo.* Instituto de Investigaciones Jurídica. Série G: Estúdios Doctrinales, Num. 99. México, Universidad Autônoma de México, 2005. (disponível em: http://www.bibliojuridica.org)

Martins da Costa, P. B. *Igualdade no processo penal brasileiro.* São Paulo, RT, 2001.

Mata-Mouros, M. F. *Juiz de Liberdades: Desconstrução de um mito processual* Coimbra, Almedina, 2011.

Mathias, E. "O equilíbrio de poder entre a Polícia e o Ministério Público", Delmas-Marty, M. (org) *Processos Penais da Europa.* Rio de Janeiro, Lumens Juris, 2005, pp. 481-506.

Medaur, O. *A processualidade no direito administrativo.* São Paulo, Saraiva, 2008..

Mehmeri, A. *Inquérito policial: dinâmica.* São Paulo, Saraiva, 1992.

Mendes de Almeida, J. C. *Princípios fundamentais do processo penal*. São Paulo, Saraiva, 1973.

Mereu, I. *Historia de la intolerancia*. Barcelona, Paidós, 2003.

Mill, J. S. *Sobre a Liberdade* (*On LIberty*, 1859, trad. Ari R. T. Brito). São Paulo, Hedra, 2010.

Mir Puig, S. *Direito penal: Fundamentos e teoria do delito*. São Paulo, RT, 2007.

Mirabete, J. F. *Processo penal*. São Paulo, Atlas, 1997.

Miranda, J. *Manual de Direito Constitucional. Tomo IV: Direitos Fundamentais*. Coimbra, Coimbra Editora, 2000.

Miranda, J.; Medeiros, R. *Constituição Portuguesa Anotada, Tomo I. Introdução geral. Pre6ambulo. Artigos 1º a 79º*. 2ª ed. Coimbra, Coimbra Editora, 2010.

Mittermaier, C. J. A. *Tratado da prova em matéria criminal*. Campinas, Bookseller, 1997.

Mommsen, T. *Derecho penal romano*. Bogotá, Temis, 1991.

Monet, J.-C. *Polícias e Sociedades na Europa*. São Paulo, Edusp, 2006.

Montero Aroca, J; Gomez Colomer, J. I. *Ley de Enjuiciamiento Criminal*. Valencia, Tirant lo Blanch, 2014.

Montero Aroca, J. *Proceso penal y libertad. Ensayo polémico sobre el nuevo proceso penal*. Madrid, Civitas, 2008.

Montesquieu, *O Espírito das Leis*. São Paulo, Martins Fontes, [2005].

Moraes, M. Z. *Presunção de inocência no Processo penal brasileiro*. Rio de Janeiro, Lumen Juris, 2010.

Morin, E. *Introdução ao pensamento complexo*. Lisboa, Instituto Piaget, 2008.

Moser, P. K. [et al.]. *A teoria do conhecimento: uma introdução temática*. São Paulo, Martins Fontes, 2009.

Moutinho, J. L. *O arguido e o imputado no processo penal português*. Lisboa, UCP, 2004.

Nucci, G. S. *Código de processo penal comentado*. 13ª ed. Rio de Janeiro, Forense, 2014.

O'Brien, D. *Introdução à teoria do conhecimento*. Lisboa, Gradiva, 2006.

O´Hara, E.; Osterburg, J. W. *Introdução à Criminalística. Aplicação das ciências física na descoberta dos crimes*. Rio de Janeiro: Fundo de Cultura, 1956.

Òmnes, R. *Filosofia da ciência contemporânea*. São Paulo, Unesp, 1996.

Oppenheim, F. E. "Libertà", in Bobbio, N.; Matteucci, N.; Pasquino, G. *Il Dizionario di politica*. Torino, UTET, 2008, pp. 534-538.

Packer, H. L. *I limiti della sanzione penale* (*The limits of the criminal sanction*, 1969, trad. Giuliano Vassalli). Milano, Giuffrè, 1978.

Peirce, C. S. *Ilustrações da Lógica da Ciência*. Aparecida (SP), Ideias&Letras, 2008.

Peirce, C. S. *Semiótica*. São Paulo, Perspectiva, 2017.

Pereira, E. S. *Processo Penal: Conceito, Fundamentos e Princípios*. São Paulo, Tirant Lo Blanch, 2021.

Pereira, E. S. A proporcionalidade no processo penal: a ideia de reciprocidade na determinação dos fins. *Revista dos Tribunais*. Ano 110, Volume 1028, São Paulo, 2021, pp. 349-366.

Pereira, E. S. A jurisdição penal no Estado de Direito: a divisão intraprocessual do poder punitivo. *Justiça do Direito*. V. 35, n. 3, 2021, p. 246-282.

Pereira, E. S. O paradigma indiciário na era da informação: os desafios semióticos do processo penal. *Galileu*, Volume XXI, 2020, pp. 46-56.

Pereira, E. S. *Saber e Poder. O processo (de Investigação) Penal*. Florianópolis, Tirant Lo Blanch, 2019.

Pereira, E. S. *Introdução ao Direito de Polícia Judiciária*. Belo Horizonte, Fórum, 2019.

Pereira, E. S. *Introdução às ciências policiais*. 2a ed. São Paulo, Almedina, 2019.

Pereira, E. S. *Introdução às ciências policiais.* São Paulo, Almedina, 2015.

Pereira, E. S. *Investigação, Verdade e Justiça.* Porto Alegre, Núrias Fabris, 2014.

Pereira, E. S. "Ciências sociais e investigação criminal: metodologia da investigação crimina na lógica das ciências sociais", *Revista Brasileira de Ciêncais Policiais, V. 2, N. 2,* 2011, pp. 35-46

Pereira, E. S. "Investigação e crime organizado: funções ilegítimas da prisão temporária", *Boletim do IBCCRIM* n. 157, 2005.

Pereira, E. S. «Conjecturas e refutações» na investigação criminal: perícia, contraditório e ponderação jurídico-científica das provas criminais, *Galileu, v.* XVIII, p. 193-215, 2013.

Pereira, E. S. "Direito penal e investigação: convencionalismo e dogmatismo no conceito de crime como objeto de investigação criminal", *Revista Brasileira de Ciências Criminais, n. 101,* 2013, p. 283-316.

Pereira e Sousa, J. J. C. *Primeiras Linhas sobre o Processo Criminal,* Lisboa, Officina de Simão Thaddeo Ferreira, MDCCC.

Perelman, C. *Lógica jurídica.* São Paulo, Martins Fontes, 1998.

Perelman, C.; Olbrechts-Tyteca, L. *Tratado da argumentação.* São Paulo, Martins Fontes, 2002.

Peretz, H. *Método em Sociologia: A observação.* Lisboa: Temas e Debates, 2000.

Perez Luño, A. E. *Lo derecho fundamentales.* Madrid: Editorial Tecnos, 2007.

Perrodet, A. "Sistema italiano", in Delmas-Marty, M. (org). *Processos penais da Europa,* Rio de Janeiro, Lumen Juris, 2005, pp. 341-429.

Picardi, N. "Il principio del contradittorio", *Rivista di Diritto Processuale,* Anno LIII, N. 5. Padova, CEDAM, 1998, pp. 673-681.

Pinker, S. *Os anjos bons de nossa natureza.* São Paulo, Companhia das Letras, 2011.

Pisani, M. *Problemim della giurisdizione penale.* Padova, CEDAM, 1987.

Pisapia, G. D. *Lineamenti del nuovo processo penale.* Padova, CEDAM, 1989.

Plascencia Villanueva, R. *Teoria del delito.* Mexico, Universidad Autonoma de Mexico, 2004.

Plascencia Villanueva, R. "Cuerpo de delito", Cuadernos de la Judicatura, Número 7, Sección de Previa, 2001. Disponível em: http://www.bibliojuridica.org

Popper, K. *A Lógica da pesquisa científica.* São Paulo, Cultrix, 1975.

Popper, K. *A sociedade aberta e seus inimigos, Tomo 1.* Belo Horizonte, Itatiaia, 1987.

Popper, K. *A sociedade aberta e seus inimigos, Tomo 2.* Belo Horizonte, Itatiaia,1987.

Popper, K. *Conhecimento objetivo.* Belo Horizonte, Itatiaia, 1999.

Popper, K. *Conjeturas e Refutações.* Coimbra, Almedina, 2006.

Popper, K. *O Mito do Contexto.* Lisboa, Edições70, 2009.

Popper, K. *A pobreza do historicismo.* Lisboa, Esfera do Caos, 2007.

Pradel, J. *L'instruction préparatoire.* Paris, Cujas, 1990.

Prado, G. *Prova penal e sistema de controles epistêmicos. A quebra da cadeia de custódia das provas obtidas por métodos ocultos.* São Paulo, Marcial Pons, 2014.

Prost, A. *Doze lições sobre a história.* Belo Horizonte, Autentica, 2008.

Pugliese, G. "Cognitio", in *Novissimo Digesto Italiano, III.* Torino, UTET, 1975.

Putnam, H. *O colapso da verdade e outros ensaios.* Aparecida (SP), Ideias&Letras, 2008.

Quivy, R.; van Campenhoudt, L. *Manual de Investigação em Ciências Sociais.* Lisboa, Gradiva, 2008.

Rabenhorst, E. R. A interpretação dos fatos no direito. *Prim@facie,*E João Pessoa, ano 2, n. 2, p. 8-18, jan./jun. 2003.

Disponível:http:/www.ccj.ufpb.br/primafacie.

Rafaraci, T. *La prova contraria*. Torino, Giappichelli, 2004.

Raine, A. *Anatomia da violência*. Porto Alegre, Artmed, 2015.

Ranieri, S. *La giurisdizione penale*. Milano, Istituto Editoriale Scientifico, 1930.

Raz, J. *A moralidade da liberdade* (*The morality of freedom*, 1986, trad. Carlos Henrique de Oliveira Blecher, Leonardo Gomes Penteado Rosa). Rio de Janeiro, Elsevier, 2011.

Reale, M. *Conjetura e Verdade*. Rio de Janeiro, Nova Fronteira, 1983.

Reale, M. *O direito como experiência. Introdução à Epistemologia Jurídica*. São Paulo, Saraiva, 1992.

Reale, M. *Teoria tridimensional do direito*. São Paulo, Saraiva, 1994.

Reale, M. *Paradigmas da cultura contemporânea*. São Paulo, Saraiva, 1996.

Reale, G.; Antisteri, D. *História da filosofia, V. II*. São Paulo, Paulus, 1990.2003.

Regis Prado, L. *Bem jurídico-penal e Constituição*. São Paulo, RT, 2009.

Reis, C. *A História entre a Filosofia e a Ciência*. Belo Horizonte, Autêntica, 2011.

Riccio, G. *La procedura penale. Tra storia e politica*. Napoli, Editoriale Scientifica, 2010.

Ricoeur, P. *O justo 2*. São Paulo, Martins Fontes, 2008.

Roxin, C. *Política criminal e sistema jurídico-penal*. Rio de Janeiro, Renovar, 2005.

ROXIN, C. *Derecho penal. Parte General. Tomo I*. Pamplona, Thomson Reuters, 1997.

Roxin, C. *Derecho procesal penal*. Buenos Aires, Editores del Puerto, 2003.

Ruggieri, F. *La giurisdizione di garantia nelle indagini preliminar*. Milano, Giuffrè, 1996.

Rusconi, M. A. "Division de poderes en el proceso penal e investigacion a cargo del Ministério Público", in *El Ministério Público en el proceso penal*. Buenos Aires, AD-HOC, 1993, pp. 99-112.

Rüsen, J. *Reconstrução do passado. Teoria da história II: os princípios da pesquisa histórica*. Brasília, Editora UnB, 2010.

Russell, B. *Conhecimento humano*. São Paulo, Unesp, 2018.

Saad, M. *O direito de defesa no inquérito policial*. São Paulo, Revista dos Tribunais, 2004.

Salgado, J. C. *A ideia de justiça em Kant: seu fundamento na igualdade liberdade*. Belo Horizonte, UFMG, 1986.

Salmon, W. *Lógica*. Rio de Janeiro, Zahar, 1969.

Santalucia, B. *Diritto e processo penale nell'antica Roma*. Milano, Giufrè, 1998.

Santalucia, B. *Derecho penal romano*. Madrid, Centro de Estudios Ramon Areces, 1990.

Santos, C. J. *Investigação Criminal Especial: Seu Regime no Marco do Estado Democrático de Direito*, Porto Alegre, Nuria Fabris, 2013.

Santos, C. J. *Teoria da Investigação Criminal*. 2ed. Belo Horizonte, Del Rey, 2021.

Schaff, A. *História e Verdade*. Lisboa, Editorial Estampa, 2000.

Schmidt, E. *Los fundamentos teoricos y constitucionales del derecho procesal penal*. Buenos Aires, Lerner, 1957.

Schünemann, B. *La reforma del proceso penal*. Madrid, Dykinson, 2005.

Sebeok, T. A.; Umiker-Sebeok, J. *Sherlock Homes y Charles S. Peirce:* el método de la investigación, Barcelona-Buenos Aires-Mexico, Ediciones Paidós, 1987.

Sebeok, T. A. "Um, Dois, Três, UBERDADE Desta Vez", in Eco, U.; Sebeok, T. A. (org). *O signo de três*. São Paulo, Perspectiva, 2014.

Sebeok, T. A.; Umiker-Sebeok, J. "Você Conhece Meu Método". Uma justaposição de Charles S. Peirce e Sherlock Holmes, in Eco, U.; Sebeok, T. A. (org). *O signo de três*. São Paulo, Perspectiva, 2014.

Seda Nunes, A. *Questões preliminares sobre as ciências sociais*. Lisboa, Presença, 2005.

Sentis Melendo, S. *In dubio pro reo*. Buenos Aires, EJEA, 1971.

Serrano Maíllo, A. *Introdução à Criminologia*. São Paulo, RT, 2007.

Sidoti, F. *Criminologia e Investigazione*. Milano, Giuffrè, 2006.

Silva Sánchez, J.-M. *A expansão do direito penal*. São Paulo, RT, 2002.

Silva Sánchez, J. M. *Aproximação ao direito penal contemporâneo*. São Paulo, RT, 2011.

Simmel, G. "A natureza da compreensão", *Escritos sobre a história*. Rio de Janeiro: Contraponto, 2011.

Soderman, J. O'Connel, *Modern criminal investigation*. Funk & Wagnalls, 1962

Sorrentino, T. *Storia del processo penale. Dal'Ordalia all'Inquisizione*. Catanzaro, Rubbetino, 1999.

Sotelo Regil, F. *La investigación del crimen: Un curso para el policía profesional*, México, Limuasa, 1974.

Sousa, S. S. *Investigação Criminal Cibernética: Por uma Política Criminal de Proteção à Criança e ao Adolescente na Internet*. Porto Alegre, Nuria Fabris, 2015. Sutherland, E. *Crime de colarinho branco*, Rio de Janeiro, Revan, 2015.

Tarski, A. *A concepção semântica da verdade*. São Paulo, Unesp, 2007.

Taruffo, M. *La prueba de los hechos*. Madrid, Editorail Trotta, 2011.

Taruffo, M. *Uma simples verdade: o juiz e a construção do fato*. São Paulo, Marcial Pons, 2012.

Tavares, J. *Teoria dos crimes omissivos*. São Paulo, Marcial Pons, 2012.

Tavares, J. *Teoria do crime culposo*. Florianópolis, Tirant Lo Blanch, 2018.

Tavares, J. *Fundamentos de teoria do delito*. Florianópolis, Tirant Lo Blanch, 2018.

Thorwald, J. *El siglo de la investigación*. Barcelona, Labor, 1966.

Tiedemann, K. "O Direito processual penal", in Roxin, C. ET AL. *Introdução ao direito penal e ao direito processual penal (Einführung in das Strafrecht und Strasfprozessrecht*, trad. Gercélia Batista de Oliveira Mendes). Belo Horizonte, Del Rey, 2007.

Tochetto, D. (org). *Tratado de perícias criminalísticas* Porto Alegre, Sagra-DC Luzzato, 1995.

Tonini, P. (cur.) *L'investigazione private nel nuovo processo penale*. Padova, CEDAM, 1990.

Tonini, P. *A prova no processo penal italiano*. São Paulo, RT, 2002.

Tonini, P. "Dalla perízia prova neutral al contraditorio sulla scienza", In Conti, C. (cur.), *Scienza e processo penale: Nuove frontiere e vecchi pregiudizi*. Milano, Giuffrè, 2011, pp. 3-20.

Tonini, P. *Manuale di procedura penale*. Milano, Giuffrè, 2013.

Tonini, P.; Conti, C. *Il diritto delle prove penali*. Milano, Giuffrè, 2014.

Tourinho Filho, F. C. *Processo penal 1*. São Paulo, Saraiva, 1984.

Tourinho Filho, F. C. *Manual de Processo Penal*. São Paulo, Saraiva, 2013.

Tornaghi, H. *Instituições de processo penal, Vol. II*. São Paulo, Saraiva, 1977.

Tucci, R. L. *Lineamentos de processo penal romano,*. São Paulo, EDUSP-Buschatsky, 1976.

Tucci, R. L. *Do corpo de delito no direito processual penal brasileiro*. São Paulo, Saraiva, 1978.

Turberville, A. S. *La inquisición española*. México, Fondo de Cultura Económica, 1950.

G. Ubertis, *Principi di procedura penale europea*. Milano, Raffaello Cortina, 2009.

Urosa Ramírez, G. A. "Consideraciones críticas en torno al cuerpo del delito en matéria federal", *Revista de la Facultad de*

*Derecho de México*, Número 241, Sección de Artículos, 2003. Disponível em: http://www.bibliojuridica.org

Vaccaro, M. A. *Origem e funções das Escolas Penais*. Belo Horizonte, Lider, 2004.

Vanderboch, C. *Investigacion de delitos*. México, Editorial Limusa, 1976.

Van Koppen, P. J. O mau uso da psicologia em tribunal, *Psicologia e Justiça*. Coimbra, Almedina, 2008.

Van Fraasen, C. *A imagem científica*. São Paulo, Unesp, 2007.

Vasconcellos, J. E. *Pensamento sistêmico: o novo paradigma da ciência*. Campinas, Papirus, 2002.

Vázquez, C. *De la prueba científica a la prueba pericial*. Madrid, Marcial Pons, 2014.

Vera, A. *Metodologia da pesquisa científica*. Porto Alegre, Globo, 1983.

Veyne, P. *Como se escreve a história*. Lisboa, Edições70, 2008.

Villegas Fernández, J. M. *Fiscal investigador contra juez instructor (La lógica de la investigación criminal)*. Madrid, Marcial Pons, 2012.

Von Bertalanffy, L. *Teoria geral dos sistemas*. Petrópolis, Vozes, 2008.

Walter-Bense, E. *A teoria geral dos signos*. São Paulo, Perspectiva, 2010.

Weber, M. *Conceitos sociológicos fundamentais*. Lisboa, Edições70, 2009.

Wehner, H. *Historia de la Criminología* (trad. "Geschichte der Kriminalistik").Barcelona, Zeus, 1964.

Weil, E. *Filosofia política*. São Paulo, Loyola, 1990.

Welzel, H. *O novo sistema jurídico-penal*. São Paulo, RT, 2001.

Wezel, H. *Direito penal – Parte geral*. Campinas, Romana, 2004.

Wessels, J. *Direito penal – Aspectos fundamentais*. Porto Alegre, Safe, 1976.

Winter, I. B. "Acusatorio versus inquisitivo. Reflexiones acerca del proceso penal", *Proceso penal y sistemas acusatórios*. Madrid, Marcial Pons, 2008, pp. 11-48.

Wolter, J.; Freund, G. *El sistema integral del Derecho penal. Delito, determinación de la pena y proceso penal*. Madrid, Marcial Pons, 2004.

Zaffaroni, E. R. "Sociologia do processo penal", *Criminalia*, Año XXXIV. México, Rotas, 1968, pp. 488-576.

Zaffaroni, E. R. et al., *Derecho penal – Parte geral*, Buenos Aires, Ediar, 2002.

Zaffaroni, E. R.; Pierangeli, J. H. *Manual de Direito penal brasileiro – Parte geral*. São Paulo, RT, 2009.

Zagzebski, I. "O que é conhecimento?", in Greco, J.; Sosa, E. (org). *Compêndio de epistemologia*. São Paulo, Loyola, 2008, pp. 153-190.

Zbindem, K. *Criminalística. Investigação Criminal*. Lisboa, Escola da Cadeia Penitenciária, 1957.

Zippelius, R. *Teoria geral do Estado*. Lisboa, Fundação Calouste Gulbenkian, 2007.

Zippelius, R. *Filosofia do direito*. Lisboa, Quid Juris, 2010.